D1719092

Hans-Peter Jahn · Otto Tomek

Otto Tomek mit Siegfried Palm, 2004

Hans-Peter Jahn

Otto Tomek
Der Rundfunk und
die Neue Musik

wolke

© 2018 by Hans-Peter Jahn
und der Erbengemeinschaft Marcus Tomek und Julia Peled
Alle Rechte vorbehalten
Wolke Verlag, Hofheim
gesetzt in Simoncini Garamond
Cover design: Friedwalt Donner, Alonissos
ISBN 978-3-95593-088-2

www.wolke-verlag.de

Inhalt

Prolog und Kommentar I

Ein Buch über einen Veranstalter zu schreiben, der vom Sachbearbeiter zum Musikchef avanciert, liegt nicht auf der Hand. Biographien oder Autobiographien von Komponisten, Dirigenten oder berühmten Solisten zählen zum Bestand der musikgeschichtlichen Literatur, nicht aber ein solches Buch. Offen gestanden hätte auch ich es aus eigener Neigung heraus wohl kaum geschrieben, wäre nicht von außen die Bitte an mich herangetragen worden, aus dem unüberschaubaren Reichtum an historischem Material, das Otto Tomek hinterlassen hat, eine weitere Geschichte der Neuen Musik nach dem 2. Weltkrieg zu schreiben.

Eine Musikgeschichte aus der Perspektive und entlang eines Rundfunkmannes, von dem man behaupten kann, dass er der erste Redakteur für Neue Musik in der unbeackerten Nachkriegs-ARD-Landschaft gewesen ist.

Otto Tomek begegnete mir erstmals 1973 während meiner Studienzeit an der Musikhochschule in Stuttgart, nicht leibhaftig, sondern im Zusammenhang mit meiner wissenschaftlichen Arbeit im Fach Schulmusik, die sich mit den Unterschieden der rezeptionellen Bedingungen bei der Entstehung der Sinfonien Ludwig van Beethovens und den Orchesterwerken Karlheinz Stockhausens auseinandersetzen wollte. Damals schon etablierte sich sein Name als Widmungsträger einiger Stockhausen-Kompositionen in meinem Bewusstsein und Gedächtnis. Bei den Donaueschinger Musiktagen 1985 sah ich Otto Tomek dann zum ersten Mal leibhaftig in der Menge mit Josef Häusler zusammenstehen, einen groß gewachsenen, alle überragenden Mann, frei von jeder Attitüde, zeigen zu müssen, etwas Besonderes zu sein. Das war bei einem Orchesterkonzert mit dem Sinfonieorchester des Südwestfunks. Peter Eötvös dirigierte an diesem Abend Werke zweier Lachenmann-Schüler, nämlich Manuel Hidalgos *Al componer* und Mayako Kubos *Klavierkonzert* sowie die *Sinfonie* von meinem damaligen Freund Reinhard Febel.

Als Tomek den SDR 1988 verließ, begann meine Zeit als Redakteur für Neue Musik im gleichen Haus. Wir sind uns dort erstaunlicherweise persönlich nie begegnet. Erst als er sich ab 2005 bereit erklärte, dem Kuratorium für das Festival „ECLAT" und für „Musik der Jahrhunderte" beizutreten, lernte ich ihn persönlich kennen. Allerdings hatten wir kaum je Profundes über substantielle Feinheiten von Kompositionen und deren Urheber ausgetauscht. In scheuer

Höflichkeit sahen und grüßten wir uns, sprachen miteinander auch regelmäßig bei den Kuratoriumssitzungen des SWR Experimentalstudios in Freiburg; angenehme Smalltalks, nichts Tiefgründiges. Mein inneres Verehrungspotential ihm gegenüber, das wohl aus seiner Gelassenheit und seiner vornehmen Distanz erwachsen war, musste 2008 endlich in die Tat umgesetzt werden: Ich widmete ihm anlässlich seines 80. Geburtstages ein Orchesterkonzert innerhalb der SWR-Reihe „attacca" mit Werken, die mit dem Verlag Universal Edition in Verbindung standen. Dr. Wolfgang Hofer, Dramaturg und Autor und wie Otto Tomek einstmals Promotor bei der Universal Edition, hielt die Laudatio. Gerne hätte ich bei dieser Gelegenheit Otto Tomek näher kennengelernt und ihm viele Fragen stellen wollen. Doch es sollte nicht dazu kommen, eine Operation verhinderte, dass Otto Tomek bei diesem Festakt anwesend sein konnte.

So war ich einigermaßen überrascht, als nach seinem Tod seine beiden Kinder Julia und Marcus Tomek auf mich zukamen, mit der Bitte, den Wunsch ihres Vaters zu erfüllen und das von ihm nicht geschriebene Buch, für das er aber lebenslang intensiv Schriftmaterial gesammelt hatte, in Form einer biographischen Geschichtsschreibung zu realisieren.

Nun kann man sich vorstellen, dass jemand, der ähnliche Ämter wie Tomek verwaltet hat, wenig Neigung verspürt, die eigenen Erfahrungen als leitender Redakteur, Veranstalter, Klangkörpermanager und Festivalverantwortlicher entlang einer um Jahre zuvor ähnlich gelaufenen Biographie stellvertretend nachzuerzählen. Ich wollte nicht noch einmal die eigenen Touren und Tortouren meiner Rundfunkgeschichte durch die Rundfunkgeschichte Otto Tomeks innerlich synchronisieren müssen. Andererseits bestach aber das Argument meiner Auftraggeber, dass ein solches Buch nur von einem Autor mit Veranstalter- und Rundfunkerfahrung in der Förderung und Zusammenarbeit mit zeitgenössischen Komponisten einigermaßen repräsentativ und glaubwürdig werden könne.

Nach einer Bedenkzeit und nach der ersten groben Durchsicht des archivierten Materials entschied ich mich für dieses Projekt; auch vor dem Hintergrund, die für mich vielfach unbekannte Epoche der Neuen Musik mit Beginn der fünfziger Jahre des letzten Jahrhunderts bis zu meinen eigenen Anfängen als Cellist in der Zeit um 1970 endlich einmal genauer kennen zu lernen – und zwar von innen, unter dem Blickwinkel des Veranstalter-Genies Tomek.

Erschlagen ist der falsche Ausdruck, nein, niedergedrückt habe ich mich gefühlt von der immensen Fülle an Briefen und Dokumenten, persönlichen Stellungnahmen, privaten Spezialitäten und den vielfach höchst differenziert beschriebenen Strategien, die dokumentieren, welcher Voraussetzungen es bedarf, bis aus ungeschriebenen Partituren schließlich Aufführungen in Noten gesetzter Werke werden.

Welche Berechtigung aber hat das Ganze, zumal Otto Tomek ja selbst keine kreative und künstlerisch potente Instanz gewesen ist, also das pure Gegenteil von denjenigen, die ihn brauchten und die er brauchte, um gestalten, planen und entscheiden zu können?

Oft habe ich beim Schreiben dieses Buches gedacht, hätte ich es doch auch so gemacht wie Otto Tomek. Dann aber, bei gründlicherer Reflexion über die Zeitunterschiede, ist mir klargeworden, dass seine Zeit, „die Pionierepoche", kaum noch etwas mit der eben erst vergangenen Gegenwart zu tun hat, weder in den jeweiligen Zuständen des Gesellschaftlichen noch im Selbstverständnis der Rundfunkhäuser der ARD, die ihre Legitimierung im Wandel der Zeit ständig komplexhaft gegenüber Politik und Gesellschaft beweisen zu müssen glaubten.

Ein Buch über einen „Förderer und Ermöglicher" zu schreiben, hätte mich nicht gereizt und wäre unergiebig, wenn die Ergebnisse seiner Taten und seiner Energie für das Neue und Unbequeme nicht so geschichtsträchtig, so wirksam bis in die Gesellschaft hinein gewesen wären.

„Tomeks Wirken hat Musikgeschichte geschrieben, das große Wort Epoche wäre da kaum übertrieben" hat Gerhard R. Koch in seinem FAZ-Nachruf geschrieben. Solcherart Gewichtung bestärkt den Autor, allerdings hätte sie der Protagonist des Buches – Otto Tomek – kaum je akzeptiert, denn eines seiner charakterlichen Hauptmerkmale war die Bescheidenheit, vielleicht seine Tarnkappe, die seine wirkmächtigen Entscheidungen und Einflussnahmen neben den sprachgewaltigeren und ehrgeizigeren „Mit-Machern" unbemerkbar hat sein lassen.

Das Buch will deshalb den von ihm hinterlassenen Schatz heben. Es will das Verborgene offenlegen, damit ihm Gerechtigkeit und Achtung widerfahre. Dass dabei mancherlei Indiskretionen zur Erhellung musikgeschichtlicher Tabuzonen „notwendig" sind, dass das eine oder andere rundfunkgeschichtliche Geheimnis gelüftet wird, liegt in der Sache selbst und in meinem Interesse. Allein: Die Dokumente sprechen für sich. Dabei kommt es auch zu einer Revision der sakrosankt und durch litaneiartige und routinierte Mundpropaganda zementierten Positionierungen von Komponisten. Ihre Darstellungen von Beziehungen und Ereignissen wird entlang der Briefwechsel und Erfahrungen Otto Tomeks, wo es nötig ist, korrigiert beziehungsweise relativiert. Es ist also auch eine Art Aufklärung, ein Versuch, die fest eingefahrene Geschichtsschreibung neu und anders zu beleuchten, was diesem Buch seinen Grund und seine Berechtigung verleiht.

1989/1990

1. Zeitraffer: Überblick über das geschichtliche Umfeld Otto Tomeks und über die Neue Musik nach 1945

Das *Europa* zwischen 1918 bis 1945 fiebert seiner eigenen Eschatologie entgegen, um das unabwendbare Karma auszukosten. Auch unter den Intellektuellen und den Künstlern und unter denjenigen, die die Kunst als ihre zu vermittelnde Sache betrachten, entscheiden die ideologischen Strömungen für und gegen den Antisemitismus und Nationalsozialismus, für und gegen einen schwächlichen Liberalismus, für und gegen einen lähmenden und lärmenden Sozialismus. Lässt man den Blick über die Zwanziger Jahre des letzten Jahrhunderts schweifen, in welchen bereits viele virtuelle Mitläufer des aufkommenden Nationalsozialismus ihren Kunstwillen mit diesem Systemsumpf synchronisieren und in welchen tausende von hoffnungsvollen Künstlerbiographien in Musik, Literatur, Kunst und Film sich systemimmanent etablieren, um sich zwanzig Jahre später in den Maschen des Dritten Reichs zu verstricken, so lässt sich bereits erkennen, unter welchen unsichtbaren Kräften Menschen zusammenkommen, zusammenprallen, um sich dann in Ideologien und in Weltanschaulichem zu spalten. Etliche sind darunter, die als verführte Jungmänner im deutschsprachigen Raum protzen mit ihrer Anhängerschaft und sich, aufgepeitscht durch wahnhaften Nationenstolz, in den Krieg stürzen, den viele von ihnen nicht überleben. Die entscheidenden Jahre zur Entfaltung ihres künstlerischen Potentials zerschlagen ihnen die Bomben und Granaten, verkohlt ihnen das Feuer und zermürben ihnen die Gefangenschaften.

Doch auch die rechtzeitig vor dem Krieg geborenen Komponisten wie Wolfgang Fortner, Werner Egk, Carl Orff, Cesar Bresgen oder der noch ältere Hans Pfitzner, um die bekanntesten zu nennen, werden zu mehr oder weniger feigen oder angepassten Dienern, zu sich klug widerspenstig verhaltenden Mitläufern oder zu leutseligen Tonsetzern des Hitler-Systems, in welchem sie Karriere machen durch Überzeugung oder ungeheuerliche Selbstverleugnung. Dennoch schaffen sie es, auch nach 1945 in ihren alteingesessenen oder aber neu installierten und hochangesehenen Positionen wirkungsvoll und mächtig zu werden und zu bleiben. Unter den Durchleuchtungen der alliierten Entnazifizierung gelingt es vielen, ihre NS-Mitgliedschaft zu verbergen und mit weißgewaschener Weste davonzukommen.

Einer von ihnen ist Wolfgang Fortner, der nach dem Tod von Karl Amadeus Hartmann im Jahre 1964 die künstlerische Leitung der „musica viva"-Konzerte in München übernimmt. Dieser Wechsel ist umso bemerkenswerter, wenn man bedenkt, dass der 1905 in München geborene Hartmann einer der Intellektuellen ist, der das NS-Regime konsequent boykottiert hat und seine 1933 komponierte und zwei Jahre später in Prag zur Uraufführung gelangte Orchesterkomposition *Miserae* als Fanal gegen den Unterdrückungsapparat der Nationalsozialisten verstanden wissen will. Fortners Funktionstüchtigkeit innerhalb des Nazireichs dagegen ist vielfach beschrieben worden. Ihn als Nachfolger von Hartmann zu installieren zeugt von einer erbärmlichen Widersprüchlichkeit im Bewusstsein der Kunstverantwortlichen in dieser aus heutiger Sicht noch immer rätselhaften und obskuren Nachkriegszeit.

Ein weiterer „heroischer" Verdränger des NS-Staates ist Wolfgang Steinecke, der 1945 von der amerikanischen Militärregierung zum Kulturreferenten der Stadt Darmstadt berufen wird, weil er es geschafft hat, seine NS-Zugehörigkeit und -Gefolgschaft durch Lügen und falsche Aussagen unter den Tisch zu kehren. Er, der noch 1938 als Musikkritiker der berüchtigten Ausstellung „Entartete Musik" bescheinigt hat, sie habe „ihre Zielsetzung in wirkungsvoller und stark beeindruckender Weise erfüllt".

Fred K. Prieberg, Musik im NS-Staat, Frankfurt, 1982, S. 274ff

Drei Jahre lang, von 1945 bis 1948 baut Wolfgang Steinecke die Kulturverwaltung Darmstadts in der zu 99 Prozent durch Spreng- und Brandbomben zerstörten Innenstadt unter örtlich schwierigsten Bedingungen auf. Er reanimiert die Stadtbibliothek, die Akademie der Tonkunst und die Volkshochschule und initiiert in diesen Institutionen eine Kammermusikreihe und erste Ausstellungen vormals entarteter Kunst. Der Übergang vom systembegeisterten Nazi zum rasch sich an die neuen Verhältnisse anpassenden Strategen gelingt ihm imponierend. Und weil niemand seine Verstrickungen im Netz der Meinungsmaschine der Nazis in der unmittelbar vorausgegangenen Vergangenheit kennt, ist er unter den jungen Intellektuellen auch schon unmittelbar nach dem Krieg hochgeschätzt.

Vor allem die von ihm 1946 institutionalisierten „Ferienkurse für internationale neue Musik" werden zum Zentrum, zum Brennpunkt, in welchem sich die jungen Komponisten aller Länder zusammenfinden, um ihre komponierten Werke, ihre kompositorischen Vorstellungen und ihre experimentellen, gleichwohl auch oft nur rudimentären Erfindungen auszutauschen und zu diskutieren – mit Gleichaltrigen, aber auch mit den Dozenten, die sich dem Nationalsozialismus zugehörig fühlten wie Hermann Reutter, Gerhard Frommel oder Wolfgang Fortner. Es bleibt Wolfgang Steineckes persönliches Geheimnis, wie er inmitten der vom Krieg total zerstörten Stadt, in der innerhalb von Stunden ein Drittel der 120.000 Einwohner gestorben waren, mit dem Bewusstsein seiner eigenen nationalsozialistischen Gefolgschaft und schuldhaften Verstrickung umgegangen ist. Ein Geheimnis, das er wie so viele Berühmtheiten der Nachkriegszeit – Hans Heinrich Eggebrecht, Günter Grass oder Politiker wie Kurt Georg Kiesinger und Hans Karl Filbinger – für sich bewahrt.

Joachim Kaiser, der bedeutende Kritiker auf den Gebieten der Musik und Literatur und Professor für Musikgeschichte an der Stuttgarter Musikhochschule hat aus der Perspektive des Literaten auf diese Zeit zurückgeschaut:

[...] 1945 sind keine Ideale mehr zusammengebrochen. Es kann keinen halbwegs intelligenten Menschen gegeben haben, der so ahnungslos war, dass er nicht spätestens nach Stalingrad 1943 anfing, ans Ende zu denken. Das ist auch der Zwist, den ich mit meinem Freund Günter Grass habe, der äußerte, er habe erst 1945 bei den Nürnberger Prozessen erkannt, dass Hitler kein feiner Mann war und die Nazis doch irgendwie Dreck am Stecken hatten. Stalingrad ist der eigentliche Einschnitt gewesen. Da wurde mir klar, dass der Krieg verloren ist. Die Existenz danach war wie ein dunkler Tunnel und die einzige Frage: Wie kommst du hier jemals raus? [...] Wir hatten das Bewusstsein, dieses Schicksal verdient zu haben, und fühlten, dass es lähmend sein kann, allzu viel über so etwas wie Schuld nachzudenken. [...] Die Gruppe 47, das waren geschlagene deutsche Wehrmachtsangehörige, die sagten, die Nazis haben die Sprache und die Literatur kaputt gemacht, wir fangen jetzt neu an. Und alles, was vorher war, das hat mit uns nichts mehr zu tun. Das hat im Einzelnen zu großen Kränkungen geführt [...]

Und auf die Frage, inwieweit die Gruppe 47 antisemitisch gewesen sei, antwortet Kaiser, diesen speziellen Hochmut der jungen Generation im Erinnerungsblick:

Das kann schon deshalb nicht sein, weil Wolfgang Hildesheimer und Erich Fried dabei waren. Und mein Freund Guggenheimer. Doch natürlich haben sich jüdische Literaten wie Hans Habe oder Robert Neumann gekränkt gefragt, warum sie nicht eingeladen wurden. „Herr Habe", habe ich ihm in einem kilometerlangen Brief geantwortet, „die Gruppe 47 lädt auch die berühmten älteren nicht jüdischen Deutschen keineswegs ein, den Manfred Hausmann nicht und den Ernst Wiechert nicht und den Ernst Jünger schon gar nicht. Sie lädt ja auch Max Frisch nicht ein. Da treffen sich junge geschlagene deutsche Schriftsteller" [...]

Joachim Kaiser „Ich weiß, dass ich sterben muss. Und zwar relativ bald.",
Interview: Georg Diez, Süddeutsche Zeitung Magazin, Heft 50/2008

Zurück zum 35 Jahre alten Wolfgang Steinecke: Seltsam beklemmend sind im Kontext mit seiner privat-persönlichen Verschwiegenheit seine pathetischen, mit Klimax angereicherten und im Sprachgebrauch schillernden Verlautbarungen kurz nach Beginn seiner Leitung der Ferienkurse:

Zwölf Jahre lang hat eine verbrecherische Kulturpolitik das deutsche Musikleben seiner führenden Persönlichkeiten und seines Zusammenhanges mit der Welt beraubt. Der Niedergang der deutschen Musikkultur, über den man mit Kulturbetrieb und K.d.F.-Opium [Kraft durch Freude] hinwegzutäuschen suchte, wirkte sich am verhängnisvollsten bei der inzwischen herangewachsenen deutschen Musikergeneration aus [...] Heute sind die engen Grenzen gefallen. Möglichkeiten freier Entfaltung sind uns wiedergegeben. Aber diese Möglichkeiten können nur ausgeschöpft werden, wenn sie erkannt, wenn sie, zumal von der jungen Generation, freudig bejaht und mit eigener Initiative ergriffen werden.

Wolfgang Steinecke, in: Rudolf Stephan, Kranichstein. Vom Anfang und über
einige Voraussetzungen, in ders. (Hg.): Von Kranichstein zur Gegenwart.
50 Jahre Darmstädter Beiträge zur Neuen Musik, Stuttgart 1996, S. 21

Von 1949 an öffnet Wolfgang Steinecke die Ferienkurse über die deutschen Grenzen hinaus. Mit René Leibowitz aus Paris und Rolf Liebermann aus Zürich, später mit Olivier Messiaen, Bruno Maderna und Pierre Boulez als internationalen Dozenten gewinnen die Ferienkurse allmählich ihren Ruf und Ruhm.

Hier sollte die Musikwelt die von den Nationalsozialisten erstickte Musikentwicklung dort aufgreifen können, wo sie abgerissen war. Nur: Wie aus dem Grauen der unmittelbaren Vergangenheit Konsequenzen ziehen –und mit welchen Mitteln? Man konnte sich doch nicht in derselben Tonsprache ausdrücken, die von einer Gesellschaft zelebriert und usurpiert worden war, die die Welt in diesen Abgrund geschickt hatte. Jede Verbindung dazu musste durchtrennt werden, auch hier brauchte es eine Stunde null.

Jahr für Jahr rangen nun in den Darmstädter Nachkriegssommern Komponisten, Instrumentalisten, Theoretiker und Philosophen – allen voran Theodor W. Adorno – um eine Antwort auf diese Aporie. Einige sahen sie in der seriellen Kompositionsmethode – Anknüpfungspunkt war das von Arnold Schönberg entwickelte Zwölftonsystem, das von faschistischer Seite als entartet deklariert und verboten worden war. Die Töne waren hier aus der Hierarchie der Funktionsharmonik entlassen. Aber Musik bestand nicht nur aus Tonhöhen. Nichts hinderte eine atonale Melodie daran, sich nach herkömmlichen Gestaltungsregeln zu entfalten. Waren Parameter wie Dauer, Dynamik und Klangfarbe eines Tons nicht genauso potenzielle Träger einer alten Musiksprache? Erst wenn der Musik jede subjektive Ausdrucksmöglichkeit genommen war, konnte man wirklich behaupten, Tabula rasa mit der Vergangenheit gemacht zu haben [...]

Barbara Eckle, 70 Jahre Darmstädter Ferienkurse für Neue Musik, in Der Tagesspiegel vom 12.8.2016

Um solcherart tiefsitzende Abneigung gegen die „Willkür des Ausdrucks" zu verstehen, bedarf es einer näheren Beobachtung der Koordinaten, die unmittelbar nach dem Krieg „junge geschlagene deutsche" Komponisten zusammenbringen, die mit Radikalität, mit Rigorismus und mit intellektuellem Sendungsbewusstsein die Wirkungsqualität von Musik auszumerzen versuchen.

Es geht der jungen Generation auch darum, die Spuren des Faschismus und der Kriegseuphorie in der Entwicklung der Musik auszulöschen. Stattdessen aber hat sie neue Vormachtstellungen, neue Regelsysteme unter anderen Vorzeichen installiert. Denn Gestaltung nach herkömmlichen Methoden gilt nun als Verrat. Klänge, die Gefühle oder Empfindungen stimulieren, eine Musik, die auf Ausdruck zielt, wird ignoriert, wenn nicht verachtet. „Meisterwerke der Vergangenheit" zu hören, gilt als sentimentale Erinnerung, als bequeme Gewohnheit, als reflexionsloses Ausleben von Genussbedürfnissen. Geschmack als Kategorie ästhetischer Qualität wird belacht; Freie Form gilt als Willkür und unreflektierte Selbstbegeisterung am Selbstgeschaffenen und widerspricht der Doktrin, Spiegelung von Subjektivität im Komponierten tunlichst zu vermeiden.

Die Negation all dieser Tabus führt geradezu zwangsläufig zum Kompositionsstil der Nachkriegsavantgarde: Rationale Durchdringung des verfügbaren „Materials", aus dem mit Zuhilfenahme logischer Strukturierungen automatisch kompositorischer Sinn erhofft wird, ohne noch einmal Beziehungen zum Vorgeschichtlichen zuzulassen. Es wird die Hoch-Zeit der komponierenden Strukturalisten. Viele allerdings sind nicht mehr als Formel- und Reihenbastler, die trotz aller Überzeugtheit von gelungener Komplexität Dilettanten innerhalb des mathematischen Denkens bleiben.

Ein groteskes Gemisch an komponierenden Neuanfängern und sich wieder zusammenfindenden Vorkriegsavantgarden finden sich in den ersten Jahren dieser Darmstädter Ferienkurse ein. Die Alten erhalten ihre Plattformen und die Jungen die ihren. Einige der Schicksalsträger etablieren sich sofort unter den neuen ideologischen Einflüssen der Nachkriegszeit, manche vernetzen sich zu einem stabilen Geflecht, aus dem ein neues Bewusstsein entsteht. Interessant ist dabei, wie sich die Biografien des Triumvirats der Komponisten Luigi Nono, Pierre Boulez und Karlheinz Stockhausen in diesen entscheidenden und vor allem zukunftsbestimmenden Phasen kreuzen, gegenseitig befruchten und schließlich alle anderen Tendenzen von Einflussnahmen dominieren.

Es ist nicht Tyche, die blind waltende, zufallsgesteuerte Göttin, die die Schicksalsfäden dieser drei verknüpft, sondern eher scheinen hier die Moiren am Werk, die Weberinnen der Gunst der Stunde und des Vorteils. Bis heute nennt die aktuelle Musikgeschichte diese drei Namen in einem Atemzug als die Architekten und Strategen eines neuen Musikbewusstseins. Deshalb wäre die Geschichte der Neuen Musik nach 1945 ohne diese drei Namen nur Gerippe. Die Drei sind alles: Fleisch, Blut, Knochen und Ausscheidung. Und sie sind virtuose Protagonisten auf der Bühne eines mitunter seltsamen Spiels der Behauptung und des in-Szene-Setzens. Hier hilft vielleicht ein anderes Bild zur Veranschaulichung des Gemeinten: Auf ein musikgeschichtliches Schachbrett gehören viele andere Figuren auch, die aufgestellt sind als „Bauern" (unwichtige Nebenfiguren, die die wichtigen zu schützen haben), als „Rittmeister" (solche mit Imponiergehabe ohne Substanz) oder als „Einspringer", solche also, die sich anzupassen verstehen, die imitieren, was sie beeindruckt, die, wenn sie denn zu einem partiellen Erfolg verdammt sind, stören oder vom Brett gefegt werden. Namhaft Namenlose. Die „Türme", um im Bild zu bleiben, hingegen sind existenziell wichtig. An ihnen festigen sich die schutzbefohlenen Könige, um durch ihre Überlebenskunst das Spiel zu gewinnen. Es sind die Vertreiber der Werke in Person von Verlagsherren und in der Funktion von Veranstaltern, von Spielmachern. Otto Tomek ist einer dieser Türme, denen das Spiel der Rochade – des ständigen Austauschs der Figuren, wenn es um öffentliche Konzerte oder um Studioproduktionen ihrer Werke geht – eigen ist. Sie sind die Leuchttürme als eine Art Fels in der Brandung, gewissermaßen Repräsentanten und Stellvertreter der „Damen" (der hierarchisch institutionalisierten Intendanten).

Wolfgang Hofer hat diese „Rochade-Funktion" in seiner Laudatio zu Otto Tomeks 80. Geburtstag sehr präzise beschrieben, nämlich wie bei Otto Tomek Persönlichkeit und berufliches Selbstverständnis zu einer untrennbaren Einheit verschmilzt und ihn zu einem unauffälligen aber wichtigen Fixpunkt in der Pionierzeit der neuen Musik werden läßt:

> Sein ästhetisches Senkblei lotete immer wieder und weiter Unerforschliches aus. Mit geheimerem Möglichkeitssinn für eine authentische Neue Musik hinter den Wirklichkeiten. Dieser Idee, möglichen Latenzen und Potentialen immer wieder, an allen

Orten seines Wirkens ins Reale zu verhelfen, hat er sein Schaffen und Wirken gewidmet.

Alles das in ein paar Momenten zu rekonstruieren, ist schlicht unmöglich. Man kann nur einige besondere Augenblicke samt all ihrer Plötzlichkeit aus dem lange bewirkenden und wirksamen Dasein evozieren. Das geht naturgemäß nur in Momentaufnahmen. Aber die Musik selber ist, wie wir wissen, eine Momentform, eine Kunst in der Zeit. Und wie sehr Otto Tomek nicht nur am Puls seiner Zeit war, sondern umso intensiver auf der Höhe seiner Zeit, die immer noch die unsere ist – vorausweisend und vieles vorwegnehmend im Sinne von jener qualitativen Moderne, die haltbar ist und bleiben wird – das sei hier in ein paar Augenblicken versammelt und vergegenwärtigt.

Eigentlich kann man sein ganzes Leben – wirklich und wahrhaftig als gelebte Musik interpretieren – im Sinne eines richtigen Lebens auch für die neue Musik im, wie ich meine, durchaus problematisch so genannten Musikleben, das – auch heute oft genug dazu tendiert, den Adorno-Spruch zu bestätigen, wonach es kein richtiges Leben gäbe im falschen. Nichtsdestotrotz kann man dieses authentische Dasein des Doktor Otto Tomek für die Neue Musik ganz einfach übersetzen und übertragen in die Formel: „Meine Freunde – die Komponisten" [...].

Wolfgang Hofer, DROTTOTTANTO Gelebte Musik, Laudatio, gehalten zum 80. Geburtstag Otto Tomeks in der Stuttgarter Liederhalle im Rahmen von attacca SWR, November 2008

Ohne Otto Tomek, so könnte man leichtsinnig behaupten, wären Nono, Boulez und Stockhausen nicht denkbar. So stimmt es nicht. Wahrer wäre aber doch: Tomek ohne die drei Künstler?... nicht denkbar. Immerhin ist er ihr Mann zur rechten Zeit, die leuchtend „hellgraue Eminenz", der Realisierungsgenosse und Verbreiter, der Weichensteller im Netz diffuser Entscheidungsinstanzen. Dass er darüber hinaus auch der Intimus von allen dreien gewesen ist, ist erstaunlich gemessen an der Unterschiedlichkeit der Charaktere der Drei und ihrer phasenweise forcierten Ansprüchlichkeiten Tomek gegenüber. Denn sein Engagement als Förderer wird ihnen und nicht nur ihnen immer wieder eine willkommene Möglichkeit bieten, sich als Künstler in Weltposition zu bringen.

Das kann allerdings auch Freundschaft belasten, denn die Rituale des Bittens und der Dankerbietung unter den Beförderten in Musik und Kunst sind Legende, auch ihr sprachlicher Ausdruck gleicht Stempeln, die an Monotonie und Einfalllosigkeit nicht zu überbieten sind. Ihnen ist die Ödnis der Heuchelei eingeschrieben, ohne die Musik-, Kunst- und Unterhaltungsbetriebsamkeit nicht funktionieren könnte. Dass Otto Tomek diese Rituale meisterlich beherrscht und sie zugleich durch seine inszenierte „Ichlosigkeit" ironisiert, steht auf einem ganz besonderen Blatt, das in späteren Kapiteln aufgedeckt werden wird.

Was Tomek als Freund auszeichnet, was ihm in seinem Naturell wie von selbst entgegenkommt, ist die Unbekümmertheit gegenüber den Ereignissen, ob diese nun skandalös oder öde sind. Kummer gilt ihm nichts. Mit der List des Beobachters beobachtet er auch die Präsenz von künstlerischem Vermögen und Integrität. Er kann wie kein zweiter Qualität innerhalb des kompositorischen Zeit-Klimas sofort erspüren. Ist diese gepaart mit ethisch-moralischer Stringenz der Persönlichkeiten, die ihm ihre Werke anbieten, hat er sie zu seinen Freunden gemacht. Keine Kumpanei, sondern

links: Karlheinz Stockhausen und Luigi Nono, Darmstadt, 1959, rechts: Pierre Boulez, Darmstadt, 1956

Freundschaft als Garantie, seine Treue ihnen gegenüber aufrecht zu erhalten auch in Zeiten schwindender Popularität oder überbordender Unverschämtheit seitens derer, die er aufmunternd begleitet. Völlig unempfindlich ist er gegenüber den Eitelkeits-Attitüden und den Vormachtskämpfen unter den Bepreisten und – wie Thomas Bernhard schreiben würde – unter den Berühmten.

Die Einzigartigkeit von Luigi Nono, Pierre Boulez und Karlheinz Stockhausen erkennt Otto Tomek in ihrer damaligen und zukünftigen Bedeutung sofort. Er erkennt sie am klingenden Ereignis und bei der Lektüre ihrer Partituren. Längst als sich die drei Heroen voneinander trennen und ihre eigenen Wege beschreiten, bleibt ihnen Tomek derjenige, der er für sie von Anfang an ist: ein Freund, ein verlängertes Sprachrohr, das uneigennützig ihre individuellen Qualitäten zu preisen und zu verbreiten versteht. Sie sind extrem unterschiedlich in Charakter und Mentalität und zugleich in ihrem „absolutistischen" Auftreten Wesensverwandte. Diese drei Komponisten finden sich in dem brodelnden Sud des komponierenden Neuanfangs in Europa ausgerechnet in der deutschen Provinz, in den Kleinstädten Darmstadt, Baden-Baden oder Donaueschingen und schließlich auch in Köln beim Westdeutschen Rundfunk, in Wien, um sich auszutauschen, sich gegenseitig zu beeinflussen und sich um ihrer persönlichen Positionierungen wegen schließlich voneinander abzugrenzen und auch phasenweise zu bekämpfen.

Das ist kein Zufall

Interessant ist in diesem Zusammenhang die jeweilige Biographie der drei in ihrer Jugend und Adoleszenz. Sie in Beziehung zu bringen zu derjenigen von Otto Tomek macht jenen Raum auf, von dem bis zum heutigen Tage gesagt wird, er habe die Musikgeschichte des 20. Jahrhunderts „entscheidend" mitbestimmt. Entlang der drei kurzen Lebensabrisse werden die Fäden des Schicksals und die daraus entstehenden Vernetzungen und phasenweise auch Verschlingungen hin zu Otto Tomek nachgesponnen.

Blicken wir also zuerst nach Italien in die verträumt-ländliche Idylle der Giudecca, dann in die landschaftlich eher öde französische Provinz um Montbrison und schließlich von da aus nach Deutschland in die launige rheinländische Frohnatur-Geselligkeit.

Luigi Nono, am 29. Januar 1924 – im Sternbild des Wassermann wie Otto Tomek auch – in Venedig geboren, studiert zunächst nach dem Abitur Jura. Vergegenwärtigt man sich Italien um das Jahr 1940, so ist unter Benito Mussolinis Diktatur das Militärbündnis mit dem Dritten Reich bereits geschlossen und Italien, vereint mit diesem, in den zweiten Weltkrieg eingetreten. Man muss als junger Italiener Glück gehabt haben, um nicht als Menschenmaterial im Krieg verschrottet zu werden.

Der Widerstand einer jungen Generation gegen das Regime Mussolinis bringt auch Nono in die sozialistisch-kommunistischen Kreise Venedigs, ein Ort während des Krieges, der für die Studenten und Studentinnen durchaus erlaubt, im Meer baden zu gehen und das Nachtleben zu erobern. Postulate Mussolinis wie: „Die sogenannten ‚seriösen' Menschen bilden den sozialen Ballast. Die Kultur ist das Werk der sogenannten ‚Wahnsinnigen'"

Karin Priester: Der italienische Faschismus. Ökonomische und ideologische Grundlagen. Köln 1972, S. 88 f.

müssen einen zur Musik hin sich bewegenden Künstler empfindlich treffen und verstören. Nono schließt einigermaßen erfolgreich Jura ab, um dem autoritären Einfluss des Vaters gerecht zu werden. Der Komponist und Freund des Vaters Gian Francesco Malipiero wird der erste Lehrer Nonos. Durch ihn trifft er 1942 beim Festival zeitgenössischer Musik in Venedig auf den vier Jahre älteren Bruno Maderna, der gleichfalls bei Malipiero weniger Komposition studiert denn Unterweisungen im musikpraktischen Leben erhält. Maderna, von Nono bewundert und geliebt, übernimmt den Unterricht in Musiktheorie und Praxis.

> […] Ein liebevoll besorgter Meister, wie ich ihn erlebte, als er mich in den Jahren der bestialischen Herrschaft des Faschismus (von 1943–45) als Schüler aufnahm und mir mit seinen Kursen und Seminaren die Tür zum Studium und Kenntnis jener Musik öffnete, über die damals in Italien ein Bann verhängt worden war: Schönberg, Webern, dazu Dallapiccola und natürlich Monteverdi und die Musik der italienischen Renaissance. Und G.F. Malipiero selber riet mir, mich mit Bruno Maderna in Verbindung zu setzen, den er sofort sehr schätzte und bei dem ich dann weiterstudierte.
>
> Luigi Nono, Texte Studien zu seiner Musik, hg. Jürg Stenzl, Zürich, 1975, S. 175

Luigi Nono,
Darmstadt, 1956

Im Jahre 1948 empfiehlt Malipiero seinen beiden Jungkomponisten, bei Hermann Scherchen 1948 den Dirigierkurs innerhalb der Biennale in Venedig zu belegen. Scherchens Verbindung zu Wolfgang Steinecke schließlich macht, dass Nono erstmals 1950 in Darmstadt bei den Ferienkursen auftritt und mit seinem „Opus 1“, den *Variazioni canoniche sulla serie dell' op. 41 di Arnold Schoenberg* – uraufgeführt vom Landestheater-Orchester Darmstadt unter Scherchens Leitung neben Hans Ulrich Engelmanns *Impromptu* für großes Orchester op. 4 (1949) und Hans Werner Henzes 2. Sinfonie für großes Orchester – Furore macht und selbst unter gutwilligen Nachwuchskomponisten der ersten Generation nach 1945 blankes Entsetzen provoziert.

> Die Stadt Darmstadt und ihre Internationalen Ferienkurse für Neue Musik waren für Luigi Nonos künstlerische Entwicklung und Karriere von wegweisender Bedeutung. Von 1950 bis 1960 besuchte Nono die Ferienkurse jedes Jahr. Hier lernte er die Musik der Wiener Schule kennen, hier schärfte er im Austausch mit Karlheinz Stockhausen, Pierre Boulez, Bruno Maderna, Theodor W. Adorno und vielen anderen seine musikalischen Anschauungen, hier unterrichtete er selbst zum ersten Mal Komposition und stellte sich mit Vorträgen und Uraufführungen seiner Werke einem internationalen Publikum. Er sei „in Darmstadt geboren!“ [...].
> Archiv der Internationalen Ferienkurse Darmstadt (IMD)

Hier in Darmstadt treffen also erstmals Luigi Nono, Karlheinz Stockhausen und Pierre Boulez zusammen. John Cage, den man zu diesem Triumvirat nicht hinzuzählen kann, und der dennoch einflussreich und als konstruktiver Störfall das musikalische Europa verunsichert, kommt 1958 erstmals nach Darmstadt, um Boulez, welcher seine Kurse absagt, zu vertreten. Jene vier Komponisten, auf die sich seit nunmehr 65

John Cage,
Darmstadt, 1958

Jahren alle Welt bezieht, wenn über die Innovationen innerhalb des musikalischen Denkens und Handelns, über die Strömungen ästhetisch verbunkerter und sich selbst befreiender Prinzipien, über die Konfrontationen von Gruppierungen und Vertretern eines ganz speziellen Reflexionsniveaus oder über die Einflüsse auf die nachwachsende Generation geredet oder geschrieben wird, sind in unterschiedlichem, mal mehr oder weniger engem Austausch miteinander und das nicht nur in Darmstadt, sondern in unterschiedlicher Funktion in all jenen deutschen Zentren der Neuen Musik sowie in wichtigen Institutionen des Auslands.

Niemals zuvor und bis heute nicht hat es je eine solche Vormachtstellung von so wenigen Komponisten gegeben. Sie so ins Zentrum des Bewusstseins nahezu aller zu bringen, um sie in ihrer Bedeutung über alles zu stellen, was bestimmt nicht weniger befruchtend und weiterführend ist, geschieht nicht allein durch die Wirkung der Werke und durch den rigorosen Ehrgeiz der Macher. Lastenträger mit sendungsbewusstem Engagement wie Rundfunkredakteure, Verlagslektoren sind dafür notwendig und hilfreich. Auch junge aufstrebende Interpreten, die sich der Aufgabe stellen, das Nichtaufführbare aufführbar werden zu lassen, helfen bei der Popularisierung. Und die Turmwächter, welche das für sie als bedeutsam Erkannte verteidigen und zugleich nach außen verbreiten wie Prediger einer neuen Sekte, helfen zum Ruhme dieser Wenigen mit, indem sie über deren Musik reflektieren, schreiben oder durch kluge Kommentare und Kritiken in öffentlichen Periodika das noch nicht vorhandene „Netzwerk" zu installieren versuchen.

Interessant ist, dass sich ganz bestimmte Aufführungsereignisse bis heute in die Köpfe derer eingraviert haben, die sie erlebt und daran teilgenommen haben. Die Sprengkraft solcher Ereignisse – oder Skandalons – generiert sich aus der jeweiligen Neuartigkeit und Andersartigkeit zu allem, was man bis dahin gewohnt ist und als neue Musik verstanden hat. Der Grad einer vollständigen Abkehr von der ehemals tradierten, oft auch als „romantisierend" bezeichneten Musik entspricht dem Einschlag, also der Wirkung.

Karlheinz Stockhausen, über den zu schreiben sich schon allein wegen der Menge an Literatur, die es mittlerweile über ihn gibt, erübrigt, hat mit genial-aufsässiger, egomanischer Selbstverliebtheit und pedantischer Auflistungs- und Beschreibungskonsequenz sowohl alle seine Werke als auch die unterschiedlichsten Orte der Aufführungen chronologisch festgehalten: Die unzähligen Interviews und Kommentare zur Bedeutung seiner Werke, zu den Aufführungsstätten, Veranstaltern, Förderern und Ermöglichern sind chronologisch festgehalten, aber auch intime Diskretionen und die privaten Sphären in seiner ästhetisch wirkungsmächtigen Anti-Burg in Kürten als eine Totalbiographie seines Lebens parallel zum Leben selbst, in siebzehn Bänden systematisch protokolliert und mit Fotos und Notenbeispielen, mit Skizzen und Strukturplänen, mit Darstellungsbildern und Graphiken ornamentiert. Was ihm bei seiner Karriere – hier ist dieses Wort in seiner Bedeutung tatsächlich kaum treffender zu gebrauchen, meint es doch aus dem Lateinischen kommend „Fahrstraße" (und erweitert auf die Ebene des Betriebsmanagements: „jede betriebliche Stellenfolge einer Person im betrieblichen Stellengefüge") – dabei nützlich und hilfreich ist, die affirmativen Wegbegleiter und Claqueure, wird ausgiebig geschildert und anerkennend betätschelt, was ihm Schwierigkeiten, also nicht den nötigen Respekt oder die nötige Bewunderung, sondern hinterfragende Kritik entgegenbringt, weglassen. Eine perfekt-perfide, wenngleich überwältigende und beeindruckende Tat, als Fundgrube zum Verständnis seiner Bedeutung für die Musikgeschichte des 20. Jahrhunderts uneingeschränkt bedeutsam, singulär, nicht durch andere wiederholbar. Stockhausen ist nicht im Musikbetrieb herrschend, er ist der personifizierte Musikbetrieb, der Strippenzieher, dem es vielfach gelingt, die Macher der Institutionen als Marionetten an den Fäden seiner Finger willig tanzen und gestikulieren zu lassen.

Dieser Karlheinz Stockhausen wird nicht wie Mozart, obschon ihm dieser Vergleich manchmal tatsächlich selbst gekommen ist, als Wunderkind geboren, auch hat die Mutter keinerlei ähnliche Voraussetzungen wie jene Mutter, deren Sohn für die zweitausendjährige, abendländisch-christliche Religion mitverantwortlich ist. Das, was ihm nach seinem 16. Lebensjahr gelingen wird, gelingt ihm aus eigener Kraft. Es gibt etliche Bücher, die auch die Kindheit und Jugend Stockhausens den Fakten entlang zu beschreiben versuchen. Und es gibt die weiblichen und männlichen Wegbegleiter, die aus freundschaftlicher Nähe heraus weniger Sachliches denn eher Verklärendes beizutragen wissen. Wie zum Beispiel in dem noch unveröffentlichten potentiellen, im Internet in Auszügen bereits auffindbaren Buch des Schriftstellers Thomas von Steinäcker, der als der langjährige Freund Stockhausens die trostlose Kindheit des Kölners in einer Landschaft angesiedelt beschreibt, die eher aus einem deutschen Märchen stamme, denn ein Abbild der Wirklichkeit sei. Dieses Altenberg, östlich von Mödrath, wo er am 22. August 1928 im Sternzeichen des Löwen geboren wird, hat ihn von dem Nazi-Getrampel einigermaßen ferngehalten, obschon der Vater Simon Stockhausen als ständig um das Kölner Zentrum versetzter Volksschullehrer ein leidenschaftlicher Hitlerfreund, „ein fanatischer Frontmensch" gewesen ist. Dort muss er immer nach der Schule und auch während der Ferienzeiten für die sehr arme Familie meist bei Bauern der Gegend Geld hinzuverdienen. Er verdient sich das Unterrichtsgeld für die Klavierstunden selbst und lernt als Zwölfjähriger an der Schule das Violin- und Oboenspiel.

> Die Mutter Gertrud ist da bereits seit einigen Jahren in einer „Heilanstalt", weil sie „schwermütig" wurde. Zu Hause mussten sich für den kleinen Karlheinz traumatische Szenen abgespielt haben: die Mutter, die nachts schreiend durch die Zimmer läuft, der Vater, der die beiden kleinen Kinder zu beruhigen versucht, bis Gertrud „abgeholt" wird. 1941 wird sie im Zuge des „Euthanasieprogramms" vergast.
>
> Thomas von Steinäcker, aus: Der Mann, der vom Sirius kam, 114,
> Das literarische Online-Magazin des S. Fischer Verlags, 2017

Ausführlich beschreibt Stockhausen selbst die eigenen entsetzlichen Erfahrungen am Ende des zweiten Weltkriegs als Sechzehnjähriger, wie er im Kriegslazarett 25 Kilometer direkt hinter der Westfront als Krankenträger die Kriegsverwundeten verpflegt und die Wunden der von Phosphorbomben der Alliierten Entstellten verbindet.

> Es gab keine Zeit mehr, die Toten zu begraben. Sie lagen in einer kleinen, zerschossenen Kapelle, und jeden Tag warfen wir 30 oder 40 Körper einen über den anderen. Einige waren noch lebendig. Es war aber nicht genug Platz auf dem Lazaretthof, und so haben wir sie übereinander geschmissen, um Platz zu machen für die anderen, die ständig gebracht wurden. Manchmal kamen 500 an einem Nachmittag. So ging es mir die letzten sechs Monate des Krieges.
>
> Karlheinz Stockhausen, Texte zur Musik 1970–1977, Band 4, Köln, 1978, S. 589

Zu eben dieser Zeit verabschiedet sich der Vater, der sich freiwillig an die Ostfront meldet. Im April 1945 ist Stockhausen Vollwaise.

Mary Bauermeister, Stockhausens langjährige Geliebte, zeitweise Ehefrau und Mutter zweier seiner insgesamt sechs Kinder, hat wenige Jahre nach seinem Tod die Geschichte ihrer Liebe und Beziehung festgehalten. Kindheit und Jugendzeit werden gestreift und Erinnerungen an schreckliche Kriegserfahrungen ausgetauscht; auch von den Gräueln erzählt das Buch, die Stockhausens Vater in Russland verübt, verüben muss. Liebesnächte haben schon immer den Charme der Verklärung, ja auch einer gewissen heiteren Ignoranz gegenüber dem Leid und dem Missgeschick anderer angenommen, vielfach für die Leser peinliche Berichte, wenn man sich nur zum Beispiel Mahatma Gandhis schuldbewusste Beschreibung erster sexueller Erfahrung in Verbindung mit dem Tod des Vaters im Nebenraum vergegenwärtigt. Auch in Mary Bauermeisters sehr leidenschaftlich-gefühliger Ineinswerdung mit dem „größten Komponisten des 20. Jahrhunderts" bleiben die fatalen Erinnerungsszenarien an die Kriegsgeschehen und an die völlig zerstörte Innenstadt Kölns auch Ausschmückungen zur Festigung eines erwachenden Verehrungskults um das Genie Stockhausen. Wenn man sich die Fotos von Karlheinz Stockhausen vergegenwärtigt, die in ihrem Buch abgedruckt sind, sieht man einen hellwachen, nicht durch markante Züge auffallenden, nicht sonderlich imponierenden, unmittelbar direkt in die Kamera blickenden, hübschen jungen Menschen, skeptisch-offen, nicht beladen durch die Kriegserfahrungen, sondern beladen mit untrüglicher Klarheit und Durchhaltewillen. Im Vergleich dazu blickt das junge Gesicht Otto Tomeks munter, gut erzogen und jeder Anfechtung gegenüber gewappnet ins Blitzlicht des Fotographen.

1947 und in Salzburg 1952

Von Pierre Boulez' Kindheit und Jugend gibt es so gut wie nichts Dokumentarisches. Diskretion und Schweigen zeichnen ihn aus. Zum Leben selbst gehört für ihn nicht die bereits parallel angelegte Geschichtsschreibung seines eigenen Wirkens und die mit ihm verbundene Unsterblichkeit. Boulez ist intelligent genug, dieses Öffentlichkeitstheater um seine Person zu ironisieren und, wo es ihm immer möglich ist, zu verhindern. Nur so viel: Er wird am 26. März 1925 in Montbrison, einer Kleinstadt in der Region Auvergne-Rhône-Alpes mit nur wenig mehr als siebentausend Einwohnern, geboren. Der Vater, ein Ingenieur im Bereich des Stahlbaus, ist wie Nonos Vater streng und nüchtern, die Mutter zurückhaltend und bis ins hohe Alter hinein von elementarer Diskretion, ist doch durch sie über den jungen Pierre nichts zu erfahren, so dass die Behauptung von Boulez, einer der wenigen Menschen zu sein ohne Biographie, einige Berechtigung hat. Durch das Klavierspiel seiner um drei Jahre älteren Schwester Jeanne wird Boulez gleichfalls das Instrument favorisieren und erhält nicht nur Klavierunterricht im Nachbarort St. Étienne, wo er auch in der örtlichen

Jesuitenschule ist, sondern er singt dort auch in einem Chor. Der strikte Zeitplan der Erziehungsanstalt gewöhnt ihn an eine eiserne Disziplin, die seine musikalische Arbeit ein Leben lang prägen wird. Ausgestattet mit dem absoluten Gehör wird seine ungewöhnliche Begabung in Musik und Mathematik rasch klar. Am Ende der Schulzeit schreibt er seine ersten Kompositionen. Auch er erlebt die Schul- und ersten Studienjahre im Bewusstsein von jener Übermacht des Faschismus, der Frankreich von 1940 bis 1944 besetzt hält, obschon das mittlere und südliche Frankreich durch die Demarkationslinie zur sogenannten „Nono-Zone" – „non occupée" wird. Boulez kann sowohl das Abitur als auch das Studium in Mathematik an der Universität in Lyon problemlos absolvieren. Wohl erst in Paris, nach der endgültigen Entscheidung, Musik zu studieren, wird er mit der Besatzungsmacht indirekt konfrontiert. Ungeachtet dessen: 1944 lässt er sich am Conservatoire Paris von der Musiktheorieklasse Georges Dandelots in die Harmonieklasse von Olivier Messiaen umschreiben.

> Vielleicht rief ich ihn an, ich weiß nicht mehr. Aber ich erinnere mich noch genau, dass ich mit dem Fahrrad zu ihm fuhr – um diesen Ort in Paris aufzusuchen, braucht man ziemlich gute Muskeln, es geht steil bergan. Dann kam ich also bei ihm an; er wohnte sehr bescheiden. Ich erinnere mich, dass ich als erstes sein Pedalklavier sah – ein Instrument mit Pedalen wie eine Orgel. Ich brachte ihm einige Kompositionsübungen mit, und er sagte: Das ist interessant, nehmen Sie einige Stunden bei mir, um sich für die Aufnahmeprüfung in meine Klasse am Konservatorium vorzubereiten. Und so trat ich im Oktober in seine Klasse ein. Doch schon davor lud er mich zu einem Hauskonzert bei Guy Bernard-Delapierre ein. Das war im Juli 1944, etwa einen Monat vor der Befreiung von Paris. Bei diesem Hauskonzert spielte er mit Yvonne Loriod die „Visions de l'Amen" für zwei Klaviere. Das war das erste Mal, dass ich das Stück hörte. Und kurze Zeit später – da war ich schon sein Student – hörte ich es gleich nochmals, und zwar bei einer Aufnahme im Französischen Rundfunk, wo ich ihm die Seiten wendete. Es war sehr interessant für mich, dem Notentext zu folgen.
> Pierre Boulez, Max Nyffeler, Radio-Feature, gesendet am 7.12.2008 im WDR 3

Im August 1944 wird Paris von der Okkupation durch die deutschen Machthaber befreit und damit endet auch die in der Stadt sich immer stärker ausbreitende Hungersnot. Trotz vieler Gräueltaten der Deutschen vor allem in der Endphase der Besetzung der Stadt und extremer wirtschaftlicher Einschränkungen, die die Stadtbewohner erleben, kann dennoch ein einigermaßen funktionierendes, hier und da auch wahrlich improvisiertes Musikleben stattfinden, eben auch ein Privatunterricht in Komposition bei Olivier Messiaen. Unmittelbar nach der Befreiung gibt es bereits wieder erste Rundfunkaufnahmen seiner Werke, die wegen ihrer Modernität und Skandalträchtigkeit die leitende Kulturbehörde von Paris ermuntert, Messiaen keine eigene Kompositionsklasse im Conservatoire zuzulassen. René Leibowitz schließlich ist es, den Boulez stattdessen kurzzeitig in Paris als Lehrer favorisiert und der ihn mit dem komponierenden Nachkriegsdeutschland in Verbindung bringen wird.

Drei diametral entgegengesetzte Ausgangsszenarien der Kindheit und Jugend können später zwar im gegenseitigen Verständnis und in der rein intellektuellen Beobachtung von Befähigungen der Anderen Annäherungen möglich machen, aber wirkliches Verständnis und Einfühlungsvermögen? Die exorbitant geregelte Diszipli-

von links nach rechts: Henri Pousseur, David Tudor. Heinz-Klaus Metzger, Karlheinz Stockhausen, Pierre Boulez, Darmstadt, 1956

nierung, der Pierre Boulez „unterworfen" ist, Luigi Nonos frühes Zusammenkommen mit gleichgearteten Intellektuellen und Freunden, mit denen er während des Krieges Widerständiges denken und begreifen kann und schließlich Karlheinz Stockhausens Hölle, die an die Leichenbeseitigungsverfahren in den Konzentrationslagern erinnert, in die der Hochbegabte hineingestoßen wird und der er ohne offensichtliche Traumata im Seelischen oder Blockaden im Künstlerischen entrinnen kann, bleiben im doppelten Sinn „berührende" Koordinaten, die in die Lebenskoordinaten von Otto Tomek hineinragen. Seltsam und untersuchenswert bleibt die Tatsache, dass die prägenden Kriegserfahrungen sublimiert werden. In den vielen Begegnungen und gemeinsamen Taten, die später auf der Kreisbahn der langen Zeit von der Mitte bis zum Ende des Zwanzigsten Jahrhunderts stattfinden, findet rückerinnerndes Reflektieren der Kriegserlebnisse zumindest in den schriftlichen Dokumenten nicht statt: Sie haben für alle vier – so scheint es zumindest – nicht stattgefunden. Auch die unmittelbare Nachkriegsgeneration hat wie die Verursacher und aktiven Mitläufer der Naziherrschaft auf ihre Weise Verdrängungskultur in sich selbst etabliert.

Am Beispiel der drei Komponisten wird man Differenzierteres freilegen können. Die Klarheit und Präzision im Denken, die Genauigkeit im Arbeiten, die unprätentiöse Art des Auftretens, des Dirigierens und Delegierens, die bei aller strukturellen Durchdringung des kompositorischen Gegenstandes immer zugleich vibrierende Musikalität von Pierre Boulez lässt sich mit Luigi Nonos leidenschaftlicher Bedingungslosigkeit gegenüber der Ungerechtigkeit und Willkür ohne große Schwierigkeiten in Beziehung bringen. Nonos kompositorische Klarheit grenzt an Kälte, die konstruktive Kehrseite der Liebe, die in allen seinen Werken eine faszinierende Ratlosigkeit,

Mauricio Kagel und
Wolfgang Steinecke,
Darmstadt, 1959

eine Sperrigkeit ausstrahlt und die sich einer Zuordnung in vorgefertigte ästhetische Schubladen widersetzt. Zentrum bei Boulez und Nono ist die Musik, das eigen Errungene, der Weg zu einem neuen Terrain, das unbekannt ist. Karlheinz Stockhausen strahlt das Genialische aus. Er ist der Forscher, der Laborant im Hochofen der klingenden Kunst. Zugleich ist er Selbstvertreter und Selbstverehrer in eins. Mit dieser Unbescheidenheit verbindet sich im Verein mit Weltanschaulichem ein Konglomerat gefahrbringender Suggestionsschwüle jenen gegenüber, die dem Weltgebäude SIRIUS nichts Anderes entgegenbringen können als Unwissen. Bei aller Besessenheit, nur der Musik zu dienen und die ganze Lebenskraft und -zeit dem Komponieren zu verschreiben, bleibt Stockhausen in seinem Selbstarchiv der dieses Weltgebäude selbst tragende Protagonist ein Artgenosse des modernen Sektenführers.

Wenigstens so gewichtig wie diese drei repräsentativen Schwergewichte sind aber auch die vielen durch ihr kompositorisches Werk bedeutenden Einzelgänger ohne Einfluss auf den ästhetischen Mainstream dieser Zeit. Komponisten also, die durch „unerhörte", nicht zuordnenbare, wiewohl charakteristische Merkmale ihrer Werke als Reaktion Empörung, Verachtung, Verächtlichmachung, Ratlosigkeit, Wut und Rufmord meist sehr bewusst in Kauf genommen haben wie Edgard Varèse, Luigi Dallapiccola, Karl Amadeus Hartmann, Witold Lutosławski, Isang Yun, Bernd Alois Zimmermann, Henryk M. Gorecki, György Ligeti, Mauricio Kagel, Luciano Berio, Krzysztof Penderecki, Dieter Schnebel, Sylvano Bussotti, Ladislav Kupkovic, Vinko Globokar, Hans Zender oder Wolfgang Rihm. Ihnen gegenüber bleibt Otto Tomek unbeirrbar treu in Wort, unabhängig von Ruhm und Rang treu in Tat und, wenn es gilt, auch treu in Verteidigung und Schutz. Keiner der zu seiner Zeit lebenden Veranstalter und Rundfunkmacher sind ihm darin ebenbürtig, denn als aufmunternder Zuflüsterer und Steine-aus-dem-Weg-Räumer, als resoluter Bestärker und Schulterklopfer mit geselliger Noblesse, als rettender Fels in der Gischt ist er ein Solitär.

2. Jugend, Studium und Dissertation (1928–1953)

Schnell kann gefundene Wahrheit umschlagen in erfundene, durch gefälschte Wiedergabe der Tatsachen. Geschichte, in der man selbst steckt und sich tief festgefahren glaubt, läuft Gefahr, die Realität schön zu färben, indem durch wundersames und unhinterfragtes Romantizieren Begegnungen, die oftmals kaum über das alltäglich Banale hinausreichen, faszinierende Bedeutung gewinnen. Fast immer spielt darin Unbescheidenheit eine große Rolle. Nun ist der Begriff des Bescheidenen bei Otto Tomek eins mit seinem geschichtlichen Wirken. Seine Wirkmächtigkeit und seine menschliche Größe, die diejenigen erlebt und gespürt haben, die sich noch an ihn erinnern, verführt ihn nie zum Größenwahn. Tomeks Realitätssinn ist hoch entwickelt. Das Sentimentalisieren ist ihm fremd, es stößt ihn ab. Sein Handeln und jeder direktive Impuls daraus dienen der Sache, niemals ihm zum Vorteil. Nun hat er ähnlich wie Stockhausen, der ein Sammler seiner eigenen Taten in Wort, Werk und Bild ist, das gesamte Kompendium seines Wirkens, seiner Gründungen und seiner Verantwortungen, seiner Schriften, seiner Korrespondenzen und seiner vielen Rundfunkbeiträge, seiner Lobreden und seiner Erinnerungen festgehalten, gesammelt, kommentiert und schließlich dem Archiv der Akademie der Künste Berlin als Dauerleihgabe überlassen. Keine heroische, selbstverliebte Rekapitulation der eigenen Biographie will es sein, so Tomek, sondern eine spezielle Musikgeschichte, bestenfalls entlang einer individuellen Biographie mit stetigem Blick auf die Neue Musik von 1953 bis 2000. Es soll gemäß Tomeks Willen auch eine Dokumentation eines selbstlosen Dienens inmitten des Reservats künstlerisch radikaler Erneuerungen sein, die manche der egomanisch komponierenden „Heilsbringer" zuwege gebracht haben. Aber auch eine Dokumentation der Rückversicherung, dass da alles, was geschehen ist, mit rechten Dingen zugegangen ist, geschichtsrelevant und unverfälscht, vielleicht auch eine Art des Rückversichertseins in die kaum fassbaren Umstände des Glücks und der beispiellosen Karriere, die Otto Tomek rückblickend wie ein Märchen erschienen sein müssen.

Sich solcher Mentalität zu nähern, die jeder euphemistischen Versuchung widersteht und dabei nachzuspüren, inwieweit solcherart Sammlerwut ohne jede Selbstbezogenheit geschieht, sondern nur im Dienste der Sache und im Dienste jener Menschen, die privilegiert sind, musikalische Kunst als provokative Fragezeichen und als bestechende Antworten zu formen, wird Aufgabe der folgenden Seiten sein und zwar paradigmatisch für die Geschichte jener Selbstlosen und Altruisten, denen der Erfolg und Ruhm der anderen ausreicht zur eigenen, wohlgemerkt sowohl konstruktiven als auch melancholischen Selbstverleugnung.

Otto Tomeks solidarische Rückendeckung und „Expositionen" – HerAusstellungen – von Großnamigen wird zur Geschichte als gefundene Wahrheit. Seine Erfahrungen innerhalb vielfach undurchdringlicher Gestrüppe, durch unbescheidene Vormachtstellungen von komponierenden Giganten dschungeldicht bepflanzt, sind kostbar für zukünftige Forschungen auf dem Gebiet der Faktenerhellungen. Was schließlich daraus entlang der Dokumente signifikant für die Geschichtsschreibung der Neuen Musik zu werden vermag, könnte der geliehene Blick sein, der Blick mit *seinen* Augen auf die Begebenheiten und Erlebnisse zwischen Privatem und Dienstlichem, zwischen Nähe und Diplomatie, zwischen Ironie und Resignation.

Tomeks Leben nachzuerzählen, gleicht dem Spiel eines fingierten Kausalitätszusammenhangs. Die meisten Biographien derjenigen, die in den zwanziger Jahren des letzten Jahrhunderts geboren wurden, wirken leer und verstockt, verrätselt und beschwichtigend, sobald es um die Beteiligungen am Zerstörungsprozess geht, um die inneren Regungen beim Waffendienst, um die intellektuellen Reflexionen über solcherart politischen Wahnsinn weltweit. Bei Tomek bleibt der Schleier des Unberührten und Unberührbaren, nicht zu verwechseln mit dem des Ungerührten, des Stumpfen gegenüber der vorausgegangenen Kriegstreiberei.

Er hat auch die Stadt Wien als rauchenden Trümmerhaufen und die ideellen Zerstörungen der Menschenseelen miterlebt, eine Stadt, die er als seine ganz eigene Heimat und Verortung von musikalischem Glück liebt. Wien, klischeehafter lässt es sich nicht formulieren: die Stadt der Musik ist auch die Stadt der kompositorischen Innovation. Nirgendwo sonst kann ein solcher Verlag wie die Universal Edition entstehen. Und Wien als der Stellvertreterort macht Otto Tomek durch alle seine Lebensphasen hindurch dann auch für die Komponisten interessant, die diesem heiteren, leidenschaftlich in die klingende Kunst verliebten Mann vertrauen. Wien wird für sie nicht nur die Stadt des Verlages sein, sondern vor allem die Stadt ihres Freundes. Insofern müssen die späteren Wirkungsstätten Köln, Baden-Baden und Stuttgart immer zugleich auch in Beziehung gebracht werden zur „Urstadt" Wien.

Wer 1925 und später im deutschsprachigen Raum geboren wird und den zweiten Weltkrieg überlebt, hat aus heutiger Sicht doppeltes geschichtliches „Glück". Er wird nicht in die Mühlen und Mahlwerkzeuge des Nationalsozialismus als verantwortliche Person gedrängt, sondern kann, wenn er in einem antifaschistischen Klima erzogen und groß geworden ist, sogar nach dem Weltbrand unter den Bedingungen einer neuen gesellschaftlichen Demokratie-Ordnung Karriere machen, zumindest aber eine einflussreiche Funktion oder Position übernehmen.

Otto Tomek ist ein solches Glückskind

Am 10. Februar 1928 wird er in Wien geboren. Sein Vater, Hofrat Dr. jur. Aloys Tomek (1896–1981), ein promovierter Beamter, angestellt bei der Polizeidirektion Wien, ist ein belesener Schöngeist, der sich in seiner Freizeit mit Studien nach allen Richtun-

1929 und 1938

gen hin weiterbildet. Immerhin zählt die Familienbibliothek wenigstens 3.000 Bände Literatur aller Art. Mit seinem Vater verbindet Otto Tomek ein herzliches Verhältnis, wenngleich er seine entscheidenden Jugendjahre ohne ihn verbringen muss. Denn sein Vater wird nach einem Gefängnisaufenthalt von etwa 6 Monaten wegen Untreue dem Hitler-Regime gegenüber wieder in den Polizeidienst aufgenommen und sofort verschickt, zunächst zur knallharten Militärausbildung nach Duisburg, dann in den Krieg nach Russland, anschließend nach Brüssel und zuletzt nach Rostock. Von dort kommt er erst im Sommer 1945, Otto Tomek ist bereits 17 Jahre alt, nach Wien zurück. Seine Mutter Pauline Tomek, geborene Preynössl (1908–1993) ist mit Haushalt und Kindern vollauf beschäftigt, umso mehr, als sie während der Kriegsjahre allein für ihre Kinder sorgen muss. Nach der Volksschule wechselt Otto Tomek 1938 ins Humanistische Gymnasium Wien. Parallel erhält er Privatunterricht im Fach Klavier, den er mit Fleiß und einiger Begabung absolviert. In dieser Zeit festigt sich der Wunsch, nach dem Krieg Musik zu studieren. Trotz gewisser Entbehrungen hat Otto Tomek eine unbeschwerte Kinder- und Jugendzeit in der Tendlergasse 8 im Bezirk IX/71 von Wien. Er ist oft zu Scherzen und Dummheiten bereit, kümmert sich aber auch liebevoll um die jüngeren Geschwister (Erich, geboren 1930, Eleonore, geboren 1933 und Heinz, geboren 1939). Die Musik spielt in der Tomek-Familie eine große Rolle. Otto besucht – unterstützt von der Mutter – mit seinem Bruder Erich vielmals die Oper, die von seinem Elternhaus zu Fuß drei Kilometer entfernt liegt.

Vom 13. Lebensjahr an hat er in einem Schulheft alle seine Opern-, Theater- und Filmbesuche von der Spielzeit 1941/42 bis zur Spielzeit 1944/45 aufgelistet. Minutiös sind darin die Komponisten, die Instrumente, die Orchester und Dirigenten, die Veranstaltungsorte wie Gesellschaft der Musikfreunde, Musikvereinsgebäude großer Saal, Konzerthaus großer Saal, Staatsoper und Volksoper festgehalten. Auch die Kinosäle fehlen nicht, und hinter jedem datierten Konzert oder Opernbesuch wird vermerkt, ob es sich um einen Stehplatz oder um eine Sitzkarte handelt. Obschon er aus einem katholischen Elternhaus stammt, sind kaum je Konzerte in Wiener Kirchen vermerkt. Der Ort des Sakralen hat den jungen Tomek wenig angezogen. Sakrale Werke wie z. B. Mozarts oder Verdis *Requiem* sind als Konzertsaalereignisse festgehalten. Erste Ordnungssehnsüchte und organisatorische Strukturierungen machen sich in Otto Tomeks Charaktereigenschaften breit, geradezu pedantische Aufzählungen und handschriftliche Tabulierungen geben Auskunft über wichtige Ereignisse im Leben. 279 Veranstaltungen, die er innerhalb dieser drei Jahre besucht hat, sind in diesem Büchlein aufgelistet. Wenn man die Saisonpause einbezieht, so sind im damaligen Wien jährlich neun Monate Spielzeit üblich. Otto Tomek geht also durchschnittlich jeden Monat in insgesamt zehn Veranstaltungen, entweder ins Konzert, ins Theater oder in die Oper. Gemessen an seinem Alter und vor allem an der Tatsache, dass sich ab 1944 Wien im Ausnahmezustand befindet, ist diese Frequenz musikbegeisterter Konzertbesuche erstaunlich. Den Nationalsozialisten ist die repräsentative Kultur und Musik ein Herrschaftsinstrument. Über die ganzen Besetzungs- und Wiedereingliederungsszenarien hinaus stehen die Wiener dennoch uneingeschüchtert zu ihren Institutionen und deren noch möglichen Atemzügen unter der Diktatur. Dirigiergrößen, oft vor den Wiener Philharmonikern stehend, wie Wilhelm Furtwängler, Clemens Kraus, Hans Knappertsbusch, Joseph Keilberth, Karl Böhm, Ernest Ansermet sind seine Favoriten, ja die verehrten Vorbilder in allen Belangen. Durch solcherart ständiges Hören von meist hervorragend interpretierter Musik und ständiges Wahrnehmenkönnen des Konzert- und Opernlebens, schärft sich sein Gehör für Qualität, für Differenzen innerhalb des klingenden Materials, und es erweitert sich sein Horizont im Musikalischen. Ausdruck, Stil und angemessene Interpretationen der klassischen Größen von Johann Sebastian Bach bis Richard Strauss verhelfen ihm zu einem Überblick über die Geschichte der Musik.

Infolge der radikalen Endphase des zweiten Weltkriegs werden auch in Wien junge Männer ab dem 16. Lebensjahr aus der Schule genommen und kurzzeitig militärisch ausgebildet, um dann zur Flak einberufen zu werden. Männer wie der Bildhauer Alfred Hrdlicka, der Maler und Architekt Friedensreich Hundertwasser, der Kunsthistoriker Werner Hofmann, der Schauspieler Helmut Qualtinger und der Komponist Paul Angerer verteidigen wie Otto Tomek als Sechzehnjährige die Stadt Wien gegen die Luftangriffe, die durch die Alliierten vor allem 1945 geschehen. Tomek muss das Gymnasium Anfang Januar 1944 verlassen und wird zur Flak einberufen. Nach einem Kurzurlaub hält ihn seine Mutter dann aber auf dem nicht weit von Wien entfernten Bauernhof in Geigelberg (etwa 35 km von Wien entfernt) versteckt, wo die Familie gemeinsam, allerdings ohne Vater, das letzte Kriegsjahr verbringt.

Obschon Otto Tomeks Kriegsdienst ein Intermezzo, ein sein weiteres Leben nicht beeinflussende Erfahrung in seinem Leben bleibt, ist der Blick ins Endstadium der Stadt

30.VI.43. Staatsoper: „Götterdämmerung" von Rich. Wagner. Stehpl.
2.VII.43. Staatsoper: „Die Zauberflöte" von Wolfg. Am. Mozart. Stehpl.
6.VII.43. Staatsoper: „La Traviata" von Giuseppe Verdi Stehpl.
7.VII.43. Stephansdom: „Schlußaufführung der Reichshochschule für Musik Wien, Abteilung Kirchenmusik." Bach, Palestrina, Schubert Messe. Bruckner Gr. Messe f-moll. Stehpl.
8.VII.43. Staatsoper: „Don Pasquale" von Gaetano Donizetti. Stehpl.
9.VII.43. Staatsoper: „Cavalleria rusticana" von Pietro Mascagni Stehpl.
    „Der Bajazzo" von Ruggiero Leoncavallo

Spielzeit 1943 – 44.

21.VIII.43. Burgtheater: „Sappho" von Franz Grillparzer. Neuinszenierung Stehpl.
1.IX.43. Staatsoper: „Der Rosenkavalier" von Richard Strauss.
3.IX.43. Staatsoper: „Die Entführung aus dem Serail" von W. A. Mozart.
.IX. Staatsoper: „Die verkaufte Braut" von Friedrich Smetana. Stehpl.
8.IX.43. Staatsoper: „Das Rheingold" von Rich. Wagner. Stehpl.
10.IX.43. Staatsoper: „Die Walküre" von Rich. Wagner.
11.IX.43. M.V.g.S.: „Orchesterkonzert" Dir: Elly Ney (Ltg.) Dir. Wilh. van Hoogstraten
12.IX.43. Staatsoper: „Fidelio" von Ludwig van Beethoven. Stehpl.

Seite aus Otto Tomeks Oktavheft, wo er als 15jähriger minutiös seine Opernbesuche in der Spielzeit 1943/44 in Wien verzeichnet

Wien dennoch auf erschreckende Weise beeindruckend, weil mit dem Luftkrieg über der Stadt 1944/45 auch die heiß geliebte Staatsoper in Schutt und Asche bombardiert wird. Allein die Zahl der auf Wien zufliegenden 1468 Bomber vom Typ B17 und B 24 und die 760 Jagdflugzeuge der Typen P-38 und P-51, die die amerikanische Airforce vom süditalienischen Foggia aus starten lässt, ist kaum vorstellbar. Zudem stützt die britische Royal Air Force mit hundert Bombern das amerikanische Bombardement, allerdings mit einer eigenen Luftkriegsphilosophie: Die Amerikaner bombardieren die Stadt bei Tag, die Engländer nachts. Dass die Briten in Wien nur relativ wenige jener verheerenden Flächenbombardements durch spezielle Luftminen mit bis zu 3.700 Kilogramm Sprengstoff geflogen sind, erspart Wien das Schicksal, wie es die deutschen Städte wie zum Beispiel Darmstadt erfahren haben. Für die Verteidigung

Wiens ist in dieser Endphase des Krieges die 24. Flakdivision verantwortlich, unter der junge Dilettanten wie Otto Tomek als Luftwaffenhelfer neben Kriegsversehrten, Reichsarbeitsdienst-Mädchen und auch Kriegsgefangenen eingesetzt sind.
„Wien Geschichte Wiki" und Felix Czeike, Historisches Lexikon Wien.

Insgesamt schrillen zwischen dem 12. April 1944 und dem 28. März 1945 hundertfünfzehn Mal in Wien die Sirenen „Flugalarm". Fünfzig Mal folgen den Sirenen tatsächliche Angriffe, wovon Otto Tomek, der von der Mutter zum Deserteur gemachte Sohn, den Angriff vom 12. März 1945 nicht unmittelbar an der Flak erlebt, jenen Tag, an welchem die Oper zerstört wird, sondern er erfährt davon im weit entfernten Bauernhof in Geigelberg erst später. Insgesamt werden durch diese Bombardements in Wien 8.769 zivile Opfer und 1.103 weitere sogenannte „ortsfremde" Opfer gefordert.

Im April/Mai 1945 setzt Otto Tomek seine Gymnasialzeit im Wiener Gymnasium Klostergasse fort und schließt im Frühsommer 1946 mit dem Abitur ab. Ab Wintersemester 1946 beginnt er mit dem Studium der Musikwissenschaft mit den Nebenfächern Germanistik und Philosophie an der Universität Wien.

Nebenbei nimmt er weiterhin Klavierunterricht am Konservatorium der Stadt Wien bei Professor Josef Langer, wohl durch den damals berühmten Chorleiter Professor Ferdinand Grossmann empfohlen, der dieses Konservatorium 1921 gründete, von 1930 an einige Jahre Chordirektor der Staatsoper Wien und während der nationalistischen Phase Österreichs von 1938 bis 1945 Künstlerischer Leiter der Wiener Sängerknaben war. Von Grossmann erhält Tomek in der Zeit seines Studiums Privatstunden in Gesang. Parallel zum Studium wird er von 1950 bis 1951 Wissenschaftliche Hilfskraft bei der Musikforschungskommission der Österreichischen Akademie der Wissenschaften und von 1952 bis 1953 Wissenschaftliche Hilfskraft am Musikwissenschaftlichen Institut der Universität Wien.

In Musikwissenschaft schließt er 1953 mit der Promotion ab. Die Dissertation mit dem Thema *Das Strukturphänomen des verkappten Satzes a tre in der Musik des 16. und 17. Jahrhunderts* untersucht die Präsenz des kompositorisch getarnten Einsatzes von Triostrukturen innerhalb der mehrstimmigen Vokal- und Instrumentalmusik, die ihren Niederschlag in den Formen und Gattungen Madrigal, Chanson, Motette, Cansonette, Balletto, Sinfonia, Canzone und in zahlreichen Tanzformen der Barockmusik finden. Sein Doktorvater ist Erich Schenk, der durch die Nationalsozialisten als ideologisch verlässlich erscheinender Wissenschaftler 1940 auf diesen international renommierten Lehrstuhl seines Fachs berufen wird.

Da Guido Adler, der Begründer der Wiener Musikwissenschaft, wegen seiner jüdischen Herkunft durch den antisemitisch denkenden Nachfolger Robert Lach diskreditiert wird, kann Schenk in der Zeit des Nationalsozialismus die Forschungstradition der Wiener Musikwissenschaft neu ausrichten auf seine regionalhistorischen Forschungsinteressen und seine Karriere als Nutznießer und Mitläufer des NS-Regimes voll entfalten. Das ist kein Hindernis für ihn, in der Zeit nach 1945 weiter Karriere zu machen: 1946 wird er als ordentliches Mitglied in die Akademie der Wissenschaften aufgenommen, 1950 wird er Dekan der Philosophischen Fakultät und 1957 schließlich Rektor der Universität Wien. Eine illustre und einzigartige, wenngleich verstören-

in Wien, ca. 1952

de und mit dunklem Schatten verzierte Karriere, die mit wichtigen österreichischen Ehrungen und Auszeichnungen geschmückt ist. Es dürfte Otto Tomek nicht entgangen sein, dass Schenks Antisemitismus selbst noch in den 1950er und 60er Jahren ungeschminkt und unmaskiert zutage tritt. Er lehnt Dissertationsvorhaben über Franz Schreker und Gustav Mahler mit deutlichem Hinweis auf deren jüdische Herkunft ab. 1967 wird er von einigen Studenten deshalb in ein Gerichtsverfahren getrieben, das die öffentlichen Medien ausgiebig kommentieren, das aber wegen fehlender Zeugen und Beweise wieder zu Schenks Gunsten ausgeht. In keiner Rückerinnerung Tomeks, keiner irgendwie von außen provozierten Stellungnahme gibt es Kritisches oder gar Vehementes gegen den Doktorvater, das sich mit dessen nationalsozialistischer Vergangenheit auseinandergesetzt hätte. Schenk, in Wien die herausragende Instanz im Bereich der Musikwissenschaft, kann und will der junge Promotionsstudent nicht in sich selbst liquidieren. Was Tomek von seinem Doktorvater indes auf wissenschaftlichem Gebiet deutlich unterscheidet, ist die entschiedene Ablehnung jedweder spekulativen Theorie, die sich im universitären Machtbezirk Schenks breit zu machen versucht.

Tomek sucht den Weg entlang der Analyse von mikrokosmischen Phänomenen innerhalb komplexer kompositorischer Modelle. Daher zeigt Tomeks Doktorarbeit ein Kompendium an akribischer Detailanalyse wesentlicher Kompositionen der frühen Barockzeit. Die Prinzipien des zitierenden Einschubs von dreistimmigen, kontrapunktisch gesetzten Ornamenten innerhalb der Vokalkompositionen oder auch als modifizierte und variantenreiche Einschübe innerhalb der ersten umfänglicheren

Instrumentalmusik hat er im besten musikwissenschaftlichen Sinn aufgedeckt. Dass diese Arbeit nie gedruckt worden ist und damit einer Allgemeinheit verfügbar wurde, bleibt eine der vielen kleinen, mitunter auch schönen Skurrilitäten im Leben Tomeks. 1953 ist das Papier knapp und die ihm verfügbare Schreibmaschine alt und in ihrer Anschlagsmechanik sperrig. Da es noch keine Reproduktionsapparate gibt, scheut der junge Wissenschaftler eine zweite Abschrift mit seinem antiquierten Gerät. Wer sich in die Welt des real dreistimmig geführten Satzes und seinem Pedant, dem verkappten Satz, hineinbegeben möchte, muss den Weg zum einzig verfügbaren Exemplar der Dissertation im Archiv der Akademie der Künste Berlin einschlagen. Dort kann er auch etwas von der analytischen Nüchternheit herauslesen, die später Otto Tomeks Leidenschaft für die serielle Musik wiederspiegelt. Raffinierte Varianten, erste reihentechnische Verfahren der Komponisten des 16. und 17. Jahrhunderts zeigen bereits Methoden des Komponierens, die von struktureller Logik und Stringenz geprägt sind, ohne gezielt auf Ausdruck zu setzen. Das Abstraktionsniveau im Kompositorischen vieler frühbarocker Einzelgänger zeigt sich im Vertrauen auf rhetorische Verfahren. Das versucht Tomek akribisch und anhand atemberaubend vieler Partiturbeispiele nachzuweisen. Er schafft damit in sich die Voraussetzungen, aus einem Kanon- und Kontrapunktspezialisten der Barockzeit zu einem Enthusiasten der determinierten Musik des 20. Jahrhunderts zu werden.

3. Die Zeit bei der Universal Edition (1953–1957) und erste Berührungen mit Darmstadt und Donaueschingen

Otto Tomek, gerade erst fertig mit dem Studium, begegnet 1952 erstmals Alfred Schlee, dem damaligen Verleger der Universal Edition, kurz genannt der UE, die er zur Einsicht in vorhandene Originalpartituren in der Funktion als wissenschaftlicher Assistent des musikwissenschaftlichen Instituts hin und wieder aufsucht. Schlee als die imposante, ihn beeindruckende Persönlichkeit hat ihn ein Leben lang an diesen und mit diesem Verlag freundschaftlich gebunden und verbunden. Tomek wird zunächst als Sachbearbeiter und Mitverantwortlicher für die Promotion der Neuen Musik eingesetzt, später ist er dann Mitglied des Aufsichtsrats und während seiner Zeit als Veranstalter und Festivalleiter ein Partner des Verlages. Nach dem Ende seiner Musikchefposition beim SDR Stuttgart wird er noch einmal intensiv als langjähriger Vorsitzender des Aufsichtsrates (bis 2010) sowie als Leiter des künstlerischen Beirats im Verlag aktiv werden.

Beim Festakt zu der 2001 von ihm herausgegebene Dokumentation *Universal Edition 1901–2001 Ein aufregendes Musikjahrhundert* hält Otto Tomek eine auf die Verlagsgeschichte rückblickende Rede. Hier ein Ausschnitt davon:

1907 zog mit Emil Hertzka jener Mann in die UE-Direktion ein, der dem Haus das bis heute gültige Image eines Verlages für die jeweils neueste Musik erwarb. Bis zu seinem Tode im Jahre 1932 rückte Hertzka, ohne die Klassikproduktion zu vernachlässigen, die neue Musik ins Zentrum der Verlagspolitik. Was in der Musikgeschichte später Rang und Namen hatte, fand sich schon früh in den Katalogen der UE. Ich komme nicht umhin, hier eine lange Reihe von Namen zu nennen: Auf Gustav Mahler folgten unter vielen anderen Arnold Schönberg, Alban Berg, Anton Webern, Alexander Zemlinsky, Franz Schreker, Leos Janacek, Karol Szymanowski, Alfredo Casella, Bela Bartok, Zoltan Kodaly, Kurt Weill, Hanns Eisler, Joseph Matthias Hauer, Ernst Krenek, Darius Milhaud, Franz Schmidt, Egon Wellesz.

Von den zahlreichen abgedruckten Dokumenten dieser glanzvollen Epoche kann ich hier nur einige wenige erwähnen. Etwa die Unterschrift Mahlers unter seinen ersten, direkt mit der UE abgeschlossenen Vertrag, und zwar über die 8. Sinfonie, datiert mit „Toblach, 26. Juni 1909", oder etwa Schönbergs Unterschrift unter den Vertrag, mit der am 6. September 1910 die finanzielle Abwicklung so wichtiger Werke wie u. a. Pelleas und Melisande, Kammersinfonie, Erwartung, zweites Streichquartett, geregelt wurde. Schönberg setzte seiner Unterschrift hinzu: „Gelesen und verstanden, soweit das mir heute möglich ist. Kopfschmerzen".

Ich müsste Ihnen jetzt eigentlich zu jedem Komponisten etwas erzählen, das würde aber den Rahmen deutlich sprengen. Daher nur einige besondere Hinweise, etwa auf das im Nachlass von Heinrich Strobel gefundene Foto Alban Bergs vor dem Dom in Lucca. Oder auf ein aus dem Mährischen Museum Brünn stammendes Foto Janaceks, das ihn in jungen Jahren, und nicht wie allgemein üblich als alten Mann zeigt. Ver-

mit dem DKW
unterwegs, ca. 1963

wunderung erregt heutzutage sicherlich, daß der damalige Oberbürgermeister von Köln, der spätere deutsche Bundeskanzler Konrad Adenauer, 1926 ein Aufführungsverbot für Bartoks Wunderbaren Mandarin erwirkt hat.

Für gute Beziehungen über alle stilistischen Unterschiede hinweg zeugt ein Foto, das Zoltan Kodaly mit Helene Berg vereint. Sehr hübsch auch ein Portrait von Kurt Weill, auf dem Lotte Lenya bestätigt, daß dieses ihr am besten von allen gefalle. Künstlerpersönlichkeiten wie der Bühnenbildner Caspar Neher ziehen wie ein roter Faden durch Werke von Kurt Weill bis zu Gottfried von Einem. Aber ich glaube, hier muss ich wohl mit Details aufhören.

1914 erfolgte der Umzug der UE in die Räume im Musikvereinsgebäude am Karlsplatz, bis heute der Sitz der Direktion. 1919 erschien die erste Ausgabe der Halbmonatsschrift für moderne Musik „Der Anbruch", 1927 brachte Alfred A. Kalmus die drei Jahre zuvor von ihm gegründete Reihe der Philharmonia Taschenpartituren in die UE ein. Im selben Jahre wurde Alfred Schlee Mitarbeiter der UE.

Mit den Dreißigerjahren welkte die Blütezeit der neuen Musik dahin. Schon vor dem Beginn der Nazi-Herrschaft 1933 wurde ihre Position immer schwieriger, sie und die UE wurden in Deutschland, dem wichtigsten Bereich, immer mehr angefeindet. Mit der Verbannung der „entarteten" Musik aus den deutschen Spielplänen reduzierte sich der finanzielle Spielraum der UE drastisch, bis 1938 die braune Welle auch Wien erreichte und die UE arisiert wurde. Sie firmierte bis 1945 unter dem Namen „UE Dr. Johannes Petschull" und war nach Besitz und Leitung eine ganz andere Firma als die vorherige UE AG, auch wenn im Verlag verbliebene Mitarbeiter versuchten, zu retten, was zu retten war. Die Sicherung von Notenmaterialien unerwünschter Komponisten war aber dann die Basis für den Wiederaufbau nach 1945.

Für diese Zeit bis heute sprudeln die Dokumente und Bildquellen sehr üppig. Wieder müsste ich eine längere Liste von Komponistennamen vortragen, es kann aber auch für diese Periode nur eine sicherlich sehr subjektive Auswahl sein. Denn ein Personenregister ist eben sehr umfangreich, wenn es wie im Falle der UE Verlagsgeschichte weitgehend identisch ist mit der Musikgeschichte des 20. Jahrhunderts.

Nach 1945 begann eine fruchtbare neue Zeit nicht nur für viele österreichische Komponisten, es seien vor allem Gottfried von Einem, Hans Erich Apostel, Hanns Jelinek, Karl Schiske, Theodor Berger genannt. Aus anderen Ländern kamen Luigi Dallapiccola, Frank Martin, Rolf Liebermann, Olivier Messiaen zur UE. 1953 etablierte sich dann mit Pierre Boulez, Karlheinz Stockhausen, der elektronischen Musik eine neue Avantgarde, zu der bald Luciano Berio, Earle Brown, Mauricio Kagel, Roman Haubenstock-Ramati, Friedrich Cerha, Harrison Birtwistle, Morton Feldman, György Kurtág und viele andere stießen. Hier, m. D. u. H., muss ich einfach, um nicht ins Uferlose zu kommen, einen Stopp dieser Aufzählung einlegen (Sie finden aber viele weitere Namen in der Jubiläumsbroschüre) und mich der nächsten Generation zuwenden: zu Wolfgang Rihm, Arvo Pärt, und den noch Jüngeren wie Georg Friedrich Haas, Vykintas Baltakas, Johannes Maria Staud (dessen Musik Sie eben gehört haben).

Viele der genannten Komponisten fanden sich 1991 in Wien ein, um den 90. Geburtstag von Alfred Schlee zu feiern, oder hatten wenigsten klingende Geburtstagsgrüße für die damals bereits legendäre Vaterfigur der Moderne geschickt, es waren insgesamt 37. Das sind Dokumente, auf die ich Sie besonders hinweisen möchte.

Otto Tomek, Schriften aus dem Privatbesitz, geschrieben und mehrfach revidiert 2000

Seit der Begegnung mit Alfred Schlee verändert sich das auf die Tradition ausgerichtete Denken von Otto Tomek grundlegend. Denn durch den umfassend gebildeten Menschen und Mentor lernt er nicht nur alle Abteilungen der Universal Edition und jeden Mitarbeiter, der an unterschiedlichen Stellen des Hauses mit unterschiedlichen Verlags-Aufgaben betraut ist, persönlich kennen, sondern er stößt erstmals auf das Eigentliche, das ihn zutiefst berührt und bewegt: Er lernt hautnah und persönlich die Komponisten jeden Alters kennen, die im Verlag ein und aus gehen und er lernt die eben erst fertig komponierten Partituren kennen, die als Manuskripte im Lektorat zur Durchsicht oder zum Druck vorliegen. Es sind vor allem die Manuskripte der jungen Komponisten, die ihn nicht nur irritieren, sondern auch faszinieren ob ihrer undurchschaubaren Komplexität und Andersartigkeit zu dem, was für ihn bis dahin als neu und repräsentativ gilt, also Werke von Arnold Schönberg, Alban Berg oder Anton Webern. 1946 wird mit Luigi Dallapiccola und Paul Angerer, ein Jahr später mit Rolf Liebermann, dann mit Olivier Messiaen und schließlich 1953 mit Pierre Boulez und Karlheinz Stockhausen der erste Vertragsabschluss bei der Universal Edition gemacht. Ganz neue Aspekte des Komponierens beginnen den Verlag zu beschäftigen. Nicht mehr die Kompositionen mit zwölf nur aufeinander bezogenen Tönen stellen pekuniäre Probleme für den Verlag dar, jetzt sind es die darauf reagierenden Werke, die der Verlag mit hohem Risiko zu verlegen bereit ist.

Tomek liest also nicht nur das ihm allmählich vertraut werdende komponierte Material der Vergangenheit, sondern gleichzeitig Stockhausens *Kontrapunkte* und *Klavierstücke*. Sie liegen im Lektorat, in welches Boulez persönlich mit seinen *Structures für zwei Klaviere* kommt, direkt ins Haus am Karlsplatz 6 im Gebäude des Musikvereins.

Und Tomek gerät in Verzückung und Staunen über das unvorstellbare Andere, das er bis dahin weder gesehen, gelesen oder gehört hat. Obschon er durch seine leidenschaftliche Begeisterung für Oper und tradierte Orchestermusik geprägt scheint, ist die Faszination für das Neue schockhaft stärker. Seine Bemühungen, unterstützt durch den weltoffenen und klugen Vorgesetzten Alfred Schlee, ausschließlich dieser Neuen Musik gerecht werden zu können und als Verlagsneuling fest in den Abteilung der neuesten Partituren installiert zu werden, erfüllen sich: In der Promotionsabteilung ist seine Aufgabe die Sichtung der eingesandten Noten und Partituren von Komponisten, die die UE als ihren Verlag ersehnen, im Grunde Bewerbungsunterlagen künstlerischer Art, die durch das Lektorat beurteilt werden müssen. Mit dieser Lektüre verbunden sind Gespräche mit den Bewerbern und Diskussionen mit Komponisten, die bereits im Verlag aufgenommen sind. Gleichzeitig geht es um die Verbreitung der Werke im In- und Ausland. Deutschland, empfindlich getrennt durch das Nazi-Regime vom Bestand der Literatur, die außerhalb seiner Grenzen geschrieben worden ist, hat ungewöhnliches Nachholbedürfnis. Dort, wo alles, was nach neuen Wegen im Kompositorischen und Literarischen gesucht hat, entweder unter „entartete Kunst" fiel oder aber nicht für deutsch oder arisch genug befunden worden war, entstehen nun, diametral entgegengesetzt zur Nazigesinnung, Zentren der neuen Musik: am dezentralisierten und von 1945 an föderalistisch aufgesplitteten Rundfunk ebenso wie an Instituten, die durch Privatinitiativen und Stadtverwaltungen gegründet werden, in Hamburg, Köln, Darmstadt, München und Donaueschingen. Es sind Umschlagsorte, Kommunikationszentren, in welchen Veranstalter, Komponisten, Musiker, Dirigenten, Verlage und Presse eine Art Gemeinschaft bilden, die sich ausschließlich für das Neue, für die Abkehr von der Tradition verantwortlich fühlen und ihre Interessen auf das Unbekannte, Unabgegriffene fokussieren.

Auch im Privatleben sind bei Otto Tomek die Koordinaten auf Aufbruch eingestellt. Otto Tomek heiratet am 7. Juli 1954 die fünf Jahre ältere Wienerin Elfriede Hofstätter, die Sängerin im Staatsopernchor ist. Das Umfeld der Universal Edition ist in diese Beziehung eingeweiht, denn selbst Karlheinz Stockhausen, der mit unvorstellbarer Energie die Territorien der Neuen Musik in Deutschland und Österreich besiedelt, beeinflusst und insgeheim schon musikästhetisch lenkt, schreibt in einem Brief vom 17. Juli 1954 an Tomek:

> Lieber Herr Doktor Tomek,
> Ihnen und Ihrer Frau alles alles Gute und Gottes Segen zur Hochzeit.
> Leider kann ich erst heute schreiben, da ich gerade von der Reise ankomme. Meine Frau muß in Hamburg das Bett für 4 Wochen hüten, und so bin ich alleine in Köln.
> Die Arbeit fängt wieder an – und zwar sehr sehr viel ist zu tun. Die Klavierstücke sind auch angekommen, und ich danke Ihnen sehr herzlich.
> Hoffentlich machen Sie mit schönerem Wetter Ferien – sagen wir: mit noch schönerem Wetter, als wir haben.
> Unsere Gedanken sind noch manchmal in Wien, und Sie bleiben von Herzen eingeschlossen.
> Liebe Grüße Ihr Stockhausen
>
> Otto-Tomek-Archiv, AdK, Berlin

Der höfliche Tonfall, der hier anklingt, wird schon in einem Jahr darauf viel freundschaftlicher. Die Sie-Beziehung wandelt sich in ein Du-Verhältnis. Bei aller Stringenz und einfordernder Detailversessenheit, die gepaart ist mit Perfektionalismus und hoher Profressionalität und daher Stockhausen nicht immer zu einem angenehmen Partner macht, knüpft sich zwischen den beiden Menschen ein unzerreißbares Band: Selbst beim Austausch von Alltagsbanalitäten werden sich Stockhausen und Tomek nicht zu schade sein, nicht nur Wetterbedingungen, die nun mal nicht beeinflussbar sind, sondern auch Privathoffnungen jeder Couleur aufs Blatt Papier zu setzen. Persönliche Nähe und Wertschätzung werden schon in den ersten Begegnungen statuiert, vielfach gepaart mit Humor und Vertraulichkeiten. Vielleicht ist mit Karlheinz Stockhausen der erste Mensch in Otto Tomeks Leben getreten, der Tomek ein künstlerisches Vermögen, eine musiktheoretische Intelligenz und eine Hartnäckigkeit im Durchsetzen der notwendigen Voraussetzungen zum Gelingen seines Werkes vorgelebt hat. Das muss ihn, den eher zurückhaltenden Beobachter und gleichzeitig konzilianten Gestalter fasziniert und angezogen haben. Die große Zeit zwischen diesen beiden Männern beginnt aber erst vier Jahre später in Köln.

In einem Interview, das der amerikanische Musikologe David Ryan mit Tomek im Jahre 2008 geführt hat, beschreibt dieser rückblickend seine ersten Erfahrungen, Begegnungen und die bereits im Keim angelegten Freundschaften zu den gleichaltrigen Komponisten:

David Ryan (DR): Was war Ihre erste Begegnung mit dieser Avantgarde-Generation: Waren das Boulez und Stockhausen??? Wie kam es zu dieser Verbindung?

Tomek (T): Von 1953 bis 57 arbeitete ich bei der Universal Edition, dem Musikverlag – das war meine erste Anstellung nach der Universität. Dort lernte ich die Partituren von Karlheinz Stockhausen kennen – die Klavierstücke vor allem, die mir, wenn ich mich zurückerinnere, sehr merkwürdig vorkamen. Natürlich kannte ich die Musik Arnold Schönbergs, aber die rhythmische Komplexität, die Quintolen, die schier unmöglichen irrationalen Rhythmen und so weiter, das erschien mir wirklich verrückt. Ich traf Stockhausen erst 1954 und er erklärte mir die serielle Technik so lange, bis ich sie endlich verstand. Das war also 1954, da war ich zum ersten Mal in Darmstadt, dort traf ich auch Pierre Boulez, wir sind bis heute befreundet.

DR: War Stockhausen damals schon bei der Universal Edition?

T: Ja, daher war es meine Aufgabe, diese neuen Partituren in Darmstadt zu vertreten.

DR: Es ist eine bemerkenswerte Generation, der Sie angehören und es scheint eine Zeit gewesen zu sein, in der die Flamme der Erfindung hell loderte. Von heute aus gesehen erscheint diese Generation absolut einzigartig und gewissermaßen furchteinflößend. Wie sehen Sie das heute?

T: Ja, das war schon eine bemerkenswerte Generation, einzigartig und, wie Sie sagen, vielleicht sogar furchteinflößend durch die schiere Menge an Neuerungen und Erfindungen. Jedes Jahr oder jede Saison schien neue Welten zu eröffnen und neue Entdeckungen hervorzubringen. Der Fokus lag tatsächlich darauf, eine neue Musiksprache zu finden. Das konnte hart sein, denken Sie an Boulez Satz „Schönberg ist tot" – es gab ein Bedürfnis, mit der Vergangenheit zu brechen. Und ein Komponist wie Ernst Krenek, der häufig in Darmstadt war, wurde von den jungen Komponisten nicht ernst genommen. Er war in den 1920er Jahren weltweit erfolgreich gewesen mit seiner Oper „Johnny spielt auf", aber mit seinen späteren 12-Ton Kompositionen hatte er nie wieder diesen Erfolg. Niemand wollte zu seinen Vorlesungen/Kursen gehen und ich glaube, eine seiner Opern wurde sogar ausgelacht. Aber er lernte – er hatte offene Ohren, was sich dort tat und passte seinen Stil an. Er hörte genau zu, wie dieser neue Stil klang – und zwei Jahre später tauchte er in Darmstadt auf mit Kompositionen, die wie die „Neue Musik" der jungen Darmstädter Komponisten klangen – und wieder wurde er ausgelacht. Es war unglaubwürdig, dass jemand in seinem Alter versuchte, das neue Material zu benutzen, etwa im Inneren des Klaviers herumzuklimpern, das hatte irgendwie den Geschmack des Unauthentischen.

DR: Und jemand wie Henze wurde genauso behandelt?

T: Wir waren gegen ihn. Wir sprachen schlecht über ihn. Er war, genau wie Krenek, jedes Mal tief verletzt. Er schrieb einige serielle Werke, aber mehr wie eine Technik-Übung oder eine stilistische Demonstration... er war nicht oft in Darmstadt.

DR: Ganz am Anfang und dann wieder 1956. Aber ich glaube nicht, dass er sich wohl gefühlt hat....

T: Nein, er hat es gehasst. Aber lassen Sie mich noch einmal zurückkommen zu der Frage, was die Generation der Avantgarde ausgemacht hat: das war eine ganz besondere Konstellation von Persönlichkeiten, wie es sie jahrzehntelang nicht mehr gegeben hatte: Nono, Stockhausen, Berio, Boulez und, obwohl ein bisschen jünger, Kagel, – das war erstaunlich – und natürlich nicht zu vergessen Ligeti. Jeder von ihnen war brillant und völlig verschieden und im Endeffekt sind sie ja auch völlig getrennte Wege gegangen... Die Kameradschaft und die Gespräche der frühen Zeit ist verschwunden, manche haben nicht mehr miteinander gesprochen und ein persönlicher Kontakt war schwierig.

DR: Wie bei Boulez und Stockhausen?

T: Das wurde schwierig zwischen ihnen. Und dann Stockhausen und Cage, glaube ich.

DR: Es wurde oft geschrieben, dass Stockhausen Cage gegen Nonos Angriffe verteidigt hat?

T: Naja, Nono, ja, er hat eben in seiner unversöhnlichen und direkten Art angegriffen, aber ich kann mich genau an Gespräche mit Stockhausen erinnern, in denen er explizit sagte, dass er das, was Cage machte, lächerlich fand. Aber in den 1950ern war das etwas anderes, da war ein großer Gemeinschaftsgeist zwischen den Komponisten.

DR: Steineckes Beitrag als Kursleiter schien auch sehr wichtig zu sein, wie sehen Sie seine Rolle für die Bildung einer Diskussionskultur innerhalb der Avantgarde?

T: Absolut wichtig! Steinecke war der große, offene und gesellige Direktor – er war in der Lage, über alle Differenzen hinweg auszugleichen und die Menschen einzubeziehen. Wenn man ihn mit Ernst Thomas vergleicht, seinem Nachfolger, dann sieht man den großen Unterschied: Der war introvertiert – und, so wichtig er war, er konnte nicht die offene, entgegenkommende Stimmung herstellen, die Steinecke hatte und die es ermöglichte, dass aus Differenzen Kreativität erwuchs...

DR: ... und die diese Gesprächskultur entstehen ließ, die diese Generation vielleicht ausmachte – Kann man sagen, dass es Steineckes Darmstadt war, das diesen Gemeinschaftssinn entstehen ließ?

T: Ja, unbedingt.

DR: Worin war Adorno wichtig in Darmstadt?

T: Adorno war natürlich eine immense Figur, obwohl es fraglich ist, ob er als solche in Darmstadt gesehen wurde. Ich und andere jedenfalls wussten nichts darüber, wie wichtig er war – wir sahen in ihm so etwas wie einen älteren exzentrischen Onkel oder so etwas. Seine Lectures/Vorlesungen waren sehr engagiert, kompliziert, seine Sätze schienen über Seiten zu gehen und ich erinnere mich an einige Lesungen, in denen wir eingeschlafen sind, insbesondere nach einer langen Nacht im Bierkeller des Schlosses. Sogar Rudolf Kolisch und Eduard Steuermann, die als Interpreten mit ihm in einer Gesprächsrunde waren, ich erinnere mich... Kolisch war eingenickt und als Adorno sich mit einer Frage an ihn wandte, wachte er auf und antwortete „Ich bin ganz Ihrer Meinung!" (großes Gelächter)

David Ryan / aus dem Englischen übersetzt von Dorothea Bossert:
Interview mit Dr. Otto Tomek, 4. September 2008

1954 reist Otto Tomek erstmals als Vertreter der Universal Edition zu den beiden damals schon in den Fach- und Insiderkreisen bedeutenden Institutionen, nach Darmstadt zu den Ferienkursen und im Anschluss daran zu den Donaueschinger Musiktagen, im Gepäck Partituren des Verlags, auch von den ganz Jungen, von Stockhausen und Boulez, die er Wolfgang Steinecke und Heinrich Strobel zeigen wird und nicht nur ihnen, sondern den dorthin angereisten Interpreten und Dirigenten, auch den wortgewaltigen Distribuenten, den arrivierten Musikologen und Fachspezialisten für die Neue Musik. Auch Werke von Arnold Schönberg und vor allem von Anton Webern stehen im Mittelpunkt der Ferienkurse, insbesondere wird René Leibowitz das Spätwerk Anton Weberns zum analytischen Gegenstand machen wollen. Tomeks erste Kontaktaufnahme mit Wolfgang Steinecke bezieht sich auf die beiden Wiener Komponisten im Zusammenhang mit einem Inseratsgesuch, ein Brief vom 9. Juni 1954:

> Wir werden gerne im Programmbuch inserieren, überlegen zurzeit aber noch, ob es nicht besser wäre, es an Stelle einer Anzeige mit einer Beilage zu versuchen. Und zwar würden wir unter Umständen unseren neuen WEBERN-Prospekt beilegen wollen. Bevor wir uns aber dazu endgültig entschließen, bitten wir Sie, uns mitzuteilen, in welcher Auflagenhöhe das Programmbuch erscheinen wird und welche Gebühr Sie berechnen würden.
> Mit besten Grüßen Universal Edition A.G.
> Dr. Otto Tomek
>
> IMD, Archiv: Otto Tomek

Und am 24. Juni 1954 legt er nach, nachdem Steinecke um die Bearbeitung Weberns der Schönbergschen Kammer-Symphonie bittet, die schließlich am 24. August durch die Interpreten Rudolf Kolisch (Violine), Severino Gazzelloni (Flöte), Willy Tautenhahn (Klarinette), Konrad Lechner (Violoncello) und Michael Gielen (Klavier) ihre deutsche Erstaufführung erlebt:

> Herrn
> Dr. Wolfgang Steinecke
> Kranichsteiner Musikinstitut
> Roquetteweg 31
> Darmstadt
> Sehr geehrter Herr Doktor,
> mit separater Post übersende ich Ihnen gleichzeitig den Positivabzug des Originalmanuskriptes der Transkription der Kammer-Symphonie von SCHÖNBERG. Sämtliche Stellen, die in der Kopie undeutlich geraten sind, sind überklebt und somit verdeutlicht worden. Ich hoffe, dass Sie auf dieser Grundlage das Material herstellen lassen können. Da das Manuskript nicht mehr in bestem Zustande ist, ist natürlich auch die Kopie dementsprechend. Sollten sich im Verlauf der Materialherstellung Unklarheiten ergeben, so bitte ich um Angabe der Taktzahl. Wir werden Ihnen die Stelle postwendend herausschreiben.
> Mit besten Grüßen Ihr Dr. Otto Tomek
>
> IMD, Archiv: Otto Tomek

Ernst Krenek und
Herbert Eimert,
Darmstadt, ca. 1956

Ernst Krenek ist in den vom 12. bis 27. August stattfindenden Darmstädter Ferienkursen der repräsentative Komponisten-Dozent, mit ihm noch der Darmstädter Hermann Heiß. Beide repräsentieren die Tradition. Krenek, der wieder einmal aus Amerika nach Europa zurückgekehrte berühmte Wiener Komponist und in Darmstadt auch als Dirigent und Pianist engagiert, ist durch die Universal Edition direkt mit Otto Tomek in Kontakt. An Hermann Heiß und Ernst Krenek und deren Kompositionen lässt sich der stetige Wandel von der Tonalität über die Atonalität bis zu reihentechnischen Verfahren nachvollziehen. Sie sind neben Igor Strawinsky und Paul Hindemith die meist aufgeführten Komponisten der ersten Jahre in Darmstadt. Sie sind es aber auch, die von der jüngeren Komponistengeneration immer mehr in den Hintergrund gedrängt, ja schließlich ignoriert und brüskiert werden.

Bedeutsam und stark frequentiert ist die internationale Arbeitsgemeinschaft junger Komponisten, die von Bruno Maderna und Giselher Klebe im Jahrgang 1954 geleitet wird. Schnell wird klar, dass die anwesenden Komponisten Karlheinz Stockhausen, Luigi Nono, Pierre Boulez, Bruno Maderna, Michael Gielen, Bengt Hambraeus, Hans Ulrich Engelmann, Camillo Togni und Henri Pousseur geradezu skandalöse Wirkungen mit ihren zur Aufführung gelangenden Kompositionen verursachen. Tomek fühlt sich von der jungen Komponistengeneration angezogen. Er mischt sich unter sie, redet mit ihnen, lobt sie in ihrer Arbeit und knüpft Kontakte. Mit Sicherheit hat er auch den mehrtägigen Kurs zumindest phasenweise belegt, in welchem Theodor W. Adorno zusammen mit dem Geiger Rudolf Kolisch und dem Pianisten Eduard Steuermann das Thema „Neue Musik und Interpretation" abhandelt, wobei die beiden Interpreten die Demonstrationsbeispiele beisteuern. Auch begegnet er erstmals René Leibowitz, der unter anderem Analysekurse über das Spätwerk Anton Weberns hält und er lernt Herbert Eimert, mit dem er später in Köln einige Jahre zusammenarbeiten wird und schließlich auch Hermann Scherchen kennen, durch den ihm 1957 in seinem ersten Kölner Jahr eine vielfach folgenreiche Entscheidung aufgezwungen wird. Dazu später Ausführlicheres.

Man ist also in Darmstadt im Sommer 1954 nicht nur kurz, sondern 13 Tage zusammen, bewegt sich zwischen dem Seminarraum der Marienhöhe und der Kongresshalle Mathildenhöhe (wo Ernst Krenek die Uraufführung seiner einaktigen Oper *Dark Waters* zusammen mit dem Orchester des Landestheaters Darmstadt dirigiert) als Truppe oder in kleineren Gruppen hin und her, Möglichkeiten also ins Gespräch zu kommen, sich über die Seminare und das Gesagte und Diskutierte auszutauschen und ab und zu findet man sich in der Stadthalle ein, wenn es zu Orchesterkonzerten kommt. Der junge Otto Tomek muss sich von dieser geballten Ladung an Informationen, an Neuem, von den vielfältigen Möglichkeiten, Gespräche mit völlig unterschiedlich denkenden Komponisten zu führen, zuerst einmal wie erschlagen vorkommen. Gleichzeitig hilft ihm seine wienerische Art, mit Witz und Esprit, über die ersten Kommunikationsbarrieren hinweg. Seiner Herzlichkeit und seiner Offenheit verdankt er seine allseitige Beliebtheit. Was sich hier schon abzeichnet und später zum Tomek-Phänomen ausbilden wird, ist seine Fähigkeit, jeden Gesprächspartner, also auch jeden Komponisten in seiner ihm eigenen Individualität und in seiner künstlerischen Artikulationsmöglichkeit ernst zu nehmen. Zunächst aber lernt er erst einmal das Einmaleins des Verlagsvertreters, wie aus dem Brief vom 10. Dezember 1954 deutlich wird:

Lieber Herr Doktor Steinecke,
Herzlichen Dank für Ihr Schreiben vom 3. ds... Es freut mich, dass die technische Ausführung der Photokopie der „Kammersymphonie" von SCHÖNBERG-Webern Ihr Wohlgefallen findet. Auch danke ich Ihnen herzlichst, dass Sie die drei Tonbänder nunmehr abgeschickt haben. Ich kann Ihnen gar nicht sagen, wie sehr ich schon auf dieselben warte. Es wird ein kleines Kranichsteiner Fest hier werden, wenn ich sie zum ersten Mal alle abspiele. Es ist leider eine allgemeine Tatsache, dass Klavierreproduktionen mit 19cm Bandgeschwindigkeit alles andere als ideal sind. Nun ist aber unser Apparat leider auf diese Geschwindigkeit genormt. Die restlichen Werke mit den BACH-Bearbeitungen und WEBERN op. 23 dürfen wir also im Jänner erwarten. Was die Partituren zu den Orchesterstücken op. 6 und op. 10 von WEBERN, sowie zur Es-dur Fuge von Bach-Schönberg betrifft, muss ich Sie leider bitten, dieselben an Schott zurückzustellen. Wir haben sowohl von den Webern-Werken als auch von der Bach-Bearbeitung lediglich zwei bis drei Dirigierpartituren und können, wie Sie ja wohl begreifen werden, hier nichts entbehren. Von Weberns Orchesterstücken op. 6 bringen wir aber in den nächsten Monaten eine Taschenpartitur heraus und wir werden nicht versäumen, Ihnen ein Exemplar davon für die Bibliothek zu dedizieren. Wir haben uns auch sofort eingehend mit Ihrer Wunschliste für die Bibliothek beschäftigt und ich freue mich, Ihnen mitteilen zu können, dass ein schöner Querschnitt durch unsere Klavierorgel- und Violinliteratur in den nächsten Tagen an Sie abgehen wird. Allerdings konnten wir Ihnen aber noch nicht alle Wünsche erfüllen. Denn die Preise der von Ihnen nicht durchgestrichenen Werke ergeben eine Summe von DM 1.268,70 und selbst diejenigen Werke, die Sie als besonders wichtig gekennzeichnet haben, belaufen sich auf DM 455,20. Wir bitten Sie, lieber Herr Doktor, zu verstehen, dass wir Schenkungen in diesem Ausmaße nicht machen können, wenn wir auch immer gerne dazu bereit sind, die Bestände der Kranichsteiner Bibliothek zu erweitern, was wir ja auch diesmal tun.

Wir möchten Ihnen aber auch folgendes vorschlagen: wäre es dem Kranichsteiner Institut nicht möglich, einen Teil der gewünschten Ausgaben käuflich zu erwerben? Wir sind gerne bereit, Ihnen den höchstmöglichen Rabattsatz einzuräumen.

Ihre Nachricht über die „Ten Sketches" von SKALKOTTAS interessiert uns sehr. Haben Sie vielleicht eine größere Kritik darüber geschrieben? Wenn ja, lassen Sie uns diese doch bitte zukommen. Eine Aufführung der Streichquartettfassung in Darmstadt wäre natürlich etwas ganz besonders Schönes. Soviel ich weiß, wird das LaSalle-Quartett im Frühjahr doch wieder in Europa sein und ich erinnere mich, dass Herr Levin einmal den Wunsch ausgesprochen hat, bei Ihnen zu spielen.

Eine Erstpartitur des „Jazz-Konzertes" von LIEBERMANN lasse ich Ihnen mit den übrigen Werken zugehen.

Mit ergebenen Grüßen Ihr Dr. Otto Tomek

IMD, Archiv: Otto Tomek

Im überaus höflichen, dennoch professionell souveränen Tonfall öffnet Otto Tomek seinem Partner etliche Türen. Zwar spielt im folgenden Jahr das LaSalle Quartett nicht die Komposition von Nikos Skalkottas, doch andere Vorschläge aus der Verlagsecke wirken sich auf die Programmierung Steineckes aus. Davon später mehr.

Ganz anders verhält es sich bei den Donaueschinger Musiktagen im gleichen Jahr nur einige Wochen später, die vom 10. bis 11. Oktober stattfinden, also an zwei Tagen mit insgesamt drei Konzerten, wovon zwei durch das SWF-Sinfonieorchester unter Hans Rosbaud gestaltet werden mit einem Programm, das in etwa die Generationen ablichtet, wie sie in Darmstadt gleichfalls präsentiert werden, also Werke u. a. von Hans Ulrich Engelmann, Roman Haubenstock-Ramati, Nikos Skalkottas, Darius Milhaud, Igor Strawinsky und Rolf Liebermann. Gemischte Kost, würde man heute sagen, sorgsam ausgewogene ästhetische Divergenzen zwischen den einzelnen Kompositionen, ein Gemisch zwischen Tradiertem und Neuem. Für das Donaueschinger Fachpublikum mit einem großen Anteil an Rezensenten ein bewältigbares Programm. Das eigentliche Ereignis findet im Matinee-Konzert statt, das um 11.30 Uhr zwei amerikanische Pianisten auftreten lässt, David Tudor und John Cage, die Eigenes und Kompositionen von Christian Wolff und Earle Brown auf unterschiedlich präparierten Flügeln präsentieren. Der Festivalleiter Heinrich Strobel, alarmiert durch die dreitägige Probeerfahrung mit den Künstlern, stellt sich vor dem Konzert dem Publikum, um in einer 11 Minuten dauernden Einführung auf die kommenden Klangprobleme und Überforderungsszenarien hinzuweisen, indem er das Experiment im europäischen Klangnest als Glücksfall der Donaueschinger Musiktage würdigt. Seine Rede endet mit den Sätzen:

Ich möchte Sie um Eines bitten: Das Programm ist kurz und ich möchte Sie bitten, Ihre Freude oder Ihr Missfallen nicht während der Stücke auszudrücken, denn ich bin überzeugt – und ich zitiere hier einen sehr großen Meister, das ist ein unvergessliches Erlebnis aus meiner Jugend: „Ich bin überzeugt", Schönberg sagte das damals 1913, als ich das erste Mal von ihm ein Stück hörte, nämlich Pierrot Lunaire, „ich bin überzeugt, dass drei Leute hier sind, die sich für das Klingende interessieren und auf diese drei Leute wollen wir Rücksicht nehmen, indem wir uns ruhig verhalten".

Musikarchiv des SWR, Bandnummer: MO255556

Viele Jahre später rekapituliert Josef Häusler in seiner Donaueschinger Dokumentation diese Matinee selbstkritisch und mit jenem feinen ironischen Unterton, der ihm eigen war:

> Cage in Donaueschingen, noch dazu als Initiale seines ersten Europa-Gastspiels – dies könnte den Gedanken an eine Donaueschinger Sternstunde nahelegen, vergleichbar der Präsenz Schönbergs und Weberns dreißig Jahre zuvor. Doch hielten sich damals in der publizistischen Resonanz Skepsis und Anerkennung in etwa die Waage, so fehlte jetzt weitgehend die Bereitschaft zuzuhören. Man hielt sich lieber an den Augen- und den ersten Ohrenschein: „Cages Hauptinvention ist das ‚prepared piano', ein normaler Flügel, dessen Saiten mit allerlei klingenden, flageolettierenden, dämpfenden Fremdkörpern besetzt werden. Die Resultate [...] zeigen einen klanglichen Rohstoff von teils häßlicher, meist bizarrer Art. Cages Stück, hier uraufgeführt, heißt 12'55.6078" for 2 pianists. Es dauert knapp 13 Minuten, die mit zirpenden, trommelnden, explosiven, fast immer staccato losgelösten Tönen angefüllt sind. Cages Partner [...] nimmt gelegentlich ein Flötchen oder eine bunte Kinderplärre in den Mund und bläst einen Katzenruf. Er nimmt einen Hammer und schlägt auf etwas Metallenes. Er kriecht sogar unter den Flügel, um zu reparieren, während Cage ungerührt weiterspielt" (H. H. Stuckenschmidt in der „Neuen Zeitung"). Entsprechend harsch und schnellfertig sind die Urteile. Heinz Joachim in der „Welt": „... stümperhaft kindliche Geräusche... methodischer Unfug... eine schlechte Kabarettnummer, deren nihilisitische Witzlosigkeit nur von dem tierischen Ernst der Vorführung übertroffen wurde." Harald Kaufmann in den „Salzburger Nachrichten": „Carl Orff etwa ist mit seinem Instrumentarium schon viel weiter." Selbst Wolfgang Steinecke, der vier Jahre danach durch die Einladung Cages zu den Darmstädter Ferienkursen das berühmte, die ganze junge Musik Westeuropas aufwirbelnde „Cage-Erdbeben" auslösen sollte, registriert ungerührt „kindliche Sensationsmacherei". Auch der Autor dieses Buches, der nicht den Eindruck erwecken möchte, er sei 1954 klüger gewesen als er tatsächlich war, stellte in einer Rezension die Frage, ob die Suche nach neuen Klangmitteln solche „Verrenkungen der Phantasie" wirklich nötig habe.
>
> Josef Häusler, Spiegel der Neuen Musik: Donaueschingen,
> Chronik, Tendenzen, Werkbesprechungen, Kassel 1996, S. 157f

In einem 2009 während einer Kuratoriumssitzung von Musik der Jahrhunderte in Stuttgart geführten Gespräch erzählt Otto Tomek mir rückblickend, dass ihm dieses ja nur knapp 24 Minuten dauernde Konzert bis heute in den Knochen stecke, weil da etwas passierte, was nahezu alle im Saal zum Lachen gezwungen hat. Zwischen Gelächter und Imitationen der unterschiedlich produzierten Geräusche hätte man phasenweise vom eigentlichen Klanggeschehen nichts mehr gehört. Ihm seien damals seine ersten Reisen nach Deutschland wie die Eroberung einer irrealen Welt erschienen, das Nichtvorstellbare musste ihm plötzlich vorstellbar werden. Seine Wertbegriffe, die ja schon durch den Beginn seiner Tätigkeit bei der UE modifiziert hätten werden müssen durch die Einsichten in die Partituren Weberns und Schönbergs, die ihm in Wien in seiner Jugendzeit vorenthalten worden seien, wären durch Cages und Tudors Auftritt an diesem späten Sonntagvormittag endgültig ramponiert worden. Er erinnere sich an die Heimfahrt nach Wien, vielleicht doch differenzierter nachdenken zu wollen über das, was man im Universal-Editions-Verlag zukünftig zu vertreten habe und was nicht.

Auch Helmut Lachenmann, acht Jahre jünger als Tomek, erinnert sich in einem Gespräch an diesen erzählwürdigen und alle damals Anwesenden überwältigenden Morgen.

> Diese Matinee mit Cage... das war der Untergang der Welt, der Musikwelt. Zwei Herren im Frack kriechen unter dem Flügel herum und haben so komische Pfeifen im Mund, die sich, wenn man reinbläst, auf- und zurückwickeln [...] und die Leute haben geweint vor Lachen, aber sie waren nicht gleichgültig, es war nicht nur Spaß, es war gespenstisch. Für mich brach die Welt zusammen. Ich dachte, die Welt besteht aus einer sich erweiternden Tonalität à la Hindemith oder à la Bartok. Und jetzt kommt da einer und es sind nur noch Friedhöfe von Sinnlosem, aber heute würde ich sagen, ich spüre noch den Satz von Shakespeare „Ist dies schon Wahnsinn, hat es doch Methode". Ich konnte nicht nur sagen, es ist Unsinn, Spaß, sondern irgendetwas ist los. Und wenn die Welt das jetzt Musik nennt, dann muss ich meinen Horizont noch einmal überprüfen. Das war 1954 und ich hatte gerade das Abitur gemacht.
> *Helmut Lachenmann in Youtube, Vioworld trifft... Helmut Lachenmann, veröffentlicht am 11.9.2014*

Wenn man sich heute den Mitschnitt der Aufführung anhört, lassen sich die Erinnerungen der damals sich unter den Zuhörern Befindlichen nicht relativieren. Auf jede überraschend inszenierte Spielszene, die John Cage und David Tudor am Flügel ausführen, bricht das Auditorium in erheitertes, keinesfalls bösartiges Gelächter aus, hier und da werden die Pfeifenklänge imitiert oder es werden ironisierende Kurzkommentare eingestreut. Strobels Bitte um Ruhe wird – je länger das Konzert dauert – ignoriert. Die subtilen, auch geradezu zauberhaften Klänge, aus Zufallsprozeduren ad hoc entwickelt und aneinandergereiht, gehen an den Ohren der Zuhörenden vorbei. Die Klanggags, meist sind es die abrupt knallenden Aktionen machen das Faszinosum aus. Der frenetische Schlussbeifall gleicht einem Orkan an Gelächter, durchpfeilt von Pfiffen und durchtrommelt von Getrampel zu Ehren der beiden Interpreten. Sowohl die raffinierten Klangaktionen also auch die patternartigen Muster zirpender oder ratternder Kombinationen aus dem präparierten Saiten-Kasten des Flügels im Zusammenspiel mit den Mundpfeifen und den hämmernden Aktionen am Corpus des Instruments sind zugleich auch außermusikalische Aperçus, inszenierte Theatereinlagen. In den meisten Kritiken von damals konnten Cages und Tudors Versuche, instrumentaltheatralische Affekte reduziert auf übertriebene Gesten, noch nicht begriffen und gedeutet werden. Die szenischen Komponenten der Stücke wurden unterbewertet, für nicht relevant erachtet, zumal der „Bühnenauftritt" der beiden Interpreten durch den den Rahmen ironisierenden, als Kostümierung zu verstehenden Frack als Spektakel, als improvisiertes Happening hätte verstanden werden können. Wenn man bedenkt, dass sowohl David Tudor als auch John Cage durch den amerikanischen Komponisten und Pianisten Henry Cowell (1897–1965) beeinflusst waren, er ihnen in vieler Hinsicht als Vorbild galt, dann relativiert sich dieser sonntagmorgendliche Skandal, hatte Cowell doch schon in den zwanziger Jahren wie zum Beispiel in seinem Stück *The Banshee for piano strings* vielfältige Effekte mit den Saiten im Flügelkasten durch Dämpfungen, Glissandi und flachhändige Anschläge erzeugt.

Die 10. Internationalen Ferienkurse für Neue Musik in Darmstadt sind verhältnismäßig kurz und finden verlegt auf den Frühsommer vom 29. Mai bis 6. Juni 1955 statt. Auf dem Programm steht auch Anton Weberns Streichquartett Opus 28. In mehreren Briefwechseln geht es um die Frage des Stimmenmaterials und auch darum, inwieweit die Darmstädter Aufführung die deutsche Erstaufführung dieser Komposition sein oder nicht sein wird.

Am 25. März 1955 schreibt Tomek an Wolfgang Steinecke:

> [...] Stimmen zum Streich-Quartett op. 28 von WEBERN haben wir leider noch nicht. Sie sind zwar zur Herstellung vorgesehen, doch werden sie vermutlich bis Mai noch nicht fertig sein. Wir haben es nun in einigen Fällen so gemacht, dass wir ohne weiteres einzelnen Quartetten die Bewilligung gegeben haben, sich die Stimmen herauszuschreiben. Soviel ich weiß, besitzt zum Beispiel BOULEZ ein solches Stimmenmaterial. Die Stimmen zum „Streich-Trio" [Ernst Krenek] gehen Ihnen über die Darmstädter Musikzentrale (da Stimmen und nicht Partitur) gleichzeitig zu. Inzwischen langte auch Ihr Rundschreiben wegen eines Inserates bei uns ein. Wir werden wahrscheinlich mit einer halben Seite hineingehen [...]
>
> IMD, Archiv: Otto Tomek

Dann schreibt Tomek am 5. Mai 1955:

> [...] Was das Streichquartett op. 28 von WEBERN betrifft, so glaube ich nicht, dass das Werk in Deutschland noch nicht aufgeführt wurde. Genaueres lässt sich bei solchen Werken, die von jedem in jeder Musikalienhandlung bezogen werden können, natürlich nicht feststellen, aber so viel mir bekannt ist, hat das Hamburger Hamann-Quartett, das das Werk von BOULEZ in Paris studierte, auch die Absicht, es in Deutschland aufzuführen. Inwieweit das schon geschehen ist, kann ich Ihnen leider jetzt nicht sagen [...].
>
> IMD, Archiv: Otto Tomek

In der Chronik der Darmstädter Ferienkurse wird Weberns Streichquartett am 6. Juni 1955 als deutsche Erstaufführung durch das Drolc-Quartett präsentiert.

G. Borio u. H. Danuser (Hg.): Im Zenit der Moderne. Die Internationalen Ferienkurse für Neue Musik Darmstadt 1946–1966. Freiburg 1997, Bd. 3, S. 513 ff.

Seinen Anmeldeschein für die 10. Ferienkurse schickt Otto Tomek am 10. März 1955 von der Universal Edition nach Darmstadt. Er wünscht eine Unterkunft und möchte das Angebot des gemeinsamen Essens der Kursteilnehmer in Anspruch nehmen. Er möchte den Kompositionskurs von René Leibowitz belegen, wenn dieser in deutscher Sprache abgehalten wird, falls nicht, möchte er bei Fortner eingetragen werden. Es geht ihm nicht um neue Erkenntnisse im Komponieren, sondern er möchte die singulären Persönlichkeiten kennen lernen, die ihm in Wien von Karlheinz Stockhausen und Pierre Boulez, aber auch von Ernst Krenek empfohlen worden sind. Er verspricht sich, in seiner Rolle als Promotor und als Verlagsinstanz für Öffentlichkeitsarbeit, interessante Komponisten bei diesen Kursen kennen zu lernen. Ein untrügliches Gespür für innovative Substanz hilft ihm, aus der Fülle von unterschiedlichsten Persönlichkeiten, die sich bei den Kursen einfinden, bei den faszinierenden anzudocken.

Immerhin trägt er auf seinem jungen Rücken die Autorität und die Prominenz der Universal Edition. Dadurch ist auch er gefragt und als Bindeglied zwischen den Komponisten-, Verlags- und Veranstalterinteressen der ideale Kommunikator. Das Wienerische, die intellektuelle Gemütlichkeit mit durchaus gewitzter ironischer Schärfe hat er sich angeeignet. Und Tomek ist auch, was das andere Geschlecht betrifft, ein Charmeur. Oft sind es die Frauen der Komponisten, die ihre Männer auf Otto Tomek und Otto Tomek auf ihre Männer aufmerksam machen.

Im 10. Darmstädter Jahrgang sind neben den Hauptdozenten Wolfgang Fortner und René Leibowitz im Bereich der Komposition auch die französische Pianistin Yvonne Loriod, Carl Seemann (Klavier), Rudolf Kolisch (Violine) und Ludwig Hölscher (Violoncello) als Dozenten vertreten, letzterer vertritt die gemäßigte Moderne, da er insgeheim ein Gegner aller Modernismen und Innovationen im Kompositorischen ist. Hölschers Nazivergangenheit bleibt unbeachtet, man macht ihn in Darmstadt zu einem renommierten Grandseigneur der alten Garde. Karl Michael Kommas, Wolfgang Fortners, ja auch Hans Werner Henzes Celloliteratur liegt ihm, sie bedient das Griffbrett, wie es schon Dvořak und Schumann zu bedienen wusste. Bei Bernd Alois Zimmermanns Cellosonate wird er seine Grenzen erkennen, weil ihm die Art der Notation, die seriell mit einbezogenen Geräuschpartikel, die extremen Lagenwechsel zuwider sind. Wenige Jahre später schon ersetzt ihn Siegfried Palm in Darmstadt, der erste Cellist der Nachkriegszeit, der als Solocellist des NDR Sinfonieorchesters Hamburg und des WDR Sinfonieorchesters Köln die dort ein und ausgehenden Komponisten für das Instrument Violoncello begeistert und dem Komposition auf Komposition auf den Leib geschrieben wird.

Die Spezialeinrichtung einer Internationalen Arbeitsgemeinschaft junger Komponisten interessiert den berühmten deutschen Cellisten Hölscher also nicht, dieser Kurs ist aber für Leute wie Tomek eine Fundgrube. Sie steht erstmals unter der Leitung von Pierre Boulez, Hans Werner Henze und Bruno Maderna. Freundschaftliche Nähe zu Henze will ihm in den ersten Jahren seiner Universal Editions-Zeit nicht gelingen. Zu allen anderen gelingt sie problemlos.

In einem Konzert vom 1. Juni hört Tomek zum ersten Mal auch Musik von Bernd Alois Zimmermann, denn just an diesem Tag spielen Alfons und Aloys Kontarsky die von den Ferienkursen in Auftrag gegebene Komposition *Perspektiven*, Musik zu einem imaginären Ballett für zwei Klaviere. Ein dramaturgisch vielschichtiges, alle Extreme auslotendes Werk, das bereits alles vorauskündigt, was in den späteren Klavierkompositionen Zimmermanns wiedererscheint. Auf ganz eigene Weise ist das Werk eine Art Rekapitulation der musikalischen Mittel der unmittelbaren Vergangenheit, allerdings weitaus radikaler, insistierender, dennoch durch die Harmonisierungen der dramatischen Extreme sofort verständlich. Von Luigi Nono wird *Incontri* für 24 Instrumente mit dem SWF-Sinfonieorchester unter Hans Rosbauds Leitung zur Uraufführung gebracht. Das durch verschiedene Tonräume mäandernde lineare lyrische Timbre wird konfrontiert mit harten und kantigen, dynamisch aufgeladenen Attacken. Zwei Charaktere treffen aufeinander und werden miteinander verschlungen, ohne dass sie eins werden können. Die niemals sich einer konsonanten Harmonie öffnende Komposition hat das Auditorium sowohl ratlos als auch berührt zurückgelassen, so dass Rosbaud das Stück ein zweites Mal spielen lässt.

Schließlich wird Tomek auch die Veranstaltung am Nachmittag des 4. Juni erlebt haben, bei welcher Herbert Eimert erstmals in Darmstadt die ersten im Kölner Elektronischen Studio realisierten Kompositionen vorstellt, Werke von Gottfried Michael Koenig, Henri Pousseur, Karlheinz Stockhausen, Herbert Eimert, Paul Gredinger und Bengt Hambraeus. Stockhausens Sinusgemische der *Studie II*, die die dynamischen Verhältnisse in ein Beziehungsgeflecht zur Anzahl der gleichzeitig erklingenden Sinustöne bringt und in einem ganz neuartigen Permutationsverfahren durchdekliniert, um nach drei Minuten alles kompositorisch benannt zu haben, ohne sich zu wiederholen, bleibt die eigentliche Sensation dieser Ferienkurse. Synthetische Klänge pur, ohne jede Bezüglichkeit zur Instrumentalmusik. Im Gegensatz dazu wirkt Eimerts *Glockenspiel* wie eine Transformation instrumentaler Musik ins Elektronische.

Dass man sich dann häufig nach den Konzerten nachts noch in dem berühmtberüchtigten Schloss-Keller oder in anderen Kneipen austauscht und zwar unter oft nicht wenig Alkoholeinfluss, ist Darmstädter Pflicht, zumindest für die Netzwerke bildende Kraft und darüber hinaus für zukünftige Planungen von Konzerten andernorts wichtig. Tomek, gesellig und leidenschaftlich zum Zuhören fähig, gehört zu diesem Kreis aus Komponisten, Veranstaltern, Interpreten, Dirigenten und Verlagsvertretern. Die zum Verlag Universal Edition existierende Verbindung Nonos (wobei die UE nie eine Komposition von ihm verlegt hat) wird durch Tomek verstärkt, vor allem im Zusammenhang mit Arnold Schönberg, denn Nonos Verlobung mit Nuria Schönberg in Darmstadt stellt nun eine direkte Verbindung her, sowohl zu dem 31jährigen Italiener als auch zu Gertrud Schönberg in Los Angeles, wie aus Nonos ersten Briefen vom 1. Juli und vom 28. Juli 1955 an Tomek herauszulesen ist:

Darmstadt, 1.7.55

Lieber Otto!

Wie geht's Dir und Deinem Kopf??? Noch Konsequenz nach der berühmten Nacht im Keller? Nuria und ich müssen unbedingt im August in Österreich sein, irgendwo in Kärnten, um nach den „Strapazzen" von Kranichsteiner wieder <u>normal</u> werden zu können. So sicher wie sehr sehr gerne werden wir mittreffen. Ich werde Dir weiter und genau schreiben wo werden wir sein, auch mit Kolisch – sehen hier mit Dr. Schlee gesprochen, über unser Plan, Stockhausen, Maderna und ich, um einige Monaten in Österreich zu leben und zu arbeiten.

Dr. Schlee sagte mir, sehr lieb, wo wir können das (Haus) sehr gut machen – noch, also, längere Gelegenheit uns wieder zusammen mitzutreffen.

Ich schicke Dir eine ??? Liste (Webern und Schönberg), wo habe ich angezeichnet, was für Werke Webern's und Schönberg's ich brauche – sofortissimo, wie möglich die Werke Webern's (wegen auch des Artikel für „die Reihe") mache mit Ruhe Schönberg – mache wie Du kannst. Dr. Schlee sagte mir, Du zusammen, und Ihr werdet alles richtig machen – Bitte das nach <u>VENEDIG ZATTERE 1486</u>, wo bis den 11sten Juli bin – von Venedig schicke ich Dir, wie versprochen, eine Musikseite von mir – es ist sehr schön, wie wir alle <u>Jungen</u> zusammen sind und Freunde –

Alles Schönes, lieber Otto, Dir und Deiner Frau
Herzlichst Dein <u>Gigi</u>
Herzl. Grüsse auch von mir, Nuria

Eine Flut an Informationen, die Luigi Nono seinem noch ganz jungen und neuen Freund nach Wien schickt: Zunächst das nächtliche Gelage im Keller, bei welchem man wohl nur spekulieren kann, ob auch Bernd Alois Zimmermann in unmittelbarer Nähe zu Karlheinz Stockhausen, wohl gar neben ihm sitzend, mitgefeiert hat. Das Erholen müssen von den Darmstädter Strapazen, die Hoffnung, zusammen mit einigen Komponisten eine längere Zeit in Österreich komponieren und sich austauschen zu können, ganz im Rausche der Euphorie eines durch Darmstadt entfachten Aufbruchs. Und schließlich lässt sich Nonos drängendes Bedürfnis herauslesen, Noten seines zukünftigen Schwiegervaters und die von Anton Webern so rasch wie möglich kennenlernen zu können. Alles in einem humoristisch-ironischen Gepurzel im Bezirk der deutschen Sprache, nicht artifiziell, direkt, also ohne jede Diplomatie, freundschaftlich.

Tomek selbst fährt mit neuen Erkenntnissen zurück nach Wien, um die Fülle der Begegnungen, vor allem die mit Luigi Nono, mit Bernd Alois Zimmermann, mit Karlheinz Stockhausen, Pierre Boulez, Bruno Maderna und René Leibowitz zu verarbeiten. Sehr wohl wird ihm bewusst, wie die jeweiligen ästhetischen Positionen eine große Rolle bei der Integration in den Fortschrittszirkel oder der Ausstoßung aus dem illustren Kreis spielen. Seine Unberührbarkeit, die sich aus der Neugier für das Aufeinanderstoßende, aus der Begeisterung für jede Art von traditionsbefreiter Musik ableiten lässt, hilft ihm, kein Urteil zu bilden, schon gar nicht Vorurteile zu übernehmen. So schreibt er am 12. Juli 1955, einen Monat nach den Kursen in Darmstadt dem Leiter anerkennend und bewundernd:

Lieber Herr Dr. Steinecke,
spät genug komme ich erst dazu, Ihnen zu schreiben und herzlichst zu danken. Die Kranichsteiner Ferienkurse waren wieder einmal ganz besonders schön und mit einer Menge Anregungen, Ideen und vor allem wirklich bereichert bin ich wieder nach Wien gekommen. Heuer schien mir die Gegenüberstellung von Webern mit den seriellen Instrumentalkompositionen und der elektronischen Musik besonders instruktiv – und überzeugend. Es ist ja wirklich unglaublich, wieviel Sie da beitragen, diese neuen Wege, die die Musik jetzt geht, einem größeren Kreis verständlich zu machen. Dafür, dass Sie das so kompromisslos tun, dafür ist Ihnen gar nicht genug zu danken! Heute habe ich noch eine Bitte: Sie wissen, dass wir von vielen Tonbandaufnahmen, die Sie in Ihrem Archiv haben, gerne Kopien haben wollen. Sie haben ja auch im Prinzip zugesagt, diese im Laufe des Jahres für uns herstellen zu lassen. Zunächst würde ich aber eine Liste all der Aufnahmen brauchen, die Sie von unseren Verlagswerken besitzen. Herr Demmel meinte im Juni, dass es sich um etwa 50 Werke handeln würde. Wäre es bitte möglich, eine solche Liste gelegentlich zu bekommen, auf Grund derer wir eine Auswahl treffen könnten? Es eilt nicht, wenn ich die Liste Anfang September bekommen könnte wäre es gerade recht, denn vorher käme ich ohnedies nicht dazu, sie zu bearbeiten.

Ich gehe Ende dieser Woche auf Urlaub und freue mich schon, Sie dann relativ bald in Salzburg wiederzusehen.
Bis dahin viele herzliche Grüße und die besten Empfehlungen an Ihre werte Gattin
Ihr Dr. Otto Tomek

IMD, Archiv: Otto Tomek

Aus der gegenseitigen Wertschätzung heraus entwickelt sich ein konstruktives Arbeitsklima zwischen Otto Tomek und Wolfgang Steinecke. Beide profitieren von der Professionalität des anderen, Tomek ist Fachspezialist für Partituren und Noten und für deren Herstellung und Kosten geworden, Steinecke reagiert mit Angeboten von Aufnahmen, die die Rundfunkanstalten in Form von Mitschnitten einbringen. Im gegenseitigen Kenntnisverschaffen werden Beziehungen zu Komponisten „geschäftsverbindende" Substanz. Die Nähe zu Nono ergibt wiederum Nähe zu Nuria Schönberg und diese Nähe zur Übergestalt Arnold Schönberg. Nono und Nuria lernen sich bei der Premiere von Arnold Schönbergs *Moses und Aaron* in Hamburg erstmals kennen. Aus Wien schreibt der siebenundzwanzigjährige Tomek seinem jungen Freund, indem er ihm bestätigt, dass sowohl die Webern als auch die Schönberg-Noten zugesandt werden:

Wien, 12.7.1955
[...] Eure Schönberg Wünsche sollen erfüllt werden.
Allerdings hat es damit eine besondere Bewandtnis: es ist uns zu Ohren gekommen (über Boulez), dass dieser Tage in Venedig ein ganz besonderes Fest stattfindet. Und dazu wollen wir uns nebst einem kleinen Geschenk in Form der Schönberg-Partituren auch mit unser aller herzlichsten Glückwünschen einstellen [...]

IMD, Archiv: Otto Tomek

Lesina, 28.7.1955
Lieber Otto,
entschuldigung die Eile. Wir sind noch in Reise nach Venedig und von Venedig schreibe Dir <u>richtig</u>. Aber wir haben immer vergessen ein Bitte von Nurias Mama: Herr und Frau MILTON S. KOBLITZ, Rechtsanwalt der für A. Schönberg immer alles getan hat, sehr mit Schönberg's Familie befreundet, möchte nach Wien für die Eröffnung von Oper kommen – so sie möchten zwei Karte (sehr gute Plätze) für die Eröffnung kaufen – und auch sie möchten ein Hotel vorgeschlagt haben. kannst Du das alles machen? Wir werden auch für das Dir sehr dankbar; und Du solltest an Frau Gertrud Schönberg, 116 N Rockingham AVE Los Angeles 49 California beantwortet – also nicht an uns, aber direkt an Nurias Mama (viel schneller) ob Du 2 Plätze an Eröffnung zusammen für Herr Koblitz schaffst, auch ein Hotel zu accomandieren. Von Venedig schreibe Dir mit Ruhe – und liebe Sache – auf Bald herzlichst
Dein Gigi.

IMD, Archiv: Otto Tomek

Auf der ersten Seite des Briefes findet sich die Randnotiz von Nuria Nono:

Lieber Otto, Vielen Dank für Deinen Brief. Hoffl. Werden wir uns in Wien mal sehen! Ich wäre Dir sehr dankbar, wenn Du diese Sache für meine Mutter machen könntest;

der Mann hat enorm viel für Papa und auch jetzt für Mama getan. Mama wird sich freuen, wenn Du ihr auch schreibst, dass Du guter Freund von uns beiden bist. Auf bald Deine Nuria

Otto-Tomek-Archiv, AdK, Berlin

Die Wiener Staatsoper wird nach jahrelangem Wiederaufbau am 5. November 1955 in einem feierlichen Akt wiedereröffnet. Karl Böhm dirigiert die Wiener Philharmoniker. Auf dem abendlichen Festakt-Programm steht *Fidelio*, Beethovens Befreiungsoper als Symbol einer im letzten Moment noch möglichen Rettung aus selbstverschuldeter Versklavung an einen größenwahnsinnigen Landsmann und dessen rabiatem Gefolge. Wien feiert die Auferstehung der Kunst in ihrer Stadt. Wien ist jetzt wieder die Stadt der Kunst schlechthin, zumindest die Stadt aller Opern.

Obschon es keine direkten Dokumente darüber gibt, darf man davon ausgehen, dass das Rechtsanwaltsehepaar Koblitz keine Karten im freien Kauf zugestanden bekommen hat, zumal bei diesem Festakt ausschließlich staatliche Einladungen erfolgten. Für Tomek wird dieses Erlebnis, nach langer Zeit erstmals wieder in dem von Kindheit an geliebten Opernhaus zu sein, umwerfend gewesen sein. Sein Brief an Nono indes ist gefüllt von ironischem Futter, im Übrigen eine Art von schriftlicher Kommunikation zwischen ihm und Nono, die viel über die Art ihrer Freundschaft aussagt:

Wien, 15.2.1956
Lieber Gigi,
Herzlichen Dank für Deinen ausserordentlichen Brief. Er war mir eine ganz besondere Freude [...]. Ich bin nie besoffen, also auch nicht von der Operneröffnung.
Damit Du siehst, dass ich aber kein Abstinenzler bin, schicke ich Dir anbei einen Prospekt vom Wiener „Urbanikeller" (im Gegensatz zum Schlosskeller Darmstadt). Dort trank ich gestern vino rosso. Wann werden wir dort zusammen trinken, pardon saufen?
Operneröffnung ist vorbei. Gott sei Dank. Jetzt werden nur noch schlechte Vorstellungen gegeben, bei denen man schläft. Ich schlafe auch gerne, am liebsten bei Tag. Und Du? [...]. Was komponierst Du? Ich muss bald wieder eine Nono Uraufführung hören können! Wann? Was? Wie? Wer? Kommst Du nach Darmstadt? Ich weiß noch nicht, ob ich komme [...]. Wann bekomme ich endlich die schon lange versprochene Nono-Partitur-Manuskriptseite mit Widmung? Ich warte. Aber ich warte schon so lange, dass ich nicht viel länger warten möchte. Also, sei lieb und schicke – oder besser, bringe sie selbst mit nach Wien [...].

IMD, Archiv: Otto Tomek

Das Aufgabenfeld Tomeks bei der Universal Edition wird von Mal zu Mal umfangreicher. Neben der Kontrolle der Bestände und der Erfassung aller neuen Werke, die in Druck gehen sollen, kommen Korrespondenzen hinzu mit Veranstaltern und Rundfunkanstalten, mit Orchester- und Chormanagern in ganz Europa, denen es am Herzen liegt, endlich auch die Epoche der zweiten Wiener Schule, die Werke Béla Bartoks und Igor Strawinskys wieder ins Programm ihrer Abonnementsreihen aufzunehmen. Die zwei Hochburgen der Neuen Musik – Donaueschingen und Darmstadt – tun das ihre, indem sie den vorurteilsfrei nicht skeptischen Tomek zum Anwalt der unbekannten Komponisten machen, zum Sprachrohr der Komponisteninteressen am berühmten Wiener Verlag.

Dort werden Aufnahmen von verlagseigenen Kompositionen als Promotions-mittel für weniger Partitur-lesegewandte Veranstalter immer wichtiger. Neben den GRUNDIG-Maschinen behaupten sich zunehmend die Schweizer Revox-Tonbandge-räte für den semiprofessionellen Gebrauch. Mit den handelsüblichen Revox 70 kann man allerdings nur maximale Geschwindigkeiten von 19 cm/s fahren. In den Rund-funkanstalten gibt es längst die Bandmaschinen mit 38 cm/s, die für die Wiedergaben von Musik ausreichend sind und beste Qualität für die noch nicht stereophonen Ra-diogeräte liefern. Unter diesen Bedingungen hat auch Otto Tomek spezielle Wünsche an den Hausherrn in Kranichstein/Darmstadt.

Darmstadt, 9.12.1955
Lieber Herr Dr. Steinecke,
besten Dank für Ihr Schreiben vom 1.12. Wir machen also gerne von Ihrem Angebot Gebrauch, die gewünschten Tonbänder im Austausch gegen Noten zu erwerben. Ich lasse Ihnen also mit separater Post alle diejenigen Noten zugehen, die Sie in dem Ex-emplar der UE-Drucke, das Sie mir zurückschickten, nicht ausgestrichen haben. Den Betrag habe ich Ihnen schon in meinem letzten Schreiben genannt, und ich bitte Sie nochmals, Bänder in der entsprechenden Höhe des Betrages für uns zu kaufen. Ich bitte Herrn Demmel, doch alle Kopien für 19 cm/sec zu machen, da wir auf unse-rem Apparat leider nur Bänder mit dieser Geschwindigkeit abspielen lassen können. Dass wir die Webern-Schönberg-Variationen nicht bekommen können, ist natürlich sehr, sehr schade, aber ich weiß, wie viele Reverse man unterschreiben muß, wenn man von einem deutschen Sender eine Bandkopie bekommt, und es ist klar, daß Sie sich daran halten müssen. Die Schönberg-Quartette merke ich für meine nächste Wunschliste vor. Für die erste sind diese ja doch zu umfangreich. Darf ich Sie nun nochmals darum bitten, für die Bandkopien eigens für 19 cm/sec geeignete Bänder zu verwenden.
Mit herzlichen Grüßen Ihr Tomek

Darmstadt, 18.12.55
Lieber Herr Dr. Tomek,
besten Dank für Ihr freundliches Schreiben vom 10.12. Ich hoffe, dass die Tonbänder bei Ihnen inzwischen eingetroffen sind. Wir werden Ende Dezember Ihnen noch ein-mal die fehlenden Aufnahmen nachsenden können. Die Partituren zu Webern opus 6 und opus 10, und zur Es-dur Fuge von Bach/Schönberg habe ich heute an den Verlag Schott, Mainz zurücksenden lassen.
Besonders danken möchte ich Ihnen noch dafür, dass Sie die Wunschliste der Bib-liothek so freundlich behandelt und uns einen großen Teil der fehlenden Ausgaben übermittelt haben. Ich hatte bei der Zusammenstellung der Pohlliste gar nicht be-dacht, in welche astronomischen Ziffern meine Wünsche heraufgeklettert sind. Die Vorführung dieser Ziffern hat mich dann, wie Sie sich denken können, etwas be-schämt. Dadurch ist mir bewusst geworden, dass man zur möglichen Vervollstän-digung der Bibliothek einen Modus finden müsste, wie Sie ihn mit der Einräumung eines höchstmöglichen Rabattsatzes andeuten. Diesen Weg werde ich erst beschrei-

ten können, wenn wir nach dem 1.4. im neuen Haushaltsjahr wieder neue Mittel für unsere Bibliothek frei haben. Unser Anschaffungsetat ist so klein, dass er meist schon 5 Monate vor Ablauf des Jahres verbraucht ist. Bitte teilen Sie mir doch inzwischen einmal mit, welchen Rabatt Sie bei den geplanten Großeinkäufen ermöglichen können, damit ich dann im neuen Geschäftsjahr rechtzeitig disponieren kann.

Für heute nochmals herzlichen Dank für Ihre Mühe und Ihr liebenswürdiges Entgegenkommen und die besten Grüße

Ihres Steinecke

IMD, Archiv: Otto Tomek

Am 29. Dezember 1955 schreibt Tomek sich rückerinnernd an die Mai/Juni-Tage einen Dankesbrief an den Musikinstitutsleiter für die erbetenen Bänder von Werken, die in der Universal Edition verlegt sind.

Lieber Herr Doktor Steinecke,

die Bänder sind eingelangt. Gerade am Tag vor Weihnachten. Es war also eine sehr schöne und freudige Überraschung. Für die Übersendung herzlichen Dank, auch Herrn Demmel für die Arbeit, die er damit hatte. Ich habe mir die Werke schon mit Vergnügen angehört trotz der natürlich durch die langsame Bandgeschwindigkeit nicht immer hundertprozentigen Klangqualität. Die Grille war aber trotzdem tadellos zu hören und lässt mich sehr an jene große Schlacht um die Uraufführung der Stockhausenstücke denken.

Mit den allerbesten Wünschen zum Neuen Jahr und vielen herzlichen Grüßen

Ihr Tomek

IMD, Archiv: Otto Tomek

Tomek bezieht sich auf die Klavierstücke 5–8 von Stockhausen, die im Rahmen des Uraufführungskonzerts der jungen Generation neben Bruno Madernas Streichquartett, Giselher Klebes Violinsonate und Camillo Tognis Trakl-Lieder erstmals uraufgeführt wurden.

Im Schlagabtausch banaler Mitteilungen verbergen sich dennoch kleine Kostbarkeiten, die über das Notwendige und Gewünschte hinausreichen. Manchmal sind Risiken im Entgegenkommen, seien es Rabattangebote als Einverständnis eines Handels mit klingender Ware, seien es winzige Bemerkungen zu Anton Webern oder Arnold Schönberg, die aus heutiger Sicht klar machen, wie wenig bekannt deren Werke tatsächlich waren und mit welcher Leidenschaft vor allem Wolfgang Steinecke hier Aufholarbeit leisten wollte unter dem Zwang innerer Wiedergutmachung, von der allerdings der junge Tomek nichts wissen konnte, wie die jungen Rebellen auch nichts wussten, die Steinecke favorisierte. Auch diese schwärmten ein Leben lang in den Erinnerungen an jenen Großmeister des Möglichmachens und vorurteilslosen Gestaltens von Konzerten, die es, was die Dramaturgie und die Radikalität in der Konfrontation divergierender kompositorischer Ideen angeht, in sich hatten. Immer wieder gibt es zwischen Tomek und Steinecke diskrete Hinweise auf in die neue Bundesrepublik eingereiste Komponisten, vor allem aus dem Osten, wo der Erzfeind Russland die osteuropäischen Staaten bedroht und vereinnahmt. Und dann wandern Briefe zwischen Tomek und Steinecke hin und her, von denen hier ein Korrespondenz-Ausschnitt

Kunde sein mag über das vielsagende und beeindruckende Niveau an Höflichkeit, an Information, an Zuverlässigkeit und an effizienter Pragmatik:

Wien, 5.2.1956
Lieber Herr Dr. Tomek,
Besten Dank für Ihr freundliches Schreiben vom 23.1. und für die Übersendung der beiden Exemplare der „Structures" von Boulez für die Bibliothek unseres Instituts. Herr Demmel ist jetzt damit beschäftigt, die von Ihnen gewünschten weiteren Bandumschnitte anzufertigen, sodass wir Ihnen diese noch in dieser Woche übersenden können. Hierfür habe ich nun für unsere Bibliothek noch einen besonderen Wunsch, den ich Ihnen heute unterbreiten möchte. Es liegt uns daran, alle uns noch in der Bibliothek fehlenden Ausgaben der Schönberg'schen Werke zu erhalten, und ich wäre Ihnen sehr dankbar, wenn Sie mir dabei behilflich sein könnten.
So fehlt uns z. B. das Lied opus 3 Nr. 1 „Dank", das wir bisher auf keine Weise erhalten konnten. Ferner wollte ich Sie fragen, gibt es zu den sechs Liedern opus 8 Klavierauszüge?
Gibt es zu der Kammersymphonie opus 9 in der Fassung für großes Orchester eine Partitur?
Gibt es ebenso für die Streicherorchesterfassung des II. Streichquartetts opus 10 eine besondere Partitur?
Gibt es zu opus 18 „Die glückliche Hand" einen Klavierauszug?
Ist das Aufführungsmaterial zu „Pierrot lunaire" und zum Bläser-Quintett opus 26 käuflich zu erhalten?
Gibt es zu den 4 Orchesterliedern opus 22 einen Klavierauszug?
Von der Suite opus 29 haben wir weder Partitur noch Material.
Alles dies würde mich für die Bibliothek sehr interessieren, damit wir in punkto „Schönberg" wirklich vollständig ergänzen. Wegen der Werke nach opus 32 werde ich mich an Frau Schönberg selbst wenden.
Vielleicht könnten Sie uns in den Fällen, wo nur Einzelexemplare vorhanden sind, doch dadurch unterstützen, dass Sie uns die Möglichkeit erbitten, Fotokopien hiervon anzufertigen.
Mit bestem Dank im Voraus und herzlichen Grüßen
Ihr Dr. Wolfgang Steinecke

IMD, Archiv: Otto Tomek

Darmstadt, 15. Februar 1956
Lieber Herr Doktor Steinecke,
vielen Dank für Ihr Schreiben vom 8. Februar, mit dem Sie uns mitteilen, dass die von uns erbetenen Bandumschnitte schon in Angriff genommen wurden. Es kommt dabei natürlich auf ein paar Wochen auf oder ab nicht an und wir sind durchaus zufrieden, wenn der Rest der Umschnitte erst nach der Reparatur Ihres Apparates vorgenommen wird.
Zu Ihrer Anfrage wegen der Schoenberg-Werke für Ihre Bibliothek:
Lied op 1 Nr. 1 ist leider nicht original UE, sondern Richard Birnbach, Berlin. Dieses Lied ist zur Zeit bei uns auch nicht vorhanden, da beim Originalverlag vergriffen. Vielleicht hat man aber dort für Sie aus den Archivbeständen noch ein Exemplar.
Zu den Liedern op. 8 gibt es Klavierauszüge, UE-Nr. 3041-3046 (übrigens verfasst von Anton Webern). Preis je DM 3.--.

Kammersymphonie op. 9, Fassung für großes Orchester, ist original Verlag Schirmer, New York. Wir müssten also erst dort anfragen, ob eine Partitur abgegeben werden kann. Ich werde Ihnen also nach Antwort sofort Bescheid geben.

2. Streichquartett op.10, Fassung für Streichorchester, Partitur (UE 33) kostet DM 18.--.

„Glückliche Hand" Klavierauszug, UE-Nr. 5669, DM 15.--.

Aufführungsmaterial zum Bläserquintett op. 26 soll im Laufe des Jahres neu hergestellt werden. Wenn es also nicht eilt, würde ich raten, hier noch zuzuwarten.

Zu den vier Orchesterliedern op. 22 gibt es keinen Klavierauszug, hingegen ist die Partitur in einer ganz merkwürdigen Art als Klavierpartitur ausgestaltet. Leider besitzen wir davon aber nur so wenige Exemplare, dass wir davon auch nichts käuflich abgeben können. Wenn Sie also wünschen, müsste auch diese Partitur photokopiert werden.

Von der Suite op. 29 gibt es keine eigentliche Partitur, sondern nur eine Klavierstimme, in der die anderen Instrumente eingezeichnet sind. Klavierstimme samt den übrigen Instrumentstimmen kostet DM 60.--.

Bitte geben Sie mir doch eine definitive Bestellung, auch eventuell den Auftrag, bestimmte Werke zu photokopieren.

Mit vielen herzlichen Grüßen Ihr Tomek

IMD, Archiv: Otto Tomek

Darmstadt, 23. August 1956

Lieber Herr Doktor Steinecke,

wie immer haben wir auch nach den heurigen Ferienkursen den Wunsch nach etlichen Bandkopien, und ich bitte Sie herzlichst, uns diese auch diesmal wieder herstellen zu lassen. Wenn Sie wollen, könnten wir dies wieder im Austausch gegen Noten machen, ansonsten könnten wir ja den dafür anfallenden Beitrag überweisen.

Folgende Werke hätten wir gerne auf Band für 19cm/sec Geschwindigkeit:

BENNETT, 5 Orchesterstücke

NILSSON, Frekvenser (dieses Stück werden wir möglicherweise in Verlag nehmen, doch hätte ich es gerne hier noch vorgespielt. Wenn Herr Demmel vorderhand keine Zeit hat, unsere Kopien zu machen, so macht das nichts, ich bin auch später glücklich darüber, nur das Stück von Nilsson bitte ich Sie, so bald als möglich zu schicken.)

SCHÖNBERG, Bläserquintett

BOULEZ, Flötensonate (ist zwar nicht UE, interessiert uns aber doch sehr)

WEBERN, Bagatellen (mit dem Parrenin-Quartett)

WEBERN, Violinstücke (mit Kolisch)

WEBERN, Trakl-Lieder op. 14

STOCKHAUSEN, Klavierstücke 2. Zyklus (mit Tudor)

Falls Sie haben und uns geben können, dann bitte auch:

KRENEK, Kantate für Kriegszeit

BERG, Lulu-Symphonie (mit Sanzogno)

Ist nicht auch die Diskussion um die elektronische Musik von Ihnen aufgenommen worden? Wenn ja, wäre ich dankbar, wenn ich die Beiträge von BOULEZ, HABA und STOCKHAUSEN haben könnte sowie die Diskussionen zwischen STOCKHAUSEN-HEISS, STOCKHAUSEN-HABA mit den jeweils verbindenden Worten von KRENEK.

Inzwischen kamen auch die Belegexemplare des Programms an, wofür ich bestens danke.

Mit herzlichen Grüßen Ihr Tomek

IMD, Archiv: Otto Tomek

Tomeks Wunschlatte wird erfüllt. Die Universal Edition begründet mit diesem Vorgehen jene partnerschaftliche Beziehung, die dann zwischen allen Verlagen und den Rundfunkhäusern zur Selbstverständlichkeit wird.

Aus beider Fragen und Antworten wird ersichtlich, wie es Mitte der fünfziger Jahre um das Notenmaterial bestellt war. Steineckes Ehrgeiz, in Darmstadt innerhalb von wenigen Jahren das gesamte Werk von Anton Webern und Arnold Schönberg nicht nur analysieren, sondern auch aufführen zu lassen, wird blockiert, zumindest von Jahr zu Jahr verschoben, weil von den Originalpartituren und von den Stimm-Materialien vieles unauffindbar oder in alle Welt verstreut ist. Noch 1957 muss, wie György Ligeti in seiner Rückerinnerung „Meine Kölner Zeit, 1957" beschreibt, von den Einzelstimmen der Webernschen Orchesterstücke Opus 6 die verlorene Partitur der großen Fassung wiederhergestellt werden. Diese Rekonstruktionsaufgabe bekommt Ligeti als Asylant von den damaligen Direktoren der UE, von Ernst Hartmann und Alfred Schlee, als beglaubigte, illegale Nebenbeschäftigung aufgehalst. Lakonisch schreibt er dazu, er sei damit nie fertig geworden.

Von der UE aus versucht Otto Tomek, dem jungen Asylanten Arbeitsmöglichkeiten zu vermitteln. Auch Darmstadt empfiehlt er den ihm noch wenig vertrauten Komponisten:

Darmstadt, 19.12.1956
Lieber Herr Doktor Steinecke,
mit separater Post sende ich Ihnen das entliehene Band mit vielem Dank zurück, nachdem der Umschnitt zur Zufriedenheit ausgefallen ist. Auf diese Weise ist es uns, dank Ihres Entgegenkommens, möglich gewesen, die Qualität um einiges zu steigern.
Ich fürchte, Sie sind böse, weil ich unlängst den Brief mit Ihren Ersatzwünschen verloren habe. Leider ist dieser Brief bis heute noch nicht aufgetaucht., was mir sehr unangenehm ist und ich bitte Sie vielmals, mir eine Kopie nochmals zuzusenden, worauf dann alles sofort erledigt werden wird.
Heuer noch eine spezielle Bitte: es hat sich dieser Tage ein Ungar namens György Ligeti gemeldet, den ich durch Briefwechsel im vergangenen Jahre schon kannte. Er hatte versucht, mit einer Anzahl Gleichgesinnter einen avantgardistischen Verein für musikalische Privataufführungen in Budapest zu gründen; dadurch hat er sich bei den staatlichen Stellen nicht sonderlich beliebt gemacht. Nun ist er hier in Wien eingetroffen und weiß natürlich nicht, was weiter. Er war seit 1950 Professor für Harmonielehre und Kontrapunkt an der Musikhochschule Budapest, verfasste 2 Lehrbücher darüber und ist im Übrigen als Komponist sehr fortschrittlich und saugt im Augenblick wie ein trockener Schwamm alle die Anregungen, die wir ihm geben können, in sich auf. Leider ist es hier im Moment nicht möglich, ihm in seinem Fach irgendwo eine Lehrstelle zu besorgen und ich wende mich daher an Sie mit der Bitte, falls Sie irgendeine Möglichkeit für Herrn Ligeti sähen, mich dies gleich wissen zu lassen. Ligeti ist 1923 geboren, persönlich sehr nett und spricht recht gut deutsch, was er wahrscheinlich in Kürze weitgehend vervollständigen könnte.
Mit vielen herzlichen Grüßen Ihr Tomek

IMD, Archiv: Otto Tomek

Zwei Typen von Komponisten grenzen sich voneinander ab. In der Geschichte der Musik können sie eng vertraut miteinander sein. Sie können sich aber auch abstoßen und dabei abstoßend sein. Gemeint ist der Typus des Analytikers und Strukturalisten, der über Skizzen und ausdifferenzierte Sortierungsprozesse zu seinem sogenannten „Material" findet, dem er sich mehr oder weniger unterwirft, weil er von dessen stringenter Logik überzeugt ist. Der andere Typus arbeitet intuitiv, was nicht heißt, ohne Miteinbeziehung selbstauferlegter Regeln und Grenzen. Ausdruck entsteht bei ihm durch die Logik des Fortschreitens von musikalischen Gestalten.

Einander nah und doch vollkommen verschieden in der Vollendung ihrer Kompositionen waren sich zum Beispiel Alban Berg und Anton Webern. Überschwängliche Kontrolle bei Berg, auf Fortführung der motivischen Keimzellen setzend, die zu dramatischen Ereignissen erweitert werden, indem sie die Bühnen- oder Instrumentaldramen entzünden… und expressive Dichte bei Webern, kristalline Farbigkeit durch Auslassung jeder Wiederholung von Emphasen.

Bernd Alois Zimmermann ist darin Alban Berg nahe, während die vielen jungen Darmstädter, die durch Pierre Boulez' Pamphlet „Schönberg est mort" ganz auf Weberns konzise und sich logisch verknüpfende Verräumlichung von sparsamst eingesetzten Klängen einschwören, Ausdruck als das geöffnete Gesicht des Musikalischen vermeiden. Die Geburtszeit der Serialität hat etwas Gequältes und Starres, das jede kompositorische Emphase als das Geliehene aus der vorausgegangenen Geschichte ablehnt.

Zimmermanns Wissen um die eigenen dezidierten Strukturen haben nicht verhindert, dass seine Musik den Ausdruck „mit Bedeutung" auf den Schultern trägt. Vielleicht ist das durch vielerlei Umstände angekratzte Selbstwertgefühl bei ihm die dominierende Instanz, die ihn schlechterdings an der eigenen Bedeutung zweifeln ließ.

Ein Berg-Zimmermann in der Lebensgeschichte Otto Tomeks wird Jahre später Wolfgang Rihm sein, allerdings mit einer Selbstbehauptung und Durchsetzungsfähigkeit von besonderer Art: selbstüberzeugt, ohne aufzutrumpfen, bescheiden und gleichzeitig übergriffig in alle Bereiche des Kompositorischen hinein, die im auf dem Eroberungsweg begegnen. Aus heutiger Sicht steht das Werk von Bernd Alois Zimmermann den Kompositionen von Boulez, Nono und Stockhausen in nichts nach. Sie sind Dokumente eines neuerlich auskomponierten Szenarios, das schon Gustav Mahler mit seinen orchestralen Mitteln in die Konzertsäle brachte. Ein katastrophisch-eschatologisches Gesamtgemälde, ein Otto Dix der Töne. Mit der Souveränität im Erkennen der eigene Größe eines Wolfgang Rihm hätte keiner der ihn anschwärzenden und sich ihm so überlegen fühlenden Kollegen Zimmermann auch nur im Geringsten verunsichern können. So aber haftet ihm, auch in seinem durchaus skurrilen und vielfach gewitzten Schalk, dennoch etwas von dem Biographischen eines Woyzeck an: er zweifelt an der Überlebensfähigkeit seiner Werke.

Otto Tomeks Verhältnis zu Bernd Alois Zimmermann ist ein ungewöhnliches. Schon als junger Mann ist er von der Außergewöhnlichkeit dieses Vielfältigkeitsgenies überzeugt. In einem späteren Gespräch schildert Tomek Bernd Alois Zimmermanns Tochter Bettina anrührend die konkrete Situation in den Darmstädter Zeiten:

Wir wohnten zu dritt in einem Zimmer, Bernd und ich und noch jemand, wer das war, weiß ich nicht mehr. Das war in einem Studentenheim auf der Marienhöhe, wir wurden dort einfach zusammengelegt. Es war alles recht primitiv, man musste einen Gang entlang gehen zum Bad, wo man sich waschen konnte. Da wächst man natürlich schnell zusammen. Ja, in Darmstadt war auch für ihn ein sehr harter und schwieriger Lernprozess. Er hatte wirklich Pech, genau zwischen den Generationen geboren zu sein. Er war einerseits noch nicht so arriviert wie andere, um zu dieser älteren Generation zu gehören, die sich in Darmstadt breitmachte (Liebermann und Messiaen etc.), andererseits fühlte er sich mehr zu den Jungen gehörig, aber für die war er zu alt. Und das hat er leidvoll in Darmstadt erleben müssen – das sie ihn abgelehnt haben, ja […]. Ich kann mich nicht erinnern, dass sich Verbindungen zwischen ihm und anderen Komponisten ereignet hätten – er blieb immer außen vor. Das war seine Tragik, dass der wirklich große Erfolg, der dann endlich mit den Soldaten kam – dann zu spät kam.

Bettina Zimmermann, con tutta forca Bernd Alois Zimmermann, Hofheim 2018, S. 225f

Am 30. März 1956, lange vor der sich entwickelnden Tragik, schreibt der 38jährige Komponist seinen ersten Freundschaftsbrief an Otto:

Lieber Otto, lieber Freund aus Darmstädter und Donaueschinger Tagen!
Nun will ich endlich mein schon lange Dir gegebenes Versprechen einlösen und Dir ein Manuskript von mir dedizieren, und zwar die erste Fassung meiner Sonate für Viola solo, die seinerzeit in Donaueschingen uraufgeführt wurde. Inzwischen habe ich das Stück noch einmal leicht überarbeitet; die 2. Fassung weicht nicht wesentlich von der ersten ab. Die Solosonate ist ein Werk, welches mir aus ganz bestimmten Gründen am nächsten von allen meinen bisher geschriebenen Werken steht. Ich möchte das Manuskript Dir deshalb mit besonderer Aufmerksamkeit in die Hände legen; es existiert wirklich nur einmal; ich besitze auch keine Abschrift davon.
Mit Herrn Dr. Hartmann, Deinem Verlagschef, habe ich im Kölner Dom-Hotel ausführlich konferiert. Ich musste zwar meine kleine Tochter mitnehmen, da meine Frau erkrankt war, aber ich hatte doch das Gefühl, dass Herr Dr. Hartmann nach anfänglichem Missbehagen über das Mitbringen eben meiner kleinen Tochter, doch die Notwendigkeit, bzw. Unvermeidbarkeit des Mitbringens einsah. Das Gespräch war äusserst lehrreich für mich, und ich war beeindruckt von der Vorsicht und Delikatesse, mit welcher einige heikle Punkte, vor allem was das Verhältnis der beiden Häuser in Wien und Mainz anbetrifft, angefasst wurden. Zu einem Ergebnis konnte es nach diesem mehr abtastenden Gespräch nicht kommen, und es war wohl auch auf beiden Seiten zunächst nicht an dergleichen gedacht. Ich nehme an, dass wir uns in Darmstadt wiedersehen werden und würde mich dann gerne einmal ganz ausführlich mit Dir unterhalten, zumal es dann um faktische Gegebenheiten geht.
Grüße mir bitte herzlich die Herren Hartmann und Schlee, und ich freue mich dann auf ein baldiges Wiedersehen in Darmstadt
Herzlichst Dein Bernd Alois
P.S. Es wäre sehr nett, wenn Du mir umgehend ein Exemplar der Strukturen von Boulez zuschicken könntest D.O.

Otto Tomek, Privatarchiv

Am 15. Oktober 1955 wird die Bratschensonate in Donaueschingen uraufgeführt. Ein halbes Jahr später schickt Zimmermann das einzige Manuskript der ersten Version als Geschenk seinem neuen Freund. Seine privaten Umstände beschreibt er geradezu vertrauensvoll, so als müsse er für die zu editorischen Gesprächen ins Dom-Hotel Köln notgedrungen mitgenommene Tochter Bettina nachdrücklich auch bei Tomek im Wiener Verlag entschuldigend um Verständnis bitten. Zimmermanns Bitte, von Pierre Boulez dessen *Structures pour deux pianos*, Livre I zugesandt zu bekommen, die am 2. Juni 1955 von Yvonne Loriod und Alexander Kaul ihre deutsche Erstaufführung erfahren, bekundet im Zusammenhang mit seiner eigenen Komposition *Perspektiven*, Musik zu einem imaginären Ballett für zwei Klaviere, die ein Tag zuvor uraufgeführt wurden, dringliches Wissenwollen über die ihm mit Sicherheit bewusst gewordenen Permutationsverfahren zwischen sowohl hart, ja fast brutal angeschlagenen Tönen und „singenden", durch Pedalisierung weich gemachten.

Bis zum Frühsommer 1957 bleibt Tomek bei der UE. Seine Qualifikation in der Beurteilung von Manuskripten, von gedruckten Partituren, die im Verlag zuhauf verfügbar sind, nimmt zu: Einerseits durch die ständige Lektüre, andererseits durch die häufiger notwendigen Reisen und Besuche von Veranstaltungen Neuer Musik, wo er als Promotor nicht nur Neues aufnimmt, hört und mit immer mehr ihm nahestehenden Menschen anschließend darüber diskutiert, sondern wo er auch aufmerksam macht auf Werke und Komponisten, die in „seinem" Verlag ediert sind. Sein künstlerisches Marketing erstreckt sich nicht nur auf die europäischen Länder, sondern auch auf Amerika, ja auch Südamerika, dort, wo Michael Gielen und Mauricio Kagel zu Hause sind und hoffnungsvoll nach Europa blicken. Tomek erinnert sich in einem Brief an Mauricio Kagel:

> Als Du 1957 nach Europa kamst, waren wir uns bereits ein wenig bekannt. Hans Erich Apostel, der in Wien lebende Alban-Berg-Schüler hatte mich auf Dich aufmerksam gemacht und gebeten, dass die Universal Edition Dir als Veranstalter einer Reihe zeitgenössischer Konzerte in Buenos Aires einige seiner Werke schickt. Seit damals bestand Briefkontakt zwischen uns. Und dann tauchtest Du in Köln auf.
> Werner Klüppelholz (Hg.), Kagel.../ 1991, Otto Tomek: Ein Brief, Köln, S. 84

In dieser Zeit sucht der WDR in Köln einen Redakteur für Neue Musik. In allen seinen Aussagen, warum er ausgerechnet diese Stelle erhalten hat, schwingt in schwindender Erinnerung ein zartes Erstaunen mit: „Ich weiß nicht, warum sie mich genommen haben. Da haben wohl einige im Hintergrund mitgewirkt und die Fäden gezogen."
Telefongespräch mit dem Autor, 2008

Im Frühjahr 1957 beginnt er dann beim WDR in Köln mit 29 Jahren seinen neuen Beruf als Obersachbearbeiter für Neue Musik. Von der Universal Edition bringt er alle Voraussetzungen für diesen neuen Job mit: Er ist durch seine kommunikative Flexibilität, durch seine Fähigkeit, vorurteilsfrei unterschiedlichste Partituren zu deuten, der ideale Mann, neue Komponisten an den WDR zu binden. Darüber hinaus ist er durch die an Qualität nicht zu überbietenden Konzerterlebnissen seiner Kinder- und Jugendzeit präformiert, Kriterien in der musikalischen Gestaltung nicht nur rein in-

vor dem Kölner
Dom, 1957

tuitiv und emotional zu beurteilen. Die damit einhergehenden Hörerfahrungen paaren sich mit seiner „Lektürelesewut" von eingereichten oder von den Komponisten persönlich gezeigten Partituren. Kompetenz wächst auch durch die vielfältig geführten Gespräche mit den Komponisten, die er auch nach Unstimmigkeiten zu befragen nicht scheu ist. Er entwickelt Gespür für die Relevanz einer Veröffentlichung von Partituren und er durchschaut die der Partitur eingeschriebenen Realisierungsprobleme. Schließlich ist er durch sein wissenschaftliches Studium, durch die Dissertation, durch Gesangs- und Klavierspielfähigkeiten bestens ausgerüstet, Moderationen und Programmhefttexte zu verfassen oder solche von freien Mitarbeitern geschriebene lektoratsgemäß einzustufen. Ganz sicher aber darf man davon ausgehen, dass die jungen Komponisten, die ihm als Promotor der Universal Edition begegnet sind und mit denen er vor allem in den Jahren seiner Aufenthalte bei den Darmstädter Ferienkursen ständig in Kontakt, ja in freundschaftlichen Beziehungen steht, Empfehlungen zuhauf an die Entscheidungsinstanzen des im Jahre 1957 bereits berühmten WDR mündlich oder schriftlich herangetragen haben.

ca. 1957

Kommentar II

Im Bereich der Neuen Musik muss es Funktionäre geben. Sie sind wie auf allen anderen Gebieten, zum Beispiel des Sports, der Politik, der Wirtschaft und des Sozialen, als Beauftragte der jeweiligen Organisation leidenschaftliche Interessenvertreter, denen mitunter das Fanatische nicht unbekannt ist. Ihnen haftet die Aura der Kompetenz an und sie verstrahlen den Stahl der Macht und mit ihm die Schärfe des Geschäfts der Beziehungen und Einflussnahmen. Die Funktionäre der Neuen Musik müssen die zentralen Ereignisstätten besiedeln wie die Bienen ihre Stöcke, damit sie ihre Präsenz und ihren mehr oder weniger großen Einflussbereich in der Szene zeigen und ausbauen können.

Wer als Redakteur der Neuen Musik oder als Festivalleiter niemals in Darmstadt gewesen ist oder sich nicht wenigstens einmal bei den Donaueschinger Musiktagen hat sehen lassen, ist nicht nur ein Außenseiter, sondern er ist ein anwesender Nichtanwesender ohne Kontur, ohne Einfluss und ohne Fundament, Karriere auf diesem Gebiet der Distribution, der Essayistik oder der Veranstaltertätigkeit machen zu können. An diesen beiden Orten wird nach wie vor um die Gunst, um das ästhetische Brillieren und um das Weiterkommen gerangelt. Das Einmaleins solcherart Zusammenkünfte orientiert sich an der Regel: ‚Wer mich kennt, den kenne ich und wen ich kenne, der kennt mich'. Obschon jährliche Präsenz für Komponisten der Karriere Vorschub verschaffen kann, ist sie für die Substanz des Komponierten nicht ausschlaggebend. Sicher ist allerdings: Wer in Darmstadt oder Donaueschingen reüssiert, wird bald darauf bei anderen Festivals der Bundesrepublik auch aufgeführt. In den auch heute noch miteinander verbundenen Kanälen zwischen Darmstadt und Donaueschingen – mit Abzweigungen nach Köln – fließen Subtexte, Empfehlungen und das im Kollektiv als wichtig Erkannte hin und her. Von daher sind die Komponistenkarrieren eng verbunden mit dem Souffleusentrieb der Veranstalter, Redakteure, Vermittler. Dieses feinmaschige Netz, komplex und kompliziert strukturiert, ist Chance und Gefangenschaft zugleich. Aber so funktioniert der Betrieb… auch im Bereich der Kunstmusik.

Ich schreibe das mit Hochachtung diesen Institutionen gegenüber. Alle Erfahrungen, die ich mit dem nach außen verströmenden Duft dieser beiden Hochburgen gemacht habe, waren lehrreich. Beim Schreiben dieses Buches hat Otto Tomek mich – der ich in meinen ca. 50 Jahren engagierter Neue Musik-Tätigkeit nie einen Kurs bei den Darmstädter Ferienkursen gebucht, besucht und wahrgenommen habe – in die Sphären des Diskurses, der Präsentation von Neuem, der „Rekapitulation des Nichtrekapitulierbaren" (Erich Fried) und auch der Rangeleien, die diese Institution hervorbrachte und begünstigte, instruiert und begleitet. Über seine Schultern hinweg bot sich mir vor allem von Darmstadt ein Bild, das ich davor nicht haben konnte. Tomek war ein Darmstadt-Repräsentant und Darmstadt-Bekenner. Keinen Jahrgang konnte er auslassen. Es schien ihm, als versäumte er, wenn er einmal nicht dabei sein konnte, entscheidende Momente von unterschiedlich klingenden oder lärmmachenden Tongeburten. Und Tomek war nicht nur, aber auch durch Darmstadt auf irrationale und nicht merkantile Weise vernetzt. Das machte ihn einflussreich, erfolgreich, aber hin und wieder zum Glück auch erfolglos. Die vielfältigen Beziehungen zu den Stars seiner Zeit, hatte er dort geknüpft, sie schafften ihm die Stufen zu einer Karriere, die er sich als anfänglicher Hauptsachbearbeiter in Köln nicht zu erträumen vermochte. Bei aller Bescheidenheit, die er zeitlebens kultivierte, war er auch ein Stier, der mit seiner ästhetischen Überzeugung andere in Schach zu halten verstand.

Darmstadt und Donaueschingen, und im Übrigen alle anderen Festivals wie z. B. die Wittener Tage für neue Kammermusik oder ECLAT Stuttgart, sind heute international: Sie orientieren sich an den Strömungen der Musik rund um den Globus und sie präsentieren wenig deutsche Komponisten im Verhältnis zu einer Vielzahl ausländischer. Narzisstische Vormachtstellung weicht hierzulande der Hochachtung gegenüber und der Verbeugung vor dem Andersartigen, dem Fremden. Im Bereich der Musik der Gegenwart ist also die Utopie der Vielvölkerakzeptanz – ein Glücksfall wider den Zeitgeist, der in unseren Tagen den Mob gegen das Fremde zu mobilisieren versucht – Realität geworden. Das ist ein nicht hoch genug zu würdigender Verdienst der Verantwortlichen. Denn nationale Rivalität ist unter solchen Bedingungen nicht möglich. Auch nicht Herrschaftsansprüche ganz weniger Komponisten über alle anderen. Darmstadt und Donaueschingen leben heute die Pluralität und profitieren von ihr.

Vor bald siebzig Jahren war es anders. War es wirklich anders? 1950, so erzählte mir Heinz-Klaus Metzger 2005 in Berlin, wurde in Darmstadt von Schönberg erstmals in Deutschland *Ein Überlebender in Warschau* aufgeführt. Metzger sang neben Dieter Schnebel im Männerchor, der sich aus insgesamt nur zehn Teilnehmern der Ferienkurse zusammensetzte. Und er erzählte weiter: „Der Chor war viel zu schwach besetzt. Man muss sich das einmal vorstellen, das war immerhin die Crème der avantgardistisch orientierten Studierenden aller deutschen Musikhochschulen."

Aber es gab da sicherlich noch einen weiteren Grund – denn es geht in dem Werk ja um die Gräueltaten der Deutschen im Warschauer Ghetto. Da gab es dann auch viele, die viel zu sehr an ihrer verruchten nationalen Ehre hingen, als dass Sie bereit gewesen wären, mitzusingen."

Und was hat der sechsundzwanzigjährige Otto Tomek in diesem, seinem ersten Darmstädter Jahr 1954 erlebt? Theodor W. Adorno spricht über Neue Musik und Instrumentation, Michael Gielens Streichquartett wird aufgeführt, im festlichen Kammerkonzert hört er erstmals die Pianistin Yvonne Loriod mit einem Klavierstück von Olivier Messiaen und mit Pierre Boulez' *Deuxième Sonate pour piano*, den Flötisten Severino Gazzelloni mit einem Stück von André Jolivet und den Geiger Rudolf Kolisch zusammen mit dem Pianisten Eduard Steuermann Schönbergs Phantasie op. 47 spielen. Ernst Krenek, den er bereits aus Wien kennt, gibt als Komponist Rechenschaft ab über das, was er macht, von Wolfgang Fortners Schüler Wolfgang Ludewig erklingt erstmals das zweite Klaviertrio, Herbert Eimert spricht über die Theorie und die Kompositionstechniken Elektronischer Musik, René Leibowitz referiert über Schönbergs *Gurrelieder* und Anton Weberns Spätwerk, von Bruno Maderna wird das Flötenkonzert uraufgeführt, von Olivier Messiaen wird in Darmstadt erstmals *Quatuor pour la fin du temps* gespielt. Schließlich hört er zum ersten Mal Musik von Luigi Nono. Mit intellektueller Dichte und Kompetenz, mit unvorstellbar eindrücklichen Klangdetonationen, mit schockartig heftigen Konfrontationen zwischen modern und radikal neu wird der Verlagsabgesandte mit Eindrücken von Musikern und Komponisten aus ganz Westeuropa bombardiert.

Dennoch. Damals war alles anders. Erschreckend die auch unter den Avantgardisten zu findende Tendenz, die eigenen Taten der Nazijahre unter den Teppich zu kehren und sich und die eigene politische Gesinnung neu zu erfinden. Heute ist das politische Bewusstsein der Teilnehmer generell ein kritisch-reflektiertes, aber fast alles Neue heute ist Wiederholung von Altem, das vor siebzig, fünfzig, dreißig Jahren neu war. Einzig die „Modelle", die „Moden als Modernisierungen", die innermusikalische und äußerliche digitale Technik haben sich neue Kostüme angelegt.

Das Neue aber braucht gar kein Kostüm, es wartet darauf, dass ihm weit ab von den Hauptströmungen und Zentralen der Neuheiten zur Geburt verholfen wird. Irgendwo in der Einsamkeit der einsamkeitslosen Welt, fernab von perfekt funktionierenden Veranstaltungsorten, die es nicht mehr benötigt. Woher man das wissen kann? Ich weiß es nicht.

Otto Tomek, Brüssel, 1958

4. Köln WDR / Redakteur für Neue Musik (1957–1971)

Der Start in der Musikabteilung

Nirgendwo unter den Bergen von Archivmaterialien sämtlicher Rundfunkanstalten der Bundesrepublik Deutschland ist die Geburtsstunde des Redakteurs für Neue Musik dokumentiert. Man kann aber davon ausgehen, dass diese Spezies beim WDR in Köln um das Jahr 1957 entstanden sein muss. Dem Begriff des Musik-Redakteurs geht der des Sachbearbeiters voraus.

Nach dem Krieg stehen die sogenannten Klangkörper – das WDR Sinfonieorchester Köln und der neugegründete Kölner Rundfunkchor – als die geeigneten Apparate zur Erfüllung des von den Alliierten eingeforderten und schließlich vertraglich geregelten Programmauftrages zur Verfügung, klingende Organe, die vor allem das klassische Repertoire im Konzert und einer stetig wachsenden Zahl von Produktionen pflegen. Nebenbei aber lassen sie auch – entsprechend den Kölner Trümmerwüsten – die übriggebliebenen städtischen, ländlichen und ausländischen Reste von verbotenen Geistesprodukten der Musik und Literatur wieder „aufatmen". Diese Wiedergutmachungspflege liegt zunächst in der Verantwortung der ersten Nachkriegs-Intendanten und Direktoren, die sich um die Dirigenten und Solisten gleichermaßen zu kümmern haben wie um geeignetes Personal für den Aufbau des Rundfunks. Die ersten Intendanten sind hochgebildete Persönlichkeiten aus der Kultur- und Kunstlandschaft wie Max Burckhardt, der aus dem Theaterleben herauswächst und sein Nachfolger Hanns Hartmann, gleichfalls ein Mann des Theaters. Sie beordern Fachleute ihres Formats zu Musikabteilungsleitern und die wiederum stellen Sachbearbeiter ein, jeder zuständig für einen bestimmten musikalischen Bereich. Der erste, der überhaupt als Festangestellter im WDR auf musikalischem Gebiet eingesetzt wird, ist Herbert Eimert, Komponist, Schriftsteller, Feuilletonist, Lehrer, Gründer und schließlich Leiter des berühmten ersten „Musikalischen Nachtprogramms", der „Urzelle aller Sendungen von Neuer Musik".

Frank Hilberg, Sprachrohr der Avantgarde, in: Musik der Zeit 1951–2001, Köln 2002, S. 178

Otto Tomek nannte ihn später schlicht „Sprachrohr der internationalen musikalischen Avantgarde". Ihm wird als erster sogenannter Musikchef Edmund Nick hierarchisch übergestellt, ein Typus sonders gleichen, der nicht nur dirigieren und komponieren kann, sondern auch jene rundfunkspezifische Schnauze besitzt, mit der er eine Hörerschaft zu faszinieren versteht mit nicht nur wohlfeil unterhaltenden, sondern auch mit hochkomplexen Themen, die die universitär gebildeten und intellektuell geschulten Hörer durchaus auch begeistern. Karl O. Koch, von dem es im Folgenden noch Einiges zu berichten gibt, übernimmt das Amt des Musikabteilungsleiters, kurz bevor Otto Tomek Festangestellter des WDR wird. Auch Koch besticht durch Bildung und Können auf dem Gebiet des Komponierens und des Dirigierens. Und auch auf dem Gebiet der Regie und des Inszenierens ist er ein hochprofessioneller Tausendsassa. Mit ihm institutionalisiert sich allmählich die Musikabteilung des Senders, die für alle anderen Sendeanstalten Vorbildfunktion einnimmt, vor allem für die gerade eben neu gegründeten Anstalten des NDR und des SFB.

Vor der endgültigen Trennung der miteinander konkurrierenden und um Vormachtstellung ringenden Häuser in Hamburg und Köln des irgendwie willkürlichen Zusammenschlusses NWDR hat sich Karl O. Koch den in der neuen Musik bewanderten, in Bonn promovierten, der „Gesellschaft für neue Musik" nahestehenden und als Mitherausgeber des Kompendiums *Von Neuer Musik* editorisch bewanderten siebenundfünfzigjährigen Eigel Kruttge unter die Fittiche genommen und von 1955 bis 1957 mit der Aufgabe der Künstlerischen Leitung der Konzertreihe für neue Musik „Musik der Zeit" betraut; mit Otto Tomeks Einberufung reüssiert Kruttge dann zum stellvertretenden Hauptabteilungsleiter Musik des WDR. Eigel Kruttge ist viele Jahre zuvor phasenweise an der Kölner Oper als Dramaturg beschäftigt, wo Otto Klemperer einen starken Einfluss auf seine künstlerische Entwicklung gehabt hat. Kruttge, der 1932 in Berlin beim Pianisten und Komponisten Artur Schnabel Klavierunterricht erhalten hatte, war von 1933 bis zum 8. Mai 1945 Sachbearbeiter, seit 1934 Abteilungsleiter beim Reichssender Hamburg gewesen. Neben Herbert Eimert wird Eigel Kruttge von 1952 bis 1955 parallel am NWDR Köln Hauptsachbearbeiter des Bereichs „Sinfonie und Oper". 1956 bis 1957 wird er zusätzlich mit der Künstlerischen Leitung der Konzertreihe für neue Musik „Musik der Zeit" betraut. Und 1957, als Otto Tomek als neuer Mitarbeiter in die Abteilung hinzukommt, reüssiert Kruttge dann zum stellvertretenden Hauptabteilungsleiter Musik des WDR. Er ist der unmittelbar mitverantwortliche Partner und das ideale Sprungbrett für Otto Tomek, dem ersten Redakteur für Neue Musik an einer öffentlich-rechtlichen Rundfunkanstalt. Wie Tomek berufen wird, ist allerdings eine kuriose Geschichte, die lohnt, chronologisch aufgerollt zu werden, zumal Tomek sich in späteren Jahren nicht mehr an Details erinnern kann und seine Berufung zu dieser Aufgabe eher den Einflüssen Außenstehender als sich selbst zu verdanken glaubte.

Am 30. April 1956 beginnt nämlich der Fischfang der Musikabteilung in der Person des Musikabteilungsleiters Karl O. Koch, der Tomek folgenden Brief an die Universal Edition schickt:

> Lieber Herr Dr. Tomek,
> es ist Ihnen sicherlich bekannt, daß wir am 29. und 30. Mai hier in Köln zwei Tage abwickeln, die ganz der modernen Musik gewidmet sind. Am 29. Mai wird ein Konzert unseres Kölner Rundfunkchores und Sinfonie-Orchesters unter der Leitung von Nino Sanzogno mit Werken von K.A. Hartmann, Jaques Wildberger, Arnold Schönberg und Luciano Berio stattfinden. Am 30. Mai um 17 Uhr findet eine Veranstaltung mit Werken der Elektronischen Musik statt und abends im Rahmen unserer Reihe „Umstrittene Sachen" eine Diskussion unter dem Titel „Die unerhörte Musik". Sie wird

von Herrn Dr. Nick geleitet, die Referenten sind Professor H.H. Stuckenschmidt und Professor W. Maler.

Wäre es Ihnen wohl möglich, für diese beiden Tage nach Köln zu kommen? Wir würden uns sehr freuen, Sie hier zu sehen. Unter uns gesagt: ich würde auch sehr gern mit Ihnen eine persönliche Angelegenheit besprechen.

Bitte lassen Sie mich wissen, ob Sie es einrichten können oder welche Schwierigkeiten sich Ihnen in den Weg stellen. Ich würde dann umgehend wieder von mir hören lassen.

Mit herzlichen Grüßen Ihr Karl O. Koch

Abteilung Musik WESTDEUTSCHER RUNDFUNK

Otto-Tomek-Archiv, AdK, Berlin

Tomek, längst informiert und instruiert über das Konzert, schreibt am 2. Mai 1956 mit strategisch bemerkenswertem, euphorischen Unterton zurück:

Lieber Herr Koch,

Haben Sie herzlichen Dank für Ihren lieben Brief und die freundliche Einladung. Nun, die beiden Konzerte am 29. und 30. Mai faszinieren mich seit langem und der Wunsch, dazu nach Köln kommen zu können, war sofort heftig da. Es freut mich nun wirklich ungemein, daß ich tatsächlich die Möglichkeit habe, diese Konzerte zu hören. Ich komme am 28. Mai, wahrscheinlich gegen Abend, nach Köln und melde mich jedenfalls am 29. vormittags bei Ihnen. Wegen Eintrittskarten zu den drei Veranstaltungen habe ich mich schon seinerzeit an Herrn Dr. Eimert gewandt, der mir versprach, sie zu reservieren.

Das Programm Ihres kleinen „Festivals" ist ja hochinteressant und ich komme mit den angespanntesten Erwartungen. – Jetzt bin ich noch bis zum 19. Mai in Wien, hernach in Darmstadt, Hotel Atlantik.

Es freut mich sehr, Sie demnach recht bald wiedersehen und sprechen zu können und bin bis dahin

Mit besten Grüßen Ihr Dr. Otto Tomek

WDR Köln, Dokumentation und Archive, Sig.: 5591–5605 / 12360

Karl O. Koch signalisiert im Schreiben vom 4. Mai, dass er eigentlich im Urlaub sei, dennoch wegen dieses Gesprächs dann am 30. Mai nach Köln käme, ihn aber am 29. Mai Dr. Kruttge, sein Stellvertreter, gerne zu einem Gespräch empfangen wolle. Die Treffen in Köln finden statt. Es gibt keine Aufzeichnungen Tomeks über das Ergebnis. Erst im November 1956 verdichten sich im weiteren Briefwechsel die Intentionen der Musikabteilung, Tomek an den WDR zu binden.

Am 8. November nämlich schreibt Karl O. Koch an Tomek, dass der UE-Chef Alfred Schlee um Bedenkzeit bittet, was einen Transfer betrifft. Weiter heißt es in dem Brief:

[...] Grundsätzlich stehen wir zu unserem Angebot, dass Sie vom 1. März 1957 bis zum 31. März 1958 bei uns als Hauptsachbearbeiter für „Musik der Zeit" tätig werden. Die ersten neuen Tage des Monats März würden Sie jedoch zu einem früheren, noch zu vereinbarenden Zeitpunkt absolvieren. Ihr monatliches Gehalt würde DM 1.000.– zusätzlich einer Trennungsentschädigung von DM 250.– betragen. Vermutlich kann ich

Alfred
Schlee,
1983

Ihnen aber, wenn wir uns das nächste Mal sehen, konkret noch ein etwas günstigeres Angebot machen.

Um Ihnen und Herrn Schlee die Überlegungen zu erleichtern, möchten wir vorschlagen, daß wir uns darüber unterhalten, ob es nicht richtig wäre, schon nach sechs Monaten, also spätestens Ende August 1957, sich gegenseitig darüber klar zu werden, ob Sie bei uns verbleiben oder nicht. Ich könnte mir vorstellen, daß es damit für Herrn Schlee leichter wäre, Ihnen Ihre Position offen zu halten. In jedem Falle würde sich dann schon nach einem halben Jahr der weitere Weg deutlich abzeichnen. [...]

Otto-Tomek-Archiv, AdK, Berlin

8. November 1956
Lieber Herr Koch,
Da Herr Schlee einige Tage erkrankt war, erfahre ich erst jetzt, dass er noch vorher auf Ihren Brief geantwortet hat, bzw. kenne ich erst jetzt die genaue Formulierung des Inhalts. Daher melde ich mich auch erst jetzt.

Daß Herr Schlee mir die Rückkehr zur UE nicht garantieren kann, schafft leider eine Situation, über die wir eigentlich zu wenig gesprochen haben. Nun möchte ich sagen, daß diese neue Schwierigkeit mein Interesse an Ihrem Angebot um nichts vermindert hat. Wie machen wir es nun? Schreiben Sie mir jetzt in der Art, wie wir es besprochen haben? Oder kommt irgendeine andere Lösung in Frage? – Es ist mir klar, daß ich ein gewisses Risiko in die Waagschale werfen muß, ohne das wird es nicht gehen. Doch möchte ich, dass es dabei nur darauf ankommt, dass ich eben Ihren Erwartungen entspreche, hingegen Einflüsse anderer Art (etwa, dass die Gewerkschaft gegen die Anstellung eines Ausländers Einspruch erhebt, usw.) ausgeschaltet sind. Wäre es möglich, mir dies fest zuzusagen? Letztlich wende ich mich natürlich an Sie persönlich mit dem Vertrauen, dass Sie mich nicht ermuntern werden, meine UE-Stellung aufzugeben, wenn nicht reale Aussicht dafür besteht, dass mein Zeitvertrag

oder was es zunächst sein möge, schließlich in einen definitiven umgewandelt werden kann, [handschriftlich eingefügt:] und natürlich Sie keine Zweifel hegen, dass ich die Arbeit im Rundfunk ebenso schaffen würde, wie derzeit im Verlag.
Leider drängt die Zeit sehr. Herr Schlee verlangt von mir binnen längstens 10 Tagen eine Entscheidung, ob ich bei der UE bleibe oder nicht. Ich bitte also nun Sie um recht baldige Antwort. Die Situation ist hier nicht eigentlich unfreundlich, aber doch etwas verfahren; die positive Reaktion seitens Herrn Schlee auf den ursprünglichen Plan, die nach seinem Kölner Gespräch mit Herrn Dr. Kruttge zunächst da war, ist leider nicht mehr vorhanden, was natürlich alles etwas erschwert. Hoffentlich läßt sich jetzt trotz Zeitmangel alles ordnen, denn ich würde wirklich sehr gerne in Köln arbeiten.
Mit besten Grüßen Ihr Dr. Otto Tomek

Erstaunlich, mit welchem Selbstbewusstsein Tomek seine Interessen vertritt und seine Befürchtungen behoben wissen will. In einem weiteren Schreiben an die Musikabteilungsleitung bittet Tomek um eine Verkürzung des 13monatigen Zeitvertrags zu 6 Monaten, damit die Chancen bestehen, vielleicht doch wieder zur UE zurückzukehren, falls alles scheitert. Der Postweg und -verkehr zwischen Wien und Köln ist generell nicht der schnellste, so dass ein weiterer Brief Tomeks wenig hoffnungsvoll klingt, Herrn Schlee aus seiner grundsätzlichen Haltung gegenüber seinem Wechsel vom Verlag zur Rundfunkanstalt ins Positive umzustimmen. Innerlich hat sich Tomek längst entschieden:

Daß Sie vielleicht noch ein günstigeres Angebot machen können, höre ich mit viel Vergnügen. – Der Gedanke an Köln läßt mir nun schon kaum mehr Ruhe, geistig lebe ich bereits halb dort. Gestern gab es hier an der Staatsoper eine schöne Zauberflöte unter der Leitung unseres Freundes Gielen, mit erfrischend richtigen Tempi! [...]

Rückblende: Man kann davon ausgehen, dass sich Koch und Tomek spätestens am 5. März 1955 in Köln im großen Sendesaal im Funkhaus Wallrafplatz erstmals gesehen und gesprochen haben, als Michael Gielen erstmals das WDR Sinfonieorchester Köln dirigiert, wobei in diesem Konzert auch Gielens Komposition *Musica 1954* für Bariton, Klavier, Streicher, Pauken und Posaune mit dem Solisten Alfred Brendel zur Uraufführung kommt.

Ein weiteres Schreiben von Koch differenziert einige Tage später wie angekündigt die Honorierung:

[...] Nach Rücksprache mit Herrn Intendanten Hartmann kann ich Ihnen nun heute mitteilen, daß wir Sie auch für die Dauer eines Zeitvertrages als Hauptsachbearbeiter in die Gruppe II B/1 einstellen würden. Sie wären dann bereits fest in den Tarifvertrag eingegliedert und erhielten ein Monatsgrundgehalt von DM 750.– zuzüglich 40% Teuerungszulage, DM 300.– also ein Bruttogehalt von DM 1050.–. Die Trennungsentschädigung, die für die Dauer des Zeitvertrages noch dazu käme, würde monatlich DM 300,– betragen – sie ist steuerfrei. Wenn Sie meinen Brief vom 8. November vergleichend heranziehen, ersehen Sie daraus die darin angekündigte Verbesserung des Angebots.[...]

Otto-Tomek-Archiv, AdK, Berlin

Parallel zu diesem Briefwechsel reist Tomek am 24. Oktober 1956 nach Köln. Sicherlich geht es dabei auch um seine mögliche neue Aufgabe beim WDR, vor allem aber will er der Uraufführung von Luigi Nonos *Il Canto sospeso* beiwohnen, die Hermann Scherchen mit Chor und Orchester des Hauses dirigiert. Ein legendäres Konzert, dessen ungewöhnlich beziehungsreiches Programm wohl zwischen Eigel Kruttge und Scherchen ausgelotet worden ist (neben Nonos Werk Anton Weberns Orchesterstücke op. 10 und op. 6 und Arnold Schönbergs *Friede auf Erden* op. 13 für Chor).

Sehr viel später erinnert sich Tomek an jene Uraufführung von Nonos Kantate auf Texte von Briefen zum Tode verurteilter Mitglieder der europäischen Widerstandsbewegungen:

[...] Es ist bald ein halbes Jahrhundert vergangen seit der denkwürdigen Uraufführung von „Il Canto sospeso" in der Kölner Konzertreihe „Musik der Zeit". Kerzengerade stand Nono damals auf dem Podium, nicht bereit, auch nur mit einem leisen Kopfnicken auf den begeisterten Zuspruch des Publikums zu reagieren. Die Erinnerung an diesen Abend hat bis heute an Unmittelbarkeit nichts verloren. Ich erlebte ein Werk von bestürzender Ausdruckskraft, ein Zeugnis für Nonos human-revolutionäres Ethos und für eine aufregende Klanglichkeit aus zunächst ganz ungewohnten, heftigen Dissonanzen und einer neuen Lyrik. Dieser starke Eindruck hat sich auch bei späteren Aufführungen des Werkes durch den WDR in Brüssel, Wien und Venedig immer wieder eingestellt [...]

Otto Tomek, in: Luigi Nono in Köln, im Auftrag der MusikTriennale Köln im WDR Köln, April–Mai 2004

Für den damals 28jährigen Wiener hat das Konzert nicht nur alle Ohren aufgemacht, sondern auch erste persönliche Kontakte zur Musikabteilung eines Rundfunkhauses hergestellt, das durch die darin arbeitenden Persönlichkeiten zu einer geradezu sensationellen Vorbildsanstalt für alle anderen Rundfunkhäuser wird. Einer unter diesen Hochgebildeten ist Herbert Eimert, ein weit über die Stadtgrenzen hinaus bekannter Komponist und Theoretiker vor allem für Elektronische Musik. Ihn trifft Otto Tomek während und nach dem Konzert, wie aus dem fast einen Monat später geschriebenen Brief hervorgeht:

19.11.1956
Lieber Herr Dr. Eimert,
im Drange der Arbeit nach meiner Rückkehr nach Wien bin ich noch gar nicht dazugekommen, Ihnen und Ihrer verehrten Gattin herzlichst zu danken für die in Köln erwiesene Freundlichkeit. Trotz der damaligen Müdigkeit denke ich gerne an den in Ihrer Wohnung verbrachten Abend. Und auch den „halben Hahn" habe ich noch sehr gut im Gedächtnis, vom „strammen Max" ganz abgesehen. Übrigens hatte ich hier mit Schilderungen dieser Mahlzeit großen Erfolg.
Dieser Tage spricht Herr Koch nochmals mit Herrn Schlee. Es würde mich wirklich sehr freuen, wenn dabei schließlich etwas allgemein Positives herauskäme, denn

74

Antrag und Aufgabe würde mich sehr interessieren. Ganz abgesehen davon, daß es schön wäre, öfters in „seriellen" Kreisen mich aufhalten zu können. Nun, es muss sich ja nun in wenigen Tagen endgültig herausstellen, ob ich wenigstens für eine Zeit nach Köln kommen kann oder nicht. Inzwischen habe ich ganz ohne Zwang angefangen, mich von der Donau auf den Rhein innerlich umzustellen und es scheint mir gar nicht so fernliegend, sich dort niederzulassen, wenn man mich für ständig haben will. Das würde sich ja seitens des WDR nach einem halben Jahr herausstellen. Es ist also jetzt eine ziemlich aufregende Zeit für mich.

Mit besten Wünschen und vielen herzlichen Grüßen

Ihr Otto Tomek

WDR Köln, Dokumentation und Archive, Sig.: 5591–5605 / 12360

Weitere Schriftwechsel sind zwischen Karl O. Koch und Alfred Schlee erforderlich, um schlussendlich für Tomek eine halbjährige Probezeit beim WDR über den Intendanten Hartmann durchzusetzen und genehmigen zu lassen. Darüber hinaus wird Tomek zugesichert, für die UE noch einmal im Jahre 1957 sowohl beim IGNM-Musikfest in Zürich wenigstens fünf Tage als auch acht Tage bei den Ferienkursen in Darmstadt arbeiten zu können. Mit großer Begeisterung akzeptiert Tomek die Bedingungen. Er bittet dann im Schreiben vom 3. Dezember 1956 um das Gesamtprogramm der Konzerte des WDR, um ausgedruckte laufende Wochenprogramme, damit er sich schon einmal vorab in die einzelnen Werke und in die Gliederung des Programms einarbeiten kann. Auch wünscht er eine Einführung in den verwaltungsmäßigen Aufbau des Senders. Koch antwortet ihm am 11. Dezember 1956 und schickt Tomek das Gewünschte und auch Formulare, die ausgefüllt sein wollen, bittet um Passfotos, um das polizeiliche Führungszeugnis und um ein Gesundheitszeugnis eines Amtsarztes, wobei die dabei entstehenden Kosten erstattet werden. Auf den Start seines Tätigseins und auf die strukturellen Gegebenheiten beim WDR geht Koch ausführlicher ein:

[...] Was Ihr Kommen Ende Januar / Anfang Februar anbetrifft (es genügt übrigens, wenn Sie die zuletzt genannten Unterlagen dann mitbringen), so wäre es wohl richtig, wenn Sie die fraglichen 10 Tage zwischen dem 30. Januar und dem 8. Februar einschließlich bei uns absolvieren. Wie Sie aus unserem Prospekt der laufenden Spielzeit, den wir Ihnen gleichzeitig nochmals übersenden, ersehen können, ist am 31. Januar 1957 das 3. Konzert, am 8. Februar das 4. Konzert der Reihe „Musik der Zeit". Die gewünschten Wochenprogramme werden wir Ihnen von jetzt an laufend zuschicken, beginnend mit der 52. Woche. Die ersten Exemplare gehen heute mit gleicher Post als Drucksache an Sie ab.

Zum verwaltungstechnischen Aufbau unseres Hauses möchte ich Ihnen nun heute ein paar Worte sagen. Der Aufbau der Musikabteilung wird sich ohnehin im ersten Vierteljahr ein wenig ändern; das lässt sich dann am besten hier an Ort und Stelle erklären.

Grundsätzlich gibt es in unserem Funkhaus drei große Sparten:

1. Programm
2. Technik
3. Verwaltung

Diese sind dem Intendanten verantwortlich. In unserem Hause wird Wert darauf gelegt, dass die Sparte „Programm" die eindeutig erste Geige spielt, da das Programm ja den Kern unserer Arbeit ausmacht. Die Aufgabe der „Technik" ist es, das Programm den Hörern nahe zu bringen. Aufgabe der „Verwaltung" ist, die wirtschaftlichen, organisatorischen und praktischen Voraussetzungen dafür zu schaffen, dass „Programm" und „Technik" arbeiten können.

Die Sparte „Programm" teilt sich in mehrere Hauptabteilungen sowie die eine oder andere Abteilung (die Reihenfolge der genannten Abteilungen ist im Gegensatz zu der oben genannten Aufteilung nicht von wesentlicher Bedeutung). Es sind zunächst folgende Hauptabteilungen:

1. Kultur (Hörspiel, künstlerisches Wort, Schulfunk usw.)
2. Musik (Sinfonie und Oper, Kammermusik, Volksmusik, Chormusik, musikalische Unterhaltung)
3. Politik (Nachrichten, Wirtschaftsfunk, politische Sendungen usw.)
4. Unterhaltung

Das wäre unser Organisations-Schema im Großen. Alles Weitere dann hier mündlich. Sie werden es bald übersehen. Die Hauptsache ist in den ersten Tagen ein Notizblock mit einem Bleistift, auf dem man sich viele Namen aufschreibt, mit denen man es zu tun bekommt. Insbesondere trifft das auch auf „Techniken" und „Verwaltung" zu. So gehören bei uns z.B. die Archive – Notenarchiv, Schallarchiv, Bücherei – zur Verwaltung.

Soviel für heute. Wenn Sie Fragen haben, lassen Sie bitte von sich hören. Im übrigen bitte ich Sie nur, uns den Bewerbungsbogen möglichst bald zuzuschicken.

Mit besten Grüßen Ihr Karl O. Koch

Otto Tomek bestätigt am 15. Dezember den Brief von Koch und sendet das Formular zurück. In diesem Zusammenhang ist folgende Briefpassage interessant:

[...] Außerdem habe ich die einzelnen Prüfungen an der Universität nicht angeführt, was wohl nicht erforderlich sein dürfte (ich kann auch im Moment die Zeugnisse nicht finden, doch erinnere ich mich, das Hauptrigorosum in Musikwissenschaft und Germanistik mit sehr guten und das Philosophicum mit gutem Erfolg abgelegt zu haben). – Was den Entnazifizierungsbogen betrifft, so nehme ich an, daß eine einfache Mitgliedschaft bei der HJ in diesem Zusammenhang nicht erwähnt werden braucht, wenigstens ist dies in Österreich so. Sollte es in Deutschland anders sein, so bitte ich Sie vielmals, einen betreffenden Vermerk in dem Blatt einzutragen [...]

Koch benötigt dennoch dringend die Universitätszeugnisse im Einzelnen und auch das NSDAP-Formular muss mit dem Vermerk „Mitgliedschaft in der HJ" ausgefüllt werden. Selbst 1956 noch – elf Jahre nach dem Zusammenbruch der NSDAP – fordern die öffentlich-rechtlichen Sender von ihren Mitarbeitern eine „saubere", oder zumindest eine als „sauber" nachvollziehbare Vergangenheit. Andernorts, in den Ämtern der Städte und Gemeinden, in Universitäten und anderen Bildungsstätten agieren aber noch immer wie selbstverständlich etliche ehemals tief verstrickte und willige Menschen des NSDAP-Apparates als Beamte und Staatsbedienstete der Bundesrepublik Deutschland.

Tomek wird nach Prüfung aller seiner Formulare eingestellt und beginnt am 30. Januar 1957 mit der Berufsbezeichnung Hauptsachbearbeiter „Musik der Zeit" auf Probe. Zu Beginn des gleichen Jahres erprobt der Hörfunk des WDR ein zweites UKW-Programm, das von 19 bis 24 Uhr sendet. Mit diesem ersten Versuch einer Erweiterung seiner Programme per Aufschaltung vergrößert der WDR seine Musikabteilung auch personell. Gemessen an nur einer Sendeschiene sind zum Zeitpunkt von Tomeks Eintritt die Bereiche Orchester/Chor und Neue Musik in der Musikabteilung personell nun gut ausgestattet durch den Abteilungsleiter Koch, seinen Stellvertreter Kruttge und den auf anspruchsvolle Programme spezialisierten Herbert Eimert. Bald darauf werden auch Gottfried Michael Koenig und Karlheinz Stockhausen zum Abteilungsinventar zählen.

Nach Beginn der WDR-Anstellung pendelt Otto Tomek noch bis in den August 1957 hinein zwischen Köln und Wien, um nicht gänzlich von der UE abgeschnitten zu sein und – falls es zum Schlimmsten und nicht zur Festanstellung beim WDR käme – um dann doch wieder im Wiener Verlag als Angestellter weiter arbeiten zu können. Es kommt zur Festanstellung. Der virtuos kompetente und in allen Belangen hervorragend kommunikative Arbeitseinsatz Tomeks wird belohnt. Wie eng verbunden er in dieser Zeit mit den Mitarbeitern des Verlags bleibt, soll mit dem Brief vom 12. August 1957 paradigmatisch dokumentiert werden, den Tomek an Dr. Willnauer nach Wien schreibt:

> Lieber Herr Dr. Willnauer,
> mir fällt dauernd etwas ein, womit ich Sie belästigen kann. Heute folgendes: Schönberg hat, ich glaube anlässlich seines 70. Geburtstages, einen Brief geschrieben, in dem er so etwas bemerkte, daß in der 2. Hälfte des Jahrhunderts an seinem Werk durch Überschätzung schlecht gemacht würde, was in der 1. Hälfte durch Unterschätzung gut geblieben sei oder so ähnlich. Diesen Brief ließ er faksimilieren und schickte ihn, glaube ich, dann als Dank für Glückwünsche zu seinem 70. Geburtstag an seine Gratulanten. Auch in der U.E. befindet sich ein solches Exemplar; Abschrift im Schönberg-Faszikel in der Postablage. Ich wäre Ihnen sehr dankbar, wenn Sie mir davon einen Develop-Abzug herstellen lassen könnten und gleichzeitig feststellten, ob ich mich recht erinnere, daß es anläßlich seines 70. Geburtstages war, was aus einer Bemerkung auf der Rückseite jenes Blattes eindeutig hervorgeht.
> Ist eigentlich der Weill-Prospekt nicht erschienen, oder habe ich ihn nur nicht bekommen?
> Sagen Sie bitte Fräulein Bauer, daß ich den Brief an Ligeti weitergeleitet habe und er die gewünschte Einleitung in den nächsten Tagen schicken wird.
> Noch etwas: die elektronischen Platten sind nun doch erschienen. Wie ich höre, hat aber die „Grammophon" die vertraglich zugesicherten Belegexemplare weder an den Rundfunk noch an Stockhausen geschickt. Vielleicht erinnern Sie die Leute etwas sanft.
> Soeben trifft Ihr Brief vom 9. August ein, für den ich herzlich danke, und mehr natürlich noch für das Paket, das in diesem Augenblick gerade hereingebracht wird, weshalb ich das Diktat des Briefes kurz unterbrochen habe. Das Berg-Buch schaut ja wirklich sehr schön aus. Ich staune, daß dieses Schmerzenskind doch noch das Licht der

Welt erblickt hat. Jedenfalls herzlichen Dank; Sie können gewiß sein, daß ich bei allen Berg-Sendungen immer wieder auf dieses Buch hinweisen werde. Ebenso danke ich für die Zusendung der Schönberg-, Webern- und Stockhausen-Partituren sowie für die ÖMZ April, die Sie selbstverständlich noch in diesem Monat zurückbekommen. Wenn es Sie nicht zu sehr belastet, würde ich Sie herzlich bitten, da Dr. Wagner nicht greifbar ist, bei Hofrat Pollnauer anzurufen, der ja sämtliche Webern-Jone Briefe hat. Vielleicht kann er den einen ein paar Tage zum Kopieren zur Verfügung stellen. Ich muß nämlich die Textaufnahme dieser Briefe noch im August vornehmen und würde ungern gerade auf diesen einen, der die Variationen betrifft, verzichten. Also bitte lassen Sie sich's nicht verdrießen.

Das Klavierstück von Stockhausen ist wirklich ausgezeichnet, in einer Art virtuos, daß man bald sagen kann: Stockhausen am Wege zu Chopin.

Aus dem Diktierzeichen sehe ich, daß die liebe Frau Saathen wieder da ist, grüßen Sie sie bitte ganz besonders, alle anderen aber auch.

Herzlichst Ihr Dr. Otto Tomek

p.s. Sagen Sie bitte Herrn Buchwald schönen Dank für seinen Brief vom 9. August und die Nachrichten über Webern und Hauer. Den Prospekt über die Konzerte „Musik der Zeit" bekommen Sie gleich nach Fertigstellung und werden sehen, daß die U.E. ganz ausgezeichnet darin vertreten ist.

Otto Tomek Privatarchiv

Solcherart Beziehungen zu einem für die Neue Musik eines Senders geradezu idealen Partner sind unschätzbar. An derartige Materialien, wie sie in der UE lagern, ist auf offiziellem Wege kaum heranzukommen, und wenn dann nur mit langen gegenseitigen Rückversicherungsattitüden. Tomeks Anspruch an die eigene Recherche beim Anfertigen von Sendemanuskripten aber ist hochprofessionell, zeitaufwändig und einzigartig. Diese „Connections" zwischen Verlag und WDR-Redaktion werden auch in den kommenden Jahren zu spüren sein. So programmiert Tomek die Werke Schönbergs, Weberns und Bergs nahezu komplett in der Reihe „Musik der Zeit".

Das Dreigestirn Boulez, Stockhausen, Nono

Am Anfang war ich unter den Fittichen von Eigel Kruttge. Der hatte bis dahin die Neue Musik geleitet, aber eher nebenbei, und ich hatte das Gefühl, er war eigentlich ganz froh, dass ich mich der Sache sehr intensiv angenommen habe. Er stand dann immer etwas bewachend dahinter, und das war für den Anfang sicher ganz gut, denn wenn man keine Ahnung hat, was dann passiert, macht man schon verrückte Dinge[...].

Otto Tomek, Gespräch mit Cornelia Bittmann für eine Sendung im WDR. Privatarchiv Tomek

Erst aber stehen ganz andere Aufgaben an. Die beiden knapp hintereinander stattfindenden „Musik der Zeit"-Konzerte vom 31. Januar und 8. Februar 1957 erfordern Programmarbeit: Das erste Konzert vom 31. Januar mit der Deutschen Erstaufführung von Stockhausens *Zeitmaßen*, dirigiert von Stockhausen selbst, dazu der Uraufführung von Roland Kayns *Kammerkonzert*. Das zweite vom 8. Februar ähnelt mehr einem Jazz-Konzert, in welchem neben Igor Strawinskys *Babel Kantate* und *Canti-*

Otto Tomek, Cathy Berberian, Karlheinz Stockhausen, Darmstadt, 1956

Pierre Boulez, 1983

cum Sacrum Hans Werner Henzes *Maratona die Danza* in einer Konzertfassung unter Hans Rosbauds Leitung zur Uraufführung gelangt. Beide Konzerte wollen gesendet werden und es bedarf erster kompetenter Moderationstexte von dem frischgebackenen Sende-Sachbearbeiter. Schon mit diesen ersten Aufgaben trennen sich also die Aufgabenbereiche von Kruttge und Tomek in die des Veranstalters, der die Konzerte organisiert und in die des Sende-Sachbearbeiters, der sie ins Radio bringt.

Bereits am 29. April findet das vierte „Musik der Zeit"-Konzert in der Saison 1956/57 statt. Dass von Hans Erich Apostel die *Ballade* op. 21 für Orchester aufgeführt wird und von Luciano Berio erstmals ein Werk in Köln, das *Allelujah für Orchester,* zur Uraufführung kommt, ist mit ziemlicher Sicherheit auf den bereits sich bemerkbar machenden Einfluss Otto Tomeks zurückzuführen, denn Tomek und Apostel kennen sich bestens aus der Wiener Zeit. Wieder ist Michael Gielen als Dirigent engagiert. Der junge Sachbearbeiter hat also alle Hände voll zu tun, wie man so schön zu sagen pflegt. Und in diesem Fall trifft das Sprichwort den Nagel auf den Kopf, zumal Tomek ja parallel in der UE Korrespondenzen mit Komponisten führt, die sowohl für das IGNM Fest in Zürich als auch bei den Darmstädter Ferienkursen als Dozenten und Komponisten vermittelt und mit Partituren versehen werden müssen. Hinzu kommt die Manuskriptarbeit, die begleitenden Texte zu den Sendungen der Konzerte, die von Woche zu Woche zunimmt. Nicht zuletzt darum, weil auch das Nachtprogramm von Herbert Eimert verlockend auf den Neuangestellten einwirkt, für das er anspruchsvolle Essays über den aktuellen Gegenstand der Neuen Musik verfassen will. Außerdem steigern sich in dieser Zeit die Produktionen der Klangkörper und die Studio-Produktionen von eingeladenen Interpreten im Bereich der Kammermusik erheblich.

Tomek entwickelt darüber hinaus aber noch einen ganz speziellen Ehrgeiz, der sich zwar bald als erfolgreich bemerkbar machen sollte, ihm aber auch zusätzliche Arbeit beschert: Er wiederholt Konzerte mit neuer Musik im Programm, die eine besondere musikgeschichtliche Bedeutung haben. Durch seine Verlagstätigkeit hat er einen guten Überblick über die in den letzten Jahren gedruckten und zur Uraufführung gebrachten Werke und weiß von den tragfähigen Konzertmitschnitten anderer Sendeanstalten. Denn nicht nur in Köln bemüht sich der Rundfunk intensiv um die Neue Musik: Dort hatte man gleich nach dem Richtfest des Funkhauses am Wallrafplatz im Jahre 1950 eine ständige Konzertreihe namens „Das Konzert mit Neuer Musik" gegründet und am 8. Oktober 1951 mit Igor Strawinsky am Pult und mit der Uraufführung seiner Bläsersinfonie eröffnet (ab 1953 bis heute dann nur noch als Musik der Zeit-Reihe benannt). „Musik der Zeit" wird zu einem Zeitpunkt ins Leben gerufen, als der zeitgenössischen Musikproduktion von Rundfunksendern reihenweise neue Podien eingeräumt werden.
 Die Münchner „musica viva" hat mit Karl Amadeus Hartmanns vehementer Entschiedenheit bereits begonnen; das „neue werk" startet 1951 in Hamburg beim NWDR (wo im Übrigen der Komponist Rolf Liebermann zeitgleich mit Tomeks Anstellung beim WDR Musikhauptabteilungsleiter wird). Kurz danach folgen in Stutt-

gart und Berlin die gleichlautenden Reihen „Musik unserer Zeit" (im Süddeutschen Rundfunk ab 1954 unter Hans Müller-Kray in gemäßigteren kompositorischen Zonen), beim Sender Freies Berlin ab 1955 die Konzertreihe „Musik der Gegenwart". Etwas zeitverschoben initiiert der Komponist Hans Otte bei Radio Bremen das Festival „ars musica nova" erst ab 1961. In Frankreich, um einen Blick ins damals noch erbfeindliche Land zu „wagen", wird – unabhängig von Radio France – in der Saison 1953/54 die Konzertreihe „Domaine musical" von Pierre Boulez ins Leben gerufen, die zwanzig Jahre bestehen bleibt.

Pierre Boulez: Mit ihm und durch ihn findet das erste Großereignis für Otto Tomek statt, am 4. Dezember 1957 im großen Sendesaal des WDR: Die Uraufführung eines bereits in den Jahren 1951/52 komponierten Werkes mit dem Titel *Visage nuptial* für Sopran, Alt, Frauenchor und Orchester. Viel ist darüber schon geschrieben worden. Eine Dimension, dieses Ereignis festzuhalten, vielleicht die analytischste, fehlt aber bisher unter den vielen persönlichen Reflexionen und Rezensionen dieses Konzertes, nämlich die Chronologie des Zustandekommens unter dem Blick Otto Tomeks, der das Konzert ja verursacht hat.

> [...] Ich fand dort zum Beispiel gleich zu Beginn meiner Tätigkeit eine Partitur: „Le visage nuptial" von Boulez, und zwar die Fassung mit Chor, vierteltönig, mit einem Riesenorchester. Es hieß damals, die Partitur sei unaufführbar. Und was macht man, wenn man neunundzwanzig ist? Ich habe gesagt: „Das gibt's nicht, das machen wir!" Es war ja für Damenchor; wir haben mit den Damen des Rundfunkchores gesprochen, sie waren interessiert und dann wurde das Stück angesetzt – aber es hätte natürlich um ein Haar schiefgehen können. Hermann Scherchen sollte dirigieren. Der hatte im Grunde keine Ahnung von dem Stück und fing gleich mit dem großen Orchester an. Boulez war wütend und wollte es schon zurückziehen, als Scherchen eine sehr elegante Volte machte und sagte: „Na, dann dirigieren Sie es halt selber!" Gott sei Dank waren genug Proben eingeplant, und Boulez fing dann sofort an, einen neuen Probenplan zu machen: Von acht bis zehn Uhr die ersten Geigen, danach die zweiten Geigen usw. Also alles völlig aufgeteilt, und das mehrere Tage lang, und dann fügte er es zusammen. Später sagte er mir allerdings, er habe beim Dirigieren das Gefühl gehabt, er sei in einen Kessel mit siedendem Wasser getaucht worden [...].
>
> Otto Tomek, Gespräch mit Cornelia Bittmann für eine Sendung im WDR. Privatarchiv Tomek

Wer die Uraufführungs-Fassung von *Le Visage nuptial* kennt und gelesen hat, wird nicht sehr staunen, dass Otto Tomek aus der gewaltigen Partitur, die er in der Musikabteilung des WDR vorfindet, die Schwierigkeiten der Realisierung und den Probenaufwand dieses Werkes keinesfalls erkennen kann.

Bestimmt weiß er von der ersten, 1947 veröffentlichten Fassung für zwei Vokalstimmen, zwei Ondes Martenot, Klavier und Schlaginstrumente, die unmittelbar nach der ersten möglichen Lektüre der 1944 in den *Cahiers d'art* gedruckten Gedichte René Chars von Boulez komponiert wird. Vielleicht haben Boulez und Tomek auch in Darmstadt über die orchestrale zweite Fassung gesprochen und Boulez, so fantasiert man gerne weiter, hat ihm angedeutet, falls diese Partitur jemals realisiert werden würde, er sich nur den von ihm bewunderten Hermann Scherchen als Dirigent vorstellen könne.

Wie auch immer. Otto Tomek jedenfalls hat Hermann Scherchen für dieses Konzert engagiert. Neben *Le Visage nuptial* will der Dirigent Alban Bergs *Drei Stücke aus der lyrischen Suite* für Streichorchester und von Josef Matthias Hauer die Komposition *Wandlungen* op. 53, Kammer-Oratorium für 6 Solostimmen, Chor und Orchester aufführen. Ein exorbitant aufwändiges Konzert!

Wie es Routine ist – werden zunächst die Chorpartien voreinstudiert. Der Kölner Rundfunkchor ist berühmt für seinen Umgang mit Neuer Musik, seit er den schwierigen Chorpart in Nonos *Il Canto sospeso* erfolgreich realisiert hat. Doch hier stößt auch er an seine Grenzen.

Denn in der vokalen Klangästhetik der Fünfziger Jahre ist großes Vibrato und ein gewaltiger Ausschlag der Amplitude geradezu Mode und galt den Sängerinnen und Sängern als Ausweis ihrer Professionalität. (Noch weit ins 21. Jahrhundert hinein kann man diese „Unsitte" selbst in den Opernchören bedeutender Opernhäuser erleben). Mit diesem instabilen, die Tonhöhen oftmals nur peripher anvibrierenden Stimmeinsatz können sich Sänger über viele Mängel in der Intonation hinwegretten. In *Le Visage nuptial* aber sind die Frauenchorpartien vielmals mit Vierteltönen ausgestattet und dies in einer für damalige Verhältnisse irrationalen Weise, wie auch aus der Erinnerung (s. u.) von Boulez herauszulesen ist. Dass Boulez mit dem Chor recht zufrieden gewesen ist, hängt auch mit der Unerfahrenheit in der absoluten Vierteltönigkeit des Dirigenten zusammen, die in der Vokalmusik noch Utopie ist.

Große Intervallsprünge ins Vierteltongelände müssen mit solch einem Vibrato von vornherein zum Scheitern verurteilt sein. Erst recht die vielfach wie colla parte wirkenden Momente, wenn die Orchesterfarben sich mit den Frauenstimmen vereinen zu einem irisierenden Schweben. Hermann Scherchen, planlos im Konzept eines funktionierenden Probensystems, findet keine Lösung und gibt resigniert das Zepter an den jungen Komponisten weiter, dessen dirigentische Erfahrungen noch recht bescheiden sind und bisher nur der eigenen Kammermusik gedient haben sowie einigen tradierten Werken alter Meister, wie er sie in seiner „Domaine musical" oftmals intermittierend programmiert hat.

An die Uraufführung von Visage Nuptial in der Fassung von 1953 erinnere ich mich recht genau; ich kann also daran zurück denken und sie nacherleben, ohne dabei sehr nostalgisch zu werden. Sie fiel in eine Zeit, da ich fast keine unmittelbare Erfahrung mit dem Orchester besaß. Die Utopie reißt einen mit sich fort und drängt dazu, auf eine Art zu schreiben, die man für möglich, wo nicht gar für leicht hält: rhythmische Unterteilungen in großer Zahl, viele Spielartenwechsel; ungebräuchliche Notierung; Vierteltöne selbst bei großen Intervallsprüngen... das Sündenregister wog schwer. Ich war nach Köln gekommen, voll Eifer zwar, aber ohne Kenntnis pragmatischer Lösungen. Zu Beginn, bei den Proben mit dem Frauenchor, hatte ich keine unüberwindlichen Probleme vorgefunden, denn der Vokalsatz war viel kontinuierlicher gehalten als der Instrumentalsatz. Selbst die Vierteltöne war man mit Hilfe zweier entsprechend gestimmter Klaviere zufriedenstellend angegangen. Als Hermann Scherchen nach einer ersten Gesamt-Leseprobe, die aus gutem Grund ziemlich chaotisch verlaufen war, die Sorge für die Einstudierung des Orchesters, dann überhaupt für die Leitung des Werkes im Konzert mir überließ, fühlte ich mich in einen Kessel kochenden Wassers geworfen. Die Unerfahrenheit als Orchesterleiter, die mir damals anhing, die unbeholfenen und wirkungslosen Schwierigkeiten des Instrumentalsatzes, all das steigerte sich gegenseitig rasch hoch und schuf nicht gerade ideale Bedingungen für Bereitwilligkeit... Mitunter war es recht unerquicklich, zumal sich mein Deutsch noch unterhalb des Embryonalzustandes befand. Ich bin mit dem Werk ans Ziel gekommen, ich weiß nicht mehr genau wie, aber diese Aufführung war bestimmt nicht dazu angetan, die Berufung zum Orchesterchef in mir zu wecken. Das Ganze zeigte mir vielmehr, wie notwendig es ist, zu lernen – und zwar auf allen Ebenen. Übrigens existiert inzwischen eine neue und, wie ich meine, überzeugendere Fassung des Visage Nuptial, der ich mich jetzt als Dirigent gewachsen fühle. „Jedes Unglück hat auch sein Gutes": In diesem Fall hat sich das Sprichwort tatsächlich bewahrheitet!

Pierre Boulez, Erinnerungen in Köln 1945–1971, Musiktriennale Köln 1994, S. 11
(Übersetzung: Josef Häusler)

Durch das Doppeldirigat Scherchen/Boulez sind die Proben insgesamt extrem knapp, da ja auch noch die Kompositionen von Josef Matthias Hauer und Alban Berg einstudiert werden müssen. Wochen vor den eigentlichen Proben hat bereits der Chordirektor Bernhard Zimmermann die Frauenstimmen einstudiert, bevor Boulez diese dann eine Woche vor dem Konzert übernimmt. Bemerkenswert, wie Boulez uneitel und mit heiterer Selbstdistanz sowohl seine dirigentische Unerfahrenheit als auch die Überfrachtung der Partitur mit unwirksamen Schwierigkeiten in der Notation, in den Tempo- und Taktartenwechsel bemängelt. Dennoch: Hermann Scherchens konzipierte Tutti-Proben werden also von Boulez über den Haufen geworfen. Er teilt die Proben in Stimmgruppen ein und teilt so den Tag in fünf Abteilungen, ein Verfahren, das später viele Veranstalter und Dirigenten von ihm übernommen haben: Streicher-, Bläser-, Schlagzeug-, Zusatzinstrumenten- und Singstimmgruppen werden drei Tage lang hintereinander jeweils immer zwei Stunden einzeln geprobt.

In einer Presseerklärung des WDR werden diese Tatsachen verschleiert. Von daher sind die Stellungnahmen, die die beiden Dirigenten kurz vor dem Konzert geben, einerseits ein Dokument von hohem historischem Rang, andererseits eine Rettungsmaßnahme jedes Dirigenten „der eigenen Haut", indem die nach außen dringenden Falschmeldungen „richtiggestellt" und jeder Spekulation entgegengewirkt werden kann:

Im Jahre 1936 hatte ich bei den „Soirées de Bruxelles" das Oratorium „Le paradis perdu" von Igor Markevitch zur Uraufführung angesetzt. Markevitch, der 1934 mein Schüler gewesen war, hatte selbst den Chor des Werkes vorbereitet. Nach entscheidender Orchestereinstudierung durch mich übertrug ich Markevitch die Leitung der Uraufführung, weil ich spürte, wieviel ihm daran gelegen war.

Eine ähnliche Situation ergab sich jetzt. Vor meinem Eintreffen zu den Kölner Proben hatte Pierre Boulez mit dem Chor vorgearbeitet. Nachdem ich in mehreren Proben das Orchester durchaus von der Spielbarkeit des eminent schwierigen Werkes überzeugt hatte, bot ich Pierre Boulez die Leitung der Uraufführung seines Werkes an, was ihn ebenso beglückte als seinerzeit Markevitch. Ich schätze nicht nur die ausserordentliche kompositorische Fähigkeit von Boulez, sondern auch seine Begabung als Dirigent, die ich in seiner Tätigkeit bei Jean-Louis Barrault in Paris persönlich kennenlernen konnte.

Hermann Scherchen, WDR Köln, Dokumentation und Archive, Sig.: 5591–5605 / 12360

Ich bin Hermann Scherchen sehr dankbar für seine mehr als freundschaftliche Tat, die er mir erwiesen hat, die einmal mehr seine Generosität, ja Selbstverleugnung beweist.

Ich selbst hatte mit Solisten und Chor vorgeprobt, was wegen der Schwierigkeiten, die der französische Text bereitete, notwendig geworden war. Hermann Scherchen wünschte nun, dass wegen der dabei erarbeiteten Auffassung nun auch konsequenterweise das Orchester von mir geleitet werden sollte. Ich verdanke es ihm, dass ich nun die Uraufführung meines Werkes dirigieren darf. Ich hoffe, mich dieser für mich nicht ungefährlichen Ehre würdig zu erweisen.

Pierre Boulez, WDR Köln, Dokumentation und Archive, Sig.: 5591–5605 / 12360

Den Proben vorausgegangen war Tomeks Suche nach idealen Sängerinnen für die beiden Solopartien in *Le Visage nuptial*. Am 16. September 1957, einen guten Monat vor der Uraufführung, meldet sich die Sopranistin Ilona Steingruber-Wildgans schriftlich bei Tomek, die er von Wien her kennt:

Lieber Herr Dr. Tomek,
Ich habe jetzt tagelang mit mir gerungen, bis ich mich entschließen konnte, an Sie dieses Schreiben zu richten: ich komm' mit dem Boulez nicht zurecht!! Ich höre so absolut die gewohnten „gleichschwebenden" Töne, daß ich innerhalb der Sprünge absolut nicht dort lande, bzw. beginne, wo der Komponist es vorschreibt. Teuflischerweise sind die beiden Vierteltonstücke, die ohne Vierteltöne auch schon nicht gerade leicht wären, noch dazu im langsamen Tempo, so daß ein Mensch, der im Stande ist, Vierteltöne zu hören, diese Abweichungen auch sicher hören kann. Es ist keine große Kunst, solche Vierteltöne stufenweise, d.h., chromatisch, zu erreichen, aber im gegenständlichen Fall weiß ich mir wirklich keinen Rat! Es wäre noch nicht so schlimm, wenn der Dirigent nicht gerade Scherchen wäre, dessen Verhältnis zu mir und meines zu ihm Sie ja nun schon kennen, aber so wird ohnedies die Atmosphäre eine gewisse Brisanz enthalten und wenn ich dann auch wirklich schuldtragend bin, sind die Folgen leicht abzusehen.
E i n e Möglichkeit gäbe es noch – ich möchte Sie ja nun wirklich nicht gerne hängen lassen und dies wäre auch der 1. Fall! –: vielleicht kann mir Herr Zimmermann, der ja wohl mit dem Chor studiert, einige „Eizes" geben. Die müssen ja schließlich auch irgendwie damit fertig werden und wenn die Leute vom Chor es können, bzw. die Altistin (wer ist übrigens das Wundermädchen?) dann muß ich es ja auch fertigbringen! Haben Sie übrigens eine Ahnung, ob Boulez in Paris ist? Dann würde ich ihn am besten fragen, wie er sich das vorstellt, denn einfach die Intervalle zu tief oder

zu hoch singen – das bringe ich bewußt nicht zusammen, denn primär will ich ja richtig singen!

Sie sehen mich also in schweren Nöten und der Gedanke an dieses Konzert hat mich bereits schlaflose Nächte gekostet und so habe ich Ihnen also als ehrlicher Mensch meine Bedenken mitgeteilt [...].

Seien Sie nicht böse Ihrer unglücklichen, Sie aber trotzdem herzlichst grüßenden Ilona Steingruber-Wildgans

WDR Köln, Dokumentation und Archive, Sig.: 5591–5605 / 12360

Da es in dieser Zeit noch nicht üblich gewesen ist, mit Stimmgabel zu singen, das heißt, sich der extremen Tonlagen zuerst durch Anschlagen der Stimmgabel zu versichern, bleibt Tomek statt eines technischen Rates nur übrig, ihr mit väterlicher Gebärde eine Woche später zu erwidern:

Sehr verehrte, liebe Frau Steingruber,

besten Dank für Ihren letzten Brief, der ja ein ganz gewaltiger Seufzer ist. Ich bitte Sie herzlich, sich mit dem Boulez-Stück keinen Schrecken einjagen zu lassen und bei aller Selbstkritik ein gesundes Maß nicht zu überschreiten. Wer sollte denn um Gottes Willen das Stück singen, wenn nicht Sie? Mit dem Problem der Vierteltöne haben wir uns natürlich auch hier sehr beschäftigt. Es gab auch schon etliche Chorproben. Zur Kontrolle hatte es man zunächst so gemacht, daß zwei Klaviere verwendet wurden, eines, das normal gestimmt und ein anderes, das durchlaufend um einen Viertelton höher gestimmt wurde. Damit kontrollierte man, was aber nicht lange ging, da der 2. Flügel die Stimmung nicht lange hielt, so daß man wieder davon abkam. So ist es zunächst so, daß die gesungenen Vierteltöne lediglich durch das Ohr des Chormeisters kontrolliert werden. Später sollen noch ein paar Streicher dazukommen. Das Altsolo wird Frau Bornemann singen. Sie hat mit Herrn Kaufhold schon etliche Male probiert, und, wie dieser mir bestätigte, die Vierteltöne auch getroffen. Herr Kaufhold wird sofort nach Ihrer Ankunft selbstverständlich auch mit Ihnen noch Einzelproben machen. Boulez ist zur Zeit unterwegs (Berlin, Darmstadt usw.), wird aber Ende dieses Monats wieder in Paris sein.

Wie gesagt, ist eine wirkliche Kontrolle nur durch einen Zweiten mit sehr scharfen Ohren möglich, und ich wäre froh, wenn Sie in Wien jemanden an der Hand hätten, mit dem Sie zusammenarbeiten könnten. Natürlich bemühen sich alle, die Vierteltöne so sauber wie möglich zu singen, aber bei derartigen Mikrointervallen muß man sich andrerseits auch klar sein, daß jene absolute Reinheit der Intonation, die wir im Halbtonsystem erstreben, nicht immer exakt zu erzielen sein wird.

Ich bin überzeugt davon, daß Sie in dieser Hinsicht das Optimum dessen erreichen werden, was man verlangen kann [...].

WDR Köln, Dokumentation und Archive, Sig.: 5591–5605 / 12360

Der Hauptsachbearbeiter Otto Tomek spielt virtuos auf allen Ebenen eines Veranstalters: Mit Noblesse und fairer Überzeugtheit führt er die Sopranistin zurück auf den Weg zur Realisierung eines unrealisierbaren Parts. Mit Souveränität gleicht er die Spannungen unter den Dirigenten aus, ermöglicht durch kurzfristige Änderungen des gesamten Probenverlaufs bestmögliche Voraussetzungen zum Gelingen des Werks, organisiert aufs Beste die Generalprobe und das Konzert, macht in zum Teil persönlichen Schreiben wichtige Personen auf das Konzert aufmerksam und schafft es, über Deutschland hinaus die Presse nach Köln zu bitten.

Die Uraufführung wird zum Ereignis. Auch für die Feuilletons der Zeitungen. Ernst Thomas, der wenig später Wolfgang Steinecke als Leiter der Darmstädter Ferienkurse folgen sollte, schreibt in der Frankfurter Allgemeinen vom 9. Dezember 1957:

> [...] Aus dieser Begeisterung entsprang die Komposition, die mir die persönlichste Musik scheint, die man von Boulez hören kann, und die – sofern das heute noch notwendig wäre – das elementare und leidenschaftlichste Talent der jungen französischen Musik bezeugt. Wobei natürlich unaufgehoben bleiben muß, daß „Le marteau sans maître", ebenfalls auf ein (gleichnamiges) Gedicht Chars geschrieben, die meisterliche Arbeit ist und ein kompositorisch geläutertes Verhältnis von Wort und Ton offenbart. Der Weg der seriellen Kompositionsweise, den der fanatisch konsequente Boulez seitdem nicht verlassen hat, ist bereits beschritten; insbesondere weist der Komponist hier auf eine strukturell angewandte Reihe von Stadien zwischen Sprechen und singen hin: Flüstern, Sprechen mit Tonhöhe, Sprechgesang, Singen [...].

In Christ und Welt schreibt Walter E. von Lewinski am 9.1.1958 euphorisch:

> Die Uraufführung eines Werkes des zweiunddreißigjährigen Franzosen Pierre Boulez verspricht heute bereits ein bewegendes Ereignis im Reiche des Geistigen, auf dem Gebiete der neuesten Musik zu sein. Wenigstens zog die Einladung des Westdeutschen Rundfunks zu dem 2. Konzert der ungewöhnlich profilierten Reihe „Musik der Zeit" viele Experten und Neue-Musik-Freunde, selbst aus dem Ausland, nach Köln. Und wieder wurden die hochgespannten Erwartungen nicht enttäuscht. Man begegnete einem außerordentlichen Werk, das neben dem hier besprochenen „Il Canto sospeso" von Luigi Nono zu den überzeugendsten Kompositionen der jüngsten Generation zu rechnen ist und in die neue Musikgeschichte eingehen dürfte [...]. Mit Hilfe neuartiger Klangwirkungen (aus den 24 Vierteltönen und einem mit allen Stufen zwischen Singen und Sprechen arbeitenden Frauenchor, vervollständigt von einer Sopran- und Alt-Solo-Stimme, bereichert durch ein über hundertköpfiges Orchester) spürt Boulez dem geistigen Gehalt der Gedichte nach, gibt einen neuen Raum sozusagen hinzu, in dem sie sich entfalten und den Hörer neu beeindrucken. Und zwar exakt auf eine Weise, die dem Wort verschlossen ist; die Hintergründe des Textes werden zum Klingen gebracht [...].

Lewinskis Einschätzungen sind natürlich relativ zu deuten, denn wer *Le Visage nuptial* gehört hat, wird alles, was Textverständlichkeit betrifft, also auch eine direkte Orientierung an der jeweiligen Gedichtpassage ohne, ja selbst mit Partitur nicht nachvollziehen können. Zu dicht und ineinander verschachtelt mischen sich die Chor- und Instrumentalfarben zu einem Konglomerat fluoreszierender Klangblöcke und Klangverschiebungen. Schon allein die Transkription des dritten Titel-Gedichts ins Musikalische gliche einem Akt der Verundeutlichung konkreter Bezüge. René Chars bildbrüchiges Schreiben mit surreal-phantastischen Spracherfindungen – das „poème pulvérisé" – ist kompositorisch ungreifbar. Boulez hat dies immer wieder

betont. Sprachverfahren durch Konfrontation abstrakter Begriffe mit deren Perso-
nifizierung, also Zusammenfall von Statik und Beweglichkeit im lyrischen Schreiben
lässt sich strukturell übertragen, nicht aber die Bedeutungskraft von chiffrierter Be-
deutungslosigkeit in Chars Gedichten. Glücklicherweise hat Martin Zenck in seinem
Boulez-Buch analytische Herangehensweisen an die musikalischen Gestalten von *Le
Visage nuptial* angewandt, um solcherart schiefe Beobachtungen, wie Lewinski sie
leichtfertig behauptet, zu korrigieren.

Martin Zenck, Die Partitur der Geste und das Theater der Avantgarde, Paderborn 2017

Der verlassene Körper ist gestern wiedergekehrt, finster redend und seiner Vermi-
schung feind.
Bleibe, Niedergang, deinem Wesen treu, schlag zu mit deiner Keule aus Todesängs-
ten, bitterer Schlaf.
Die Entblößung mindert das Gebein deiner Verbannung, deiner Fechtkunst;
Du erneuerst die Knechtschaft, die sich den Rücken zerfleischt;
Hohngelächter der Nacht, halte dies Trauergespann
Glasiger Stimmen, gesteinigter Abschiede auf.

Renè Char, Draußen die Nacht wird regiert, Poesien, Frankfurt 1968,
übersetzt von Johannes Hübner und Lothar Klünner, S. 33

Mächtig und abgewandt, überpersönlich und diskret prallen die Worte gegeneinander.
Durch den Aufprall bilden sich neue Konturen von Begriffen. Ihnen ihren Sinn zu
buchstabieren, verweigert das Gedicht René Chars. Die Passage aus *Das bräutliche
Antlitz* setzt die Bilder der Sprache in einen vielfachen Kontext, der sich wiederum
in neue Deutungsmöglichkeiten verzweigt. Wenn man so will, entwischt der Text
pausenlos seinem Leser. Solche Fluchtvariabilität kann man durch das Wucherungs-
prinzip im Komponieren von Boulez wiederfinden. Das zunächst scheinbar Fassliche
wird dabei durch „Überfrachtung" diffus und vielgestaltig.

Diese Lyrik ist hermetisch – ein Gedicht, das nicht der Dichter schreibt, sondern das sich seinen Dichter wählt und diesen in sein Gehäuse zwingt. Menschlich-
logische Orientierung ist hier vergebens, da im Gehäuse der Poesie andere Regularien
des Verstehens wirksam sind.

Boulez' immer wieder präzise formulierte Abneigungen gegen die direkte Analyse seiner Musik entspricht dem Dichter der Töne, den die Musik gefunden hat:

Ich liebe es gar nicht, wenn man ein Werk erklären muss! Ich finde – und das ist ein
sehr tiefer Standpunkt bei mir –, ein Kunstwerk muss auf verschiedenen Ebenen
verständlich sein. Und je häufiger Sie ein Werk hören, desto tiefer dringen Sie ein,
es wird dunkler und dunkler. Das ist wie in der Malerei, wie z.B. bei dem Anblick von
Cézannes La Montagne de Saint-Victoire. Sie sehen zuerst nur eine Landschaft, und
wenn Sie sich das Bild eine halbe Stunde lang angeschaut haben, finden Sie noch
immer nicht das Mysterium, das das Bild zu einem Kunstwerk werden lässt: So klar
ist das und so geheimnisvoll. Ich liebe diesen Kontrast zwischen Klarheit und Tiefe, in
der Malerei wie in der Musik, das, was praktisch unerklärbar ist.

10. Musikfest Berlin 2. bis 12. September 2010, Programmbuch, S. 31

Köln wird zum Medina der Neue Musik-Pilger. Hier herrscht das <u>eine</u> Mäzenat in Gestalt des WDR, personifiziert durch Karl O. Koch, Herbert Eimert, Eigel Kruttge und Otto Tomek, weit entfernt vom anderen Mäzen, dem Leiter der Musikabteilung und der Donaueschinger Musiktage des SWF Heinrich Strobel.

Tomek will mit riskanten Projekten seine drei Komponistenfavoriten und Freunde in Köln leuchten lassen. Nachdem Luigi Nono bereits 1956 mit *Il Canto sospeso* das tief Menschliche hinter der politischen Gewalt musikalisch zur Anklage modelliert hat und damit seine Affinität zur engagierten Literatur und Philosophie gegen alles Unrecht, nachdem Pierre Boulez seine Nähe zur abstraktionsgeladenen Lyrik eines Stephane Mallarmé und René Char mit beeindruckender kompositorischer Vielfalt und Klangraffinesse und sich selbst als einen begnadeten Strategen am Dirigentenpult dokumentiert hat, ist nun Karlheinz Stockhausen an der Reihe. Ihn verfolgt die Idee eines Orchesterwerkes mit bestimmten, den Raum neu auslotenden Möglichkeiten schon seit 1955. *Gruppen für drei Orchester* erfährt seine Uraufführung am 24. März 1958 im Rheinsaal des Messegeländes zu Köln.

Das Orchester ist in drei gleichgroße und nahezu identisch besetzte Gruppen aufgeteilt. Jeder der drei „Klangkörper" mit seinen Klängen, Geräuschen und Klanggeräuschen füllt seinen Zeitraum jeweils individuell, jeder also auch in meist anderen Tempi. Damit diese gleichzeitige Ungleichzeitigkeit gelingen kann, benötigt die Realisierung drei Dirigenten, die unabhängig voneinander ihr jeweiliges Kleinorchester leiten und sich abhängig voneinander in der Realzeit koordinieren müssen.

Stockhausen will die Idee einer Verräumlichung, wie er sie bereits in seiner Elektronischen Komposition *Gesang der Jünglinge* durch fünf im Saal verteilten Lautsprechergruppen realisiert hat, auf das Orchestrale übertragen. Tomeks Aufgabe besteht zunächst darin, drei Dirigenten zu finden, die in vielen Einzelproben, lange vor den eigentlichen Einstudierungen, nur zu dritt „Probetaktieren". Bruno Maderna als primus inter pares, Pierre Boulez als der Newcomer und Geheimtipp und Karlheinz Stockhausen als der Verursacher der Komposition werden engagiert. Sie sollen nach einem ausgeklügelten Probenplan für die drei Orchester folgendermaßen vorgehen: Vom Montag, 17. März bis Freitag, 21. März wird in vielfach geteilten Gruppen und Untergruppen im Großen Saal des WDR gearbeitet. Am Samstag werden dann unter besonderen vertraglichen Bedingungen von 11–18 Uhr die drei Orchester „zusammengebaut". Am Sonntag, einen Tag vor der Aufführung, ist eine vierstündige Generalprobe in der Rheinhalle angesetzt, inklusive der für die aufwändige Aufnahme nötigen Mikrophonierungen.

Manche Aufträge lagen ja auf der Hand: Wenn es eine Produktion des elektronischen Studios war, war klar, dass es sich um einen Kompositionsauftrag handelte: „Gesang der Jünglinge" von Stockhausen zum Beispiel. Aber bei den „Gruppen" war es schon anders: Ich sah bei Stockhausen die Partitur liegen und war fasziniert: Das müssten wir machen! Ja, aber ein Stück mit drei Orchestern – wo spielen wir das? Im Sendesaal geht es nicht, wo gehen wir dann hin? Also überlegt man. Dass grundsätzlich ein Auftrag dieser Art gegeben wurde, war ein formaler Vorgang. Aber dann kam die

Luigi Nono, Cathy Berberian, Otto Tomek, Luciano Berio, Pierre Boulez, Darmstadt, 1956

Vorbereitung. Zuerst die Suche nach dem Aufführungsort. Wir bekamen dann den Rheinsaal auf dem Messegelände in Deutz. Der war zwar geeignet, aber natürlich nicht für drei Orchester eingerichtet. Man mußte erst einmal einen Sitzplan erstellen, der von der Feuerwehr genehmigt wurde. Dann die Frage: wer dirigiert? Stockhausen selber, Boulez und Maderna. Maderna in der Mitte, Stockhausen links, Boulez rechts. Nun gibt es ja in dem Stück verschiedene Zeitschichten, die unabhängig voneinander laufen, aber an bestimmten Stellen immer wieder zusammen sein müssen. Das war das Problem. Und die drei Dirigenten waren in ihrer Erfahrung ja auch sehr unterschiedlich: Maderna ein erfahrener Profi, Boulez auf dem Wege dazu, Stockhausen noch nicht so ganz, dafür kannte er aber sein Stück am besten.
Und dann saßen sie stundenlang in einem Saal, und haben das – ohne Orchester – einfach durchgeschlagen. Es war köstlich, wie sie da so saßen und sich die Takte zuriefen. Nach kurzer Zeit waren sie meistens auseinander. Sie hatten auch keinen Blickkontakt, weil sie mit dem Rücken zueinander saßen. Zuerst überlegte man, mit Monitoren zu arbeiten. Aber dann kam Maderna auf die Idee, die Orchester einfach umzudrehen – dann konnten sich die Dirigenten sehen, auch wenn die Orchester dann teilweise mit dem Rücken zum Publikum saßen. Dann fingen die Proben an, und es klappte am Anfang überhaupt nicht. Das war schon etwas beunruhigend. Das erste Mal, dass es ohne Unterbrechung durchgespielt wurde, war bei der Generalprobe – und die fand kurz vor dem Konzert statt.

Otto Tomek, Gespräch mit Cornelia Bittmann für eine Sendung im WDR. Privatarchiv Tomek

Das Ganze verkompliziert sich durch Tomeks Programmidee, am Dienstag, 25. März 1958 ein Konzert mit Elektronischer Musik im Sendesaal zu platzieren, das parallel auch geübt, technisch eingerichtet und mit den Dirigenten koordiniert werden muss. Es gibt neben Henri Pousseurs Neufassung von *Scambi*, Luciano Berios *Perspectives* auch Karlheinz Stockhausens *Gesang der Jünglinge* und darüber hinaus vier Uraufführungen: Franco Evangelistis *Incontri die fasce sonore*, Gottfried Michael Koenigs *Essay*, György Ligetis *Artikulation* und Bruno Madernas *Continuo*. Stockhausen und Maderna haben also nicht nur zu dirigieren, sie müssen auch noch ständig mit anwesend sein bei der Realisierung ihrer elektronischen Werke.

Interessant sind hier die einzelnen Schritte, die der Uraufführung vorausgegangen sind. So schreibt Eigel Kruttge per Eilboten am 8. August 1957 an Stockhausen, dass die Realisierung der „Gruppen" in Köln doch in erreichbare Nähe gerückt sei und Herr Koch ihm demnächst den Kompositionsauftrag dafür gerne persönlich bestätigen möchte. Bei der Disposition des Programms für den 24. März seien er und Tomek auf unüberbrückbare Schwierigkeiten gestoßen, aus einem geplanten Maderna-Abend zwei machen zu können. Denn geplant sei ja auch am gleichen Tag wie das Elektronische Konzert ein weiteres Orchesterkonzert mit einer Uraufführung von Camillo Tognis Flötenkonzert, Luciano Berios *Serenata I* für Flöte und 14 Instrumente mit Severino Gazzelloni als Solist sowie mit André Jolivets Trompetenkonzert und Edgard Varèses *Arcana*. Von daher solle es jetzt ein zweitägiges, kleines inoffizielles Festival „Musik der Zeit" geben, damit mehr Leute von auswärts angezogen werden können. Am 16. August 1957 ergänzt Tomek in seinem Brief an Stockhausen:

> [...] Da am 25. vormittags die Generalprobe für das 2. Konzert sein muß, für das ja ab Freitag nicht mehr geprobt werden kann, ist es unmöglich, am Montag vor dem 1. Konzert noch die Aufnahme zu machen. Ebenso ist es nicht möglich, schon am 21. eine Gesamtprobe zu machen, da diese ja im Messesaal stattfinden muß. Außerdem stehen an diesem Tage ja nur 2 Stunden Einzelproben für alle drei Gruppen in getrennten Räumen zur Verfügung, während in den übrigen Stunden wie an den Tagen zuvor für das übrige Programm geprobt werden muß. Glaube mir, wir haben an dieser Probeneinteilung sehr lange überlegt, und sie stellt ein Optimum des Möglichen dar. Doch nehme ich an, daß es, wenn am 23. probiert und erst später aufgenommen wird, hinkommen müßte, vor allem, da an diesen beiden Tagen sich das Orchester ja nur auf dieses eine Stück konzentrieren kann. Über Details können wir uns ja dann nach Deiner Rückkehr noch unterhalten [...].

WDR Köln, Dokumentation und Archive, Sig.: 5591–5605 / 12360

Am 15. Februar 1958, einen Monat vor den Proben, bittet Tomek Bruno Maderna, einen ganz detaillierten Probenplan auszudenken. Entschieden und fordernd steht am Schluss des Briefes:

> Da die Zeit nun schon drängt, möchte ich mich mit Ihnen darüber telefonisch verständigen, und ich bitte Sie um ein Telegramm, unter welcher Telefon-Nummer ich Sie am Mittwoch, den 19.2. oder Donnerstag, den 20.2. und zu welcher Zeit ich Sie erreichen kann. Damit wir nicht unnötig lange herumreden, bitte ich Sie, die genaue Probeneinteilung bis dahin klar zu haben.
> Mit herzlichen Grüßen Ihr Otto Tomek

19.2.58

Lieber Freund

Ich hoffe zwar, daß wir uns noch ehe Sie diesen Brief erhalten, telefonisch gesprochen haben, möchte aber doch kurz folgendes festhalten: bitte schreiben Sie mir ein
paar Zeilen über Ihr neues elektronisches Stück. Wir brauchen das für das Abendprogramm des Konzerts. Es braucht nicht viel zu sein, und Sie können, wenn Sie wollen,
es auch in italienischer Sprache machen. Dann bitte ich, daß entweder Sie oder Berio
auch ein paar Zeilen über die neue Fassung der „Scambi" von Pousseur schreiben [...]

WDR Köln, Dokumentation und Archive, Sig.: 5591–5605 / 12360

In einer 2008 vom WDR erwünschten Sendung – fünfzig Jahre nach der Uraufführung der *Gruppen* – fasst Tomek die Ereignisse noch einmal zusammen und schildert
– sich zurückerinnernd – auch die zum Teil prekären Situationen:

Die Probenzeiten für solche Werke wurden stets zu einem Abenteuer besonderer Art.
Im Falle von Stockhausens „Gruppen" galt es, gleich mehrere Hürden des Ungewohnten zu nehmen. In einem der Kölner Konzertsäle war das Werk unaufführbar. Man
mußte einen Saal finden, in dem die drei Orchester so angeordnet werden konnten,
daß sie das Publikum mehr oder weniger einschlossen. Also ging man damals in die
Messehallen am Rheinufer. Die Auflagen der Feuerschutzpolizei waren allerdings so
streng, daß nur eine Bestuhlung für 462 Besucher (plus 90 Musiker auf den Podien)
einzurichten war. Die zugelassene Platzierung erwies sich allerdings akustisch sehr
günstig, da auch die mehr am Rande Sitzenden des Publikums die anderen Orchester
gut hören konnten. Ein nächstes Problem war die Beleuchtung. Normalerweise denkt
man gar nicht an diese. In etablierten Konzertsälen ist sie einfach vorhanden und
leuchtet das Podium gut aus. Um einer Lösung näherzukommen, wurden mehrere
Versuche gemacht. Zuletzt entschied sich Stockhausen, der an allen Vorbereitungen
maßgeblich beteiligt war, für eine Art von Gartenlampen, die an einem hohen Stän-
der angebracht waren. Darüber befand sich eine weiße Platte, die das Licht reflek-
tierte und weit streute. Der Anblick, den die drei Orchester boten, erinnerte im ersten
Moment an eine Art Gartenwirtschaft. – Das nächste Problem: die drei Dirigenten
mußten Kontakt haben, sich sehen können. Man ging von der normalen Position des
Dirigentenpultes vor dem Orchester aus. Es gab Überlegungen mit Spiegeln, mit
Fernsehmonitoren. Schließlich kam Maderna, der das mittlere Orchester dirigierte,
auf die einfache Lösung, den Dirigenten hinter das Orchester zu stellen, dadurch
war der direkte Blickkontakt zwischen den dreien gegeben. Das Orchester saß also
ein wenig mit dem Rücken zum Publikum, da in Blickrichtung auf den Dirigenten,
was klanglich aber keinen Abbruch tat.

Die drei Dirigenten (von links nach rechts) Stockhausen, Maderna, Boulez waren
natürlich auch mit einer ganz ungewöhnlichen Aufgabe konfrontiert. Stundenlang
übten sie quasi „ auf dem ‚Trockenen", jeder in einer Ecke, ohne Orchester. So versuchten sie, sich auf die unterschiedlichen Zeitabläufe einzustellen, die jedoch alle unter
einem übergeordneten Zeitmaß standen. Das machte anfangs mehr Schwierigkeiten als gedacht. Maderna war der einzige mit einer langjährigen Dirigiererfahrung.
Boulez hatte zwar viele Ensembles dirigiert (und wenige Monate zuvor mit der Uraufführung seiner Kantate „Le Visage nuptial" erstmals auch ein sehr großes Orchester), war aber noch weit entfernt von dem großen Dirigenten, als der er heute gilt.
Stockhausen hatte zwar klare Vorstellungen seiner Musik, war aber schlagtechnisch

alles andere als versiert. Dieser unterschiedliche Entwicklungsstand als Dirigent nahm dann bei den Proben mit Orchester bedenkliche Formen an. Solange jeder mit seinem Orchester allein probte, gab es zwar eine Menge spieltechnischer Probleme, auch solche psychologischer Art: Die Orchestermusiker benahmen sich zum Teil sehr schlecht, störten, witzelten protestierten, waren also alles andere als kooperativ, was insbesondere Stockhausen empfindlich störte. Als wieder zwei Geiger unter ihrem Notenpult allerlei Unsinn trieben, sagte Stockhausen zu ihnen: „Ihr benehmt Euch wie die Affen". Das hörten Musiker von dem benachbarten Orchester, allerdings nur das Wort Affen, worauf ein Aufstand ausbrach, die Probe unterbrochen und die Fortsetzung der Arbeit in Frage gestellt wurde. Es bedurfte einiger Aufklärung, Gespräche mit dem Orchestervorstand, bis die Probe in gespannter Atmosphäre weitergehen konnte, aber noch keine Koordinationsprobe. Bei den Gesamtproben mußte immer wieder unterbrochen werden, weil die drei Dirigenten ihre einzelnen Zeitabläufe nicht vereinheitlichen konnten. An bestimmten Stellen mußten sie ja alle drei gleichzeitig ankommen. Das gab schon große Unruhe, da die Orchestermusiker sich naturgemäß da verunsichert fühlten, je näher die Aufführung kam, umso stärker. In der Generalprobe, die vor dem Konzert stattfand, wurde dann das Werk zum ersten Mal ohne Unterbrechung durchgespielt.

Die Uraufführung hatte die Atmosphäre eines großen Ereignisses. Viele Gäste kamen aus anderen Städten. Der Erfolg war unzweifelhaft. Es trug auch zum Verständnis bei, daß nach einem Zwischenspiel (Boulez spielte die bis dahin fertigen Teile seiner 3. Klaviersonate) die „Gruppen" wiederholt wurden. Nach der ersten Aufführung löste sich die Spannung, auch beim Orchester, das allerdings in den Pausenräumen so lärmte, daß der Klaviervortrag von Boulez dadurch empfindlich gestört wurde. Aber die Messehallen waren eben nicht für Konzertveranstaltungen eingerichtet.

Der Name Stockhausen war damals durch Aufführungen in Köln, Darmstadt und Donaueschingen schon einigermaßen bekannt. Die „Gruppen" haben zur Festigung seines Renommés wesentlich beigetragen. Im Jahr darauf wurden die „Gruppen" dann in Donaueschingen erneut aufgeführt. Wenn ich an die damaligen Schwierigkeiten denke, so wird mir klar, welch großen Fortschritt die Interpretation neuer Musik seither gemacht hat. Jüngere Dirigenten wie Eötvös, [Jacques] Mercier, [Arturo] Tamayo haben keine Probleme mehr mit der Koordination und auch die Orchestermusiker protestieren nicht mehr. Man benötigt nicht mehr so viele Probenzeiten und die Differenzierung in der Dynamik ist erreichbar, wenn der Dirigent darauf besteht. Es liegt natürlich auch daran, daß inzwischen viele jüngere Orchestermitglieder von Hause aus mit der neuen Musik vertrauter sind.

Mit Stockhausen hatte ich durch viele Jahrzehnte zu tun. Es begann damit, daß ich, damals in der Herstellungsabteilung der UE tätig, die eben fertig gewordene Taschenpartitur der Kontra-Punkte in die Hände bekam: Nr. 1, statt Opus. Obwohl damals schon an Webern gewöhnt, fand ich die Partitur sehr problematisch, konnte eigentlich damit gar nicht zurechtkommen. Etwas später kam Karlheinz nach Wien und ich lernte ihn persönlich kennen. Es gab gleich einen intensiven Kontakt, demzufolge ich mich im Verlag sehr um seine Werke und deren Promotion kümmerte. Bei meinem ersten Besuch in Darmstadt waren auch die Klavierstücke I–IV fertig und ich konnte dafür Propaganda machen. Sie wurden viel diskutiert. Krenek versuchte in seinem Seminar eine Analyse, kam aber nicht zurecht und wollte, daß Karlheinz seine Stücke erklärte, was dieser aber nicht tat. So blieben die Klavierstücke unverstanden.

Alexander Kaul hat sie gespielt, aber nur sehr ungefähr, Karlheinz war sehr unzufrieden. Das war 1954. Später hatte er bessere Interpreten. Kaul war ein mäßiger Pianist, der versuchte, im Felde der neuen Musik Karriere zu machen. Aber es reichte nicht bei ihm. Später ist er an den Folgen eines Autounfalls frühzeitig verstorben. Er war schnell vergessen, denn nach ihm kamen die echten Könner.

Die elektronische Musik warf ihre Schatten voraus. Noch gab es erst nur einige wenige Studien, die aber allgemein sehr faszinierten. Der Weg bis zum „Gesang der Jünglinge", 1956, war noch weit. Das Projekt der Schriftenfolge „die reihe" entstand und wurde in der UE realisiert. Ich habe die ersten drei Hefte im Verlag betreut, kam dadurch stark in Kontakt mit Eimert und dem WDR, was dann ja 1957 zu meinem Wechsel von der UE zum WDR führte.

Otto Tomek, Privatarchiv, 5. Mai 2001

Die Geschichte des Widerstandes der Rundfunkorchester nach dem Krieg gegen die neuen Werke, deren instrumentaltechnische Schwierigkeiten die bisher bekannten weit übertreffen und deren musikalische Sprache alles auf den Kopf stellt, was sich ein Orchestermusiker bis dato zur Grundlage seines eigenen ästhetischen Denkens und Fühlens machen konnte – diese Geschichte ist übervoll an grotesken, bizarren und skandalösen Beispielen.

Indes muss noch die Geschichte geschrieben werden von der kollektiven Kraft eines Orchesters gegen den einzelnen Komponisten und von der Ignoranz des individuellen Komponisten gegenüber dem Selbstverständnis eines in langen Jahren ausgebildeten Musikers, der sich für die Mitwirkung in einem Orchester entschieden hat.

Das kollektive Witzeln über die das Lachzentrum stimulierenden Geräusche oder Geräuschkombinationen, deren Assoziationsreichtum grenzenlos scheint, ist die bekannteste Variante der Konfrontation zwischen Komponist und Kollektiv. Dass im Beginn dieser umwerfenden Andersartigkeiten, die den Orchestermusikern abverlangt werden, keine Instanz mit psychologischem Einfühlungsvermögen die jeweils auf jeder Seite zementierten Vorurteile auflöst, ist eigentlich tragisch.

Psychologische Betreuung bei der Realisierung des Nichtaushaltbaren gibt es zu dieser Zeit nicht, und die gibt es auch heute nicht, schon allein deshalb, weil die Erfahrung gelehrt hat, wie schnell sich das Unaushaltbare im Fließen der Zeit zum Vertrauten abwetzt.

Wenn, wie im Beispiel der *Gruppen,* selbst die Dirigenten an die Grenzen ihrer Fähigkeiten kommen und ihr partielles Erliegen der sie überfordernden Dirigate gleichzeitig für das Orchester permanent Unsicherheit ausstrahlen, wird irgendwie verständlich, dass irgendwann das Orchester ein nicht mehr steuerbares, weil „meuterndes" Kollektiv wird. Mit der Neuen Musik und ihren dirigierenden Komponisten grundiert sich der Vorwurf des Dilettantischen, was kein professionelles Kollektiv auf Dauer akzeptiert. Wenn dann geliebte Dirigenten des WDR-Orchesters wie Wolfgang Sawallisch, Rafael Kubelik oder wie Hermann Scherchen kein Äquivalent mehr für das erlebte Unvermögen der Komponisten sind, sondern zu Mitvertretern der Sorgen der Musiker werden, dann ist der Kollateralschaden zugleich ein Zeichen des Autoritätsverlusts derer, die das Ganze verantworten. So groß Stockhausens Erfolg mit diesem Einfall eines im Raum in drei Gruppen geteilten Orchesters insbesondere bei den Kritikern und Fachkreisfans gewesen ist, so skeptisch und widerständig quittiert das Orchester dann seine Opposition gegenüber einem einzelnen Komponisten. Vielfach hat Stockhausen in seinen Schriften darüber reflektiert und die Konsequenz gezogen für sich und gegen das Orchester: Er schreibt von nun an und für eine lange Zeit kaum noch für den großen Apparat und verurteilt das Orchesterkollektiv als eine institutionalisierte, der eigenen Kreativität enthobene Masse, die nur die Zeichen des Vergangenen, der Musikgeschichte also, zu würdigen weiß.

Aus dem Dankesbrief an Bruno Maderna geht hervor, wie die Orchestermusiker letztlich die drei Dirigenten zu beurteilen fähig gewesen sind. Maderna als der präzise, dennoch immer auch musikalisch-agogisch modulierende Dirigent steht ganz oben und Pierre Boulez mit seinem körperengen und auf rhythmische Präzision setzenden Schlag wird sich wohl kaum einen Schlagfehler erlaubt haben. Stockhausen dagegen, mit dem überschüssigen Engagement des Urhebers der *Gruppen* bestimmt erregt und fahrig, dazu oft hilflos in den Impulsen für das Orchester, wird zum Angriffspunkt.

> Köln, 25.4.58
> Lieber Bruno,
> entschuldige bitte vielmals, daß ich nach den anstrengenden Tagen im März noch nicht geschrieben und vor allem Dir für Deine großartige Arbeit noch nicht gedankt habe. Die Leistung, die Du in diesen Probe- und Konzerttagen vollbracht hast, war wirklich gigantisch, und ich weiß, wieviel Deine Ruhe und Überlegenheit zum Gelingen des Ganzen beigetragen hat. Das Orchester äußerte sich auch sehr positiv über Deine Art zu dirigieren, und ich bin überzeugt, daß wir in nicht ferner Zeit wieder etwas zusammen machen werden. Die Konzerte haben ja wirklich ein ungemein weites Echo gefunden, und es gibt Kritiken aus allen Ländern Europas. Auch muß ich die Frage wegen der Partitur der „Gruppen", die Du zu behalten wünschst, noch klären [...].
> WDR Köln, Dokumentation und Archive, Sig.: 5591–5605 / 12360

Erstaunlich ist, wie Otto Tomek, Eigel Kruttge, Karl O. Koch und der Intendant Hanns Hartmann die gesamten Belange der Konzertdurchführungen untereinander regeln und gegenseitig delegieren. Weniger hierarchisches Befehlen denn kooperatives Miteinander und unkomplizierte Aufgabenteilung ist das Prinzip. Dass Tomek mit Bravour und immensem Tempo alle Bereiche erfasst und umzusetzen befähigt ist, macht ihn von Monat zu Monat eigenständiger und damit handlungsfähiger.

Dieses erste kleine Festival unter seiner Ägide zeigt viele Erneuerungen im Konzertleben, die der Stoff selbst, also das neu komponierte Werk mit sich bringt. Das A und O sind die genauen Probenpläne, die er aus der Erfahrung mit *Le Visage nuptial* fortan penibel abklärt und strukturiert. Lange im Voraus verlangt dies Vorabsprachen mit den Dirigenten und Interpreten. Dazu bedarf es der Partitur. Tomek fordert sie lange vor der Uraufführung ein, manchmal ein Jahr davor. Was ihm nicht auf dem Schreibtisch lesbar vorliegt, kann nicht aufgeführt werden.

Die Neuartigkeiten und technischen Schwierigkeiten, die in den Partituren stehen, muss der Redakteur Tomek, der er nominell noch nicht ist, aus der gründlichen Lektüre heraus erkennen. Er ist die Instanz des Warnlampenträgers, der Unheil und Scheitern verhindert. Dabei muss er einerseits das Klima der Künstler und Produzenten positiv beeinflussen und „wärmen", andererseits aber auch die Widerständigkeiten von Seiten der Orchestermitglieder auffangen und harmonisieren. Er muss mit der Technik die Notwendigkeiten für die Aufnahme oder für den Mitschnitt organisieren. Vor allem muss er mit diesem technischen Einrichtungsaufwand zeitlich disponieren können. Er ist zudem verantwortlich für die Distribution, aus der sich meist der Publikumszulauf ergibt, muss also auch ein dilettierender Werbefachmann im Bereich des Konzertwesens sein. Er muss das Programmheft schreiben und dabei, auch ein Novum, von den Komponisten die Informationen einholen, da es über Nichtaufgeführtes keinerlei Sekundärliteratur gibt.

Damit wird der Komponist zum Schreiberling seines eigenen kompositorischen Vorgehens, von nun an soll er Bedeutung und Absicht seines Werkes klar und wirkungsvoll in Worte fassen. Der Veranstalter als Redakteur wird zum Eintreiber, zum Lektor des Eingetriebenen und schließlich – ganz zuletzt – zum Kommentator des vom Komponisten Geschriebenen.

Dieses bis heute übliche Prozedere sorgt für Zitierfähiges zu den Werken aus dem Mund oder von der Hand des Komponisten. Für Verständnis beim Hörer sorgt es oftmals nicht. Denn ein Text, der über die Kompositionstechnik Auskunft gibt, mag für den Komponisten selbst und den die Partitur lesenden Redakteur ergiebig sein. Für den Hörer im Konzert sind solche Texte bestenfalls Leitplanken oder Schleusen. Seine erstmalige Wahrnehmung im Konzert gilt dem Klang und der Wirkung der Musik. Das Resultat dieses individuellen Hörens entspricht oft überhaupt nicht den Bekundungen der Komponisten, wenn diese nur ihre technischen Verfahren beschreiben. Dann werden Texthilfen zu Sackgassen.

Die „Industrialisierung" der Programmheftkultur in der Neuen Musik hat also auch in Köln einen ihrer Ursprünge. Initiator und charismatischer Berichterstatter dieser gutgemeinten und strategisch oftmals wirkungslosen Gepflogenheit ist Karlheinz Stockhausen. Nichts gibt es, das er von seiner kompositorischen Arbeit nicht in irgendeiner Form ins Sprachliche und Schriftliche transformiert zum Ausdruck bringt, nacherzählt und dialektisch kommentiert. Nicht, dass Stockhausen ein begnadeter Autor und sprachlich meisterhaft formulierender Könner ist. Seine Texte sind leicht verstehbar, was für sie spricht. Eleganz und pointierter sprachlicher Ausdruck jedoch, Phantasie im Finden von trefflichen Begriffen zur Sache ist nicht sein Ding; die Allgegenwart seines Denkens über das eigene Werk ist ihm das Hauptanliegen.

Und damit wird er zum Vorreiter all jener Komponisten, die bis heute ihre Sekundärliteratur selbst schreiben und veröffentlichen.

Insofern ist er auch auf dem Gebiet, Deutungshoheit über das eigene Werk herzustellen und die Effizienz zu kontrollieren, der innovative Geist, der Erfinder dieser neuen Gepflogenheit, wie er ja zum Dauererfinder aller Infragestellungen und Hinterfragungen der musikalischen Parameter geworden ist, der erste, der das Undenkbare denken will, denken kann und kompositorisch umsetzt.

Raummusik als disziplinäre Kunst hat ihn vom *Gesang der Jünglinge* über *Gruppen* bis zu den letzten elektronischen Kompositionen *Cosmic Pulses* kurz vor seinem Tod immer interessiert. Das Wahrnehmenkönnen von richtungslosen zu gerichteten bis hin zu kreisenden Klängen: Konfrontative Klangereignisse, also ein Hin und Her wie in den antiphonischen Konzeptionen der Renaissancekomponisten und „Wirbel", also ein Herumgewirbeltwerden im kosmischen Raum, mit den Planeten entsprechenden ungleichzeitigen, in unterschiedlichen Geschwindigkeiten um ein in der Mitte sitzendes Auditorium herumkreisenden, von vielen Lautsprechern minutiös weitergereichten Klanginformationen in aberwitzigen Farben und Tonhöhengemischen und: die Verschmelzung von rein instrumentalen, elektronisch modifizierten Instrumental- und rein elektronisch erzeugten Klängen.

Es bleibt zunächst rätselhaft, wer und was schlussendlich Otto Tomek für Stockhausen gewesen ist. Es wäre billig, den WDR-Ermöglicher als das Steigeisen Stockhausens zu sehen. Dazu hätte sich Tomek nicht hergegeben, selbst wenn seine Begeisterung für das von Stockhausen komponierte Werk ins Bewundern des Künstlers mutiert und er dadurch zu seinem bedingungslosen Begleiter, Kämpfer und Beseitiger von Störfaktoren geworden wäre. Auch das böse Zungen immer wieder bemerken wollten, Stockhausen beherrsche den WDR einflussreicher als der Intendant, kann als heiteres Bonmot abgehakt werden. Wahr ist, dass der WDR mit seinem Musikabteilungsteam dem Erfinder und Neuerer die personelle, technische, finanzielle und ideelle Unterstützung anbietet. Umgekehrt hat der WDR sich mit Hilfe von Stockhausens Ideen und bahnbrechenden Innovationen immer wieder selbst in Szene setzen können.

Tomek, der das Vertrauen Stockhausens besitzt, sieht sich jedenfalls nicht als Diener des Herrn, eher als Konstrukteur, mit Fairness und Souveränität die Realisierungsbedingungen der Werke Stockhausens zu garantieren. In einem fiktiven Rückerinnerungsbrief schreibt Tomek seinem Freund zum 80. Geburtstag, den dieser nicht mehr erleben sollte, ein Dokument im Übrigen, das in wunderbarer Weise einen Überblick über die reichhaltigen Projekte ermöglicht, die zwischen Stockhausen und Tomek innerhalb der gemeinsamen fünfzig Jahre geplant und durchgeführt worden sind:

> Was kann ich Dir schenken, lieber Karlheinz, zu Deinem LXXX? Ein Stück Erinnerung, ein paar punktuelle Fragmente aus gemeinsam erlebter Zeit. Meine erste Begegnung mit Dir kam durch die Partitur Deiner Nr. 1 KONTRAPUNKTE und durch Deine KLAVIERSTÜCKE I–IV zustande. Ich habe diese Art des Komponierens zunächst überhaupt nicht verstanden, das bedurfte schon Deiner näheren Erläuterung, erfahren in Darmstadt 1954. Später, nach Lektüre Deines grundlegenden Aufsatzes „... wie die Zeit vergeht ..." wurde mir vieles noch klarer. Dieser Aufsatz war übrigens der Beginn unserer Zusammenarbeit, ich betreute damals in der Wiener Universal Edition die Schriftenfolge „die reihe".

Mein Zugang zum GESANG DER JÜNGLINGE war, als Du ihn mir im Kölner Elektronischen Studio erstmals vorführtest, ganz direkt, spontan, Begeisterung auslösend. 1957 begann dann die Zeit, in der ich mich als Redakteur für neue Musik am WDR unmittelbar für Deine Werke einsetzen konnte. Als Erstes wurde das große Abenteuer der Uraufführung der GRUPPEN für drei Orchester geplant und 1958 durchgeführt. Da kam so viel Neues auf einmal zusammen: orchestraler Klang im Raum, drei Dirigenten, die sich über divergierende Zeitabläufe verständigen, es unter anfänglichen Schwierigkeiten lernen mussten. Endlich, bei der Generalprobe konnte das Werk erstmals ohne Unterbrechung durchlaufen.

KONTAKTE, uraufgeführt beim Weltmusikfest der IGNM 1960 in Köln, hast Du damals zu meiner Freude mir gewidmet. Faszinierende Übergänge von instrumentalen zu elektronischen Klängen eröffneten wiederum ganz neue Wege, die jene Jahre prägten.

Aufregend zwei Jahre später die erste Version der MOMENTE. Das Klanggemisch aus Gesang, Worten, Geräuschen und vom Chor bedienten Schlaginstrumenten löste schnell ein höchst störendes Echo im Publikum aus. Als es zu arg wurde, hast Du die Aufführung abgebrochen, aber nur kurzfristig, dann ging es weiter bis zu einem erfolgreichen Ende. 1965 in Donaueschingen, bei der erweiterten Fassung begegneten die Momente zwar einem aufgeschlossenen Publikum, aber die Aufführung wäre um ein Haar geplatzt, da der Orchesterwart vergessen hatte, die Posaunen mitzunehmen und eine Aufführung mit Leihinstrumenten nicht möglich war. Die Spannung war unerträglich, die Musiker saßen schon auf dem Podium, als die nachgeschickten Instrumente endlich ankamen.

Mit den MIKROPHONIEN kam dann der große Sprung hinein in das neue Zeitalter der Live-Elektronik. Ich war oft sehr überrascht, was aus vokalen und instrumentalen Klängen alles werden kann, wenn der Ringmodulator tätig wird. Anfangs war das alles sehr ungewohnt, aber bald öffneten sich die Ohren der Musiker und der Zuhörer für die enorme Vielfalt dieser neuen Schwingungen. Es war die Zeit vieler Gastkonzerte, das Instrumentarium des Elektronischen Studios wurde oft zu auswärtigen Aufführungen transportiert, in Venedig per Boot durch die Kanäle zum Teatro Fenice. Nicht immer war die Reaktion des Publikums sehr freundlich. In Venedig zerplatzten auch reife Tomaten auf der Bühne.

1967, in den HYMNEN, zweite Region, gibt es einen kurzen Abschnitt mit einem Text, aus dem sich die Überschrift zu diesem meinem Beitrag erklärt [sic.: „Otto Tomek sagte, das mit dem Horst Wessel Lied gibt böses Blut."]. Dieses schöne Dokument sichert mir, wenn ich so sagen darf, ein kleines Stück musikgeschichtlicher Unsterblichkeit.

Bei aller Freundschaft hatten wir es manchmal nicht leicht miteinander. Für mich war die Produktion eines Werkes eine organisatorische Aufgabe, die möglichst lange im Voraus kalkuliert werden musste und daher in einem abgeschlossenen zeitlichen und finanziellen Rahmen stattfinden sollte. Für Dich war es hingegen immer ein sich auch während der Proben entwickelnder Prozess, der neue Bedingungen schuf. Das wurde manchmal schwierig, aber es gab schließlich doch immer eine Lösung.

Ab 1971, mit meinem Wechsel zum Südwestfunk, setzte sich unsere Zusammenarbeit dann in Donaueschingen fort. Gleich im ersten Jahr konnte ich mit der Traumwelt von TRANS einen wunderbaren Einstieg in meine dortige Programmarbeit finden. Und 1974 mit INORI, diesem großorchestralen Tor zur Mystik des Sufismus und weit darüber hinaus, einen weiteren Schwerpunkt setzen. Meine Tätigkeit in Donaueschingen endete 1977 mit dem Übergang zum Süddeutschen Rundfunk Stuttgart, wo die neue Musik dann in anderen Händen lag. Aber kurz vor dem 1988 erfolgten Ende meiner aktiven Arbeit im Rundfunk konnte ich dort doch noch eine Produktion der Einspielbänder zu TRANS in die Wege leiten, von denen ich sehr hoffe, daß sie auch einmal in einem Stuttgarter Konzert eingesetzt werden. In den Folgejahren kam ich dann, auch ohne Amt, als ein erwartungsvoller Zuhörer gerne zu Aufführungen neuer Werke von Dir in Donaueschingen, Salzburg, Köln, Schwäbisch Gmünd und anderen Orten.

„Furchtlos weiter!", dazu hast Du uns in Deinem Selbstportrait aufgerufen, dieses Motto auch in Töne gesetzt. Das möchte auch ich Dir heute zurufen und, verstärkt mit vielen guten Wünschen, Dir für Deine Wege durch das neue Lebensjahrzehnt mitgeben.
In herzlicher Verbundenheit!
Dein otto

Otto Tomek, Privatarchiv

Berührend und „inflationär" bleibt: Tomek hat neben Karlheinz Stockhausen viele andere Stockhausens auch im Herzen. Mit der Aufspaltung der Kammermusik in den frühen Fünfzigerjahren in eine Abteilung Neue Musik, die ja zunächst Eigel Kruttge betreut und einer die klassischen Werke betreuenden Kammermusikabteilung, wird Tomeks multiple Rolle als Nachfolger Kruttges immer komplexer und komplizierter: Er ist verantwortlich für die Produktionen der Neuen Kammermusik, für „Musik der Zeit", für die Produktionen der Neuen Musik durch das Orchester und für die Sendungen mit Neuer Musik. Unvoreingenommenheit wird von ihm erwartet, zumal er nun auch über einen Etat verfügt, der ihn mit der Möglichkeit, Aufträge zu vergeben, in eine gewisse Machtposition „katapultiert". Kompromisslos und unparteiisch wird er im Laufe seiner WDR-Zeit zum Befürworter von allem, was deutschlandweit erst einmal Probleme bereitet. Es spricht sich im Ozean des Komponierens weltweit herum, dass da in Köln jemand immer mehr das Sagen hat und welche Möglichkeiten sich dort für künstlerische Ideen und waghalsigen Kühnheiten auftun. Durch Tomeks sich rasch verbreitenden Ruf über die Landesgrenzen hinaus schwimmen die Fische, von denen er nicht wenige an der Angel haben will, freiwillig in sein Netz, in welchem das Zuschnappen nach Chancen ernst genommen, das Herumplantschen im Neue Musik-Becken gewünscht wird.

Vom Geld her gab es keine Einschränkungen, aber es gab nur fünf Konzerte im Jahr, und Aufträge waren damals eher selten. Heute schreibt ein einigermaßen renommierter Komponist nichts mehr ohne Auftrag. Das hat sich aber alles erst so entwickelt. Man hat damals auch viele Werke zur Uraufführung einfach so angeboten bekommen. In den 50er Jahren war das wunderbar: es war, als würde man in einem Fischteich angeln. Es gab so viele interessante, gute Stücke, die zu haben waren. Es war ja damals nach dem Krieg so ein Aufbruch, das kann man heute gar nicht mehr nachvollziehen, wenn man es nicht erlebt hat. Die Begeisterung, mit der man sich mit neuen Sachen beschäftigt hat, mit der man gewartet hat auf die neuen Werke

– das war wieder ein Ansporn für die Komponisten. Es war eine so schöne, aufregende Zeit! Es gab auch Skandale und Widerstand. Heute ist das alles so gleichförmig: freundlich gelangweilt wird das meiste aufgenommen; es ist selten, dass ein Stück wirklich Erregung schafft. Leider. Aber das ist die Zeit, da kann man nichts machen. In der Vergabe der Kompositionsaufträge war ich eigentlich autonom. Ich mußte mir natürlich das Geld genehmigen lassen, und das mußte wiederum abgesprochen werden. Ich konnte also nicht ins Blaue irgendeine Summe versprechen, sondern mußte zum Hauptabteilungsleiter gehen und sagen: „Der soll einen Auftrag kriegen". Damals waren die Auftragshonorare schandbar niedrig, manchmal lagen sie unter dem Dirigentenhonorar. Ich habe lange daran gearbeitet, das zu ändern. So etwas dauert Jahre. Dann ist von anderer Seite her die Bresche geschlagen worden: Hans Werner Henze hat sich vom NDR für sein Floß der Medusa 1.000,– Mark pro Minute ausbedungen – damit schnellte das Auftragshonorar auf 40.000 Mark. Das hat erst mal eine Panik ausgelöst bei vielen, man fand das empörend. Aber es ist gerecht: Schließlich arbeitet ein Komponist ein halbes Jahr oder länger intensiv an so einem Werk.

Otto Tomek, Gespräch mit Cornelia Bittmann für eine Sendung im WDR. Privatarchiv Tomek

Die in der folgenden Tabelle aufgelisteten und synoptisch gegliederten Kompositionen, die im Zeitraum des Wirkens Otto Tomeks im WDR, also von 1957 bis 1971 von Karlheinz Stockhausen, Luigi Nono, Pierre Boulez und auch von Bernd Alois Zimmermann für den WDR geschrieben worden sind, lassen einige vergleichende Einblicke zu über ihre Uraufführungen und Aufführungen, ihre Beauftragung und Mitfinanzierung durch den WDR. Diese Werke haben Otto Tomek besonders geprägt, fasziniert und immer wieder auch in vielen Rückerinnerungen in Beschlag genommen. Darunter sind auch die frühen, im Zeitraum 1952 bis 1956, die er aus der Distanz von Wien als Verlagsangestellter der UE begleiten und aus der Brutstätte Darmstadt heraus beobachten und analysieren kann. Die meisten davon hat er jedoch selbst initiiert oder in Köln zur Wiederaufführung programmiert und manche davon mit dem Kölner Rundfunkchor und Rundfunk-Sinfonieorchester, manchmal auch mit renommierten Kölner Solisten, auf Reisen geschickt.

Es wird hier nicht möglich sein, jedem einzelnen Konzert in seiner Entstehungs- und „Wirkungsgeschichte" nachzuspüren. Paradigmatisch werden stattdessen einzelne Konzerte und deren Zustandekommen herausgegriffen und anhand von Briefen und Programmen, von Kommentaren und Rundfunksendungen einige Besonderheiten aufgedeckt, die im Detail noch zukünftigen Forschungen vorbehalten bleiben. Hier werden sie nur genannt und dokumentiert. Wobei das Kapitel Bernd Alois Zimmermann als gesondertes folgen wird, da sich unter den Dokumenten von Otto Tomek aufschlussreiches Material findet, das anlässlich des 100. Geburtstags von Bernd Alois Zimmermann die Materialien der 2018 erschienenen Publikationen ergänzt.

Die Funktion der öffentlichen Konzerte „Musik der Zeit" […] verstand sich von Anfang an als Korrelat zum übrigen Musikleben. In diesem Konzert-Zyklus sollten Werke vorgeführt werden, die unter den Bedingungen des Konzertbetriebes außerhalb der Rundfunkanstalten zu kurz kämen, deren musikalisch-technische und aufführungspraktische Schwierigkeiten die Möglichkeiten der städtischen und sonstigen Institutionen übersteigen. Die Programmaufgaben für die Konzerte „Musik der Zeit" unterlagen im Laufe der zwanzig Jahre deutlichen Wandlungen, an denen sich Aspekte in der Entwicklung der neuen Musik ablesen lassen. In den ersten Jahren galt es, die Meisterwerke von Schönberg, Strawinsky, Berg und Webern zunächst einmal durchzusetzen. Als diese Aufgabe später vom normalen Musikleben übernommen wurde, rückten jüngere Komponisten in den Mittelpunkt des Interesses. Nachdem seit Mitte der fünfziger Jahre die damalige junge Generation wie Karlheinz Stockhausen, Pierre Boulez, Luigi Nono, Bernd Alois Zimmermann, durchgesetzt wurde, hat sich seit der Mitte der sechziger Jahre wiederum eine junge Generation formiert, die der Öffentlichkeit präsentiert werden muß.

1952 begann die Serie von Kompositionsaufträgen, von denen der WDR bis heute rund 40 vergeben hat. Darunter befinden sich auch Werke, die für die Entwicklung der neuen Musik von nachhaltiger Wirkung waren, wie etwa die Gruppen für drei Orchester von Karlheinz Stockhausen. Viele der Kompositionsaufträge des WDR fanden nach der Uraufführung den Weg auch in andere Konzertsäle. So u. a.: Luigi Dallapiccola Canti di liberazione, Luigi Nono Il canto sospeso, Hans Werner Henze Drei Dithyramben für Kammerorchester und Los Caprichos für Orchester, Mauricio Kagel Heterophonie für Orchester und Musik für Renaissance-Instrumente, Wolfgang Fortner Aulodie für Oboe und Orchester, Boris Blacher Cellokonzert, Bruno Maderna 2. Oboenkonzert, Karlheinz Stockhausen Kontakte, Hymnen, Mikrophonie II u. a., Karl Amadeus Hartmann VIII. Symphonie und vor allem die Lukas-Passion von Krzysztof Penderecki, die es zu einer ganzen Serie weiterer Aufführungen in Europa und Übersee brachte. Das Elektronische Studio des Westdeutschen Rundfunks hat seit seiner Gründung im Jahre 1951 Wesentliches zur Entwicklung dieser neuen Klangmaterie beigetragen. Die Produktionen des Studios werden in öffentlichen Konzerten und Sendungen vorgestellt, häufig auch bei auswärtigen Gastkonzerten. Viele wichtige im Elektronischen Studio entstandenen Werke sind inzwischen auf Schallplatten erschienen.

Otto Tomek, Zwanzig Jahre Musik im Westdeutschen Rundfunk,
Eine Dokumentation der Hauptabteilung Musik 1948–1968, Vorwort, S. X

Es entstünde also ein völlig falsches Bild, würde man diese wenigen Konzerte mit den vier Komponisten Boulez, Stockhausen, Nono und Zimmermann als die eigentliche Leistung Otto Tomeks herausheben wollen. Die kaum überschaubare Zahl an Komponisten und an Konzerten, Mitschnitten und Produktionen, die in dieser Zeit sowohl beauftragt, betreut als auch entstanden sind, werden in ihren spektakulären und über die Zeit hinausreichenden Wirkungen gleichfalls näher beobachtet werden müssen. Zu den eigentlichen Leistungen von Otto Tomek gehört es vielmehr, dass er nicht allein der vor Ort strategische und organisatorische Pragmatiker ist, sondern auch parallel der reflektierende Vermittler über das Medium Radio, um das „Klangprodukt" in adäquater „Formatierung" für einen großen Hörerkreis in Nordrhein-Westfalen und darüber hinaus hörerfreundlich zu transformieren. Mit dieser Fähigkeit und intellektuellen Konsequenz ist er der Urvater, der erste Redakteur für die besondere Gattung Neue Musik, ein sich selbst verwandelnder Hauptsachbearbeiter zum Reflektor des Reflektierten.

Tomek ist bewusst – und diesem Wissen, oder besser Erspüren folgt er instinktiv –, dass der komponierende Komponist auch zum reflektierenden Denker seines Tuns geworden ist und seine Stimme gehört und seine Schrift parallel zum geschriebenen Komponierten gelesen wissen will. Sowohl die Komponisten als auch die Musikologen und philosophierenden Musiktheoretiker eröffnen also den Diskurs über das klingende „Material". Und Otto Tomek beauftragt nicht nur die Komponisten, sondern er ermuntert auch die Musiktheoretiker, Radio-Essays zur gegenwärtigen Musikgeschichte zu schreiben. Impulsiert durch seinen ersten Ideengeber und Lehrmeister Herbert Eimert, kreiert er darüber hinaus auch neue Sendeformate wie z.B. das Komponistengespräch.

Liste der Aufführungen von Werken Stockhausens, Nonos, Boulez' und Zimmermanns in „Musik der Zeit" von 1952 bis 1971:

Jahr	Stockhausen	Nono	Boulez	Zimmermann
1952			**Séquence** pour 12 voix mixtes UA	**Sinfonie in einem Satz** KA/UA **Konzert für Oboe und Orchester**
1953	**Kontra-Punkte** für zehn Instrumente Teil-UA		**Deux Structures** für zwei Klaviere DE	**Konzert für Violoncello und Orchester** KA/UA
1954	**Studie I und II** KA/UA			
1955		**Der rote Mantel** Konzertsuite aus dem Ballett für Sopran, Bariton, Chor und Orchester UA der Suite		
1956	**Gesang der Jünglinge** Elektr. Komposition (erster Teil) UA	**Il canto sospeso** für Soli, Chor und Orchester KA/UA		**Kontraste** – Musik zu einem imaginären Ballett für Orchester UA
1957 To-mek-Zeit	**Zeitmaße** für fünf Holzbläser DE **Gesang der Jünglinge** (komplett)		**Le Visage nuptial** für Soli, Frauenchor und Orchester UA **III.Sonate** für Klavier	
1958	**Gruppen** für drei Orchester KA/UA **Klavierstück XI**	**Il canto sospeso** für Soli, Chor und Orchester (Whl.) **Cori di Didone** für Chor und Schlagzeug UA	**Sonatine** für Flöte und Klavier	**Omnia tempus habent** Kantate für Sopran und 17 Instrumente KA/UA
1959	**Gruppen** / Gastspiel in Wien **Zyklus** für einen Schlagzeuger	**Il canto sospeso** / Gastspiel in Wien	**Le Visage nuptial** für Soli, Frauenchor und Orchester	

Jahr	Stockhausen	Nono	Boulez	Zimmermann
1960	**Kontakte** für elektronische Klänge, Klavier und Schlagzeug KA/UA	**Cori di Didone** / IGNM Köln	**Structures pour deux Pianos**	**Dialoge** Konzert für zwei Klaviere und Orchester KA/UA
1961				
1962	**Momente** für Sopransolo, Chorgruppen und 13 Instrumente KA/UA *Stockhausen-Konzert:* **Kontra-Punkte** für zehn Instrumente **Klavierstück IX** UA (Whl. In Darmstadt) **Refrain** für drei Spieler **Momente** für Sopran, Chor und 13 Instrumente KA/UA **Zyklus** (Whl. In Darmstadt)	**La Victoire de Guernica** nach Eluard für Chor und Orchester		
1963		**Sul ponte di Hiro-shima – Canti di vita e d'amore** für Soli und Orchester DE		**Drei Szenen** aus der Oper **Die Soldaten** für Soli und Orchester UA
1964	**Klavierstück X**	**Sarà dolce tacere** für 8 Vokalisten DE **Y su sangre ya viene cantando** Epitaph Nr. 2 auf Feferico Garcia Lorca für Flöte und kleines Orchester		
1965	**Mikrophonie II** für Chor, Hammond-orgel und Ringmo-dulatoren KA/UA **Mikrophonie I** für Tamtam, 2 Mikro-phone, 2 Filter und Regler DE **Gruppen** (Tournee München und Zagreb) **Mikrophonie I** (Konzert in Venedig) **Mikrophonie I** und **Momente** (Konzert in Donaueschingen)	**Canti di vita e d'amore** (Tournee Zagreb)	**Le Visage nuptial** (Tournee Brüssel und München)	**Monologe** für zwei Klaviere UA **Dialoge** (Tournee München und Zagreb)

Jahr	Stockhausen	Nono	Boulez	Zimmermann
1966	**Telemusik** für Elektronik (Essen / Generalversammlung Deutscher Musikrat)			
1967	**Hymnen** für elektronische und konkrete Klänge mit Solisten KA/UA **Telemusik Mixtur** für Orchester, Sinus- und Ringmodulatoren Neufassung für Ensemble, Darmstadt, UA			**Intercomunicazione** für Violoncello und Klavier UA
1968			**Improvisation sur Mallarmée** für Sopran und neun Instrumente	**Canto di Speranza** für Violoncello und Orchester **Sonate** für Violoncello solo
1969	**Aus den sieben Tagen** Textkompositionen für individuelle Musik **Intensität** UA **Setz die Segel zur Sonne**			**Requiem für einen jungen Dichter** Lingual für Sprecher, Soli, drei Chöre, Orchester Jazzcombo, Orgel und elektronische Klänge nach Worten verschiedener Dichter, Berichten und Reportagen KA/UA
1970	**Mixtur** (Sonderkonzert Internationaler Musikwissenschaftlicher Kongress Bonn) **Mixtur** (Warschauer Herbst)			**Présence** für Violine, Violoncello und Klavier
1971		**Ein Gespenst geht um in der Welt** für Sopran, Chor und Orchester KA/UA		
	31 Werke (27 in der Zeit Tomeks) 13 UA davon 7 KA, 18 u.a. DE / Whl. auch auf Tourneen	12 Werke (10 in der Zeit Tomeks) 4 UA davon 2 KA 8 u.a. DE / Whl. auch auf Tourneen	9 Werke in der Zeit Tomeks 2 UA (kein KA) 7 u.a. DE/ Whl. auch auf Tourneen	14 Werke (10 in der Zeit Tomeks) 9 UA davon 5 KA 4 Whl. auch auf Tourneen

Von 645 Werken, die in den zwanzig Jahren von 1952 bis 1971 mehr oder weniger direkt in der Reihe „Musik der Zeit" aufgeführt worden sind, entfallen 66 Kompositionen, also 10% auf die vier Komponisten Boulez, Stockhausen, Nono und Bernd Alois Zimmermann. Der in dieser Zeit mit Abstand am meisten aufgeführte Komponist ist Karlheinz Stockhausen, der beim WDR angestellt ist: von 1953 bis 1963 zusammen

mit Herbert Eimert im Elektronischen Studio, ab 1963 als dessen alleiniger künstlerischer Leiter. Von Luigi Nono und Bernd Alois Zimmermann werden 12 bzw. 14 Werke aufgeführt und von Pierre Boulez neun, wobei ihm der WDR nie einen Kompositionsauftrag erteilt hat.

Beide Uraufführungen der Werke von Boulez haben vom WDR unabhängige Vorgeschichten. Die am 3. Oktober 1953 durch das Ensemble Vocal unter Marcel Courauds Leitung uraufgeführte *Séquence* ist unter dem eigentlichen Titel *Oubli signal lapidé* für 12 Stimmen nach einem Gedicht von Armand Gatti wohl nur noch in Paris im Anschluss an Köln gesungen worden. Boulez hat sie nach den Aufführungen zurückgezogen. Und *Le visage nuptial* – wie schon geschrieben – liegt ohne Auftrag als Partitur in der Musikabteilung, weil es sich zu Pierre Boulez herumgesprochen hat, der Chor des WDR sei in der Lage, solcherart schwierige Partituren zu realisieren. In diesem Zusammenhang bleibt erwähnenswert, dass Boulez das WDR-Orchester nur einmal – und zwar am 28. April 1961 mit einer Uraufführung des französischen Komponisten Jacques Calonne, Luciano Berios *Tempi Concertati*, Anton Weberns 5 Stücke op. 10 und Arnold Schönbergs *Die glückliche Hand* op. 18 – ohne eigene Werke dirigiert hat, ansonsten nur *Le Visage nuptial* und Stockhausens *Gruppen*, auch in Wiederholungen andernorts.

Der Vollständigkeit halber seien hier auch einmal alle 47 Dirigenten aufgezählt, die in diesen zwanzig Jahren das Orchester oder den Chor des WDR in der Konzertreihe „Musik der Zeit" geleitet haben, die Häufigkeit Ihrer Auftritte sind in Klammern angegeben. Ihr Ansprechpartner ist in den meisten Fällen Otto Tomek gewesen:
Bruno Maderna/Komponist (13), Michael Gielen/Komponist (12), Hermann Scherchen (7), Pierre Boulez/Komponist (6), Hans Rosbaud (6), Christoph von Dohnányi (6), Witold Rowicki (6), Mauricio Kagel/Komponist (6), Hubert Schernius/Chorleiter des WDR (5), Karlheinz Stockhausen/Komponist (4), Andrzej Markowski (4), Ladislav Kupkovic/Komponist (4), Nino Sanzogno (3), Bernhard Zimmermann/Chorleiter des WDR (3), Bernhard Kontarsky (3), Hans Zender/Komponist (3), Wolfgang Sawallisch (3), Ernest Bour (2), Jean Martinon (2), Rafael Kubelik/Komponist (2), Sixten Ehrling (2), Henryk Czyz (2), José Luis de Dalás/Komponist (2) und jeweils einmal: Igor Strawinsky/Komponist, Paul Sacher, René Leibowitz/Komponist, Ernest Ansermet, Peter Ronnefeld/Komponist, Igor Markevitch, Paul Hindemith/Komponist, William Steinberg, Jerzy Semkov, Francis Travis, Friedrich Cerha/Komponist, Ernst Krenek/Komponist, Wolfgang Fortner/Komponist, Werner Egk/Komponist, John Cage/Komponist, Zdenek Macal, Kurt Schwertsik/Komponist, Diego Masson, Alberto Erede, Earle Brown/Komponist, Hans Werner Henze/Komponist, Jan Krenz, Karl Forster und Zubin Metha.

Wie schon geschrieben, die Beziehung zwischen Luigi Nono und Otto Tomek ist auf eine besondere Weise individuell. Ein mildes Klima von Nähe, Humor und Strenge herrscht zwischen den beiden: Eine Sphäre freundschaftlicher Listigkeit und die der Komödiantik findet man im Briefwechsel, wohingegen die sachliche Gewissenhaftig-

Luigi Nono, Bruno Maderna, Mauricio Kagel, Darmstadt, 1959

Luigi Nono, Bruno Maderna, N.N.,
Darmstadt, 1959

Luigi Nono, Nuria Schönberg, Bruno Maderna,
Darmstadt, 1959

keit, die die Umsetzung der Werke selbst und ihre Realisierung erst möglich machen, hin und wieder auch zu Spannungen führen kann.

> Venedig, 13. April 1956
> Lieber OTTO
> Ihr alte Wiener!!!!!!!!!!!!!!!!!!!!!!!!!!
> Ihr wollt mich ueberhaupt nie haben!!!!!!!!!!!!!!!!!!!!!!!!!
> das ist schon das dritte Mal!!!!!!!!!!!!!!!!
> einmal herr Seefelner mit festival.
> jetzt die Rundfunk zweimal.
> Schoennnnnnnnnnnnnnnnnnnnnnnnn.
> zum Glueck in Wien es gibt auch die UEFreunde!!!!!!!
> sonst arme Wien!
> [...]

Otto Tomek Privatarchiv

Nono konzipiert für die Biennale Venedig 58 einige Programme, zu deren Realisierung er unbedingt auch einige Kölner Musiker benötigt. Da aber just im Mai 1958 in Köln selbst große Konzerte stattfinden, muss es der Intendant entscheiden, ob die besten Musiker des Orchesters dabei fehlen können. Am 6. November 1957 stimmt zu aller Überraschung der Kölner Intendant zu. Einige Kölner Orchestermusiker werden für Pfingstmontag und Dienstag dienstbefreit für die zwei Konzerte in Venedig. Sogenannte Beurlaubungen sind in Rundfunkanstalten, die die Klangkörpermitglieder betreffen, immer möglich. Der Kampf unter den Musikern allerdings ist auf diesem Gebiet recht groß, denn mit dem sog. „dienstfrei" muss der Befreite immer auch einen Ersatzspieler oder -Sänger finanzieren. Manchmal trifft das dann aber auch den Kollegen. Und das schafft jenen institutionalisierten, immer unter der Decke schwelenden Unmut bei jenen Kollegen, die nie für solche Besonderheiten engagiert werden. Jedenfalls spielen die WDR Rundfunk-Sinfonieorchester-Solisten in Venedig u. a. Schönbergs Suite op. 29 und von Webern op. 14, op. 16, op. 17 und op. 22.

> Köln, 31. Mäez 1958
> Egregro Dottore!
> In irgendeiner Zeitschrift habe ich gelesen, Du wolltest einmal Rechtsanwalt werden. Diese neue Variante Deiner Biographie hat mich sehr erschüttert.
> Im übrigen danke ich Dir herzlichst für Deine Introduktion zur „Composizione per orchestra". Die Sendung dieses Werkes läuft heute abend zusammen mit „Canto sospeso" [...]
> Die drei Konzerte vorige Woche brachten viel Aufregung, aber auch viel Schönes. Du hast hier absolut gefehlt.
> Herzlichen Dank und viele Grüße
> Dein Otto

Otto Tomek Privatarchiv

Am 26. Juni 1958 wird im Rahmen eines Sonderkonzerts aus Anlass des Kongresses der Internationalen Gesellschaft für Musikwissenschaft Luigi Nonos *Il canto sospeso* wieder in Köln unter der Leitung von Hermann Scherchen aufgeführt.

Zuvor erhält Tomek von Nono einen aufschlussreichen Brief:

Guidecca, 19.5.1959
Lieber OTTO
BITTE: EILBOT oder noch schneller eine Antwort (alles unter uns!)
es waere möglich dass am Ende August 8 Schlagzeuger von WDR Kölner Orchester Proben u.s.w. in Frankfurt (Hessischer R.) unter Bruno für mein neues Werk mitmachen können? (engagiert von Hessischen Rundf. Frankfurt, natürlich) –
ich brauche zu wissen:
1) es würden 8 Schlagzeuger frei sein?
2) man könnte natürlich die Probe in Frankfurt für Schlagzeug nicht jedes Tag, sondern in 2 Tagen am Ende August haben.
Bis dahin nicht vorstellbare Größe erweitert Konzert in Darmstadt: 2 September –
Bitte bespreche das mit Bruno und organisiere das alles –
Weil in meinem Werk ‚COMPOSIZIONE PER ORCHESTRA Nr. 2 (DIARIO POLACCO 58)' es gibt 16 Schlagzeuger.
Hessischer Rundfunk kann nur 8 oder 9 kriege –
so ich habe Zeit verlangt, um das mit Dir zu übelegen – und soll ich baldissimo eine Antwort an Frankfurt geben –
Danke!
SILVIA begrüßt Dich herzlichst!
heute sie hat 3 Tagen - !
Nuria: molto bellissimo!
WUNDERSCHOEN –
Dein Gigi

Otto Tomek Privatarchiv

Mit *Composizione per Orchestra* hat Nono die Zahl der mitwirkenden Schlagzeuger auf eine bis dahin nicht vorstellbare Größe erweitert: 16 Spieler bedeuten eine Vielfachbesetzung, denn damals hatten die Orchester in der Regel vier festangestellte Schlagzeuger und einen Paukisten. Mit größter Wahrscheinlichkeit ist Edgard Varèses *Ionisation* mit seinem Instrumentarium von 13 Schlagzeugern und einem Klavier, eine Komposition die Nono 1950 unter Hermann Scherchen erstmals in Darmstadt hören konnte, das Vorbild für eine solche orchestersprengende Kompositionsidee.

Wieder kreuzen sich Berge von Postkarten zwischen Köln und den Orten, in denen sich Nono, oft zusammen mit Nuria, befindet (im Archivo Luigi Nono in Venedig einsehbar). Am 7.8.1958 benötigt Tomek erstmals den genauen Titel von *Cori di Didone* (oder *I cori di Didone?*). Die deutsche Übersetzung der Texte sei in Köln sicher angelangt. Nono antwortet:

lieber OTTO
titel exakt prazeis genau einzig vielleicht etwas falsch aber man weiss nie ist klar??????

im fall, Du kannst nicht so gut den geschriebenen exaktpraezisgenauvielleichtfalsch
Titel lesen,
schreibe ich fuer Dich (besonders Gnade!!!!!) wieder, aber auf cartaginiensiser Sprache
so / :
noch nicht???????
Otto, was hast Du in Daenemark gemacht????
mit wem (-welch-er) warst Du dort????
das macht nicht, so jetzt auf italienisch:
CORI di DIDONE
da „la terra promessa" di Giuseppe Ungaretti
per coro e percussione 1958
das alle bitte! Auch wenn Du nein sagst
bitte roemichen (oh! ROMA!!!!!!!!) Ziffern so: I II III IV V Finale

Weitere Postkarten folgen:

Am 18.11.58 schreibt Tomek eine mit selbstgeknipster Fotografie Nono / Steinecke auf der Vorderseite, am 20.11.58 mit Fotografie Nono / Maderna, am 23.2. 59
mit kitschiger „Rose" auf der Vorderseite und auf der Rückseite die Terminbestäti-
gung für *Il canto sospeso* beim IGNM-Festival in Wien am 17. Juni 1959. Es folgt eine
kitschige Orchideenkarte am 3.6.1959:

Lieber Gigi,
Ich wusste gar nicht, dass Du so kriegerische Vorfahren hattest. Meine Ureltern wa-
ren 1848 noch Bauern in Böhmen und Mären.
Ich finde folgendes: Nationalismus = fascismo.
Europa ist wichtiger. Warum soll man die Leute nicht deutsch sprechen lassen?
Man hört ja auch russisch singen. Deutsche Touristen in Italien, italienische Kompo-
nisten in Deutschland. Warum also Feindschaft? Blödsinn […]

Im Herbst fährt Nono nach Warschau. Tomek bittet ihn, über die derzeitige Lage
der polnischen Komponisten zu berichten. In einem dreiseitigen Brief listet Nono die
für ihn wichtigsten polnischen Komponisten in der Reihenfolge ihrer Bedeutung auf
und fängt bei Witold Lutosławski an, um über Henryk Gorecki über Wlodzimierz
Kotonski zu Kazimierz Serocki zu gelangen. Auch empfielt er ihm die beiden Dirigenten Andrzej Markowski und Witold Rowicki. Der Brief endet mit einem furiosen
politischen Kahlschlag, Europa betreffend:

Du Wiener ohne Humor!!!!!!
natuerlich sind schwein und schlimmer wer heute diese bloede Geschichte fuer S-
Tirol macht (dort und hier). nur alte nationalismus von 19 Jahrhundert + idiot nazismus noch ueberlebende! aber idiot sind: die Grenze! Die Zoll! Diese idiote Politik, die
von Europa – von Stati uniti d'Europa – von mercato comune u.s.w. sprechen, ohne
das wirklich zu wollen. Nur Luege und Sand in den Augen im weiter eigene schweine
Interessen zu tun, nur in name der „Freiheit" der Europa der europeische Kultur und

solche Quatsch! Ich bin immer fuer Revolution, wenn die weiter die Welt schieben. Ich bin immer gegen die Gegenrevolution (wie z. B. heute in Frankreich mit DeGaulle: armer Idiot, der! oder jetzt bei uns, wo man geht immer mehr nach hinten und nach rechts + faschisten+monarchisten+papisten! heute unsere Regierung ist nur von de mochristlich+monarchisten+faschisten!!!!!!!!!!!!

ich wuerde alles sofort in der Luft springen lassen!!!

und ich arbeite weiter.

alles gute!

herzlichst Dein Gigi

Otto Tomek Privatarchiv

Über die polnische Musik und über den Warschauer Herbst verfasst Tomek viele Jahre später beim SDR in Stuttgart einen Text für das Nachtprogramm 1987, in welchem noch einmal auch die von Luigi Nono seinerzeit empfohlenen und in der Folge von Tomek beim WDR in Köln geförderten Komponisten Erwähnung finden:

Musik aus Polen im WDR

Ob Musik politische Aussagen vermitteln könne, ist oft ausführlich diskutiert worden. Die Frage ist natürlich leicht mit Ja zu beantworten, wenn mit der Musik ein Text transportiert wird, an dessen Eindeutigkeit nicht zu zweifeln ist. Beispiele dafür auf hohem künstlerischen Niveau gibt es in großer Menge. Denken wir nur an Opern von Verdis „Nabucco" bis zu Luigi Nonos „Intolleranza". Oder an Daniel Francois Esprit Aubers Oper „Die Stumme von Portici", deren Brüsseler Erstaufführung 1830 die Revolution auslöste, die zum Abfall Belgiens von den Niederlanden führte. Auch im Konzertsaal haben Vertonungen einschlägiger Texte der Musik einen durchaus politischen Charakter verliehen. Die Namen von Kurt Weill, Hanns Eisler, Paul Dessau, Hans Werner Henze stehen da für viele andere. Aber gibt es in der Instrumentalmusik ohne Text ebenso erkennbare politische Aussagen? Wenn etwa Karl Amadeus Hartmann einem seiner frühen Orchesterwerke den Titel „China kämpft" voranstellt, so ist die politische Absicht unverkennbar. Was aber, wenn alle solche außermusikalischen Bezüge wegfallen? Kann auch absolute Musik solche Inhalte vermitteln? Ein Beispiel hierfür ereignete sich um 1960 in der neuen polnischen Musik.

Es ist nicht übertrieben, hier von einem Ereignis zu sprechen. Denn es kommt nicht eben häufig vor, daß innerhalb eines kurzen Zeitraums von 10–15 Jahren die Musik eines Landes ein in der Musikwelt bestauntes Gütesiegel erringen kann. Daß das möglich wurde, lag an der besonderen politischen Situation Polens. Im Zuge der Entstalinisierung unter der Parteiführung von Wladyslaw Gomulka entstanden begrenzte Freiräume für die Kunst, die von den Künstlern in einer geradezu lawinenartigen Intensität zum Aufbruch in neue Gefilde genutzt wurden. Die neue polnische Musik jener Jahre war selbst im rein instrumentalen Bereich ein hohes Politikum. Sie war das allein schon dadurch, daß sie überhaupt möglich war, durch ihre bloße Existenz in einer ja sonst weiterbestehenden repressiven Diktatur. Niemals offiziell formuliert, aber vom Publikum sehr wohl verstanden, gab es so etwas wie eine unausgesprochene Ästhetik des Widerstands. Neue Musik war Ausdruck des Protestes. Wenn beispielsweise Witold Lutoslawski eine „Trauermusik in memoriam Bela Bartok" komponierte, so wußte jedermann in Polen, daß Bartok als Symbol für den ungarischen Aufstand von 1956 zu verstehen war.

Otto Tomek, Wlodzimierz Kotonski, Witold Lutoslawski, Warschau, 1984

Präsentiert wurden die neuen Werke vorwiegend während des jährlich stattfindenden Musikfestes Warschauer Herbst. Hier hatte die polnische Musik eine weitere politische Funktion: sie wurde konfrontiert mit der offiziellen Musik der übrigen Ostblockstaaten, mit der Musik des sozialistischen Realismus. Da neue Musik westlicher Prägung außerhalb Polens damals im Osten nicht gespielt werden durfte, strömten hunderte brennend daran Interessierte aus Russland, der CSR und anderen Staaten, oft als Touristen getarnt, zu den Konzerten des Warschauer Herbstes, suchten und fanden Kontakt. Die Reaktion des Publikums ließ deutlich erkennen, wo seine Präferenzen lagen. Amüsiert wurde auch registriert, bei welchen Werken zum Beispiel Wolfgang Steinecke, der Gründer und Leiter der Darmstädter Ferienkurse für neue Musik, applaudierte und wo nicht. Womit er ein echtes Kontrastprogramm bildete zum Verhalten der offiziellen Musikfunktionäre aus Moskau. Die spendeten ihren Beifall ebenso demonstrativ den langatmigen wie bombastischen sinfonischen Monstern etwa aus der Küche eines Tichon Chrenikow, des damals allmächtigen Generalsekretärs des Sowjetischen Komponistenverbands.

Aus dieser erregenden Atmosphäre wurden die Werke der jungen polnischen Musiker wie auf einer Welle in die Welt hinausgetragen. Die Namen der Komponisten verbreiteten sich schnell. Voran die von Witold Lutoslawski und Krzysztof Penderecki. In unserer heutigen Sendung wollen wir aber nicht auf deren inzwischen vielgespielte Werke eingehen, sondern uns vielmehr an Beispielen der Komponisten Tadeusz Baird, Wlodzimierz Kotonski, Henryk Mikolaj Gorecki und Kazimierz Serocki die große Vielfalt und stilistische Breite der polnischen Musik jener Jahre bewußt machen, die ihren Wert auch ohne die seinerzeitige politische Aktualität bewahrt hat.

Wie in anderen Ländern auch, war die zweite Wiener Schule Schönbergs, Bergs und Weberns für die polnischen Komponisten der Ausgangspunkt für neue Entwicklungen. Zu dem relativ späten Zeitpunkt war aber der Einfluß der Wiener Schule auch schon überlagert von der seriellen Musik. Stockhausen, Boulez, Nono geben zeitweilig wichtige Anregungen. Doch auch Elemente der eigenen polnischen Musiktradition werden spürbar. So bieten die polnischen Kompositionen jener Jahre ein vielschichtiges, sehr individuell gefärbtes Bild, in das anteilsmäßig sehr stark auch ausdrucksvolle Klanggesten gehören, Expressivität in Melodik und Harmonik, etwas, das in der seriellen Musik des Westens eher verpönt war.

Die Konzertreihe „Musik der Zeit" des WDR gab in jenen Jahren den jungen Polen häufig die Möglichkeit, ihre Werke im Westen bekanntzumachen. Mit der heutigen Sendung wollen wir an diese Aufführungen durch den WDR erinnern.

Ein profilierter Vertreter jener polnischen Komponistengeneration war der 1981 im Alter von nur 53 Jahren verstorbene Tadeusz Baird. Seine emotional geprägte Musik zeugt von einem hohen Grad an Sensibiltiät, die ihn, ausgehend vom Melos Alban Bergs, in immer differenziertere klangfarbliche Bereiche vorstoßen ließ. Seine 1963 entstandene „Epiphanische Musik" vereint ein Solocello, aber auch andere Soloinstrumente, mit dem Orchester. Die Instrumentierung ist vorbildlich sparsam und transparent. Mit der Wahl des Titels hat Baird seine kompositorische Methode umrissen, die sich an James Joyce orientiert, der von seinem Jugendwerk „Epiphanies" bis hin zu „Finnegans Wake" eine lyrische Momentform anwendet, um vorübergehenden Emotionen eine Gestalt zu geben. Baird übertrug diese lyrisch-konstruktive Methode auf seine Musik. Die Epiphanische Musik ist, wie er sagt, eine kurze impressionistische Skizze improvisatorischen Charakters, eine Reihe plötzlich aufblitzender emotioneller Manifestationen. Die rasch aufeinanderfolgende Ebbe und Flut der Empfindungen bestimmt den Formverlauf [...].

WDR Köln, Dokumentation und Archive, Sig.: 5591–5605 / 12360

Herbst 1959: Die Zeit zwischen dem IGNM-Festival Wien und dem in Köln hat sich Otto Tomek auf ein riesiges Arbeitspensum eingelassen. Er übernimmt die Rolle des Generalsekretärs für die deutsche Sektion und damit für die Gesamtplanung der Konzerte. Diese schließt auch die Programmbuch-Hoheit mit ein, das zu keinem Ende kommende Eintreiben von Werkkommentaren, von Programmvorschlägen der Ländersektionen und die zeit-räumliche Zuordnung aller Veranstaltungen wie Kongresse, Konzerte, Lesungen und Vorträge.

So ist zum Beispiel beim Kölner IGNM Festival die Uraufführung von Nonos *Cori di Didone* für den 11. Juni 1960 geplant. Im Februar mahnt Tomek die Werkeinführung für das Programmbuch beim Komponisten an:

Köln, 4. Februar 1960
Sehr geehrter Herr Doctor!
Wann???—Willst Du die erbetene Werkeinführung zu Cori di Didone schreiben und schicken?
Herzliche Grüße an Nuria und Silvia
Dein Otto

Otto Tomek Privatarchiv

Am 11. April 1960 erhält Tomek die „introduzione" zu Didone.

Kurz darauf kommt zum ersten Mal eine Partitur von Helmut Lachenmann auf Tomeks Schreibtisch:

Köln, 14. April 1960
Lieber Gigi!
Ich bekomme das Manuskript einer Partitur, für die man eigentlich fast einen Waffenpaß haben müßte – Der Komponist heißt Lachenmann und die Schott's sagen, Du hättest ihn mir empfohlen. Da Du das aber nicht getan hast, muß ich mich doch bei Dir erkundigen, was es nun damit auf sich hat. Bitte, schreibe mir näheres über den Komponisten, auch was Dein persönlicher Eindruck ist, falls Du den Herrn überhaupt kennst [...]
Buona Pasque Dein Otto

Otto-Tomek-Archiv, AdK, Berlin

Nono antwortet am 20. April 1960:

care 8
si si si!
é vere!
e bene!!!!!!!!!!!!!
Helmut Lachenmann (23 jaehr) ist von Stuttgart – hat dort in Hschule fuer Musik studiert bis Ende, und war bei mir 6 Monate in 58–59, und noch 6 Monate in 59–60.
er ist am Anfang.
<u>und ganz besonders gut!</u>
auf ihn und auf seine musikalische Entwicklung-Schaffen bin ich sicher und sehr froh.
seine 1 Partitur (bei Dir) ist eine 1 Partitur, klar.
voll von Genialitaet im Gang+Werden.
einige Komplikationen sind jetzt ueberholt (die geschichte mit 1 Takt + Uhr) Lachenmann soll seine Entwicklung spueren und machen!
und jetzt selbst meint er weiter.
(also: wird in 2 oder 3 Takte die ganze Partitur sein + Dirigent).
von Helmut kann soll muss ich mit Freude nur GUTES sagen meinen hoffen
(Helmut Lachenmann Pfarrstr. 15 LEONBERG b. Stuttgart)
(nur: wenn UA kommt, bitte vorsichtig mit Dirigent: BRUNO!!!!)
ich habe Dir noch andere Musik geschickt: schau Du.
von [Giacomo] Manzoni von [Boris] Porena. ganz verschiedene Musik, die – finde ich – fragt auch die Auffuehrung!
bitte nicht im IGNM ertrinken!!!
weil sonst nachher was?
Dein Gigi

Köln, 10. Mai 1960
[...] Ich freue mich aber schon sehr auf die Zeit nach dem 20. Juni – dann kann ich Dir endlich wieder einmal blöde Briefe schreiben. Im Augenblick langt es aber doch nicht dazu
Ciao Dein Otto

Köln, 30. Juni 1960
Lieber Gigi,

das Musikfest ist vorbei, die Musik auch, ich auch, Du auch, Du warst nämlich nicht hier, Du Schuft! Ich werde Dich in Darmstadt verprügeln. Das wird sehr angenehm sein! „Cori di Didone" ist trotzdem schön.
Eine Frage, bitte noch vor Darmstadt zu beantworten: [Walter] Levin sagte mir, daß Du für das LaSalle-Quartett ein Streichquartett komponierst. Wir haben am 10. März 1961 ein „Musik der Zeit"-Konzert mit Levin und es wäre schön, Dein Werk dafür aufzuführen [...]

Otto-Tomek-Archiv, AdK, Berlin

Erst im Jahre 1980, zwanzig Jahre später sollte die Gattung Streichquartett Ernstfall im Schaffen Nonos werden. 1960 ist ihm die traditionsbeladene Formation zu wenig modellierbar. Er kennt das LaSalle-Quartett in den Maßstab setzenden Interpretationen der Quartette Bergs, Schönbergs und Weberns, wahrscheinlich kennt er auch Bruno Madernas Streichquartett in zwei Sätzen und die beiden Quartette von Karl Amadeus Hartmann. Sein Komponieren will aber in eine andere Richtung. Dazu sind ihm vier Streichinstrumente in ihrer Klangaura zu beschränkt. Dennoch: Der Impuls bleibt. Und nicht nur, dass er in *Fragmente – Stille. An Diotima* eine Art kompositorische Rückerinnerung an die Musik der Studienzeit mit Maderna mit einbezieht, sondern auch das gegebene Versprechen an vier Musiker, eines Tages ein Werk für sie zu komponieren.

Die bis heute beim WDR vorbildlichen und in der ARD-Landschaft einmaligen Produktionsbedingungen gehen mit Sicherheit auf Tomeks unbeirrbare Überzeugung und Durchsetzungskraft zurück, dass produzierte Werke sowohl ein Schatz für den Sender selbst als auch für die Öffentlichkeit ein Klangdokument besonderer Qualität sind. Natürlich sind Bandaustausche Anfang der Sechziger Jahre zum Ritual der Rundfunkhäuser geworden. Auch der Bandaustausch mit dem Ausland funktioniert in aller Regel. Manchmal allerdings ergeben sich Kuriositäten. Zum Beispiel bietet RAI Rom dem WDR eine von Nono empfohlene *Intolleranza*-Produktion zum Senden an. Tomek begrüßt dieses Angebot, das natürlich auch mit hohen Sendekosten verbunden ist, und bittet um eine Stereo-Kopie. Aus Italien kommt ein Band, auf dem aber auf beiden Spuren dasselbe abgebildet ist: also zweimal eine Monoaufnahme. Schon 1960 sind für Tomek auch auf diesem Gebiet Kompromisse nicht möglich. Er schickt das Monoband zurück und fordert ein brauchbares Stereoband an, das er aber nie erhält.

Etwa zur gleichen Zeit konkretisieren sich die Programmentscheidungen für ein Gastspiel beim *Festival internazionale di musica contemporanea* der *Biennale di Venezia*. Eingeladen sind die beiden Kölner Klangkörper. Das für Nono kaum Begreifbare bleibt die Tatsache, dass Hans Werner Henze das Konzert dirigieren wird und dabei auch noch ein eigenes Werk zur Uraufführung bringen soll.

Tomek entschuldigt sich, dass infolge der sehr späten Anfrage von Signore Labroca, dem Festivalleiter in Venedig, man Hartmanns Sinfonie Nr. 8 und Henzes *Oratorium Novae de Infinito laudes*, das ursprünglich am 26. April in Köln zur Uraufführung hätte gebracht werden sollen für den 24. April vorgesehen habe. Und Tomek bedauert infolge der Kurzfristigkeit, weder *Momente* noch eine Komposition von Nono, noch *Le Visage nuptial* aufführen zu können. Drei Wochen zusätzliche Chordienste seien nicht einplanbar.

Ein größeres Projekt wird die Deutsche Erstaufführung von Nonos *Sul ponte di Hiroshima – Canti di vita et d'amore*, programmiert für den 11. Januar 1963 in Köln. Einige Hin und Hers gibt es über die Texte, die Nono im Programmheft wünscht.

Ende 1962 schreibt Nono:

Lieber OTTO
Bekomme jetzt die Übersetzung vom WDR von meiner Einleitung zu „sul Canti di Hiroshima". WARUM, wenn mein Text so sagt:
„CONTRO OGNI AGGLORNAMENTO DI O PRESSIONE E DI TORTURA NEO-NAZISTA"
ist so übersetzt:
NEO-FASCHISTISCHEN
Das stimmt nicht – oder ist nazi – nazismus – nazistische kein deutsches Wort???
LASST alles in Ordnung
und
Dass: neo-nazistische soll sein auch im Programm [...]
In Übersetzung fehlt auch:
Von algerinen D.Boupachá
Text ist: DELLI ALGERINA DJAMILA BOUPACHÁ
WARUM???

Otto-Tomek-Archiv, AdK, Berlin

Der leicht durch Nono räsonierte Tomek antwortet auf seine unnachahmliche, unaggressive und konzentriert informative Weise:

Köln, 10. Januar 1963
Lieber Gigi,
Schade, daß Du nicht kommst. Die Aufführung wird sehr schön. Wir kommen gut und ohne Gedränge mit den Proben zurecht. Halina singt wunderbar und Haefliger auch sehr schön. Das Programm wird neonazistisch und algerisch sein.
Herzliche Grüße Dein Otto

Otto-Tomek-Archiv, AdK, Berlin

Ernst Haefliger, den Nono einige Monate zuvor in der Bach'schen Johannes-Passion gehört hat und ihn sehr gut und musikalisch findet, besteht seine Prüfung auf dem Gebiet der Neuen Musik. Halina Lukomska aus Polen ist Tomeks „Garantiekarte". Die Aufführung wird ein ergreifendes Ereignis.

Es vergehen viele Monate ohne näheren Kontakt. Irgendwann erkundigt sich Tomek nach Nono. Durch eine feine Anspielung auf die politische Disponierung Nonos, der immer stärker mit der deutschen Politik und den Politikern Deutschlands hadert, schickt er eine Postkarte, auf der das Wohnhaus Konrad Adenauers abgebildet ist und der Kopf des Kanzlers.

Bonn, 16.6.1963
Mein lieber Freund!
Ich glaube, Du wirst Dich sicher ganz besonders freuen, daß ich Dir dieses Foto schicke.
Lebst Du noch?
Servus Dein TTO

Otto-Tomek-Archiv, AdK, Berlin

Zwischenzeitlich bemüht sich Otto Tomek um eine Produktion von *Intolleranza* beim Kölner Rundfunk. Auch hat er die Absicht, das bestehende gesamte Chorwerk Nonos zu produzieren. Und Darmstadt will er in diesem Jahr auch wieder besuchen

Köln, 5.9.1963
[...] Es war wirklich schade, daß Du nicht in Darmstadt warst, und ich meine, Du müsstest nächstes Jahr unbedingt wiederkommen. Es argumentieren zu viele nicht so sympathische Leute mit Deiner Abwesenheit gegen die Institution der Ferienkurse („Auch Nono hat sich schon zurückgezogen"). Darum meine ich, daß Du sehr bald dort wieder in Erscheinung treten müßtest. Sonst bekommt das Unternehmen den einseitigen Aspekt, den wir doch nicht wollen.
Ich fahre am 21. September nach Warschau. Kommst Du auch? [...]

Otto-Tomek-Archiv, AdK, Berlin

In einem Brief vom 27. August 1963 bekennt sich Nono zu Castro und zur Revolution. Er berichtet darin von neuen Werken und von „utopischen Visionen, die noch kaum realisiert sind in dem Teil der Welt, in dem wir leben".

Dieser Brief hätte mich in erhebliche Schwierigkeiten bringen können, wenn er jemandem Böswilligen aufgefallen wäre. Das offene Geheimnis zur Revolution hätte der damalige politische Geheimdienst [sic. In Deutschland] sehr nachhaltig verfolgt. Bei der allgemeinen immer konservativeren und linksphobierteren Stimmung hätte das für einen Rufmord genügen können. Schon die Anrede an mich „Caro Fidelista" hätte dazu genügt; dazu die Anschrift auf dem Briefumschlag „Otto Fidelista Tomek esq, Musikabteilung WDR Funkhaus KOELN" hätte als Provokation verstanden werden können. Glücklicherweise hat das damals niemand bemerkt.

Otto Tomek, Adk Archiv, Gelbe Seiten

Nono kommt nicht. Die andere Seite Nonos, die gesellschaftlich kritische und die stark den sozialistischen Ländern und Systemen zugewandte Seite, ist kein Forum, auf dem sich Tomek bewegen kann und bewegen will. Hier ist ihm der Italiener fremd. Die cholerisch-melancholische Dimension in Nonos Wesen verunsichert den jovialen, meist sanguinisch offenen Tomek. Nono erkundet erstmals die Ostblockstaaten, also nicht nur Warschau, sondern Ostdeutschland und Russland, Gebiete jenseits der Mauer, die einem Österreich-Deutschen wenig sympathisch und zugänglich sind. Tomek hört, wenn er der Musik Nonos lauscht, das Lyrische, die Kantabilität, das Sonore und die Kraft der Brüche, also das Elementare der Schlagzeugbatterien. Die ideelle Seite, das tief-menschliche Engagement, die verzweifelte Gebärde gegen Unrecht und

Terror ist für Tomek mehr ein „Dazu" als das „Eigentliche" in Nonos kompositorisch reflektierter Dichotomie.

Am 17. Januar 1964 wird ein weiteres Werk von Nono in der Reihe „Musik der Zeit" zur Deutschen Erstaufführung gebracht: *Sarà dolce tacere* für 8 Vokalisten und am Ende des gleichen Jahres am 16. November neben der Uraufführung von Bruno Madernas *Dimensioni III* für Sopran, Flöte und Orchester auch Nonos *Y su sangre ya viene cantando*, Epitaph Nr. 2 auf Federico Garcia Lorca für Flöte und kleines Orchester.

> Köln, 5.12.1963
>
> Brzlufi Knozupra!
>
> Ich hoffe, es geht Euer Gnaden gut! Was macht die Oper (mit Liebe?). Ich bin jeden-
> falls sehr neugierig und möchte wissen, wann ich wohin zur Uraufführung kommen
> soll. Vielleicht bist Du aber faul und hast überhaupt noch nichts geschrieben. Wer
> weiß, wer weiß.
>
> Da wir am 17. Januar diesmal nur ein kleines Stück von Herrn Luigi Nono im Pro-
> gramm haben (er hat in letzter Zeit leider nichts größeres geschrieben), erlauben
> wir uns heute die Anfrage, ob Sie bereit wären, zur selbigen in Köln aufzuführenden
> „Sarà dolce tacere" zwei Zeilen für das Programmheft zu schicken, welcher Ehre wir
> uns usw. ...
>
> Herzlichste Grüße
>
> Otto
>

Karl Amadeus Hartmann stirbt an diesem 5. Dezember 1963. Ein naher Freund, für Nono ein Gesinnungsgenosse in der antifaschistischen Grundeinstellung, für Tomek wohl das Vorbild eines künstlerisch verantwortlichen Veranstalters und Gestalters, eine Partnerschaft in gegenseitiger Wertschätzung. Tomek bittet Nono Ende Januar 1964 um einen „Amadeus"-Text zum Tode von Hartmann. Er soll die Aufnahme in der RAI (Radiotelevisione Italiana) Venezia machen, den Text soll er aber bitte auf deutsch und dabei sehr langsam sprechen, damit ihn die deutschen Radiohörer verstehen. Nono erfüllt Tomeks Wunsch und schickt termingenau das Band mit dem Manuskript „Über Karl Amadeus Hartmanns Schaffen".

> Köln, 2.3.64
>
> [...] Es hat mich sehr gefreut, Deine Stimme gehört zu haben! [...]
>

Im November 1966 – nach einer längeren Schreibpause – fragt Tomek vorsichtig bei Nono an, ob er denn gedenke, für den WDR ein neues Werk für Chor und Orchester schreiben zu wollen. Er erhält jene denkwürdige Antwort, in welcher Nono in deutscher Sprache versucht, nicht gemäß ihrer üblichen Konversationsgepflogenheiten in übermütig-verspielter Weise, sondern ernsthaft und verzweifelt, ja bitter sarkastisch mit vielfach emphatischem Klimax über den Stand der Zeit und über den eigenen Zustand zu schreiben:

Karl Amadeus Hartmann und Otto Tomek, Venedig, 1963

Venezia, 18.11.1966
Lieber Otto
vielissime Danke fuer Deinen Brief.
diese Tagen sind schrecklich!!!!!
nicht nur die Natur aber die Regierung!
die italienische Regierung von heute ist so responsable so banditen!
Du hast keine Ahnung!
kaum Hilfe kaum Vorbereitung kaum Eleision nur fuer das BESITZ!!!!!!
nur gut fuer Ghigliottine!
wird auch kommen.
von Ausland hat man keine Ahnung.
man muss hier sehen und miterleben und man wird sofort verstehen.
ekonomie land ist verloren.
Linghue auch, aber heute das Leben koennte reicher besser schoener sein.
man braucht endlich wirklich ein Sturm, ein Sturm von unseren Arbeitern und Bauern.
wie Lenin.
Was man erlebt – wie Sartre fragt uns: was macht ihr?????
nur Musik? nur Bilder? nur Gedichte?
nicht nur zu wenig, aber schon eine Wahl fuer eine Seite.
und heute und hier wie bei Euch / Essen: was ist los??????????????????
natuerlich die Consequenzen von Adenauer Ehrhard und ‚Kameraden‘ /
wieder die nazi??????????????????

sie sind da.

die Johnson der Schweinehund.

und wie Musik geht ‚weiter' unberuehrt??????

In teknichen Problemen oder ganz estetischen adornianischen Probleme?

Fuer wemmmmmmmmmmmmmmmmmm?

Für ???, natuerlich.

und die dumme leuten von Mainz: die Schottleuten: Krupp ??abern Schott Strobel Orff und anderen: alle ‚soci'!

an deine Frage:

was soll ich Dir sagen?

es waere gut.

Choere mit einigen teknichen zu machen.

Heute: heute kann ich Dir nichts sagen.

sicher kein Gottliebe kein estetischer Text.

koennte sein: ein montage von Texten die heute bei uns in Italien viele Bauern arme Leute und Arbeiter sagen ueber diese neue Ueberschwemmung.

koennte sein.

oder ein ganmz neuer Text ueber heute.

oder ein Lied zu Mao.

so: besser warten wir, und ich werde Dir Bestimmtes sagen koennen.

heute noch nicht.

füer ‚oper' ??????

dasselbe.

ciao, nicht reaktionaer werden, nicht in Vergangenheit, sonst kommt sofort Essen mit den nazi wieder.

das ist auch Euer Arbeit eur Pflicht Euer Entscheidung.

oder?

Herzlichsten Gruessen

Dein Gigi

Köln, 3. Mai 1967

Lieber Gigi!

Wir sprachen seinerzeit in Venedig über die Möglichkeit, daß Du ein Chorwerk für uns schreibst [...] Nun eine ganz konkrete Frage: Im Herbst 1968 feiert unser Chor sein zwanzigjähriges Jubiläum, und wir werden aus diesem Anlaß ein besonderes Chorkonzert veranstalten. Natürlich wäre schön, wenn wir bei dieser Gelegenheit eine Uraufführung von Dir bringen könnten. Bitte laß mich wissen, ob dies zunächst einmal rein zeitlich ermöglicht werden könnte. Wenn ja, bitte ich um nähere Details über Umfang, benötigte Instrumente, Bänder etc.

Wie geht es mit Deiner Oper? Ich hoffe, daß in der langen Zeit Deines augenblicklichen Schweigens viel Neues entstanden ist. Ist übrigens das Band von „A floresta..." inzwischen fertig, und kann ich es von Italien bekommen? Ich möchte das Stück doch sehr gerne näher kennenlernen.

Sonst wünsche ich Dir alles Gute. Laß bitte nicht zu spät von Dir hören.

Herzliche Grüße

Dein Otto

Venezia, 9.5.1967
lieber Otto
im prinzip, ja, fuer jetzt.
weiter: es waere moeglich 3 Choere und Kinderchor auch???????
wie damals in Venezia gesprochen???????? [...]
ich hoffe wuensche Du wirst nicht wie ein normal MusikprogrammRundfunkleiter
der nur Mendelsohn Kaciaturian (!!!!! buuuuuuuuu) und Mennenzotti hoeren will
!!!!!!!!!!
und nicht nur Lucaspasssssssion !!!!!!!
Ciao herzlichst – sei nicht böse
Dein Gigi

Auf dem Briefkuvert hat Nono die Adresse folgendermaßen geschrieben:

dr Orro TTTTTTTTOMEKKKKKKKKK
WDR Funkhaus Musikabteilung
Kaciatutianovostr.

Köln, 30. Mai 1967
Lieber Gigi!
Wirklich nur durch Zufall ist Dein letzter Brief in meine Hände geraten. Die Anschrift
war doch zu verfremdet. Um nicht gelegentlich einmal eine wertvolle Information
zu verlieren, wäre ich Dir dankbar, wenn Du wenigstens den Briefumschlag eindeutig
beschriften würdest.
Im übrigen habe ich mich sehr gefreut erstens von Dir zu hören und zweitens, daß Du
eine Möglichkeit siehst, für unser Chorjubiläum das geplante Chorwerk zu machen
[...] Bitte wähle die Texte so aus, daß wir nicht unnötige Schwierigkeiten bekommen.
Du weißt, daß wir hier in Köln sehr weit gehen in unserer Auftragsfreiheit. Ich würde
es bedauern, wenn uns irgendeine Stelle Schwierigkeiten machte. Darum hat unser
Programmdirektor auch zur Bedingung für den Kompositionsauftrag gemacht, daß
die Texte vorher bekannt sind. Dies ist eine Auflage, um die ich selbst nicht herum-
komme. Ich bitte um Dein Verständnis [...] Also: bitte schreibe mir bald und schicke
sobald wie möglich die Texte, damit der Auftrag an Dich hinausgehen kann und der
erste Teil des Auftragshonorars [...].

In mehrfacher Hinsicht ist Tomeks Antwort interessant. Wahrscheinlich ist er von der
Programmdirektion aufgefordert worden, solcherart Anreden auf Briefköpfen Nono
gegenüber auf höfliche Art zu untersagen. Der an Kalauern reich beschenkte und
damit ironisch spielende Otto Tomek wird situationsbedingt ein Diener, eine den
Rundfunk-Obliegenheiten gehorchende Instanz. Glänzend gelingt ihm dieser Spa-
gat, weil er mit seiner Alles-unter-den-Tisch-kehren-Mentalität auch gegenüber seinen
Vorgesetzten spielt.

Die politische Situation in der Bundesrepublik Deutschland macht aus den
Öffentlich-Rechtlichen auch Bastionen affirmativen Verhaltens entlang der jeweiligen Regierungskoalitionen, zumindest in der Führungsebene – Bollwerke gegen alles,
was von links kommt. Deshalb stehen Nonos Intentionen unter Generalverdacht. Die

Rundfunkratsmitglieder, die die unterschiedlichen Gremien besiedeln, sind in aller Regel parteienorientiert, rechtsliberal und konservativ. Kommunistische Strömungen werden um 1967/68 gefürchtet und diffamiert. Längst brodelt es unter der bürgerlichen Decke und an vielen Hochschulen und Universitäten regt sich der Widerstand gegen die „herrschende Klasse", gegen Kapitalismus und Vietnamkrieg. Die Rundfunk-Behörde geht so weit, dass sie von Texten, die eigens für Kompositionen gedacht sind, zuvor Kenntnis verlangt, um notfalls auch künstlerische Freiheit zu sanktionieren durch Verweigerung von Kompositionsaufträgen. Tomek steckt zwischen zwei Fronten. Einerseits ist er unpolitisch und für Nono ein „Zahmer", obschon Tomeks philantropisch-pazifistische Weltsicht durchaus auf Nonos Sympathie stößt. Andererseits radikalisiert sich in Nonos Innenleben die Verzweiflung über die Scheinhaftigkeit und Lüge der bürgerlichen Gesellschaft in künstlerische und konkrete Agitation. Auch der Tonfall zwischen Nono und Tomek wird härter. Bis zur Uraufführung von *Ein Gespenst geht um in der Welt* am 11. Februar 1971 verlagert sich die Zusammenarbeit zwischen Nono und Tomek auf Produktionen und Übernahmen von Werken, die in der Zwischenzeit an anderen Orten zur Uraufführung gelangt sind, so u. a. *La fabbrica illuminata* am 15. September 1964 in Venedig, *A floresta è jovem e cheja de vida* zwei Jahre später gleichfalls in Venedig und *Ricorda cosa ti fatto in Auschwitz* am 17. März 1967 in Mailand.

Die Bänder sind als Stereo-Bänder gewünscht und so gekennzeichnet angekommen, aber es handelt sich wiederum nur um doppelspurige Mono-Aufnahmen. Tomek ist leicht indigniert über die schlampige Professionalität bei RAI.

> Venedig, 9.12.1968
> Lieber Otto
> keine Nachricht von Dir?!?!?!?!?!?!?
> gefragt in studio: studio von Milano hat Dir Kopie geschickt von ‚a floresta' ‚fabbrica' ‚Auschwitz'. Es ist unmoeglich dass diese Kopie schlecht waere!
> also: was ist los???
> ist Verboten von Scheisse Schott????
> oder von welchem Scheisse?????????????????????
> und Du hast nie Tonband gefragt von ‚contrappunto dialettico alla mente!.
> was ist los, bei DIR ??????????????
> das alles kannst Du fragen bei relazioni esteri Rai viale Mazzini Roma.
> nacher, ich finde, von Dir, unfreundlich wenn Du nichts mehr von mir sendest oder auffuehren laesst.
> warum???????????????????
> [handschriftlich fett geschrieben] Und immer weiter mit Korruption an Penderecki weil er <u>Missa</u> schreibt – in einem Programm steht solche dumme und <u>nulle Musik</u>
> Dein Gigi
>
> Otto Tomek Privatarchiv

Am 9. Dezember 1968 soll Hans Werner Henzes Oratorium volgare *Das Floß der Medusa* in Hamburg zur Uraufführung gebracht werden. Zuvor diffamiert der SPIEGEL den Komponisten für den nicht nachvollziehbaren Wandel vom Bourgois zum dezidiert links orientierten, politisch motivierten Komponisten. Musikstudierende aus

Hamburg, zusammen mit angereisten Studierenden aus Berlin und Freunden Henzes verteilen am Uraufführungsabend Flugblätter im Konzertsaal. Sie befestigen am Dirigierpult ein Plakat Che Guevaras, dem Widmungsträger des Werks, sowie eine rote und schwarze Fahne. Mitglieder des Orchesters und der gesamte RIAS-Chor verweigern ihren Auftritt, wenn die Fahnen nicht entfernt werden. Vorsichtshalber wird die Polizei in Bereitschaft gehalten, weil die Orchestermusiker Angst haben, es könnte zu einem Eklat kommen, der auch ihre Instrumente in Mitleidenschaft zieht. Die Polizei marschiert in den Konzertsaal ein, nachdem einige Studenten das Podium besetzt haben und Parolen vortragen und verhaftet wahllos Zuschauer und Künstler. Die Uraufführung platzt. Henze, der sein Werk selbst hätte dirigieren sollen, ballt die Faust nach oben und verliest ein Statement.

> Venezia, 29.1.1969
> Lieber Otto
> Du bleibst der einzige!!!!!!!!
> Weisst Du, der kleinhunde Huebner hatte schon ‚per Bastiana' programmiert. Nach der Sache ‚Henze' und meinem Brief an Spiegel, hat er abgesagt!!!!!!!
> Danke für fabbrica Auschwitz floresta [...]
>
> Köln, 22.12.1969
> [...] Wirst Du trotz der anderen Aufträge mit unserem Kölner Stück rechtzeitig fertig werden, daß es in der nächsten Spielzeit aufführbar ist?
> Bitte gib mir doch eine kurze Nachricht dazu.
>
> Venedig, 14.1.71
> Carissimo OTTO
> Ricordi hat ganze Partitur seit Tagen.
> Wird von 29 orchestermaterial schicken.
> Sofort noch 8 Takte fuer das Chor.
> Auch 2 Partituren.
> So alles ist im Lauf!!!!!!!!!
> Titel genau ist ‚ein Gespenst geht um in der Welt' (und nicht ‚in Europa').
> Nur kaum Text: soprano solo zweimal den Titel und solo soprano 7 kurze Saetze von Haydee Santamaria und Celia Sanchez (Cuba) [...]
>
> Otto Tomek Privatarchiv

Die sieben Textzeilen, die Nono rechtzeitig der Programmdirektion vorlegt, sind in ihrem lyrischen Ton akzeptiert. Sie beziehen sich auf den revolutionären Kampf der Fidel Castro-Genossen gegen die Diktatur Fulgencio Batistas, der mit dem gescheiterten Sturm der 135 Männer und Frauen auf die Moncada-Kaserne am 26. Juli 1953 beginnt:

„Die Tat von Moncada war so furchtbar für alle, weil niemand vorbereitet war auf die Grausamkeit, mit der sie geschah" / „Moncada war der Funke, der Anfang dieses Kampfes" / „Moncada war die Mutter der Revolution" / „Für mich wird Moncada sein wie eine Mutter, die einen Sohn haben wird" / „Vor Schmerzen wird sie schreien" / „Aber diese Schmerzen sind keine Schmerzen" / „Dann, wenn einer erkennt, was Kampf ist." Die Kompilation dieser sieben Sätze der beiden kubanischen

Freiheitskämpferinnen führen von der konkreten Kampfestat in den ideellen Kampf, dem Schmerzen fremd sind.

Am 11. Februar 1971 wird *Ein Gespenst geht um in der Welt* für Solo-Sopran, gemischten Chor und Orchester mit den Liedertexten „Internationale", „Bandiera rossa", „Marsch des 26. Juli" und „Der Osten ist rot" von Liliana Poli, dem Kölner Rundfunkchor und dem Kölner Rundfunk-Sinfonieorchester unter der Leitung von Ladislav Kupkovic uraufgeführt.

Die Reaktion des Publikums auf dieses Werk bleibt verhalten, fast ablehnend. Heinz Josef Herbort, der jahrelang in der Wochenzeitung Die ZEIT das Rezensionen-Zepter geführt hat, schreibt in seiner Kritik „Revolution auf dem Papier" am 19. Februar 1971:

> Er verstehe, merkt Nono im Programmblatt an, sein Werk „im Dienst der internationalen Arbeiterbewegung, in der offenen Problematik und Notwendigkeit (auch wenn voll von Widersprüchen) ihrer kulturellen Hegemonie, wie Antonio Gramsci uns alle lehrt". Auch hier die Diskrepanz zwischen Anspruch und Realität. Mag sein, daß Nono mit diesem im Auftrag des Westdeutschen Rundfunks komponierten Stück den elitären Betrieb des heutigen Musiklebens unterwandern wollte. Aber die außerordentlich schwache Resonanz, mit der dieser elitäre Betrieb das Stück aufnahm – Nono durfte sich einmal verbeugen, und damit hatte sich's – war weniger eine Ablehnung der ideologischen Ambitionen als vielmehr eine Reaktion auf das künstlerische „Mangelhaft" des Werkes.
>
> Und von der Arbeiterbewegung wie von ihrer intellektuellen Gefolgschaft war an diesem Abend herzlich wenig zu sehen. Sie waren vermutlich eher zu begeistern für eine im gleichen Raum bald darauf stattfindende Veranstaltung, die vorzubereiten die Dekorateure zwei Minuten nach dem Uraufführungs-Konzert begannen: Der karnevalistische „Schwoof" im Kölner Funkhaus war binnen weniger Stunden ausverkauft.
>
> Otto Tomek Privatarchiv

Und dann folgt noch ein kleines Nachspiel:

> Köln, 8. Juni 1971
> Lieber Gigi!
> Hier steht noch immer ein Betrag für Dich offen, nämlich die zweite Hälfte des Kompositionsauftragshonorars für das „Gespenst". Wie vereinbart, kann das allerdings erst ausbezahlt werden, wenn das Manuskript des Werkes in unserem Besitz ist. Ich bitte Dich, diese Angelegenheit zu klären. Ich selbst bin jetzt nur noch wenige Tage in Köln und ab Ende Juni ganz am Südwestfunk in Baden-Baden.
> Herzlichste Grüße Dein Otto
>
> Otto Tomek Privatarchiv

> Köln, 25. Juni 1971
> Sehr geehrter Herr Nono,
> Gerne hätten wir Ihnen längst das Tonband Ihrer Kompostion „Ein Gespenst geht um in der Welt" geschickt. Ihre ausgefüllten Formulare sind auch bei unserer Sen-

deleitung eingegangen. Nur müßten Sie uns noch ein Leerband schicken, das mit
Schreiben vom 24. Februar schon bei Ihnen angefordert wurde. Entschuldigen Sie
bitte diese Umstände, aber wir müssen uns da an die Vorschriften halten.
Mit freundlichen Grüßen
L. (Sekretariat Dr. Tomek)

Otto Tomek Privatarchiv

Köln, 29. September 1971
Sehr geehrter Herr Nono,
Wir möchten Sie nochmals bitten, uns baldmöglichst das Manuskript zum „Ge-
spenst" zu schicken, damit die zweite Hälfte des Kompositionshonorars an Sie über-
wiesen werden kann.
Mit freundlichen Grüßen
L. (Abteilung Neue Musik/Sekretariat)

Otto Tomek Privatarchiv

Am 28. November 1971 beendet Otto Tomeks Nachfolger Dr. Wolfgang Becker die
bürokratischen Hürden und teilt Nono mit, dass das noch ausstehende Auftragshonorar überwiesen worden ist.

Otto Tomek fasst in einem Erinnerungstext im Jahre 2004 noch einmal alle Stationen
zusammen, die für ihn und den WDR mit Luigi Nono in den Jahren 1953 bis 1971
bedeutend gewesen sind:

Meine Freundschaft mit Nono begann 1954 bei den Darmstädter Ferienkursen, bei
denen ich erstmals Werke von ihm und ihn als allseits respektierten Streiter für die ja
noch recht junge Avantgarde kennen lernte. Also war ich für ihn kein Fremder, wenn
er in der Folgezeit als ein häufiger und gern gesehener Gast an den WDR kam. Wichtige seiner Werke wurden hier ur- oder erstaufgeführt, gesendet und kommentiert:
u.a. Sul ponte di Hiroshima (auch bei der Biennale Zagreb), Cori di Didone (auch in
Darmstadt), die Lorca-Epitaphe. Gleich nach der deutschen Erstaufführung wurde
Intolleranza mit dem Ensemble der Kölner Oper, unter Mitwirkung des Kölner Rundfunkchores, im WDR-Studio produziert.
Bei der Probenarbeit wie in kunstpolitischen Auseinandersetzungen konnte Nono
unerbittlich sein. Mehrmals erreichte mich seine Mahnung, nicht „reaktionär" zu
werden, nicht in die Vergangenheit zu blicken, meine Aufgabe, meine Verantwortung wahrzunehmen. Einmal erntete ich seinen schweren Vorwurf, ich würde das
Kölner Rundfunk-Sinfonieorchester ruinieren. Grund dafür war ein Gastkonzert des
Orchesters in Venedig, bei dem der damals von ihm befehdete Hans Werner Henze
neben der Uraufführung eines eigenen Stückes auch die italienische Erstaufführung
der 8. Sinfonie von Karl Amadeus Hartmann dirigierte. Auf der anderen Seite steck-
ten in Nono Unmengen an köstlichem Humor. Besonders hatte er es auf meinen Vor-
namen Otto (auf italienisch die Ziffer 8) abgesehen, den er in die abenteuerlichsten
Kombinationen einband. Auch liebte er es, mich oft als Ceco Pepe anzusprechen, mit
dem Spitznamen der Italiener für den österreichischen Kaiser Franz Joseph.
Das abschließende Ereignis meiner Kölner Arbeitsjahre war 1971 die Uraufführung
von Ein Gespenst geht um in der Welt, später zu einem Teil von Al gran sole cari-
co d'amore geworden. Das Uraufführungsdatum fiel in die Zeit der Nachwehen der
68er-Bewegung. Der WDR wurde in der damals sensibilisierten politischen Situati-

on von gewissen Kreisen ständig als linkslastiger, roter Rundfunk verdächtigt und musste sich infolgedessen vorsichtig verhalten. Und nun erklärte Nono ausdrücklich, dass er Musik als Funktion des historischen Klassenkampfes versteht. Auch betonte er seine Sympathie mit der Revolution Fidel Castros, wie er sich in früheren Werken schon mit der Linken vieler Länder solidarisiert und sich über den Faschismus Francos in Spanien, den Naziterror in Deutschland empört hatte oder die Nachlässigkeiten zu Lasten der Armen im eigenen Land anprangerte. Alles freilich aus dem leidenschaftlichen Engagement heraus, gegen alles Unrecht in der Welt zu demonstrieren. So bedurfte es einer besonderen Genehmigung des souveränen Intendanten Klaus von Bismarck, um Nonos Einführungstext schließlich doch im Programmheft abzudrucken. In späteren Werken hat sich Nono zunehmend auch der Mittel elektronischer Klangumformung bedient. Um diese Partituren hatte sich dann mein Nachfolger Wolfgang Becker intensiv gekümmert.

Otto Tomek, Privatarchiv

Bernd Alois Zimmermann

Nono, Boulez und Stockhausen, die drei wichtigen Einflüsterer, wenn es um Empfehlungen anderer Komponisten geht und die drei Säulen, die das Rückgrat Tomeks bildeten, das wiederum rückwirkend zum Rückgrat der drei Komponisten wird. Deren wichtige Bühne ist der Große Konzertsaal im Gehäuse des WDR Köln. Neben dieser Triade strahlt auf sowohl zwingende und insistierende als auch geheimnisvolle Weise ein weiterer Komponist dieser Stadt in Tomeks Wirkungsfeld. Es ist Bernd Alois Zimmermann. Sein kompositorisches Denken, durchdrungen von ethisch-religiöser Dimension und ingeniöser Offenheit allen Strömungen der Zeit gegenüber, quasi ein Schwamm, der die überquellenden Innovationen anderer aufsaugt und zu etwas Eigenem wandelt, indem er das Radikale mit dem Kontemplativen, das Sperrige mit dem Expressiven zu vereinigen versteht, dieser damals bereits 38jährige Komponist, der an der Kölner Musikhochschule Komposition lehrt, fasziniert und beansprucht Tomek menschlich weit mehr als die beiden jungen Komponisten Mauricio Kagel und György Ligeti, die in der Haupt- und Spätphase Zimmermanns zur gleichen Zeit sich in Köln sesshaft gemacht und mit völlig eigenen Konzeptionen und Konzertveranstaltungen Furore gemacht haben. Doch davon später mehr.

Von den von Bernd Alois Zimmermann in Köln durch den WDR und seine Klangkörper aufgeführten 14 Werke, neun davon Uraufführungen, sind fünf Auftragswerke, drei durch Otto Tomeks Initiative. Auf einer Postkarte vom 16. Januar 1957 aus Köln erreichen Tomek noch in Wien die Glückwünsche zur Anstellung beim WDR:

Lieber Ottokar!
Gratuliere Dir und freue mich sehr, daß Du zu uns nach Köln „stößt". Wir werden schon einen großen Verein bilden, meinst Du nicht?

Ich hoffe sehr, daß wir uns um den 31. Januar herum einmal ausgiebig besprechen können. Es gibt eine Menge neuer Perspektiven. Grüße bitte Herrn Dr. Schlee bestens. Herzlichst Dein Bernd-Alois

Otto-Tomek-Archiv, AdK, Berlin

Tomeks Einstieg in den Sender ist arbeitsintensiv und zeitraubend. Das Nächstliegende wird abgearbeitet. So ist es nicht verwunderlich, dass der erhoffte enge Kontakt zunächst nicht zustande kommt, zumal Bernd Alois Zimmermann zu den ersten Stipendiaten der „Deutschen Akademie in Rom, Villa Massimo" zählt und von Mai bis Ende Oktober 1957 dort verweilt.

In dieser Zeit bittet Tomek Zimmermann um einen Rückblick auf die Werke, die im WDR bereits aufgeführt worden sind, um davon das eine oder andere Werk mit umfänglicherem Kommentar zu senden. Der Komponist antwortet ihm in einem bemerkenswerten und hochinteressanten Brief ausführlich aus Rom:

28.8.57
Lieber Otto!
Dein Brief vom 20.8. hat mir grosse Freude gemacht. Ich will mich bemühen, Dir das Gewünschte umgehend mitzuteilen.
Die „Kontraste" sind im Jahr 1952 entstanden.
Den Anlass zu der Komposition gab eine Anregung des Schweizers Fred Schneckenburger. Ich schrieb damals im Auftrag Schneckenburgers, der die Gattung des „abstrakten Puppentheaters" wohl als Erster und zugleich auch am eigenwilligsten gepflegt hat, eine Musik zu einem seiner Stücke „Das Grün und das Gelb". Schneckenburger bezeichnete das Stück damals selbst als Märchen. Die „Handlung" war denkbar einfach. Das Originelle an der Durchführung war jedoch eine höchst reizvolle Kombination von abstrakten Puppen, Farben und Händen, die als „Darsteller" wirkten. Es tauchte damals in mir der Gedanke auf, einmal ein Stück zu schreiben, welches absolute Musik, absolute Bewegung (Tanz) und absolute Farbe zu einer Einheit verbindet, gewissermaßen im dreifachen Kontrapunkt komponiert. Damit musste eine Handlung, welcher Art auch immer, wegfallen. Die tänzerische Darstellung sollte allein durch den Hörer imaginiert werden (Das Werk wurde indessen auch schon mehrfach szenisch dargestellt.) Es erhielt den Titel „Kontraste". Im wesentlichen liegt der Komposition die seinerzeitige Musik zu „Grün und Gelb" zugrunde.
Das Werk hat 6 Sätze. Der 1. und der letzte Satz, „Introduktion" und „Epilog", sind dem imaginären Ensemble vorbehalten, welches einen ebenso imaginären pas de couleur tänzerisch darstellt. Der Introduktion folgt eine „Moreske" (rouge – Solo), ein „tempo di valse" (vert – pas de trois), eine „Phantasmagorie" (blanc – pas de deux), ein „tempo di marcia" (noir – pas de quatre).
Der Behandlung der Klangfarbe ist in den Kontrasten besondere Aufmerksamkeit zugewendet worden. Die Klangfarbenstrukturen, denen besondere Intervallstrukturen zugrunde liegen, geben der Komposition vor allem die formale Gestalt; Themen und Motive werden nicht für diese Aufgabe herangezogen, sodass der Hörer sich fast ausschließlich den Klangfarbenschichtungen, -trauben und -tupfen sowie nicht zuletzt auch den rhythmischen Bildungen und Variationen zuwenden kann.
Die „Perspektiven, Musik zu einem imaginären Ballett für 2 Klaviere", entstanden in den Jahren 1955 und 56. Das Werk besteht aus 2 Teilen. Der Titel bezieht sich auf die

gegenseitige Zuordnung der kompositorischen Gefüge, welche in mehrfacher Weise „perspektivisch" sind, sowohl innerhalb der Proportionierung der musikalischen Elemente als auch innerhalb des Verhältnisses von Erlebniszeit und effektiver Zeitdauer. Beide, Erlebniszeit und effektive Zeitdauer, werden „perspektivisch" durch das Phänomen der Bewegung. Die im Bewegungsablauf ständig sich vollziehende Transformation der musikalischen Dimensionen, die Eigenart dieser Transformation und ihre besondere Ordnung in den „Raumrichtungen" konstituieren die musikalische Form des Balletts wie ebenso auch, in komplementärer Synästhesie, die bildnerische und tänzerische. In diesem Sinne ist „Ballett" als Sammelbegriff für die Darstellung und Verbindung der verschiedensten Bewegungselemente rhythmischer, räumlicher und körperlicher Art verstanden. Die Musik ist dabei gewissermassen der geometrische Ort, auf den sich alles bezieht, die Zelle, aus der sich alles entwickelt, das „Agens", welches Zusammenhang stiftet: ein „Gesamtkunstwerk" struktureller Art, in welchem die Funktion von Punkt, Gerade, Fläche, Farbe, Figurine, Puppe, Mobile und letztlich auch des Tänzers als allseitig proportional gedacht wird, gewissermassen als „Ausstrahlung" der Musik. Aus dieser ständigen Wechselbeziehung, kontrapunktierend, kreisend, und sich kreuzend, entstehen die verschiedensten Formationen. Diese treten hinwiederum mit sich selbst in eine ständige Wechselbeziehung und vertauschen sich in sich selbst: verdichtend, lichtend und sich auflösend, je nach dem. So wird, um ein Wort von Leibnitz abzuwandeln, bei den „Perspektiven" versucht, „grösstmöglichste Varietät" durch grösstmöglichste Ordnung zu erreichen.
Ich denke, lieber Otto, dass das als Hinweis genügen mag. Ich bin wirklich sehr erfreut, dass das Zimmermann'sche Œuvre auch trotz meiner Abwesenheit nicht vernachlässigt wird. Es tut gut, das zu wissen.
Wenn Du einmal etwas mehr Zeit hast, würde ich mich sehr freuen, von Deinem persönlichen Ergehen gelegentlich etwas zu hören. Herrn Dr. Kruttge habe ich verschiedentlich geschrieben, ohne jedoch bisher eine Antwort zu erhalten. Sollte der Meister krank sein?
In der Hoffnung, dass Dich mein Schreiben bei guter Gesundheit und ebensolcher Laune erreicht, mit den herzlichsten Grüssen
Ebenfalls auch von meiner Frau stets Dein Bernd-Alois

Otto-Tomek-Archiv, AdK, Berlin

Der Brief ist in vielfacher Hinsicht aufschlussreich. Er zeigt lange vor den „eigentlichen" musiktheatralischen Werken Zimmermanns seine starke Affinität zu Außermusikalischem. Wenn man die Entstehungszeit der beiden Kompositionen mit einbezieht, ist das innerräumliche Komponieren zwar aus äußeren Räumlichkeiten und Bewegungskonstanten wie Tanz oder wie Nähe und Ferne mit allen Kontrastphänomenen imaginiert, die rein innermusikalische Konzeption nimmt aber geradezu vorweg, was Stockhausen dann konkret mit Zuhilfenahme dreier Orchester erst drei Jahre später zu verwirklichen versucht: die Durchdringung und Verteilung dreier Orchester im Raum. Fast wirkt das angesichts der vielfach an anderen Stellen in der Literatur, insbesondere im Buch von Bettina Zimmermann, beschriebenen nicht gerade konfliktfreien Verhältnisses gegenüber Zimmermann wie ein kurioses Ereignis, wenn man bedenkt, dass Stockhausen ja am 1. Juni 1955 mit größter Wahrscheinlichkeit der Uraufführung der *Perspektiven* in Darmstadt, von den beiden Kontarskys gespielt, beiwohnt. Stockhausens Präsenz in diesem Konzert ist umso mehr anzunehmen, als am gleichen Tag abends im „Uraufführungskonzert – Musik der jungen Generation" Stockhausens *Klavierstücke VI –VIII* zum ersten Mal von Marcelle Mercenier gespielt werden! Für die damaligen Hörer, und Otto Tomek gehört dazu, sind das zwei völlig unterschiedliche Vorgehensweisen im Komponieren, indes im Klangergebnis vielfach ähnlich, wenn nicht in punktuellen Gesten geradezu identisch. Stockhausens Stücke erproben unterschiedliche Phänomene unterschiedlicher musikalischer Parameter, eine Art Etüdensammlung für neue Kompositionstechniken auf dem Instrument Klavier. Zimmermanns Spiel mit zwei sich gegenübersitzenden Pianisten an zwei Flügeln gleicht dagegen einem innermusikalischen Drama. Extreme Gegensätze werden in einen Zusammenhang gebracht, indem das geladene, sich bekämpfende Klangmaterial umschlägt in dramatische, innerszenische Katastrophen mit jeweiliger Katharsis. Stockhausens Stücke faszinieren durch ihre strategische Perfektion und Kälte, Zimmermanns *Perspektiven* durch Spannung und Lösung, durch die Gesetze des innermusikalischen Ausdrucks. Stockhausen insistiert auf technische Vorgehensweisen und sublimiert die analytische Stringenz innerhalb seiner Stücke in ein neues Bewusstsein für neue Zeitgefühle, die der Interpret als der Umsetzer der Noten erfahren soll. Und Zimmermann plädiert für Ausdruck, für kontrollierte Emphase bei strengster Einhaltung der zeitlichen Ungleichzeitigkeiten, die exakt notiert sind. Welcher Unterschied in der Herangehensweise und doch: welche Nähe!

Bemerkenswert darüber hinaus ist Zimmermanns differenzierte Sprache, die gänzlich auf Entlehnungen und sprachliche Bilder verzichtet und mit klarer, wissenschaftlicher Fasslichkeit die einzelnen Klangereignisse beschreiben kann. Der Brief zeigt zudem eine menschliche Wärme und ein persönliches Interesse am anderen. Wenn man die Zeit noch einmal bedenkt, dann wird aus der Schlussbemerkung Zimmermanns klar, dass sich der bis dahin rührige Eigel Kruttge selbst aus der Verantwortung der Veranstaltungen und Sendungen der Neuen Musik entlassen hat, um von nun an Tomek alle Direktiven zu überantworten. Bernd Alois Zimmermann ist der Musikabteilung des WDR so eng verbunden, dass ihm solche internen Verschiebungen nicht entgehen. Man kennt sich und steht auch privat völlig selbstverständlich in Kontakt. Als Zimmermann zum Beispiel wegen seines zweiten Aufenthaltes in der Villa Massimo einen Untermieter sucht, sind es der Hauptabteilungsleiter Musik Karl O. Koch und seine Frau, die für neun Monate in die Zimmermannsche Wohnung einziehen.

In einem handschriftlichen Brief vom 13. April 1958 bedankt sich Zimmermann für Tomeks Geburtstaggruß in Form einer Sendung zum 40. Geburtstag, das er als ein „schreckliches Alter" empfindet und grüßt mit „Omnia tempus habent" („Alles hat seine Zeit") und mit überschwänglicher Zugeneigtheit.

Im August aber beginnt ein reger Briefwechsel, der mit der bevorstehenden Uraufführung von *Omnia tempus habent* unmittelbar zu tun hat. Zimmermann befindet sich im Fischerhaus in Rantum auf Sylt, um dort seine „Ferienarbeit" unabhängig von der Wetterlage zu leisten. Und Otto Tomek verbringt den größten Teil seines Urlaubs Zuhause, da er infolge der Aufregungen im Zusammenhang mit Stockhausens *Gruppen*-Uraufführung im März Magengeschwüre ausheilen lassen muss.

3.8.58

Lieber Otto!

Inzwischen hast Du Deinen Urlaub beendet, und ich hoffe und wünsche sehr, dass Du mehr Glück mit dem Wetter hattest als wir. Unsere Bilanz von 3 Wochen lautet: 3 Sonnentage, 9 Regentage, das übrige bedeckt, bewölkt und windig. Indessen, das Wetter kam mir sehr zustatten, denn diesmal muss ich meine Ferien meiner Arbeit opfern.

„Omnia tempus habent" ist inzwischen ins Reine geschrieben und geht morgen mit der Post, am 4. also, ab. Den genauen Titel habe ich wunschgemäss Fräulein Elsner sofort weitergegeben. Es kam keine Bestätigung, infolgedessen nehme ich an, dass die Sache angekommen ist. Du wirst vielleicht erstaunt sein, dass das Instrumentarium auf 17 Solisten angewachsen ist. Das hat mehrere kompositorische Gründe und zuletzt auch noch einen aufführungspraktischen, denn wie Du weisst, muss ein Ensemble unter 15 Musikern „solistisch" honoriert werden, während ein Ensemble über 15 Musiker als kleines Orchester gilt und infolgedessen eine Honorierung wegfällt.

Zur Durchführung der Sache: ich wäre Dir sehr dankbar, wenn Du mir das Manuskript nach der Fotokopie umgehend wieder zurückschicken könntest. Des weiteren wäre ich Dir dankbar, wenn Du mir ein fotokopiertes Exemplar zugehen lassen könntest, welches ich dann nach der Aufführung selbstverständlich an das Notenarchiv zurückgehen lassen werde. Man müsste wohl mindestens 5 Fotokopien haben. Eine für Laszlo, eine für Rosbaud, eine für Dich, für den Tonmeister und eine für mich. (Das Originalmanuskript möchte ich gerne, wie Du weisst, nach Rom für den Wettbewerb der IGNM schicken.) Vielleicht ist es angezeigt, Frau Laszlo neben der Partiturfotokopie noch eine Solostimme ausschreiben zu lassen. Ich habe mich nun im Umfang [gemeint ist natürlich der Stimmunfang]

[Fußnote in Handschrift]

ganz auf die Stimme von ihr eingestellt. Der Umfang reicht vom gis bis c'''. Damit müsste es nun eigentlich keine Schwierigkeiten für Frau Laszlo geben, und ich hoffe auch, dass in dieser Beziehung alles klappt.

Hinsichtlich des Notenmaterials müsste man vielleicht darauf achten, dass ein möglichst guter Kopist herangezogen wird; ausserdem bin ich gerne bereit, das gesamte Notenmaterial zu korrigieren, damit Rosbaud ein fehlerfreies Material vorfindet. Ich glaube, das Stück ist nicht einfach zu spielen. Damit der Kopist nun hinsichtlich des Textes keine Unklarheiten hat, gebe ich Dir hiermit diesen Text durch[...]

Um meine Bitten abzuschliessen: schicke möglichst umgehend die Noten an Frau Laszlo und teile ihr liebenswürdigerweise mit, dass dies die endgültige Fassung sei. „Eigens für Ihro persönliche Stimme zugeschneidert." Und nun hoffen wir, dass die Uraufführung unter einem guten Stern stehen möge und so dem Stück zu einem guten Start verhilft. Ich selbst sehe diesem Start mit einiger Spannung entgegen, da es seit Jahren die erste Vokalkomposition von mir ist. Quod di bene vertant. Das Wichtigste musst Du besorgen: die besten Musiker und genügend Proben.

Der „Canto di speranza" ist mittlerweile über den Äther gegangen und ich würde mich sehr freuen, wenn Du Dir mal das Band anhören könntest.

Zum Schluss noch eine Bitte: könntest Du mir netterweise die Adresse von Boulez sowie die jenes Komponisten vom Zagreber Rundfunk geben? (Ich wurde seinerzeit nach dem 3. Mann bei den Bluthochzeitkomponisten gefragt.) Die letzte Bitte: eine gedruckte Programmübersicht. (Das ist aber denn wirklich die letzte Bitte, in diesem Brief jedenfalls.)

Und nun, lieber Otto, stürze Dich nicht zu sehr in die Arbeit, wenngleich Du nicht vergessen sollst, mir Nachricht von dem Fortgang der Dinge im alten und ehemals hilligen Köln zu geben. Wir essen heute Ochsenschwanz brasilianisch und dachten dabei, dass es doch eigentlich sehr nett gewesen wäre, wenn Du als Dritter im Bunde zugelangt hättest.

Das wärs. (Die Mädchen lassen wir weg, damit wir die zarten Augen von Frau Holzapfel nicht mit Tränen anfüllen, von wegen missverständlicher Sätze.)

Sei herzlichst gegrüsst
von Deinem Bernd-Alois

Otto-Tomek-Archiv, AdK, Berlin

Tomek antwortet umgehend:

14.8.58
Mein lieber Bernd-Alois,
besten Dank für Deinen Brief. Ich hoffe, daß sich das Wetter bei Dir inzwischen gebessert hat und Du mehr Sonne und Wasser genießen kannst, auch wenn dadurch pro Tag nicht so viele Partiturseiten fertig werden als bei strömendem Regen. Ich habe Deinen Brief nach meiner Rückkehr von einem schönen Urlaub in Dänemark vorgefunden. Allerdings hat gerade „Omnia tempus habent" besonders schwere Regenwolken aufgezogen. Frau Laszlo hat uns, nachdem alle Hindernisse beseitigt waren, nämlich endgültig abgesagt. Sie hat den Termin zweimal verkauft, und die RAI war eben stärker. Da wir in dieser Sache nun keine Zeit mehr verlieren durften – der Prospekt will gedruckt werden –, haben wir im Einverständnis mit Rosbaud Frau Rogner aus Zürich dafür verpflichtet. Die Sängerin ist sehr gut, musikalisch, mit einer schön timbrierten Stimme. In der Höhe hat sie überhaupt keine Schwierigkeiten, und ihre tiefe Lage reicht bis zum as, also genau wie erforderlich.

Zu Deiner Partitur möchte ich nur kurz sagen, daß ich glaube, daß das Werk durch die 17 Musiker absolut gewonnen hat, wenngleich Deine Kalkulation auf die solistische Honorierung bis 15 Musiker hier doch nicht anzuwenden ist, da das Stück einfach zu schwer ist, um bloß in Orchesterproben bewältigt zu werden und ein besonderes Studium voraussetzt. Ein fotokopiertes Exemplar der Partitur lasse ich Dir durch unser Notenarchiv mit separater Post zugehen. Das Original benötigen wir noch für das Herausschreiben der Stimmen, da die Fotokopie doch nicht immer hundertprozentig klar ist, obwohl sie sehr gut gemacht worden ist. Ich glaube daher, daß wir Rosbaud wohl das Originalmanuskript zum Dirigieren zur Verfügung stellen müssen. Der Kopist, der die Noten schreibt (Herr Wintermann) wird wahrscheinlich nächste Woche fertig werden. Du kannst also gleich nach Deiner Rückkehr korrigieren.

Zu Deinen weiteren Anliegen: Boulez ist bis Donaueschingen in Baden-Baden, Südwestfunk, erreichbar. – Der Komponist vom Zagreber Rundfunk hieß Kresimir Fribec. – Der gedruckte Prospekt ist natürlich noch nicht fertig, wenngleich ich immerfort um letzte Korrekturen gedrängt werde, wird aber hoffentlich vorliegen, wenn Du in Köln bist. – Ein Band des „Canto di speranza" hoffe ich sehr bald zu bekommen.

Bitte grüße Deine Frau recht herzlich von mir.
Herzliche Grüße Otto

Otto-Tomek-Archiv, AdK, Berlin

Die Postkarte, die Zimmermann zeitgleich am 13. August an Tomek absendet, spiegelt die Sorge um die Partitur, die singulär und ohne Duplikat – quasi in vorsorgender Reserve – der Post überantwortet werden muss, ein kaum mehr nachzuvollziehendes Phänomen aus heutiger Sicht, gemessen an den Reproduktionsmöglichkeiten, die ins Unbegrenzte gestiegen sind:

> Lieber Otto! Am 6. d. Mts ging das Manuskript von „Omnia tempus habent" an Dich ab. Würdest Du so lieb sein, und mir den Empfang bestätigen, damit des Komponisten Herz wieder ruhig schlagen kann. Das Manuskript ist das einzige Exemplar! (Die vorhergehenden Fassungen sind „annulliert".) Meinen Brief vom 3 .ds Mts. Wirst Du inzwischen bekommen haben. Sei mir bitte nicht böse, daß ich Dich um die Bestätigung bitte – aber Du weißt: Manuskript!
>
> Otto-Tomek-Archiv, AdK, Berlin

Am 27. November 1958 wird *Omnia tempus habent*, Kantate für Sopran und 17 Instrumente vom WDR Sinfonieorchester uraufgeführt. Solistin ist Eva Maria Rogner, der Dirigent Hans Rosbaud. Im gleichen Konzert werden von dem 32jährigen Hans Werner Henze die *Dithyramben* für Orchester uraufgeführt und Luigi Dallapiccolas *Concerto per la notte di natale dell'anno*, gleichfalls für Sopran und Orchester kommt zur deutschen Erstaufführung. Die beiden Werke ergänzen sich in idealer Weise. Zimmermanns auf einer Zwölftonreihe und ihrer unterschiedlichen Modifikationen beruhende Komposition ist herber im Verhältnis zur fünfteiligen Komposition Dallapiccolas: Diese brilliert in ihren Instrumentalfarben, in ihrem unmittelbar zutiefst berührenden sowohl lyrischen als auch düster todtraurigen Ausnahmezustand, ein Juwel des gleichfalls mit Otto Tomek sehr freundschaftlich verbundenen Italieners. Das Konzert wird insgesamt ein großer Erfolg beim Publikum und auch von Seiten des Orchesters, das ja mit den Werken Zimmermanns, Dallapiccolas und Henzes vertraut ist.

Am 15. Januar 1959 wird Zimmermanns Komposition im Westdeutschen Rundfunk erstmals gesendet. Tomeks Insistieren, einen umfassenden Werkkommentar von Zimmermann dafür zu erhalten für das berühmte „Nachtprogramm", kommt der Komponist nach.

Siehe: Heribert Henrich, Bernd Alois Zimmermann Werkverzeichnis, 2013
Akademie der Künste Berlin/ Schott, Mainz, S. 645ff

Das nächste große Projekt mit Bernd Alois Zimmermann und dem WDR ist das Konzert für zwei Klaviere und großes Orchester, das den Titel *Dialoge* tragen soll. Zunächst initiiert Karl O. Koch 1956 ein Kompositionsauftrag für ein Oratorium. Da Zimmermann bis dato keine ihn befriedigende Konzeption dazu gelingt, bittet er Koch, den Kompositionsauftrag in einen Auftrag für einen Konzerttypus neuerer Art umwandeln zu dürfen, den ihm der Hauptabteilungsleiter schließlich bestätigt. In der Zeit intensiven Arbeitens an diesem Doppelkonzert, also ein knappes halbes Jahr vor dem avisierten Konzerttermin, entwickeln sich die Komplikationen mit der Schreibarbeit zu einem ätzenden Dauerthema: zum einen die Herstellung des Materials im Schott-Verlag, zum anderen Zimmermanns Reinschrift der gigantischen, sich aus 66 System zusammensetzenden, aus vielen Kleinteilen zusammengeklebten Parti-

Bernd Alois Zimmermann und Sabine Zimmermann, Darmstadt, 1956

tur. Zimmermann, zum Zeitpunkt der Ablieferungsfrist krank und wieder einmal in der so sehnlichst erwarteten Semesterferienzeit beim Tag-und-Nacht-Komponieren in Dänemark, wird angemahnt durch den Hauptabteilungsleiter Karl O. Koch, dem der Dirigent Sixten Ehrling und das Orchester im Nacken sitzen. Zimmermann rechtfertigt sich am 5. September 1960 in einem langen Brief an Koch, indem er zuerst den siebenteiligen Bau des Werkes beschreibt, um dann zum Eigentlichen zu kommen:

> Nun noch ein erklärendes Wort zu der Tatsache der über Erwarten langwierigen Reinschrift der Partitur, wobei es sich in erster Linie um den Hauptteil des Werkes handelt.
> Ich konnte Ihnen schon bei unserem Gespräch damals sagen, dass die Orchesteraufstellung ein gewisses Problem darstellt, insofern es nach Ihrem begreiflichen Wunsch zuvörderst darum ging, möglichst aufwendigen Umbau, bzw. gravierende Veränderungen zu vermeiden. Ich glaube bei diesem Werk sagen zu können, dass es sich um einen völlig neuartigen Typ des Instrumentalkonzertes handelt. Ich habe mich seit jeher gerade mit dem Instrumentalkonzert besonders befasst, und es ist kein Zufall, dass diesem auch der überwiegende Teil meines Schaffens gewidmet ist. Das Instrumentalkonzert alten Stils (eine Domaine vor allem der späten Klassik sowie der Romantik) war, daran kann kein Zweifel bestehen, nicht mehr wiederbelebungsfähig, ebenso wenig das Concerto grosso. Ich habe nun in dem neuen Stück sowohl die bisherige Praedominanz des Soloinstrumentes beseitigt als auch die bisherige gruppenmäßige Konfrontierung von Soloinstrument und sei es begleitendem oder assistierendem Orchester aufgegeben [...]. Es findet nicht mehr ein „Wettstreit", wie

es noch im Wort „Concerto" anklingt, zwischen Soloinstrument und Orchester statt, sondern gleichsam ein „Gespräch" zwischen Solist und dem vielköpfigen Solist Orchester. Deshalb auch der Titel „Dialoge". Die Forderung nach der solistischen Aufteilung des Orchesters in ein Gremium von instrumentalen Individuen wurde noch des Weiteren unterstützt durch das Prinzip der Schichtkomposition, welches ich hier angewendet habe, und wonach jedem Instrument, wenn man so will, seine bestimmte „Seinsschicht" zugewiesen wird. Die Auflösung der gruppenmässigen Gliederung des Orchesters bedingte natürlich auch eine Veränderung der lokalen Disposition. Das ist also das Problem, von dem ich seinerzeit sprach und welches gelöst werden musste. Zunächst schien es so, als wenn dieses nur durch eine amphitheatralische Sitzordnung des Orchesters, Publikum in der „Arena", oder durch die Ihnen seinerzeit angedeutete „Voluten"-platzierung der Streicher verwirklicht werden konnte, wobei diese vom Podium bis zum Ende des Zuschauerraums hin eine „Schlange" bildeten. Erforderlich war dabei vor allem, dass jeder Instrumentalist, auch jeder einzelne Streicher, einen „Wirkungskreis" von ca. 2–3 m um sich herum hätte haben müssen; – nun, glaube ich, dass ich das Ei des Columbus gefunden habe: das Orchester muss nur sinnvoll „durcheinander" gesetzt werden, um alle Forderungen zu erfüllen, und der Raum des Podiums kann wie bisher ausgenutzt werden [...]

Otto-Tomek-Archiv, AdK, Berlin

Kochs Bedenken und Zimmermanns Lösung des Problems werden verständlich, wenn man sich den großen Sendesaal im Funkhaus Wallrafplatz in seiner doch begrenzten Größe imaginiert. Mit gleichem Datum schreibt Zimmermann auch noch an Tomek:

[...] Deine Sorgen, bzw. die von Herrn Koch, sind unbegründet: das Stück geht morgen, genauer gesagt: der Rest geht morgen mit Eilpost zu Schott ab. Allerdings muss ich Dich darauf aufmerksam machen, dass die dänische Eilpost volle 8 Tage benötigt. Dieser merkwürdige Umstand kommt durch eine hierorts besonders langsam arbeitende Zollbürokratie zustande. Trotzdem bin ich sehr dankbar für die Geduld, die man in der Sache gezeigt hat. Freilich musste ich auch um etwas Geduld bitten; denn wie ich jetzt bekennen muss, habe ich leider mehr als 14 Tage durch Krankheit verloren. Zunächst waren es die Augen, die das Petroleumlicht hier nicht vertrugen, und dann habe ich mir zuguterletzt noch den wirklich überflüssigen Luxus einer Serie von Nierenkoliken geleistet: wohl so ziemlich das Unangenehmste, was es gibt.
Du wirst inzwischen gesehen haben, wie das Stück aussieht. Ich wäre Dir dankbar, und ich möchte geradezu um Deine freundschaftliche Hilfe dabei bitten, wenn Du unter allen Umständen die vorgesehene Sitzordnung durchführen könntest [...].

Otto-Tomek-Archiv, AdK, Berlin

15. September 1960
Lieber Bernd-Alois!
Die Restpartitur war leider bis heute morgen nicht bei Schott eingegangen. Heute abend fahren wir nach Venedig und morgen sehe ich Herrn Ehrling. Es ist mir richtig peinlich, dass ich ihm auch jetzt noch nicht die komplette Partitur aushändigen kann. Hoffentlich geht die Sache nur gut aus. Es tut mir leid, dass du schon wieder unter Krankheit zu leiden hattest und ich wünsche Dir nur, dass Du Dich inzwischen wieder so weit gefangen hast, um die Rückreise antreten zu können. Ich hoffe, dass wir uns dann nach dem 23.9., wenn wir wieder hier sind, sehen.

Die Partitur der Teile 3 bis 5 habe ich mir inzwischen angeschaut und verspreche mir davon sehr interessante Klänge. Allerdings ist die Instrumenten-Aufstellung nach Deinen Angaben nicht zu machen. Dafür müssten wir ein Cinemascop-Podium haben. Die Zeichnung ist nämlich ganz unproportioniert. Es sind z. B. die beiden Flügel viel zu klein. Ausserdem hat der Eine nach Deiner Zeichnung die hohen Tasten links. Darüber müssen wir uns also noch weitgehend und lange unterhalten. Hauptsache, Du kommst zunächst einmal möglichst gesund zurück.

Auf Wiedersehen und herzliche Grüsse
Dein Otto

Otto-Tomek-Archiv, AdK, Berlin

Die Spezial-Aufstellung eines „durcheinandergewürfelten" Orchesters hat sich im Sendesaal nicht verwirklichen lassen. Mehr oder weniger konventionell wird die Sitzordnung des Orchesters auf der nicht allzu großen Bühne eingerichtet.

Innerhalb der streng seriellen Komposition bricht im sechsten Teil der *Dialoge* plötzlich ein anderer Ton, aus der parallel verlaufenden *Soldaten*-Welt herein, indem erstmals aus dem Zimmermannschen Komponieren das auskomponierte Zitieren in Form einer Collage – mit Musik von Debussy, Mozart, mit Renaissancemusik und Boggie-Woggie-Einlagen – das Publikum aufschreckt und vor den Kopf stößt: Die Ära des Avantgardistischen wird unterwandert mit Vertrautem im falschen Kostüm, eine Vorwegnahme eines dann häufig verwendeten Verfahrens wie u. a. in *Musique pour le soupers du Roi Ubu* Ballet noir en sept parties et une entrée für Orchester und Combo (1962–1967) oder in *Photoptosis* Prélude für großes Orchester (1968), ein Verfahren, das Zimmermann später immer wieder die „Kugelgestalt der Zeit" nennen wird.

Vielfach ist dieser Zimmermannsche Terminus gedeutet worden. Die zeitgleiche „Anwesenheit" von unterschiedlichen Werken der Musikgeschichte reicht aber nicht aus, die philosophisch-kosmologische Dimension in ihrer Klanggestalt schon als Repräsentant dieser Idee zu deuten. Debussy collagiert mit Mozart, im gleichen Moment zur parallelen „Echtzeitkomposition" der *Dialoge*, also parallel zum authentischen Teil des Werks, zeigt allenfalls die Gleichzeitigkeit unterschiedlicher Stile unterschiedlicher Zeiten und ein Bewusstwerden des musikgeschichtlichen Kontextes. Zwingender ist die Deutung, dass Zimmermann durch die kompositorischen Entscheidungen eine Art Spreizung erwirkt in den Zeitverhältnissen ähnlicher Klangereignisse, so dass das bereits Verklungene in seiner Dehnung parallel zum eben jetzt erst stattfindenden Klingenden und mit dem extrem verkürzten, klanglich erst noch Kommenden, übereinandergeschichtet parallel verläuft. Noch mehr als das Schlagwort von der Kugelgestalt der Zeit überzeugt vielleicht ein anderer Gedanke Zimmermanns: Die „Gleichzeitigkeit im Ungleichzeitigen". Dieser Gedanke lässt zumindest die Idee zu, dass in jedem Augenblick ein Anfang, aber auch ein Ende ist. Auf das Musikalische übertragen hieße das, dass jeder klingende Moment immer das Zentrum ist, worin das vorausgegangene Klingende mündet und das als eben Geklungenes bereits beim nächsten Klang wieder der Vergangenheit zugehörig wird. Diese Zentren wären dann vielfach häufig innerhalb einer Komposition aktiv, die von dieser Idee bestimmt ist.

Damit würde der Gedanke der Unendlichkeit mit dem religiösen Begriff der Ewigkeit kompositorisch ineins gedacht. Der für Zimmermann alles überragende Dichter Ezra Pound spricht in diesem Zusammenhang von der „Immer-Zeit", von der Gleichzeitigkeit von Vergangenheit, Gegenwart und Zukunft. Zimmermann denkt sich daraus seine eigene Zeitphilosophie und prägt für sich den Begriff des „pluralistischen Komponierens" als eine Fortsetung des seriellen Komponierens.

Das an mehreren Werken gleichzeitig Arbeiten ist sein persönlicher Pluralismus, unverrückbar klar in dem, was unverrückbar kompositorisch im Voraus festgelegt ist. Im Unverrückbaren ver-rückt? Die Phänomene einer schleichenden Depression haben auch hier ihr Territorium, ihren Kulminationsort: Das gleichzeitige zeitgleiche Handeln geht so wenig wie das dreistimmige Sprechen, mit dem das Dialektische und die Synthese daraus gleichzeitig gesagt werden kann.

Wenige Wochen nach der Uraufführung schreibt Zimmermann an Tomek, sich an den „Erfolg" bei Publikum und Presse zurückerinnernd:

Otto-Tomek-Archiv, AdK, Berlin

Durchaus mit Humor durchtränkt können Bernd Alois Zimmermanns Briefe sein, auf die Tomek dann eher nüchtern und sich dabei entschuldigend, reagiert. Sie geben einen Einblick in das kaum zu bewältigende Pensum in der Redaktionsklause, die manchmal vor Interventionen, Wünschen oder anderen Ansprüchlichkeiten von außen geschützt werden muss:

16.12.1961
Lieber Otto!
Habe herzlichsten Dank für Deinen freundlichen Schreibebrief, der Deine schon persönlich und telefonisch vor längerer Zeit mitgeteilte Absicht, mit mir einige anliegende Fragen zu besprechen, aufs Neue dokumentiert. Obzwar ich nun schon seit fast einem halben Jahr versuche, Deinem – und natürlich auch meinem – Wunsche Rechnung zu tragen, ist es mir bisher nicht geglückt, diesen zu realisieren; denn wie weiland der Walkürenfelsen wird Dein Walhalla von einer lodernden Lohe umtost: Deine wackere Sekretärin. Dieses treffliche Mädchen hat es fürwahr verstanden, Dich so zu behüten, wie Fafner den Nibelungenhort. Alle Versuche, Dich telefonisch zu erreichen, und selbst der Hinweis, daß Du ein Gespräch wünschtest, fruchteten nichts; es gab stets ein so markantes Nein, daß ich schon begann, mich der Überlegung hinzugeben, ob ich mich nicht durch ein durch das Schlüsselloch hindurchgeschobenes, zusammengerolltes Zettelchen – in Haftanstalten nennt man das Kassiber – könnte bemerkbar machen. Mir fiel jedoch dann beiläufig ein, daß der postalische Weg in einer Anstalt des öffentlichen Rechts gewisse Chancen in sich berge, Dich zu erreichen. Quod est sperandum. Ehe ich Dir nun, gefiltert durch Dein Vorzimmer, meine Weihnachtsgrüße zagend auf den Tisch lege, wage ich weiterhin der Vermutung Nahrung zu geben, daß Du vielleicht mit mir über „Presence", das „große Nachtgespräch" (Kompositionstechniken des 14. und 15. Jh. in ihrer Beziehung zur Gegenwart) und vielleicht noch über andere Dinge sprechen wolltest, die meiner Vermutung noch ferne sind. Ich jedenfalls bin Dir immer nah; aber vielleicht gelingt es eines Tages, die Blockade zu durchbrechen. „In hoc sensu fortiter pugnans" („in diesem Sinne kämpft tapfer")
stets Dein Bernd-Alois

Otto-Tomek-Archiv, AdK, Berlin

3. Februar 1962
Lieber Bernd!
Dein charmanter Brief lässt sich nicht mit einem schäbigen Telephongespräch beantworten und ich möchte Dir deshalb noch ein paar Zeilen schreiben.
Schimpfe bitte nicht auf Fräulein Pohlmeier. Sie tut nur, was ich ihr dringend aufgetragen habe, und ich bitte Dich doch nur um eines, solche Massnahmen nicht persönlich aufzufassen. Die Arbeit wird nur einfach so gigantisch viel, dass ich mich absperren muss, um das, was ich gerade zu tun habe, auch machen zu können. Wenn wieder von Dir etwas hier produziert wird, dann werde ich mich unter Ausschliessung anderer Sachen Deiner Angelegenheit ebenso widmen, wie ich es hier jetzt eben gerade mit anderen mache. Dies ist, wie gesagt, nur ein Akt der Notwehr, und ich bitte Dich, das recht zu verstehen.

Natürlich müssen wir uns jetzt sehr bald sehen und ich bitte Dich mir zu sagen, wann wir uns treffen könnten. Von mir aus ginge es z. B. Dienstag am späten Nachmittag, ab 17 Uhr; desgleichen am Donnerstag. – Bitte, lasse von Dir hören.

Herzliche Grüsse Dein Otto

Kaum je hat Otto Tomek über das schiere Pensum sich beklagend geäußert, das zu leisten er täglich gezwungen war. Neben den vielfältigen organisatorischen Notwendigkeiten, die anfallen für die Vorbereitung der Konzerte und für die Gastkonzerte des Orchesters, für die Engagements der Dirigenten und Interpreten, für die Ensembles, die in den Kammermusikreihen von „Musik der Zeit" auftreten, nehmen ihn immer stärker in Beschlag vor allem die Sendungen, die von Jahr zu Jahr mehr und umfangreicher werden. Die Frequenzen des ständigen Beratens, des Zeithabenmüssens für die vielen Komponisten, die vielfach egomanisch und selbstbewusst ihre speziellen Interessen gegenüber dem WDR über den Redakteur Tomek abladen, rauben ihm die letzten freien Minuten. Das einmal in Gang gesetzte eigene Vermögen und Engagement wird rasch als Selbstverständlichkeit vorausgesetzt. „Notwehrmaßnahmen" muss er ergreifen durch Ignorieren dringlicher Wünsche und durch Flucht. Manchmal aber schlagen äußerliche Ereignisse zu, die ihn an den Schreibtisch fesseln, zumal nur er in der Lage ist, über Texte und Nachrufe, über Analysen und Detailwissen professionell zum Gelingen des Weltruhms der Musikabteilung des WDR beizutragen.

Ende des Jahres 1961 muss ein ihn besonders berührender Nachruf geschrieben und „gesendet" werden über einen Menschen, mit dem ihn zu Beginn seiner Laufbahn zunächst bewundernde Nähe, dann bilaterale Austauschgeschäfte verbunden haben. Ein Nachruf, der einer Selbstbeschreibung gleicht:

Nachruf für Wolfgang Steinecke

Wolfgang Steinecke, der Autor der schon vor mehreren Wochen für diese Stunde angesetzten Sendung über die Neue Musik in Jugoslawien, lebt nicht mehr. Kurz vor Weihnachten wurde er, erst 51 Jahre alt, das Opfer eines alkoholisierten Autofahrers. Alle, die in irgendeiner Form mit der Neuen Musik zu tun hatten, beklagen einen unersetzlichen Verlust. Wer unter all den vielen Komponisten und Interpreten Neuer Musik kannte Wolfgang Steinecke nicht? Gibt es doch heute keinen Namen von Gewicht, der ihm nicht wesentlichste Anregungen zu verdanken hatte.

Steineckes Lebenswerk, das Kranichsteiner Musikinstitut in Darmstadt und die von diesem Institut seit 1946 jährlich abgehaltenen Internationalen Ferienkurse haben einen Ehrenplatz in der Geschichte der Musik nach 1945. Was hier an Anregungen, an Förderung ausgegangen ist, lässt sich gar nicht ermessen. Steinecke, selbst kein Komponist, besass jenen unerhörten Spürsinn für die musikalischen Probleme des Augenblicks, der alljährlich die Ferienkurse zur spannenden, erregenden Begegnung mit der vordersten Linie des Komponierens werden liess. Darmstadt ist, dank Wolfgang Steineckes unermüdlicher Arbeit, zum Inbegriff einer Schule geworden; einer internationalen Komponistenschule der jungen Generation, die sich vor allem mit den Namen Pierre Boulez, Karlheinz Stockhausen und Luigi Nono verbindet. Um 1950 waren sie in Darmstadt noch Schüler bei Olivier Messiaen, Hermann Scherchen oder

Wolfgang Fortner. Heute unterrichten sie selbst. – Und das ist vielleicht die schönste Bestätigung für Sinn und Aufgabe der Darmstädter Ferienkurse.

Wolfgang Steinecke, dem Freund, der stets mit Klugheit und Güte die verschiedenartigsten Temperamente und Interessen auszugleichen wusste, gilt der Dank über das Grab hinaus. Seine nimmermüde Arbeit für die Neue Musik wird unvergesslich bleiben.

Otto Tomek, Privatarechiv

Tomeks Fassungslosigkeit rotiert um die Wortzentren „unerhörter Spürsinn", „unermüdliche", „nimmermüde" Arbeit, um begreifbar zu machen, was Steinecke in seinen Augen an Übermenschlichem geleistet hat.

Was Otto Tomek damals noch nicht wusste: Die integrative Kraft, mit der der Leiter der Ferienkurse alle kompositorischen Strömungen, alle Internationalitäten in Darmstadt zusammenführte, war ein radikaler Gegenentwurf zu seinem früheren Engagement zu Zeiten des nationalsozialistischen Regimes, in dem er, jung, begeisterungsfähig und willfährig, die Auslöschung unangepasster und vielgestaltiger Kunst aktiv vertreten hat. Der große Förderer und „Vater" der Neuen Musik des Nachkriegsdeutschland war stigmatisiert durch die Verführungskraft eines teuflischen Systems. Aber: Die Kälte des Systems der Naziherrschaft wird zur Kälte gegenüber der eigenen Vergangenheit, Verdrängung wird zur intellektuellen Strategie. Steineckes Leben in der Neuen Musik ist daher eine atemberaubende Kehrtwende, gleichwohl eine faszinierende Wiedergutmachung: Ein äußeres Bekenntnis seiner eigenen Erkenntnis über den Wahnsinn einer anderen Zeit..., das muss man Wolfgang Steinecke zugutehalten.

S.: Michael Custodis, Netzwerker zwischen Tradition und Moderne.
Wolfgang Steinecke ..., Saarbrücken: Pfau, 2010.

Dominantes Verhalten ist Steineckes Sache in Darmstadt nicht gewesen, nein, das Zusammenführen von Gegensätzen war seine Maxime und ein Zum-Klingen-Bringen, was jahrelang verboten war. Eine Maxime, die sich konkretisiert durch mutige Programme als Konzept gegen die allmählich immer stärker werdende Dominanz und die beherrschenden Allüren einzelner Komponisten, die nur dulden, was ihrer ästhetischen Zielstrebigkeit dient. Steinecke kann die unterschiedlichen Lager, die sich vor allem durch die Altersunterschiede der Komponisten, durch die Bewahrer und die Progressiven ergeben, nur durch Präsentation unterwandern. Seinen Programmen haftet damit aber auch etwas Zwanghaftes an: Alles, jeder Stil, jede Innovation, alles über Jahre hinweg Verhinderte muss in jedem Jahrgang neuerlich zur Diskussion gestellt werden. Die „Alten" werden wie die Jungen gleichwertig mit Uraufführungen präsentiert. Jedes autoritäre Spiel bis hin zu blödsinnigen diktatorischen Ausscheidungsstrategien besonders kluger Jungkomponisten gegenüber Andersdenkenden ist Steinecke im tiefsten Inneren wohlbekannt. Deshalb unterbindet er diese Machtspielchen wo er nur kann und positioniert sich auf neutralem Boden, was ihm von allen Seiten hohen Respekt entgegenbringt.

Wolfgang Steinecke, Pierre Boulez, Otto Tomek, Baden-Baden, 1960

Dennoch bleibt zum Beispiel Bernd Alois Zimmermann auch in diesem Darmstadt ein Außenseiter, mehr noch: ein Ausgestoßener, ein durch die Hybris der jungen Serialisten missachteter Spätling. Weil Tomek ein „Steineckeianer" ist, weil er dessen Neutralität und Offenheit schätzt, sie schließlich auch in seinen ersten WDR-Jahren imitiert, ist die unmittelbare Nähe und Bewunderung auch dieses völlig anderen Komponisten, den er gerne als BAZi bezeichnet, nur die logische Konsequenz.

Am 20. Mai 1963 werden nach mehreren gescheiterten und desaströsen Realisierungsversuchen, das scheinbar unaufführbare und unspiel- und unsingbare Werk *Die Soldaten* an der Kölner Oper zur Uraufführung zu bringen, drei Szenen daraus als *Vokalsinfonie* im großen Saal des WDR uraufgeführt: durch Tomeks selbstlos unterstützenden Einsatz und durch das hauseigene Orchester mit den Solisten Joan Carroll (Sopran), Jeanne Deroubaix (Mezzosopran), Helen Raab (Alt), Hans-Ulrich Mielsch (Tenor), Günter Reich (Bariton) und Eduard Wollitz (Baß) unter der Leitung von Jan Krenz.

Es würde den Rahmen dieses Buches sprengen, die Geschichte dieser Oper im Kontext der Beziehung Zimmermanns zu Tomek aufzuarbeiten. In einer Tomek-Gedächtnissendung, die der WDR anlässlich seines Todes 2013 gesendet hat und in der viele O-Töne abgebildet worden sind, kommt Tomek auch auf Bernd Alois Zimmermann zu sprechen:

Mein Gott. Ich war so oft bei ihm zu Hause, wir haben geredet, getrunken, viel getrunken damals. Er war ja völlig verzweifelt, als seine Oper „Die Soldaten" abgelehnt wurde von der Kölner Oper. Als unspielbar abgelehnt, hat der Fortner bestätigt. Das könnte niemand singen. Und der Zimmermann war ganz verzweifelt. Da war ich sehr froh, dass mir das eingefallen ist, ich hab gesagt: „Komm, mach doch eine Suite, Alban Berg hat auch drei Bruchstücke aus Wozzeck, du machst jetzt 5 Szenen oder so was aus den Soldaten. Und die haben wir aufgeführt – und siehe da, man konnte die Musik spielen. Und dann kam eben ein neuer Intendant, der Arno Assmann, der hörte davon und kam und sagte, dass muss er unbedingt hören. Da haben wir ihm das vorgespielt, da hat er gesagt: „Das mach ich!" Ja, sag ich, aber Sie haben niemanden an der Oper, der das dirigieren kann." – „Wen soll ich engagieren?" Hab ich gesagt: „Michael Gielen am besten." Das hat er auch gemacht, und dann kam es auch zur Uraufführung.

WDR Open, Studio Neue Musik, 3.3.2013, 23.10 Uhr, Zum Tod von Otto Tomek, Redaktion Frank Hilberg

Nach der sensationellen ersten Realisierung von Teilen der Oper beschäftigen Zimmermann im Frühsommer 1963 zunehmend sowohl die Idee eines Doppelkonzerts für Violine und Violoncello als auch das seit langem anstehende Großprojekt einer Kantate mit Soli, Chor und Orchester. Er denkt bei dem Konzert an eine Uraufführung in der Saison 1965/66 und hofft damit dem Mangel in der modernen Literatur innerhalb dieser Gattung zu begegnen. Siegfried Palm, der als Cellist für Zimmermann feststeht, benötigt einen ebenbürtigen Geiger. Tomek bezweifelt, dass es einen solchen gibt und vertagt das Ganze auf die Zeit nach der Sommerpause. Mittlerweile ist Zimmermann wieder in Rom und erhofft eine angenehme Nachricht hinsichtlich eines Kompositionsauftrags für die Majakowskij-Kantate. Über diese sinniert Zimmermann zu diesem Zeitpunkt schon mehr als acht Jahre. Aber die extremen Anforderungen, die ihm die Arbeit an den *Soldaten* abverlangte und die komplexen Vorbereitungen und Umsetzungen einer konzertanten Version dieser Oper durch die Hilfe des WDR haben eine kontinuierliche Arbeit an der Kantate, dem späteren *Requiem für einen jungen Dichter*, nicht zugelassen. Er skizziert für Tomek seine Ideen zu diesem neuen Werk.

Parallel zu diesem neuen Projekt korrespondieren die beiden über ein Sendungskonzept. Es ist eine anspruchsvolle und produktionsaufwändige Sendung, die Zimmermann schon vor Jahren im Auftrag des Südwestfunks konzipiert hat und die seitdem unvollendet liegen geblieben war. Tomek, aufgrund seiner multiplen Funktionen im WDR inzwischen auch ein innovativer Sendungsstratege, greift das Projekt auf. Eine Sendung soll es werden, in der Zimmermann versucht, einen Gesamtüberblick über die Geschichte der neuen Musik innerhalb der Musikgeschichte zu geben, und zwar in einer innovativen und hörfunkspezifischen Weise als Streitgespräch unter Studenten. Sie soll noch im Jahre 1963 programmiert werden. Sie suchen nach einem Titel. Tomek schlägt einen von Zimmermann begeistert akklamierten Titel vor:

Sechs Jahrhunderte Ars Nova, Ein Streitgespräch unter Musikstudenten über ein gestern wie heute aktuelles Thema abendländischer Musikgeschichte
erdacht von Bernd Alois Zimmermann

Dann geht es um die Ausfeilung des Textes. Als Dokument einer beispiellosen Zusammenarbeit zwischen Redaktion und Komponist ein rundfunkspezifisches Phänomen! Allerdings stellt sich am Ende der schriftlichen Feinarbeit bis hin zum Abschluss des Manuskripts jener bemerkenswerte Konflikt ein, der in der Beziehung beider wohl einmalig ist:

Rom, den 14.10.63
Lieber Otto!
Die Seite 16 (bzw. 13) führt die vorletzte Zeile hinter dem Satz „... dass er Strukturprinzipien Machauts, Josquins und der Wiener Klassik in seiner zweiten Kantate mit den Grundformen des Seriellen, wie wir hörten, zu einem Einzigen verband? Und war das bei Desprez, Frescobaldi, Bach, Mozart und Beethoven anders?" Sodann fährt auf Seite 17 Carolyn mit dem Satz fort: „Morgen bricht über Jerusalem an ..."
Ich würde vorschlagen, dass wir die Sache mit dem griechischen Wort folgendermassen formulieren: „In diesem Mischkrug, Κρατμρ, wie es die alten Griechen nannten – und ist nicht der Krater des Vulkans ein sehr anschauliches Beispiel? – in diesem Wirbel also steckst Du genauso drin wie wir alle ...".
Was nun das Gedicht von Majakowskij anbetrifft, so handelt es sich um das 1925/26 auf den Selbstmord Jessenins entstandene Gedicht „Nachruf auf Sergej Jessenin", Wladimir W. Majakowskij – Gedichte, Übertragung von Karl Dedecius, russisch-deutsch bei Langewiesche-Brandt, 1959 Ebenhausen bei München.
Für die Komposition wird das russische Original sowie die Übersetzung von Dedecius benützt. Vorgesehen sind ein Bariton solo, Chor und Orchester. Vom Chor wird verlangt: Singen und eine Spezialform von „Sprechgesang", die für dieses Stück eigens herausgearbeitet werden soll, jedoch so beschaffen ist, dass der Chorsänger keine „berufsfremde" Kunstübung damit zu verbinden braucht. Hinzu kommen noch zwei Sprecher (Schauspieler), das Orchester wird ebenfalls nicht mit „berufsfremder" Kunstübung geplagt werden.
Das Ganze soll 20 Minuten nicht überschreiten und es ist auch angestrebt, die Anforderungen für den Chor im Rahmen dessen zu halten, was mit nicht allzu viel Proben verbunden sein soll. Probenanzahl möchte ich aus begreiflichen Gründen und kann ich auch jetzt noch nicht angeben (nun, man wird mich ohnehin sicherlich nicht auf eine bestimmte Probenzahl festnageln wollen, so etwa wie: keinesfalls mehr als – sagen wir: 17).
Das Gedicht von Majakowskij ist in seiner Haltung so ausserhalb alles Politischen, nur auf das rein Menschliche abzielend, aufs Elementare bezogen, sodass jedes Missverständnis, etwa politischer Art, ausgeschlossen ist.
Rom grüsst Dich und Sabine, die Meinige, die nunmehr auch eine der Sabinerinnen ist, – aber nicht von einem Römer, sondern von mir geraubt, als dem Ehegespons – wir beide senden Dir und der Deinigen die herzlichsten Grüsse und hoffen auf baldige Antwort
Dein Bernd-Alois

29.10.1963
Lieber Bernd,
Dein Manuskript über alte und neue Musik macht mir noch Kummer, weil ich immer wieder Dinge finde, die noch verbesserungsbedürftig sind. Hilf mir bitte dabei.

Während der Studioproduktion der Soldaten-Vokalsinfonie von Zimmermann im Mai 1963.
Von links: Jeanne Deroubaix, Hans Ulrich Mielsch, Otto Tomek, Joan Carroll, Günter Reich, N.N.,
Jan Krenz, Bernd Alois Zimmermann, Annemarie Bohne

Seite 2: Eustache Deschamps. Ich finde nur einen Textdichter einer Ballade dieses Namens (in Besselers Bückenhandbuch), sonst ist der Namen nirgends verzeichnet. Wir müssen ihn aber irgendwie charakterisieren, sonst versteht kein Mensch, kein Hörer, was damit gemeint ist. Wenn Du nichts Näheres darüber sagen kannst, lassen wir besser den Namen weg und sagen einfach: „wie ihn (Machaut) ein Zeitgenosse schildert".

Seite 8: damit die Rechnung von Cecile mit den Longae aufgeht, ändere ich wie folgt (Änderungen sind unterstrichen): im ersten Kyrie wird die aus vier Masseinheiten bestehende Talea siebenmal wiederholt. Das Christe hat eine Talea von sieben longae, der zu wiederholende erste Teil des letzten grossen Kyriekomplexes hat eine solche von zweimal vier longae, der zweite eine Talea von zweimal sieben longae: damit hätten das erste und das letzte Kyrie insgesamt je 28 longae."

Seite 13: Cyprus-Kodex. Ist damit die Turiner Handschrift vom Anfang des 15. Jahrhunderts gemeint? Jedenfalls muss dazu eine nähere Erläuterung dieser Art in 2–3 Wörtern.

Seite 15: Gibt es eine original Zimmermannsche Übersetzung des Augustinusspruches: si nemo a me quaerat, scio, si quaerenti explicare velim, nescio". Wir müssen unbedingt eine deutsche Übersetzung davon mitliefern.

Seite 16: tala. Ich war immer schwach im Mittelalter, auch sind es mehr als 10 Jahre her, dass ich mich damit befasste. Also hoffe ich mich nicht zu blamieren, wenn ich frage, was damit gemeint ist. So können wir das Wort nicht auf ahnungslose Hörer loslassen.

Seite 17: Neue Verlegenheit, Old Ben... Ich bin kein Kenner von Ezra Pound. Bitte auch hier einen Hinweis für Unterbelichtete wie mich.

Seite 18 und 23: kardanische Kreise waren mir auch kein fester Begriff. Die Erklärung von den zwei Kreisen, von denen der eine im anderen rotiert, ist zwar schön, aber für unseren Zusammenhang zu weit hergeholt. Wollen wir's nicht schlichter machen? Machst Du bitte noch Vorschläge.

Seite 22: Tonikalität. Ist eigentlich schrecklich.

Noch etwas: den Schluss möchte ich so ändern:

Michael: Und welche Musik hören wir nun?

Sebastian: die der Vergangenheit?

Carolyn: … der Gegenwart?

Cecile: … der Zukunft?

Alles sehr fragend, offen. Ich muss nämlich am Schluss noch eine Musik haben. Und zwar denke ich eben an eine Musik von Vergangenheit und Gegenwart, ohne weiteres aneinandergereiht: vielleicht ein Stück Perotinus, daran anschliessend ein Satz Webern, daran wieder etwas Niederländisches, daran ein Stück strengen Strawinsky. Ich bin überzeugt, die Übergänge ergeben keinen Bruch. Was man für die unmittelbare Gegenwart eventuell nehmen könnte, weiss ich noch nicht. Es müsste eine Musik strengster Struktur sein, keine Klangfarbenmusik, sonst passt es nicht zueinander. Hast Du eine Idee, ein Stück von einem jüngeren Komponisten, aber streng strukturiert?

Anschliessend an diese Musikmischung würde ich in der Absage dann sagen: (etwa) es war wirklich Musik der Vergangenheit und Gegenwart, die Sie zuletzt hörten, an den Perotinus um 1200 dann der Webern, …so ähnlich könnte das sein.

Aber ich kann die Sendung nicht ohne Musikblock enden lassen,

zumal die Musikbeispiele ohnedies dünn gesät sind und das Ganze nicht zu kurz werden darf.

Frl. Langel ist auf Urlaub, daher die nicht ganz korrekte Maschinschrift (Eigenbau Tomek).

Sei herzlichst gegrüsst Dein Otto

P.S. Habe Herrn Koch Details wegen Kompositionsauftrag gegeben, Vorlage geht jetzt zu Herrn Dr. Brühl.

Rom, den 5.11.63

Lieber Otto!

Deine Eilbriefe haben ein merkwürdiges Schicksal – sie kommen entweder besonders langsam an, oder ich bin gerade verreist, wie jetzt eben zum Beispiel, wo ich die kurzen Ferienfeiertage Bettinas zu einem Besuch der Tempel in Paestum benutzt habe: ein unvergessliches Erlebnis!

Nun jedoch zu Deinen Fragen:

Eustache Deschamps gilt an sich als Gewährsmann u. a. für Machaut;

Lassen wir also den Namen weg und es bei dem „Zeitgenossen" bewenden.

Vorschlag bezügl. Seite 8 akzeptiert.

„Cyprus-Kodex" eliminieren wir! Erinnere Dich daran, dass Du in diesen Dingen plein pouvoir hast. Es handelt sich ja auch nur um eine Aufzählung von mehreren Fakten. Der Hinweis auf den Cyprus-Kodex stammt übrigens von Strawinsky selbst. Mir ist keine andere als die Turiner Handschrift bekannt.

Zur nächsten Frage Augustinus betreffend: ich würde in freier Übersetzung sagen „wenn niemand mich danach fragt, (gemeint ist die Zeit) so weiss ich es – möchte ich es jedoch den Fragenden erklären, so weiss ich es nicht".

Mit „tala" sind jene tala gemeint, welche Messiaen im Rückgriff auf die indische Musikkultur in sein Werk eingeschmolzen hat. („Trois talas" u.a.m.) Es handelt sich dabei um unveränderliche Modi rhythmischer Art, genauer gesagt um gewisse festgelegte Rhythmen, welche ganz bestimmte Bedeutungen innerhalb der indischen Musikkultur haben. Man kann sie sehr wohl mit unseren heutigen rhythmischen Reihen und der Isorhythmik vergleichen. Wenn Du jedoch meinst, dass das Verständnis der Hörer allzusehr strapaziert wird, kannst Du das ominöse Wort fallen lassen. Vielleicht genügt auch ein einfacher Hinweis auf die indische Musikkultur. Im Übrigen gibt es jedoch auch bei den sog. Primitiven Beispielen von „rhythmischen Reihen" mit kultischer Bedeutung, wohingegen die alten Griechen Tonreihen von mehr oder weniger ethischer, bezw. pädagogischer Bedeutung hatten.

„Old Ben" benutzt Ezra Pound für die Anrufung von Mussolini, den er in seiner eigentümlichen, um nicht zu sagen tragischen Verherrlichung des Faschismus, von der er ja auch heute noch nicht abgewichen ist, in Beziehung zu Odysseus setzt; Odysseus, der in allen Metamorphosen die Zentralfigur seines dichterischen Denkens darstellt.

Zur Frage der kardanischen Kreise: ich glaube diesen Begriff kann man wohl heranziehen, denn zumindest die kardanische Aufhängung wird auf der Penne durchgenommen. Aber wenn Du's schlichter machen willst, so habe ich nichts dagegen. Ich meine nur: u n t e r schätzen soll man sein Publikum auch nicht; denn die Leute, die an dieser Sendung interessiert sind, werden wegen den kardanischen Kreisen sicherlich nicht abstellen.

Der Begriff „Tonikalität" ist natürlich schreckliches Musikwissenschaftler-Kauderwelsch, welches erfunden wurde, um jene Musik, welche die Tonika respektiert, von der anderen zu trennen, die zwar noch tonal in der Benutzung von Dreiklängen ist, die jedoch nicht mehr eindeutig und stringent auf die Tonika als konstituierende „Tonart" bezogen werden können.

Um es nochmal zu sagen:
ich stelle es Dir völlig anheim, wie Du die betr. Stellen formulieren willst, unter der Voraussetzung natürlich, dass der Sachverhalt, genauer gesagt der Tatbestand dessen, was ich meine, gewahrt bleibt. Es führen ja bekanntlich viele Wege nach Rom und für den Zweck eines „Hörspiels" über Musik bin ich gerne mit einer zwangloseren Formulierung, wie sie eben auch ein Gespräch unter Musikstudenten erlaubt, einverstanden. Es handelt sich ja auch wirklich nur um Kleinigkeiten.

Bei dem Schluss hingegen fällt es mir schwer, mich Deiner Meinung anzuschliessen, dass man unbedingt mit einem Musikblock enden müsse. Gerade, weil die Frage offen ist, nur offen sein kann, und auch offen bleiben soll, muss man mit Schweigen schliessen, welches ja keineswegs ein Schweigen der Resignation ist, sondern ein Tatbestand; denn wie die Musik der Zukunft aussieht, und wer die Musik in die Zukunft hineinträgt, vermag niemand zu sagen. In dieser Frage gibt es eben kein happy end, so wirkungsvoll es für den Schluss einer Sendung auch sein mag.

Der wirkungsvollste Schluss ist das Schweigen und der ehrlichste zugleich. Meiner Meinung nach haben wir wirklich genügend Musikbeispiele, weniger in der Häufigkeit derselben, als vielmehr in der Ausdehnung. Allzuviel wäre auch da ungesund.

In jedem anderen Falle wäre eine Collage in der von Dir vorgeschlagenen Form ein Vergnügen für mich, zumal ich wohl von mir sagen kann, dass ich damit umzugehen verstehe. Bis jetzt hat noch niemand eine Musik strengerer Struktur als Webern auf die Beine gebracht, weil es halt in der Zielsetzung auf das Elementare nicht weitergeht. Das Element kann nicht mehr weiter definiert werden. Die vielzitierte „Webernnachfolge" hat das Webern'sche Verfahren multipliziert: Multiplikation ist jedoch lediglich ein gesteigertes Verfahren von Addition. Aber vielleicht hilft uns das Beispiel Mondrian weiter. Mondrian hat wie Webern das Elementare zur Darstellung zu bringen vermocht und niemand anders konnte das als eben nur Mondrian und Webern. D i e s e Möglichkeit gab es nur ein einziges Mal.

Dass jeder Komponist äusserste Strenge in der Strukturierung seiner Musik anwende, ist ein Primärgesetz des Komponierens, über das man meiner Meinung nach überhaupt gar nicht reden sollte, wenn man sich nicht des Verdachts schuldig machen will, dass diese primäre Voraussetzung nicht als solche anerkannt wird. Ich habe in meinen „Dialogen" Klangfarbenmusik von einer Strenge der Struktur geschrieben (und nicht nur in den Dialogen), wie sie kein anderer Komponist strenger aufzuweisen vermöchte. Flexibilität und Breite des Klangspektrums im weitesten Umfange des an Farbe nur Möglichen, zusammenschiessend in dem nur einzig möglichen Bruchteil jener Sekunde, welche die organische Mischung aller der dafür benötigten Elemente zulässt, kann nur der schreiben, der über alle strukturellen Voraussetzungen verfügt. Dürre Strukturen, deren Ausweis alleine jener der Bemühung musikalischer Intelligenz ist, sind höchstens der „Beweis für musikalische Intelligenz", die ein Komponist von einiger Begabung zu beweisen nicht nötig haben dürfte.
Ich akzeptiere gerne Deine Version: (ich zitiere)
    Michael: und welche Musik hören wir nun?
    Sebastian: die der Vergangenheit?
    Carolyn: ... der Gegenwart?
    Cecile: ... der Zukunft?
und nun würde ich vorschlagen, wie bei mir vorgesehen zu schliessen:
    Sebastian: die der nahen Zukunft!
Cecile: ...hat sie schon begonnen?" (das „oder" zu Beginn der letzten Frage ist natürlich falsch. Ein Irrtum. Verzeih.)
Freue mich <u>sehr</u> auf die Sendung! Herzlichst Dein Bernd-Alois

Otto-Tomek-Archiv, AdK, Berlin

17.12.1963
Lieber Bernd!
Die Angelegenheit des Streitgespräches unter Musikstudenten hatte kurz bevor die Sendung lief ein bewegtes Vorspiel, während das Nachspiel noch nicht abgeschlossen ist.
Wie durch eine Anfrage des Südwestfunks bekannt wurde, war das Manuskript, das Du mir gegeben hast, bereits nach Baden-Baden verkauft. Da die Sache unmittelbar vor der Sendung herauskam, und ich keine Ersatzmöglichkeit hatte, blieb mir nur übrig, den Südwestfunk zu bitten, gegen die Sendung des Manuskriptes, dessen Rechte Baden-Baden erworben hat, in Köln keinen Einspruch zu erheben. Man gestand mir das auch zu, behielt sich jedoch weitere Schritte vor. Die Angelegenheit ist mir äußerst unangenehm, weil Du mich damit richtig hereingelegt und übers Ohr gehauen hast. Im Augenblick weiß ich nicht, wie die Sache bereinigt werden kann. Dies ist auch nicht mehr meine Angelegenheit, sondern die anderer Stellen hier im Hause. Jedenfalls ist bis zur Klärung sowohl die Überweisung des Sendehonorars für die Wiederholungssendung als auch die Erteilung des Kompositionsauftrages gestoppt. Durch Zufall erfuhr ich überdies, daß das gleiche Manuskript auch dem Saarländischen Rundfunk angeboten wurde. Eine Gemeinschaftsproduktion mit dem Südwestfunk wäre an sich gar nicht ausgeschlossen gewesen, wenn man vorher Bescheid bekommen hätte. Auch hätte die fertige Realisation im Wege des Bandaustausches seinen Weg nehmen können.

Es ist aber sinnlos, den gleichen Text zur gleichen Zeit an verschiedenen Stellen unter einigem Aufwand an Mühe und finanziellen Mitteln zu produzieren.

Es ist mir unverständlich, daß Du mich nicht darauf aufmerksam gemacht hast, daß Baden-Baden für dieses Manuskript bereits eine Anzahlung geleistet hat. Ich muß mich gegen den Vorwurf verteidigen, bei der Auswahl der Manuskripte nicht genügend vorsichtig gewesen zu sein. Aber ich hätte gerade von Deiner Seite das nicht erwartet.

Mit besten Grüßen (Tomek)

Otto-Tomek-Archiv, AdK, Berlin

Rom, den 20.12.63

Lieber Otto!

Zu Deinem Brief vom 17.12. möchte ich unverzüglich Stellung nehmen.

Ich bestreite entschieden jedes Anrecht des SWF auf die Sendung des Streitgespräches in der Form, wie sie stattgefunden hat, zudem noch im Manuskript weitere Änderungen vorgenommen wurden.

Nun zu der Sache selbst:

Der SWF hat mich vor genau drei Jahren in der Person von Herrn Häusler um ein Manuskript für eine geplante Sendereihe „Junge Komponisten über alte Musik" gebeten. Ich habe dann ein Manuskript vorgelegt, welches mir laut Aussage des SWF als nicht ganz dem Sinn des Auftrags entsprechend bezeichnet wurde, wobei jedoch hinzugefügt wurde, dass man das Manuskript und die Idee eines solchen Gespräches für so interessant hielte, dass man an eine gelegentliche Produktion trotzdem denke. Diese Produktion wurde in absehbarer Zeit in Aussicht gestellt. (Ich muss immer wieder daran erinnern, dass die Sache bereits im Herbst 1960 in Auftrag gegeben wurde.) Das Manuskript wurde trotz mehrfacher Anfrage nicht produziert, bis ich dann Herrn Häusler mitteilte, dass ich das Stück zurückziehen wolle, und zwar gegen Erstattung des Vorschusses in Höhe von 250.-- DM. Herr Häusler hat die Erstattung abgelehnt mit dem Hinweis, dass man doch schnellstens das Manuskript realisieren wolle. Das ist bisher nicht geschehen und meines Wissens ist die Sache auch nie über die Aufnahme des Frescobaldi-Stückes (auf der Orgel) hinaus gediehen.

Nach den mir bekannten autorenrechtlichen Bestimmungen war somit das Stück frei – ganz abgesehen davon, dass dem WDR eine völlig andere Fassung unter einer anderen Überschrift angeboten wurde.

Ich darf überdies noch darauf hinweisen, dass es selbstverständlich einem Autor jederzeit gestattet ist, auf Anfrage einem Sender – wie z. B. bei dem saarländischen Rundfunk – ein Manuskript vorzulegen, vor allem dann, wenn noch kein verbindliches Stadium der Verhandlungen erreicht wurde. Das war beim saarländischen Rundfunk der Fall; über eine unverbindliche Anfrage und die spätere Mitteilung, dass der saarländische Rundfunk keine Möglichkeit sähe, das Manuskript in der vorgelegten Form zu produzieren, ist es nie hinausgekommen.

Es ist das gute Recht jedes Autors, einem Interessierten ein Manuskript zwecks Orientierung vorzulegen. Ich muss in dieser Beziehung alle Vorwürfe ganz entschieden zurückweisen, insbesondere den, dass ich Dich „hereingelegt und übers Ohr gehauen" habe.

Das Manuskript war sowohl faktisch wie auch „moralisch" frei, und ich habe nicht nur bona fide gehandelt, sondern auch in der vollkommenen Überzeugung, dass die Sache durch den SWF längst abgeschlossen war; denn Du wirst mir zugeben, dass selbst für den gutwilligsten und gutgläubigsten Autor eine Zeit von drei Jahren, die man hingehen lässt, ohne etwas Entscheidendes zur Realisation des Stückes beizutragen, ein unumstösslicher Beweis für faktisches Desinteressement darstellt.

Ich darf nicht verhehlen, dass ich im Äussersten darüber betroffen bin, dass man mir eine offensichtlich unlautere Handlungsweise nicht nur zutraut, sondern auch ohne meine Stimme gehört zu haben und zugleich in meiner Abwesenheit Schritte unternimmt, welche wenig Vertrauen erkennen lassen. So schmerzlich das auch für mich ganz ohne Zweifel ist, so muss ich jedes Junktim mit dem Kompositionsauftrag zurückweisen. Ein solches Junktim ist nicht nur absurd, sondern einfach lächerlich. Denn ein Kompositionsauftrag wird schliesslich auf kompositorische Fähigkeiten hin erteilt und hat mit unbewiesenen Beschuldigungen hinsichtlich eines angeblichen (expressis verbis ausgesprocheneren) Verhaltens hinsichtlich der Sendung eines Wortmanuskriptes nicht das Allergeringste zu tun. Wenn ein Kompositionsauftrag des WDR auf blossen Verdacht hin auf mögliche oder unmögliche aussermusikalische und vor allen Dingen unbewiesene Vorgänge hin erteilt oder anulliert werden kann, so bleibt mir dazu nichts Anderes zu sagen übrig, dass jeder Kompositionsauftrag, der nicht auf rein musikalische Gesichtspunkte hin – um noch deutlicher zu werden – kompositorische Gesichtspunkte hin mir erteilt wird, für mich unehrenhaft und von vornherein abzulehnen ist.
Wenn es so sein sollte, dass die Erteilung des Kompositionsauftrages für die Majakowskij-Kantate lediglich von irgendeiner durch aussermusikalische Gesichtspunkte bestimmten und unqualifizierbaren Stimmung abhängig gewesen sein sollte, so zögere ich keine Sekunde, diesen Auftrag zurückzuweisen [...].

Nicht zuletzt darf ich bemerken, dass, wenn überhaupt von einer Schuld gesprochen werden kann, diese einzig und allein den SWF betrifft, welcher seinen Versprechungen hinsichtlich des Wortmanuskriptes nicht nur nicht entsprochen hat, sondern auch meinen „Antiphonen" für Viola und kleines Orchester unter Heranziehung von Mitteln, die ich nicht anders als unfair bezeichnen muss, die Möglichkeit einer Aufführung innerhalb und (aufgrund der Beziehungen gerade der Musikabteilung des SWF auch zu andern Sendern hin) ausserhalb des SWF bis jetzt de facto genommen hat. In der neuerlichen Invektive des SWF hinsichtlich des Wortmanuskriptes sehe ich eine neuerliche Invektive des SWF gegen mein Werk und meine Person, und ich würde es am meisten deshalb bedauern, wenn der WDR, der gerade meinem Schaffen, welchem so oft Unrecht geschehen ist, zu seinem Recht verholfen hat, sich zum Helfer einer Sache machen würde, die mir persönlich neues – und ich kann es nicht verschweigen – bitteres Unrecht hinzufügen würde.

Wenn ich zynischer wäre, als mir überhaupt möglich ist, würde ich mich für das „Weihnachtsgeschenk des WDR" in Gestalt des Briefes, wie er heute vor mir liegt, bedanken – aber so bleibt mir wirklich nur das, dessen sich auch die homerischen Helden nicht schämten: das Weinen. Auf das ausstehende Sendehonorar kann ich selbstverständlich umso weniger verzichten.
Mit besten Grüssen
Malgré moi Dein Bernd-Alois
Last not least: bei dem ersten Gespräch über das Manuskript habe ich darauf hingewiesen, dass der SWF ursprünglich die Produktion der Sendung geplant habe. Ich

muss also auch in diesem Punkte den Vorwurf zurückweisen, dass ich nicht auf diesen Umstand hingewiesen hätte. Natürlich bedaure ich jetzt mehr als sehr, dass ich das seinerzeit nicht schriftlich fixiert habe.

Otto-Tomek-Archiv, AdK, Berlin

Rom, den 24.12.63
Lieber Otto,
An dem gleichen Tag, an dem Dein Brief vom 17.12. uns erreichte, erfuhren wir auch von dem Tode Zilligs. Du kannst Dir vorstellen, in welcher Verfassung uns diese Nachrichten antrafen.

Natürlich ist vor allem hinsichtlich meiner Oper die Lücke, die hier der Tod gerissen hat, besonders schmerzlich. Und wie das in Zukunft aussehen wird, ist auch noch gar nicht abzusehen. Ich muss Dir gestehen, dass Dein Brief vom 17.12. mich wirklich sehr geschmerzt hat, weil ich mich im Recht weiss und fühle, und es ist mir deshalb ganz und gar nicht angenehm, dass eine offizielle Untersuchung vermieden wird, die mein Recht in dieser Angelegenheit gezeigt hätte.

Ich kann mir nicht vorstellen, dass ich Dir damals, als wir über die Geschichte des Manuskriptes mit dem SWF sprachen, nicht gesagt haben soll, dass ein Vorschuss, welcher ja nichts anderes als das Ausarbeitungshonorar ist, gezahlt wurde; denn das ist ja das übliche Verfahren. Rein autorenrechtlich gesehen bin ich auch gar nicht zur Zurückzahlung des Ausarbeitungshonorars verpflichtet, zumindest nicht nach Ablauf von drei Jahren.

Damit, dass die Sache ohne Untersuchung bleibt, ist es ja leider nicht getan; denn bei der Kenntnis der menschlichen Natur wird dabei für mich ein Makel bleiben, den ich hinwiederum nicht auf mir sitzen lassen kann. Und ich kann auch um des lieben Friedens willen oder um das, was man dafür hält meine Überzeugung nicht hintanstellen.

Heute, am Heiligen Abend, kam dann auch Herrn Kochs Bestätigung des Auftrages: gewissermassen der Weihnachtsmann nach dem Knecht Ruprecht; war es so gemeint? Natürlich ist die Freude darüber, wie Du Dir denken kannst, sehr groß, bei allem Kummer sonst.

Es wäre mir ausserordentlich lieb, wenn Du mir einen Umschnitt der Sendung (19 cm) zwecks Orientierung zuschicken könntest, damit ich mir überhaupt ein Bild machen kann, wie das Streitgespräch sich auf dem Bande ausnimmt, und natürlich würde es mich auch interessieren, welche Reaktion auf die Sendung in Presse und Hörerschaft erfolgte. Selbstverständlich bekommst Du das Band umgehend zurück. Schicke es bitte als Warenprobe ohne Wertangabe, weil die Sendung dadurch am schnellsten den Zoll passiert.

Nachdem das eben zu Ende gehende Jahr so viel Düsteres und Unangenehmes gebracht hat, wollen wir hoffen und wünschen, dass die Zukunft lichter werde. Dir und Deiner lieben Frau wünschen wir ein recht frohes Weihnachtsfest und vor allen Dingen ein glückliches neues Jahr
Dein Bernd-Alois und Sabine

Otto-Tomek-Archiv, AdK, Berlin

15.1.1964
Lieber Bernd,
herzlichen Dank für Deine beiden Briefe, die ich nach Rückkehr aus den Ferien in Köln vorgefunden habe. Glücklicherweise war ich von dem Urlaub gestärkt genug,

um die Funktion als „Prügelknabe" aushalten zu können, als welchen mich offenbar beide Seiten betrachten. In Abwesenheit des Komponisten Zimmermann hält man sich eben an den Redakteur der Sendung mit allen Vorwürfen. Man kann dann nur sagen, daß das Gewitter sich etwas verzieht, ohne daß ein grundsätzlicher Schaden entsteht. Er ist ja glücklicherweise nicht entstanden. Die Sendung hat stattgefunden; sämtliche Honorare wurden überwiesen. Der leise Schatten, der sich von dieser Geschichte in Richtung Kompositionsauftrag zu erstrecken drohte, ist von einer aufgehenden, freundlicheren Sonne – wie immer nach Gewittern – schnell vertrieben worden. Wenn dann alles vorbei ist, ergießt sich der Zorn des Komponisten auf den armen Redakteur, der nicht weiß wie ihm geschieht, weil er doch alles in Ordnung und bestens geregelt wähnte. Da aber bei allen Geschichten immer einer der „Novak" sein muß, fiel diese Rolle diesmal eben mir zu, und ich will weiter nicht mehr klagen, sondern die Schelte, die ich für das Streitgespräch unter Musikstudenten von beiden Seiten einstecken mußte, möglichst schnell vergessen.

Ich hoffe, Du hast das neue Jahr in Rom gut begonnen und bist überhaupt fest an der Arbeit. Wie geht es dem 3. Akt „Soldaten"? Wie ich höre, ist Herr Assmann in der Dirigentenfrage wiederum sehr aktiv geworden, zumal der Ausweg [Siegfried] Köhler ja jetzt nicht mehr in Betracht kommt (vielleicht weißt Du nicht, daß K. ab Herbst 64 GMD in Saarbrücken werden soll. Soweit ich informiert bin, fragt man Gielen, Maderna, nochmals Krenz, auch hat man – natürlich erfolglos – bei Boulez angefragt). Ich bin ja neugierig, wie das weitergeht.

Inzwischen herzliche Grüße, bitte auch an Sabine,

Otto

Otto-Tomek-Archiv, AdK, Berlin

Rom, den 20.1.64
Lieber Otto!
Sicherlich will Dich kein Mensch prügeln, ich am allerwenigsten, was Du bei genauerem Durchlesen meiner beiden Episteln bestimmt mit Leichtigkeit feststellen kannst. Wenn einer geprügelt worden ist, dann war ich das. Wofür ist man auch schliesslich Komponist. Derjenige, der nun wirklich Prügel verdient hätte, scheint mir dann am ehesten wohl unser guter Freund Häusler zu sein, der alle Spatzen wild machte. Nun, ich habe ihm geschrieben, und nachdem nun alle nacheinander hochgegangen sind, werden sie nun wohl auch alle wieder sitzen. Also lassen wir die Sache. – Es wäre nur schade, wenn Missverständnisse zurückbleiben würden, und zur Vermeidung dieser Missverständnisse sollten meine beiden Briefe beitragen.

Ich habe auch in der Zwischenzeit mit Herrn Koch in Rom gesprochen und die sprichwörtliche Sonne leuchtete auch hier. Über das Streitgespräch wurde von beiden Seiten nicht gesprochen. Soweit so gut.

Doch nun zu dem Streitgespräch selbst:
Jeder, der unsern Freund Wolfgang Schnell näher kennt, weiss, dass Raoul, der einwandfrei tüchtige, grundsätzlich an jedem Manuskript was auszusetzen hat. Am liebsten schreibt er die Stücke ganz und gar um, und so scheint es ja wohl auch der Fall gewesen zu sein; das ist also weiter gar nicht tragisch zu nehmen, sofern das Wort „Funkbearbeitung und Regie" dabeisteht.

Nun hätte ich aber wirklich das Band sehr gerne, damit ich mir, wie gesagt, einen Eindruck verschaffen kann.

Hinsichtlich des Honorars ist bei mir lediglich eines über die Samstagssendung eingegangen; dasjenige über die Sonntagsendung ist noch nicht bis zu mir gelangt.

148

Vielleicht kannst Du mal feststellen, wie sich das verhält. Zu Deiner Orientierung: ausgezahlt wurde bisher ein Ausarbeitungshonorar von 600.– DM vor der Sendung und für die Samstagssendung traf dasselbe Honorar in gleicher Höhe hier ein, womit also dasjenige für die Sonntagssendung noch aussteht.

Hinsichtlich der Dirigentenfrage scheint mir nun wirklich – für den Fall, dass Krenz bei seiner Weigerung bleiben soll – Gielen der richtige Mann zu sein, und ich würde mich auch sehr freuen, wenn Du von Deiner Seite aus die Sache in dieser Richtung unterstützen würdest. Mit Koch sprach ich in ähnlichem Sinne. Auch er ist für Gielen. (Für Boulez wäre ich auch persönlich aus naheliegenden Gründen nicht so sehr gewesen.) Ich freue mich, dass Ihr einen schönen Weihnachtsurlaub gehabt habt, und fast möchte man Euch beneiden; denn hin und wieder fehlt uns doch die Schlittschuhbahn, die es hier <u>nicht</u> gibt, sehr.

Sei also Du, wie Deine charmante Frau, seid also beide herzlichst gegrüsst, bis auf bald

Dein Bernd-Alois

Otto-Tomek-Archiv, AdK, Berlin

20.3.1964
Lieber Bernd!

Ich hätte Dir schon gerne eher geschrieben. Daß ich es nicht tat, ist keine böse Absicht, sondern nur die Konsequenz der Tatsache, daß ich mit all der Post nicht mehr zurechtkomme, und man mir eine beantragte weitere Hilfskraft nicht gibt. In der letzten Zeit waren auch Riesenproduktionen vorzubereiten. Nun zu den einzelnen Tatsachen:

Ich habe in der Sendeleitung gebeten, daß man Dir eine Bandkopie des Streitgespräches unter Musikstudenten herstellt. Ich komme damit nicht weiter. Anfragen dieser Art werden grundsätzlich abschlägig beschieden. Keiner der Autoren für das III. Programm bekommt Kopien, zumal die Termine für Umschnitte sehr rar und kostbar geworden sind. Ich kann hier nichts tun.

Eine Anfrage bei der Programmverwaltung hat ergeben, daß nach der Sendung auch das Wiederholungshonorar für die Sonntagsendung überwiesen worden ist.

Inzwischen war auch Gielen da, der hier in der Oper ein sehr gutes Gespräch hatte. Freilich ist noch sehr viel ungeklärt, aber ich habe den Eindruck, man möchte ernstlich weiterkommen. Ich hoffe es wirklich.

Nächste Woche mache ich ein paar Tage Urlaub im Salzburgischen, worauf ich mich schon sehr freue. Ich wünsche Euch beiden ein frohes Osterfest und bin

Mit herzlichen Grüßen Dein Otto

P.S.

Für ein Konzert, das wir bei der Biennale in Zagreb geben wollen, habe ich eine Wiederaufnahme Deiner Dialoge vorgeschlagen. Ich hoffe, die Sache kommt zustande (20. Mai 1965). Bruno dirigiert.

Otto-Tomek-Archiv, AdK, Berlin

Rom, Ostern 1964
Lieber Otto,

Dir und Deiner lieben und charmanten Frau ein recht frohes Osterfest – und gute Erholung von Deinen mannigfachen Strapazen, zu denen die Komponisten (freilich „nolens" – und nicht „volens"!) wohl auch beitragen, die „enfants terribles", nicht wahr?

Habe herzlichen Dank für Deinen Brief mit den angenehmen Neuigkeiten, zu denen vor allem die evtl. Möglichkeit einer Aufführung der „Dialoge" gehört. Mein Gott, wäre das schön!

Von Gielen habe ich noch gar nichts gehört. Aber es freut mich, dass das Gespräch gut verlief. Speriamo! Wegen des „Streitgesprächs" habe ich mich direkt an Bismarck gewendet. Ich hoffe, daß Dir dadurch Arbeit und Mühe erspart wird. In der Sendeleitung ist man doch sonst den Wünschen der Komponisten gegenüber nicht so hartnäckig. (Ich erinnere mich mancher „gentlemanlike-Regelung" – und wo ein Wille, ist auch ein Weg. Es ist doch absurd, daß man einen Mitschnitt zur persönlichen Information verweigert, noch dazu einem Komponisten „aus dem Hause". Umsonst soll es ja auch nicht gescheh'n.) Es wird Dich übrigens interessieren, daß auch von Jugoslawien her größtes Interesse an den „Dialogen" besteht. So wäre es ja wahrlich wunderbar, wenn Deinem Vorschlag stattgegeben würde. (Besondere Kerze brennt schon in San Clemente dafür.)

Freut Euch der Osterferien, lauft Schlittschuh und pflückt Blumen, rastet in Hütten und genießt die Salzburger Luft

Herzliche Grüße von Haus zu Haus

Dein Bazi.

Mehrere Details sollen an dieser Stelle rekapitulierende Erhellung erfahren: Tomeks Bemerkung im Brief vom 17. Dezember gegenüber Zimmermann, der WDR sei von Seiten des SWF aufmerksam gemacht worden, dass die Rechte des Sendemanuskripts im Funkhaus Baden-Baden lägen, lässt vermuten, dass unter den beiden „Häusern der Neuen Musik" enger Kontakt und Austauschrituale von interessanten Sendungen gepflegt werden (der Begriff „Gefälligkeitsproduktion" kommt in dieser Zeit auf!). Josef Häusler erinnert sich also an den längst verjährten Auftrag an Zimmermann und legt wohl mehr oder weniger unbedacht sein Veto ein. Hier wird Otto Tomek tatsächlich von beiden Seiten in die Mangel genommen, vom Hauptabteilungsleiter Koch über die Geschäftsleitung und vom Kollegen aus Baden-Baden. Dass Tomek nach Zimmermanns aufschlussreichen und in jeder Weise glaubhaften Erklärungen und Rechtfertigungen (siehe die Briefe vom 20. und 24. (!) Dezember, die sowohl mit Bitternis als auch mit Empathie und Einfühlungsvermögen dem Redakteur gegenüber gefüllt sind, nun seinerseits sich noch einmal als „Prügelknabe" darstellt, leuchtet schwerlich ein. Auch bleibt interessant, wie Tomek den Begründungen Zimmermanns letztendlich ausweicht und „den Deckel zu macht", um wieder mit jener Form einer nahen Unnahbarkeit die üblichen Freundlichkeiten nach verdientem Winterurlaub und Abstand zum Konflikt auszusenden (Brief vom 15. Januar). Dennoch, auch aus der Zusammenarbeit am Manuskript, werden die eigentlichen Qualitäten der Beziehung zwischen diesen beiden Männern nachfühlbar.

Im Hintergrund zeichnen sich allerdings ganz andere, subtilere Befindlichkeiten ab, die nicht nur rundfunkspezifischer Natur sind. Tomeks Bemerkungen hinsichtlich des „Novak" (vermutl. „Aber der Novak…" von Gisela Jonas), zeigt auch eine sich gegenseitig in die Schuhe schiebende Verantwortungszugehörigkeit der in den ARD-Anstalten sich nicht immer ohne Konkurrenzgefühle nahen Musikabteilungsange-

1957

Zimmermann mit
Michael Gielen
im Vorfeld der
Soldaten-Premiere,
Februar 1965

stellten. Josef Häuslers sprichwörtlich gestanzte Äußerung, durch John Cage hätte sich der SWF mit der „Initiale seines ersten Europa-Gastspiels" geschmückt, ist auch in den vielen Selbstlobpreisungen des WDR gespiegelt, die von Pierre Boulez „erst- maligem" professionellen Orchesterdirigat im Kontext von *Le Visage nuptial* über Karlheinz Stockhausens „erstmaliger" Aufteilung eines Orchesters in drei Orches- ter und schließlich bis zum „Mekka der Neuen Musik" reichen. Das Selbstbewusst- sein der WDR-Musikabteilung gipfelt im Werbespruch: „Sie säen nicht, sie ernten nicht und der liebe WDR erhält sie doch". Gemeint sind die armen, hungernden, nach Nahrung suchenden, dem Nährboden WDR so dankbaren Komponisten.

Die Verantwortlichen im Bereich der Neuen Musik sind schon wenige Jahre nach der Schaffung eigenständiger Redaktionen untereinander konkurrierende Macher, die sich gegenseitig auf den internationalen Festivals (Darmstadt, Venedig, Warschau, Donaueschingen, Metz, Zagreb, Berlin etc.) und in den hauseigenen Veranstaltungen informieren und dabei Trends ausmachen, um besonders aufmerksamkeitsheischende Werke, begabte Komponisten und deren förderungswürdige oder förderungsbedürf- tige Voraussetzungen irgendwie zu kategorisieren. Die Kompetenz der Neue Musik- Redakteure auf dem Gebiet des Partiturlesenkönnens, wie sie sonst nur den Dirigen- ten eigen ist, die überzeugende Darstellung der eigenen persönlichen ästhetischen Vorlieben, die ausdrucksstarke Kritikeloquenz in Gestalt von Verrissen oder Begeis- terungszertifikaten machen sie zu begehrten, aber auch gefürchteten, ja verhassten Verantwortlichen. Es lohnt sich bestimmt, den Vernetzungs- und Strippenziehermen- talitäten einmal profunder nachzugehen, die Menschen wie Koch, Kruttge, Tomek, Strobel, Häusler, Hübner, Liebermann, Kulenkampff, Hartmann, Otte, Schröter, Stuckenschmidt miteinander verbinden, auch mit ihren „Eitelkeiten, in ihren Eifer- süchteleien und handfesten Interessen."

Rainer Peters, in: Hilberg/Vogt, Musik der Zeit 1951–2001, S. 35

Deren gegenseitige Beeinflussung in der Bewertung von Komponisten und Werken wird nicht ohne Folgen für den Verlauf der musikgeschichtlichen Entwicklung der ersten dreißig Jahre nach dem 2. Weltkrieg gewesen sein. Die Hauptkonkurrenten sind allerdings die beiden Rundfunkhäuser des WDR und des SWF. Dass Tomek schließlich eines Tages von Köln nach Baden-Baden „umsattelt", entbehrt nicht einer gewissen Komik, zumal er dort die Leitungsfunktion über jene einnimmt, die bis da- hin mit einer gewissen Verbissenheit ihre Vormachtstellung gegenüber der allmächti- gen WDR-Musikabteilung postuliert haben.

> Mit Darmstadt war man auf einer Linie. Aber es gab eine große Konkurrenz zu Stro- bel und Baden-Baden, Donaueschingen und dem Südwestfunk. Es ist richtig, dass Strobel angefangen hat mit der Förderung der Neuen Musik. Und er hat es gar nicht gerne gesehen, dass die anderen das dann vermehrt auch gemacht haben. Gut, die „musica viva" in München war harmlos, weil sie dort eigentlich keine Uraufführun- gen brachten. Es war das Konzept von Hartmann, Stücke, die erfolgreiche Urauffüh- rungen hatten, nachzuspielen – an sich etwas sehr Lobenswertes. Aber der Hübner in Hamburg mit dem „Neuen Werk" und der WDR mit der „Musik der Zeit" waren

natürlich Konkurrenten und versuchten immer, eine Nase vorne zu haben. Wir hatten den Vorteil, dass wir den Chor hatten – damit war eine ganze Reihe von Werken schon fast für uns reserviert – und das Elektronische Studio. Das hat dann ein großes Schwergewicht nach Köln verlagert [...].

Das war unbestritten; es galt als selbstverständliche kulturelle Aufgabe für eine öffentlich-rechtliche Anstalt, dass man sich für die zeitgenössische Musik einsetzen und stark machen muss. Das wurde von der Intendanz, der Hörfunkdirektion, von allen wirklich so gesehen. Gut, die Presse war zum Teil verständnislos. Und es gab auch nicht viel Publikum. Die Konzerte waren oft schwach besucht. Das machte man uns aber nicht zum Vorwurf. Im Gegenteil: Die Aktivitäten der „Musik der Zeit" wurden dann noch ausgeweitet: Wir haben viele Gastspiele gemacht, wir haben in Koproduktion mit dem Sender Freies Berlin die dortigen Konzerte der „Musik der Gegenwart" mitfinanziert und auch mitgestaltet. Mir war es sehr lieb, dass ich für viele Kompositionen, die ich in Köln nicht machen konnte, eine Ausweiche in Berlin hatte. Und beim SFB waren sie immer schwach auf der Brust und sehr froh darüber. Ihre Konzertreihe sollte schon eingestellt werden, weil kein Geld da war. Für den WDR war das keine große Geschichte, ihnen da unter die Arme zu greifen.

Otto Tomek, Gespräch mit Cornelia Bittmann für eine Sendung im WDR. Privatarchiv Tomek

Zurück zum Briefwechsel Zimmermann-Tomek. Die sehr zuvorkommenden Grüße an die „charmante Frau" beziehen sich auf Margot Ziegler, seine zweite Frau, die Zimmermann in Köln kennenlernt und die Otto Tomek dort am 10. September 1963 heiratet. Die Trennung von der in Wien am Opernchor fest gebundenen Sopranistin Elfriede Hofstätter gründet in der räumlichen Distanz und in der Unmöglichkeit, außerhalb der Ferienzeit Köln und die damit verbundenen Aufgaben und Verpflichtungen verlassen und vernachlässigen zu können, so dass die Scheidung bereits am 1. März 1958, ein Jahr nach Tomeks Festanstellung beim WDR, in Wien vollzogen wird.

Dass damals Kopien von Sendungen auch an Autoren und Komponisten nicht über die Redaktion in Bewegung gebracht werden können, sondern Initiativen zur Genehmigung bis zum direkten Kontakt mit dem Intendanten des WDR ergriffen werden müssen, deutet auf den Wert und vor allem auf den Wertbegriff von Sendungen hin. Sendungen waren ein Vermögen, quasi das Eigentum des Senders und keine Ware. Aus heutiger Sicht eine Kuriosität, wo der Öffentlich-Rechtliche Rundfunk doch längst zu einem Warenhaus und zu einer Belieferungsanstalt von Eigenproduktionen an die Kundschaft „Gebührenzahler" geworden ist und deren referentielle Erwartung an die monatlich bezahlte Institution ins Gigantische angewachsen ist.

Zimmermanns Anspielungen auf das Scheitern der vom Südwestrundfunk Baden-Baden beauftragten Komposition *Antiphonen* legt Zeugnis ab, welche renitenten Kräfte außerhalb Kölns an den Fäden der von anderen vergeblich gemachten Marionette „Zimmermann" gezogen haben und... dann die Fäden durchtrennen.

Anders in Köln: In den letzten sechs Jahren seines Lebens wird Zimmermann durch Tomeks Nähe und Unterstützung begleitet. In diesem Zeitraum werden die vom WDR beauftragten oder dort erstaufgeführten Kompositionen wie *Tempus loquendi* für Flöte solo in Darmstadt, *Monologe* für zwei Klaviere am 7. Januar 1965 in „Musik der Zeit", die elektronische Komposition *Tratto* für die Weltausstellung in Osaka (allerdings erst 1968), die Hörspiel-Musik zu Elias Canettis *Die Befristeten,* mit dem Manfred Schoof Quintett 1967 produziert, *Intercomunicazione* für Violoncello und Klavier durch Siegfried Palm und Aloys Kontarsky in „Musik der Zeit" am 26. April 1967, *Canto di speranza* am 29. März 1968, schließlich das *Requiem für einen jungen Dichter* am 11. Dezember 1969 in Düsseldorf in der Reithalle als „Musik der Zeit"-Konzert und schlussendlich *Présence* für Violine, Violoncello und Klavier am 26. Februar 1970 im 3-Stunden-Wandelkonzert in fünf Räumen, von Manfred Niehaus initiiert, intermittierend zwischen John Cages *Amores* und Maurcio Kagels *Diaphonie* gespielt.

28.7.1964
Musik T / L
Lieber Bernd,
Darmstadt ist nun auch vorbei mit zwei Zimmermann-Aufführungen. Die Uraufführung des Flötenstückes hat Severino großartig gespielt. Wir haben auch bereits in Köln eine Aufnahme davon gemacht. Von Band wirkt das Stück besser, weil im Saal so viele Details verloren gehen und besonders die Baßflöte in einem großen Raum nicht gut trägt. Es ist doch ein seltsames Instrument. –
Palm war großartig im Canto di speranza, den Bour exzellent begleitete. Es war ein Glück, daß Du nicht da warst, denn die Darmstädter hätten Dich für dieses Stück wahrscheinlich gesteinigt. Du kennst ja das Publikum dort. In Deiner Abwesenheit wurde es aber ein schöner Erfolg für die Ausführenden.
Ich wünsche Dir noch einen schönen Sommer und bin mit herzlichsten Grüßen Dir und Deiner Frau
Dein Otto

Otto-Tomek-Archiv, AdK, Berlin

1.8.64
Lieber Otto!
Dank für Deine Nachricht vom 28.7., der ich entnehme, dass Du Armer (geplagter Mensch) wieder einmal Darmstadt über Dich ergehen lassen musstest.
Freue mich, dass die Flötenpièce sogar schon auf Band ist: das kann man Massarbeit nennen. Noch mehr freut es mich jedoch, dass Severino das Stück – wie Du sagst – so grossartig gespielt hat. Merkwürdigerweise ist er mir in Rom ständig ausgewichen, obgleich er überall von dem Stück in den höchsten Tönen schwelgte. So werde ich also kurioserweise die Solo-Sonate erst durchs Band kennenlernen.
Es ist natürlich ein Unfug, eine solche Komposition in der Stadthalle spielen zu lassen, und das in einer Zeit, wo man über Musik und Raum so viel Wesens macht. Gerade Solo-Sonaten sind in dieser Beziehung besonders empfindlich – und wenn es nach mir ginge: Flöten-, Viola- und Cello-Solo-Sonaten dürften nicht vor mehr als maximal 50 Leuten gespielt werden: und im entsprechenden Raum!

Deine Nachricht über die Aufführung des „Canto", dass sie also so grossartig war, freut mich ebenfalls. Wegen dieses Stückes wurde ich bereits in Darmstadt einmal gesteinigt. Und die Steinwerfer sind auch heute noch genau die gleichen: ich kenne sie genau. Nun, nachdem man die Wohltaten empfangen hat, schnappt man nach der Hand des Wohltäters ehemaliger Tage. Und diejenigen heben die schwersten

Steine auf, die am meisten meine Stücke kopiert haben, was übrigens bei der Mentalität dieses inferioren Packs nicht verwunderlich ist. Das mag hart klingen, aber es ist leider wahr. Vor Jahren einmal habe ich mich darüber geärgert, heute sehe ich dem gelassen zu. Was in dem „Canto di speranza" drin steckt, der immerhin 1952 geschrieben wurde, ist in der zeitgenössischen Cello-Literatur weder in der jüngeren noch in der meinigen noch in der Generation davor überboten worden. Die Einführung, vor allem der höchsten Lage des Cello ist nun wirklich neu, und mir ist kein Stück der gleichen Gattung bekannt, welches Orchester und Soloinstrument so zu verweben vermag, ohne dass das letztere seine Individualität einbüsst und ohne dass das Orchester zum „Begleitungs"-Apparat wird. Was innerhalb der vorherrschenden (ich möchte sie Braunfärbung der Instrumente nennen) Klangfarbe an Nuancierung und Valeurs vorkommt, ist bis jetzt nicht übertroffen worden: in der Gattung! (Dass das alles zumeist überhört wird, dass man nicht mehr in der Lage zu sein scheint, eine subtilere Farbgebung wahrzunehmen, dass man so offensichtlich des Knalleffekts bedarf, ist ein schlimmes Zeichen für den Mangel an Gehör, ja für die Hörverrohung, die in so beklagenswertem Umfange heute anzutreffen ist.)

Gewiss: nicht jedem liegt ein Stück wie der „Canto". Aber dass es nicht nur seinen Wert behalten hat, sondern auch langsam ‚Schritt um Schritt' Freunde dazugewinnt, lässt doch hoffen.

Ich persönlich dächte, dass der „Canto" zumindestens einmal auf die Kölner Produktionsliste gesetzt werden sollte. Doch darüber hoffe ich bald in Köln mit Dir reden zu können. Voraussichtlich Ende August werden wir hier unsere Zelte abbrechen und, wenn auch schweren Herzens, endgültig Italien verlassen.

Apropos Produktionsliste: ich darf annehmen, dass Du inzwischen dieses Ressort übernommen hast, weshalb ich wohl auch glaube, mit meinem Vorschlag an der richtigen Adresse zu sein.

Sei indessen recht herzlich gegrüsst und bis auf bald also

Dein Bazi

Otto-Tomek-Archiv, AdK, Berlin

Canto di speranza wird tatsächlich in der Zeit, die Tomek in Köln für den WDR arbeitet, mit Siegfried Palm und dem Dirigenten Christoph von Dohnányi am 29. März 1968 in der Reihe „Musik der Zeit" wiederaufgeführt. Mittlerweile hat Tomek höhere und weitreichendere Befugnisse, was das WDR Sinfonieorchester betrifft. Von 1965 an ist er – neben den Konzerten „Musik der Zeit" – verantwortlich und von 1966 an auch offiziell zuständig für die Produktionen des Klangkörpers.

Das letzte Betätigungsfeld, das ihn unmittelbar in seiner redaktionellen Hoheit betrifft und das ja kurzzeitig in Verbindung mit der „Steitgespräch-Sendung" in seiner Auftragssituation in Frage gestellt war, bleibt das *Requiem*. In einem der letzten Briefdokumente, die vom Komponisten an den Verantwortlichen der WDR-Konzerte geht, lässt Zimmermann Einblicke zu in die Art seines komponierenden Vorgehens:

Kongsmark, den 5.9.66
Lieber Otto!
Im Anschluss an Deine Frage und zur weiteren Beantwortung, wie weit ich also mit dem Majakowskij gediehen sei, möchte ich ein paar Fingerzeige auf die Art meines Arbeitens geben, so wenig gern ich auch (im Gegensatz zu vielen meiner Kollegen) darüber sprechen mag.

Der Arbeitsvorgang gliedert sich dabei zu 99% in das, was ich „Kopfarbeit" nennen möchte – der Rest ist „Sitzarbeit". (Es gibt auch noch drastischere Ausdrücke dafür!) Die Kopfarbeit ist gewissermassen „Datenverarbeitung": ich gehe dabei alle Möglichkeiten durch (a mente), welche ich in Hinsicht auf das zu schreibende Stück in Erwägung ziehe – und die in Betracht kommen. Es wird ersichtlich, dass es sich dabei um einen ausserordentlich grossen Umkreis von solchen Möglichkeiten handelt, die (und das mit pedantischer Akribie, um nicht zu sagen: mit wissenschaftlicher Genauigkeit) auf ihre Tauglichkeit für das entstehende Werk untersucht werden. Diese Möglichkeiten können für einen Aussenstehenden so weit ab von dem später erreichten Ziel liegen, dass überhaupt keine Verbindung mehr zu bestehen scheint. (Deshalb sind auch Angaben von Komponisten, die während der Arbeit an einem Werk von diesen selbst gemacht werden, als in den meisten Fällen absolut unverbindlich aufzufassen, sofern diese Angaben noch im Bereich der „Datenverarbeitung" gemacht werden: Du wirst mir das aus Deinen Erfahrungen bestätigen können.) Jeder Komponist hat dabei seine besonderen Verfahren, seine besondere Systematik oder Unsystematik, und jeder Komponist ist je nach Temperament mit seinen Auskünften freigiebig oder nicht, je nachdem. (Die ununterbrochene Beschreibung des Herstellungsvorganges blieb allerdings unserer Zeit vorbehalten. In den allermeisten Fällen sind die Komponisten schweigsam – nicht die schlechtesten!)

Ist der Vorgang der „Datenverarbeitung", der sich manchmal über Jahre erstrecken kann (bei mir ist es jedenfalls so), abgeschlossen, kann mit der Niederschrift begonnen werden. Vorausgesetzt, und dieses „Vorausgesetzt" ist der entscheidende Augenblick der Komposition – vorausgesetzt also, dass dem Komponisten die Entscheidung über das, was er tun will, bzw. muss, (falls er es kann) unverrückbar klar ist. Ich gestehe gerne, dass dieser Augenblick ein immer wieder faszinierender ist, geradezu von einer absoluten Gewissheit, die durch nichts anderes als durch das so viel zitierte „Glück des Schaffens", welches ja nichts anderes als das Glück ist, die einzige unverrückbare Gewissheit zu besitzen, beschrieben werden kann.

Auf diese Weise arbeite ich ständig mit mehreren Projekten gleichzeitig (mein Pluralismus kommt nicht von ungefähr) und so wird, so Gott will, eines Tages auch das Majakowskij-Stück zustande kommen: ich bin dabei.
So wird es Dir auch nicht befremdlich erscheinen, wenn ich Dir sagen kann, dass der Akt der Niederschrift im Grunde das Abschlussprotokoll eines weitverzweigten und auf mancherlei Weise mit mancherlei Leiderfahrung verknüpften Gedankengangs ist. Während ich also niederschreibe, bin ich schon wieder irgendwo ganz anders. Hätte man nur mehr Zeit!
Wenn ich alle die Ideen, die ich zurzeit im Kopf habe, realisieren will, müsste ich mindestens hundert Jahre alt werden, aber die Umstände sind nicht so.
Herzlichste Grüsse
Dein Bernd-Alois

Otto-Tomek-Archiv, AdK, Berlin

Drei Jahre später erst wird am 11. Dezember 1969 in der Rheinhalle Düsseldorf in der Reihe „Musik der Zeit" Zimmermanns *Requiem für einen jungen Dichter* (Lingual für Sprecher, Sopran- und Baritonsolo, drei Chöre, Orchester, Jazzcombo, Orgel und elektronische Klänge nach Worten verschiedener Dichter, Berichten und Reportagen)

Während der Probe und UA von Bernd Alois Zimmermanns *Requiem für einen jungen Dichter* mit Michael Gielen in Düsseldorf am 11.12.1969

zur Uraufführung gebracht und damit der Kompositionsauftrag aus dem Jahre 1963 erfüllt. Die Beteiligten dieser Uraufführung sind: Edda Moser (Sopran), Günter Reich (Bariton), Hans Franzen und Matthias Fuchs (Sprecher), das Manfred Schoof Quintett, das Studio für Elektronische Musik des WDR, der Kölner Rundfunkchor, der Rias-Kammerchor, der ORF-Chor und das WDR Sinfonieorchester Köln unter der Leitung Michael Gielens. Die Reaktion auf dieses Werk ist ambivalent. In einer eher zugewandten Haltung hat Wolfram Schwinger, damals noch Rezensent der Wochenzeitung Die ZEIT und der Frankfurter Allgemeinen Zeitung, es vielleicht am besten zusammengefasst:

> Die Uraufführung des „Requiems" im Dezember vorigen Jahres, die ohne den bereits schwer erkrankten Komponisten stattfinden mußte, hat dann noch einmal zweifelndes Kopfschütteln ausgelöst, weil dieses dem Andenken der in jungen Jahren freiwillig aus dem Leben geschiedenen Dichter Majakowskij, Jessenin und Konrad Baier gewidmete Kolossalwerk mit seinem Aufgebot von vier Chören und Solisten, Symphonieorchester und Jazz-Combo, mit seinen von zwei synchronen Vierspurtonbändern über ganze Lautsprecherbatterien in die Düsseldorfer Rheinhalle gejagten Klang- und Geräuschmontagen, mit seinen Zitaten aus Beethovens Freudenhymne und Isoldes Liebestod, aus Bachs Brandenburgischen Konzerten und Songs der Beatles, mit seinen Textfetzen aus Bibel und Grundgesetz, seinen Thesen von Augustinus und Mao, Goebbels und Dubček eine derart verwirrende Totenmesse installierte, die es über ihre gedankliche Collagetechnik hinaus auch noch unternahm, eine neue Werkgattung ins Leben zu rufen: das „Lingual", als ein Konglomerat aus Reportage und Hörspiel, Kantate und Oratorium, angesiedelt auf einer „dritten Ebene" des Sprachklangs, der zwischen Sprache und Musik pendelt und damit eine neue Verwendung von Wort und Ton versucht. Doch hat diese, leider Gottes, letzte Verwirrung, die Zimmermann stiftete, eher bestätigt denn daran gerüttelt, daß er einer der Großen in unserem Jahrhundert war [...]. Zimmermann, der sich selbst den „Ältesten der jungen Komponistengeneration" nannte und sich als „eine sehr rheinische Mischung von Mönch und Dionysos" charakterisiert hat, war tatsächlich Asket und explosiver Apokalyptiker in einer Person, ein kühler Rationalist und expressiver Dramatiker zugleich, ein kluger, vielseitig gebildeter Musiker, der bis ins Detail auf strenge ästhetisch-formale Balance achtete und dennoch die wilde pathetische Geste nicht scheute. Er traute nicht visionären Eingebungen, sondern stellte – wie er gern betonte – seinen Einfällen ausgetüftelte Fallen. Unkontrolliertes floß ihm so nie in die kalligraphisch-zuchtvolle Notenfeder. Michael Gielen glaubt, daß er vermutlich der letzte große Komponist war, der alles konnte.
>
> Wolfram Schwinger, Der explosive Asket, Zum Tod von Bernd Alois Zimmermann,
> Die ZEIT vom 21. August 1970

In dieser Schlussphase des *Requiems* wie auch des Lebens des Komponisten hört die schriftliche Kommunikation zwischen Tomek und Zimmermann auf. Rückschlüsse zu ziehen, warum, wäre nur möglich, wenn man die fortschreitenden depressiven Schübe Zimmermanns miteinbeziehen würde und daraus eine anwachsende Unfähigkeit konstatierte, die ihn immer stärker behindert, auf schriftlichem Weg zu reagieren. Man kann aber davon ausgehen, dass sich die beiden Freunde in Köln häufig im jeweiligen

Zuhause privat und dann fern von jeder „geschäftlichen" Beziehung getroffen und ausgetauscht haben.

3.5.71
An die Uraufführungen knüpfen sich viele Erinnerungen. Zimmermann litt wie kaum ein anderer Komponist unter den Spannungen der Probezeit, unter dem notwendigerweise unvollkommenen Zustand einer sich erst entwickelnden Interpretation und manchmal haben wir alle zusammen gestöhnt, richtig gestöhnt unter seiner unerbittlichen Präsenz bei den Proben. Aber als der schon Schwerkranke dann bei der Einstudierung des Requiems für einen jungen Dichter fehlen musste, wieviel seine Gegenwart bei der Einstudierung früher bedeutet hatte, wurde überscharf spürbar.

Otto Tomek, Privatarchiv

Mit erstaunlicher Sachlichkeit und kaum persönlich gefärbter Note schreibt Tomek aus der Redaktion heraus eine Art WDR-offizielle Beileidsbekundung an die Ehefrau Sabine Zimmermann, eine Woche nach Zimmermanns Freitod:

Dr. T / L Neue Musik
17.8.1970
Liebe Sabine,
[...] Natürlich werden wir das Andenken an Bernd hier hochhalten und wollen seine Musik weiterhin in unseren Programmen pflegen und so die jahrelange Verbundenheit seines Schaffens mit dem WDR dokumentieren.
Für die Musikwelt ist es besonders tragisch, daß diese schöpferische Quelle jetzt verstummt ist, eine Quelle, die so Wichtiges zu sagen hatte und gerade in letzter Zeit immer mehr Menschen erreichte. Die gewaltige Aussage des „Requiems für einen jungen Dichter" haben wir, die wir etwas befangen waren durch die enormen Schwierigkeiten der Uraufführung, noch lange nicht in all seinen Dimensionen erfaßt. Die Aufgabe, diese Botschaft richtig verstehen zu lernen, wird uns seinem Schaffen stets aufs Neue verbinden.
Mit aller Anteilnahme
Otto Tomek

WDR Köln, Dokumentation und Archive, Sig.: 5591–5605 / 12360

Zu allen speziellen Anlässen greift Otto Tomek in den Topf standardisierter Floskeln, die das Persönliche tarnkappengleich verhüllen. Todesfallmitteilungen, Würdigungen, Nachrufe, die der Sender dem Neue-Musik-Kundigen abfordert, werden spontan verfasst (nicht wie in heutiger Zeit, wo es die Musikabteilungs-Redaktionen schaffen, Nachrufe für berühmtere Komponisten und Interpreten jahrelang im Voraus bereits verfasst zu haben, im Wissen, dass man nicht wissen kann, wann der in jedem Fall unerwartete Fall eintritt).

Überhaupt: Er ist kein Mann „du langage et du lettre", obschon er täglich Briefe schreiben muss. Seine Formulierungen scheuen das Spezifische, das Artifizielle. Er mag den pathetischen Ton nicht und den der Schmeichelei. Sachlichkeit und immer rasch auf den Punkt kommen, das ist seine Sache. Manchmal nur, wenn er z. B. Nono auf Italienisch antwortet, blitzt sein Schalk hindurch, vielleicht sind es aber auch nur Assimilationen, die der Venezianer entfacht mit seinen Neckereien. Tomek ist ein Mann, empfänglich für das unerwartet Überraschende: Er ist der Mann für die unbekannten „Neu"-Ankömmlinge im doppelten Sinn. Die Weitergereisten aus anderen Ländern mit den mit Partituren vollgestopften Taschen und jene, welche die steilen Wände jener Qualitätspyramide bereits bestiegen haben. Es sind nicht so sehr die Erfolgreichen, eher die Spektakulären, deren künstlerische Taten ihm schlaflose Nächte bereiten, weil sie den WDR, die Redaktion in den Wahnsinn und die organisatorisch-strategischen Realisierungsprozesse ins Unüberschaubare, ja manchmal ins Nichtmachbare treiben.

Der stark ausgeprägte Gerechtigkeitssinn Zimmermanns und seine fordernde Detailversessenheit, gepaart mit jenem Kölschen Humor und feinnerviger Ironie… dazu Tomeks scheinhafte Ruhe im Trubel extrem hoher Arbeitsbelastung, seine gelassene Zugewandtheit und immer von allen Seiten bewunderte Zuverlässigkeit binden das privat-menschliche Band zwischen den beiden zu einer tiefen, alle Schwierigkeiten überstehenden Freundschaft außerhalb jeder Professionalität. Die Sprache der Briefe ist ja immer nur Signal einer im Moment schriftlich verfassten Bekundung von Interessen, Mitteilungen, Aufhellungen und organisatorischer Informationen. Es gibt keine Zeugnisse und keine Protokolle ihrer vielen Begegnungen und Gespräche in der Stadt, die ja nicht nur in der Redaktion, sondern oftmals auch in Lokalen und speziellen Kneipen stattfinden. Hier, in diesem viel wirksameren Zusammensein, im Sich-Sehen und „Erspüren", im Atmosphärischen des Privateindürfens, lodern die eigentlichen Austauschmöglichkeiten zu wärmenden Flammen gegenseitigen Erkennens. Unvorstellbar bei Bernd Alois Zimmermann, dass er mit Tomek und Tomek mit ihm nur oberflächlichen „Small-talk" gepflegt hätte.

Im Vergleich zu den drei anderen Komponisten muss die Beziehung zu Zimmermann die wohl rückwirkend für Tomek fruchtbringendste gewesen sein. Zimmermann ist kein Angeber, kein Alpha-Tier, keine durch Eitelkeit sich unangenehm machende Individualität. Zimmermann favorisiert einerseits die „Tragödie". Er ist in persona selbst tragisch und konditioniert, Dramen des Lebens ins eigene Schaffen einzuschachteln. Andererseits hat er einen Hang zum Prophetischen, zum kassandrischen Seherzwang, den er mit rabiaten musikalischen Mitteln „instrumentalisiert".

Pierre Boulez, der andere Uneitle und niemals sich selbst ins Rampenlicht Positionierende, setzt die Musik ins Lyrische und bedient sich des Gesangs der Sprache als Vehikel. Boulez ist für Tomek die seit der ersten Begegnung in der UE unanfechtbare Autorität, die Ehrfurcht („Ergebenheit") gebietende I n s t a n z des Komponierens und Dirigierens schlechthin, die ihn durch sein ganzes Leben hindurch begleitet und die ihm im höheren Alter zum ebenbürtigen Freund wird. Tomek erkennt in Boulez den Überlegenen, den Denker, den Formulierer entscheidender zeitprägender Axiome und den meisterhaften Strategen im Umgang mit Staat und Finanzierung gigantischer Projekte. Boulez entwickelt Erkenntnis aus gemachter Erfahrung und aus der gemachten Erfahrung anderer, die er für sich verifiziert. Er ist Beobachter der optischen, textuellen und klanglichen Phänomene, die er keinem System unterwirft, sondern das jeweilige System der Phänomene als den Phänomenen immanente Gesetzmäßigkeiten begreift. Von daher gesehen ist er zunächst oberflächlich betrachtet

Rationalist. Wer ihm wie Tomek aber persönlich begegnet ist, wird erlebt haben, dass diese Rationalität sublim und subtil einer zweiten Schicht zugehörig ist, oder besser durch diese verfärbt wird: durch das den Dingen innewohnende Geheimnis ohne Bezeichnung, das Dahinter hinter dem Erklärbaren und Überprüfbaren.

> Es gibt mehrere Möglichkeiten, ein Stück zu hören. Wenn Sie etwas zum ersten Mal hören oder wenn ich ein Stück zum ersten Mal höre, dann ist da einfach das Vergnügen, sofort etwas mitzunehmen, das einem gefällt oder auffällt und das muss nicht immer ein angenehmer Duft sein. Es gibt Dinge, die sehr angenehm sein können und andere, die vielleicht eine Abwehr, auf jeden Fall aber eine Verteidigungshaltung hervorrufen, weil man sich irgendwie angegriffen fühlt. Wenn man aber einmal weiter in das Werk eingedrungen ist, man den Aufbau mehr oder weniger kennt, dann, glaube ich, versteht man das Werk, versteht man seinen Ablauf. Vielleicht nicht jedes Detail, aber das ist auch nicht wichtig. Die erste Art des Hörens ist wichtig. Dann gibt es eine zweite Ebene, die erlaubt, Bezugspunkte wahrzunehmen. Und wenn Sie selber Musiker sind, dann finden Sie sie sehr schnell. Dann gibt es eine dritte Ebene, die ermöglicht, über das Stadium der Analyse hinauszugehen. Es gibt ein Wort von Diderot, das ich oft zitiert habe, und ich finde es sehr treffend. Er hat es im achtzehnten Jahrhundert über das literarische Werk gesagt. Er sagt: Wenn man zum ersten Mal in ein Werk eintaucht, dann befindet man sich in der totalen Dunkelheit. Je weiter man in das Werk eindringt, desto mehr kommt man zum Licht, aber je weiter man vorstößt, je näher kommt man dem Mysterium des Werkes. Und damit kehrt man wieder in das Dunkel zurück. Das ist für mich sehr verblüffend. Ich will damit sagen, jedermann will Klarheit haben. Aber das geht nicht. Das Werk birgt immer ein Geheimnis, was auch immer Sie getan haben, um es zu verstehen. Ein wirklich großes Werk behält am Ende immer sein Geheimnis für sich.
>
> Pierre Boulez erläutert seine 1. Klaviersonate im
Gespräch mit Pierre Laurent Aimard, in: Youtube

Luigi Nono hier „gattungsspezifisch" einzuordnen, ist weitaus komplizierter. Vielleicht ist der Italiener derjenige, dem das „Drama", das Dramatische, eigen ist, sozusagen der Shakespeare engagierter Musik, und für Otto Tomek daher die Instanz der Spontaneität, gepaart mit Genialität, die im Überschwang mit Schalk und Witz unbegrenzte Kreativität bei der Suche nach Neuland und leidenschaftliches Engagement gegen jede Form der Unterdrückung freisetzt.

Tomek muss sich bei Nono nicht verstellen, weil Nono nicht hierarchisch fühlt und begreift. Und Nono kann bei Tomek mit spielerischer Noblesse seine Wünsche und Bitten als inszenierte Befehle aussenden. Verstellung und Diplomatie sind zwischen diesen beiden Artisten des Gemüts nicht möglich, sehr wohl aber Brechung und Ironie als das Gegenteil des Gemeinten. Wenn Nono für Tomek das pochende Herz, Boulez die denkende Stirn ist, dann ist Zimmermann der suchende Geist. Fehlt der „Epiker". Diese literarische Disziplin, also das Erzählerische, das mit endlosen Ellipsen und Klimax-Konstruktionen Ausschweifende an Karlheinz Stockhausen auszumachen, widerspricht zunächst seiner vielfach von ihm veröffentlichten Selbstdeutung. Dennoch: Für Tomek ist Stockhausen der Berichterstatter, der penible und pedantische Chronist eigener Taten. Und er ist die technische Instanz, die das kompositorisch Gewollte in Formeln, Mustern, Zahlenreihen, später in Symbolen und mythologisch-weltanschaulichen Miszellen zu veranschaulichen versteht. Stockhausen ist für Tomek (und nicht nur für ihn) die fleischgewordene Theorie des musikalischen Denkens, auf deren Unendlichkeitsforderungen und Unendlichkeitswünsche er niemals anders als in freundschaftlicher Diplomatie reagiert und sich instrumentalisieren lässt. Interessant ist, dass sich Tomek gegenüber Stockhausens Musik immer nur als ein Faszinierter beschreibt: Faszination ohne Berührbarkeit jener Zonen, die über das Reale hinausweisen.

*

Neben diesen vier engsten komponierenden Freunden hat Tomek in den 14 Jahren seiner Kölner Zeit weiteren 139 Komponisten die Möglichkeit geboten, mit ihren Werken in der Reihe „Musik der Zeit" aufzutreten. Vielfach sind es ungespielte oder erstmals in Deutschland gespielte Werke, die die Komponisten „mitbringen" oder bereits vorher auf Wunsch Tomeks in die Redaktion per Post gesandt haben. Nicht alle Kompositionen finden den Weg zum Konzert. Manche werden „nur" produziert, eine Domäne Tomeks, zumal er in der Perfektion einer Produktion die immense Chance einer Verbreitung dieser produzierten Werke sieht und ihnen damit zu einer Aufführung woanders verhilft. Denn die Beute „Bandmitschnitt" ist auch damals schon von den Komponisten ein begehrtes und kostbares „Klangbeweisstück".

> Es entsteht ja ein völlig falscher Eindruck durch das WDR-Buch „Musik der Zeit", das nur Uraufführungen auflistet. Ein völlig anderer Eindruck entsteht, wenn man die vielen Deutschen Erstaufführungen oder die vielen wiederholten Aufführungen miteinbezieht wie zum Beispiel Strawinskys „Persephone", Milhauds „Choephores", Schönbergs „Ein Überlebender in Warschau", das Gesamtwerk Weberns, das wir gemacht haben und auch Henze, Dessau, Hartmann, Wagner-Régeny, Jürg Baur, Henryk Gorecki, Boris Blacher, ja selbst einige Stücke von Kagel zählen dazu, von Ligeti habe ich nichts für den WDR in Auftrag geben können. Und dann vergisst man immer wieder die Berge an Produktionen. Ich bin so oft im Studio gewesen, habe die einzigartigen Interpreten beobachtet beim ständigen Wiederholen schwieriger Partien, ja, in der Kammermusik haben wir alles, was wir wollten produziert, da gab es überhaupt keine Beschränkung und der Etat war dafür hoch genug, die Künstler auch von weiter einzuladen. Das war unsere Schatzkammer, da war interpretatorische Höchstleistung selbstverständlich. Und oft sind wir anschließend noch zusammengesessen und haben etwas getrunken und neue Projekte geplant. Manchmal brauchten wir etwas für die Sendung, was ja noch gar nicht auf Schallplatte oder in anderen Rundfunkhäusern existierte. Dann haben wir es einfach produziert. Also das gab es auch: Uraufführungssendungen mit Kompositionen, die noch nie erklungen sind.
> Otto Tomek, Aufschrieb für eine Sendung, Privatarchiv

Letztendlich ist die Korrespondenz zwischen Otto Tomek und den vielen Komponisten, den Interpreten und Dirigenten unüberschaubar. Natürlich ist das meiste davon vielfaches Hin und Her zur Planung und Durchführung der Konzerte und Produktionen. Die Endlos-Korrespondenzen zwischen Tomek und Stockhausen, vor allem dann, wenn es um die zusätzlichen technischen Mittel gegangen ist, sind Legende.

Aber manchmal können auch ganz banale Terminverschiebungen, Krankheitsfälle und irgendwelche Zusatzinstrumente Berge von Briefen erzeugen. Der schriftliche „Tonfall" ist in den vielen tausend Briefen nahezu identisch. Höflichkeitsfloskeln, vielfache Dankesbekundungen und überpersönliche Informationen zur Sache, freundliches Ersuchen um weitere Partituren zur Ansicht, behutsame Bewertungen der Werke, die zur Aufführung gelangen, kaum je differenziertere Beobachtungen zwischen seinen Leseerkenntnissen beim Studieren der Partituren und den klingenden Ergebnissen, also der eigenen Hörerfahrung nach den Konzerten, hier und da die obligatorischen Grüße an die Frauen der Komponisten, Dirigenten oder, im selteneren Fall, der Interpreten…, Otto Tomek hält sich verdeckt, bestimmt im Bewusstsein, nicht die Instanz zu sein, die als Auftraggeber sogleich die Kritik am Beauftragten nachliefert.

Unter solcher Arbeitslast wird eine Redaktionsstube zum Palast der eigenen Lebenszeit. Privates bleibt auf der Strecke. Auch das Verantworten des Bereichs Neue Musik fordert ein spezielles Zölibat. Der liebesfähige Tomek ist unter der Last des „Immeranwesendseinmüssens" ein beziehungsvielfältig-gemachter Charmeur für etliche Vertreterinnen des weiblichen Geschlechts geworden, nicht aber ein stets treuer Ehemann, so dass im Privatleben hier und da Turbulenzen nicht ausbleiben können.

Die Vielzahl der Menschen, mit denen Tomek schriftlich korrespondiert – neben den oft im gleichen Zeitraum parallel geführten Gesprächen in der Redaktion oder außer Haus und neben den allmählich auch überhandnehmenden Telefonaten –, machen eine profunde und in sich schlüssige Dokumentation nicht möglich. In der folgenden Liste sind wohl alle Komponisten aufgelistet, die in der Konzertreihe „Musik der Zeit" im Zeitraum Otto Tomeks mit ihren Werken vertreten sind. Aus der Liste lassen sich die Uraufführungen und Deutschen/Europäischen Erstaufführungen (UA/ DE/ EE), die Kompositionsaufträge durch den WDR (KA) und die bereits schon bestehenden Werke ohne Auftrag (WoA), Kompositionen, die die Komponisten für die Konzerte vorschlagen und die bereits andernorts aufgeführt worden sind, ersehen (siehe die Übersicht auf der folgenden Doppelseite).

Um dennoch einen Eindruck zu vermitteln, welche Bereiche in der sogenannten „berühmten Tomek-Zeit" von ihm selbst initiiert, gestaltet und durchgeführt worden sind, soll nun eine fiktive, respektiv fingierte Chronik den Zeitraum 1955/57 bis 1971 stichpunktartig, aber auch hier und da ausführlich dokumentieren, wobei die Korrespondenzen zwischen Komponisten, Dirigenten, Interpreten, Radiohörern und Orchestervorstand den einen Bereich ausmachen, den anderen Bereich füllen die ins Programm gebrachten Sendungen Tomeks und besondere Ereignisse. Zwar kann ein solch fiktionales Tagebuch nur bruchstückhaft und unvollständig sein. Dennoch beansprucht es eine gewisse Repräsentativität für den 14 Jahre umfassenden Zeitraum, den Otto Tomek in Köln verbracht hat.

Manche der Briefe zwischen Tomek und den Briefpartnern müssen durch Kommentare ergänzt werden, um den Zusammenhang verstehbar zu machen; andere Briefe

Komponist	UA / DE / KA	WoA
Aiyar, Rekka		1
Apostel, Hans Erich	1 DE	
Bacewicz, Grazyna	1 DE	
Baird, Tadeusz	5 DE	1
Bartók, Béla		1
Baumann, Max		1
Baur, Jörg	1 UA/KA	
Bayle, Francois	1 DE	1
Becker, Günther	2 UA	1
Bennett, Richard Rodney	1 UA	
Bentzon, Nils Viggo	1DE	
Berg, Alban		6
Berio, Luciano	2 UA	5
Biel, Michael von	2 UA/KA	2
Blacher, Boris	2 UA/KA	1
Blarr, Oskar Gottlieb	1 UA	3
Bloch, Augustyn		1
Boehmer, Konrad	1 UA	
Boermann, Jan		1
Boguslawski, Edward	1 UA	1
Braun, Peter Michael	1 UA/KA	1
Brown, Earle	2 DE 1 EE	2
Brün, Herbert		1
Bussotti, Sylvano	1 UA	
Cage, John	1 EE	5
Calonne, Jacques	1 UA	
Canton, Edgardo	1 DE	
Cardew, Cornelius	2 UA	
Castiglioni, Niccolò	1 UA/KA	
Cerha, Friedrich	1 DE	
Chavez, Carlos		1
Childs, Barney		1
Clementi, Aldo	1 DE	
Dalás, José Luis de	1 UA/KA 1 UA	
Dallapiccola, Luigi	1 EE 2 DE	5
Debussy, Claude	1 DE	2
Dessau, Paul	1 UA 1 WdE	
Dimov, Bojidar		1

Komponist	UA / DE / KA	WoA
Döhl, Friedhelm	1 UA/KA	
Donatoni, Franco	1 DE	
Driesch, Kurt	1 UA	
Egk, Werner		1
Eimert, Herbert	1 UA	1
Eötvös, Peter	2 UA/KA	
Evangelisiti, Franco	1 UA 1 DE	
Ferrari, Luc	1 UA	2
Ferreyra, Béatrice	1 DE	
Fortner, Wolfgang	1 KA/UA 1 DE	7
Foss, Lukas		1
Fritsch, G. Johannes	3 UA/KA 2 UA	6
Fukushima, Kazuo	1 UA 1 DE	1
Gaslini, Giorgio		1
Gielen, Michael	1 UA 1 DE	
Globokar, Vinko	1 UA/KA 1 UA	
Goehr, Alexander	1 DE	
Gorecki, Henryk	1 UA/KA 2 DE	1
Hampel, Gunter		1
Hartmann, Karl Amadeus	2 UA	4
Haubenstock-Ramati, Roman	2 UA/KA	
Hauer, Josef Matthias		1
Haydn, Joseph		1
Henze, Hans Werner	3 UA 1 UA/KA 2 DE	4
Hespos, Hans Joachim	1 UA/KA	
Hindemith, Paul		2
Höller, York		3
Janácek, Leos		1
Johnson, David	1 UA/KA	
Jolivet, André		1
Kagel, Mauricio	3 UA/KA 3 UA 1 DE	10
Kayn , Roland	1 UA 1 DE	
Kelemen, Milko	1 UA/KA	
Khatschaturian, Karen		1

Komponist	UA / DE / KA	WoA
Kirchgässer, Wilhelm Bernh.		
Klebe, Giselher	2 UA/KA/1 DE	2
König, Gottfried Michael	4 UA	1
Kotik, Petr	1 UA/KA	
Kotónski, Wlodzimierz	1 UA/KA 1 UA	1
Krenek, Ernst	1 UA	1
Kröll, Georg	1 UA/KA 1 UA	
Kubelik, Rafael	1 UA	
Kupkovic, Ladislav	1 UA/KA 1 UA 1 DE	
Leeuw, Ton de		1
Lidholm, Ingvar	1 DE	
Ligeti, György	1 UA	7
Lonquich, Heinz Martin		1
Lutoslawski, Witold	2 DE	2
Maderna, Bruno	1 UA/KA 1 UA	3
Mahler, Gustav		1
Maiguashca, Mesias	1 UA/KA	
Malec, Ivo	1 DE	1
Malovec, Jozef	1 DE	
Matsudaira, Yoritsiné	1 DE	1
Messiaen, Olivier	1 DE	3
Milhaud, Darius	1 DE	2
Mireanu, Costin	1 DE	
Niehaus, Manfred	1 UA/KA 1 UA	2
Nilsson, Bo	2 UA 2 DE	
Otte, Hans	1 UA	1
Parmigiani, Bernard	1 DE	1
Penderecki, Krzysztof	3 UA/KA 2 DE	7
Perini, Luc		1
Pousseur, Henri		3
Rabe, Folke		1
Ravel, Maurice		1
Reimann, Aribert		1

Komponist	UA / DE / KA	WoA
Renosto, Paolo	1 DE	
Riehm, Rolf		1
Riley, Terry		1
Ronnefeld, Peter	1 UA	
Rosenberg, Wolf	1 EE	
Rudnik, Eugeniusz	1 UA	
Rühm, Gerhard		2
Schad, Peter	1 DE	
Schaeffer, Pierre	1 DE	
Schönbach, Dieter	1 UA	2
Schönberg, Arnold		18
Schuller, Gunther	1 UA/KA	
Schwertsik, Kurt	1 DE	
Schwitters, Kurt		1
Searle, Humphrey		1
Serocki, Kasimierz	1 UA/KA	2
Spassov, Ivan	1 DE	
Stivin, Jiri		1
Strasser, Josep		1
Strawinsky, Igor	4 DE	15
Sylvestrow, Walentyn	1 DE	
Szabelski, Boleslaw	1 DE	
Szymanowski, Karol		2
Togni, Camillo	1 UA	
Varèse, Edgard		3
Wagner-Régeny, Rudolf	1 UA	
Webern, Anton	1 UA	24
Wittinger, Robert		1
Xenakis, Iannis		2
Yun, Isang		1
Zahradnik, Václav		1
Zender, Hans	2 UA	

wiederum erklären sich bereits durch das direkte Umfeld vorausgehender oder folgender Briefe. Gerade das Aufeinanderprallen scheinbar nicht unmittelbar in Beziehung stehender Korrespondenzen ergibt aber hin und wieder erstaunliche Bezüge.

Die bereits ausführlich dargestellten Ereignisse, die im Zusammenhang mit Pierre Boulez, Luigi Nono, Karlheinz Stockhausen und Bernd Alois Zimmermann in den ersten Kölner Jahren stattgefunden haben, sind hier außer den relevanten Uraufführungen nicht noch einmal zeitlich eingegliedert. Die Chronologie der Ereignisse um Karlheinz Stockhausen sind bereits in Stockhausens 17bändiger Gesamtschrift *Texte zur Musik* aus der individuellen Perspektive des Komponisten detailgenau beschrieben. Die Kölner Ereignisse mit Pierre Boulez halten sich innerhalb dieses Zeitraums in Grenzen und die teilweise ungewöhnlichen Besonderheiten im Zusammenhang mit Luigi Nono sind bereits im vorigen Kapitel chronologisch dargestellt worden.

Fingiertes Tagebuch des Redakteurs und Producers Neuer Musik Otto Tomek von 1955–1971

1955

Otto Tomek ist ein leidenschaftlicher Geburtstagsgratulant. Er wird diese Leidenschaft bis zu seinem Lebensende pflegen und in allen Variationen auskosten. Wahrscheinlich Ende Juli schreibt er einen solchen Glückwunsch einem am 2. August fünfzig Jahre alt gewordenen, zu dieser Zeit berühmten Komponisten, der ihm wie folgt erwidert:
Im August:

> Lieber Herr Doktor,
> Es ist mir eine große Freude meinen herzlichsten Dank für die lieben Grüße und aufrichtigen Wünsche zu meinem Geburtstag sagen zu dürfen.
> Ihnen und Ihrer Frau Gemahlin die herzlichsten Grüße
> Ihr Karl Amadeus Hartmann
>
> Otto Tomek, Privatarchiv

1956

Mailand, 9.1.1956
Luciano Berio nimmt erstmals mit Tomek in Köln Kontakt auf.

Köln, 30.5.1956
Uraufführung von Karlheinz Stockhausens *Gesang der Jünglinge*.

Köln, 24.10.1956
Uraufführung von Luigi Nonos *Il canto sospeso*.

Mailand. 23.11.1956

Carissimo Tomek,

Ho ricevuto i films e tu poichi piacqui te
ei rimanderò indietro. Sono meravigliosi e
ti sono molto grato.

Un favore: so che il 10 Dicembre David Tudor
sarà a Vienna per un concerto. Ne sei quanto=
fa? Se ti è possibile fammi avere il suo
indirizzo di Vienna; debbo mettermi in contatto
con lui al più presto possibile.
Ti saluto tanto e ti ringrazio –

Luciano Berio

L. Berio   23 Nov. 1956
Via Moscati 7
Milano

1957

Köln, 26.1.57
Karlheinz Stockhausen schreibt Tomek nach Wien:

Lieber Otto, Du schreibst in aller Seelenruhe, unser Konzertvorhaben könnte wohl interessant sein: während wir auf Kohlen brennen, von Dir die Termine bestätigt zu bekommen, da sonst alles ins Wasser fällt. Von Venedig ist Zusage für den 7., aber das ist viel zu wenig Geld, um die Reisekosten zu amortisieren. Wir müssen in Wien aufnehmen und öffentlich spielen, und zwar am 8. Und 9. März! Bitte tu noch alles Mögliche vor Deiner Abreise; schreibe bitte nach Salzburg, Graz...
Und alle ausweichenden Antworten auf meine Fragen wegen Klavierstück XI und Zeitmaße finde ich blödsinnig. Bitte bringe das Datum mit, zu dem das Klavierstück gemacht sein wird! (Wenn es auch kaum etwas an der Qualität ändert, so ist doch drollig, daß Zimmermann, der Kölner Lokalkomponist, vor 2 Monaten im Gespräch von der Idee des Stückes erfuhr – es war längst fertig – heim ging, etwas ähnliches versuchte und das wahrscheinlich wegen der Schlampigkeit der Universal Edition von Schott noch eher gebracht wird). Ihr ruht euch alle ein bisschen arg auf den Schönberg und Webern und Berg-Lorbeeren aus, und es hat sich längst herumgesprochen selbst bei Leuten, die das gar nichts angeht: „U.E.? Doch, dann können Sie ja schön lange warten." Ich hetze doch nun wirklich nicht, sondern erinnere nur an die Briefe von Herrn Schlee: „Senden Sie, ich warte auf..., machen wir sofort." Jetzt sind es grad

5 Sachen von mir in 5 Jahren, und Ihr schafft es einfach lächerlicherweise nicht, für nichts die paar Noten zeitig zu drucken...
„Momente" werden wegen 15 Spielern nicht in Darmstadt aufgeführt werden können [...].

Otto Tomek, Privatarchiv (auch die folgenden Zitate)

New York, 14.3.1957
Earle Brown schreibt an Tomek enthusiasmiert über eine mögliche Produktion seiner Komposition *Indices*, von der er hofft, dass sie Boulez oder Maderna dirigieren wird. Zuvor hatte Tomek Brown von den starken Interessen der UE an seinen Partituren informiert. Brown bedankt sich überschwänglich für Tomeks Einsatz.

12.4.1957
David Tudor, der geniale amerikanische Pianist und Komponist, wünscht Tomek viel Erfolg bei seinem neuen Job in Köln. Die beiden haben sich 1956 bei den Darmstädter Ferienkursen kennengelernt.

6.5.1957
Lieber Freund Tudor,
herzlichen Dank für Ihren Brief und die beiden mitgeschickten Programme. Von Karl-Heinz hörte ich von Ihrem Vorschlag, entweder das alte Klavierkonzert von Cage oder das derzeit in Arbeit befindliche aufzuführen. Da natürlich keine Entscheidung getroffen werden kann, ohne die Werke zu kennen, bitte ich Sie zu veranlassen, daß sowohl das alte Klavierkonzert uns zugeschickt wird als auch die Seiten, die von dem neuen bereits fertig sind. Ich hoffe, daß sich das ermöglichen lassen wird.
Den Brief, den Sie mir noch nach Wien geschrieben haben, kenne ich nur auszugsweise. Ihren Wunsch nach den Fotografien will ich sobald als möglich erfüllen, nur liegen die betreffenden Filme derzeit noch in Wien. Ich muß Sie also diesbezüglich etwas um Geduld bitten.
Im übrigen freue ich mich, Sie in Darmstadt wiederzusehen und bin mit vielen Grüßen Ihr Otto Tomek

Tomek erfährt über Stockhausen, dass Tudor bald nach Europa kommen wird. Diese Gelegenheit nutzend, plant er eine Produktion der Flöten-Sonatine von Pierre Boulez zusammen mit Gazzelloni am 13. Juli 57.
Dann drängt er noch einmal Tudor, die Partituren Cages zu schicken, weil er erst entscheiden kann, wenn er die Noten kennt (für ein mögliches Konzert in der Reihe „Musik der Zeit"). Die Produktion am 13. Juli findet nicht statt. Tudor sagt ab und kommt auch nicht nach Darmstadt.

Köln, 29.5.1957
György Ligeti schreibt im fahrenden Zug nach Wien auf einer Postkarte, dass er bedauert, Tomek nicht in Köln verabschiedet zu haben, zumal Tomek ja jetzt in Zürich sei bei den IGNM Weltmusiktagen. Eine Petitesse mit Grüßen auch an Stockhausen und Dr. Eimert. Bei beiden hat Ligeti zeitweise in deren Wohnungen gelebt.

Wien, 15.6.1957
Ligeti schreibt Tomek, er könne nicht nach Köln zurück, weil ihm ein Gefäßleiden eine längere Untersuchung im Krankenhaus beschert.

München, 23.6.1957
Karl Amadeus Hartmann schreibt für eine Tomek-Sendung kurze Bemerkungen zu seinem zweiten Streichquartett:

[...] Das Finale besteht aus einem Motiv von 4 Noten, das den Namen Vegh aufweist. Die Form dieses Satzes ist eine dreiteilige Liedform. Das II. Streichquartett wurde 1949 in Mailand vom Vegh-Quartett uraufgeführt.

Ich hoffe, dass Sie mit diesen Zeilen etwas anfangen können. Unsere gemeinsam verbrachte Zeit in Zürich war doch recht schön und ich habe mich ehrlich gefreut, wieder einmal länger mit Ihnen zusammen gewesen zu sein. Haben Sie recht herzlichen Dank, für Ihre Mühe um meine Arbeiten und mit den herzlichsten Grüßen auch von meiner Frau bin ich immer Ihr Karl Amadeus Hartmann

Die herzlichen Grüße an die oder von den Gemahlinnen werden Tomeks Biographie begleiten, Außerhalb des reinen Dienstgeschäftes ist Tomek eine charmante, gesellige, zuhörende, vor allem Fragen stellende Persönlichkeit, ein Mann, der sich darin von der eher stumpfen Ohnmacht anderer Männer unterscheidet, indem er sich mit Frauen auch über deren persönlichere Bereiche einfühlsam unterhalten kann.

New York, 8.7.1957

I have been working extremely hard, long into each night, in order to be prepared for this tour. Unfortunatelly the nights have been cold and I took a chill in the back, which set in motion this complicated kidney condition.

Now I hope that I will be able to come to Europe in September and October, in three weeks it will be clear whether I will be strong enough to do the necessary work.

Tomek bekundet am 9.8. die Traurigkeit aller, dass David Tudor nicht nach Darmstadt kommen kann. Das Sonatinen-Projekt muss verschoben werden.

Köln, 9.8.1957
Tomek schreibt an Severino Cazzelloni:

Carrissimo Severino,
Leider war es mir nicht früher möglich, Dir zu schreiben und auf unsere Besprechungen in Darmstadt zurückzukommen. Nach längeren Überlegungen haben wir nun Bruno Maderna ein Programm für das Konzert vorgeschlagen, das sowohl das Stück von Togni als auch die Serenata I von Berio einschließt. Ich nehme also an, daß auch Maderna mit diesem Programmvorschlag einverstanden sein wird und begrüße es sehr, daß Du in diesem Konzert als Solist mitwirkst [...]. Als Honorar für die Ausführung des Soloparts in den Stücken von Togni und Berio schlagen wir DM 1.200.-- vor zuzüglich Fahrtkosten 1. Klasse Rom-Köln-Rom eventuell mit Schlafwagen. Bitte teile mir möglichst bald Dein Einverständnis dazu mit. Sobald Deine und Madernas Zustimmung vorliegt, können wir Dir den Vertrag dafür übersenden [...].

New York, 23.8.1957
Dear Dr. Tomek,
I have been hoping to be able to send you some affirmative word about my projected trip abroad, but now alas! I have to cancel this also.
Since recuperating I have had two further attacks, fortunately not so serious as the first one, but they have left me weak. At present I cannot work for more than two hours on most days and so it is hopeless for me to consider making a strenuous trip in the near future.
Nonetheless there is every indication that the trouble will be over soon, and I hope very much that I will be able to come again to Europe, in '58...

Köln, 11.9.1957
Österreichs berühmter Schauspieler Walter Schmiedinger liest im WDR-Studio Otto Tomeks akribisches Sende-Manuskript über den Verlagsgründer Emil Hertzka mit bis dato nicht bekannten Briefstellen aus der Korrespondenz Schönbergs, Weberns, Bergs und anderen Berühmtheiten, die unmittelbar mit der UE in Verbindung stehen.

Köln, 24.10.1957
Tomek teilt Luigi Dallapiccola die Probenzeiten für die *Cinque Canti* mit, die ab 18. November beginnen sollen. Darüber hinaus bittet er ihn, einige Zeilen für das Programmheft zu schreiben. Außerdem möge er doch bitte in dem Vortrag, den er in der Zeit des Konzertes halten soll, auch auf die *Cinque Canti* eingehen, zumal Vortrag und Werk zusammen gesendet werden.

Florenz, 2.11.1957
Dallapiccola schreibt zurück und will Tomeks Bitten, was den Vortrag betrifft, erfüllen. Hinzugefügt hat er den Werkkommentar mit notierter Zwölftonreihe, auf die sich die *Canti* stützen und beziehen.

Paris, 15.11.1957
Werter Herr,
ich bitte vielmals um Entschuldigung, so spät die von Ihnen gewünschte Partitur zu senden, über die wir in Darmstadt gesprochen haben, aber ich hoffe sehr, Sie auf meine aktuelle Arbeit aufmerksam machen zu können, die ich zu beenden trachte.
Sollte ich sie nicht auf den Punkt gebracht haben, hoffe ich Ihr Interesse für die Partitur „Vissage 2", die ich Ihnen per Kurier zusende, wecken zu können, es handelt sich um eine ältere Arbeit aus dem Jahr 1955/56 [...] Ich hoffe, dass sie Sie interessieren möge. In Erwartung Ihrer Antwort sende ich meine respektvollen Grüße und meine besten Wünsche
Luc Ferrari
P.S. Ich entschuldige mich, Ihnen nur auf Französisch schreiben zu können, aber ich bin sicher, dass Ihre exzellenten Kenntnisse in Französisch Ihnen erlauben wird, diesen Brief zu verstehen.

Ins Deutsche von Hans-Peter Jahn

Firenze, le 2 novembre 1957
34 via Romana   Tel. 293.163

Cher Dr. Tomek,

veuillez m'excuser si à peine aujourd'hui, rentré d'une courte absence, je peux repondre
en hâte à votre gentille lettre du 24 octobre d. p.
Je vous prie au même temps de communiquer à M. Dietrich que je viens de recevoir sa let_
tre datée 30 octobre et que je suis d'accord pour ce qui est des répétitions de ma MU_
SIQUE POUR TROIS PIANOS.

Je suis en train de préparer mon discours de 12 minutes sur mes impressions d'Amérique,
que je vais faire traduire et que je lirai pendant mon séjour à Cologne.

Pour ce qui est des notes sur le programme, les voilà :   (je préfère de vous les envoyer
en italien) .

Fra il 1942 e il 1945 scrissi i tre cicli di "Liriche greche" (Cinque frammenti di Saffo;
Due liriche di Anacreonte, Sex Carmina Alcaei) . L'occasione che determinò la nascita
dei "Cinque Canti" ,che oggi si eseguiscono per la prima volta in Europa , è da ricer_
carsi nell'invito avuto dalla Library of Congress di Washington a scrivere una composi_
zione per baritono e piccolo complesso strumentale nell'aprile del 1956.
Mi avvenne così, a distanza di più di dieci anni, di rimettermi in contatto con la poesia
greca , nella traduzione italiana di Salvatore Quasimodo.
Si tratta questa volta di una composizione basata su poemi di poeti diversi; ma l'idea
perseguita era di simboleggiare,attraverso la successione dei poemi, la giornata dell'uo_
mo ; forse la vita dell'uomo. Così abbiamo due canti del mattino , due canti della not_
te e - nel centro - il canto del giorno ; cioè il canto della sofferenza. Così e non
altrimenti è da intendersi il simbolo della croce , che appare in tante pagine della par_
titura a stampa , nel frammento "Acheronte".
L'opera è basata su una serie dodecafonica che può essere espressa come segue :

(La seconda parte di tale serie corrisponde alla prima per moto contrario e retrogrado).

I "Cinque Canti" ebbero la prima esecuzione assoluta alla Library of Congress a Washing_
ton il 1° dicembre 1956 e furono ripresi a New York (direttore Frederick Prausnitz), al_
la Juilliard School of Music, due mesi più tardi.

Coi più cordiali saluti, Suo aff.

..... e arrivederci a presto !!!

Tomeks humanistische Schulbildung mit großem Latinum macht ihn in den roma-
nischen Sprachen zu einem perfekten Gleichgesinnten. Den Italienern schreibt er
italienisch, den Franzosen französisch, so wie es ihm jeweils behagt und sinnvoll
erscheint, wenn es sich außerhalb des WDR-Offiziellen bewegt. Tatsächlich kommt
es am 6. Mai 1959 zur Uraufführung von Luc Ferraris *Profils* für zehn Instrumente.

München, 27.11.1957

Lieber Herr Doktor!

Haben Sie recht herzlichen Dank für die Übersendung der Boulez-Serie. Ich schicke sie
beiliegend zurück und wäre Ihnen dankbar, wenn Sie mir von den 4 Aufnahmen, die
ich gesondert beilege, Abzüge schicken könnten. Aber dies eilt nicht und Sie sollen
sich keine extra Mühe deshalb machen.

Die Programm-Serie der Bayrischen Rundfunkprogramme werden Sie inzwischen erhalten haben. Es ist schade, dass es mit Milhaud nicht geklappt hat. Ich hätte mich so gefreut, Sie wiederzusehen. Aber merken Sie sich den 24. Januar 58 mit Nono-Scherchen vor.
Seien Sie für heute aufs allerherzlichste gegrüsst
immer Ihr Karl Amadeus Hartmann

Der sogenannte Programmaustausch zwischen den Sendeanstalten funktioniert im Jahre 1957 noch direkt zwischen den Austauschpartnern. Aus Hartmanns Schreiben wird auch ersichtlich, dass der WDR bereits in der Lage ist, professionelle Kopien zu ziehen, die beim Bayrischen Rundfunk wohl noch nicht möglich sind. Beide kennen den Rundfunkalltag mittlerweile bestens und wissen, was es an Arbeitsaufwand bedeutet, auch nur eine Kopie herstellen zu lassen.

Köln, 4.12.1957
Uraufführung von Pierre Boulez' *Le visage nuptial.*

1958

Köln, 25.1.1958
Dear Mr. Tudor,
ich bitte Sie heute um eine Gefälligkeit. Wie ich höre, hat Herr Morton Feldman ein neues Orchesterstück geschrieben. Ich kenne nun die Adresse von Herrn Feldman nicht, denke aber, daß Sie wahrscheinlich mit ihm in Kontakt sind und ihn bitten könnten, die Partitur seines Werkes einmal zur unverbindlichen Ansicht an mich zu schicken. Ich hoffe, ich mache Ihnen damit nicht zu viel Mühe [...].

Köln, 2.7.1958
Lieber Mister Tudor,
endlich kann ich Ihnen den versprochenen Bescheid geben wegen des 1. Konzertes „Musik der Zeit" am 19. September. Wir würden uns sehr freuen, wenn Sie in diesem Konzert die europäische Erstaufführung des neuen Klavierkonzertes von John Cage spielen würden. Wie dieses Konzert im einzelnen ausgerichtet sein soll, schreibe ich mit separater Post an Herrn Cage und lege Ihnen zu Ihrer Information hier einen Durchschlag bei.
Weiters bitten wir Sie, in diesem öffentlichen Konzert das „Klavierstück XI" von Stockhausen zu spielen sowie zusammen mit Gazzelloni die Flötensonatine von Boulez [...]
1.

Henri Pousseur	Impromptu und Variations II
Christian Wolff	For Piano with Preparation
Bo Nilsson	Quantitäten
Franco Evangelisti	Proiezione sonore ca 30–35'

2.

Henze	Sonatine für Flöte u. Klavier
Messiaen	Le merle noir
C. Togni	Sonate für Flöte und Klavier ca 29'

Honorar, einmalige Abfindung: DM 800.–

172

Luciano Berio,
1970er Jahre

Köln, 19.2.1958
Carissimo Luciano,
herzlichen Dank für Deinen Brief. Ich hoffe, daß die offizielle Angelegenheit mit dem
RAI wegen des elektronischen Konzertes am 25. März hier in Köln nunmehr in Ordnung ist. In dem Programm kann aber leider Dein neues Stück „Omaggio a Joyce"
nicht mehr berücksichtigt werden [...]. Nun hat mich Bruno in der Zwischenzeit von
Darmstadt aus angerufen und mir von seinem neuen Stück erzählt. Wir haben also
„Continuo" mit ins Programm genommen, das bereits ausgedruckt ist, und von dem
ich Dir mit separater Post einige Exemplare schicke. Ich bedaure es sehr, aber wir
können jetzt keine neuerliche Programmänderung vornehmen; im übrigen hat man
hier in Köln die „Perspectives" auch noch nicht gehört [...]. Etwas sehr Dringendes:
bitte schreibe mir für das Abendprogramm des Konzertes eine kurze Einführung
(etwa 10 Zeilen) über die „Serenata I" sowie über die elektronischen Stücke. Bruno
soll über sein Werk selbst einige Zeilen schreiben; Du schreibe bitte über „Perspectives" und „Scambi".
Herzliche Grüße Dein Otto

Der Programmheft-Terror ist im vollen Gange. Kein Werk mehr ohne Text. Das
Bedürfnis nach Information, die der Komponist selbst anzufertigen hat, schlägt
Purzelbäume. Um jede Gefahr von Misserfolg einer Komposition auszuräumen
oder sie zumindest abzufangen, nimmt der Veranstalter den Komponisten in die
Pflicht, zu erklären, was denn gemeint ist mit dem, was da klingen wird. Leitplanken also für die Ohren der Zuhörer. Ein institutionelles Veranstalter-Bedürfnis, ein
zweifelhaftes Entgegenkommen der Künstler, als rette ihr authentischer Text über
das Hörunverständnis der Hörer hinweg!

Mailand, 24.2.1958
Postwendend bedankt sich Luciano Berio bei Tomek und sendet die gewünschten Texte.

New York, 28.2.1958
Dear Mr. Tomek,
Under seperate cover, at the suggestion of David Tudor, I have sent you 18 pages for piano and 6 pages for violin, these bring parts of the Concerto for Piano and Orchestra which I am at present writing.
The piano part is finished, and I am working now on the strings. At the moment 32 pages are finished for the strings; altogether there will be 480. I will use 8 first Violins, 7 second, 6 Violas, 5 'celli, and 4 Doublebass. There will not be any percussion section. I am not certain, yet, as to the Winds and the Brass; but I rather think there will not be a large number of these.
Permit me to say that I would be very happy to hear that you will present the work in Köln in September.
Cordially yours John Cage

Köln, 5.3.1958
Sehr geehrter Herr Varèse,
wie Sie vielleicht schon wissen, wird in unserem vierten Konzert der Reihe „Musik der Zeit" am 25. März unter der Leitung von Bruno Maderna Ihr Orchesterwerk „Arcana" zur Aufführung gebracht. Wir möchten Sie gerne einladen, zu dieser Veranstaltung hierher zu kommen. Da wir annehmen, daß Sie z. Zt. ohnedies bei Philips arbeiten, hoffen wir, daß Ihnen eine Reise nach Köln möglich sein wird. Aus probentechnischen Gründen findet die Generalprobe zu diesem Konzert am Vormittag des Konzerttages statt [...]. Es würde also genügen, wenn Sie am Abend des 24. März hier eintreffen. An diesem Abend findet das dritte Konzert unserer Reihe „Musik der Zeit" mit Werken von Boulez und Stockhausen statt, in dem gleichfalls Herr Maderna als Dirigent mitwirkt [...].

Tomek wird angehalten, obigen Textentwurf zu formulieren für den Hauptabteilungsleiter Karl O. Koch, der Edgard Varèse zum Konzert nach Köln einladen möchte. Setzt Tomek voraus, dass Varèse um die Uraufführung der *Gruppen* Stockhausens weiß? Da Varèse im Studio in Eindhoven an der Fertigstellung seines *Poème électronique* arbeitet, ist kaum vorstellbar, dass er nach Köln kommt, zumindest gibt es keine nachweisbaren Informationen darüber.

Am gleichen Tag muss Tomek auch noch ein offizielles Schreiben an Berio für seinen Dienstherrn anfertigen, das alles bereits beinhaltet, was er im Brief vom 19. Februar an Berio persönlich geschrieben hat. Die Reputationsfiguren der Kunst müssen von dem „Chef" des Hauses persönlich angeschrieben werden. Das entspricht den damaligen Verkehrsregeln der Öffentlich-rechtlichen Rundfunkanstalten, denn in der dortigen Hierarchie dient immer der Unterste dem Nächsthöheren. Ab einer bestimmten Stufe, wo das fachliche intellektuelle Vermögen des Redakteurs das des Hauptabteilungsleiters toppt, fängt das hierarchische System an, lächerlich zu werden. Aber erstaunlicherweise spielen dann die Berühmtheiten dieses Spiel mit. Sie wollen in der Gunst der Ermöglicher, also ihrer Wirkmächtigen, einen sicheren Platz. Berio jedenfalls antwortet Herrn Koch am 12. März auf alle schon beantworteten Fragen. Gemessen am Alter des Italieners, Berio ist gerade mal 32 Jahre alt, ist diese devote Gebärde verständlich. Zehn Jahre später wird Berio solche Betulichkeiten vermeiden und auf Hauptabteilungsleiterbriefe solcherart nicht mehr antworten.

Köln, 24. März 1958
Uraufführung von Karlheinz Stockhausens *Gruppen für drei Orchester.*

Köln, 31.3.1958
Sehr geehrter Herr Cage,
Verzeihen Sie, wenn ich erst mit solcher Verspätung auf Ihr Schreiben vom 28.2.58 zurückkomme und auch heute erst den Eingang der Partitur und Violinstimmen Ihres neuen Klavierkonzerts bestätige. Wir hatten in der Zwischenzeit drei Veranstaltungen „Musik der Zeit", deren Vorbereitung wirklich jede Minute in Anspruch nahm.
Was Sie mir schreiben über die Besetzung Ihres Klavierkonzerts, nämlich, daß Sie ein reines Streichorchester dazu verwenden wollen, stimmt leider nicht mit den Voraussetzungen überein, die ich schon vorher an Herrn Tudor geschrieben hatte, unter denen wir an eine Aufführung des Werkes denken könnten. Ich hatte Herrn Tudor geschrieben, daß wir in der Zeit, in der Sie beide hier in Europa sind, wegen einer Konzertreise des Sinfonie-Orchesters dieses nicht für ein Konzert „Musik der Zeit" zur Verfügung haben werden und wir also in dem für den 19. Sept. angesetzten Konzert nur Werke mit einer Besetzung von höchstens 10 Musikern zur Aufführung bringen können [...] Da das Programm nun in den nächsten Tagen fixiert werden muß, bitte ich Sie um umgehende Nachricht, ob das Konzert für die benötigte Kammerbesetzung eingerichtet werden kann. Ich hoffe also, recht bald von Ihnen zu hören, und ich bin mit herzlichen Grüßen Ihr Dr. Otto Tomek

o.O., 4.4.1958
Dear Dr. Tomek:
This is a reply to your letter to me, Mr. Cage has not yet received his. First I must apologize, because I had not correctly understood your letter to me of February 10th [...] I am sorry that this misunderstanding has occurred, and also happy that there is this opportunity to clear it up.
To further clarify the situation, let me say that what Mr. Cage and I desire first of all, would be a presentation of the Concerto with a rather large orchestra. However if this is not possible for you during the space of time that we are in Europe (Sept. 1 to Oct. 31), then we would happily accept the performance with 10 musicians as you suggest. The instrumentation for this could conveniently be:
2 violins, 1 viola, 1 cello, 1 bass, 1 flute, 1 clarinet, 1 trumpet, 1 trombone, 1 tuba.
Please bear in mind that this is entirely adjustable, according to which instruments are available, and Mr. Cage would willingly consider your suggestions [...].
The "Instrumental Music – 1958" is the promised new work by Morton Feldman – it is for 16 wind instruments and full orchestral sections of celli and basses. As far as conducting is concerned, it is start absolutely together; after that each player is free to

read his part in his own time (which means that the events notated in the score with shift horizontally and vertically etc. in diverse ways). The general tempo is "Slow": which means that each tone should be rather long [...]. If you wish to communicate with Feldman, his address is 447 10th Avenue, New York, New York [...]. Do please let me know if there are any further points needing clarification.

With best wishes and hoping to hear from you soon again,

yours David Tudor

Das Konzert findet wie geplant am 19. September statt. Die von Tudor und Cage vorgeschlagenen Instrumente werden von Tomek akzeptiert. Zuvor wird das *Concert for Piano und Orchestra* am 15 Mai 1958 in der New Yorker Town Hall mit David Tudor am Piano und Cages Freund, dem Choreographen und Tänzer Merce Cunningham als Dirigent uraufgeführt. Das Konzert findet im Rahmen einer 25 Jahre-Cage-Werkschau statt, organisiert von einem Jazzproduzenten. Das Publikum besteht zum überwiegenden Teil aus Bildenden Künstlern, Tänzern und aus ganz wenigen Freunden der klassischen Musik. Die Reaktionen reichen von lautstark zum Ausdruck gebrachtem Unmut bis zu wohlwollender Unterstützung, wobei sich das Publikum mit der Zeit in zwei Lager spaltet. Skandalöser gerät die europäische Uraufführung in Köln. Die Musiker wissen mit der gebotenen Freiheit nichts Anderes anzufangen, als in lärmenden Infantilismus zu verfallen.

Tomeks Bemühungen doch irgendwann einmal ein Werk von Morton Feldman in Köln unterzubringen, erfüllen sich nicht. Es gibt keinen einzigen Briefwechsel zwischen den beiden.

Köln, 10.6.1958

Lieber Otto,

ich hörte, dass Du verreist bist. Ich fahre auch morgen weg, doch lasse ich Dir anliegend den Text über die Klangfarbenmelodien hier. Hoffentlich wird er anwendbar sein.

Ich komme wieder am 24. Juni. Falls es möglich wäre, möchte ich gerne den Text selber vorlesen --- aus rein pekuniären Gründen; Du weisst, daß ich des Geldes in nicht allzugroßem Maß besitze --- doch, das nur in jenem Fall, wenn Du das für möglich hältst.

Mit herzlichsten Grüßen bis zum Wiedersehen Dein György Ligeti

Wien, 20.6.1958

Lieber Otto,

[...] Ich wünsche Dir einen guten Sommer, nach Möglichkeit erholsam! Weiss man schon etwas mehr über mein Programm? Ich hoffe, man ist nicht verschnupft, dass ich die Antwort verschlampt habe – aber Du kannst Dir nicht vorstellen, wie ich geschuftet habe. Vorgestern 6 Uraufführungen junger Semester im grossen K2H Saal (leider leer) [...]. Noch eine _private_ Frage: Steuermann schreibt, es sei möglich, dass er bei Euch Schönberg Klavier Kz. aufnehme. Denkt man da vielleicht an mich? Ende September – Anfang Oktober werde ich in Köln an der Oper gastieren. Vielleicht lässt sich das kombinieren. Bitte missverstehe mich nicht: ich will mich nicht aufdrängen,

aber die Idee liegt nahe. Außerdem spielt er besser, wenn er mehr Vertrauen hat und Liebe spürt.
Also nochmals – alles Gute und beste Grüße für Dich und Dr. Kruttge
Michael G.

So impertinent Michael Gielens Ansinnen scheint, so verständlich ist es, schließlich ist Eduard Steuermann Gielens Onkel und wenn zwei Familienmitglieder miteinander Schönberg produzieren, wird wohl etwas dabei Gewichtiges herauskommen. Darüber hinaus deutet Gielen bereits ein Konzert im Jahr 1959 an, in welchem er gerne seine Chorkomposition zur Uraufführung bringen will.

Köln, 2.7.1958
Dear Mister Cage,
ich freue mich sehr, Ihnen mitteilen zu können, daß wir Sie hiermit einladen, in unserem ersten öffentlichen Konzert „Musik der Zeit" am 19. September die europäische Erstaufführung Ihres neuen Klavierkonzertes hier zu leiten. Dies würde bedeuten, daß Sie im Anschluß an Darmstadt nach Köln kommen müßten, um zusammen mit Tudor die notwendigen Proben machen zu können. Bezüglich der Besetzung haben wir ja schon früher korrespondiert. Bleiben wir also dabei, daß Sie an Instrumenten folgendes benötigen: Streichquintett / Flöte (+ Piccolo) / Klarinette (+ Baßklarinette) / Trompete / Posaune / Tuba.
Falls Sie ohne Schwierigkeiten anstelle der Tuba eine Einrichtung für Fagott machen könnten, wäre uns das angenehm.
Um eine gute Proportionierung der einzelnen Stücke in dem Konzert am 19. September zu erreichen, wären wir Ihnen dankbar, wenn Sie Ihre für Köln bestimmte Fassung Ihres Konzertes auf eine Spieldauer von ungefähr 12 bis 13 Minuten hin anlegen könnten [...].
Über die finanziellen Bedingungen Ihres Auftretens hier erhalten Sie in Kürze Bescheid. Bitte bestätigen Sie unsere Abmachung recht bald.
Mit herzlichen Grüßen Ihr Dr. Otto Tomek

Bereits fünf Tage später bittet Tomek in einem weiteren Brief um eine kurze Einführung, die er wegen der anstehenden Urlaubszeit bis Ende des Monats im Umfang von 10 bis 15 Schreibmaschinenzeilen wünscht.

New York, 24.6.1958
Dear Dr. Tomek,
Though I have not received a reply to my letter with questions regarding the alto flute, number of trumpets available, etc., I have decided to forward the parts to you as they stand. The following alterations in them be made where necessary:
Trumpet:
Use as many trumpets as available. If only one is available, take the bar lines indicating change of instrument to mean a sliding of the tuning valve (sharp or flat). If 2, 3, or 4 are available, use them all, the player freely choosing which trumpet he uses. The player need not make any transpositions. In other words, the parts are not in concert pitch, and my primary concern is not concerned with pitch.
Tubas:

If a tuba player is not available, omit this part altogether, although, as I have said, I hope that one is available. This part may be read for 1, 2 or 3 tubas. If only one is available, simply ignore the indications to change instrument.
Clarinet:
I am not using the bass-clarinet.
Flute:
If an alto flute is not available, play the part written for it either on the flute or on the piccolo, the player making either choice freely.
I think that remarks preceeding each part will clarify the notations. In any case if there are questions I will gladly answer them by mail or, of course, when I arrive in Cologne. It is possible that I will be able to be there before the 2nd of September when I must go to Darmstadt.
With friendliest greetings, I am,
Cordially yours John Cage

Bei aller Freiheit, die die Textur der Partitur für die einzelnen Spieler erlaubt, ist die Klangvorstellung von Cage und die Klangvielfalt für Cage entscheidend. Tomek versucht über das Orchestermanagement, alle Wünsche zu konkretisieren.

München, 28.7.1958
Mein lieber Doktor!
Luigi Nono hat mir geschrieben, daß er zu Euch nach Köln kommt. Bitte sagen Sie ihm, daß wir zuhause sind und daß wir beide ihn erwarten. Er soll uns seine Ankunft mitteilen. Hoffentlich hat er das Bild von Picasso (Skizzen zu Guernica) dabei.
Nun habe ich noch zwei Bitten: 1 Bitte, lieber Tomek stellen Sie mir eine Suite von 15 Minuten und eine von 18 Minuten zusammen mit den besten und wirkungsvollsten Stücken aus dem Prokofieff Ballett „Romeo und Julia". Maazel hat eine Suite bei Euch dirigiert.
2 Wie heißt und wie ist die Adresse der Druckerei, die Eure Programme druckt. Diese sind aus hervorragendem knitterfreien Papier gedruckt […]
Vielen Dank für Ihre Bemühungen und mit allen guten Wünschen auch an die Herren Karl O. Koch, Dr. Kruttge, Manfred Gräter und besonders an Sie mein lieber Freund
Ihr Karl Amadeus Hartmann

Luigi Nono will für die Vorbereitung zur Uraufführung von *Cori di Didone* am 7. September in Darmstadt die Tage zuvor in Köln bei den Proben des Rundfunkchores unter Bernhard Zimmermanns Leitung anwesend sein.

Köln, 7.8.1958
Lieber Herr Cage,
eben komme ich vom Urlaub zurück und finde einen umfangreichen Briefwechsel mit Ihnen vor. Zunächst freue ich mich sehr, daß Sie unserem Vorschlag zugestimmt haben und in unserem Konzert am 19. September mitwirken werden. Allerdings erwarten wir, daß Sie das Werk selbst einstudieren und am Abend selbst dirigieren werden. Sie schreiben etwas von einem M. Cunningham, der das Stück dirigieren sollte. Darauf können wir aber leider nicht eingehen, da in diesem Konzert alle aufgeführten Werke von den Komponisten selbst dirigiert werden […]. Mit den Proben

werden wir allerdings erst am 14. September, möglicherweise sogar erst am 15. beginnen können [...].

Gemessen am Programm wird neben Cage nur Mauricio Kagel sein eigenes Stück *Sexteto de Cuerdos* und Ernst Krenek seine Komposition *Hexahedron/Hexaeder* dirigieren, da ansonsten nur noch Stockhausens *Klavierstück XI* in den Interpretationen von David Tudor und Annemarie Bohne und Pierre Boulez *Sonatine* für Flöte und Klavier mit Severino Gazzelloni und David Tudor gespielt wird. Interessant bleibt die Tatsache, wie stark Tomek in Cages Partitur „eingreift", indem er Besetzung und Länge der Komposition bestimmt. Dass auf die Dauer-Proportionen der einzelnen Stücke innerhalb eines Konzerts so großen Wert gelegt wird, spricht wiederum für den Planer, der vor allem sein Publikum im Auge hat, das zu strapazieren wenig Sinn hat.

Kagel erinnert sich zurück an die Tage im WDR Köln:
August 1958
Im Foyer des WDR am Wallrafplatz treffe ich Otto Tomek in Begleitung eines akkurat gekleideten, freundlich blickenden Herrn.
Tomek : Darf ich vorstellen ? John Cage. Mauricio Kagel.
Cage : Pleasure to meet you.
Kagel : My pleasure.
Cage : Could you spell your name, please?
Kagel : Kei - ei - gi - i - el. KAGEL.
Cage : (lächelt) Es trennt uns nur ein „L". Borgen Sie es mir, und dann werde ich CAGEL und Sie KAGE heißen.
Nach dieser Bemerkung begann Cage sein berühmtes, äußerst ansteckendes Lachen. Es ist dies ein unnachahmbares, eruptiv ansteigendes Lachen, das sich akustisch durch schnelle Repetitionen im Mittelregister und optisch durch großzügiges Vorzeigen der Zunge auszeichnet. Vor allem der Anblick Cage's reizte mich auch zur Großlachsalve mit Verkrümmung. Tomek schaute uns beide perplex an: Was hatte sich unmittelbar nach dieser Begegnung ereignet, daß die Lachgewalt – ähnlich einem Sommergewitter – vom Himmel niederprasseln konnte?
Cage verschwand im Paternoster. Selbstverständlich nach oben.
Mauricio Kagel, SWF-Archiv, P 43022

Auch für das Konzertereignis selbst hätte Kagel bestimmt eine scharfzüngige Glosse über das Verhalten der WDR-Musiker gefunden. Dass bei derart kleiner orchestraler Besetzung die Bereitschaft der aus dem Kollektiv heraus ausgewählten Instrumentalisten, nämlich professionell die Erstaufführung von Cages *Concerto* zu realisieren, außer Kraft gesetzt, ja bewusst ignoriert wird, bleibt eines der vielen Rätsel, die der Mentalität eines gestandenen Orchestermusikers eigen sind. Die Kölner Erstaufführungsszenerie bleibt Legende und Katastrophe in eins.

Ein bis zwei Tage danach begann Celibidache mit dem Orchester zu proben, dabei wurde ihm brühwarm über die großen Saallautsprecher (mit enormer Verzerrung) vorgeführt, was sie da für ein Mist hätten spielen müssen. Der empörte Celibidache sagte mir unter dem Beifallsgejohle der Musiker, wenn er könnte, würde er mich auf der Stelle erschießen lassen.

Otto Tomek, gelbe Blätter Sig. 580306, AdK Archiv

Weissenbach, 21.10.1958

Lieber Otto,

danke Dir sehr für Deinen Brief. Über Webern schreibe ich sehr gern. Willst Du es gesendet bekommen oder hat es Sinn, wenn ich ihn selbst nach Köln mitbringe? [...]. Wenn es Dir egal ist, so würde ich es vorziehen, den Text mitzubringen, da ich so die Gelegenheit hätte, ihn von Helms (der mir in sprachlich-grammatikalischen Sachen immer hilft) durchschauen zu lassen und das würde dem Text keinesfalls schaden [...].

Otto Tomek, Privatarchiv (auch die folgenden Zitate)

György Ligeti ist seit Dezember 1956 im Westen. Seine Fortschritte in der Beherrschung der deutschen Sprache sind famos. Einerseits hilft ihm dabei Hans G. Helms, mit dem er viele Stunden zusammen im Elektronischen Studio des WDR ist, wo er ausschließlich an seinen ersten elektronischen Kompositionen arbeitet; *Artikulation* ist bereits am 25. März 1958 uraufgeführt worden. Andererseits wird er etwa zur gleichen Zeit durch Harald Kaufmann, dem österreichischen Musikforscher und Philosophen beim Formulieren seiner eigenen ästhetischen Schriften lektorial begleitet.

München, 28.10.1958

Lieber Doktor Tomek!

Bitte teilen Sie mir doch mit, wie lange das jeweilige Werk der Komponisten Krenek Hexaeder / Stockhausen Klavierstück XI / Cage Concert for piano and orchestra / Boulez Sonatine für Flöte und Klavier dauert.

Und bitte schicken Sie mir noch 2 Programme vom 19. September 1958. Und als letzte Bitte habe ich die, dass Sie beim nächsten Konzert mit Primrose ihn gut beobachten und mir mitteilen, wie er wieder spielt. Das ist für mich sehr wesentlich, wegen meines Bratschenkonzertes. Bitte erweisen Sie mir diesen Gefallen, denn ich weiss, dass ich mich auf Ihr Urteil verlassen kann.

Ich bin seit ein paar Tagen wieder zuhause vom Krankenhaus, schade, dass ich nicht nach Donaueschingen konnte. Nun, lieber Freund seien Sie herzlichst gegrüsst, auch Manfred Gräter

immer Ihr Karl Amadeus Hartmann

Brüssel, 5.11.1958

Lieber Freund,

die Photokopie des „Mobile" habe ich gut erhalten und danke Sie herzlich dafür. Sie werden wohl nicht sehr schlau daraus geworden sein, war furchtbar schwer aus dieser furchtbar schlecht gemachten Arbeit etwas Lesbares herauszukriegen [...]. Was „chants sacrés" angeht, wollen Sie so lieb sein, und mir sagen, wann Sie ungefähr es zu machen vorhaben, so daß ich die Sängerin benachrichtigen kann. Sie hat die Webern-Lieder äußerst gut gesungen [...]. Nun möchte ich Sie um einen großen Dienst bitten: ich habe den Text zur Erklärung der Notation für das „Mobil" selbst ins

Deutsche übersetzt, bin aber sicher, daß es sehr unvollkommen geschehen ist. In der Anwesenheit von Karlheinz, könnte ich Sie bitten, den Text einmal durchzugehen, und mir alle Fehler zu zeigen? Ich wäre Ihnen dafür äußerst dankbar.
Ich hoffe auch, daß wir uns bald wiedersehen werden, und verbleibe bis dahin, mit freundlichen Grüßen
Ihr Henri Pousseur

In Tomeks Zeit in Köln kommt es zu keiner Uraufführung einer Komposition von Henri Pousseur, obschon der intensive freundschaftliche Briefverkehr zwischen Tomek und ihm über Jahre anhält, ja bis in beider hohes Alter. Zur Zeit des Briefes ist von Pousseur nur die elektronische Komposition *Scambi* im berühmt gewordenen kleinen „Musik der Zeit"-Festival am 25. März 1958 in ihrer Neufassung gespielt worden. Das Werk *Mobile*, um das es in diesem Brief u. a. geht, wird bei der Schweizerischen Gesellschaft für Neue Musik (SIMC Basel) durch die Brüder Kontarsky 1958 uraufgeführt, nicht aber in Köln. Dort lässt Tomek die Komposition im Anschluss durch die gleichen Interpreten produzieren.

München, 14.11.1958
Lieber Doktor Tomek!
Bei unserem heutigen Telefongespräch vergass ich, dass ich zu dem Photo und der Unterschrift von Cage noch die Unterschrift von Kagel benötige. Ich wäre Ihnen sehr dankbar, wenn Sie mir diese drei Sachen bald zuschicken könnten. Herzlichen Dank dafür. Ich habe mich wirklich sehr gefreut, die Stimmen meiner Freunde aus der Musikabteilung des WDR wieder einmal zu hören und bleibe mit herzlichen Grüssen an Sie alle immer Ihr
Karl Amadeus Hartmann
Auf Wiedersehen in München!!!

Die Zusammenarbeit zwischen Hartmann und Tomek intensiviert sich. Allerdings ist sie zunächst sehr einseitig, wenn man die Wunschlisten Hartmanns unter die Lupe nimmt, die im zweiten WDR-Jahr den nach allen Seiten „vernetzten" Tomek zusätzlich beschäftigen.

Wien, 15.11.1958
Lieber Otto!
Ich dachte Du wüsstest schon, dass die UE die Chöre herstellt. Partitur und Klav. Ausz. Sind fertig geschrieben und 1x korrigiert, in ca. 2 Wochen nehme ich an, dass Ihr schon das Material bekommen könnt. Ich habe keine Chorstimmen schreiben lassen, sondern jeder Chorist bekommt einen Klavierauszug […]. Inzwischen dirigiere ich 5x die Woche in der Oper – und habe auf dem Altar der Wiener Herzen ein grosses Opfer gebracht: Puppenfee liess kein Auge trocken. Das Lied von der Erde hat mir viel Vergnügen gemacht – und es hat sich herausgestellt, dass mir Mahler sehr liegt. Vielleicht lässt Du Dir das Band kommen und spielst Deinen Gewaltigen mal das 6. Lied (c-moll) vor, unlängst im Radio hat es mir wirklich gut gefallen.
Bitte vergiss nicht mit Dr. Kruttge die Probenfolge für 6. Mai zu erörtern – die Stücke brauchen ruhiges Probieren […] Ich freue mich, am 30. XI, die Stücke op. 16 aufzufüh-

ren, um den Unterschied zur Interpretation R. Crafts deutlich zu machen. So kühl ist diese Musik wirklich nicht, und auch nicht langsam. Strawinsky hingegen ist ein grossartiger Dirigent, im Wesentlichen, meine ich, da gibt es weit und breit keine Nähmaschine, alles lebt, jedes Tempo atmet und verändert sich – vielleicht sollten nur Komponisten dirigieren?...

Über Schuh lasst mich schweigen... [Wolfgang] Sawallisch hatte sich mir gegenüber gar nicht gebunden, und kann schließlich engagieren wen er will. Wenn ihm der besser gefällt... bitte. (Er gefällt ihm deshalb besser, weil er sich von ihm weniger abheben wird...). Schuh hingegen hätte dem S. sagen müssen, dass er sich mir gegenüber so unmissverständlich ausgesprochen hat, dass man mich gastieren lassen <u>musste</u>, weil es sich so gehört. Angeblich ist schon so eine miese Stimmung um Schuh, dass ich es kaum bedaure. Stimmt das? In der Oper waren Ariadne, Turandot und Maskenball angenehme Neuerwerbungen für mich – heute wie [Paul] Schöffler, [Sena] Jurinac, [Erika] Köth! U.s.w. waren so begeistert und singen so gern mit mir, dass ich wirklich Freude daran hatte. Auch es besser gemacht zu haben als K.s Mann: [Glauco] Curiel ist eine Genugtuung. A bisserl kleinlich aber ehrlich. Das Metier zwingt einem sein Innenleben auf. (Bis zu einem gewissen Punkt aber nur.)

Ciao, Saluti, Helga und Claudia grüssen Dich und ich von Herzen

Michael

Meinen Respekt dem Herrn Dr.

Michael Gielens ironisch gehaltene Selbstbeobachtung im Vergleich mit anderen Dirigenten ist im privat handschriftlich geschriebenen Brief an Tomek aufschlussreich, was die Kölner Szene angeht: Oscar Fritz Schuh, der designierte Generalintendant der Städtischen Bühnen Köln wird später noch einmal, wie schon beschrieben, bei Bernd Alois Zimmermanns Aufführungskatastrophen, die *Soldaten* betreffend, eine wichtige Rolle spielen. Die Klavierauszüge von Gielens Chorkomposition beziehen sich auf die Uraufführung der *Vier Gedichte von Stefan George* für Chor und Ensemble, die am 6. Mai 1959 stattfinden soll.

Süchteln, 19.11.1958

Betr. <u>Musik der Zeit</u>

Sehr geehrte Herren,

[...] Diese Arbeit ist der Öffentlichkeit aber kaum bekannt und auch Ihnen wird es so gehen, wenn Sie sich einmal inkognito mit dem Mann auf der Straße oder den Hausfrauen vor der Theke über das Thema Rundfunk unterhalten, daß Sie erfahren müssen, daß Ihr Hörer doch eigentlich andere Wünsche und Vorstellungen von seinem Ideal-Programm hat. Gewiß, ein Ideal-Programm gibt es nicht, aber Sie selbst gestehen in Ihrem Jahrbuch 1956/57 ein, daß es eine „Aufspaltung des Publikums in eine <u>große</u> Gruppe konservativer Freunde der klassisch-romantischen Musik und eine <u>kleine</u> Anhängerschaft der Neuen Musik" gibt.

Ich bin der Meinung, daß Sie wenigstens im Mittelwellen-Programm diesem Ihrem eigenen Standpunkt nicht gerecht werden. Sozusagen jede Musik-Sendung enthält „Musik der Zeit", zu deren kleiner Anhängerschaft ich beim besten Willen nicht zähle. Dafür habe ich beim besten Willen kein Verständnis und ich fühle mich wie ein kleiner Schuljunge, der aus Versehen drei Klassen zu hoch unterrichtet wird. Ja wirklich, ich fühle mich von Ihrem Programm in diesem Punkte regelrecht „beschulmeistert",

Michael Gielen, ca. 1970

kann aber auf der anderen Seite von erzieherischen oder von beeinflussenden Gesichtspunkten in dem Ihrer Anstalt zu Grunde liegenden Gesetz vom 25.5.54 nichts finden.

Vielleicht haben Sie die Möglichkeit, mich einmal darüber aufzuklären, warum „Musik der Zeit" in Ihrem Programm einen so hohen Anteil ausmacht und danke Ihnen im Voraus bestens für Ihre Information.

Mit den besten Grüßen
Horst Bessel

WDR Köln, Dokumentation und Archive, Sig.: 5591–5605 / 12360

Köln, 27. November 1958
Uraufführung von Bernd Alois Zimmermanns *Omnia tempus habent*.

Zum Alltag des Redakteurs für Neue Musik gehören die Hörerbriefe, die je nach Situation häufiger oder weniger häufig geschrieben werden, meistens mit Vorwürfen, mit scharfer Kritik an dem jeweils Gesendeten, manchmal auch mit beckmesserischer Gewissenhaftigkeit. Auf einen solchen Brief, der über die Sendeleitung auf seinem Schreibtisch landet, antwortet Tomek zehn Tage später:

Köln, 29.12.1958
Sehr geehrter Herr Bessel,
verzeihen Sie bitte, wenn es uns vor dem Weihnachtsfest nicht mehr möglich war, auf Ihr Schreiben in Sachen „Musik der Zeit" näher einzugehen.
In diesem Brief werfen Sie uns vor, in unserem Mittelwellenprogramm „sozusagen in jeder Musiksendung" Werke der Reihe „Musik der Zeit" zu bringen. Wir wissen nun

nicht, aufgrund welcher Information Sie zu diesem Urteil kommen., da doch schon ein kurzes Studium des Wochen-Programms Sie vom Gegenteil überzeugen müsste. Kompositionen aus unserem Konzert-Zyklus „Musik der Zeit" kommen im Mittelwellenprogramm jeweils am Dienstag oder Mittwoch, gelegentlich auch Freitag zur Sendung; dies allerdings immer erst in sehr späten Abendstunden, niemals vor 23.00 Uhr.

Im Verhältnis zu dem selbstverständlich überwiegenden Programmteil klassisch-romantischer oder etwa barocker Werke, sind die Zeiten, die unseren Komponisten zur Verfügung stehen, ohnedies sehr gering. Natürlich bringen die Werke unserer großen Meister dieses Jahrhunderts und die oft experimentell bestimmten Kompositionen der musikalischen Avantgarde unserer Tage für den Hörer manches Problem mit sich, aber ebenso, wie sich die Musik der Klassiker nicht so ohne weiteres dem Verständnis erschließt, bedarf es bei der neuen Musik einiger Bemühungen.

Dass die Komponisten gewiss zuallerletzt daran denken, mit ihren Werken ihre Hörer zu beschulmeistern, kann angesichts der verschiedensten Anliegen der Kunst der Gegenwart wohl nicht bezweifelt werden. Da wir nicht annehmen können, dass Sie die lebendigen Kräfte der Gegenwart aus den Sendungen eliminiert wünschen, würden wir es begrüßen, wenn Sie den Anteil dieser Kompositionen am Gesamtprogramm im richtigen Verhältnis sehen wollten.

Mit vorzüglicher Hochachtung

Dr. Otto Tomek

WDR Köln, Dokumentation und Archive, Sig.: 5591–5605 / 12360

Mit diplomatischer Akkuratesse und stichhaltigen Belegen räumt Tomek die Vorurteile des Hörers beiseite. Er reagiert nicht aggressiv, sondern übergibt dem Hörer die Aufgabe, seine Bemerkungen noch einmal selbst zu überprüfen.

1959

Köln, 2.3.1959
Aufführung von Iannis Xenakis' *Achorripsis* für Orchester.

23.2.1959

Lieber Herr Brown,
wir unterhielten uns doch in Darmstadt über verschiedene neue Werke von Ihnen und Sie erzählten mir damals, daß Sie an einem Orchesterstück arbeiten, das bald vorliegen würde. Ich schreibe nun an Sie, da wir unsere Pläne für die kommende Saison bald fixieren müssen und ich in diesem Zusammenhang gern Ihr Werk für großes Orchester kennengelernt hätte. Natürlich kann ich Ihnen nicht definitiv versprechen, daß wir das Werk auch machen, zumal wir in der kommenden Saison nur zwei Orchesterkonzerte haben werden. Aber Sie verstehen doch, daß ohne Partitur das Werk niemals aufs Programm kommen kann [...]. Sollten Sie aber mit diesem Orchesterwerk noch nicht so weit sein, so schreiben Sie mir bitte, bis wann Sie glauben es fertiggestellt zu haben.

Ich hoffe, es geht Ihnen gut. Grüßen Sie bitte Ihre Gattin auf das herzlichste, auch Mr. Cunningham [sic], und seien Sie selbst auf das allerherzlichste gegrüßt von Ihrem

Dr. Otto Tomek

Otto Tomek, Privatarchiv (auch die folgenden Zitate)

184

New York, 17.4.1959
Dear Dr. Tomek,
Thank you for your recent letter and kind interest in the new „Music for Large Orchestra". I would of course be very pleased to have it performed in Köln. I have dis-
cussed it to quite an extent with Bruno and I am tentatively thinking of it with the
Rome orchestra and Bruno in mind for the first performance but I have no real com-
mitment in this regard [...]

Und weiter schreibt Brown, dass der Aufbau des Orchesters sehr komplex ist, dass
das Werk lange dauern werde und insgesamt langsam gespielt werden soll, dass
er zunächst nur ca. 10 bis 15 Minuten komponiert habe und er diesen Teil der
Partitur bis August zusenden könne. Er bittet schließlich Tomek, auf Englisch zu
antworten.

Köln, 23.4.1959
Lieber Herr Brown,
ich freue mich sehr, wieder einmal von Ihnen zu hören. Leider ist es nun nicht möglich, Ihnen in englischer Sprache zu schreiben, da hier im Funk alle Korrespondenz
nur in deutscher Sprache erledigt wird. Ich hoffe aber, Sie verstehen meinen Brief
trotzdem.
Es ist schade, daß Ihr Werk erst so spät fertig wird, denn im Prinzip interessiere ich
mich natürlich sehr dafür [...].

Die WDR-Regularien, nur auf Deutsch die Korrespondenzen zu führen, sind notwendig, da ein Großteil der Führungskrafte über andere Sprachen nicht verfügen.

Tomek sieht keine Chance für eine Aufführung des Orchesterwerks in der kommenden Saison und bittet Brown dennoch, ihm die Noten zuzusenden. Vielleicht
ergebe sich doch eine andere Gelegenheit, das Werk irgendwann anders in Köln
aufzuführen. Erst 1963 und 1964 wird dieses Werk unter dem Titel *Available Forms
I and II* unter dem Doppeldirigat Earle Brown/ Bruno Maderna in Köln und in einer Gemeinschaftsaufführung in Berlin beim SFB zur deutschen Erstaufführung
gebracht. Insgesamt fünf Kompositionen werden von Earle Brown durch Tomeks
Engagement beim WDR aufgeführt: Eine Produktion von *Perspectives for piano*,
Available Forms I und II, die europäische Erstaufführung unter Bruno Madernas
Leitung von *From here* für Chor und Kammerorchester sowie die deutsche Erstaufführung von *Time five* für fünf Instrumente und Tonband unter der Leitung
von Hans Zender.

Köln, 25.6.1959
Mein Lieber,
mit Maderna habe ich sehr lange und ernsthaft überlegt – auch nach dem Abend
bei Steindl – was wir für Dein Orchesterstück tun können. Denn daß der beste Wille
vorhanden ist, daran besteht kein Zweifel. Nun musste ich mich leider gegen meinen Willen etwas zum advocatus diaboli machen, denn Bruno ist von Natur aus zu
gutmütig, sagt zu allem ja und überlegt vor allem nie vorher genügend, wie ein Pro-

gramm auch ausreichend probiert werden kann. Wir sind schon mehrmals dadurch in Teufels Küche geraten.

Nun haben wir vom zweiten Teil Deines Stückes nur die wenigen Seiten gesehen, die indessen schon genug Schwierigkeiten verrieten [...]. Es ist mir aus meiner ganzen Praxis bisher kein einziger Fall bekannt, wo zwischen der Fertigstellung der Partitur und der Uraufführung eine derartig geringe Frist von nur 3 ½ Monaten gelegen wäre. Auch bei Auftragsstücken stellen wir immer zur Bedingung, daß wir vor der endgültigen Aufnahme ins Programm die Partitur sehen können [...]. Somit müssen wir auf unseren anderen Plan zurückkommen. Ich werde Ratz bitten, das Werk von der österreichischen Sektion aus der IGNM einzureichen. Hoffen wir, daß es auf diesem Weg durchkommt. Du mußt nur die Partitur rechtzeitig der Wiener IGNM übergeben.

Ich wünsche Dir und Deiner Frau herzlich alles Gute

Dein Otto

György Ligeti arbeitet an *Apparitions*, einem Orchesterwerk, das aus zwei Sätzen besteht, einem „Lento" und einem „Agitato". Das kurze Werk kann infolge seiner Unvollständigkeit von Tomek nicht für die kommende Saison programmiert werden.

Wien, 29.6.1959

Lieber Otto,

danke für Deinen Brief. Ich verstehe vollkommen Deine Gründe. Mir selbst lag doch nicht an dem Datum der Aufführung (es ist mir auch viel lieber, wenn ich die vollständige Partitur einreichen kann), sondern an der Person des Dirigenten: Maderna wäre der ideale Dirigent dafür und mich begeisterte diese Möglichkeit. Nun hoffe ich, daß der Plan mit der IGNM gelingen wird. Ich bin jetzt fest an der Arbeit an dem Stück. Ich werde Herrn Schlee – der mir so liebenswürdigerweise entgegengekommen ist, was das dringende Abschreiben der Stimmen betrifft – von Deinem Brief benachrichtigen. So kann das Abschreiben wie gewöhnlich erfolgen. Ich wünsche Dir schöne Ferientage!

Bis zum Wiedersehen in Darmstadt grüße ich Dich herzlichst Dein György Ligeti

Vera lässt Dich herzlich grüßen.

Die Uraufführung findet tatsächlich beim IGNM-Festival in Köln am 19. Juni 1960 mit dem NDR Sinfonieorchester Hamburg unter Ernest Bours Leitung statt. Der Erfolg ist mäßig, zumal die klangflächenartigen Schichtungen auf die Enthusiasten der seriellen Musik wenig Eindruck machen.

In tatsächlich differenzierter Form wandte ich die Studioerfahrungen auf Orchestermusik im zweiten Satz von „Apparitions" an, 1959, unmittelbar nach dem Kölner Aufenthalt. Die Klangräume im ersten Satz waren noch blockartig aneinandergereiht und statisch, während im zweiten Satz die Auffächerung der statischen Blöcke, Webartveränderungen und Mikropolyphonie zum ersten Mal erschienen.

György Ligeti, in: Wolfgang Burde: Györgi Ligeti – Eine Monographie, Atlantis Musikbuch-Verlag, Zürich, 1993, S. 65

1960

Heinrich Strobel aus Baden-Baden fungiert als Präsident des Weltmusikfestes der Internationalen Gesellschaft für Neue Musik (IGNM) in Köln. Otto Tomek übernimmt die Rolle des Generalsekretärs. Die damit im Zusammenhang stehende intellektuell-inhaltliche Kärrnerarbeit muss er neben seinen redaktionellen Aufgaben und neben den Sendungen leisten. Er wird zum Strategen dieser Großveranstaltung, denn unter seiner Führung wählt eine internationale Jury aus den 24 Nationen der IGNM 41 Werke aus, die innerhalb von 11 Tagen aufgeführt werden. Neben diesen Werken machen sich die drei bedeutenden Orchester der Neuen Musik stark, mit eigenen, von der Jury unabhängigen Programmen am Festival mitzuwirken: das Orchester des Westdeutschen Rundfunks unter Michael Gielen und Alberto Erede, des Norddeutschen Rundfunks unter Hans Schmidt-Isserstedt und Ernest Bour und des Südwestfunks unter Hans Rosbaud und Pierre Boulez, dessen Zyklus *pli selon pli* uraufgeführt wird.

Kritik von außen an den gesendeten Produktionen und Konzerten kommt regelmäßig. Es gibt kleinere Gesellschaften, die es sich zur Aufgabe gemacht haben, Recht und Ordnung in der musikalischen Kultur wiedereinzuführen. Ihr konservativer Grundsatz, allen der Tonalität sich widersetzenden Werke das gerechte Urteil widerfahren zu lassen, gebiert hier und da groteske Varianten, gegen die sich Otto Tomek mit Bravour und Freundlichkeit zur Wehr setzt. Hier einige Ausschnitte aus unterschiedlichen Kontroversen, die im Jahre 1960 Zugang auf Tomeks Schreibtisch finden. Seine differenziert auf die Probleme eingehenden Antworten zeugen von seiner geduldigen, dennoch argumentativ die unlogischen Gedankengänge der Zuschriften aushebelnden Professionalität, dabei den Hörer, egal wie er beschaffen ist, ernst nehmend.

Köln, 12.2.1960
Sehr geehrter Herr Dr. Hogrebe,
Wir danken für Ihre ausführliche Zuschrift zu unserer Sendung mit Werken von Karlheinz Stockhausen. Sie haben uns in diesem Brief fünf präzise Fragen gestellt, die wir versuchen, nachstehend zu beantworten:
Zu 1: Selbstverständlich halten wir die Werke Stockhausens für Musik, und zwar sogar für eine sehr gute. Es gibt glücklicherweise, was das musikalische Handwerk betrifft, recht exakte Kriterien, an denen sich dies im einzelnen nachweisen läßt. Selbstverständlich läßt sich aber darüber nicht aufgrund eines ersten Klangeindrucks diskutieren, sondern nur nach Studium der Partitur [...].
Zu 2: Kaum jemals zuvor waren die Kompositionen stärker nach Formprinzipien ausgerichtet als heute. Um dies in der Musik zu erkennen, ist natürlich eine theoretische Kenntnis der möglichen Formen unerläßlich. Jemand, der von der Sonatenform keine Ahnung hat, wird natürlich auch bei Beethoven eine solche vergeblich suchen [...].
Zu 3: Stockhausen und die anderen jungen Komponisten haben heute bereits in der ganzen Welt ihr Publikum. Auch müßte den Kritikern die hohe Meinung, die etwa Strawinsky von der Musik der heutigen Generation hat, zu denken geben. Im Übrigen gibt es auch ganz exakte Zahlen für das Interesse an den Werken Stockhausens, näm-

lich die Verkaufszahl seiner Schallplatten von elektronischer Musik und Instrumentalwerken, von denen bereits mehrere tausend Exemplare abgesetzt worden sind.

Zu 4: Auf ein Pamphlet, wie es [Alois] Melichars „Musik in der Zwangsjacke" darstellt, gehen wir nicht näher ein.

Zu 5: Herr Stockhausen hat in der Universal Edition Wien, Zürich, London, Mailand, schon im Jahre 1952 einen Verleger gefunden, der seine Werke herausbringt.

Wir hoffen, Ihnen mit unseren Antworten gedient zu haben und verbleiben mit vorzüglicher Hochachtung Dr. Tomek

WDR Köln, Dokumentation und Archive, Sig.: 5591–5605 / 12360

Frankfurt, 11.3.1960

Sehr geehrte Herren,

Im Oktober vorigen Jahres brachte der Saarländische Rundfunk mit grossem Erfolg meine Sendung „Entzauberter Klang". Wegen der grossen grundsätzlichen Bedeutung weise ich darauf hin, lege das Manuskript bei und schlage Ihnen vor, die Sendung zu wiederholen. Es scheint mir dringend notwendig, gegen die organisierte Lobhudelei, mit der sich die modernen Kompositeure gegenseitig aufwarten und gegen die ebenso freche wie unbegründete Selbstbeweihräucherung Stellung zu nehmen. Denn nur im Bereich der Musik ist es einer kleinen Gruppe gelungen, durch Terror jede, auch jede noch so berechtigte Kritik von sich fernzuhalten [...]. Es würde mich freuen, von Ihnen zu hören, für heute bin ich mit verbindlichen Empfehlungen Ihr sehr ergebener Dr. med. Leo Dembicki.

WDR Köln, Dokumentation und Archive, Sig.: 5591–5605 / 12360

Köln, 11.3.1960

Sehr geehrter Herr Dr. Dembicki!

Wir dürfen Ihnen anbei Ihr Manuskript „Entzauberter Klang" mit Dank wieder zurücksenden. Wir bringen hier vornehmlich im musikalischen Nachtprogramm immer wieder Sendungen, die sich mit den Problemen der zeitgenössischen Musik befassen. Freilich legen wir Wert darauf, daß diese Manuskripte sich vor allem mit praktischen Problemen, solchen des musikalischen Handwerks usw. auseinandersetzen. Ihre Gegenüberstellung von zeitgenössischen Werken mit Beethoven scheint uns allerdings mehr nach ästhetischen Gesichtspunkten gearbeitet und zudem sind einige Stellen nicht stichhaltig. Über Anton Webern und Arnold Schönberg hat die Musikgeschichte inzwischen ein klares Urteil gefällt. Jedenfalls ist die Zeit eigentlich vorbei, da man solche Werke als Mißtöne charakterisieren kann.

Mit vorzüglicher Hochachtung Dr. Tomek

WDR Köln, Dokumentation und Archive, Sig.: 5591–5605 / 12360

Köln, 22.6.1960

Cher Maître,

Notre ami Pierre Boulez m'a raconté que vous avez l'intention de faire une nouvelle version oeuvre "Ecuatorial". Ce reseignement m'a beaucoup intéressé et je vous prie cordialement de me faire savoir si cette oeuvre sera déjà à la disposition lors de la prochaine saison de concerts 1960/61. Monsieur Boulez aimerait donner la creation mondiale à Paris. Etant donné qu'il sera ici à Cologne comme chef d'orchestre du concert qui lieu le 28 avril, il aurait peut-être l'occasion d'exécuter votre "Ecuatorial" également à Cologne. Cependant je suis oblige de fixer le programme déjà dans quinze jours au plus tard et je vous serais donc très reconnaissant si vous me disiez par retour du courier à quelle date la partition pourrait être ici.

Veuillez croire, Monsieur, à mes salutations les plus sincères

Dr. Otto Tomek

Köln, 11.6.1960

Uraufführung von Karlheinz Stockhausens *Kontakte* und Maurico Kagels *Anagrama*.

```
EDGARD VARÈSE
188 SULLIVAN STREET
NEW YORK 12, N. Y.
```

2 - VII/
/60

Cher Docteur Tomek

Je vous remercie pour votre aimable lettre du 22.VI
C'est avec plaisir que j'ai appris la décision de Berlin
de donner Écuatorial à Paris et ensuite à Cologne.
Je lui écris par le même courrier pour le prévenir qu'il
aura la partition en temps voulu – j'avertis en plus tard.
Veuillez me croire – cher Docteur – votre cordialement dévoué

Edgard Varèse

Köln, 9.8.1960

Sehr geehrter Herr Dr. Hogrebe!

Wie Ihnen vielleicht bekannt ist, hatten wir hier das 34. Weltmusikfest der Internationalen Gesellschaft für Neue Musik zu organisieren, was für unsere kleine, für dergleichen grosse Veranstaltungen gar nicht eingerichtete Sektion der Neuen Musik eine ausserordentliche Arbeitsbelastung brachte. Aus diesem Grunde sind wir beim besten Willen nicht dazu gekommen, alle übrigen Briefeingänge rechtzeitig zu beantworten. So komme ich erst jetzt, nach meinem Urlaub dazu, auf Ihre verschiedenen Schreiben zu antworten […]. Die kleine Schrift „Musik in der Zwangsjacke", die mir ja bekannt ist, darf ich Ihnen wieder zurücksenden. Hier kann ich mich ganz kurz fassen. Gerade diese Schrift beweist ja, dass über Melichar's Buch sehr konträre Urteile möglich sind und ich darf mir wohl vorbehalten, meine eigene Meinung darüber zu haben.

Zu Ihrer Frage nach dem Formprinzip in der Neuen Musik muss ich Sie auf verschiedene Quellen verweisen und Sie bitten, dort eine Antwort auf Ihre Fragen zu suchen [...]. Das Formprinzip ist ja eines der zentralen Anliegen auch der jungen Komponisten. Es liegt aber an der Eigenart des seriellen Ausgangsmaterials, dass es zu keinen Form-Schemata kommen kann, die ähnlich der Sonatenform präexistent wären. Das macht es ja so schwierig, allgemein über Form zu sprechen [...]. Letzten Endes ist heute jede Grossform mehr denn je von der Gestalt der lokalen Strukturen des betreffenden Werkes abhängig und bevor man überhaupt in die Diskussion über die Form eintritt, muss man sich ausgiebig mit dem Ausgangsmaterial auseinandersetzen. Dass das serielle Denken ein ganz logisches System der klingenden Beziehungen zu zeugen vermochte, hat erst vor wenigen Wochen Pierre Boulez in seinen Vorlesungen bei den Darmstädter Ferienkursen überzeugend klar gemacht. Auch diese Vorträge werden in absehbarer Zeit publiziert werden.

Ich hoffe, Ihnen mit diesen Ausführungen einige Hinweise gegeben zu haben und verbleibe mit vorzüglicher Hochachtung Dr. Tomek

WDR Köln, Dokumentation und Archive, Sig.: 5591–5605 / 12360

Paris, 7.10.1960

Cher Monsieur Tomek,

il y a bien longtemps que nous ne nous sommes pas rencontré et je le regrette vivement. Je conserve un excellent souvenir de vous depuis mon passage à Köln en 1959. Aujourd'hui j'aimerai vous proposer une nouvelle oeuvre que je viens de terminer et qui est susceptible de vous interesser. Elle est écrite pour deux orchestres et deux chefs mis en conflit musical à l'aide de la Théorie des Jeux. Dans l'affirmative je vous enverrai la partition. Pensez-vous pouvoir la programmer dans le courant de cette saison? Je serais très heureux si elle était créée chez vous au début 1961.

Très amicalement à vous

Iannis Xenakis

Otto Tomek, Privatarchiv (auch die folgenden Zitate)

Köln, 17.10.1960

Lieber Herr Xenakis!

Vor einigen Tagen hatte ich den Besuch von Herrn Bayle, der mir Ihren Gruss übermittelte und auch von Ihrem neuen Stück erzählte. Nun traf auch Ihr Brief ein, für den ich mich vielmals bedanke.

Natürlich würde es mich interessieren, Ihre neue Partitur kennen zu lernen. Die Produktionen bis Sommer 1961 sind allerdings bereits festgelegt. Neue Planungen sind erst für die Saison 1961/62 wieder möglich.

Sie schreiben von einem Werk für zwei Orchester und zwei Dirigenten. Solche Werke verursachen immer sehr grosse Aufführungsschwierigkeiten. Wir haben hier eher die Tendenz nach Werken zu suchen, die den grossen Apparat des Orchesters nicht bis zum äussersten verlangen. Wenn sie aber eine Kopie der Partitur übrig haben, so schicken Sie diese doch bitte einmal zum Ansehen hierher.

Mit recht schönen Grüssen Dr. Tomek

Tomeks leidvolle Erfahrungen mit Stockhausens *Gruppen* schrecken ihn davon ab, ähnliche Experimente zu wagen. Anzunehmen ist, dass auch der Orchestervorstand und das Orchestermanagement sensibel darauf achten, ähnliche Situationen wie beim Dreierdirigat nicht noch einmal heraufzubeschwören. Aus diesem Grund ist Tomeks Tonfall eher reserviert; und zu einer ernsthaften Kooperation wird es zwischen ihm und Iannis Xenakis nicht kommen. Erst sein Nachfolger Wolfgang Becker wird ab dem Jahre 1972 das Werk von Xenakis zu einem seiner zentralen Themen machen.

Warschau, 2.11.1960
Cher Monsieur et Ami,
permettez-moi de vous dire encore une fois mes remerciements les plus chaleureux de tout ce que vous avez bien voulu faire pour nous. L'histoire du visa, la charmante première soirée à Cologne passé chez vous, le concert merveilleusement joué par l'orchestrer du Westdeutscher Rundfunk et même... les caractères „z" et „z" préparés spécialement pour imprimer correctement nos noms dans le programme . Tout cela est au moins en grande partie votre ouevre. Mais avant tout l'atmosphére d'une sincère amitié, que vous avez crée dès le commencement, nous a rendue notre séjour à Cologne tout à fait inoubliable.
Croyez, cher Monsieur et Ami, à l'expression de mes sentiments les plus amicaux, auquels ma femme se joint très sincèrement.
Votre Witold Lutoslawski

Unmittelbar davor findet am 24. Oktober das erste Konzert in der Reihe „Musik der Zeit" ausschließlich mit polnischen Komponisten statt. Quasi im Austausch der intensiveren Beziehungen und als Reverenz, die Tomek schon einige Jahre mit Polen durch das Festival des Warschauer Herbstes pflegt. Viele dieser Komponisten werden enge Freunde, wie zum Beispiel Tadeusz Baird, Grazyna Bacewicz, Karol Szymanowski, Witold Lutosławski, später schließlich Wlozimierz Kotonski, Krzysztof Penderecki oder Augustyn Bloch und Henryk Gorecki. Die Briefwechsel kennen keine Grenzen, viele Postkarten aus unterschiedlichen Urlaubstagen, Glückwunschkarten, geradezu obligatorisch zu jedem Geburtstag, werden versendet. Wenn Tomek in Warschau ist, ist er immer auch privat bei „seinen Polen".

München, 4.11.1960
Lieber Otto,
die kleinen Klischees aus dem Programm des Weltmusikfestes Köln liess ich nun wieder zurückschicken, lediglich das Klischee von Ligeti habe ich noch zurückbehalten, da ich es für das Konzert am 2. Dezember noch benötige.
Nun habe ich schon wieder ein paar Fragen: Es wäre mir sehr geholfen und wichtig, wenn ich das fertige Klischee von Niccolo Castiglioni bekommen könnte. Bist Du so lieb, mir das zu ermöglichen? Außerdem bitte ich Dich noch, mir das Programm von Schönbergs 132. Psalm schicken zu lassen.
Hab tausend Dank für alle Mühe und in der Hoffnung auf ein baldiges Wiedersehen in München bin ich mit den allerherzlichsten Grüssen immer Dein Karl

Die beiden Herren duzen sich nun und Hartmann der Ältere scheut sich nach wie vor nicht, eine Menge Spezialdienste Tomek abzufordern. Obschon beide ähnliche Arbeiten an unterschiedlichen Rundfunkhäusern verrichten, scheint es, als wäre Tomeks Bewunderung Hartmann gegenüber überproportional. Vielleicht deshalb, weil hier ein Redakteur zugleich künstlerischer Leiter einer ähnlich berühmten Konzertreihe – „musica viva München" – wie die in Köln und darüber hinaus auch noch ein immer bedeutend werdender Komponist ist, einer der von der jungen Generation verehrt wird, der nicht wie Bernd Alois Zimmermann aufgrund seines freiheitlichen Umgangs mit konsonanten Intervallen und Ausdrucksgesten verlacht und gemieden wird. Wäre es Zimmermann anders ergangen, wenn er in Köln die Reihe „Musik der Zeit" künstlerisch verantwortet hätte? Anzunehmen ist, dass ein Veranstalter mit der Möglichkeit, Komponisten Aufführungen ihrer Werke zu ermöglichen, unter „Naturschutz" infolge seiner Entscheidungs-„macht" steht.

Urberg, Schwarzwald, 29.11.1960
> Lieber Doktor!
> Ich möchte mich heute kurz erkundigen über die Sendung meines 3. Streichquartetts. Im Moment bin ich hier im Schwarzwald, wo ich mich gesundheitlich sehr wohl fühle und ruhig arbeite. Wenn Sie mir zu benachrichten haben, bitte ich Sie meine Krefelder Adresse zu schreiben.
> Mit herzlichen Wünschen und besten Grüßen
> Ihr Isang Yun

Tomek lernt Isang Yun 1959 in Darmstadt kennen. Rasch wird ihm klar, dass hier ein Komponist mit unbekannten musikalischen Potenzen auf stille Art Eindruck macht. Trotz starker Europäisierung und Beeinflussung durch die Zwölftonmusik – einer seiner Lehrer war der Schönberg-Schüler Josef Rufer – zeigt Yun schon in seinen ersten Kompositionen jenes klangliche Kolorit, das auf seine Heimat Korea hinweist. Tomek wird wenige Jahre später zum wichtigen Fürsprecher Isang Yuns. Doch davon später mehr.

Köln, 5.12.1960
Uraufführung von Bernd-Alois Zimmermanns *Dialoge*.

Köln, 19.12.1960
> Sehr geehrter Herr Müller-Aue!
> Beim Lesen Ihres Schreibens vom 28. November zu unserer Sendung „Musik der Zeit" wunderten wir uns, dass Sie zwar einerseits aus Ihrer Ausbildung, Abstammung, besonderem Studium der Naturwissenschaften und der Geschichte her eine Urteilskraft über Neue Musik in Anspruch nehmen, gleichzeitig aber absolut verschieden geartete Werke, wie etwa die sehr virtuose „Sequenza" für Flöte von Berio, das kurze Stück elektronischer Musik von Eimert und die klanglich sehr diffizilen „Figures sonores" für Orchester von Matsudaira in einen Topf werfen und in Bausch und Bogen verurteilen. – Wir sind für jede Form von Kritik sehr dankbar, doch muss diese sich auf Tatsachen, auf Merkmale eines einzelnen Werkes beziehen und man darf, unserer

Meinung nach, nicht pauschal alles, was in unserer Zeit entstanden ist, verurteilen. In wie weit diese Werke unserer Jahre einmal für unsere Zeit charakteristisch sein werden, wird sich wohl erst in späteren Epochen herausstellen. Wir erachten es als unsere Pflicht, so verschiedene stilistische Strömungen, wie sie sich heute abzeichnen, mit markanten Werken vorzustellen. Die Gemeinde, die das hören will, ist grösser als Sie annehmen. Auch ist im Gesamtprogramm viel an Ausgleich gedacht. Es wird niemand gezwungen, Sendungen mit Neuer Musik zu hören. Auf der anderen Welle gibt es viel an Kontrastprogrammen. Wir bringen im Laufe des Tages und des Abends Sendungen verschiedenster Art, unter denen wohl jeder etwas finden wird. Die Stimme der Komponisten unserer Zeit kommt ohnedies ja nur in den späteren Abend- und Nachtstunden zu Gehör. Von einer Flut, wie Sie schreiben, kann da nicht die Rede sein.
Mit vorzüglicher Hochachtung Dr. Tomek

WDR Köln, Dokumentation und Archive, Sig.: 5591–5605 / 12360

Wien, 25.12.1960
Der Alban Berg-Schüler Hans Erich Apostel, mittlerweile 60 Jahre alt, schreibt Tomek eine Postkarte und bittet darum, den vernachlässigten Komponisten Wolfgang Frankel in Deutschland endlich einmal wieder mit einer Aufführung in Deutschland zu würdigen.

1961

Paris, 21.2.1961
Iannis Xenakis entschuldigt sich, erst jetzt die gewünschte Partitur Tomek nach Köln geschickt zu haben.

Köln, 10.4.1961
Lieber Herr Cardew!
Schönen Dank für Ihren Brief. – Das Paket verwahre ich bis zur Rückkehr von Kagel hier auf.
Ich bin z. Zt in Verhandlung mit Dr. Cerha. Vielleicht machen wir mit dem ensemble „Die Reihe" Anfang Mai eine Aufnahme. In diesem Fall könnte Ihr Orchesterstück hier gespielt werden.
Über Sie sind leider von der Grenzpolizei und nunmehr über das Ausländeramt große Beschwerden hier eingegangen. Es gibt über Sie nun einen ausführlichen Akt bei der Polizei und wir werden einige Schwierigkeiten haben, Sie das nächste Mal zu beschäftigen. Auf alle Fälle sind wir verpflichtet, das nächste Mal, bevor wir Ihnen hier irgendetwas zu tun geben, die Genehmigung des Ausländeramtes einzuholen, wo Sie sich vorher anmelden müssen. Für uns ist der Fall sehr unangenehm, dass amtlicherseits festgestellt wurde, dass Sie per Anhalter reisten, während wir Ihnen doch die Fahrt 1. Klasse vergütet hatten. Sie bringen damit den WDR bei der Polizei in eine sehr schlechtes Licht und ich erwarte von Ihnen, dass sich ähnliche Vorfälle nicht mehr wiederholen werden.
Mit besten Grüßen Dr. Tomek

WDR Köln, Dokumentation und Archive, Sig.: 5591–5605 / 12360

Köln, 6.4.1961
An das
Ausländeramt der Stadt Köln
Betr. Cornelius Cardew (Britischer Staatsangehöriger)
Sehr geehrte Herren!
Ich beziehe mich auf Ihren Telefonanruf in der Angelegenheit des oben angeführten Cornelius CARDEW. – Herr Cornelius Cardew ist Komponist und auch als Pianist und Gitarrist ausübender Musiker. Er hat auch schon verschiedene Musikartikel verfasst und einige Programmbeiträge für uns geleistet. Wir schätzen Herrn CARDEW (trotz seines eigenartigen Äusseren) als guten Musiker und als interessanten Komponisten. Cardew's Werke sind zum Teil hier aufgenommen worden. Doch wurden Stücke von ihm auch in Paris, London, Wien usw. öffentlich und an Rundfunkanstalten gespielt. Wir hatten zuletzt Herrn CARDEW als Gitarristen zur Aufführung eines ausserordentlich schwierigen zeitgenössischen Werkes verpflichtet, das er wenige Wochen zuvor in Paris uraufgeführt hatte. – Abends am Podium im Frack sieht er durchaus zivilisiert aus und war jedenfalls dem Publikum keine Zumutung. – Wieso er in den Zustand geraten ist, den die Grenzpolizei in ihrem Bericht schildert, kann ich selbst nicht erklären; allenfalls durch einen Hang zum Bohemienhaften, den man allerdings mehr unter Malern als Musikern antrifft.
Ich hoffe Ihnen mit diesen Ausführungen gedient zu haben und verbleibe
Mit vorzüglicher Hochachtung
Dr. Otto Tomek

WDR Köln, Dokumentation und Archive, Sig.: 5591–5605 / 12360

Stockholm, 25.4.1961
György Ligeti teilt Eigel Kruttge mit, dass er von Heinrich Strobel aus Baden-Baden einen Kompositionsauftrag für Orchester erhalten habe und er deshalb den versprochenen und noch nicht engelösten seitens des WDR verschieben muss. Was Ligeti für die Donaueschinger Musiktage plant, wird sein berühmtestes Stück werden: *Atmosph*ères für großes Orchester. Zuvor hat Tomek angeregt gehabt, man müsse unbedingt Ligeti nach der Fertigstellung von *Apparitions* einen ersten großen Kompositionsauftrag durch den WDR erteilen. Noch immer sind aber die Verantwortlichkeiten in der Musikabteilung mitunter diffus, und im Gewirr der pseudohierarchischen Kompetenzen gehen manchmal wichtige Briefe nicht in die Entscheidungsschleife. So kommt es auch, dass der WDR in der Tomek-Zeit Ligeti keinen Kompositionsauftrag erteilt.

Warschau, 4.5.1961
Pendercki schlägt Tomek, den er aus Warschau kennt, vor, sein noch nicht aufgeführtes Streichquartett zu programmieren.

Köln, 31.5.1961
Lieber Herr Bussotti,
Irgendwann musste ich auch einmal Urlaub machen und das habe ich nunmehr getan und bemühe mich wiederum eifrig um die nächste Saison.
Die Uraufführung der „Due Voci", unter der Leitung von Michael Gielen, ist für den 6. Dezember vorgesehen. Ich habe das Datum auch bereits Jeanne Loriod mitgeteilt,

194

die damit einverstanden ist. Ich habe auch an Gielen geschrieben, von Ihrem Vorschlag, die Sopran-Partie mit Frau Poli zu besetzen, und ich erwarte jeden Tag seine Antwort [...]. Gielen interessiert sich sehr für Ihr Stück. Er bittet Sie nur, ob Sie ihm nicht noch ein besseres Exemplar der Partitur liefern können. Das Exemplar, das er nämlich hat, ist sehr überklebt und er hätte gerne ein ganz sauberes [...].

Otto Tomek, Privatarchiv (auch die folgenden Zitate)

Symptomatisch sind hier die letzten Bemerkungen von Tomek. Diese Vermittlungsarbeit zwischen Komponist und Dirigent verschlingt viel Zeit. Oft sind die Dirigenten mit dem Notenmaterial unglücklich und trauen sich nicht, den direkten Weg zum Komponisten zu wählen. Sie strapazieren dann lieber den Veranstalter.

Grundsätzlich ist das Thema Notenmaterial eines der lästigsten und zeitaufwändigsten, weil sehr viele Komponisten die Regeln und Gesetze von dirigierfähigen Partituren nie gelernt haben und sie deshalb weder beherrschen noch imaginieren können. Nicht selten ist es vorgekommen, dass Werke infolge der Unlesbarkeit der Noten nicht aufgeführt werden konnten. Manche davon liegen bis heute noch in den Redaktionen, vergessen und nur als Manuskript überhaupt existent.
Am 6. Dezember 1961 werden Sylvano Bussottis *Due Voci* für Sopran, Ondes Martenot und Orchester uraufgeführt. Michael Gielen dirigiert, Liliana Poli und Jeanne Loriod sind die Solistinnen.

Arnold Schönbergs Oratorium *Die Jakobsleiter* wird mit seinen zwei Teilen am 16. Juni 1961 in einem Sonderkonzert innerhalb des IGNM-Festivals in Wien zur Uraufführung gebracht. Insgeheim hat Tomek bei dem Zustandekommen dieser Großtat seine Hände mit im Spiel, da die Präsenz des Kölner Rundfunkchors und des WDR Sinfonieorchesters Köln unter der Leitung von Rafael Kubelik lange vor dem Ereignis durch ihn eingefädelt und mit Wien ausgehandelt worden ist.

Köln, 14.7.1961
Verehrter Meister Strawinsky!
Verzeihen Sie bitte vielmals, dass ich auf Ihr Telegramm mit Ihrem Wunsch nach einer Bandkopie der „Jakobsleiter" noch nicht reagiert habe. Die Angelegenheit im Falle dieses Werkes ist leider etwas kompliziert, da der Westdeutsche Rundfunk nach Vereinbarung mit Frau Schönberg nicht berechtigt ist, irgendwelche Bandkopien aus der Hand zu geben. Wir müssen alle Interessenten bitten, sich direkt an Frau Schönberg zu wenden, die dann von sich aus uns verständigt.
Ich habe versucht, Ihnen diesen Weg zu ersparen und Frau Schönberg noch in Venedig zu erreichen. Leider war sie von dort schon abgereist und ich habe jetzt keine Möglichkeit mehr, ihr in Europa Ihren Wunsch vorzutragen. Darf ich Sie deshalb bitten, sich vielleicht mit Frau Schönberg direkt ins Benehmen zu setzen. Sobald Frau Schönbergs Zustimmung hier vorliegt, würden wir Ihnen die Bandkopie per Luftpost senden. Seitens des Westdeutschen Rundfunks (also der Ausführenden) bestehen keinerlei Bedenken, Ihnen für Ihre privaten Studien ein solches Band zur Verfügung zu stellen. Die Einschränkungen sind, wie gesagt, ausschließlich urheberrechtlicher Natur und da Frau Schönberg ausschließlich sämtliche Rechte an dem Werk besitzt, darf ich ohne ihre Einwilligung nichts tun.

Igor Strawinsky, 1950er Jahre

Bei dieser Gelegenheit möchte ich Ihnen meine grosse Bitte vortragen, ob Sie so freundlich wären, mir für das beiliegende Photo eine kurze Widmungszeile zu schreiben und es mir dann wieder zurückzuschicken.
Es tut mir leid, dass wir Sie im Falle der „Jakobsleiter" nicht so prompt mit dem Band versorgen können, wie im Falle „De Profundis", aber da lagen die Verhältnisse anders.
Mit verehrungsvollen Grüssen
Ihr sehr ergebener Dr. Otto Tomek

Mit großer Verehrung schreibt Tomek Igor Strawinsky, ohne gegenüber den rigiden und strikten Bandausgaberegularien Kompromisse machen zu können.
Nach der Sommerpause kann Tomek Igor Strawinsky das Band zusenden.
In der Reihe „Musik der Zeit" sind zwischen 1951 und 1971 nahezu alle Werke Arnold Schönbergs aufgeführt, manche davon uraufgeführt worden. *Die Jakobsleiter* wird im Anschluss des Konzerts in Wien in gleicher Besetzung in Köln, Berlin, Mailand und Zürich wiederholt. Erst fünf Jahre später wird die BBC eine weitere Produktion dieses Werks herausbringen.

Darmstadt, September 1961
David Tudor schreibt an Tomek einen ausführlichen Brief, aus dem die Werke ersichtlich sind, die er in Darmstadt bei den Ferienkursen spielt. Er bietet Tomek daraus einige zur Produktion an.

[…] About the Schnebel recording: It now appears that I must stay in Köln from October 11th to November 6th, in order o make the theater piece with Karlheinz. Therefor I would ask you, to change the date of the Schnebel recording, to one within that time. This would give plenty of time for rehearsing and make the arrangements earlier.

I am writing this information to Kagel, and I hope you will talk with him about it. Now there are requests for me to give concerts in other places, and I cannot afford to spend so much time in Köln, therefore I am trying to compress the work in Köln. With best regards David

Es handelt sich bei dem Theaterstück um Karlheinz Stockhausens *Originale*, das am 26. Oktober 1961 als ein Schlüsselwerk für die Fluxus- und Happeningbewegung unter den Protesten des Establishments im Kölner Theater am Dom uraufgeführt wird und bis zum 6. November insgesamt 11 mal wiederaufgeführt wird, ein Stück, in dem Schauspieler, Maler, andere Künstler oder eben einfach „originale" Menschen frei in spontanen Aktionen auftreten, u. a. mit den mitwirkenden „Originalen" David Tudor (Piano und Schlagzeug), Nam June Paik (Aktionen), Mary Bauermeister (Malerin) und Wolfgang Ramsbott (Kameramann); 18 Szenen mit sieben selbständigen Strukturen werden in beliebiger Reihenfolge und bis zu drei Strukturen gleichzeitig aufgeführt.

Frankfurt, 12.9.1961

Tudor – 500.– + Reise ...
Frankfurt, Sept. 12
Kobayashi – 500.– + Reise   1961

Dear Dr. Tomek,

just a short note;

yes, I prefer to make the recording with violin, and the date, October 13, will be fine.

The violinist's name is KENJI KOBAYASHI, and you can reach him c/o MRS. SALOMONSON, OLYMPIAPLEIN 17, AMSTERDAM.

Since the piece by Cage is with prepared piano, it would be best to have 2 pianos available in the studio. A smaller piano would do, a Steinway model 'A' or 'B' (but not smaller) but please be sure that it has 3 pedals.

Also it would be best if you could find some time (1½ hrs.) when I could prepare the piano in advance (on the same day as the recording, if possible). For this purpose the piano could be put in some other room if the studio is too busy.

Please address me up until October 2 , c/o Jocy DE CARVALHO, AV. DELFIM MOREIRA 896 APT. 101, RIO DE JANEIRO, BRASIL.

After that a letter sent to Stockhausen (Köln) will reach me. I hope I've covered the points in your letter – it is in my luggage, and if there were other questions I will answer them from Brasil.

All the best,

David

Otto-Tomek-Archiv,
AdK, Berlin

Mitte Oktober verfasst Tomek seinen neuerlichen Bericht über die Darmstädter Ferienkurse, dieses Mal über den 15. Jahrgang 1961.

Kaiserlautern, 24.10.1961
Sehr geehrter Herr Dr. Tomek,
anbei der Aktionsplan (Partitur und Stimmen zugleich) der Komposition ‚glossolalie'. Er ist mit Tusche auf Transparentpapier gezeichnet, so daß sich mit Hilfe des Licht-pausverfahrens leicht Kopien herstellen lassen.
Ursprünglich wollte ich Mauros – wenngleich weitgehend auskomponiertes – Ma-terial eines Stückes ausarbeiten, dem er selber die endgültige Gestalt eines solchen hätte geben können. Indes, je mehr ich solches Material zusammenstellte, desto mehr gerann es zu einem auskomponierten Stück. Das forderte mehr Arbeit, als ich vorausgesehen. So kam es zu den bekannten Terminschwierigkeiten, Nichtsdesto-weniger hätte ich um den 10. Sept. Mauro die umfangreichen ersten beiden Sätze schicken können. Nachher verursachten Krankheit und außerordentliche dienstliche Belastung weitere Verzögerung.
Ich verstehe Ihre Verärgerung darüber, daß ich nicht termingerecht hatte abliefern können. Nun, da Sie die Partitur sehen, werden sie wohl verstehen, wieviele Arbeit das machte – und daß es nicht Nachlässigkeit war, was mich den Termin versäumen ließ.
Übrigens: obschon nun eine sorgfältig konstruierte Komposition der ‚glossolalie' vorliegt, hat Mauro doch das Recht, zu redigieren.
In der Hoffnung, das Stück möge Ihnen gefallen grüße ich Sie freundlich
Ihr Dieter Schnebel

Köln, 17.11.1961
Cher Maître,
Par cette lettre je voudrais instruiere le jeune compositeur polonais Henryk Gorecki auprès de vous. Monsieur Gorecki a une bourse pour séjourner à Paris jusqu'á Noel. Je l'estime beaucoup comme compositeur. Nous l'avons présenté pour la première fois en Allemagne lors d'un concert de notre cycle "Musik der Zeit", á savoir avec une épitaphe très impressionnante pour choeur et orchestra. En plus, Monsieur Gorecki, à mon avis, est un homme très intègre. Jusqu'à present, il ne connaît presque personne à Paris, et je vous serais donc très reconnaissant si vous vous occupies un peu de lui. Veuillez croire, cher Maître, à l'expression de mes amities sincères.
Dr. Otto Tomek

Tomeks Vermittlungsarbeit kennt keine ästhetischen Grenzen. Goreckis Kompo-sitionsstil ist weit entfernt von der raffiniert-rhythmisch komplexen Schreibweise Olivier Messiaens. Dennoch bittet er in elegantem Ton den großen französischen Lehrer, Organisten und Komponisten Messiaen um Beistand im Falle Gorecki. Da ja am 24. Oktober 1961 in Köln das erste große Konzert mit nur polnischen Komponisten stattgefunden hat, allerdings ein Werk von Gorecki sich nicht in der Programmliste des WDR findet, kann man davon ausgehen, dass von ihm die Komposition *Epitaphium* op. 12, ein knapp fünf Minuten dauerndes Werk für Chor und Orchester, wohl noch ganz kurzfristig hinzuprogrammiert worden ist. Auf

Tomeks Empfehlung hin kann Gorecki tatsächlich einige Zeit bei Olivier Messiaen in Paris studieren.

München, 30.12.1961
> Lieber Otto,
> Schicke mir bitte ein 55–57 Minutenprogramm aus der „Musik der Zeit" mit Stücken, die für München <u>NEU</u> sind. Hoffentlich habe ich dann dazu ein kurzes Rundfunkprogramm. Ich möchte in meinem ¼ Jahresprogramm eine Sendung „Musik der Zeit" machen.
> Danke und herzlichste Grüße Dein Karl

1962

Mailand, 10.3.1962
> Lieber Herr Tomek,
> vor meiner Abreise von Köln, wo ich mit Bruno noch viel gearbeitet habe, wünschte ich Sie noch einmal zu begrüssen. Aber leider, als ich fragte, ob ich mit Ihnen sprechen gekonnt hätte, erfuhr ich, dass Sie in Wien waren! Auf alle Fälle meine ich jetzt, dass Sie wieder in Köln wahrscheinlich sind: so kann ich Ihnen alle meine Grüsse senden. Ich wäre Ihnen sehr dankbar, wenn Sie – als Sie das können werden – mir eine Antwort über meinem Stück für den WDR geben könnten.
> Mit meinen herzlichsten Grüssen und schönsten Glückwünschen für Ihre Aktivität für die neue Musik bei dem kühnen Rundfunk, bin ich Ihr
> Niccolo Castiglioni

Auch das kommt immer wieder vor: Komponisten bitten Otto Tomek um eine offene und direkte Beurteilung Ihrer Arbeit. Die Funktion des Lektorats wird dem Redakteur für Neue Musik von Mal zu Mal stärker abverlangt. Wehe, er kann keine Partituren lesen!

Wien, 10.3.1962
Tomeks Freundschaft zu Gielen wächst. Sie werden einander Vertraute.
> Lieber Otto!
> Ich habe Mauro's Adresse verlegt und möchte Dich deshalb bitten mir den Gefallen zu tun, ihn anzurufen wegen Folgendem:
> 1) Gratulieren wir zu Pamela
> 2) Falls er weiterhin bei uns wohnen möchte ist er sehr willkommen, Schlafgelegenheit, Wohnzimmer, wir werden versuchen, dass er möglichst ungestört ist. Wann kommt er an? Er möchte mir doch schreiben […].
> Ich danke Dir vielmals, bitte nimm mir die Belästigung nicht übel. Wie geht es Dir? Ich hatte es schön im Januar in London, nun schwitze ich mit der Fledermaus
> Vielen Dank + Alles Gute Dein Michael

Florenz, 27.4.1962
> Cher ami Tomek,
> il y a quelques jours, j'ai eu la visite de la violoncelliste mexicaine Olga Zilboorg et c'est au sujet de cette visite que je desire de vous écriere aujourd'hui, en nette op-

Roman Haubenstock-Ramati und
Luigi Dallapiccola, ca. 1970

position avec mes habitudes. Vous savez que je suis en général bien contraire à importuner les autres (et, notamment, les amis) avec des lettres de recommendation. Mais j'ai été tellement impressionné par l'execution que Mr. Zilboorg donne de ma Ciaconna Intermezzo & Adagio que je l'ai conseillé de vous écrire, en vous proposant de l'enregistrer à Radio Köln.

Je pense que vous ayez déjà un enregistrement de la dite œuvre, et si je ne trompe pas, l'enregistrement fait par M. Cassado. Depuis l'époque où Cassado a joué chez vous plusieurs ans se sont écoules... et je me demande si vous ne series pas intéressé à une nouvelle lecture de l'ouevre, par une réprésentante de la jeune generation. Ne vous dérangez pas à me répondre!

Je vous remercie en anvance pour ce que vous pourrez faire.

Veuillez presenter toutes mes amities à MM. le Dr. Kruttge, ainsi qu'à M. Koch et croyez-moi votre fidèle & dévoué

Luigi Dallapiccola

Vorsicht geboten scheint da, wo es um Empfehlungen geht, die auf persönlichen Beziehungen basieren. Dallapiccola, wie so oft in seinen Briefen an Tomek, wahrt jene Distinguiertheit in eigener Sache und überlässt seinem Freund alle Entscheidung. Gegen die Unterstellung, verwoben zu sein in Geschäfte mit jenen, die schlauer und gerissener sind als andere, muss ein Redakteur für Neue Musik sich wappnen. Die Gefahr ist groß, Schmeicheleien und viel mehr einem Geschmeicheltfühlen dann im entscheidenden Moment ausgeliefert zu sein. Tomek kennt seine „Pappenheimer". Ihnen begegnet er mitunter mit Distanz, ja selbst engsten komponierenden Freunden gegenüber kann er brüsk und in der Sache gnadenlos zurückweisend sein. Korruption ist seine Sache nicht. Sie ist auch nicht die Sache von Dallapiccola.

Krakau, 8.6.1962

Lieber Herr Dr. Tomek,

Anschließend an unser Gespräch in Köln wegen der Aufführung von meiner „Lukaspassion" möchte ich Ihnen bekannt geben, daß diese Komposition wegen ihrer Größe und für mich großen Bedeutung werde ich nicht früher als gegen Ende 1963 beendigen.

Sie haben mir erwähnt, daß es wäre eine Möglichkeit mein Trenos im November unter der Leitung von S. Erding aufzuführen. Ich würde mich sehr freuen, wenn diese Aufführung stattfinden kann, desto mehr daß in dieser Zeit ich in Paris – so wäre es nicht schwer für mich bei der Aufführung gewesen zu sein. Mit gleicher Post sende ich Ihnen eine Partitur von Trenos. Wenn Sie eine Absicht haben „Warschauer Herbst" zu besuchen werde ich mich sehr freuen Sie wiederzusehen.

Mit herzlichem Gruß

Ihr K. Penderecki

Schloss Malberg, 12.7.1962

Mein lieber Otto,

selbstverständlich ist der Schosskeller in spätabendlicher Stimmung nicht der geeignete Ort, sich über zukünftige Termine zu unterhalten. Ich war auch sehr müde und ging bald fort und am Dienstag Nachmittag fuhr ich nach Malberg zurück.

Ich möchte aber mit Dir telephonieren, damit wir Verschiedenes klären. Den Termin meines Brüsseler Konzerts kannst Du von Pousseur erfahren. Auch wenn er noch nicht sicher ist, wann dieses Konzert stattfindet, wäre es schon ein Schritt vorwärts. Es wäre gut, von Dir den Termin für die Schnebel-Produktion zu erfahren. Du könntest auch Kontarsky verständigen, damit er es sich auch einrichten kann.

Über die Aufführung von „Mimetics" beim Musik-der-Zeit-Konzert habe ich viel nachgedacht und glaube zu einer sehr schönen Zusammenstellung gekommen zu sein. Wenn wir im Dezember die Produktionsaufnahme von „Sur Scène" machen, wie wir letztens besprachen, könnte „Mimetics" mit Teilen von „Sur Scène" (über Lautsprecher) gebracht werden. „Metapièce (Mimetics)" ist ohnehin ein Teil der musikalischen Partitur meines Theaterstücks. So hast Du es auch in Bremen gehört, wenn auch nicht gewusst. Am Samstag unserer Besprechung habe ich bis in die Nacht gearbeitet, um die Möglichkeiten solcher Zusammenstellung zu prüfen. Es kann köstlich werden [...]. Bitte rufe mich bald an, damit wir uns über diese Punkte unterhalten können und sei herzlich gegrüßt von Usch und von Deinem Mauro

Mauricio Kagel, alias „Mauro" unter seinen Freunden, ist der komponierende Geschäftsmann in Sachen Musik par excellence. Akribisch organisiert er nicht nur sein Vorgehen bei der Herstellung seiner eigenen Werke, sondern er organisiert auch seine Partner. Der Duktus seiner Briefe schillert zwischen Forderung und Humor, zwischen So-und-so-muss-es-sein und der schriftlich verfassten Beweiskunst seiner eigenen vortrefflichen Ideen. Tomek wird für Kagel viel tun. Zwischen beiden schwingt die bacchantische Begeisterung mit, ihre Vorlieben für exquisiten Wein und vorzügliches Speisen. Wie auch in diesem Brief unschwer herauszulesen ist, „ertrinkt" der Vorsatz, eine Konzeption im Schlosskeller für eine Kompilation unterschiedlicher Werke erstellen zu wollen. Erst am 8. Februar 1963 wird das im Brief verhandelte Kompilat *Mimetics* für Klavier / *Sur scène* für Sprecher, Mime, Sänger und drei Instrumentalisten uraufgeführt.

Zuvor erfahren am 7. September 1958 das *Sexteto de Cuerdos* und am 11. Juni 1960 im Sonderkonzert der 34. Weltmusiktage der IGNM in Köln *Anagrama* für vier Soli, Sprechchor und Ensemble unter Kagels eigener Leitung ihre Uraufführung. Von nun an beginnen die Kooperationen zwischen Mauricio Kagel und dem WDR auf dem Gebiet der Zuspiele, der Produktionen von Hörspiel und Musiktheater. Der erste Kompositionsauftrag durch den WDR, initiiert durch Tomek, gilt dem Orchesterwerk *Heterophonie* in zwei Versionen, die am 22. Mai 1962 durch das WDR Sinfonieorchester Köln zur Uraufführung kommen. Wieder darf der dilettierende Dirigent Kagel das Orchester leiten.

Paris, 10.9.1962

Darius Milhaud schreibt Otto Tomek aus Amerika, um sich für die geplante Aufführung von *Les Choéphores*, 2. Teil der *Orestie des Aischylos* op. 24, das er 1915 als Dreiundzwanzigjähriger komponiert hat, zu bedanken. Tomek benötigt das Einverständnis der Erben Paul Claudels, um den Text im Programmbuch zu veröffentlichen. Milhaud wird sich einsetzen, damit es für einen Abdruck keine Komplikationen gibt.

Köln, Oktober 1962

WDR, 3. Programm: Otto Tomeks Beitrag zu den Internationale Ferienkursen für Neue Musik Darmstadt 1962

So war der Dank, den in einer Feierstunde am Grabe Wolfgang Steineckes Pierre Boulez im Namen aller Freunde mit bewegter Stimme sprach, weit mehr als das bei solchen Anlässen übliche Versprechen zur Betreuung der Hinterlassenschaft. Denn man war bereits mit allen Kräften dabei, sein Erbe fortzusetzen, seine Gedanken lebendig weiter zu entwickeln. Die Ferienkurse dieses Jahres waren von Wolfgang Steinecke selbst noch weitgehend konzipiert worden. Das alte Modell: tagsüber Seminare – Kompositionen und Interpretationskurse – und abends Konzerte blieb bestehen; am Ende des Tages kamen zu nächtlicher Stunde noch zwei Studiodarbietungen der Teilnehmer an dem Seminar von Karlheinz Stockhausen hinzu, worüber später noch einiges zu berichten sein wird...

Mithin fehlt also ein allgemein verbindlicher lehrbarer Stil und kann derzeit auch nicht erwartet werden. Die stärksten Potenzen ihrerseits, voran Boulez, Stockhausen und Nono haben ihre persönliche Schreibweise entschieden ausgeprägt, was sie freilich immer weiter voneinander entfernt. Um sie herum eine Menge interessanter, manchmal lohnender, häufiger noch aussichtsloser Versuche, ein ehrliches Bemühen um Form, um Ausdruck, um Bewältigung der Ideenfülle, insgesamt ein Treiben von großer Lebendigkeit. Am Bilde dieser Situation von heute zeichnet sich ein Moment ganz deutlich ab: auf dem Wege der bloßen Erneuerung des musikalischen Materials gibt es kein Weiterkommen mehr. Man hat in den letzten Jahren dem Klangbereich in einem Maße neue Elemente erschlossen, wie kaum jemals zuvor in der Musikgeschichte. Aber die Suche nach neuem Klangmaterial ist oftmals zu sehr Selbstzweck

Mauricio Kagel mit Usch, ca. 1958

geworden und dieser Leerlauf wirkt auf die Dauer grenzenlos langweilig. So besteht heute kein Zweifel mehr daran, dass jede kommende stilistische Erneuerung nicht mehr durch eine Expansion des Klangmaterials, sondern ausschließlich von innen her, aus der schöpferischen Substanz erfolgen muss.

WDR Köln, Dokumentation und Archive, Sig.: 5591–5605 / 12360

Durch die Beziehung zu Luigi und Nuria Nono hat Otto Tomek auch direkten Kontakt zu Gertrud Schönberg, die in Los Angeles die Urheberrechte auf alle Werke Arnold Schönbergs besitzt, wie in Schönbergs Testament vom 1. Oktober 1950 vermerkt ist:

„Liebste Trude. Solltest du über musikalische oder theoretische Probleme, oder über Herausgabe unveröffentlichter oder unbeendigter Manuskripte nicht allein entscheiden wollen, so empfehle ich folgende meiner Freunde als Berater: Dr. Joseph Polnauer, Josef Rufer, Erwin Stein [...], Erwin Ratz, vor allem deinen Bruder Rudolf Kolisch [...]"

Arnold Schönberg Center Archiv, Wien (auch die beiden folgenden?)

Köln, 15.11.1962

Sehr verehrte, liebe gnädige Frau!

[...] Ich schreibe Ihnen heute in folgender Angelegenheit:

Wir planen mit Dr. Cerha und seinem Ensemble „die reihe" eine Studioproduktion zu machen, u. a. auch die „drei kleinen Stücke für Kammerorchester" von Arnold Schönberg. Wie mir Dr. Cerha sagt, haben Sie dieses Werk noch keinem Verleger übergeben, und ich möchte daher die Materialleihgebühr für diese Aufnahme mit Ihnen vereinbaren. Wie Sie ja wissen, haben wir für alle Gattungen bestimmte tarifliche Sätze. Diese liegen bei Kammerorchester niedriger als bei großem Orchester. Ich möchte aber trotzdem für die genannten drei kleinen Stücke die Sätze für das große Orchester vorschlagen. Diese betragen:

Bei einer Spieldauer bis 3'30"   DM 105.–

               bis 5'30"   DM 129.–

Ich nenne Ihnen beide Zahlen, da ich die exakte Spieldauer nicht weiß [...].

Otto Tomek, Privatarchiv (auch die folgenden Zitate)

Los Angeles, 21.11.1962

Lieber Herr Dr. Tomek

... wegen der Drei kleinen Orchesterstücke, die ich zum Ärger aller Verleger selbst verwalte, kann ich Ihnen nur meine gewöhnliche Materialleihgebühr offerieren. Die ist, wie immer, Dollar 50,00. Ich weiß nicht, was eine Studioproduktion ist, weiss daher auch nicht, ob Sie dieses Stück für eine Sendung oder gar für eine Bandaufnahme haben wollten. Wie Sie wissen, bin ich noch immer auf dem Standpunkt, dass man Schönberg's Musik nicht mit einer Spieldauerbemessung honorieren soll, noch kann [...].

Köln, 6.12.1962

Liebe gnädige Frau,

Haben Sie recht herzlichen Dank für Ihren Brief vom 21. November in der Angelegenheit der Drei kleinen Orchesterstücke. Selbstverständlich brauchen Sie mich nicht eine Sekunde lang erst zu überzeugen, dass man Schönbergs Musik nicht nach der Spieldauer bemessen soll. Dies hatte ich von vornherein auch schon angenommen und Ihnen deshalb die Sätze für großes Orchester vorgeschlagen, für ein Werk, das von zehn Leuten ausgeführt wird, und auf das deshalb noch andere Sätze angewendet werden müßten. Die Schwierigkeit beruht ja leider darin, daß wir Komponisten oder Werke nicht selbstständig honorieren können, sondern an die Vorschriften der Verwaltung leider gebunden sind, die ihrerseits wiederum vom Landesrechnungshof kontrolliert wird, da wir ja kein Privatunternehmen sind, sondern eine Anstalt des Öffentlichen Rechts [...].

Köln, 4.12.1962

In einem langen Brief teilt Tomek dem in Kalifornien lebenden Ernst Krenek auf dessen Wunsch, von Herbert Eimerts elektronischer Komposition eine Bandkopie über den WDR zu erhalten, ausführlich die Rechtslage mit, die mit einem solchen Wunsch neuerdings in Kraft tritt. Zunächst sei ein Wiederholungshonorar bei jedem Abspielen der Eimert-Komposition vertraglich zu entrichten. Dann solle Krenek über die GEMA München die Genehmigung einholen, dieses Band beim Sender zu erbitten, da der Sender wiederum Auflagen habe, keine Elektronische Musik mehr frei zu geben, die ausschließlich für Sendezwecke bestimmt ist und die nun außerhalb dieses Zwecks woanders gespielt werden soll. Diese Verhandlungen mit der GEMA müsse der sehr verehrte Professor leider selbst führen, da die GEMA im allgemeinen die Zahlung einer Lizenzgebühr von DM 1.– pro Minute verlangt. Die GEMA müsse dann den WDR direkt ermächtigen, das Band an Krenek abzugeben.

[...] Es tut mir schrecklich leid, daß ein unschuldiges Abspiel eines Bandes einen solchen Papierkrieg auslöst, aber leider ist der WDR als Anstalt öffentlichen Rechts gebunden, sich an die diversen Verträge zu halten. Sobald wir die Genehmigung der GEMA in Händen haben, werden wir Ihnen gern eine 19 cm Bandkopie des Stückes senden.

Mit besten Grüßen bin ich stets Ihr
Dr. Otto Tomek

1963

Florenz, 5.1.1963

Lieber Herr Dr. Tomek,

haben Sie erstens tausend Dank für Ihren freundlichen Brief vom 7. Dezember, der mir aus Tunis hierher nachgesandt worden ist – denn ich bin noch gar nicht abgereist –, und verzeihen Sie bitte, daß ich erst heute dazu komme, ihn zu beantworten. Die letzte Zeit war allzu turbulent, dabei hatte ich auch hier an Ort und Stelle allerhand Verpflichtungen: eben deshalb mußte ich ja mein Entweichen nach Tunis so beträchtlich verschieben. Aber nun ist endlich der Flug für Donnerstag nächster Woche gebucht, und damit tritt die Adresse, deren Sie sich bereits bedient haben, tatsächlich in Kraft: 7, rue Sakiet Sidi Youssef, Le K r a m (Tel. Goulette 219).

Haben Sie zweitens tausend Dank dafür, daß Sie unsere Sendung im Dritten Programm durchsetzten. Als Termin für die Ablieferung des Manuskripts schiene mir Mitte Februar realistisch: ich könnte Ihnen zusagen, daß Sie es spätestens am 15. Februar in Händen haben.

In Tunesien werde ich voraussichtlich bis Mitte März bleiben. Somit wäre – da ich in der Tat großen Wert darauf lege, meinen Text selber zu sprechen – eine Gefälligkeitsaufnahme bei Radio Tunis wohl das Gegebene. Sollte die akustische Qualität der Aufnahme tatsächlich unzureichend sein (was ich nicht annehme, da mir das moderne und modern eingerichtete Funkhaus in Tunis weit vertrauenerweckender scheint als die alten Privathäuser, in denen viele Dienste der Radiodiffusion Francaise in Paris oder der RAI etwa hier in Florenz eingerichtet sind, wobei es den Aufnahmeräumen wirklich nicht nur an einem Minimum akustischer Qualität, sondern auch an jeder akustischen Isolierung mangelt), – sollte also die Aufnahme wider Erwarten unzureichend sein, so würde ich Ihnen selbstverständlich zugestehen, den Text durch einen Sprecher in Köln neu aufnehmen zu lassen.

Mit den Honorarbedingungen, die Sie mir in Ihrem Brief vom 7. Dezember dargelegt haben, möchte ich mich, sofern die Wiederholung der Sendung am darauffolgenden Tag in der Tat gesichert ist, einverstanden erklären. Das übliche Sprecherhonorar führen Sie nicht eigens an; indes würde ich darauf dringen, es zusätzlich zu erhalten, zumal es angesichts der Länge der Sendung und mithin auch des Textteils nicht unerheblich sein dürfte. Könnten wir uns mithin auf DM 1.500.– plus angemessenes Mitwirkungshonorar einigen?

In meinem letzten Brief war ich leider nicht einmal dazu gekommen, Ihnen über meine Eindrücke vom Oktober in Palermo zu berichten. Die Aufführung von Bussottis „Memoria" war eine Katastrophe: Chor und Orchester haben fast total versagt, der Aufgabe gewachsen waren nur die Solisten, also Herr Pearson, Herr Rzewski und

Herr Faja. Herr Paris versuchte „mitreißend" zu dirigieren, und ein gewisser Schwung hat sich im Saal auch mitgeteilt, aber auf dem Tonband darf man sich das Ganze überhaupt nicht anhören, und zwar keineswegs nur, weil der Konzertskandal mit darauf ist, sondern weil die Qualität der Aufführung ein Skandal war. Man müßte das sehr ungewöhnliche Werk einmal korrekt realisiert hören: nach Partitur. Der Verlag wird Ihnen in absehbarer Zeit eine zuschicken. Obwohl Bussotti anscheinend sowohl mit diesem Werk als auch mit „Musik der Zeit" andere Pläne hat, scheint mir doch der WDR gegenwärtig fast die einzige Einrichtung zu sein, die eine adäquate Aufführung von „Memoria" auf die Beine bringen könnte, vor allem auch hinsichtlich der Chorpartien, wenngleich diese technisch durchweg nicht so schwierig sind wie der „Canto sospeso". Freilich hat es noch viel Zeit, darüber eventuell zu reden.

Nun hätte ich aber, wenn Sie erlauben, eine wirklich fast persönliche Anregung. Dem Jahresprogramm der von Herrn Riedl in München organisierten Veranstaltungen habe ich entnommen, daß David Tudor dort am 20. Mai in einem Konzert spielt, also um diese Zeit in Deutschland ist. Vielleicht haben Sie schon daran gedacht, ob es sich unter Umständen nicht ermöglichen ließe, ihn bei dieser Gelegenheit Bussottis „Five Piano Pieces for David Tudor" in Köln aufnehmen zu lassen. Ich glaube, ich habe Ihnen schon einmal geschrieben, daß ich schon mancherlei Gelegenheiten gehabt hätte, Sendungen über diese fünf Stücke zu machen, die ja infolge ihrer Notation, die viel in der Presse reproduziert wurde, Aufsehen und insofern Neugier nach dem Klang erregt haben; doch liegen sie eben bis jetzt nicht auf Tonband vor. Ich glaube, die Wichtigkeit einer solchen Aufnahme wäre nicht zu bezweifeln.

Und von Frederic Rzewski wollte ich Ihnen schreiben, der ein sehr ausgedehntes Repertoire der schwierigsten europäischen und amerikanischen Klaviermusik hat, und dem die triumphalen Uraufführungen von Bussottis „Pour clavier" und Stockhausens „Klavierstück X" zu danken sind: Stücke, die er so einzigartig realisiert, daß er in absehbarer Zeit darin wohl kaum seinesgleichen finden wird. Und mit Bussottis „Pour clavier" ist's ja wieder dieselbe Sache: bislang gibt es keine Bandaufnahme.

Nach der fast persönlichen Bitte hätte ich nun eine wirklich persönliche: könnten Sie mir liebenswürdigerweise zu meiner Information das Programm der öffentlichen Veranstaltungen des WDR in der laufenden Saison zusenden lassen? Recht herzlichen Dank im voraus.

Nun wünsche ich Ihnen von Herzen alles Glück im neuen Jahr 1963 und verbleibe mit den herzlichsten Grüßen Ihr

Heinz-Klaus Metzger

Otto-Tomek-Archiv, AdK, Berlin

Heinz-Klaus Metzgers Einsatz für Bussotti erklärt sich leicht: Die beiden Männer sind ein Paar und leben diese Beziehung nicht etwa verdeckt und inkognito, sondern offen und demonstrativ. Im Jahre 1963, wo der Paragraph §175 noch Rechtsgültigkeit hat und Homosexualität verboten und unter Strafe gestellt ist, ist ihr Verhalten eine Heldentat.

Nonos intensive Empfehlungen seines Schülers Helmut Lachenmann führen dazu, dass Lachenmann im Jahre 1960 seine Partitur der zwei Orchesterstudien *Due Gieri* Otto Tomek zusendet. Wie an anderer Stelle schon beschrieben, ist für Tomek das Manuskript nur „mit Waffenpaß" realisierbar. Persönlich lernt Tomek

Heinz Schütz, Heinz-Klaus Metzger, Gottfried Michael Koenig, Darmstadt, ca. 1956

Lachenmann 1960 bei Luigi Nono in Venedig kennen, wo sie in einem „schlichten Fischrestaurant auf Giudecca" gemeinsam essen.

Nach fast drei Jahren schreibt er endlich dem Komponisten:

Köln, 20.2.1963
Sehr geehrter Herr Lachenmann,
ich hatte im abgelaufenen Jahr mehrfach Gelegenheit, verschiedenen Dirigenten die Partitur Ihrer „Due Gieri" zu zeigen. Man anerkannte immer wieder eine wahrnehmbare Begabung, doch blieben immer noch Wünsche nach stärkerer persönlicher Profilierung offen. Da das Werk hier doch nicht zur Aufführung kommen wird, schicke ich Ihnen die Partitur anbei wieder zurück. Vielleicht haben Sie inzwischen wieder etwas Neues geschrieben, das ich gerne wieder durchschauen würde, wenn Sie es mir zuschicken.
Mit besten Grüßen Ihr Dr. Otto Tomek
Otto Tomek, Privatarchiv (auch die folgenden Zitate???)

Dieser Brief ist für Tomek ein spezielles Unikat, ein Unikat an deutlicher Distanz zu einer Komposition, die ihm schon allein wegen der Notation befremdlich ist. Niemals sonst hat er sich so offen gegen eine eingesandte Partitur in seinen Briefen geäußert. Die „Auszeichnung", Lachenmann verfüge über eine „wahrnehmbare Begabung", birgt aus heutiger Sicht eine geradezu heitere Komponente. Und wie reagiert auf ein solches Schreiben der siebenundzwanzigjährige Komponist?

München, 5.3.1963

Verehrter Herr Doktor Tomek,

für die Rücksendung meiner Partitur „Due Gieri" und Ihren freundlichen Brief vom
20.2. danke ich Ihnen ganz herzlich. Ich bin auch ganz Ihrer Meinung über „Due Gieri";
das ist nicht gerade meine beste Arbeit.

Inzwischen habe ich vier neue Kompositionen geschrieben; eine von ihnen, ein „Tri-
pelsextett" liegt unauffindbar verschollen in Palermo, die anderen drei sende ich
Ihnen anbei. Die „Fünf Strophen" sind 1962 in Venedig gespielt worden. „Echo An-
dante" habe ich in Darmstadt gespielt und soll im Mai im Münchner Studio für neue
Musik wiederaufgeführt werden (die Darmstädter Aufführung war ganz schlecht –
ich war wegen vieler Ärgernisse völlig indisponiert und habe mir und meinem Stück
an jenem Abend wohl nur geschadet).

Die Partitur von „Angelion" ist vor kurzem fertig geworden. Für diese Komposition
liegt auch das ganze Stimmenmaterial bereit. Was dieses Stück vielleicht ganz interessant macht, ist – abgesehen von allen expressiven Anstrengungen, über deren
Qualität mir kein Urteil zusteht – der Beitrag, den es auf dem Gebiet der „vieldeutigen Komposition" leistet. Ich habe nämlich darin versucht, einen präzisen Ausdruck
an eine Vielfalt von Realisationsmöglichkeiten zu binden, während doch die meisten
der bis jetzt bekannten „vieldeutigen" Werke ihre Vieldeutigkeit mit dem Verzicht
auf jegliche expressive Individuation und mit dem oft kaum verantwortbaren Risiko
von cliché-haften Improvisationen erkaufen mußten. Ich könnte mir vorstellen, daß
die Alternative, die ich da glaube gefunden zu haben, noch viele Möglichkeiten für
meine zukünftige Arbeit in sich birgt.

Ich danke Ihnen für alle Aufmerksamkeit, die Sie meiner Arbeit entgegenbringen
wollen und bin

mit vorzüglicher Hochachtung

Ihr ergebener Helmut Lachenmann

Wie aus der Kölner Komponistenliste 1955–1971 ersichtlich wird, ist auch dieses
Orchesterwerk nicht in Köln, aber auch nirgend sonstwo je zur Aufführung gelangt. Tomeks Reserviertheit der Musik Lachenmanns gegenüber zeigt Wirkung.
Erst viele Jahre später findet sie in der Reihe „Musik der Zeit" ihren Realisierungs-
ort, initiiert und beauftragt durch Tomeks Nachfolger Dr. Wolfgang Becker, der
im Laufe seiner Zeit beim WDR erst Lachenmanns Orchesterkomposition *Fassade*
beauftragt und am 22. September 1973 durch das WDR Sinfonieorchester Köln,
am 23. April 1978 die revidierte Fassung von *Gran Torso* in Witten vom Berner
Streichquartett uraufführen lässt. Am 18. April dirigiert schließlich Peter Eötvös
die Uraufführung von Lachenmanns *Ausklang*, Musik für Klavier und Orchester
mit Massimiliano Damerini als Solist; und am 20. Oktober 1999 wird schließlich
durch den nachfolgenden Nachfolger von Wolfgang Becker, Harry Vogt, das beauftragte Werk *Nun* für Posaune, Flöte, Männerstimmen und Orchester unter der
Leitung von Jonathan Nott, dem Posaunisten Mike Svoboda, der Flötistin Gaby
Pas van Riet und den Neuen Vokalsolisten zur Uraufführung gebracht.

Köln, 20.2.1963

Lieber Herr Penderecki,

vor längerer Zeit haben Sie mir ein Exemplar Ihres Streichquartetts geschickt. Ich freue mich sehr, Ihnen mitteilen zu können, daß wir das Werk vor wenigen Tagen mit dem LaSalle-Quartett hier aufgenommen haben.

Ich schicke Ihnen das Exemplar mit separater Post wieder zu.

Mit besten Grüßen Ihr Dr. Otto Tomek

München, 14.3.1963

Und wieder aus München wünscht sein „Partner" Hartmann:

Lieber Otto,

Ob wohl noch einige Exemplare des Programmes MUSIK DER ZEIT vom 13. Dezember 1954 vorhanden sind? Wenn ja, so lasse mir doch bitte 2 Stück zuschicken. Würde sie sehr notwendig gebrauchen! [...].

Das Programm vom 13.12.1954:

André Jolivet Cinq Danses Rituelles für Orchester (1939) DE

Alban Berg Fünf Orchesterlieder nach Ansichtskartentexten von Peter Altenberg op. 4 für Singstimme und Orchester (1911–12) DE

Alban Berg Der Wein Konzertarie mit Orchester (1929)

Arnold Schönberg Kol Nidre op. 39 für Sprecher, Chor und Orchester (1938) EE

Béla Bartók Cantata Profana „Die Zauberhirsche" für Tenor, Bariton, Chor und Orchester (1930) DE

Köln, 9.4.1963

Lieber Luciano,

bitte überlege einmal folgendes, worüber wir dann am 3. oder 4. Mai in Milano sprechen können:

Wie Du weißt, ist seit 1. April Karlheinz Stockhausen Leiter des elektronischen Studios. Wir haben nun einen grossen Plan aufgestellt über die Aktivität in nächster Zukunft, und zwar wollen wir jährlich zwei Komponisten nach hier einladen, in unserem Studio (das in nächster Zeit auch modernisiert wird) zu arbeiten. Wir dachten in diesem Zusammenhang in erster Linie an Dich, und so geht an Dich die Frage, ob Du in den drei Monaten von April bis Juni 1964 hier in Köln ein Stück realisieren könntest. Wir würden Dir in dem Fall einen Kompositionsauftrag geben und einen gewissen Spesensatz.

Wir würden uns freuen, Dich für längere Zeit hier zu haben.

Herzlichste Grüße Dein Otto

Köln, 11.4.1963

Sehr verehrter Meister Messiaen,

wie Sie vielleicht schon gehört haben, ist Herr Dr. Eimert seit Mai dieses Jahres als Leiter des elektronischen Studios in den Ruhestand getreten. Die Leitung liegt nun in den Händen von Karlheinz Stockhausen und mir.

Es ist uns nun eine besondere Freude, als eine unserer ersten Amtshandlungen in unserer neuen Eigenschaft, Sie zu fragen, ob Sie im Prinzip bereit wären, einmal für einige Monate zu uns zu kommen und hier ein elektronisches Stück zu realisieren [...].

Ich glaube, dass es für die Neue Musik von großer Bedeutung werden könnte, wenn

Sie, verehrter Meister, sich entschließen wollten, auch im elektronischen Bereich zu arbeiten [...].

Nicht nur Karlheinz Stockhausen ist der neue Leiter des Studios, sondern auch Otto Tomek – nach Herbert Eimerts dubioser und bis heute nicht völlig geklärter Beendigung seiner Verantwortlichkeit. Es müssen wohl enorme Streitigkeiten um Rechte und Vorrechte zwischen dem einstigen Gründungsvater des Studios und Karlheinz Stockhausen eine Rolle gespielt haben. Zwischen Stockhausen und Tomek indes besteht eine bereits zehn Jahre lange freundschaftliche Nähe. Der Redakteur bewundert den Genius des Komponisten und der Komponist achtet und schätzt die Zuverlässigkeit und Integrität Tomeks. Die beiden haben die Aufgaben aufgeteilt: in die konkret künstlerisch-technische und in die organisatorisch-strukturell-redaktionelle Verantwortung. Tomek wird diese Aufgabe bis zum Ende seiner WDR-Zeit ausfüllen.

Neben dem Anwerben von bedeutenden Komponisten – wobei weder Luciano Berio noch Olivier Messiaen dieses Angebot nutzen können oder wollen, auch der am 9. Juli angefragte John Cage nicht, der Tomek aber einige Vorschläge postwendend am 12. Juli unterbreitet – bewirkt die neue Leitung des Elektronischen Studios auch Fluten von Bewerbungen von außen. Der Umbau und eine neue, zweckmäßige Einrichtung machen ein Arbeiten im Jahre 1963 aber kaum möglich. Hinzu kommen interne Probleme. Der seit 1954 als freier Mitarbeiter im Studio tätige Komponist Gottfried Michael König wird seine Mitarbeit nicht verlängern und scheidet Ende des Jahres 1964 aus, um in Utrecht das neue Institut für Sonologie zu leiten.

Kölner Utopie? Ich wäre ein bisschen vorsichtig, denn in Köln haben viele Leute gearbeitet, die sich nicht zusammengesetzt und über irgendein Kölner Manifest gesprochen haben – das hat Heinz-Klaus Metzger erst sehr viel später geschrieben. Weder Stockhausen noch andere, die unter meiner Anleitung arbeiteten, haben sich auf eine bestimmte Ästhetik oder Utopie verabredet.
Ich denke manchmal, und das geht nicht nur mir so, mit ein bisschen Wehmut zurück an die zehn goldenen Jahre in Köln. Nicht nur weil das eine Pionierzeit der elektronischen Musik war, sondern weil auch Leute das Studio besuchten, die selbst keine elektronische Musik machten, so wie Metzger oder Hans G. Helms. Das war eine außerordentlich anregende Periode. Ligeti sagte öfter einmal: „Köln müsste es noch einmal geben."

Gottfried Michael König, in: Hilberg/Vogt, Musik der Zeit, S. 147

Katowitz, 5.5.1963
Lieber Herr Tomek,
übersende Ihnen mein Lebenslauf und Werkverzeichnis. Sie bitten auch um ein paar Zeilen Einführung zur Symphonie, aber verzeihen Sie bitte, ich weiss nicht, was man über das Stück schreiben kann [...]. Es freut mich sehr, das die Symphonie in Köln gespielt wird. Sie müssen ja lieber Herr als Pate bei der Ausführung sein. Bei erster Gelegenheit müssen wir das herzlich feiern. Noch mal viel Dank und allerherzlichste Grüße
Ihr Henryk Mikolaj Gorecki

Otto-Tomek-Archiv, AdK, Berlin

Am 20. Mai gibt es unter Jan Krenz die Deutsche Erstaufführung von Goreckis *Sinfonie Nr. 1;* sie wird in Darmstadt bei den Ferienkursen am 15. Juli wiederholt. Dieses Mal ist Michael Gielen der Dirigent.

Frankfurt,13.5.1963
Sehr verehrter Herr Dr. Tomek,
sehr habe ich mich bei Ihnen zu entschuldigen, aber der Eilbrief, in dem Sie offenbar um eine Abschrift meines Berliner Vortrags baten, ist aus Gott weiß welchen Gründen nie in meine Hände gelangt.
Den Vortrag habe ich bereits am 10. Mai eingesprochen, und das Band muß jetzt in Ihren Händen sein. Auf jeden Fall schicke ich Ihnen gleichzeitig einen Durchschlag. Wo das Band von diesem abweicht, handelt es sich um absichtliche Änderungen, sei es um vorbereitete, sei es um solche, die ich spontan beim Sprechen vornahm, wie ich es stets zu tun pflege; jedenfalls ist das Band die verbindliche Version.
Mit Rücksicht auf die gedruckte Wiedergabe des Vortrags wäre ich Ihnen besonders dankbar, wenn Sie mich wissen lassen wollten, wann etwa er gesendet wird.
Übrigens bin ich am nächsten Samstag in Köln, um das eine der Grundreferate zu der Diskussion über Kierkegaard im Rahmen der „Umstrittenen Sachen" zu halten. Vielleicht kann man sich bei dieser Gelegenheit sehen oder auch noch am Sonntag vormittag.
Mit verbindlichsten Empfehlungen
Ihr stets und aufrichtig ergebener
Th. W. Adorno

Otto-Tomek-Archiv, AdK, Berlin

Köln, 28.5.1963
Sehr verehrter Herr Professor!
Verzeihen Sie, daß ich mich erst heute wieder melde. Gerne hätte ich auch die „umstrittenen Sachen" am 18. Mai besucht, aber da waren wir inmitten der letzten Vorbereitungen für die Uraufführung von drei Szenen aus Zimmermanns Oper „Die Soldaten", und das erforderte alle Zeit, Kraft und Energie...
Für heute verbleibe ich mit den besten Wünschen
Ihr sehr ergebener Otto Tomek

Otto-Tomek-Archiv, AdK, Berlin

20.5.1963
Uraufführung von Bernd Alois Zimmermanns Drei Szenen aus der Oper *Die Soldaten.*

Florenz, 5.7.1963
Lieber Herr Dr. Tomek,
schade, daß in Venedig die zwingenden äußeren Umstände einem längeren Gespräch, nicht günstig waren. Daß unsere Sendung über Schönberg und Kandinsky stattgefunden hat, habe ich unterdessen erfahren, und auch die Honorare sind mir zugegangen. Nun bin ich freilich sehr neugierig, wie Sie mit der Zeit zurechtgekommen sind, will sagen mit der ja doch sehr wahrscheinlichen Diskrepanz zwischen der unverrückbar vorgegebenen Sendezeit einerseits und der Dauer meines Textes und der von mir gewählten Musikbeispiele andererseits. Falls der WDR, wie ich annehme,

das Manuskript in einer Version vervielfältigt hat, welche die Sendung so wiedergibt, wie sie tatsächlich gelaufen ist, so wäre ich Ihnen überaus dankbar, wenn Sie mir liebenswürdigerweise gelegentlich eine Kopie zur Verfügung stellen könnten. Wäre dies möglich?

Dieser Tage werde ich nach Deutschland, und zwar zuerst nach Konstanz fahren, wo ich bis zum 18. Juli bleibe. Ungefähr vom 20. bis 24. Juli bin ich in Darmstadt und Frankfurt und gedächte dann endlich wieder Köln zu besuchen. Nun wüßte ich gern, ob Sie um diese Zeit in Köln sein werden, denn selbstverständlich wäre es mir eine große Freude, Sie zu sehen. Eventuell könnte ich auch später, etwa gegen Mitte August, nach Köln kommen. Dürfte ich Sie bitten, mir darüber nach Konstanz Nachricht zu geben?

Besonders dankbar aber wäre ich Ihnen, wenn Sie mir bei dieser Gelegenheit – wie ja fast stets bei früheren Besuchen – vielleicht eine Möglichkeit arrangieren könnten, eine oder mehrere Sendungen für den WDR zu realisieren. Sollten Sie also dergleichen brauchen, so würde ich Sie bitten, mir nach Konstanz die gewünschten Themen und Sendezeiten zu schreiben, damit ich in Köln bereits mit den fertigen Manuskripten eintreffe. Da ich annehme, es werde sich gegebenenfalls um Einführungen in irgendwelche neueren Werke handeln, und da ich nach Konstanz nur wenige Partituren mitnehme, wäre ich Ihnen ferner dankbar, wenn Sie mir im Falle eines solchen Auftrags auch die entsprechenden Partituren nach Konstanz würden senden lassen können; ich gäbe sie Ihnen dann in Köln zurück. Außerdem möchte ich noch etwas Anderes vorschlagen: eine kleine, etwas amüsante, aber fundierte Plauderei über das Thema: „Ist das noch Musik?", deren Zweck es wäre, dem Publikum seine Gesichtspunkte ganz wegzunehmen. Ich denke da an eine reine Textsendung von etwa 30 Minuten, hinter der Sie dann irgendeine Musik senden könnten, die nach einer solchen Vorbereitung schlagender als in einem anderen Kontext placiert wäre.

Bussotti läßt Sie sehr herzlich grüßen. Er erführe gern, was Sie von seinem Kammerorchesterstück „Mit einem gewissen sprechenden Ausdruck" halten. Ich selbst fände es sehr schön, wenn es sich ermöglichen ließe, die Uraufführung in der kommenden Saison „Musik der Zeit" irgendwo unterzubringen.

Einstweilen mit den herzlichsten Grüßen und besten Wünschen
Ihr Heinz-Klaus Metzger

Otto-Tomek-Archiv, AdK, Berlin

Köln, 10.7.1963

Lieber Herr Metzger!

Schönen Dank für Ihren Brief. Unsere Sendung über Schönberg und Kandinsky hat stattgefunden, und das Echo war von verschiedener Seite rege. Im Übrigen kann ich Sie beruhigen, Ihr Text ist ohne jede Kürzung über den Sender gegangen, ebenso die Musikbeispiele ganz nach Vorschrift. Wir haben also nichts ändern müssen. Ein Manuskript mit den verschiedenen kleinen Änderungen, die Sie im Sprechen und auf meine Bitte hin gemacht haben, ist nicht hergestellt worden.

Wenn Sie vom 20. bis 24. Juli in Darmstadt sind, so werden wir uns dort treffen. Im August werde ich nicht in Köln sein, da ich dann meine großen Ferien nehme.

Im Prinzip würde ich versuchen, einen kleinen Vortrag mit Ihnen aufzunehmen, allerdings wäre das nur zwischen dem 29. und 31. Juli möglich. Ein genaues Datum kann ich Ihnen noch nicht sagen, da es davon abhängt, wann ich ein Aufnahmestudio bekomme, was um diese Zeit sehr schwierig ist, da die Produktion der Ferien wegen bereits im Allgemeinen eingestellt ist. Über das Thema sprechen wir am besten in Darmstadt, da ich im Augenblick keinen Vorschlag machen kann.

Was Bussottis Stück „Mit einem gewissen sprechenden Ausdruck" betrifft, so bin ich, was eine Realisierung betrifft, darauf angewiesen, irgendeines der bestehenden Ensembles für neue Musik, wie das Kranichsteiner, „die reihe" usw. für das Stück zu gewinnen, denn mit Mitgliedern unseres Orchesters kann ich das Stück nicht mehr besetzen. Bei der immer mehr zutage tretenden Abneigung gegen neue Musik gibt es nicht genug willige Spieler, die sich einer solchen Sache mit Ernst annehmen. Für die nächste Saison gibt es leider noch keine Chance zu einer Aufführung.

Mit recht schönen Grüßen Ihr

(Dr. Otto Tomek)

Otto-Tomek-Archiv, AdK, Berlin

In einem ausnehmend zuvorkommenden und höflichen Schreiben bietet Witold Lutosławski Tomek eine Komposition an, die er in nächster Zeit zu schreiben hofft.

Paris, 12.7.1963

Cher Monsieur Tomek,

[...] Je suis en train de composer une nouvelle ouevre, cette fois-ci pour voix de ténor et petit orchestre. C'est une commande de Peter Pears. La creation sura lieu probablement en Angleterre au festival de Aldeborough. Peut-etre voudriez vous que je reserve la première allemande pour Collogne? Naturellement sans aucune obligation de votre part avant que l'œuvre soit fini et que vous décidiez qu'elle vous interesse comme telle [...].

Otto-Tomek-Archiv, AdK, Berlin

Tomek antwortet begeistert zurück und freut sich, Lutosławski beim Warschauer Herbst wieder zu sehen.

Köln, 4.10.1963

Sehr verehrter, lieber Herr Lutoslawski,

mit unerhört vielen Anregungen und schönsten Erinnerungen an die wunderbaren Tage in Warschau bin ich nun wieder im Büro. Ich danke Ihnen und Ihrer verehrten Gattin nochmals herzlich für die freundliche Aufnahme und hoffe, Sie recht bald auch bei mir wieder begrüßen zu können [...]

Otto-Tomek-Archiv, AdK, Berlin

München, 25.9.1963

Mein lieber Otto,

wenn wir Deine „Nachricht" auch gelegentlich erwarteten, so kam sie uns trotzdem überraschend. Du hast eine sehr liebe Frau bekommen und ich bin überzeugt, daß Ihr glücklich werdet. Von ganzem Herzen gratulieren wir Euch beiden und wenn Ihr nach München kommt, hoffe ich, daß wir bei uns zu einer kleinen Nachfeier zusammenkommen können.

Nochmals alles Liebe und Gute und sehr herzliche Grüße von

Deinem Karl Amadeus und Elisabeth mit Richard

Otto-Tomek-Archiv, AdK, Berlin

Dieser Brief ist Hartmanns letzter Brief an Otto Tomek. Es kommt zu diesem erhofften Zusammensein nicht mehr. Inwieweit Tomek seinem Freund noch das Band der Uraufführung von Rafael Kubeliks *Requiem* im Abonnementskonzert vom 18. Oktober zusenden kann, ist nicht dokumentiert. Tomek heiratet – wie schon geschrieben – am 10. September Margot Ziegler, kurz bevor er mit ihr zusammen zum Warschauer Herbst fliegt.

Warschau, 17.10.1963
Lieber Herr Doktor Tomek,
während Ihres Aufenthaltes in Warschau versprach ich Ihnen eine kurze Einleitung zu der „Egzorte", Ich dachte ziemlich viel darüber, aber ich fürchte mich ernst, dass ich ein schlechter Kommentator meiner Musik bin. Und nun Resultat dieses Denkens: ich hoffe, dass dem Zuhörer vollkommen ausreicht, wenn im Programmheft deutscher Text der Egzorte gedruckt sein wird; es wird nach meiner Meinung – genügende Einführung in Absichten des Autors und in Charakter und leitender Gedanke meines Stückes. Eines ist klar: der Text – und also das Stück – wendet sich gegen jede Übermacht, gegen jede Gewalt und jede Ungerechtigkeit unter den Menschen. Und das ist vielleicht alles, was ich in dieser Musik „aussprechen" wollte, und auch alles, was ich darüber zu sagen habe.
Lieber Herr Doktor, ich danke Ihnen nochmals für Ihre Freundlichkeit und Güte mir gegenüber. Und um so mehr tut es mir leid, dass ich während des Festivals diesmal nicht imstande war, Sie bei mir zu Hause zu gastieren; die Ursache ist aber Ihnen bekannt. Und nun – grüssen Sie bitte freundlich Ihre Frau, ich grüsse auf herzlichste Sie, lieber Herr Doktor und auf Wiedersehen in Köln (hoffentlich!)
Stets Ihr Tadeusz Baird
Otto-Tomek-Archiv, AdK, Berlin

Noch am 29. November 1963 wird von Tadeusz Baird sowohl die *Epiphanische Musik* für Orchester als auch *Egzorta* für Sprecher, Chor und Orchester durch die Kölner Klangkörper zur Deutschen Erstaufführung gebracht. Auf Luigi Nonos Rat hin hat er Witold Rowicki hierfür als Dirigenten engagiert.

Budapest, 18.11.1963
Sehr geehrter Herr Doktor,
Bitte mich zu entschuldigen, dass ich Ihren liebenswürdigen Brief erst so spät beantworte. Die verschiedenartigen musikalischen Wettbewerbe, die in Budapest stattfanden, haben meine Zeit so ziemlich in Anspruch genommen.
Es wurde mir von den zuständigen Stellen fest versprochen, dass sie Ihnen das Material der „Stücke für Violine und Cymbal", wie auch des Bläserquintettes und „Werke für Solo-Bratsche" in absehbarer Zeit zuschicken werden. In der Zwischenzeit verlangte die Vertretung der Firma Boosey and Hawkes in Bonn das Material und Stimmen meines Quartettes, mit der Absicht: in Bonn vor die Öffentlichkeit zu bringen. Glaube ich, dass das Material auf diese Weise auch für Sie erreichbar sein dürfte.
Ich möchte Ihnen noch erwähnen, dass eine Radio Aufnahme in Budapest sich Ende Januar realisieren wird, aufgeführt vom Wiener Quartett [...]. Was die Klavierstücke anbelangt, so sprach ich mit meinem Freund István Antal, er ist gerne bereit das

Stück bei Ihnen nochmals auf Band zu spielen. Er wird Sie mit seinen Zeilen aufsuchen.
Nehmen Sie, bitte, nochmals meinen besten Dank für Ihre liebenswürdigen Bemühungen, mit herzlichen Grüssen
Kurtág György

Otto-Tomek-Archiv, AdK, Berlin

Mit ziemlicher Sicherheit kann man davon ausgehen, dass Tomek Kurtág erstmals beim Warschauer Herbst gesehen und gesprochen hat. Es kommt zur Produktion in Köln. Darüber hinaus bleibt aber ein näherer Kontakt aus. In der Zeit Tomeks in Köln wird von Kurtág kein Werk aufgeführt.

1964

Köln 15.1.1964

Sehr verehrter, lieber Herr Lutoslawski,
wenn auch verspätet, so doch hoffentlich nicht zu spät, alle guten Wünsche für ein glückliches und erfolgreiches Jahr [...]. Ob der Winter wohl wiederum so kalt ist wie der vorige? Vielleicht bläst der Wind über die freien Felder, die ich von Ihrer Wohnung aus sehen konnte, heftig um Ihr Haus; doch hoffe ich, daß Sie die harte Jahreszeit gut überstehen.
Herzlichen Dank für Ihren lieben und ausführlichen Brief. Ich verstehe gut, daß man an Peter Pears nicht jetzt schon herantreten kann; auch liegt es mir fern, Sie irgendwie zu drängen. Warten wir erst einmal in Ruhe ab, bis die Partitur fertig ist oder wenigstens ein großer Teil davon. Falls wir Peter Pears dann nicht mehr für die kommende Saison bekommen können, müssen wir die Aufführung eben auf den Beginn der übernächsten verlegen. Es ist aber unbedingt besser, Sie schreiben einmal in Ruhe und ohne Termin vor Augen einen sehr schönen Zyklus.
Ich wünsche Ihnen, sehr verehrter Herr Lutoslawski, alles Gute und bin
mit besten Empfehlungen stets Ihr Dr. Otto Tomek

Otto-Tomek-Archiv, AdK, Berlin

Tomek kann Lutosławskis Komposition *Paroles Tissées* für Tenor und Kammerorchester auf den 14. Januar 1966, also in die kommende Saison, mit einbeziehen; Peter Pears ist für diesen Termin angefragt und hat zugesagt. Die Deutsche Erstaufführung dirigiert Christoph von Dohnányi. Rechtzeitig liefert Lutosławski die vertonten Texte des französischen Widerstandskämpfers und Lyrikers Jean-Francais Chabrun, so dass sie Tomek für das Programmbuch ins Deutsche übertragen lassen kann.
Der Warschauer Herbst ist auch in einer Angelegenheit der Entzündungsherd für eine Komposition, die den polnischen Komponisten Krzysztof Penderecki europaweit berühmt machen wird. Dort haben sich Tomek und der Komponist – nachdem sie bei den Donaueschinger Musiktagen 1962 erstmals über die Möglichkeit eines neuen Werkes für Köln verhandeln – wieder getroffen, um sich differenzierter über Länge, Besetzung und solistische Sänger auszutauschen.

Krakau, 14.5.1964

Lieber Otto,

erst bitte ich um Verzeihung, daß ich so lange nicht geschrieben habe. Ich danke für das Telegramm, welches ich nicht beantworten konnte, in dieser Zeit war ich nämlich außerhalb Krakaus und arbeitete an Lucas-Passion. Jetzt kann ich Dir genaue Titel geben: „Passio et mors Domini nostri Jesu Christi secundum Lucam". Nach Deutschland komme ich nicht früher als im Oktober in Donaueschingen. Wie bisher geht alles gut und im Oktober werde ich Dir fast ganze Partitur (aber bestimmt II. Teil) zeigen. Wie ist in Köln mit Knabenchor?

Ich verbleibe mit herzlichen Grüßen für Dich und Deine Frau

Dein Krzysztof

P.S. Inzwischen habe ich ein gutes Stück für Chor und Orchester geschrieben unter dem Titel „Cantata in honorem Almae Matris Universitatis Iagellonicae..." Rowicki hat das Stück uraufgeführt. Wenn Du dafür Interesse hast so schreibe mir bitte

Otto-Tomek-Archiv, AdK, Berlin

In seinen Rückerinnerungen an die WDR-Zeit hat Otto Tomek auch noch einmal die Geschichte der Lukas-Passion von Pendercki ausführlich erzählt:

[...] Eine Sache hätte furchtbar ins Auge gehen können: Die Lukas-Passion von Penderecki. Bei Penderecki ist ja bekannt, dass er immer erst im letzten Augenblick fertig wird. Für die Lukas-Passion war die Vorbereitungszeit aber sehr lang: Auf die Idee kamen wir in Donaueschingen. Da gab es „Fluorescences" von Penderecki, ein Stück extremster Klangexplosionen, da wurde gehämmert und gesägt – er hat damit alles ausgereizt, was man so an experimentellem Klang erzeugen kann. Da habe ich zu ihm gesagt: „Krzysztof, was willst du jetzt noch machen? Jetzt kannst du nur noch das Podium in die Luft sprengen!" Er sagte: „Nein, ich habe jetzt das alles erforscht, jetzt will ich das mal anwenden auf ein großes Oratorium oder vielleicht sogar eine Passionsmusik." Da bin ich natürlich hellhörig geworden: „Aber das machst Du für uns, für Köln!" – „Ja, gut", und dann dauerte das eine Weile, erst hat er sein „Stabat mater" komponiert, das dann Eingang gefunden hat in die Passion, und dann wurde das Projekt immer konkreter. So etwas muss man natürlich vorbereiten. Also: wo aufführen? Im Dom von Münster, Westfalen. Lange Verhandlungen mit dem Domkapitel – so ein Werk stellt eine Kirche natürlich auf den Kopf. Aber all das wurde vorher geklärt. Die Mitwirkenden wurden engagiert: Drei gemischte Chöre und ein Knabenchor, dazu ein großes Orchester. Dann wurde das publik gemacht. Der damalige Intendant, Klaus von Bismarck, war sehr an der deutsch-polnischen Versöhnung interessiert; das lag also wunderbar auf seiner Linie. Er hatte schon den päpstlichen Nuntius und wer weiß wen eingeladen – nur die Partitur war nicht da. Mir wurde immer unheimlicher. Kurz vor Weihnachten kamen ein paar Blätter, aus denen man aber nicht viel ersehen konnte: Das waren Chorstimmen, aber ohne Stichworte. Dann wieder Schweigen. Nichts. Damals konnte man auch nicht einfach so telefonieren mit Polen, da hat man einen Tag gewartet, bis man vielleicht einen Anschluss gekriegt hat. Ich habe Penderecki ungefähr täglich ein Telegramm geschickt: „Wo bleibt es, was ist los?" Weiter keine Antwort. Am 30. März sollte die Uraufführung sein, und ich hatte Anfang Januar nichts. Die Sänger wollten natürlich endlich ihre Noten haben – ich konnte nur sagen: „Tut mir leid." Eines Tages habe ich einfach geschrieben: „Ankomme dann und dann, hol mich ab" – wegen meines österreichischen Passes brauchte ich ja kein Visum für Polen. Ich kam also mitten im Winter in

Krakau an, im tiefen Schnee. Das war ein ganz offener Flughafen, Penderecki stand gleich am Rollfeld, hat mich begrüßt und gesagt: „Warum regst du dich so auf?" Ich sagte: „Na, du hast Nerven!" Dann sind wir ins Hotel gegangen, und die Partitur war bis auf ein paar kleine Stellen so gut wie fertig. Der Dirigent, Henryk Czyz, kam dann auch dazu, und dann sind wir die Partitur so durchgegangen: „Ah ja, da geht's so – Ah, und hier ... Crucificat!" – da ging das Telefon: Wir sollten leiser sein, es war schon abends. Aber in kürzester Zeit war man wieder in Rage. Jedenfalls bin ich dann wieder heimgeflogen, mit der Partitur unterm Arm. Es war noch eine Frage, ob ich beim Zoll so durchkomme. Die haben mich gefragt: „Was ist das?", und ich habe gesagt: „Musik". – „Ach so..." Das Schönste war: Im Sopransolo fehlten noch acht Takte. Die hat Penderecki der Solistin dann per Postkarte zugeschickt"

Otto Tomek, Gespräch mit Cornelia Bittmann für eine Sendung im WDR. Privatarchiv Tomek

Am 23.8.1964 entschuldigt sich Sylvano Bussotti wegen seiner einstigen beleidigten Rücknahme der Tomek-Widmung in jener Komposition, die in Darmstadt aufgeführt worden ist. Damals monierte Bussotti Tomeks „gewissen sprechenden Ausdruck" im Gesicht, der Langweile für ihn signalisierte.

Castel Gandolfo (Roma), 6.11.1964
Lieber Herr Dr. Tomek,
Vor ungefähr 300 Jahren hatte ich Sie demütigst um ein bescheidenes Band gebeten, in einem Seelenzustand, dem des Cherubino im 2. Akt der „Nozze di Figaro" vergleichbar, aber wie dort, scheint es, möchte auch hier die herrschende Klasse es wohl der Farbe wegen nicht missen. Ohne zu weiteren Reflexionen fähig zu sein, und gerade noch zu einem flüchtigen Salut in der Lage, entlasse ich mich hier mit einem fragilen ...?
Ihr Hans-Werner Henze

Otto-Tomek-Archiv, AdK, Berlin

1965

Köln, 7.1.1965
Uraufführung von Bernd Alois Zimmermanns *Monologe*.

15.2.1965
Lieber Dr. Tomek,
Nochmals Dank und Servus für die Ventilierung von ‚Eidophonie'.
Im Grunde hörte ich meine Absicht verwirklicht – und wenn auch statisch im Effekt – so war doch dieser in sich rührende Chorklang erzielt und eigentlich recht ausgewogen interpretiert.-
Überdies freute mich, dass wir uns in Berlin sahen und sprachen.
Inzwischen herzliche Grüße und allen guten Wünsche
Ihres Hans Ulrich Engelmann

Otto-Tomek-Archiv, AdK, Berlin

Das Jahr 1966 öffnet erstmals auch russischen Komponisten das Aufführungsfenster Köln. Neben Valentin Sylwestrows Uraufführung eines Kammermusikstücks wird auch von Karen Chatschaturjan die erste Sinfonie programmiert (Nonos satirische Adressierung „WDR Funkhaus Musikabteilung Kaciatutianovostr" [siehe Seite 119] missbilligt solcherart Programmierung seines Freundes).

Die mit zigtausend Briefen angefüllte Korrespondenz zwischen Otto Tomek und den Komponisten und Interpreten würde in ihrer annähernd vollständigen Wiedergabe den Rahmen dieses Buches sprengen und mehrere Bände umfassen. Die Kommunikation, die für die Abläufe der Vorbereitungen zu den jeweiligen Konzerten notwendig ist, verläuft stereotyp. Auch bleibt das Formulierungsreservoir Tomeks fast immer ähnlich: höflich, zuvorkommend, perfektionistisch in den organisatorisch relevanten Bereichen, fordernd und drohend, wenn Partituren, die realisiert werden wollen, nicht zur Einsicht vorliegen, bürokratisch, sobald Forderungen von außen die Möglichkeiten des Redakteurs aber auch des WDRs übersteigen. Deshalb bleibt die Wahl der Dokumente zwar in einem zeitgeschichtlichen Rahmen, um dabei Tomeks Entwicklung und Positionierung verfolgen zu können. Sie ist zugleich aber eine subjektive Auswahl. Profunde und speziell für besondere Bereiche, wie z. B. die Beziehungen zu italienischen Komponisten oder die zu den Polen und Russen und die daraus entstandenen umfangreichen Korrespondenzen müssen deshalb immer wieder „unter den Tisch" fallen.

Paris, 18.5.1965
Gigantisches Konzert in Paris im Salle Pleyel mit Stockhausens *Gruppen*, Anton Weberns op. 6 und Boulez' *Le Visage nuptial*. Zuvor finden Gespräche zwischen Karl O. Koch, Otto Tomek und Jean-Louis Barrault und Boulez statt, in denen es vor allem um die Positionierung des Orchesters in diesem ehrwürdigen Saal geht. Barrault erwägt, eine Art mobiles Theater zu Stockhausens *Gruppen* zu inszenieren, was aber nicht konkretisiert wird. Beim Konzert ist der anwesende Arthur Rubinstein vom WDR Sinfonieorchester Köln, das von Bruno Maderna, Michael Gielen und Karheinz Stockhausen dirigiert wird, so begeistert, dass er sich bereit erklärt, mit dem Orchester in Köln, Lausanne und Zürich als Solist aufzutreten.

Mit Luigi Dallapiccola entwickelt sich ein regelrechter Austausch. Nicht nur Hans Heinz Stuckenschmidt wird beauftragt, eine Porträtsendung über Dallapiccola zu machen, sondern Tomek integriert Dallapiccolas Kompositionen immer wieder in Programme, die er von anderen Rundfunkanstalten anfordert. Dallapiccola ist gerührt und hilft dem Redakteur mit Informationen zu den jeweiligen Werken und berichtet über sein neues kompositorisches Projekt *Ulysse*, das dann 1968 an der Deutschen Oper Berlin unter Lorin Maazels Leitung zur Uraufführung gelangt ist. Die Planungen für die Saison 1965/66 werden abgeschlossen. Das erste Orchesterkonzert für den 4. November 1965 präsentiert für Köln erstmals Ligetis *Apparitions* und die Uraufführung von Berios *Epifanie*. Das Großprojekt, das ihn wochenlang in Beschlag nimmt, ist für das zweite Orchesterkonzert „Musik der Zeit", am 14. Januar 1966 geplant: das Gemeinschaftswerk *Jüdische Chronik*, an welchem die Komponisten Boris Blacher, Paul Dessau, Karl Amadeus Hartmann, Hans-Werner Henze und Rudolf Wagner-Régeny mit jeweils zur Uraufführung gelangenden Segmenten beteiligt sind.

Hans Werner Henze, um 1965

1966

Köln, 12.1.1966

Sehr geehrter Herr Lachenmann,
Leider komme ich erst jetzt dazu, auf Ihr Schreiben vom 4. November zu antworten. Ihr elektronisches Stück habe ich mir inzwischen angehört und schicke Ihnen
das Band anbei mit Dank wieder zurück. Ich wäre glücklich gewesen, wenn ich mich
für diese, Ihre jüngste Arbeit etwas mehr hätte begeistern können, als es der Fall
war. Dieses zeitlich doch sehr ausgedehnte Stück erscheint mir in sich viel zu wenig
differenziert und gegliedert, zu monochrom. Immer wieder hatte ich das Gefühl, daß
es sich hier zunächst um eine Sammlung von Klangmaterial handelt, das noch einer
tiefgehenden kompositorischen Profilierung bedarf [...]. Rzewski ist, soviel ich weiß,
krank und dürfte für einige Zeit ausfallen. Im Prinzip könnte natürlich einer der Brüder Kontarsky Ihre Klavierstücke auch spielen, nur werden Sie dieses Problem wahrscheinlich mit meinem Nachfolger lösen müssen, da ich voraussichtlich in wenigen
Wochen die Betreuung der Kammermusik abgeben werde. Sobald mein Nachfolger
offiziell nominiert ist, werde ich Ihnen den Namen sagen. Aus diesem Grund kann ich
jetzt auch zu Ihrem Streichtrio nicht näher Stellung nehmen [...]

Otto-Tomek-Archiv, AdK, Berlin

Einige Zeit später antwortet Lachenmann:
München, 1.4.1966

[...] ich danke ihnen, daß Sie immer ganz offen zu mir waren und hoffe, auch zukünftig Ihr Interesse und vielleicht Ihre Unterstützung zu finden. Als ehemaliger Schüler

Nonos – als „Emigrant" also – habe ich es einfach schwerer als die Zöglinge einflussreicher deutscher Musikprofessoren [...]

Otto-Tomek-Archiv, AdK, Berlin

Bemerkenswert bleibt Tomeks reservierte Haltung der Musik Lachenmanns gegenüber; einer der wenigen Komponisten, der bei „diesem" Redakteur nicht „landet". Der Verweis auf einen noch nicht institutionalisierten Nachfolger im Bereich
der Kammermusik beschreibt zugleich auch den personellen Wandel in der Musikabteilung beim WDR. Tomek wird ab April 1966 zusätzlich stellvertretender
Hauptabteilungsleiter Musik des WDR mit besonderen Aufgaben als Producer
der Studioaufnahmen des WDR Sinfonieorchesters Köln, auch im Bereich der
klassisch-romantischen Musik. Er wird einerseits, was das Programm und die Mit-
verantwortung für die Sendungen betrifft, entlastet. Andererseits kommen nun
noch verantwortungsvollere Bereiche auf ihn zu, die die bisherige geradezu schlag-
abtauschartige Rückantwortmentalität bremsen wird. Von nun an können größere
Zeiten verstreichen, bis Tomek auch auf wichtige Briefe unmittelbar antwortet.

Am 30. März 1966 gelangt Pendereckis Passion zur Uraufführung. Eineinhalb Monate später schreibt Penderecki aus Venezuela:

Caracas, 17.5.1966
Lieber Otto,
es tut mir sehr leid, dass ich erst jetzt schreibe – Du kennst mich doch und weißt wie
ich bin. Das, was Du für mich gemacht hast, kann man natürlich nicht in ein paar
Worten erzählen, die möchte ich auf wahre Weise machen.
Ich habe Dir zugeeignet mein Stück „De natura sonoris" das im April in Royan uraufgeführt war (mit sehr großem Erfolg). Ich bin sehr glücklich, daß kann ich mal für
Dich auch was von Herzen tun [...] Du weißt auch nicht, daß meine Frau kriegte mir
einen Sohn – Lucas!! Ich bin sehr glücklich und stolz. Wie geht es Dir? Ich freue mich
sehr auf Dich sicher in Venedig zu sehen. In dieser Woche werde ich Dich anrufen,
dann können wir alles mal genau besprechen. Bis dahin alles Gute herzliche Grüße
Deiner Frau
Dein Krzysztzof

Otto-Tomek-Archiv, AdK, Berlin

Tomek erinnert sich 2003 noch einmal an die Uraufführung der *Lukas-Passion* zurück, als er bei den Europäischen Kirchenmusiktagen in Schwäbisch Gmünd eine
Laudatio auf den Preisträger Krzysztof Penderecki hält:

Diese Lukas-Passion ist ein Schlüsselwerk, sie markiert das Ende der experimentellen
Jugendphase Pendereckis und den auf Anhieb überzeugenden Beginn der Meister-
schaft. Es war schon ein kühnes Unterfangen für einen Komponisten, sich der Her-
ausforderung durch den übermächtigen Schatten Johann Sebastian Bachs zu stellen.
Es war zusätzlich verwegen, wenn man bedenkt, daß dieser junge Komponist sich
bis dahin vorwiegend durch Werke mit höchst aggressiven Klangfarben bekannt gemacht hatte, mit der er die Welt traditioneller Formen regelrecht attackierte.

Die Geräuschkomposition jener Jahre war ein radikaler Gegenentwurf zur damals dominierenden seriellen Musik. Penderecki hat diesen Bereich bis an die Grenzen ausgelotet, danach aber eine Annäherung von Überlieferung und Fortschritt gesucht und dafür das avantgardistische Vokabular gezähmt. Zudem gewannen Intervallkonstruktionen und die Ansätze zu einer neuen Polyphonie wieder an Bedeutung. Die Lukas-Passion wurde dann das erste große Werk auf diesem neuen Weg einer Synthese aus traditioneller und neuer Musiksprache, der Großform des barocken Vorbilds, des Oratoriums, und des Vokabulars der neuen Musik des 20. Jahrhunderts.

Die Uraufführung am 30. März 1966 im Dom zu Münster in Westfalen hinterließ einen tiefen Eindruck. Penderecki hatte damit seinen Weg gefunden, den er in weiteren und umfangreichen Werken geistlicher Musik festigte.

Schon fünf Jahre später erklangen am gleichen Ort beide Teile von Utrenja, der Grablegung Christi und der Auferstehung Christi. Es folgten u. a. 1974 in Salzburg das Magnificat, 1984 in Stuttgart das Polnische Requiem, 1997 die Sieben Tore Jerusalems [...]. Der damalige Intendant des WDR, Klaus von Bismarck, unterstützte den Plan lebhaft, denn er war persönlich sehr an einer deutsch-polnischen Aussöhnung interessiert, was damals, in Zeiten des kalten Krieges, eher utopisch schien. Aber die Musik machte es möglich.

Die Organisation der Uraufführung war nicht ganz einfach. Abgesehen von den üblichen Problemen mit Podien, Beleuchtung und Heizung mußten die ehrwürdigen Patres des Münsteraner Domkapitels erst zustimmen, daß neue Musik eben Elemente in den Dom bringen würde, die man dort noch nie gehört hatte. Unter den Orchesterinstrumenten befand sich, als Stein des Anstoßes, auch eine elektrische Orgel, die damals für den Gebrauch in Kirchen nicht zugelassen war. Noch schwieriger war zu vermitteln, daß der Chor nicht nur sang, sondern sich auch durch Schreien, Pfeifen, Zischen, bemerkbar machte. In den sechziger Jahren war das alles noch absolut ungewohnt. Hier half der Hinweis auf mittelalterliche Gemälde mit verzerrten Gesichtern des Volks vor dem Palast des Pontius Pilatus und unter dem Kreuz.

Zur Uraufführung hatte der WDR-Intendant v. Bismarck bereits zahlreiche hohe Würdenträger und Gäste eingeladen, alles schien gut zu laufen, – nur, die Partitur wurde und wurde nicht fertig, ein Umstand, der seither zahlreiche Uraufführungen unseres Freundes begleitete. [...]. Nach der Uraufführung ein großer Empfang. Der Intendant des WDR hielt eine religiös inspirierte Rede, der damalige Bischof von Münster Joseph Höffner hingegen eine eher politische, was allenthalben bemerkt wurde. Der apostolische Nuntius beglückwünschte Komponist und ausführende Künstler. Der Bischof von Krakau hatte Grußworte gesandt. So vermittelte die Lukas-Passion in mehrfacher Hinsicht eine Botschaft: eine religiöse, eine musikalische und schließlich eine politische als Morgenrot einer Versöhnung mit Polen.

Otto Tomek: Laudatio zur Verleihung des Preises der Europäischen Kirchenmusik
Schwäbisch-Gmünd an Kryszof Penderecki, Schwäbisch-Gmünd 2003.

Zurück zu Helmut Lachenmann. Mit geradezu übermenschlicher Unempfindlichkeit übersieht der junge Komponist über ein halbes Jahr später Tomeks insgesamt sehr ablehnenden Brief, nachdem Tomek durch Erhard Karkoschkas Eintreten für den jungen Kollegen endlich ein kurzes Angebot unterbreitet, Lachenmann als Autor für Sendungen einzubeziehen und ihm verspricht, die Partitur des Trios an den Kollegen weiterzureichen:

München, 17.8.1966

Verehrter Herr Tomek,

ganz herzlichen Dank für Ihren Brief und für alle Aufgeschlossenheit, die daraus zu spüren ist.

Von Prof. Karkoschkas freundlichem Eintreten für mich weiß ich selbstverständlich schon. Wenn sich daraus etwas ergeben würde, wäre ich sehr froh. Die viel zu frühe Geburt unserer kleinen Julia – im 6. Monat – hat uns durch die riesige und permanente finanzielle Belastung in große Schwierigkeiten gebracht. Das war der Anlaß bei Karkoschkas Demarche.

Die von Ihnen angedeutete eventuelle Möglichkeit, gelegentlich bei Ihnen mitzuarbeiten, wäre natürlich wunderbar und würde mir sehr liegen.

Seien Sie auch bedankt, daß Sie mein Trio bei Ihrem Nachfolger empfehlen wollen. Ich habe wieder fleißig gearbeitet. Siegfried Fink studiert gegenwärtig ein neues Schlagzeug-Solostück von mir ein, und ich bin mitten drin in einer Art Cello-Konzert, arbeite außerdem an einem Trio für Bratsche, Marimba und Klarinette.

Ihnen nochmals von Herzen Dank. Die Freundlichkeit Ihres Briefes hat mir Auftrieb gegeben.

Allerliebste Wünsche Ihr Helmut Lachenmann

Otto-Tomek-Archiv, AdK, Berlin

Lachenmann schickt ihm bald nach seinem Aufenthalt bei den Darmstädter Ferienkursen 19 Vorschläge für Sendungen, darunter befinden sich u. a folgende Themen: Klangtypen der neuen Musik / Musikalische Klangkriterien / Klangkomposition – Klangfarbenkomposition / Musikalische Form heute – Zustand und Prozess / Klangphantasie und Formdisziplin / Neue Musik – Sprache oder Vorgang? / Komponieren – Instrumentieren – Arrangieren, zum Problem der Klang-Erfindung in der Neuen Musik / Kadenzen in der Neuen Musik – eine Untersuchung eines wiederkehrenden klassischen Formelements / Die bürgerliche Avantgarde, Untersuchung musikalischer Schizophrenie heute / Engagement und Degagement in der neuen Musik.

Berlin, 10.6.1966

Erstmals schreibt Vinko Globokar Tomek einen Brief auf Empfehlung Henri Pousseurs und Luciano Berios. Globokar schlägt ihm die Komposition *Voie* für Chor und Orchester vor.

Tomeks Ritual, seine Sommerzeit vielfach den Darmstädter Ferienkursen zu opfern, wird auch im Jahre 1966 konsequent eingehalten. Seine stellvertretende Chefposition lässt ihm allmählich immer freiere Gestaltungsmöglichkeiten auch für die Sendeformate zu. So entwickelt er auch darin eine gewisse Tradition, indem er immer wieder über die bedeutenden europäischen Festivals und Kongresse im Bereich der Neuen Musik detaillierte Berichterstattungen über den Äther bringt:

Die 21. Internationalen Ferienkurse für Neue Musik in Darmstadt 1966

Zu Beginn des dritten Jahrzehntes ihrer Existenz stehen die Internationalen Ferienkurse für Neue Musik in Darmstadt in einer Situation des Überganges, in einer Position also, die sie eigentlich seit ihrer Gründung mehr oder weniger immer eingenommen haben. Unter der Oberfläche eines scheinbar Jahr für Jahr gleichen Aufbauschemas hat sich ein stetiger Wandel, wie ihm jeder lebende Organismus unterworfen ist, vollzogen. Akzentverschiebungen waren da zu registrieren, die nur deshalb nicht besonders auffielen, weil sie nicht als große Reformen angekündigt und durchgeführt wurden. Verlagerungen der Schwerpunkte aber, die Ernst Thomas, der Leiter des Internationalen Musikinstitutes und der Ferienkurse, in Darmstadt Jahr für Jahr vorgenommen hat, lassen sich im Rückblick als eine konstante Weiterentwicklung unschwer erkennen. Immer mehr abgebaut wurde in den letzten Jahren der frühere musikfestartige Charakter der Ferienkurse zugunsten der eigentlichen Aufgabe, eben Ferienkurse, also ein in erster Linie pädagogisches Unternehmen, zu sein. Soweit Konzerte stattfinden, sind sie immer mehr als ein Aspekt dieser Kurse zu verstehen. Ihr Programm basiert auf den Bedürfnissen der Seminare, es ist nicht den Regeln unterworfen, nach denen man unabhängig von solchen Kursen ein Musikfest aufzubauen hätte. Wenn also etwa Severino Gazzelloni, der wieder den Flötenkursus leitete, in einem Konzert fünf Flötenstücke aufführte, darunter drei Uraufführungen, so setzte sich mit dieser Demonstration der Verwendungsmöglichkeiten des Instrumentes nur die Arbeit des Seminars fort.

Aber auch die Gestaltung der Kurse selbst, die Form von Belehrung und Information, hat sich geändert. Die längst an die Grenzen der Kapazität stoßende Anzahl der Teilnehmer hatten den intimen Charakter der Kompositions-Seminare gesprengt. Individuelle kompositorische Unterweisung ist in diesem Rahmen nicht mehr möglich. Die Arbeits-Seminare wurden somit zu Vortragsreihen, in denen u. a. György Ligeti über „Kompositionstechnik und musikalische Form", Karlheinz Stockhausen über „Synthesen elektronischer, instrumentaler und vokaler Musik" und Theodor W. Adorno über „Funktion der Farbe" referierten. So positiv es ist, daß in diesen Vorträgen ein großer Kreis angehender Komponisten sich mit den Ideen ihrer älteren Kollegen vertraut macht und manche entscheidende Anregung mit nach Hause nehmen kann, so bleibt doch fraglich, ob diese Form der Seminare, in der die Dozenten in erster Linie ihre eigenen Werke analysieren, den gezielten Unterricht in kleinen Gruppen und auf der Basis von Schüler-Partituren wird ersetzen können, der in früheren Jahren jene fruchtbare Schule-Bildung unter dem Etikett „Darmstadt" ermöglicht hat.

Auch die Instrumental-Seminare finden von Jahr zu Jahr stärkeren Zuspruch, vor allem bei Kompositionsschülern. Und das ist wohl eine der bemerkenswertesten Tendenzen der letzten Zeit. Im Gegensatz zu einem Kompositions-Seminar kann in den Instrumentalkursen, ohne störend zu wirken, eine größere, oft 50 und mehr Teilnehmer umfassende Zuhörerschaft dem Unterricht beiwohnen, den einige Instrumentalisten erhalten. Besonders bei Dozenten wie Siegfried Palm oder den Brüdern Kontarsky, deren Unterricht weit über die engeren Fachgrenzen hinausgeht und schnell bei Fragen und Problemen anlangt, die jeden Musiker interessieren, profitieren Instrumentalschüler wie Kiebitze in gleicher Weise. Hier kristallisiert sich eine neue Form universeller musikalischer Unterweisung heraus, die den jungen Komponisten gleichzeitig in die Instrumental-Praxis einführt.

Auch in diesem Jahre wurde das Darmstädter Kursprogramm durch eine Arbeitswoche im Elektronischen Studio der Geschwister-Scholl-Stiftung in München ergänzt.

Nicht weniger als siebzig Studenten machten von dieser Informationsquelle Gebrauch.

Das Kongreßthema dieses Jahres lautete: „Neue Musik – neue Szene", ein Thema, dessen Behandlung durch eine zu groß gewordene Anzahl ungeordneter Theorien ebenso notwendig geworden war wie 1964 und 1965 die Problemkreise „Notation" und „Form in der Neuen Musik".

Der diesjährige Kongreß hatte allerdings unter einem Handikap zu leiden: Carl Dahlhaus, der die vorangegangenen Veranstaltungen durch seine unbestechliche Kritik und seine Fähigkeit, den Dingen auf den Grund zu sehen, entscheidend beeinflußt hatte, fiel diesmal krankheitshalber aus und konnte kurzfristig durch niemand anderen ersetzt werden. Ohne sein Schlußreferat aber fehlte dem Kongreß die Begriffe und Fakten klärende Zusammenfassung. So blieben die vielen Monologe der Komponisten, Theoretiker und Praktiker der „Neuen Szene" ohne kritisches Resümee unwidersprochen und isoliert im Raume schweben und niemand formulierte das Gemeinsame und Trennende, das Richtige und Falsche all der verschiedenen Vorstellungen übers neue Musiktheater.

In Bezug auf die allgemeine Situation tat dies Hans G. Helms in seinem den Kongreß beschließenden Referat, in dem er sich äußerst kritisch mit neuen Bühnenwerken aus den letzten Jahren auseinandersetzte, mit Nono, Henze, Blomdahl, Zimmermann, Menotti. Voraussetzungen für eine neue musikdramatische Konzeption, die sich in Werken von Ligeti, Kagel und Cage ankündigt, sieht Helms dann gegeben, wenn die „ästhetischen Kriterien von der Einsicht in die gesellschaftlichen Prozesse getragen" werden und „in politische Stellungnahme münden", wenn sie also „das Hier und Jetzt dieser gesellschaftlichen Prozesse reflektieren."

Die exakte begriffliche Definition und theoretische Untermauerung des neuen Musiktheaters besonders auch nach der dramaturgischen Seite hin bleibt nach diesem Kongreß noch als eine große Aufgabe bestehen.

Für kein anderes musikalisches Thema dürfte die Bereitstellung von praktischen Beispielen so kompliziert sein wie gerade für das neue Musiktheater. Und so blieb es zu bedauern, daß keine einzige Bühnenaufführung eines der beim Kongreß behandelten Werke ermöglicht werden konnte. Hingegen wurde ein Werk aufgeführt, das beim Kongreß nicht behandelt wurde, obwohl in ihm die Frage „Musik und Szene" eine gültige Lösung erfahren hat. Es handelt sich um Wolfgang Fortners Lorca-Oper „In seinem Garten liebt Don Perlimplin Belisa", vom Landestheater Darmstadt dargeboten in einer großartigen, in ihrer Verhaltenheit bis zum Bersten gespannten Inszenierung von Harro Dicks. Subtile Poesie, wie sie diese Meisterpartitur auszeichnet, war allerdings ein Fremdwort in der Terminologie des Kongresses.

Zur musikalischen Illustration der Kongreßthemen dienten nicht nur Tonbandbeispiele, sondern auch eine Reihe weiterer Veranstaltungen: In seinem Referat „Neue Szene im Fernsehen" führte K.O. Koch unter anderem den Fernsehfilm von Kagels „Antithese" vor und Ligetis „Aventures" und Nouvelles Aventures" waren wenigstens konzertant zu hören. Kagel improvisierte auch die Vorführung einiger Szenen aus seiner „Phonophonie", die andeuteten, in welch hohem Maße in diesem Werk Regieanweisungen und pantomimische Darstellung in die musikalische Konzeption integriert worden sind.

Schauplatz all dieser Ereignisse ist seit diesem Sommer nicht mehr das Gelände auf der Marienhöhe am Rand des Odenwaldes. Nach 17 Jahren hat man nun die hygienisch und ausstattungsmäßig nicht mehr heutigen Anforderungen entsprechenden Gebäude verlassen und gegen moderne Studio-Räume im Justus-Liebig-Haus, unmittelbar neben der alten großherzoglichen Residenz gelegen, vertauscht. Dieser Umzug brachte einige Schwierigkeiten mit sich; zwei neue Studenten-Hochhäuser konnten nicht rechtzeitig fertiggestellt werden. Die Teilnehmer mußten verstreut über die ganze Stadt einquartiert werden und so fiel manches der fruchtbaren Kontaktgespräche außerhalb der Seminare mangels eines zwanglosen Versammlungsortes aus. So wurden Stimmen laut, die sich wehmütig an das unkomfortable große Zelt auf der Marienhöhe erinnerten, in dem man bis tief in die Nacht hinein zechen und debattieren konnte. Im Allgemeinen kann die neue Situation jedoch nur begrüßt werden, daß die Ferienkurse nun auch räumlich ins Zentrum einer Stadt rücken, für deren enorme Aufgeschlossenheit für die Probleme von heute gerade die Erhaltung und Förderung der Ferienkurse das beste Zeugnis ablegt.

Mit dem Auszug aus der Marienhöhe verließ man freilich auch einen Ort, an dem man sich einst mit einer heute schon kaum mehr vorstellbaren Heftigkeit für eine neue Musik geschlagen hat. Diese Periode – die letzten Jahre haben es unmißverständlich gezeigt –, gehört aber bereits der Geschichte an. Sie war in ihrer Intensivität nicht auf die Dauer zu erhalten, sie ist einer neuen Phase gewichen, die im Moment nichts gleichermaßen Erregendes zu bieten hat.

Nach einer stürmischen Entwicklung scheint nun ein Moment des Atemholens eingetreten zu sein, nach Jahren ununterbrochener Neuentdeckungen im musikalischen Material hat sich das Tempo etwas verringert, mit dem bisher „Unerhörtes" vorgestellt wurde. Dieser Zustand wird heute überall sehr kritisch vermerkt. In einer merkwürdigen Anlehnung an wirtschaftliches Denken, das bei einem Sinken einer bis dahin ständig steigenden Zuwachsrate in Produktion und Gewinn sofort von Rezession spricht, hat es sich auch in künstlerischen Bereichen eingebürgert, bei scheinbarem oder selbst tatsächlichem Nachlassen der Progressivität das Gespenst einer Stagnation an die Wand zu malen. Solche Prozesse sind aber nicht nur natürlich – es gibt in der Musikgeschichte genügend Beispiele dafür – sondern für gewisse Zeit auch recht gesund, wenn auch gerne zuzugeben sei, daß Musiktage mit sensationellen Neuentdeckungen und skandalumwitterten Uraufführungen um vieles spannender sein können, als eine harte und ernste Arbeitswoche. Auf keinen Fall sollte man die diesjährigen Darmstädter Ferienkurse deshalb kritisieren, weil sie die allgemeine Situation nur reflektieren, nicht selbst Neues initiieren konnten. Selbst ein aktiv sich um die besten Kräfte unserer Zeit bemühendes Unternehmen wie die Ferienkurse kann aufregende Stilumbrüche und neue richtungweisende Werke nur vorführen, wenn sie als Idee existieren und sich in Partituren niedergeschlagen haben. Übrigens war nicht nur in Darmstadt die Zahl solcher Uraufführungen reduziert, auch das diesjährige Welt-Musikfest der IGNM in Stockholm z. B. mußte dem allgemeinen Zustand Rechnung tragen und Konzerte wesentlich mehr mit Reprisen bestreiten. Solange nicht eine vital nachdrängende junge Generation sich kraftvoll bemerkbar macht und zu einer neuen Avantgarde formiert, dürfte sich an dem gegenwärtigen „Un poco tranquillo"-Charakter aller unserer zeitgenössischen Musikfeste wohl nicht viel ändern.

Von wichtigen Werken aus jüngster Zeit gab es im Konzertprogramm der Ferienkurse einige repräsentative Proben. Außer den schon erwähnten Aufführungen und Filmaufzeichnungen wäre hier noch auf die erste Gesamtdarstellung der Klavierstücke I und XI von Karlheinz Stockhausen in der virtuos hinreißenden Interpretation durch Aloys Kontarsky hinzuweisen, die plötzlich die pianistische „Dankbarkeit" der Stockhausen'schen Stücke erwies.

Zwei weitere Werke von Stockhausen, „Mikrophonie I" und „Momente" lernten die Teilnehmer in einen erregenden Life-Stil kultivierenden Filmen des französischen Rundfunks kennen. Siegfried Palm, Klaus Storck und Christoph Caskel schließlich brillierten in Kagels „Match" für drei Spieler.

Nach alter Gepflogenheit werden auch Werke der großen Meister der Neuen Musik in das Programm eingebaut, zur Orientierung, aber auch als Maßstab. In diesem Jahr gab es eine Edgar Varèse-Retrospektive, unter anderem mit einer da capo verlangten Aufführung der Ionisation, in der die Mitglieder des Internationalen Kammer-Ensembles mit Bruno Maderna an der Spitze als Schlagzeuger wirkten und der europäischen Erstaufführung des Spätwerkes „Ecuatorial" in dem Sonderkonzert des Hessischen Rundfunks unter der Leitung von Andrzej Markowski.

Zum Abschluß dieser Eindrücke von einem mehrtätigen Besuch bei den Darmstädter Ferienkursen möchte ich Ihnen, verehrte Zuhörer, noch einige Beispiele aus neuen Werken vorführen. Jungen Komponisten die Chance einer Aufführung zu geben, sie in vielen Fällen erstmals der Öffentlichkeit vorzustellen, ist vielleicht die wichtigste Funktion der Darmstädter Konzerte.

Hören Sie als erstes, gespielt vom Internationalen Kammerensemble Darmstadt unter Bruno Madernas Leitung einen Ausschnitt aus der Komposition „Funktionen" für Kammerensemble des in Berlin lebenden, 25jährigen Argentiniers Carlos Roqué Alsina. Wie nur sehr wenige seiner Altersgenossen versteht es Alsina, großbogige Formen aufzubauen, gleichsam in langen Atemzügen ein Ausgangsmaterial sich entwickeln zu lassen, ohne sich dabei in Details zu verlieren.

(Musik)

Unter den vielen, sich meist in ornamentalen Floskeln erschöpfenden, für Severino Gazzelloni geschriebenen Flötenkompositionen fällt eine Arbeit von Tona Scherchen, Jahrgang 1938, durch eine unkonventionelle Melodik auf, in der sich fernöstliche Einflüsse reizvoll bemerkbar machen.

(Musik)

„Ungebräuchliches" für Oboe solo versprach der 1937 in Saarbrücken geborene Rolf Riehm. Und ungebräuchlich in der Tat waren die Klänge, die er mit verblüffender, allem Zufälligen abholden Perfektion seinem Instrument entlockte, Klänge, die man von einer Oboe bisher wohl noch nicht vernommen hat, Die Heiterkeit, mit der das Publikum darauf reagierte, sollte nicht über die Ernsthaftigkeit dieses Versuches hinwegtäuschen, der eine echte Klangbereicherung darstellt und überdies den Fähigkeiten des Komponisten zu richtig proportionierter Gliederung ein gutes Zeugnis ausstellt. Auch hiervon einen Ausschnitt:

(Musik)

In Ernst-Albrecht Stieblers „Stadien" für drei Klarinetten begegnet man den Klangtypen verschiedener Entwicklungsstadien der neuen Musik. Hier eine „aleatorisch" klingende Partie, es spielen: Hermut Gießer, Hans Deinzer und Werner Distel.

(Musik)

Eine sehr lyrische Begabung ist die aus Neuseeland stammende Messiaen- und Stockhausen-Schülerin Jenny McLeod. Ihre „Fourches" – zu Deutsch etwa „Gabelungen" – für Kammerensemble, in mehreren Heften komponiert, die zu verschiedenen Formen von unterschiedlicher Spieldauer zusammengestellt werden können, überzeugen durch einen elementaren Klangsinn, der sich ebenso in den betont melodi-

schen Linien, in der Dichte der Strukturen äußert wie in dem Überraschungseffekt der hier vorwiegend in ihren gutklingenden Lagen verwendeten Instrumente. Hören Sie bitte den Schlußteil des Werkes:
(Musik)
György Ligeti hat seinen „Aventures", die schon 1964 in Darmstadt vorgestellt worden waren, 1966 einen zweiten Teil nachfolgen lassen mit dem Titel „Nouvelles Aventures", geschrieben für die gleiche Besetzung von drei Sängern und sieben Instrumentalisten. Der Hintergrund beider Werke, von denen man bei ihrer konzertanten Aufführung nicht viel mehr als das absurde Äußere kennenlernte, erschloss sich in seinem Anliegen als Kritik gesellschaftlicher Umgangsformen und Bloßstellung deren Formelhaftigkeit erst in einem gestenreichen Vortrag Ligetis, der eine szenische Vorführung beinahe hätte ersetzen können.
Die Austauschbarkeit der Personen, ihrer Reaktionen und Handlungen ist das Abenteuer, dem sich der Komponist gegenübersieht in einer Welt jenseits formulierter Sinnzusammenhänge, in einem Bereich von Silben und Lauten vokaler wie geräuschhafter Natur, die sich dank musikalischer Gestaltungsprinzipien zu einer imaginären Sprache fügen.
Hören Sie zum Abschluß Ligetis „Nouvelles Aventures". Die Ausführenden sind: Gertie Charlent, Sopran / Marie Therese Cahn, Alt / William Pearson, Bariton sowie Mitglieder des Internationalen Kammerensembles unter Bruno Maderna.
(Musik)
Zum Abschluss sei noch ganz besonders auf ein Werk hingewiesen, dem, obwohl bereits 1959 entstanden, auch heute eine unverminderte Bedeutung zukommt, nämlich auf das Streichquartett op. 1 des 1926 geborenen Ungarn György Kurtàg, der völlig zurückgezogen in Budapest lebt und ein umfangmässig bescheidenes, aber qualitativ ungemein hochstehendes, bisher ausschließlich kammermusikalisches Schaffen aufzuweisen hat. Sein Opus 1 mag gerade deshalb für Darmstadt so aktuell und lehrreich sein, weil sich in ihm der erregende Prozess vollzieht, da ein junger Komponist die stilistischen Bindungen seiner Studienjahre abstreift und auf zwingende Weise seine eigene Persönlichkeit entfaltet. An seinem Streichquartett haften gleichsam noch die Eierschalen des übermächtigen Einflusses Bela Bartóks und der latenten Gegenwart Anton Weberns. Aber gleichzeitig ist eben die neue, eigene musikalische Sprache und Ausdruckswelt entwickelt, und dies nicht durch ein revolutionäres Lossagen, sondern vielmehr durch eine kontinuierliche Entwicklung und zunehmende Differenzierung auf dem Boden ein und derselben Tradition. Solche überzeugenden Manifestationen des spontanen Freiwerdens von überkommenen Vorbildern wären den Darmstädter Ferienkursen und allen Musikfesten unserer Tage noch viele zu wünschen.

WDR Köln, Dokumentation und Archive, Sig.: 5591–5605 / 12360

Zeuthen, 17.10.1966
Lieber Dr. Tomek,
Ich hatte Sie selbstverständlich schon vorgemerkt für den 15. November. Schade, dass wir uns in Colonia verfehlt haben. Die „Soldaten" des Zimmermann haben auf mich einen grandiosen Eindruck hinterlassen! Ich wünsche so sehr, dass sich Siegfried Palm für mein „Quattrodramma" interessierte. Könnten Sie da freundlicherweise einen „Akzent" geben? Soll ich eine Partitur schicken?

Etwas in Eile, grüsst Sie sehr herzlich
Ihr Paul Dessau

Otto Tomek, Privatarchiv (auch die folgenden Zitate)

Die Saison 1966/67 beginnt mit Pendereckis *Lukas-Passion* in Venedig. In den zwei aufeinanderfolgenden Orchesterkonzerten in Köln programmiert Tomek Werke der Moderne, von Lutosławski die *Postludien I / II* und die *Trauermusik*, von Strawinsky die *Variationen* für Orchester, von Günther Becker *stabil-instabil*, von Dessau die *Bach-Variationen*, von Jürg Baur das *Pentagramm*, von Werner Egk *La tentation de Saint Antoine* und von Hartmann die *Sinfonie Nr. 5*. Bei aller Hingezogenheit zur Avantgarde, zu den befreundeten Komponisten scheut Tomek nicht, die älteren Komponisten zu würdigen und zu präsentieren, auch wenn sich die Freunde hier und da zynische Bemerkungen nicht verkneifen können und ihn verspotten. Tomeks Kriterien richten sich nach der Qualität der Kompositionen und nicht nach dem aktuellen Zeitgeist.

Köln, 27.10.1966
Lieber Meister Henze,
beim 100. Neuen Werk eräugte ich Sie von ferne und hoffte, Sie bei dem anschließenden Empfang begrüßen zu können, was aber leider nicht möglich war. Es wird ein Bonmot von Ihnen verbreitet, daß sich dort lediglich Ihre Feinde versammelten, und Sie deshalb zu dem Empfang nicht gehen wollten. Da ich ungern in die Henze-Feinde eingereiht werde, möchte ich doch sagen, daß es schade war, daß Sie nicht gekommen sind [...].

Desweiteren informiert Tomek Henze, dass die Uraufführung seiner Orchesterfantasie *Caprichos nach Radierungen von Goya* nicht in Düsseldorf, sondern in Duisburg stattfindet. Henze antwortet und geht auch noch einmal auf die 100. Veranstaltung „Das Neue Werk" in Hamburg ein:

Rom, 29.11.1966
Lieber Dr. Tomek,
vielen Dank fuer Ihren Brief vom 27. Oktober. Die Verlegung des Urauffuehrungstermins von LOS CAPRICHOS macht mir persoenlich nichts aus und die Stadt Duisburg habe ich auch noch nie gesehen, es ist also alles sehr interessant.
Ich habe gar nicht gewusst, dass Sie beim 100. Neuen Werk gewesen sind. Auf den anschließenden Empfang bin ich nicht gegangen, weil ich schon anderweitig verabredet war. Das verbreitete Bonmot klingt nicht sehr nach meinem Stil, ich halte es fuer unwahrscheinlich, dass ich es von mir gegeben habe [...].

Berlin, 23.12.1966
Lieber Herr Dr. Tomek!
Nochmals möchte ich Sie heute daran erinnern, daß wir über die Möglichkeit einer Aufführung mit meinem Stück „Om mani padme hum" bei dem Konzert „Musik der Zeit" 67/68 sprachen. Sie wollten versuchen, es zu machen. Ich kann Ihnen sagen, wie sehr ich den Wert darauf lege, dieses Stück bei der „Musik der Zeit" aufgeführt

zu werden [...]. In Wünschen, Sie ein frohes Weihnachtsfest zu haben, und ein glückliches Neujahr, der Ihnen viel gutes bringt, verbleibe
mit schönsten Grüßen Ihr Isang Yun

Es kommt zu dieser Aufführung nicht. Wenige Monate später nämlich ereignen
sich mit Isang Yun dramatische Ereignisse, die der Chronologie wegen etwas später
geschildert werden.

1967

Am 13. April 1967 schreibt Kazimierz Serocki ausführlich über den Stand seines
Komponierens. Längst ist mit Tomek ausgehandelt, dass das vom WDR beauf-
tragte *Forte e piano* für zwei Klaviere und Orchester am 29. März 1968 durch die
Brüder Kontarsky uraufgeführt wird. Serocki verspricht, die Solostimmen für die
Pianisten bereits im September fertig geschrieben zu haben.

Köln, 6. April 1967
Uraufführung von Bernd Alois Zimmermanns *Intercomunicazione* und Mauricio
Kagels *Musik für Renaissance-Instrumente*.

Am 7. Juli 1967 bittet Pierre Boulez um die Partitur des dritten Orchesters von
Stockhausens *Gruppen*, die er in der Kölner WDR-Bibliothek vermutet. Tomek soll
sie ihm nach Bayreuth schicken, wo er erstmals Wagners *Parsifal* dirigieren wird.
In einem weiteren Brief vom 7. August hofft er auf ein Frühstück mit Tomek nach
den Bayreuther Festspielen in Baden-Baden. Am 7. August bestätigt Hans Zender
Tomek die fertige Skizze von *Canto II* für Sopran, Chor und Orchester, der am 26.
Januar 1968 unter der Leitung des Komponisten uraufgeführt werden soll.

Am 17. Juni 1967 werden Isang Yun und seine Frau in Berlin vom südkoreanischen
Geheimdienst über die südkoreanische Botschaft in <u>Bonn</u> nach Seoul entführt.
Seine Entrüstung gegen die diktatorische Militarisierung des Landes und die Ver-
hinderung der Wiedervereinigung beider Teile Koreas ist der Anlass zu dieser
Aktion durch die Regierung von Park Chung-Hee. In Seoul wird Yun in einem
Schauprozess am 13. Dezember zur lebenslangen Haft verurteilt.
Otto Tomek macht sich zum Anwalt einer beispiellosen Aktion, indem er inner-
halb Deutschlands prominente Künstler wie u. a. Igor Strawinsky, Herbert von
Karajan, Bernd Alois Zimmermann, György Ligeti, Karlheinz Stockhausen, Hans
Zender einen Protestbrief unterschreiben lässt, persönlich mit dem Bundeskanzler
Kurt Georg Kiesinger am 27. Juli Kontakt aufnimmt und diesen auffordert, alles
Politische zu tun, die Haft Yuns zu beenden. Die große Koalition, bestehend aus
extremen, sich widerstreitenden Positionen wie die zwischen dem CSUler Franz Josef Strauß, den SPD-lern Herbert Wehner und dem Außenminister Willy Brandt,
muss sich nicht nur mit diesem Protestschreiben intensiv beschäftigen, sondern
auch die Tumulte um den Schah-Besuch im gleichen Jahr und die Revolten gegen
das Militärregime in Griechenland auf die Agenda ihrer fadenscheinigen Bewälti-
gungsszenarien setzen.

Im Oktober 1967 reist Tomek zu den Donaueschinger Musiktagen und händigt Heinrich Strobel viele zur Unterschrift mitgebrachte Eingaben an den Präsidenten von Süd-Korea aus, auch in der Hoffnung, einen großen Teil des Donaueschinger Publikums zur Unterschrift zu motivieren.

Baden-Baden, 18.10.1967

> Lieber Herr Tomek
> Haben Sie schönen Dank für die zahlreichen Exemplare Ihrer Eingabe an den Präsidenten von Sud-Korea. Es tut mir leid, aber ich kann mich mit dem Inhalt nicht einverstanden erklären. Für mich ist der durchaus schätzenswerte Herr Yun nicht einer der hervorragendsten Komponisten von weltweiter Bedeutung. Ich möchte mich auch nicht in eine politische Angelegenheit einmischen, deren Hintergrund ich nicht durchschauen kann.
> Herzliche Grüße Ihr H. Strobel
>
> Otto-Tomek-Archiv, AdK, Berlin

Darmstadt, 23.8.1967
Uraufführung von Karheinz Stockhausens *Mixtur.*

> Ein sehr trauriges Kapitel in meiner Berufslaufbahn. Maderna hatte die Probleme der Klangfarbenveränderung in Stockhausens „Mixtur" nicht genügend bedacht und war schon bei der ersten Probe sehr hilflos, worauf Stockhausen (zu Recht) verlangte, daß Kupkovic dirigieren sollte, der das Stück genau kannte. Es fiel mir sehr schwer, den lieben Bruno zu bewegen, sich „krank" zu melden. Kupkovic hatte großen Erfolg mit dem Konzert, was zu einer Konzerteinladung in Köln und einem Kompositionsauftrag führte.
>
> Otto Tomek, AdK Archiv, Gelbe Blätter

Köln, 10.11.1967
Uraufführung von Bruno Madernas Konzert Nr. 2 für Oboe und Orchester.

Rom, 1.12.1967

> Lieber Tomek,
> ich bin Ihnen sehr dankbar für alle Ihre Hilfe. In Eile hier ein paar Erklärungen noch: Diese Melodie von T[h]eodorakis ist, mit einigen anderen noch, im April aus Griechenland herausgeschmuggelt worden. Sie hat keinen Text. Der Titel „Freiheitshymne" ist aber von ihm. Mit dieser „Aktion" möchte ich nur helfen, die Öffentlichkeit auf Griechenland aufmerksam zu machen, ich hoffe auch, dass Sie einen Ansage-Text verwenden bei der Sendung, der darauf hinweist, dass Teodorakis nur einer von zehntausenden Griechen ist, die eingekerkert sind. Es ist eine Situation wie unter Hitler nach 33. Man muss sich pronunziert auf die Seite des griechischen Volks stellen, das von einer ungeheuerlichen repressiven monarchiastisch-faschistischen Clique, putschenden Offizieren und meineidigen Richtern fertiggemacht werden soll. Es sind Räuber der Demokratie. Jeder freiheitsliebende Europäer muss sich darüber klar sein, dass untätiges Zusehen schon morgen auf ihn selbst zurückfallen kann. Griechenland muss von dieser beschämenden Tyrannei befreit werden. Wenn Sie wollen, können Sie diesen Text verwenden: Sie haben Recht, es soll keine Missverständnisse geben. Die Partitur brauche ich nicht, ich habe Photokopien.

Lieben Dank für all Ihre Mühe.
Mit herzlichen Grüssen Ihr Hans Werner Henze

WDR Köln, Dokumentation und Archive, Sig.: 5591–5605 / 12360

Köln, 30.11.1967
Uraufführung von Karlheinz Stockhausens *Hymnen*.

1968

Köln, 15.1.1968
Sehr verehrte, liebe Frau Yun!
Eben erfahre ich von Dr. Kunz Ihre Adresse und beeile mich, Ihnen zu schreiben. Sie wissen, wie in den letzten Monaten immer wieder die ganze Musikwelt an Sie und Ihren Gatten gedacht hat, und wir wollen nicht aufhören zu verlangen, daß Ihr Gatte wieder in Freiheit komponieren kann und weitere so schöne Werke zur Welt bringt wie bisher. Bei verschiedenen Aufführungen seiner Stücke haben wir, das heißt die Beteiligten, ihm Grüße geschickt, aber ich weiß nicht, ob sie angekommen sind. Gemeinsam mit dem Saarländischen Rundfunk hat der WDR im Oktober „Om mani padme hum" aufgeführt, und der Eindruck war sehr gut. Nun beginnen in wenigen Tagen die Proben für „Reak", und ich hoffe, daß auch das eine gute Aufführung werden wird. Ich schicke Ihnen mit separater Post ein Plakat. Wenn Sie Ihren Gatten sehen, so grüßen Sie ihn bitte auf das allerherzlichste von mir, und bringen Sie ihm meine besten Wünsche. Nach der Aufführung werde ich weiter berichten.
Für heute verbleibe ich mit besten Grüßen stets Ihr
sehr ergebener Dr. Otto Tomek

Otto-Tomek-Archiv, AdK, Berlin

Seoul, 14.2.1968
Sehr geehrter, lieber Herr Dr. Tomek,
haben Sie schönsten Dank für Ihren so liebenswürdigen Brief vom 15. Januar und beiliegendes Plakat vom 26. Januar. Mein Mann las Ihren Brief und hat sich sehr gefreut. Wir haben im Gefängnis erfahren über die Aufführung mit „Om mani padme hum" in Saarbrücken am 20. Okt. In der Zeit, wo wir mit der absoluten Verzweiflung wegen unsere Zukunft in Haftzelle saßen. Mein Mann bekam durch unseren Rechtsanwalt das Programm von dem Konzert. Auf diesem Programm fand er die unvergesslichen Namen, die mit ihm persönlich und musikalisch eng verknüpft waren, wie Dr. Kunz, Sie, Herr Gielen und andere, die alle schöne Grußworte schrieben. Mein Mann hat nur dies bekommen, und andere Programmhefte mit Grußworten kamen nicht durch, wenn sie noch gesendet worden sind. Dieses kleine Programm vom Saarländischen Rundfunk hat mein Mann unzählige Male gelesen, besonders die unterschriebenen Namen, die ihm schweigend versprachen, für uns zu tun [...]. Es sieht im Moment nicht so schwarz mit seiner Zukunft aus. Er ist zwar krank und sehr schwach. Wir haben einen Antrag eingereicht, um ihn ins Krankenhaus zu bringen. Im Moment sieht die Möglichkeit halb aus. Die Wirkung aus BRD scheint, und auch wird immer größer, uns zu fördern, ihn und andere 16 Koreaner wieder nach Deutschland zurückkehren zu lassen. Ich muß noch mit dem Schreiben sehr vorsichtig sein, und mein Mann darf noch nicht schreiben, schicken Sie Ihren Brief durch Kurier bei Ihrem Auswärtigen Amt zu Ihrer Botschaft in Seoul [...]. Bitte um Verzeihung über meine verspätete

Antwort. Mein Mann liegt krank und ich muß draußen für ihn viel arbeiten, und kam nicht dazu Ihnen zu schreiben [...]. Nochmals schönen Dank und herzlichsten Grüßen Ihre Soo Ja Yun

Otto-Tomek-Archiv, AdK, Berlin

Aus einem weiteren Schreiben vom 8. April von Frau Yun geht hervor, dass sie wieder in Berlin in der eigenen Wohnung leben kann, Isang Yun aber noch in der Universitätsklinik in Seoul ist. Tomek antwortet postwendend am 11. April und freut sich über die Möglichkeit einer baldigen Freilassung Yuns. Er möchte alles tun, damit sich dieser Prozess beschleunigt. Sollte Isang Yun im Krankenhaus komponieren können, so würde der WDR sofort alles dafür tun, diese neue Komposition aufzuführen.

Katowitz, 24.4.1968
> Mein lieber Otto!
> Ich habe Dir eine sehr grosse Bitte. Weiss nicht wie soll ich das Dir schreiben. Bin sehr befangen, aber Du bist der Eine welcher mir helfen kann.
> Also, im Januar 68 habe ich von Alfred Irzykowski Foundation in New York ein Preis bekommen – 1.000 Dollar. Ich wusste nicht wie das verwenden. Weil ich keine gute Wohnung habe (nur ein kleines Zimmer und Küche für drei Personen jetzt) wollte ich für dieses Geld ein gebrauchtes Auto kaufen, welche ich hier verkaufe und werde eine gute Wohnung kaufen. Billige Wagen gibt man in Deutschland.
> Also mein Lieber, kannst Du mir ein Wagen kaufen (gebrauchtes)? Das Geld lasse ich Dir übersenden, Ende Mai – Anfang Juni wirst Du das bekommen. Verzeihe bitte für solche Verlegenheit, das ist schrecklich nicht? Schreib mir bitte was Du über das denkst und zuallererst ob solche Möglichkeit ist. Mit grosser Ungeduld werde ich auf Dein Brief warten.
> Lieber Otto, tausendmal bitte um Verzeihung und grüsse Dir herzlich
> Dein Mikolaj

Otto-Tomek-Archiv, AdK, Berlin

Man darf vermuten, dass sich Otto Tomek auf diesen Handel eingelassen hat, denn am 22. Mai schreibt Górecki noch einmal und dankt viele tausend Mal für die Sache mit dem Auto. Ein leitender Redakteur mit Hauptabteilungsleiterstellvertretungsaufgaben geht in die Knie und unterstützt den geschäftstreibenden, sich in Notlage befindlichen Komponisten aus Polen! Hier, auf dem Gebiet der polnischen neuen Musik, wird Tomek seinen eigenen Ansprüchen auf eine Trennung zwischen Professionalität und persönlicher Beziehung untreu. Die Initialzündung zur Menschlichkeit hat Gorecki mit seinem leicht selbstverzweifelten und selbstanklagenden Schreiben bewirkt. Die durch politische Bedingungen isolierte Künstlergruppe erregt Tomeks Mitleid.

Die Wertschätzung des Menschen wirkt permeabel auf das Komponierte des Komponisten Gorecki. Denn Tomek kann Partituren lesen und liest also und hört, mit welchen kompositorischen Mitteln Gorecki arbeitet. Es sind Mittel von Gefälligkeit. Es geht dem Komponisten um Erfolg, vor allem im Westen. Den lebt Penderecki inzwischen Gorecki vor. Auskomponierte Sentimentalität und jenen religiös verbrämten, dennoch strategisch eingesetzten Kitsch im Werk von Gorecki überhört Tomek nicht. Aber der Mensch ist ihm im Kontext Polen näher als die Kunst.

So kommt es auch zum Auftrag für das Orchesterwerk *Canticum graduum* Góreckis, das am 11. Dezember 1969 zusammen mit Igor Strawinskys *Monumentum pro Gesualdo di Venosa ad CD annum* und Bernd Alois Zimmermanns *Requiem* uraufgeführt wird. Disparater kann kein Musikprogramm zusammengesetzt sein. Dennoch spielen bei solcherart Programmierung auch noch andere Kriterien mit hinein: Goreckis Stück ist kleinbesetzt mit Streichern und zwei Schlagzeugern, instrumentaltechnisch leicht und im Duktus höchst konservativ, für das Kölner Orchester unter Michael Gielens Leitung innerhalb einer Stunde Probe bewältigbar. Strawinskys *Monumentum* ist gleichfalls kleinbesetzt. Im Kontext mit Zimmermanns *Requiem*, das alle aufführungstechnischen Register sprengt und völlig neue bühnenorganisatorische Aufgaben stellt, ist die programmatische Inhomogenität und stilistische Diskrepanz dennoch aus rein aufführungsorganisatorischen Gründen perfekt.

Berlin, 10.5.1968
Sehr geehrter Herr Tomek,
ich bin sehr froh, daß es nun doch zu einer glücklichen Zusammenarbeit gekommen ist. Und nun will ich versuchen, da ich ohnehin nach Prag fahren will, eine Einreisegenehmigung in die DDR zu bekommen, denn anhören möchte ich mir schon, was der Hufschmidt aus meinem Gedicht gemacht hat.
Wird der Westdeutsche Rundfunk Möglichkeiten finden, die Meissener Uraufführung mitzuschneiden? Es kommt ja nicht allzu oft vor, daß ein westdeutscher Komponist und ein westdeutscher Autor in der DDR eine Uraufführung haben. Gibt es eine Möglichkeit, z. B. über den tschechoslowakischen Rundfunk einen Mitschnitt für den Westdeutschen Rundfunk zu erbitten?
Ihnen und dem Westdeutschen Rundfunk nochmals vielen Dank und freundliche Grüße
Ihr Günter Grass

Otto-Tomek-Archiv, AdK, Berlin

Die Uraufführung des *Meissner Tedeums* von Wolfgang Hufschmidt findet am 26. Mai im Dom zu Meissen statt. Domkantor Erich Schmidt entscheidet sich ganz bewusst für einen westdeutschen Komponisten, was sowohl den Machthabern als auch der ostdeutschen Kirche alles andere als willkommen ist. Auch Günter Grass' provokante lyrische Passagen tragen bei zu einer Eingabe, die die Einreise von Komponist und Autor zur Uraufführung zu verhindern sucht. Der Komplott misslingt und beide sind bei der Uraufführung anwesend.

Wien, 17.5.1968
Lieber Otto,
herzlichst danke ich für Deinen lieben Brief und für Deinen Vorschlag, dass ich ein elektronisches Stück mache. Prinzipiell habe ich, wie Du weisst, grosses Interesse, wieder ein Stück zu machen (seit langem habe ich einen Plan für ein Stück für Chor

+ elektr. Klänge), praktisch gibt es jedoch zwei Hindernisse: erstens die Zeit, ich bin mit bereits fixierten Verpflichtungen für einige Jahre vollkommen ausgelastet (ja überbelastet), so kann ich eine neue Arbeit frühestens für 1972 annehmen. Zweitens gibt es, was gerade elektronische Stücke, realisiert im WDR, betrifft, eine juristische Schwierigkeit, nämlich dass die Bänder dann nicht frei verfügbar sind (bzw. von einem Verlag frei verfügbar), – die Erfahrung mit meinem früheren Stück „Artikulation" zeigt, dass hier ein handicap vorliegt. Wenn es möglich wäre, dieses Hindernis abzubauen, d.h. dass der WDR einem Musikverlag unbeschränkt eine Kopie zur Verfügung stellt, so wäre die Realisation eines neuen Stückes im WDR unvergleichlich attraktiver.

Dessen ungeachtet freue ich mich sehr, dass Du mir das Angebot gemacht hast! Wenn es sich um einen WDR-Kompositionsauftrag handelt, so wäre ich, wegen den genannten Schwierigkeiten bei einem elektronischen Stück, zunächst eher an einem Auftrag für Instrumentalmusik interessiert (z.B. längst denke ich an eine grössere Komposition für zwei Klaviere für Kontarskys). (Auch eine Art Kammersymphonie habe ich im Planungszustand, das wäre wieder eine andere Möglichkeit.) Sehr danke ich Dir, dass Du „Lontano" ins Programm des WDR Orchesterkonzerts in Darmstadt aufgenommen hast. Für das Konzert mit Gielen – er ist der ideale Interpret dafür – freue ich mich im voraus besonders! Ebenso freue ich mich sehr, Dich in Darmstadt bald wiederzusehen!

Herzliche Grüsse Dein György

Rom, 24.12.1968

Sehr verehrter Dr. Tomek,

Ihnen, dem großen Förderer der Künste, und Ihrer Frau, die herzlichsten Grüße und Wünsche zum Neuen Jahr! – Ich habe schwer + viel gearbeitet (ein neues „Canto" ist fix + fertig!), Rom ist diesmal gar nicht so sonnig wie das erste Mal, und – kaum zu glauben! – es stellt sich ab + zu etwas wie Heimweh nach Köln und den Kölnern ein... Hoffentlich liegt ein „Wiedersehen" in nicht allzuweiter Ferne!

Ihr Hans Zender + Frau

1969

Durch die Initiativen und Proteste, die von Deutschland aus auf die südkoreanischen Behörden einwirken, wird Isang Yun Ende Februar aus dem Gefängnis entlassen und nach Berlin geflogen.

Köln, 15.4.1969

Lieber Freund,

im Drange so vieler Arbeit konnte ich Ihnen zunächst nur ein Begrüßungstelegramm schicken, und so komme ich erst heute dazu, Sie herzlichst wieder hier zu begrüßen. Ich freue mich natürlich sehr mit Ihnen, daß Sie wieder hier sind und hoffe, daß die unausbleiblichen gesundheitlichen Schwierigkeiten nach einer solchen schrecklichen Zeit Ihnen dennoch nicht allzuviel zu schaffen machen und Sie sich in der Ruhe des Schwarzwaldes jetzt recht gut erholen. Zur gegebenen Zeit werde ich mich riesig freuen, Sie persönlich wiederzusehen, aber zuerst sollen Sie sich wirklich in Ruhe gesund pflegen.

Um Ihnen eine vielleicht bestehende Sorge von der Seele zu nehmen: Wie ich eben mit Herrn Dr. Kunz vereinbart habe, verschieben wir den Ablieferungstermin für Ihren Kompositionsauftrag um ein Jahr. Sie können dann in aller Ruhe an dem Stück arbeiten. Natürlich kann die Uraufführung dann auch erst in der Saison 1970/71 erfolgen...

Otto-Tomek-Archiv, AdK, Berlin

Wien, 2.6.1969

Lieber Herr Doktor,

Dass Sie meine „Gesänge" mit Frau Hillebrecht und Herrn Schmid aufnehmen ließen, verdankte ich wohl schon. Nochmals sei es aber getan, weil ich es zu schätzen weiss, dass Sie sich trotz der drängenden Allgegenwart des liebsten deutschen Wirtschaftswunderlandes zu derart sündiger Abwicklung entschlossen haben. Vivant sequentes!

Heute eine Bitte: Fräulein Sonntag, Assistentin der J. Liebig Universität und (ehem.) Studierende von mir, hat einen interessanten Versuch vor. Leider kann es aber nur in Ihren Kunstlaboratorien realisiert werden. Bitte helfen Sie und schauen Sie, dem grossen Magister Eimert ein paar Stunden locker zu machen. Ich wäre Ihnen sehr dankbar.

Lockt Sie das heurige Wiener Musikfest nicht? Es wäre nett, Sie und Ihre Frau wiederzusehen. Es muss nicht unbedingt im Michaeler Keller sein.

Mit den schönsten Grüssen von Haus zu Haus

stets Ihr Gottfried von Einem

Otto-Tomek-Archiv, AdK, Berlin

Der unüberhörbare süffisante Tonfall der Danksagung bezieht sich auf Tomeks sich überall herumsprechende Vorliebe für avantgardistische Musik. Von Einem attestiert seinem fernen jungen Wiener Kollegen Mut, weil er die „sündige Abwicklung" seines „traditionellen" Werkes unterstützt hat.

Am 19. März 1969 steht Ladislav Kupcovic erstmals vor dem WDR Sinfonieorchester Köln, wobei er auch sein durch Tomek beauftragte Orchesterwerk *Die Spiele* dirigiert. Seitdem besteht zwischen Tomek und ihm eine intensive Freundschaft, die auch weit über das professionelle Zusammenarbeiten hinausgeht. Es würde sich lohnen, diesen umfangreichen Briefwechsel einmal genauer unter die Lupe zu nehmen, zumal Kupcovic eine schillernde und zugleich beeindruckende Randerscheinung unter den vielen Komponisten seiner Gegenwart ist, ein Unikat, das sich ganz der tonalen Musik verschrieben hat.

Geplant ist bei den Ruhrfestspielen Recklinghausen eine Musik für ein Festspielhaus als Wandelkonzert, das zuvor bereits in der Heimat Kupcovics, in Smolenice, einem kleinen Festival in der Tschechoslowakei als „Konzert für ein Haus" in einem Schloss erprobt und veranstaltet wird. Hier lernt Otto Tomek Aje Sabine Margarete Schumann kennen. Die spätere Sabine Tomek erinnert sich:

Ich stand in einem Raum, in dem ein großer Gong stand und schaute mir ein Notenpult mit der ersten Seite einer Partitur „clowek" (der Mensch) an. Auf einmal wurde ich von hinten unter den Armen gefasst, hochgehoben und als Schlegel für den Gong benutzt. Ottos Kommentar: „Es sollte doch etwas Menschliches passieren".

Brief vom 9.12.2017 an Hans-Peter Jahn

Ladislav Kupkovic, ca. 1970

Berlin, 20.11.1969
> Egregio Signore / lieber Otto /,
> [...] Wenn Du in Berlin warst, hattest Du dich interessiert über die „Musikalische Auf-
> stellung". Weil ich gerade jetzt ein Text für die Akademie der Künste anfertigen habe,
> lege ich eine Kopie von ihm bei. Der Text ist sicher voll mit Fehler, trotzdem wird
> vielleicht etwas von der Grundidee zu spüren.
> In Beziehung auf die „Aufstellung" möchte ich von Dir fragen: wieviel Geld bekom-
> men die Fred-Bart-Leute für Konzerte? Ich möchte nämlich zwei Vokalisten aus Zü-
> rich zur Produktion eingeladen [...] Alles wichtige über Recklinghausen habe ich der
> Frau Kucnírová geschrieben. Hoffentlich macht sie alle notwendige Schritte schon.
> La saluto distintamente / + herzlichste Doppelgrüsse /
> Dein Laco

Otto-Tomek-Archiv, AdK, Berlin

Ladislav Kupkovics Tomek zugesandter Text „Der atonale Terror", den Kupkovic
später noch einmal für eine Fachzeitschrift überarbeitet und verlängert hat, thema-
tisiert in polemischer Weise das ästhetische Dilemma des Komponisten in der Gegenwart. Es bleibt eines der vielen Rätsel, warum Kupkovics verstiegener „Verlän-
gerungsversuch" der tonalen Musikepoche dennoch bei seinen avantgardistischen
Freunden als heitere, bisweilen auch als sarkastische Brechung des Verbots aller
konsonantischen Intervalle verstanden wird. Für ihn ist es jedoch bitterer Ernst:

> [...] Gleichzeitig setzte mit dieser Entwicklung in der komponierten Musik eine entge-
> gengesetzte Entwicklung in der gehörten Musik ein. Das Publikum machte die Wen-
> de zur Atonalität nicht mit und hörte auf, sich für das zeitgenössische Komponieren
> zu interessieren. Dieser Zustand wurde auch insofern unterstützt, als das Konzert-
> repertoire, die Musikliteratur von gestern, sowohl in ihrem Umfang als auch in der
> Qualität genug bot.

Und so entstand die absurde Situation von heute: Das Publikum braucht keine neuen Kompositionen, weil die neuen häßlich sind und weil es genug schöne und gute alte gibt; die Komponisten komponieren trotzdem, obwohl ihre Produkte kulturpolitisch überflüssig und irrelevant sind.

Weil die Komponisten Neuer Musik in dieser Situation keine Chance hatten, an das Publikum heranzukommen, hat man sie unterstützt: Man bildete künstliche Nischen, wo sich die Neutöner in begrenztem Maße einreden konnten, ihre Produkte hätten doch eine sozialpolitische Relevanz.

Es erklang viel Neue Musik im Rundfunk, wo der Zuhörer in seinem einsamen Prozeß des Ausschaltens die Sendung nicht stören konnte, einiges auf spezialisierten Festivals, wo ein „harter Kern" an Zuhörern noch vorhanden war etc. Das richtige Publikum bekam ab und zu auch kleine Kostproben; eine vom eigenen Fortschritt überzeugte Presse sorgte dafür, daß keiner seinen Unmut zu laut zu sagen wagte, solange diese Aufführungen rar blieben.

Jetzt allerdings beginnen viele Komponisten, sich in ihrer Rolle eines offiziellen Abseits schlecht zu fühlen. Der Glaube, daß das Häßliche schön ist, bröckelt, und immer mehr suchen einen Anschluß an die Musikgeschichte, an die Töne, die den Menschen etwas mehr zu sagen haben, als es die Neue Musik fähig war zu tun.

Nun, der lange Weg zurück oder nach vorn (die Richtung ist umstritten, man kann darüber rechten) ist schwierig. Nach eigenen Aussagen würden heute sehr viele Komponisten tonal komponieren, nur ist ihre Musiksprache nach wie vor atonal und uninteressant.

Das hat viele Gründe; obwohl man behauptet, dies sei ein abgedroschenes Argument, möchte ich dagegenhalten, daß das tonale Komponieren einfach schwieriger ist als andere Kompositionsmethoden. Es sind eben zwei verschiedene Dinge: es zu wollen oder es zu können. Auch Medien, Presse, Verlage etc. geben noch viel Geld und Aufmerksamkeit für die atonalen Produkte aus, was wiederum die Opportunisten anzieht: eine delikate Absurdität, denn eigentlich sollten die Opportunisten sich dem Publikum anbiedern. Dadurch entsteht um die echte tonale Musik von heute ein Isolationszustand, den ich als „atonalen Terror" bezeichne [...].

Otto Tomek, Privatarchiv

Malmedy, 21.11.1969

Lieber Otto,

haben Sie sich damals die „Couleurs croisées" anhören können? Wären Sie nicht an der <u>deutschen Erstaufführung</u> interessiert? Jemand wie Michael Gielen, dessen Arbeit ich in letzter Zeit in Brüssel bewundern konnte, würde das <u>sehr gut</u> machen können.

Eine andere Frage:

Es hat in Deutschland noch kein „Votre-Faust" Konzert gegeben (wie 66 in Brüssel und 68 in Buffalo, zwei große Erfolge, wirklich! Und in Mailand, wo die Inszenierung leider Gottes gräßlich war, und <u>alles</u> versaute, sind trotzdem die Musik und musikalische Aufführung ziemlich gelobt worden). Wären Sie nicht an so einem Konzert interessiert? [...]. Hoffe, Sie nicht damit zu belästigen. Es ist ja nur, im Grunde, Information, „Gedächtnishilfe". Ich bin aber von vorne herein auf alles gefasst, und ziemlich ruhig.

Hoffe, Sie auf jeden Fall mal bald wiederzusehen.

Herzliche Grüße Ihres HPousseur

Otto-Tomek-Archiv, AdK, Berlin

London, 24.11.1969

Dear Otto,

I am afraid your last letter was not very clear. I would very much like to do something for Gorecki, but you have not given me his adress and secondly I do not know at all to whom I have to send this request for using him as an assistant. Please can you let me have, as soon as possible:

the address of Gorecki.

The address of the organization to whom this letter must be sent.

A kind of sketch or draft of the letter I am supposed to write.

I am ready to do everything to get Gorecki out of Poland, but I would like to be very precisely orientated in order to avoid a clash, because I think that if I make a mistake there could be bad results. Therefor I would like to do it the proper way [...].

Looking forward to hearing from you very precisely and very soon

Yours Pierre Boulez

11.12.1969

Uraufführung von Bernd Alois Zimmermanns *Requiem für einen jungen Dichter.*

1970

Köln, 26.2.1970

Uraufführung von Mauricio Kagels *Acustica.*

Berlin, 5.2.1970

Caro amico,

Sono stato una settimana in Roma, molto bene – es war wunderbar. Nicht nur das Wetter / ganz warm / das Essen / cuisina romana / und ein Pkw mit Schoffeur; sehr freundlich sind auch die Orchesterspieler gewesen / vielleicht sogar viel freundlicher, als manchmal hier / und haben sich bemühen gut spielen. Natürlich, immer italienisch. Grausam. Es war aber trotzdem noch möglich, mit diesen ein paar Wörtern, welche ich gelernt habe, sich verständigen. Gigi und noch einige kubafreundliche junge Revolutionäre waren auch sehr liebenswürdig und dankbar. Harmlose Gesellschaft! [...]. Vor der WDR-Aufnahme müssen wir noch zusammen sprechen / Exponat 2 führt nämlich ausser anderem ein paar Sätze von Fr. J. Strauß aus Haushaltsdebatte von Bundestag – ich bin nicht sicher, ob ist es ganz O.K., aber du wirst es doch hören /.

Die Photos nach Recklinghausen habe ich schon gesendet / Entschuldigung, dass so spät – vor Italien ich einfach darauf vergiss /.

Wie geht es der Sabine? Viele, viele, herzlichste Grüsse

Dein Laco

Kiel, 6.2.1970

Lieber Herr Dr. Tomek!

Noch einmal möchte ich mich sehr herzlich bei Ihnen bedanken, daß sich die Aufnahme meines CANTO III so günstig legen ließ! [...] Werden Sie sich die Kölner Produktion auch einmal anhören? Mich würde sehr interessieren, was Sie zu dem Stück sagen. Das Publikum hat es offenbar überhaupt nicht verstanden, wogegen die meisten der

Ausführenden anscheinend viel Vergnügen daran hatten. Einer meinte, daß sich das Stück zu schlecht in gewohnte Bahnen einordnen, und deswegen die Hörer zunächst etwas ratlos lasse. Vielleicht ist es mehr ein Hörspiel als ein Konzertstück.

Daß ich bei der IGNM nun schon wieder (das dritte Mal) bei der Internationalen Jury durchgefallen bin, macht mich schon langsam national. Na ja, meine Zähigkeit nimmt dadurch zu, nicht ab.

Wann kommen Sie mal nach Kiel? Wir haben gottlob jetzt eine tolle Wohnung, die die Isolation hier oben besser ertragen lässt. Mit dem Orchester mache ich tatsächlich die besten Erfahrungen, die Atmosphäre wird immer erfreulicher, trotzdem das Pensum an modernen Stücken wächst...

Seien Sie herzlich gegrüßt, auch von meiner Frau!

Ihr Hans Zender

Otto-Tomek-Archiv, AdK, Berlin

Köln, 19.2.1970

Lieber Herr Zender!

Herzlichen Dank für Ihre freundlichen Zeilen. Ich bin froh, daß es in Hannover geklappt hat. Zu meinem Bedauern konnte ich unsere Eigenproduktion des „Canto III" noch nicht hören. Es ist grotesk, aber wir müssen 14 Tage vorher schon unsere Abhörtermine in den Stereo-Studios reservieren. So knapp sind die, und was weiß man schon, was in 14 Tagen sein wird. Bitte seien Sie deshalb nicht böse, wenn ich heute zu Ihrem Stück noch nichts sagen kann.

Lassen Sie sich auch durch die IGNM nicht beunruhigen. Es hat im Grunde nichts zu sagen, und das Musikfest wird immer bedeutungsloser. Ich war ja diesmal selbst in der Jury, aber da gibt es soviele divergente Meinungen und zum Schluß wird abgestimmt.

Ich hoffe, nach Kiel zu Herrn Niehaus' Oper kommen zu können, werde es noch rechtzeitig genug anmelden.

Ich wünsche Ihnen weiter gute Arbeit dort und begrüße Sie und Ihre verehrte Gattin auf das herzlichste

Ihr Dr. Otto Tomek

Otto-Tomek-Archiv, AdK, Berlin

Manfred Niehaus, welcher bei Bernd Alois Zimmermann seit 1967 studiert und zeitenweise sein Assistent ist, hat für die Kieler Oper, durch Hans Zender beauftragt, das Musiktheater *Maldoror* komponiert.

Am 27. Februar 1970 veranstaltet Niehaus das erste Offene Konzert in der Geschichte der Neuen Musik des WDR, ein „Wandelkonzert", das in fünf Räumen des Funkhauses am Wallrafplatz synchron stattfindet und das neben kleinen Musikszenen, Kammermusik in einem Raum auch Filme zeigt, so unter anderem von dem 25jährigen Wim Wenders dessen zweiten Kurzfilm *Same player shoots again*.

Aus der Fülle von Sendungen im Bereich der Neuen Musik, die Otto Tomek in den Jahren 1957 bis Ende 1970 geschrieben und vielfach selbst moderiert und gesprochen hat, heben sich einige besonders hervor. Hier eine Anmoderation zu einem Musikprgramm mit ausschließlich neuer Musik, die Tomeks Selbstverständnis und Reflexionsvermögen beispielhaft dokumentiert:

Köln, 4.7.1970
WDR, 3. Programm:
Anmoderation Otto Tomek:

„Sie brauchen es nicht als Musik zu bezeichnen, wenn dieser Ausdruck Sie schok-
kiert." So antwortete John Cage 1958 in Darmstadt auf ratlose Fragen angesichts
des allgemein fühlbaren, aber noch nicht genügend bewusst gewordenen neuen
Zustandes, in den Musik damals geraten war. Es ging dabei gar nicht mehr um Veränderungen in einzelnen Bereichen, wie das in der Neuen Musik der ersten Hälfte
unseres Jahrhunderts der Fall gewesen war, nicht mehr um neue, etwa zwölftönige
Melodik, eine neue um vieles differenzierter gewordenen Rhythmik, eine auf Intervallkonstruktionen basierende Harmonik. Ende der fünfziger Jahre bahnte sich vielmehr die Erkenntnis an: Musik war nicht nur anders, sie war schlechthin zu etwas
Anderem geworden. Zwar blieb sie auch weiterhin schallförmigen Phänomenen
zugeordnet, die bis dahin durch Stil, Ästhetik, Handwerk gesteckten Grenzen aber
bestanden nicht mehr. Der Kunstcharakter der Musik schien aufgehoben und viele
Klangerscheinungen waren mit dem alten Werkbegriff nicht mehr fassbar. Damit
waren aber die bislang gültigen Grundlagen der Existenz von Musik aufgehoben.
Sie sind heute neu zu begründen, basierend auf der Tatsache, dass der Unterschied
zwischen künstlerisch relevantem Klangmaterial einerseits und trivialen akustischen
Alltagserscheinungen andererseits aufgehoben ist, ebenso wie es im Ideellen die Gegensätze von Kunst und Leben, von Objekt und Subjekt, Mensch und Realität sind.
Damit werden neue Definitionen dessen, was Musik eigentlich sei, notwendig, eine
Erhellung ihrer Existenz, ihrer Seinsbedingungen schlechthin. Was wir brauchen, ist
eine neue Ontologie der Musik.

WDR Köln, Dokumentation und Archive, Sig.: 5591–5605 / 12360

Etwa zur gleichen Zeit, im Sommersemester 1970, wird Tomek Leiter des Rund-
funkseminars der Staatlichen Hochschule für Musik in Köln. Dieser vom WDR ge-
nehmigten Nebenbeschäftigung geht er ein Jahr lang, also bis zum Sommer 1971,
nach.

Noch einmal reist Tomek zusammen mit dem Kölner Radio-Sinfonie-Orchester
zum Warschauer Herbst, im Gepäck Werke von Peter Michael Braun, Edward Bo-
guslawski, Günther Becker, York Höller, Kazimierz Serocki und Karlheinz Stockhausen. Die beiden Dirigenten der zwei Konzerte am 24. und 26. September sind
Witold Rowicki und Michael Gielen.

Brüssel, 22.11.1970

Lieber Otto, im Dezember habe ich einen Steuertermin für den ich alle Reserven zu-
sammenkratzen muss – ich bitte Dich, wenn Du kannst, dafür zu sorgen, dass die
Rückstände des WDR baldigst überwiesen werden. Den Termin 1972 habe ich notiert
und hoffe, dass nichts dazwischenkommt.
Inzwischen herzliche Grüße Dein Michael
Ganz neutrale unverbindliche Frage: stimmt es, dass Bours Vertrag 72 endet und er
selber nicht mehr verlängern will? Und sollte ich in meine Überlegungen bez. Fft
[Frankfurt] oder Stuttg. dieses mit einbeziehen? Wir sind genug befreundet, dass Du
mir ganz unbefangen sagen kannst, was Du denkst.

Otto Tomek, Privatarchiv

Hier täuscht ein Gerücht Michael Gielen, denn Ernest Bours Vertrag mit dem Sinfonieorchester Baden-Baden wird bis 1979 verlängert. Erst da scheidet er aus. Als Informant eignet sich Tomek insofern, als er am 25. Dezember 1970 seine Kündigung beim WDR zum 30. Juni 1971 schriftlich einreicht. Es ist klar, dass die beiden Freunde sich gegenseitig über Details ihrer jeweiligen Karriere informieren.

Berlin, 22.12.1970

Lieber Otto,

bitte, verzeih, dass ich erst jetzt schreibe, Du weisst, wie das ist, mit der Zeit, etc.

Ich antworte also jetzt auf Deinen lieben Brief vom 28.7.70, betreffend einen Auftrag für den WDR, der mich sehr freut. Wir sprachen über die Sache kurz, bereits in Darmstadt, im Schlosskeller.

Wie besprochen, schreibe ich gerne ein Stück, doch besser nicht für grosses Ensemble, da ich für die nächsten paar Jahre lauter Stücke für grosse Besetzung vorhabe (schon frühere Aufträge), und ich GROSSE Lust hätte, für die beiden Kontarskys ein Stück für zwei Klaviere zu komponieren, und zwar diesmal ein grösseres Stück (d.h. die Besetzung klein, doch das Stück gross... also eine längere Komposition). Datum: Ich bin bis Ende 73 hoffnungslos „ausgebucht", also kann ich das Stück für 74 planen (Aufführung Ende 74 oder am liebsten 75). (Ja, unbedingt 75). Betreffend Geld: mit DM 10.000 bin ich einverstanden. Freilich galt Dein Angebot für ein Stück für grosses Ensemble. Doch bitte ich Dich, das Auftragshonorar selbst für ein Stück für 2 Klaviere auf dieser Höhe zu halten, da einerseits bis 74 die Geldentwertung eine Rolle spielt, andererseits würde die Summe dem entsprechen, was ich zur Zeit als Honorar für so eine Arbeit bekomme. Ich würde vorschlagen: Hälfte der Summe 1971 (möglichst Anfang des Jahres), die andere Hälfte 74, nach Ablieferung des Stückes – auf diese Weise wäre die Geldentwertung gerecht verteilt. Bitte, lass mich freundlicherweise wissen, wenn Du einverstanden bist, so können wir das dann gleich fixieren, und ich habe gerade für dieses Stück grosse Lust, es zu komponieren.

Ganz schöne Weihnachten, auch für Deine Frau Gemahlin und SOHN!, und Neujahrswünsche, wenn Du oder Ihr in Berlin seid, bitte zum Frühstück wieder (oder egal welche Tageszeit).

Herzlichst, Dein György

Otto-Tomek-Archiv, AdK, Berlin

Am 6. November 1970 werden im letzten „Musik der Zeit"-Konzert des Jahres 1970 von José-Luis de Delàs *Episoden des Tages und der Nacht* für Orchester und von Vinko Globokar *Concerto grosso* für fünf instrumentale Solisten und Orchester uraufgeführt. Beide Kompositionen sind durch Tomek initiierte Auftragswerke. Die Dirigenten sind Delàs und Diego Masson. Die exklusive Solistenbesetzung in Globokars Komposition besteht aus Carlos Roqué Alsina (Klavier), Jean-Pierre Drouet (Schlagzeug), Vinko Globokar (Posaune), Siegfried Palm (Violoncello) und Michel Portal (Klarinette).

1971

Kiel, 1.1.1971

Lieber Herr Dr. Tomek,

Zur Strobel-Nachfolge gratuliere ich sehr herzlich! Ich habe mich sehr darüber gefreut; doch eine Chance, die große Tradition des SWF zu retten! Sicher wird es Ihnen auch gelingen, Donaueschingen aus seiner Krise herauszuführen, vor allem dem ausgebrochenen Dilettantentum zu wehren. Viel Glück!! Sie werden nun ja auch in schöneren Landschaften wohnen als bisher, wir freuen uns auch sehr allmählich auf unseren Rückmarsch gen Süden.

Für Saarbrücken habe ich eine Menge vor, glaube ich, interessante Pläne, was die Arbeit und Programmierung des Orchesters angeht. Auf meinen sehr guten Erfahrungen hier in Kiel, daß es noch eine Möglichkeit gibt, die Musiker zur „Mündigkeit" zu erziehen! […] Ich ertrinke auch in einem Maß in Arbeit, daß ich selber nicht weiß wie ich's schaffe: Der „ganze Ring", meine 9 Kieler Konzerte, die modernen Konzerte im Funk, Operngastaufträge in Stuttgart + Düsseldorf (München mußte ich wegen Zeit ablehnen!!) – usw. Immerhin habe ich gerade jetzt mein bisher größtes Stück fertig gekriegt, „Canto IV" (für Clytus Gottwald) 2 Jahre Arbeit!

Zum Neuen Jahr alles Gute, auch für Ihre Familie

Ihr Zender

WDR Köln, Dokumentation und Archive, Sig.: 5591–5605 / 12360

Köln, 7.1.1971

Lieber Laco!

Es gibt zwei Termine, zu denen Du im Studio arbeiten kannst, entweder 15. September 1971 bis 15. Januar 1972 (mit Peter Eötvös als Assistenten) oder vom 25. Oktober 1971 bis 25. Januar 1972 (mit Mesias Maiguashca als Assistenten). Bitte laß mich umgehend wissen, welcher der beiden Termine für Dich angenehmer wäre. Wichtig ist nur, daß Du in der betreffenden Zeit nicht allzuviel abwesend bist, da wir auf eine kontinuierliche Benutzung des Studios wert legen müssen. Im Falle einer Zusage werden wir einen Kompositionsauftrag flüssig machen und dazu noch einen gewissen, allerdings nicht allzu hohen Betrag für Realisierungsarbeiten in dieser Zeit.

Viele herzliche Grüße Dein Otto

Otto-Tomek-Archiv, AdK, Berlin

Der sich schon 1969 ankündigende und am 22. Mai 1970 geborene Sohn Marcus veranlasst Sabine Schumann, jene junge Frau, die Otto Tomek in Smolenice kennengelernt hat, von Hamburg nach Köln umzuziehen. Sabine ist das erste von insgesamt fünf Kindern eines Arztes und einer Hausfrau und Enkelin des berühmten Professors Dr. Dr. Erich Schumann, welcher Physiker („Schumannsche Klangfarbengesetze"), Musikwissenschaftler und Komponist gewesen war. Nachdem die Scheidungsmodalitäten zwischen Otto Tomek und Margot vollzogen sind, heiraten die studierte Musikwissenschaftlerin und spätere Doktorantin Sabine und Otto Tomek am 25. Januar 1971 in Köln.

Köln, 2.2.1971

Lieber Herr Zender!

Für Ihre liebenswürdigen Glückwünsche danke ich sehr herzlich. Ich tue es erst heute, weil ich vor jeder Äußerung erst die offizielle Verlautbarung aus Baden-Baden abwarten wollte. Zu den vielfältigen Aufgaben, die mich da erwarten, kann man Glückwünsche schon sehr gut gebrauchen.

Donaueschingen liegt mir natürlich ziemlich im Magen. Wir werden ja sehen, ob es mir glückt. Im Grunde kann ich ja nicht viel anderes machen als das fortsetzen, was ich bisher auch gemacht habe [...]. Für den Rest Ihrer Kieler Zeit noch alles Gute, als Nächstes sehen wir uns ja wohl hier in Köln, auf ein ruhiges Gespräch freue ich mich sehr. „Canto IV" hoffe ich recht bald einmal kennenlernen zu können.

Herzliche Grüße und Wünsche bitte auch Ihrer Gattin

Ihr Dr. Otto Tomek

WDR Köln, Dokumentation und Archive, Sig.: 5591–5605 / 12360

Köln, 11.2.1971

Uraufführung von Luigi Nonos *Ein Gespenst geht um in der Welt.*

Hin und wieder polieren deutschsprachige Periodika Konfliktherde auf, die mit Machenschaften auf dem Gebiet der Neuen Musik zu tun haben und berühren mit ihrem politischen Stachel die offenen Wunden. Machmal geht es aber auch nur um Statistiken, oder besser um Transparenz bzw. um eine Stellungsnahme zum schwelenden Vorwurf des „Filzes", denn die enge Zusammenarbeit, ja sogar Programmhoheit für die Konzerte bei den Darmstädter Ferienkursen scheint ja eher eine zur Gewohnheit gewordene Kooperation als eine insitutionalisierte zu sein. So im Falle der Schweizer Fachzeitschrift „Dissonanz", die über den freien Musikjournalisten Max Nyffeler vier Fragen an die Musikabteilungen stellt. Fragen zur Zusammenarbeit zwischen den Internationalen Ferienkursen in Darmstadt und den Rundfunkanstalten:

Köln, 23.3.1971

Sehr geehrter Herr Nyffeler!

Entschuldigen Sie, wenn es im Gedränge unserer vielen Projekte etwas länger gedauert hat, bis Sie die Antworten haben. Sie finden Sie anbei. Allerdings kann ich nur sagen, daß ich nicht allgemeine Auskünfte über „die Rundfunkanstalten" geben kann, sondern nur über die mir bekannten Fakten, soweit sie den WDR betreffen.

Mit freundlichen Grüßen

Dr. Otto Tomek

1. In welchen Bereichen besteht eine Zusammenarbeit...?

Die Zusammenarbeit besteht a) in Beiträgen des WDR für die Internationalen Ferienkurse, das sind insbesondere Konzerte oder Produktionen im Rahmen der Ferienkurse. b) Übernahme von Bändern (Produktionen des Internationalen Musikinstituts) in Sendungen des WDR. c) Besuche von Mitarbeitern des WDR in Darmstadt zur Information. d) Benutzung des Noten- und Bandarchivs, der Bibliothek und des Dokumentationszentrums des Internationalen Musikinstituts für Informationszwecke und Vorbereitungen von Sendungen über Neue Musik.

2. Welches sind dabei die Zuständigkeiten der beiden Seiten bei:
a) Programmgestaltung (Komponisten, Interpreten) b) Finanzierung c) aus der Zusammenarbeit entstehenden Rechten?
zu a) Die Programmgestaltung erfolgt in Absprache mit dem Leiter der Ferienkurse nach den gegebenen Möglichkeiten des WDR.
zu b) von Fall zu Fall verschieden, nicht generell beantwortbar.
zu c) die Rechte an den Produktionen liegen in diesem Fall beim WDR, zumal dann, wenn es sich um die eigenen Klangkörper (Chor und Orchester) handelt.
3. Welche Personen repräsentieren in der Regel bei Verhandlungen über diese Punkte 2. a) – c) die beiden Seiten?
Vorbesprechungen über Konzertbeiträge in Darmstadt führe ich im Auftrage der Hauptabteilung Musik selbst. Rechtsgültige Absprachen können jedoch nur durch die Verwaltungsleitung des WDR getroffen werden.
4. Sind Sie, Herr Tomek, persönlich durch irgendwelche Funktionen mit den Darmstädter Ferienkursen oder dem Internationalen Musikinstitut verbunden? Wenn ja, wie?
Ich bin persönlich durch keinerlei Funktionen mit den Darmstädter Ferienkursen verbunden. Im Vorjahr war ich Mitglied der Jury für den Darmstädter Kompositionswettbewerb.

WDR Köln, Dokumentation und Archive, Sig.: 5591–5605 / 12360

Brüssel, 4.4.1971
Lieber Otto,
ich hoffe, Du hast viel von Amerika gesehen und wirst mir bei Gelegenheit erzählen. Ich möchte Dir heute mitteilen, was in Frankfurt vorgefallen ist, und wovon Du vielleicht schon anderweitig gehört hast.
Im Dezember war, wie ich Dir erzählt hatte, eine Orch. Versammlung, die eine Mehrheit für mich ergab, daraufhin offizielles Angebot, Gespräch mit dem Intendanten, offizielle Absage an Stuttgart – ok.
Im Januar hat Inbal dort dirigiert und das Orchester hat sich in ihn verliebt. Neue Versammlung, grosse Mehrheit für Inbal (kein Mensch hatte mir gesagt, dass die erste Versammlung schlecht besucht gewesen war!) und Herr Dr. Wicht schreibt mir einen Brief, nunmehr könne er sein Angebot nicht aufrechterhalten. Ende!
Schön, was? Das ist das servus de la médaille der Mitbestimmung. Die Sache hat mir doch sehr zugesetzt, wegen der Demütigung durch die Spiesser und dem evidenten Prestigeverlust vor der Öffentlichkeit, der damit verbunden ist.
Ich schreibe Dir natürlich nicht ohne Grund. Es ist nun mal meine Ambition, ein deutsches Rundfunkorchester zu leiten – und wenn möglichst, ein gutes...
Ich hoffe, Dich am 4. Mai in Berlin zu sehen oder dann am 14. in Baden-Baden. Inzwischen alles Liebe für Dich, Weib und Kind –
Dein Michael
8. bis 14. bin ich am Mondsee, dann in Stuttgart, Parkhotel.
Höre Dir doch bitte den 1. Satz der VII. Mahler an, so wie am 8. III. gesendet wurde, ich fand das doch sehr gut. Das Finale ist auch nicht schlecht.

Otto Tomek, Privatarchiv

Köln, 15.4.1971

Lieber Herr Helms,

Herzlichen Dank für Ihre schnelle Auskunft. Leider hat mir der NDR das Orchesterwerk von Crumbs „Echos of time in the river" schon weggeschnappt. Ich hätte es sonst noch gut im Donaueschinger Programm verwerten können. Nun hat sich durch den Tod von Strawinsky ohnedies eine neue Situation ergeben. Dank Ihrem Hinweis habe ich aber inzwischen von Mills auch eine Reihe von Kammermusiken Crumbs' bekommen, und ich möchte versuchen, ihn 1972 stärker herauszustellen.

Mit Schatz habe ich gestern endlich sprechen können. Er sieht noch gewisse Schwierigkeiten wegen Ihrer Verpflichtung für Donaueschingen. Ich versuche, in einer Woche in Baden-Baden alles zu klären und gebe Ihnen schnellstens Bescheid. Da ich nur zum Hörfunk gehöre, kann ich persönlich natürlich keine Fernsehverpflichtung aussprechen und in dem Zusammenhang nur empfehlend wirken. Sie können natürlich überzeugt sein, daß es eine sehr massive Empfehlung sein wird.

Mit herzlichen Grüßen Ihr Dr. Otto Tomek

WDR Köln, Dokumentation und Archive, Sig.: 5591–5605 / 12360

New York, 24.4.1971

Lieber Herr Tomek,

Herzlichen Dank für Ihren Brief vom 15. Schade, dass der NDR sich schon das Crumb-Stück geangelt hat; ich erinnere mich, dass mich Herr Hansen schon vor Monaten (bei der Fernsehmusikmesse) nach Crumb ausgefragt hat. George Crumb komponiert nur wenig, im Schnitt kaum mehr als ein Stück pro Jahr.

Herr Schatz hatte mich einmal angerufen, nachdem er aus Cuba zurückgekommen war und mir seine Vorbehalte zu dem Donaueschingen-Projekt erklärte. Es ging ihm vor allem darum, den Eindruck vermeiden zu wollen, der SWF wolle sich mit derartigen Dokumentationen selbst beweihräuchern [...]. Boulez ist allmählich dabei, die NY Philharmonie umzukrempeln. Schon 2 hervorrragende Konzerte: Berg, Webern, Schönberg, Messiaen, Varèse, Boulez.

Herzliche Grüsse Ihnen und Ihrer Frau von Khris und Ihrem Hans G. Helms

WDR Köln, Dokumentation und Archive, Sig.: 5591–5605 / 12360

Helms, engster Assistent von Gottfried Michael König im Elektronischen Studio, Sprachforscher, Ideologiekritiker und Sozialhistoriker bildet in Köln jenen Zirkel, dem neben Koenig und dem Musikwissenschaftler Heinz-Klaus Metzger unter anderem die Komponisten György Ligeti, Franco Evangelisti, Wolf Rosenberg und Mauricio Kagel angehören. Dieser polylinguale Kreis aus Komponisten, Philosophen und Linguisten betreibt – angeregt durch John Cage – unter anderem auch analytische Lektüre von James Joyce' *Finnegans Wake*.

In seinem Vorschlag für die Donaueschinger Musiktage geht es ihm um ein Dokumentations-Material, das er gewinnen und sammeln möchte durch Gespräche mit Komponisten Donaueschingens. Eine entsprechende fernsehgerechte Auswertung könnte nicht nur eine bestätigende, sondern auch eine durchaus kritische Perspektive auf die Geschichte der jährlich stattfindenden Tage werfen. Tomeks „massive Empfehlung" fruchtet nicht bei den Verantwortlichen. Das Projekt wird nur Idee bleiben müssen.

Am 6. Mai 1971 werden im Rahmen der Bundesgartenschau in Köln von Georg Kröll *Still-Leben*, Aufzeichnungen für Sinfonieorchester und von Hans Joachim Hespos *Sound* für Kammerensemble uraufgeführt, beides Kompositionsaufträge des WDR. Als Rahmenstück wird von Robert Wittinger *Divergenti* für großes Orchester programmiert. Hans Zender ist der Dirigent.

Am 28. Mai 1971 findet Tomeks letztes „Musik-der-Zeit"-Konzert im Dom zu Münster statt. Einzig Pendereckis vollständiges geistliches Werk, also auch der zweite Teil von *Utrenja* für Soli, zwei Chöre und Orchester wird unter Andrzej Markowskis Dirigat zur Uraufführung gebracht.

Köln, 9.6.1971

Lieber Mauro!
Im Gedränge der letzten Tage schaffe ich es leider nicht mehr, mit Dir persönlich zu verhandeln und versuche, hier noch den Auftrag für „Programm" durchzubekommen. Was die Honorarhöhe betrifft, so kann ich als alleräußerstes Angebot für den Kompositionsauftrag eine Summe von DM 9.000.– nennen. Darüber können wir unter den derzeitigen Umständen nicht hinausgehen. Unabhängig vom Kompositionsauftrag wird natürlich ein Mitwirkendenhonorar von Dir noch vereinbart werden müssen.
Ich bitte um ganz kurze Bestätigung, damit ich noch vor meinem Abgang aus Köln die Angelegenheit ins Rollen bringen kann.
Herzliche Grüße Dein Otto

Warschau, 16.6.1971

Sehr geehrter, lieber Herr Dr. Tomek,
nach meiner Rückkehr aus Amerika habe ich Ihre lieben Zeilen vorgefunden. Es ist für mich besonders wertvoll und angenehm zu erkennen, dass Sie so eine hohe Meinung über meine Musik haben. Von ganzem Herzen danke ich Ihnen für Ihren Brief, in dem Sie so schön diese Meinung zum Ausdruck gebracht haben.
Haben Sie, lieber Herr Dr. Tomek, meine herzlichsten Grüsse.
Ihr Witold Lutoslawski

Am 30. Juni 1971 beendet Otto Tomek seine WDR-Zeit. Er wird ab 1. Juli Hauptabteilungsleiter des Bereichs Musik beim Südwestrundfunk Baden-Baden als Nachfolger von Heinrich Strobel, welcher am 18. August 1970 verstorben ist.
Wie schon beim Wechsel von der Universal Edition Wien zum WDR Köln gibt es auch jetzt Überschneidungs- und Ablösungskomplikationen. In Köln räumt er seinen Arbeitsplatz auf, in Baden-Baden richtet er ihn für sich neu ein. Er pendelt auch noch nach dem 30. Juni zwischen den Rundfunkanstalten hin und her. Noch in der Sommerpausenphase, also in der Urlaubszeit, schreibt er wohl diesen Brief als seine letzte offizielle Tat beim WDR:

Köln, 24.8.1971

Lieber Krzysztof!

Meine allerletzte Amtshandlung am WDR besteht darin, Dich zu ermahnen, einen Betrag von DM 204.– an das Reisebüro Cook, Köln, Kto.-Nr. 10392 Elsässische Bank, zurückzuzahlen. Es betrifft die Hotelkosten in Münster. Du hast nämlich von uns Aufenthaltsspesen für die genannten Tage bekommen, womit die Auflage verbunden ist, das Hotel dann selbst zu bezahlen. Wir können leider nicht einerseits Aufenthaltskosten bezahlen und zusätzlich noch das Hotel. Ich bitte Dich herzlich, die Angelegenheit recht bald zu regeln.

Im übrigen hoffe ich, daß wir uns in Angelegenheit „Actions" recht bald wiedersehen.

Herzliche Grüße Dein Otto

Otto-Tomek-Archiv, AdK, Berlin

Actions bezieht sich auf einen Auftrag, den Tomek Penderecki bereits erteilt hat für ein Projekt am 17. Oktober 1971 in Donaueschingen: Aktionen für Free-Jazz-Ensemble mit dem Internationalen Free-Jazz-Orchester, das der Programmgestalter der NOWJazz-Session bei den Donaueschinger Musiktagen Joachim-Ernst Berendt zusammengestellt hat.

Kommentar III

Bevor ich mich meinem Lieblingsthema nähere, dem Orchester, das auch für Otto Tomek eine Art Lieblingskind gewesen ist, will ich aus der Erinnerung heraus meinen Blick auf die hierarchischen Mitbestimmer in Sachen Klangkörper werfen. Die inneren Strukturen der Musikabteilungen der Rundfunkhäuser haben sich seit Otto Tomeks Zeiten wenig verändert.

Das adversative Prinzip Hierarchie versus Kompetenz hat sich allerdings in seinem Auseinanderdriften verschärft. Die den Sendestoff Bearbeitenden, also die Programm-Macher, sind spezialisierte Fachkräfte und in unterschiedlicher Weise kompetent. Diese Fachkompetenz schwindet rapide, je höher man der hierarchischen Leiter folgt. Den Typus des Hauptabteilungsleiters Musik mit Verantwortlichkeiten über die Musik aller Sparten von Pop und Rock über Klassik und Jazz bis Avantgarde mit gleichzeitiger Hoheit über die Klangkörper gibt es nicht mehr. Ein Musikabteilungsleiter oder eine Abteilungsleiterin heute ist in erster Linie Vermittler oder Vermittlerin der Veränderungen, die die höhergestellten Strukturbastler erdenken im Glauben, möglichst viele Hörer erreichen zu müssen, und er und sie ist mitverantwortlich bei personellen Entscheidungen innerhalb seiner/ihrer Abteilung. Zwischen Anspruch und Gefälligkeit, zwischen Gehorsam und Einwand und zwischen Einfordern und einem Darüberhinwegsehen und -hören hat der/die Musikabteilungsleiter/in zu agieren. Auf der nächsthöheren Stufe, auf der sich die Hörfunkdirektoren befinden, sind heute keine Kenntnisse oder über Studium angelernte Voraussetzungen im Bereich der Künste mehr notwendig. Die Direktoren mit Diplom im Sport oder mit juristischem zweiten Staatsexamen haben trotzdem Entscheidungsmacht über Orchester, Chor, ja selbst über Festivals von Neuer Musik wie z.B. über die Donaueschinger Musiktage.

Dort, wo ihnen dieser Mangel bewusst ist, setzen sie sogenannte künstlerische Gesamtleiter ein, die weitgehend unabhängig vom Programm die vor allem auf Außenwirkung ausgerichteten Rundfunkklangkörper professionell vermarkten und möglichst effizient agieren lassen sollen. Ein Hörfunkdirektor der Tomek-Zeit war noch ein Idealist, auch ein Zweifler und oft durch den Mut und die Überzeugung getragen, Minderheiten großzügig Angebote zu unterbreiten. Er war Partner seiner Redakteure. Ein Hörfunkdirektor heute muss dagegen vor allem Umsetzer und Überzeugter der Strategien der Geschäftsleitung seines Rundfunkhauses sein. Auch er rekurriert zwar auf die Grundregeln der

248

gleitenden Kommunikation zwischen sich und den Redakteuren, doch ist sein Terminkalender prall gefüllt und es kommt nur selten und dann auf schriftliche Anfrage zu direkten Gesprächen. So bestimmt er über seine Abteilungen nur das Grobe, das dennoch manchmal verheerende Wirkungen im Kleinen nach sich ziehen kann.

Um Inhaltliches wie zum Beispiel um neue kompositorische Konzeptionen und deren rundfunkgerechte, zeitgemäße oder gar radikal verwandelte Übertragung und Vermittlung, kann es einem Hörfunkdirektor heute kaum mehr gehen, sein Metier ist die Vermittlung um der Vermittlung willen und diese muss sich den Bedürfnissen einer durch Umfragen ermittelten Gesamthörerschaft anpassen.

Und ein Intendant ist heute schlussendlich eher eine Art gewählter Präsident in einem nicht eigenen Haus, der die klimatischen Schwingungen, die ihm über die Gremien entgegen vibrieren, empfängt. Zu seinen Aufgaben gehört es, langfristige und strategisch weitreichende Entscheidungen zu treffen wie die, den gebührenkritischen Stimmen in Politik und Gesellschaft dann und wann Tribut zu zollen und – wie unlängst häufiger geschehen, zum Beispiel ein Orchester zur Schlachtbank zu führen.

Die schiere innerliche Distanz und das dilettierende Verhältnis zur orchestralen Sache, also das Entferntsein von den sensiblen Strukturen und dem organisch gewachsenen Körper zweier tradierter Orchester machen ihm als Intendanten Amputationen und Transplantationen an und in diesen zwei Lebewesen möglich, weil er keine Ahnung davon hat, wie heutzutage Orchester umstrukturiert werden müssten, um den Erfordernissen der Zukunft gerecht zu werden.

Otto Tomeks mit dem Blick auf die Zukunft verbundene Frage, was nach dem Zeitalter der Sinfonie-Orchester kommen könnte, hat er selbst dahingehend beantwortet, dass die tradierte symphonische Formation zu wenig flexibel auf differenziertere Besetzungsvorstellungen der Komponisten reagieren kann, weil die Anordnung und das dem Orchester innewohnende hierarchische System keine neuen Klangsubstanzen aus der Anzahl der Instrumente heraus zulässt. Deshalb, nur nebenbei, sind elektronische Klänge oder gesampelte und vom Computer generierte Musik so en vogue, weil sie diesen potentiell reversiblen Mangel an Instrumenten ausfüllen können, der instrumental aber weitaus faszinierender wirkte als der kopfüber gebeugte Mensch am digitalen Gerät.

Tomek spricht also nicht gegen die Anzahl der Orchester, sondern für ihre kostenneutrale Vergrößerung, wenn er eine Öffnung der Orchester untereinander fordert, die eine fließende Variabilität seiner Besetzung ermöglichte. Bis heute ist es den Rundfunkanstalten nicht gelungen, den Bedürfnissen der gegenwärtigen Komponisten nach flexiblen Klangfarbenkörpern entgegenzukommen, wie sie die Ensembles für Neue Musik (Ensemble Modern, ensemble recherche, Klangforum Wien etc.) seit den siebziger Jahren des vergangenen Jahrhunderts zu realisieren versuchen.

Das Rundfunk-Orchester der Zukunft wäre eben nicht ein Symphonieorchester mit philharmonischem Anachronismus, sondern ein auf das digitalisierte Medium Hörfunk-Fernsehen zugeschnittenes, flexibles Instrumenteninventar, das sowohl eine Beethovensinfonie, selbstverständlich auch eine von Mahler als auch ein Werk mit zum Beispiel zehnfacher Klarinetten-, vierfacher Cello-, dreifacher Horn-, achtfacher Harfen- und sechsfacher Tubabesetzung spielen, ja phänomenal auch interpretieren könnte. Otto Tomek hat von solchen zukünftigen Orchestern geträumt, wie man im ARD-Jahrbuch 1970 nachlesen kann. Aber auch schon zu seiner Zeit fingen die Intendanten an, aufzuräumen statt „frei" zu räumen.

Die Gegenwart mit ihren Erfordernissen wird im Klima des praxisfernen Funktionärtums innerhalb der Rundfunkanstalten wie schon seit Jahren weiterhin phasenversetzt dreißig Jahre zu spät erkannt. Dann allerdings sind diese Ideen längst veraltet.

Insofern sind Intendanten, die heute aus zwei Orchester eines machen, Kulturbewahrer des längst Vergangenen. Sie sind deshalb aus der Perspektive der Kunst Fehlbesetzungen, weil sie an Altem herumdoktern und damit das Potential eines zur Verwandlung offenen Klangkörpers ignorieren. Selbst wenn die Mehrheit der Gremien die Reduzierung und damit die Auflösung von Orchestern fordert, ist ein „Nein" des Intendanten alles bestimmend. Dass heute Intendanten „Ja" sagen, ist nicht nur seinem, sondern auch dem Verfall des kulturellen Niveaus anzulasten und der mittlerweile dritten (!) Bildungskatastrophe in Deutschland. Früher gingen die Intendanten und Hörfunkdirektoren als Utopisten und Gestalter in die Bücher der Geschichte ein. Heute sind sie Repräsentanten der Reduktion und der Destruktion.

Erneuerungen und Ideen und jungem Nachwuchs an Redakteuren freien Raum zu gestatten, entlang der Wandlungen innerhalb der Gesellschaft und innerhalb der Realisierungen von Kunst rundfunkadäquat zu vermitteln – gelingt ja nur, wenn Ideenkompetenz von unten nach oben hinauf in die intendantischen Sphären transferiert wird und nicht von oben nach unten. Von oben nach unten werden generell nur systemimmanente Interessen fundiert, meist mit akribisch formulierten Einsparungsargumenten zum Wegsparen von Qualität; von unten nach oben entstünden gesellschaftsrelevante innovative Interessen.

Ich habe mich bei meiner Entscheidung, in einem Rundfunkhaus zu arbeiten und dort mit Engagement zu dienen, nicht von der Person des Intendanten abhängig gemacht, sondern von denjenigen, die die Musik auf hohem Niveau umzusetzen in der Lage sind und von den Komponisten, die die Musik gestaltend zu Papier bringen. Bei dieser Entscheidung überwog der Idealismus, der

Kunst zuerst und dann erst dem Hörer zu dienen. Denn der Hörer wird ohnehin bedient, wenn ihm die Musik auf originelle, auch analytische und höchst unterhaltsame Weise vermittelt wird... auch ohne Anbiederung und Plauderei.

Man spricht gerne von Nestbeschmutzern, wenn aus den Refugien eines geschlossenen Systems Kritik, Fassungslosigkeit, ja eine dem System widersprechende Meinung nach außen transformiert wird. Nun kann man aber dort nichts verschmutzen, wo generell Schmutz existiert. Schmutz ist ja im Privilegium der Reinlichkeit ein leicht zu beseitigendes Etwas, quasi ein Fremdkörper im Systemischen.

Von daher möchte ich mit der Behauptung, dass Phantasielosigkeit der Partner der Inkompetenz ist, diese hier grob umrissene Einmischung in die gegenwärtige Lage von Rundfunkanstalten abschließen. Längst hätte das bi- oder trimediale System, die Verbrüderung von Hörfunk und Fernsehen zu einem einzigen Sende- und Vermittlungsmedium in die und aus den Musikredaktionen ein- und herausfließen müssen, um z.B. nur die vielfach nicht produzierbaren und dennoch weiterhin sinnlos produzierten Kompositionen, denen die Stille oder nahezu unhörbare Geräuschlandschaften alles bedeuten –, die dem Radio aber seine Membran schlaff machen – per Video als Abbildung von spielenden Musikern und paralleler Abbildung der Partitur entlang des hörbaren oder nicht hörbaren Klangs im wahrsten Sinne des Wortes „anschaulich" werden zu lassen. Damit würde man dem Willen der Komponisten Rechnung getragen haben, auch wenn man dann ab und zu nur partielle Momente des Werks abbilden könnte. Das Paradigma als pars pro toto ist dem Komponieren indes ja nicht fremd.

Hans Fischer, Otto Tomek, Jocki Fürst zu Fürstenberg (Donaueschingen), 1977

5. Baden-Baden SWF / Hauptabteilungsleiter Musik (1971–1977)

Nur eine Episode?

Es ist schon erstaunlich, dass Otto Tomek als die verursachende Instanz, als die treibende Kraft so vieler Konzerte und Werke der Neuen Musik kaum je in einschlägigen Büchern oder Periodika gewürdigt, ja überhaupt genannt wird. Dies hängt sicherlich auch damit zusammen, dass er sich selbst lieber als jemanden sah, der im Hintergrund agierte mit einer tiefen Abneigung gegenüber jeglicher Wichtigtuerei. Indes bleibt es bemerkenswert, dass selbst Josef Häusler, von 1959 bis 1991 Redakteur und Musikdramaturg des SWF, als dokumentierender Beobachter in seinem beachtlichen, 495 Seiten umfassenden Buch *Spiegel der Neuen Musik: Donaueschingen* seinen Vorgänger und Musikabteilungsleiter Tomek insgesamt nur fünfmal erwähnt. In der Rolle des „Emissärs", so die Selbstbezeichnung Häuslers, wird er vier Jahre lang Tomek bei den Vorbereitungen zu den Donaueschinger Musiktagen der Jahre 1971 bis 1974 begleiten und – bevor Häusler selbst die Programmverantwortung ab 1975 übernimmt – die Kärrnerarbeit selbstlos neben seiner Redaktionsarbeit im Bereich der Neuen Musik übernehmen. Spekulationen, dass sich beide feindlich gegenüber standen, verlaufen natürlich im Sand. Tomek und Häusler, so unterschiedlich sie auch waren – der erste geradezu genial in seiner strukturierten Konzeptions- und Delegationskunst, der Zweite mit seinen tiefgründig und pointiert analytischen Fähigkeiten und einer intellektuellen Arroganz, die sich hin und wieder paarte mit gesunder „Repräsentationsverliebtheit", fanden immer wieder zusammen, um sich auszutauschen. Von Freundschaft lässt sich vielleicht nicht sprechen, aber von gegenseitiger Wertschätzung mit kameradschaftlicher, nicht-hierarschicher Kollegialität, zumal man sich einander oft dringend brauchte. „Josef und s e i n e Brüder" stößt auf den „vom Kaiser ernannten Ottokar", wie Bernd Alois Zimmermann einmal scherzend, sich auf Grillparzers Dramenstück beziehend, postuliert hat.

Otto Tomek ist nun erstmals für die Musikabteilung eines Rundfunkhauses und damit für viele Fachredakteure und deren Tätigkeiten in drei mit Musik gefüllten Programmen, für die technischen Studios und deren Mitarbeiter und für alle Arten von musikalischen Veranstaltungen des SWF und natürlich auch für das hauseigene Orchester verantwortlich. Er untersteht direkt dem Programmdirektor des Hörfunks Manfred Häberlen. Er muss seine neue „Führungs"-Rolle erst einmal erproben. Vom WDR herkommend ins gelobte Land, soll er das mit Stolz sich positionierende und das jeder Anfechtbarkeit trotzende Festival in neue Bahnen lenken, denn es so weiter zu führen, wie es Heinrich Strobel die vorausgegangenen zwanzig Jahre tat, widerspräche dem Innovateur Tomek. Aus den maniriert titulierten „Donaueschinger Musiktagen für zeitgenössische Tonkunst" macht er die bis heute so genannten „Donaueschinger Musiktage", setzt die Tradition von meist zwei Orchesterkonzerten mit dem hauseigenen Sinfonieorchester des Südwestfunks fort und installiert den nach dem langjährigen Hauskomponisten des Südwestfunks benannten Karl-Sczuka-Preis für Hörspielmusik oder auch „Akustische Spielformen", wobei das prämierte Projekt dann immer am Abschluss-Sonntagvormittag des dreitägigen Festivals uraufgeführt wird. Die bei den Donaueschinger Musiktagen zur Tradition gewordene Jazz-Veranstaltung NOWJazz-Session, vom redaktionellen Urgestein Joachim-Ernst Berendt seit 1954 dort zum Mekka der Jazz-Gemeinde institutionalisiert, ist unangreifbar, und also setzt sie Tomek auch fort, allerdings mit einem ersten provokativen Paukenschlag, indem er dem Jazz-Verantwortlichen des SWF Krzysztof Penderecki als Jazzaktionist vorschlägt und der mit seinem Namen dort dann Furore macht.

Ein weiterer Impuls Tomeks realisiert und installiert die von Heinrich Strobel gegründete und in eine Stiftung überführte Einrichtung zur Pflege und Entwicklung der Neuen Musik, zur Ausbildung des künstlerischen Nachwuchses sowie zur musischen Erziehung der Jugend in eine Institution mit dem Namen „Experimentalstudio für Musik und Sprache", das 1971/72 mit seinem Sitz im SWF-Studio Freiburg eröffnet. Otto Tomek wird der erste Vorsitzende der Heinrich-Strobel-Stiftung des Südwestfunks. Vor dem Hintergrund der jüngsten musikalischen Entwicklungen und seiner achtjährigen Erfahrungen als Leiter des Elektronischen Studios im WDR Köln erscheint ihm ein solches Studio auch in der süddeutschen Rundfunklandschaft zwingend. Tomek weiß, was für ein Antriebsmotor ein solches experimentelles Studio für die Entstehung neuer Werke ist. Hinter diesem Projekt steht längst auch der SWF-Intendant Helmut Hammerschmidt, der gegen den Widerstand der sich ansonsten neutral gegenüber der Neuen Musik verhaltenden Gremien die Gründung und ausreichende finanzielle und personelle Ausstattung des Freiburger Experimentalstudios durchsetzt.

In seiner Schrift „Der Klangbaumeister" zum 70. Geburtstag von Hans Peter Haller hat Otto Tomek diese „Traumverwirklichung" rückblickend 1999 beschrieben:

In die Zeit, in der Haller mit Halffter arbeitete, fiel die Gründung des Experimentalstudios und Hallers Berufung dorthin. Es bedurfte zunächst allerdings eines rundfunkinternen Kraftakts des Intendanten Dr. Helmut Hammerschmidt, der die Gründung des Experimentalstudios ermöglichte. Hammerschmidt musste seine ganze Autorität und sogar eine Rücktrittsandrohung dafür einsetzen, um den teilweise widerstrebenden Rundfunkrat schließlich fast einstimmig für das Projekt zu gewinnen. Dessen Zustimmung war wegen des erforderlichen finanziellen Aufwands erforderlich, der indessen weit unter den Ansätzen für andere Studios blieb.

An dieser Stelle muss sich der Verfasser dieses Beitrags mit persönlichen Reminiszenzen ein wenig einschalten. Zur Vorbereitung dieser entscheidenden Sitzung hatten Haller und ich das Konzept eines Experimentalstudios entwickelt. Zur Information der Mitglieder des Rundfunks- und Verwaltungsrates führte Haller damals mehrfach Klangbeispiele vor, die aus heutiger Sicht sicherlich eher kontraproduktiv gewirkt haben dürften. Erst kurz davor war ich als neuer Programmchef Musik des Südwestfunks nach Baden-Baden gekommen. Eine der wichtigsten Aufgaben, die mir der Intendant gestellt hatte, war es, für die zu Ehren des langjährigen Musikabteilungsleiters und Förderers der neuen Musik Heinrich Strobel zu dessen 70. Geburtstag im

Jahre 1968 gegründete, aber zunächst noch relativ inaktive Stiftung ein neues Programm zu entwickeln. Angesichts der nicht unbegrenzten finanziellen Mittel, aber auch angesichts der immer stärker auf Elektronische Klangumwandlung zielenden Tendenzen der Neuen Musik lag es nahe, ein Experimentalstudio vorzuschlagen. Ohne die Gewissheit der Mitarbeit von Hans Peter Haller hätte ich das allerdings nicht riskiert. In den Räumen des Landesstudios Freiburg des SWF begann bald ein hochmotiviertes Team von Technikern und anderen Mitarbeitern mit der Installation. Im Rahmen eines Finanzrahmens konnten konkrete Pläne entwickelt und der Bau von Geräten in Auftrag gegeben werden. Wieder leistete die Firma Lawo unschätzbare Dienste.

Das Studio sollte ausdrücklich auf die Bedürfnisse der Live-Elektronik ausgerichtet werden. Damit waren allerdings Entwicklungen in Richtung Computermusik, wie sie Pierre Boulez etliche Jahre später in Paris realisierte, von vornherein ausgeschlossen. Die Konzentration auf die Live-Elektronik hat sich in den folgenden Jahren jedoch vielfach bewährt und die Richtigkeit des zugrundeliegenden Konzepts bestätigt. Das Experimentalstudio stellte zu allen Zeiten seiner Existenz ein Maximum an Effizienz bei einem Minimum an Aufwand dar. Beeindruckend ist die Anzahl der Kompositionen, bei deren Aufführung, meist Uraufführung, das Studio Geburtshelfer war. Und das nicht nur in technischer, sondern ebenso auch in musikalischer Hinsicht, was aus den von Haller dokumentierten Werkdispositionen unschwer erkennbar wird. Die Mobilität der Technik erlaubte auch Gastspiele außerhalb des Studios. Bald war das Experimentalstudio gesuchter Gast in aller Welt.

Neben der Realisation neuer Werke widmete sich das Studio auch pädagogischen Aufgaben. Zahlreiche junge Musiker lernten im Studio das Handwerk der elektronischen Komposition und Interpretation. Besuchergruppen und Schulklassen wurden mit den Grundzügen der neuen Technik vertraut gemacht. Auch außerhalb des Studios hielten Haller und seine Mitarbeiter Vorträge, Vorlesungen, Seminare, an Universitäten, Musikhochschulen, in Konzertsälen.

Es ist nicht möglich, im Rahmen dieser Würdigung alle Stationen der inzwischen mehr als ein Vierteljahrhundert umfassenden Entwicklung des Experimentalstudios einzeln nachzuvollziehen, an denen Haller maßgeblich beteiligt war. Aus der großen Anzahl von Komponisten, die im Studio gearbeitet haben, ragen besonders die Namen von Pierre Boulez und Luigi Nono heraus. Die Nachricht von der Existenz wichtiger Geräte zur Klangumformung, die es alle nicht auf dem Elektronikmarkt zu kaufen gab, führte zu einem Andrang interessierter Besucher, denen Haller mit nicht nachlassender Geduld die Möglichkeiten des Freiburger Studios erläuterte. Schon 1972 suchte Pierre Boulez Haller auf. „Alle waren", so Haller, „von unserem technischen Vorhaben, Programmierung des Kontrollfeldes, der Filter und des Halaphons sehr beeindruckt". Boulez berichtete damals von seiner im Entstehen begriffenen Komposition „...explosante fixe...". Zweifellos haben die Freiburger Möglichkeiten Boulez angeregt, die Live-Elektronik mit Klangumformung und Raumbewegung in seine neue Komposition mit einzubeziehen. So kam es zur Einladung zu zwei Konzerten im New Yorker Lincoln Center im Januar 1973, dem eine weitere Einladung in die Hollywood Bowl in Los Angeles folgte. Weitere Einladungen zu wichtigen Festivals, Konzertreihen und Präsentationen in aller Welt schlossen sich an. Diese internationale Anerkennung der Leistungen des Experimentalstudios verhalfen der Arbeit Hallers und seiner Mitarbeiter auch im eigenen Haus des SWF zu entsprechender Aufwertung. Dazu trugen auch die Tätigkeiten Hallers als Lehrbeauftragter an den Universitäten von Basel und Freiburg, sowie der Freiburger Musikhochschule bei. Mit seiner Ernennung zum Professor verstummten schließlich auch jene kritischen Stimmen, welche die Live-Elektronik der Spintisiererei zuordnen wollten.

Obwohl Boulez in den folgenden Jahren in Paris das große Projekt seines IRCAM-Instituts mit enormen Möglichkeiten im Bereich der Computerkomposition realisierte, blieb die Zusammenarbeit mit Haller erhalten. Für die Uraufführung von Boulez' Répons in Donaueschingen 1981 kam es zu einer erfolgreichen Arbeitsteilung: IRCAM steuerte die Klangfarbentransformation, das Experimentalstudio brachte das computergestützte Koppelfeld und das Halaphon ein.

Otto Tomek, Privatarchiv

Und Hans Peter Haller bedankt sich am 23. Oktober 1999 mit einer bemerkenswerten Feststellung, die symptomatisch für Tomeks Zurückhaltung in eigener Sache ist:

> Lieber Otto,
> habe die Mitteilungen der DEGEM [Deutsche Gesellschaft für Elektroakustische Musik] erhalten. Ich kann dir für deine Laudatio nur danken und nochmals danken. Als ich mit Monika den Text gelesen habe, wurden in meiner Erinnerung unsere gemeinsamen Stunden in Baden-Baden wieder wach. In deinen persönlichen Reminiszenzen hättest du über deine Arbeit ruhig mehr schreiben können, wäre doch das Studio und damit meine Arbeit ohne dich nicht möglich geworden.
> Herzlichst Dein Peter
> dir = ich versuche mich in der neuen Rechtschreibung !!!

Otto-Tomek-Archiv, AdK, Berlin

Was in Tomeks Laudatio tatsächlich gänzlich unter den Tisch fällt – als musikgeschichtlicher Faktor –, ist seine ausschlaggebende Initiative bei der Gründung des Experimentalstudios.

Paradiesisch müssen diese drei neuen Säulen Tomek vorgekommen sein: das weltweit berühmte Festival künstlerisch und programmatisch zu leiten, ein Sinfonieorchester zu verantworten, das im Gegensatz zu dem WDR Rundfunk-Sinfonieorchester mit einem festen und dauerhaften Chefdirigenten ausgestattet ist, den Tomek aus Köln sehr gut kennt – Ernest Bour (mit dem er gemeinsam Konzertprogramme gestaltet) –, und ein eigenes elektronisches Studio zu gründen und darüber zu verfügen, dass experimentelle Projekte auch in Donaueschingen „hauseigen" durchgeführt werden können.

Allerdings sind die räumlichen Bedingungen im Hans-Rosbaud-Studio als Probe-, Produktions- und Konzertsaal beschränkt. Der Standort Baden-Baden ist gegenüber Köln doch recht provinziell. Die Aktivitäten des Orchesters sind beschränkt und repräsentative Auswirkungen des Könnens der Musiker zeigen sich immer nur exemplarisch in den beiden Konzerten in Donaueschingen oder auf Tourneen. Im Gegensatz zum Kölner Orchester verhalten sich die Musiker des Südwestfunks vor allem im Bereich der Neuen Musik vorbildlich und hochprofessionell. Kaum je rumort es innerhalb des Orchesters gegen komplizierte, Instrumenten-unübliche Setzungen. Der Begriff von „Unspielbarkeit" ist diesem Klangkörper fremd.

N.N., Friedrich Hommel mit Otto Tomek, 1975

Tomeks Bestrebungen, aus dem Orchester ein international bekanntes Spezialorchester der Neuen Musik zu machen, zeigen Erfolg, zumal er zu allen wichtigen Festivals in Europa enge Beziehungen hat. Seine persönliche Nähe zu Pierre Boulez öffnet dem Orchester vor allem auch die französischen Festivals für Neue Musik. Gereist wird von nun an ziemlich regelmäßig u. a. zum Steirischen Herbst in Graz, zu den Salzburger Festspielen, zu den Luzerner Festspielen, zu den von Claude Levebre 1972 ins Leben gerufenen „Rencontres internationales de musique contemporaine" in Metz, meist mit einem Paket der Donaueschinger Uraufführungen, und natürlich zu Domaine musicale Paris unter Pierre Boulez' und ab 1973 unter Gilbert Amys künstlerischer Leitung. Ein Spezialfall ist das Festival in Royan an der Atlantikküste, bei welchem das Baden-Badener Orchester gleichfalls reüssiert. Festivals sind in Frankreich eine Angelegenheit, für die man einen direkten Draht zu den Personen braucht, die in Paris an den Fäden ziehen. Am wirksamsten und in der Praxis tatsächlich häufig genutzt ist die unmittelbare Verbindung zum Minister- oder gar zum Staatspräsidenten: Pierre Boulez verdankt sein aufwändiges Pariser Musikinstitut Centre Beaubourg einer persönlichen Intervention Pompidous.

So erfolgreich sich die internationale Karriere des Orchesters auch entwickelt, zu Hause im Südwesten werden immer wieder Stimmen laut, die danach trachten, aus mehreren Rundfunkorchestern durch Fusionierung weniger zu machen. In einem Schreiben an Tomek vom 15. Mai 1972 macht der Intendant des SWF, Helmut Hammerschmidt, der eigentlich fortschrittlich denkt und die Sonderstellung des Orchesters als Klangkörper der Neuen Musik respektiert und bewundert, Vorschläge, um solche, durch die Gremien immer wieder vorgetragene Wünsche zu verhindern:

> [...] Sie wissen, daß ich die Bestrebungen, im Südwesten die Zahl der Klangkörper zu reduzieren, bislang nicht unterstützt habe. Meine Überlegungen, die niemals mehr als Überlegungen waren, sind Ihnen bekannt. Es erscheint mir nun aber auch unrealistisch, einerseits den Status quo der Klangkörper zu verteildigen, andererseits zuzugeben, daß die Gegenwartsaufgaben auf dem Gebiet der E-Musik ständig mit der Struktur des Sinfonieorchesters kollidieren.
>
> Das Minimum dessen, was nach meiner Auffassung geschehen muß, ist die Gründung eines Klangkörperverbandes mit dem Ziel einer kooperativen Dienstleistung der Orchester, welche sicherstellt, daß Verstärkungserfordernisse aus dem Verbande selbst gedeckt werden können, und zwar kostenlos (abgesehen selbstverständlich von Reisespesen). Außerdem werden wir dafür sorgen müssen, daß der Tarifvertrag nicht mehr als Hindernis für den Einsatz von Musikern zu modernen Zwecken benutzt werden kann
>
> Man wird ermitteln müssen, welcher finanzielle Effekt mit diesen Maßnahmen verbunden wäre. Darüber möchte ich mit Ihnen gern in der Zeit kurz vor der Sommerpause sprechen und möchte Sie bitten, sich bis zu einem solchen Termin, den Sie mit meinem Büro vereinbaren können, vorzubereiten. Ich befürchte, wie gesagt, daß wir, ohne einen Schritt vorwärts zu tun, demnächst vor viel radikaleren Alternativen stehen könnten und diese Alternativen möchte ich mit Überzeugung ablehnen können, wovon gegenwärtig schwer die Rede sein kann [...]
>
> Otto-Tomek-Archiv, AdK, Berlin

Bei aller Euphorie für die neuen Aufgaben schleichen sich dennoch interne – wie zunehmend auch externe – Schwierigkeiten heran, die sowohl mit den Strukturen des Hauses selbst als auch mit den von allen Seiten einstürmenden Fragezeichen im Zusammenhang mit der Daseinsberechtigung der Musiktage zu tun haben.

Unmittelbar nach den Donaueschinger Musiktagen 1972, den ersten, die Tomek komplett selbst programmiert hat, schreibt ihm der Intendant am 24. Oktober – adressiert an Herrn PCM Dr. Tomek / Herrn Hörfunkdirektor Häberlen zur Kenntnis – folgenden Brief:

> Lieber Herr Dr. Tomek,
> beim Lesen der ersten drei Kritiken, die sich mit Donaueschingen befaßten, bin ich, von Natur nicht schreckhaft und in Sachen zeitgenössischer Musik von großer Sturheit, erstmals erschrocken. Zwar muß ich noch lesen, was ich von SZ, FAZ, WELT und anderen Blättern bisher nicht kenne, aber wenn ich meine knappen Gespräche in Donaueschingen richtig werte, dann wird sich das Bild nicht wesentlich ändern, weil es stimmt. Und das wäre schlimm. Meine Sorge gilt drei Gegebenheiten: Zum ersten Mal spüre ich in den Kritiken bewußte Feindseligkeit: man will verletzen. Zum ersten Mal wird nicht nur das Programm in Zweifel gezogen (übrigens zum ersten Mal praktisch in sämtlichen Teilen), sondern auch der Weg dahin, das ganze Unternehmen. Daraus folgt, daß ich gegenüber den Gremien, die bisher Toleranz in der Selbstbescheidung mangelnder Fachkenntnis geübt hatten, nicht mehr argumentieren kann, sie müßten es mit mir im Vertrauen auf die Professionellen als Beitrag zur Entwicklung weiter so hinnehmen.

Übrigens bin ich selbst nicht sicher, ob wir Rundfunkleute an diesen Sackgassen Schuld tragen, weil wir uns gegenseitig „die noch feuchten Noten" der paar begabten Musiker abjagen, also mit unserem Geld genau jenes Debakel bewirken, dessen Leidtragende wir dann sind.

Ich halte folgendes für erforderlich:

1. Kritische Diskussion des gesamten Programms, daran sollten alle unsere Musikredakteure, der Programmchef II, Herr Bour und die Musikkritiker von SZ, FAZ, WELT, STUTTGARTER ZEITUNG, STUTTGARTER NACHRICHTEN teilnehmen.

2. Schleunige Fertigstellung des Papiers über die Strobel-Stiftung. Ich befürchte Auswirkungen auf deren Arbeit.

3. Die Planung für 1973 muß sobald wie möglich auf eine breitere Basis gestellt werden. Wenn man nicht zu dem Ergebnis kommt, einen Zweijahres-Turnus einzuführen, was dann notwendig würde, falls Einfallsmangel sich als Ursache bestätigen läßt.

Ich bitte um eilige Rücksprache.

Mit freundlichen Grüßen Helmut Hammerschmidt

Otto-Tomek-Archiv, AdK, Berlin

In einer Bestandsaufnahme der Situation der Donaueschinger Musiktage spielt Otto Tomek 1972 alle diese Probleme und Diskussionsfelder der Reihe nach durch, um zu einer einigermaßen für sich selbst ermutigenden Lösung zu kommen:

22. August 1972

Donaueschingen heute

1971 konnten die Donaueschinger Musiktage des 50. Jahrestages ihrer Gründung gedenken. Unter den Festivals, Tagen und Wochen Neuer Musik jedweden Titels sind sie wohl die älteste Veranstaltung; nach Jahren sogar noch älter als die Weltmusikfeste IGNM, die erst ein Jahr nach den ersten „Donaueschinger Kammermusik – Aufführungen zur Förderung zeitgenössischer Tonkunst" von 1921 ins Leben gerufen wurden [...]. Wenn Donaueschingen nicht in gleichem Maße Erosionserscheinungen ausgesetzt war wie das IGNM-Fest, so ist das in erster Linie Heinrich Strobel zu verdanken, der von 1950–1970 ein ebenso erfindungsreicher wie wandlungsfähiger Programmgestalter war und es immer wieder vermochte, Neues zu entdecken. Unter seiner Leitung hatte Donaueschingen in den fünfziger und beginnenden sechziger Jahren eine wirklich „große Zeit", die an Bedeutung jene erste Periode der Donaueschinger Musiktage 1921–26 noch übertraf. Die Situation wies 1921 wie 1950 ähnliche Momente auf: in einer Zeit, in der andernorts für die fortschrittliche Neue Musik so gut wie nichts getan wurde und für kühnes Neuland erschließende Partituren sonst kaum Aufführungsmöglichkeiten bestanden, bedeutete Donaueschingen eine ungeheure Chance, auf die sich die Hoffnungen hochbegabter, junger Komponistengenerationen richtete. Dieser, für ein Musikfest günstige Umstand zeitigte dann jene Serien wesentlicher Uraufführungen, die das Bild der Neuen Musik unseres Jahrhunderts zum guten Teil geprägt und die den Donaueschinger Musiktagen jenes Renommee verliehen haben, das sie heute ebenso fördert wie belastet.

Gegenüber 1921 wie 1950 hat sich die Situation gründlich gewandelt: eine nicht mehr in gleicher Dichte sprudelnde kompositorische Substanz verteilt sich heute auf zahlreiche Festivals in aller Welt. Es scheint, als würde bei ihnen die heutige Realität eher akzeptiert, würden neue Werke dort viel unbefangener gehört und präsentiert werden können. Die Donaueschinger Programme aber werden immer wieder – und das ist das Belastende – mit der eigenen Geschichte verglichen und an ihr gemessen. Von Donaueschingen erwartet man offenbar auch heute noch jährlich Uraufführungen von epochalem Rang. Presseberichte und Publikumsstimmen suggerieren immer wieder die Erwartung, die Donaueschinger Programme könnten auch unter den heutigen Umständen in gleicher Weise jene geschichtswirksame Funktion ausüben wie in früheren Zeiten. Das überfordert freilich die Möglichkeiten eines derzeitigen Programmgestalters.

Die große Vergangenheit der Donaueschinger Musiktage fördert freilich auch entschieden die Gegenwart, sie verstärkt das erfreulich rege Interesse eines internationalen Publikums, darunter sehr vieler junger Besucher, für das nach wie vor bestehende Ziel, ein für alle Forderungen der Gegenwartsproduktion aufgeschlossenes Forum zu bleiben, auch dann, wenn Donaueschingen heute seine einst weitgehend exklusive Stellung verloren hat. Hier ist wirklich eine Tradition zu bewahren, die Hauptaufgabe der Musiktage, wie sie die Gründer schon 1921 formuliert haben: Förderung des musikalischen Nachwuchses, unbekannter oder umstrittener schöpferischer musikalischer Talente. Die Diskussion um diese Hauptaufgabe der Musiktage kehrt jährlich wieder und der Widerspruch zwischen einem zwar zugestandenen experimentellen Charakter der aufgeführten neuen Stücke und der vielfach bestehenden Erwartung bereits meisterlicher Vollkommenheit derselben regt sich immer wieder. Aber Donaueschingen als Forum des schon Bewährten? Das wäre ebenso undenkbar wie unnötig.

Ob man in Donaueschingen nicht auch, wie oft vorgeschlagen wird, große Retrospektiven durchführen soll, ist eine verführerische Frage. Retrospektiven sichern von vornherein großes Interesse und versprechen im allgemeinen auch einen Erfolg. Dennoch: solange es noch neue Werke vorzustellen gibt, sollte sich das Donaueschinger Wochenende mit aller Kraft diesen widmen. Währte Donaueschingen eine ganze Woche, wären Retrospektiven sicherlich ein willkommener Programmbestandteil. Einzelne Werke von anerkannten Komponisten werden aber wohl immer wieder besondere Akzente setzen.

Von verschiedensten Seiten wurde Donaueschingen nahegelegt, auf „pluralistische" Programme zu verzichten, stattdessen die Musiktage der möglichst erschöpfenden Darstellung einzelner Phänomene oder Stilphasen zu widmen, also mehr auf die thematische Geschlossenheit zu achten als auf die aktuelle Vielfalt. Diese Empfehlung ist theoretisch ebenso überzeugend wie praktisch fragwürdig, denn sie übersieht die Tatsache, dass Programmplanung und Fertigstellung der vorzustellenden Werke durchaus nicht immer in der notwendigen Synchronität verlaufen. Damit soll keineswegs für ein ausschließlich hartes Kontrastprogramm plädiert werden. Das Mögliche bietet sich vielmehr an in Form von anzustrebenden Schwerpunkten, die bestimmten Erscheinungen (z. B. 1972 den Relationen von Klang und Licht) eine klare Prädominanz verleihen, ohne damit nun in eine puristische Einseitigkeit zu verfallen, gegen die sich bestimmt ebenso viele Stimmen erheben würden wie gegen die Pluralität des unbezogenen Nebeneinanders einer reinen Hustermesse. Hat man zudem die Möglichkeit, ein in neuer Musik so erfahrenes Orchester wie das des Südwestfunks als Interpreten mit heranzuziehen, so ergibt sich von selbst eine größere Breite der Palette als bei Musikfesten, die sich nur auf Solisten und kleine Ensembles stützen.

Das erklärte Ziel, sich vor allem für Werke noch junger und unbekannter Komponisten einzusetzen, wird allerdings leichter proklamiert als realisiert. Es ist kein Geheimnis, dass der große Aufbruch einer neuen Komponistengeneration um 1950 nicht in

Boulez mit Rosbaud am Bahnsteig in Donaueschingen, 1959

gleicher Intensität eine Fortsetzung gefunden hat, wir heute nichts Vergleichbares aufzuweisen haben und es häufig mehr Enttäuschungen gibt als eindeutigen Gewinn. Aber die Bemühung um neue Werke darf dennoch nicht aufhören. Denn es gilt, dem Innovationsprozess der Musik auf der Spur zu bleiben, auch oder gerade dann, wenn er nicht mehr so offensichtlich verläuft wie in früheren Jahren, ja vielleicht sogar zu versickern scheint.

Ein Programm ist letztlich immer ein Kompromiss zwischen ursprünglichen Ideen und harter Wirklichkeit. Auf dem Papier lassen sich die herrlichsten Programme entwerfen und deshalb erhält man als Programmverantwortlicher wohl auch so viele gute Ratschläge. Geht man dann daran, auszurechnen, was solche Höhenflüge der Phantasie wohl kosten würden, wie man bei limitierten Zeiten und Räumen das alles probieren, wie man es technisch mit auch hier begrenzten Mitarbeitern und Geräten bewältigen könnte, dann reduziert sich vieles auf Normalgröße. Die Realität der Produktionsbedingungen können zu großzügig angelegte Pläne vernichten oder wenigstens attraktiver Details berauben. Was dann schließlich im Programmheft steht, hat mit den anfänglichen Utopien oft nur noch sehr entfernte Ähnlichkeit.

Dies gilt in besonderem Maße für Vorhaben im Bereich von konzertanten und szenischen Aktionen, vor allem auch für Multimedia-Stücke. Hier wird ein Aufwand an Technik erforderlich, dessen Größenordnung dem Publikum meist nicht bewusst wird. Die Bedingungen für die Realisation solcher Werke sind in der Donaueschinger Stadthalle nicht in gleicher Weise gegeben wie auf einer Bühne oder in einem Fernsehstudio, wo entsprechendes Personal und technische Installationen vorhanden sind. Diese Voraussetzungen sind in gewissen Grenzen schaffbar, sie bewirken aber eine Kostenexplosion, welche die Finanzierung der Musiktage vor harte Probleme stellt. Nur das wesentlich gesteigerte Engagement des Südwestfunks und die gleichgerichteten Bemühungen der Stadt Donaueschingen haben den Übergang von der kostenmäßig noch überschaubaren, unveränderten instrumentalen Klangwelt früherer Jahre zu den jetzigen, komplexen elektro-akustischen und optischen Transformationen in den Programmen möglich gemacht. Aber auch ein guter Teil von Stücken aus dem rein auditiven Bereich ist heute oft nur mit Hilfe eines unsichtbar bleibenden Spezialisten-Teams und durch langwierige Vorbereitungen klanglich zu verwirklichen. Stehen nun zwei oder gar noch mehr solcher Werke in enger Nachbarschaft, so potenzieren sich die Schaltungsprobleme der Klangumformung und der nur nach komplizierten Verkabelungen erreichbaren Klangverteilung im Raum. Tage für Neue Musik können aber heute auf diesen technischen Apparat nicht verzichten. Denn die Mehrzahl musikalischer Neuerungen und Entdeckungen in den letzten Jahren ereignete sich nicht mehr in dem traditionellen Klangkörper des großen Sinfonieorchesters, das Schwergewicht verlagerte sich vielmehr deutlich in Richtung auf kleinere Formationen mit elektro-akustischen Transformationsmöglichkeiten, deren Zukunft eben erst begonnen hat. Dementsprechend muss heute eine Ensemblebildung nicht nur bei Musikern, sondern ebenso bei den Technikern gefördert werden, die ja immer stärkeren Einfluss auf die Klanggestalt des Stückes nehmen.

Viele Werke der heutigen Produktion fordern unmissverständlich auch neue Formen der Präsentation und damit eine Ablösung des alten Konzertschemas, das sich durch immer länger gewordene Umbaupausen zwischen den Programmteilen ohnehin schon selbst weitgehend aufgehoben hat. Auch eignen sich immer weniger neue Werke dazu, in einem solchen „Konzert" nun als Anfangs- oder Schlussstück zu fungieren, als Stück vor oder nach der Pause, da sie die nach klassisch-romantischer Tradition dafür erforderlichen weitgehend fixierten Charaktere gar nicht aufweisen. Als dramaturgische Einheit der Donaueschinger Musiktage soll das ganze Wochenende angesehen werden. In diesem weiteren Rahmen lassen sich Einleitungsereignisse disponieren und ein Ausklang und dazwischen ein kammermusikalisch übriges Programm verteilen, dessen Ablauf durchaus einer dramaturgisch sinnvollen und wirksamen Linie folgen soll. Ein solches Wochenende mit fast kontinuierlichen Musikvorführungen an häufig wechselnden Spielplätzen ist kein willkürliches Produkt, sondern entspricht als Form den zwingenden Erfordernissen der Technik. Bei dem heutigen Umfang des Anteils der Elektrotechnik an neuen Stücken werden Vorbereitungszeiten in Größenordnungen notwendig, die jene von Auf- und Umbauten von großen Orchestern selbst bei ungewöhnlichsten Sitzpositionen der Musiker um ein Vielfaches überschreiten. Die manchmal sogar mehrtägigen, meist aber wenigsten mehrstündigen Aufbauzeiten schließen die unmittelbare Abfolge mehrerer Stücke im gleichen Saal absolut aus und lösen somit zwangsläufig das traditionelle Konzertschema auf.

Die für viele Stücke notwendige Präzisionsarbeit bei der Mikrofoneinstellung, bei der Feinabstimmung elektronischer Geräte und Verkabelungen, erlaubt auch nicht die alte Praxis, die Generalprobe etwa am Vormittag und das Konzert am Abend abzuhalten, und den Saal dazwischen für andere Zwecke zu gebrauchen. Die letzte Prüfung der elektro-akustischen Anlagen muss vielmehr unter Beteiligung der mitwirkenden Musiker unmittelbar vor der Aufführung erfolgen. Daraus ergibt sich aus technischen Erfordernissen ein weiteres neues dramaturgisches Modell: die mögliche Verbindung von Generalprobe und Aufführung innerhalb eines Zeitkomplexes, eine zwanglose Möglichkeit das Publikum ein Werk zweimal hören und es gleichzeitig auch an der letzten Phase des Entstehungsprozesses einer Einstudierung teilnehmen zu lassen und ihm Einblick in die Technik des Werkes zu geben.

Braucht die Neue Musik noch Donaueschingen? Die Frage mag naheliegen angesichts vieler anderer Veranstaltungen, die ähnliche Ziele unter oft günstigeren Umständen verfolgen: die etwa aufgrund höherer Dotierungen ein breiteres Programmangebot machen können, die geographisch günstiger liegen und also leichter erreichbar sind, über mehr Säle und sonstige Spielmöglichkeiten verfügen und schließlich dem Publikum auch mehr Hotelkomfort zu bieten haben. Es kann nicht Sache eines unmittelbar Beteiligten sein, diese Frage zu beantworten, sie wird als Diskussionsthema in Donaueschingen selbst behandelt und sowohl den Komponisten wie dem Publikum gestellt werden müssen.

Für die sich jetzt abzeichnenden zukünftigen großen Aufgaben auf elektro-akustischem Gebiet wird Donaueschingen durch die Zusammenarbeit mit dem Experimentalstudio der Heinrich-Strobel-Stiftung, das der Südwestfunk seit 1971 in Freiburg/Breisgau aufbaut, sehr gut gerüstet sein. Dieses Experimentalstudio soll in erster Linie jungen Komponisten offenstehen, die dort nach jeder Richtung hin Versuche machen und Stücke realisieren können. Donaueschingen hat damit eine assoziierte Werkstatt für Komponistennachwuchs, was sich sicherlich sehr bald nachhaltig auf die Programmbildung auswirken wird. Das Experimentalstudio kann in Donaueschingen ferner dort praktische Produktionshilfe leisten, wo es durch seine mobile Spezialausrüstung leistungsfähiger ist als die normale Rundfunktechnik. Zu den Aufgaben des Experimentalstudios gehört es schließlich, neue Techniken zu entwickeln, sei es aus Eigeninitiative oder auf Verlangen von Komponisten. Auch die Ergebnisse dieser Forschungen dürften meist in Donaueschingen erstmals vorgestellt werden und damit die Gestaltung der Programme mitbestimmen. Donaueschingen wird damit unabhängiger vom allgemeinen Weltmarkt an Ideen und Werken werden, von der eingangs geschilderten, derzeit nicht eben üppigen musikalischen Umwelt. Wenn es gelingt, einerseits die großen Chancen zu nutzen, die in einem engen Zusammenwirken mit diesem Experimentalstudio liegen und zum anderen das Qualitätsniveau der Einstudierungen, besonders im orchestralen Bereich, zu halten, so dürfte kein Grund zur Sorge um ein eigenes Profil künftiger Donaueschinger Musiktage bestehen.

Otto Tomek, Privatarchiv, 2003 revidierte Fassung von: Otto Tomek, „Donaueschingen heute", Beitrag zur Festschrift für einen Verleger: Ludwig Strecker zum 90. Geburtstag, hg. v. Carl Dahlhaus, Mainz, 1973

Die Kritik an der Substanz der Werke junger Komponisten und die an den lückenbüßenden Meisterwerken, die die drei Tage in Donaueschingen feigenblattartig retten sollen, verpufft, sobald man sich die Komponisten vergegenwärtigt, die seit 1967 dort zur Aufführung gelangt sind. Viele von ihnen sind etabliert und haben gerade mit diesen in Donaueschingen uraufgeführten Werken ihren späteren Ruf und Ruhm begründen können. Bis zum Zeitpunkt der Programmverantwortung Tomeks sind innerhalb dieser letzten fünf Jahre ohne die NOWJazz-Sessions-Komponisten insgesamt 51 Kompositionen aufgeführt worden, wovon die Komponisten Vladimir Srámek, Rudolf Komorous, Zbyněk Vostrák, Nikos Mamangakis, Tona Scherchen, Anatol Vieru, Hilda Dianda, Manuel Enriquez und Carlos Roqué Alsina– also nur neun Komponisten – kaum eine größere Öffentlichkeit auch in den Folgejahren erreichen können. Alle anderen Komponisten haben Karriere gemacht, haben die frei gewordenen Hochschulprofessorenstellen der Bundesrepublik besetzt und ihre Werke werden regelmäßig aufgeführt.

Die in Tomeks Zeit beauftragten Komponisten und ihre Werke, die bei den Donaueschinger Musiktagen uraufgeführt werden, sind im Folgenden der Reihe nach aufgelistet, wobei zu bedenken ist, dass ab 1975 Josef Häusler für die Programme verantwortlich zeichnet. Auch aus dieser Liste lassen sich wenige Komponisten finden, die im Orkus des ewigen Verschwindens zu finden sind. Allenfalls darf man, wenn man will, den Vietnamesen Tiêt Ton-That, den zum Dirigenten avancierten Italiener Sandro Gorli und den Franzosen Marc Monnet als Verschwundene bezeichnen. Daraus lässt sich unschwer erkennen, dass Tomek auf auch schon zu seiner Zeit bekannte, ja berühmte Komponisten setzt und ein sicheres Händchen beweist in seiner Einschätzung von der Qualität der ihm eingereichten Partituren noch wenig aufgeführter und bekannter Komponisten. Die meisten Komponisten, denen er für Donaueschingen Aufträge erteilt, haben sich in der Folge, ob mit Erfolg oder mit Misserfolg ihrer dort aufgeführten Werke, etabliert, zumindest werden sie über viele Jahre auf den bekannten Festivals der Neuen Musik aufgeführt:

Kompositionsaufträge Donaueschinger Musiktage von 1971–1976

1971
Karlheinz Stockhausen: *Trans* UA
Peter Michael Braun: *Landschaft* für großes Orchester UA
Krzysztof Penderecki: *Actions* für Free-Jazz-Ensemble UA
1972
Alcides Lanza: *Penetrations VI* UA
Dieter Schnebel: *Réactions II* für 8 Stimmen UA
Peter Ruzicka: *Feed Back* UA
York Höller: *Décollage* UA
John Cage / Hans G. Helms: „Birdcage" (Film) UA
Dieter Kaufmann: *Concertomobil* UA
1973
Vinko Globokar: *Laboratorium und Standpunkte* UA
Mauricio Kagel: *Zwei-Mann-Orchester* UA
Hans Joachim Hespos: *Blackout* UA
Peter Michael Hamel: *Dharana* UA
Paul-Heinz Dittrich: *Area sonantes* UA
Pierre Boulez: *Explosante... fixe...* UA
1974
Karlheinz Stockhausen: *Inori* UA
Dieter Schnebel: *Maulwerke* UA
Wolfgang Rihm: *Morphonie* UA
Bruno Maderna: *Hyperion-Suite*
Luciano Berio: *Points of curve* UA
John Cage: *Songbooks*
1975
Helmut Lachenmann: *Schwankungen am Rand* UA

Hans Zender: *Muji No Kyo* UA
Tièt Ton-That: *Ngu-Hanh II* UA
Mauricio Kagel: *Kantrimiusik* UA
Brian Ferneyhough: *Time and Motions Study* UA
Guiseppe Sinopoli: *Tombeau* UA
1976
Michael Finissy: *Evening* UA
Sandro Gorli: Konzert „Gollum" DE
Paul Méfano: *Ondes* UA
Marc Monnet: *Voice Imago* UA
Tristan Murail: *Mémoire/Erosion*
Joseph Anton Riedl: *Klangleuchtlabyrinth* UA
Horatiu Radulescu: *Lamento die Gesù* UA
Zygmunt Krauze: *Klavierkonzert* UA
Wolfgang Rihm: *Subkontur* UA
Luciano Berio: *Coro* UA

Verächtliches Luftblasen und anmaßender Weitblick gehören zum Geist und zum Image eines Teils der sich selbst viel zu ernst nehmenden Rezensentenscharen der Donaueschinger Musiktage, die durch ihre süffisanten und leichtsinnigen Kritiken oft in ihrem eigenen Sprachschlamm ertrinken; und wenn sie von „guten", „mittelmäßigen" oder „schlechten Jahrgängen" schreiben, so verwechseln sie Kunst mit jahreszeitlich ermittelten Getreideernteergebnissen, mit Erträgen von bewirtschafteten Ländereien. Kunst gedeiht nicht wie Paprika oder Tomaten; auch ist sie nicht Witterungsbedingungen unterworfen, wenn man vernichtende Kritik jetzt nicht als Blitzeinschlag oder als verheerende Überschwemmung deutet. Sie, die komponierte Kunst, kann in ihrer entsetzlichsten Verdorbenheit und Missgestalt zur Allegorie der Schönheit werden, wenn nur genügend viel Zeit die Dumpfheit der Gesellschaft weggeschmirgelt hat.

Tomeks Text spielt auf diese gnadenlose Berichterstattung und Verurteilung an, auf die Hybris mittelmäßiger Kurztextschreiber, auf das Geraunze der wissenschaftlichen Größen, die wie Päpste durch die Mengen wandeln. Generell, so spielt Tomeks Text an, sind die Musiktage in seiner „Komponisten-Legislaturperiode" überbewertet. Was dort geschieht, geschieht auf anderen Festivals genauso, nur wird dort das Gehörte anders wahrgenommen, unvergleichlich unvergleichbarer die gemeinsam in einem Konzert aufgeführten Werke. Der Messecharakter Donaueschingens verleiht der Stadt drei Tage lang Börsenniveau. Es wird gehandelt, verhandelt, beurteilt, verurteilt, belobt, gelobt, gerichtet, vernichtet, hämisch belächelt, heiter verlacht, staunend bewundert, sprachlos begriffen, lesend bekrittelt, hörend betitelt, empfohlen, gestohlen, vermarktet, entmarktet.Wie durch Götterkraft werden viele einzelne Komponisten am Donaueschinger Wochenende zu Schwärmen vereint, die sich gegenseitig nur dann Freundlichkeit und Freundschaftlichkeit tauschen, wenn sie nicht mit einer Uraufführung vertreten sind. Diejenigen hingegen, von denen ein Werk aufgeführt wird, müssen einsam ihren Erfolg oder Misserfolg erdulden, kaum je von Kollegen im Leid umfangen oder im Glück beglückwünscht.

Der verantwortliche Festivalleiter indes wird sich seinen Weg durch die Fluten an gedankenloser Infamie bahnen und aus einer Vielzahl berechtigter Fragen seine Konsequenzen ziehen müssen. Tomek begegnet mit seinem Text nahezu allen Kritikpunkten mit ernstzunehmenden, die Organisation und ihre Heimtücken betreffenden Argumenten. Ingeniös aber schont er – wie so oft schon zuvor in Köln – die Komponisten, die die Kosten in die Höhe treiben durch ihre vielfach nicht rein instrumental bedingten, also nicht innermusikalischen, sondern durch ihre bühnentechnischen, klangtechnischen und multimedialen Ansprüche, die die Komponisten je nach Charakter und „Standing" einfordern und realisiert wissen wollen. Das ist für den Veranstalter umso aufreibender, als diese immense Steigerung der Kosten einhergeht mit einer Steigerung der Erwartungen und Ansprüche an die Produktion. Denn sobald im Bereich der Neuen Musik das Außermusikalische intendiert wird, spielt die Neue-Musik-Gemeinde verrückt. Die Miteinbeziehung anderer Gattungen in das Kompositionsgefüge wird nicht aus dem Blickwinkel des Kompositorischen, sondern aus dem Anspruch an die Meisterwerke der jeweiligen Gattung – sei es Film, Theater, Literatur, Tanz – beurteilt. Diese Position, diese Einsicht ist aber sinnlos, weil gerade die außermusikalische Komponente ja nicht in ihrer spezifischen Eigenart vom Komponisten mit einbezogen ist, sondern als Baustoff zum Komponieren und damit eben nicht zum autarken Theater, nicht zum autarken Tanz, nicht zum autarken Film gemacht werden will.

Tomeks Entscheidung, sowohl der jungen Generation ihr Experimentierfeld zu belassen als auch die älteren Komponisten mit ihrem Renommee einzubeziehen, wird ihm spätestens vier Jahre später so übelgenommen, dass er eher resigniert als generös die Programmverantwortung seinem Kollegen Josef Häusler überantwortet, der längst in den Startlöchern scharrt. Tomek zieht sich zurück in die übergeordneten Verantwortlichkeiten, in Sitzungen und in Zusammenarbeit mit den Gremien, in Rechtfertigungsstrategien gegenüber dem Intendanten und in Appelle und Ankündigungen neuer Betriebsvorschriften für alle seine ihm untergebenen Mitarbeiter. Ist es das, was ihn zum Südwestfunk „zu konvertieren" motiviert hat?

In Köln hat Tomek mit vielen Dirigenten zusammengearbeitet. Hier in Baden-Baden gibt es faktisch nur Ernest Bour, der zwar im Bereich der Neuen Musik, ähnlich wie sein Vorgänger Hans Rosbaud, über die Landesgrenzen hinaus als Berühmtheit gehandelt wird, der aber eben alle anderen Musikepochen auch zu dirigieren gezwungen ist und darin nicht annähernd ähnlich Bedeutendes zustande bringt wie seine dirigierenden Kollegen weltweit. Ernest Bour ist eine Kapazität als Partner der Komponisten, die heilfroh sind, einen Fürsprecher und mit Kompetenz ausgestatteten Fachmann ihrer Partituren zu haben. Der ideale Mann also für die Donaueschinger Musiktage, dem Ort, ja dem Symbol für Uraufführungen schlechthin. Einmal in Bours SWR-Zeit steht die Frage im Raum, ob man seinen Vertrag verlängern soll oder nicht. Tomek versucht dem Vorstand des Südwestfunkorchesters Michael Gielen vorzuschlagen, aber die totale Ablehnung durch das Orchester macht, dass Bours Vertrag verlängert wird.

Wolfgang Rihm,
um 1972

Zwar bleibt das Sinfonieorchester des Südwestfunks durch seine Identifikation mit der Neuen Musik das spezialisierte Neue-Musik-Orchester, aber seinen Ruhm darin begründen zu wollen, in einem Zeitraum von siebzig Jahren wenigstens 500 Uraufführungen zuwege gebracht zu haben (das ja implizit auch das Selbstlob der initiierenden Redakteure ist), schmälert sich doch um Vieles, wenn man die gleichen Uraufführungszahlen bei anderen Rundfunk-Orchestern konstatieren kann, wie zum Beispiel beim Kölner Rundfunk-Orchester oder beim – was die Neue Musik betrifft – wohl kaum renommierten Radio-Sinfonieorchester Stuttgart.

Was also hat Otto Tomek gereizt, die Hauptabteilungsleitung Musik beim Südwestfunk zu übernehmen und welche Möglichkeiten hat er, seine reichen Erfahrungen in Köln, seine Innovationsenergie und seinen Gestaltungsdrang in zwei deutschen Kleinstädten zu konkretisieren? Hätte er, derlei Gedankenspiel sei an dieser Stelle einmal gestattet, nicht doch eines Tages beim WDR die gleiche Funktionsstelle erreichen können, wenn Karl O. Koch pensioniert worden wäre, und hätte er nicht dann ein Kölner Neue-Musik-Festival gründen können auf dem eigenen Fundament und auf dem Fundament einer vielfältig kunst- und kulturfreudigen Stadt, nicht in dem vom mittelständischen Unternehmertum geprägten Donaueschingen, dessen Bewohner das Festival lange wie der Teufel das Licht gemieden haben und nur vom Geldfluss der Kunsttouristen profitieren?!

Zählt man fleißig nach, dann hat in Tomeks Ägide zwischen Herbst 1971 und Mai 1977 das Sinfonieorchester des Südwestfunks insgesamt 46 Uraufführungen realisiert. Davon wird Tomek in seiner leitenden Funktion den größten Teil als Auftragskompositionen beauftragt, bewilligt und unterschrieben haben. Strukturiert man diese Uraufführungen, so haben davon 13 im Heimatort Baden-Baden, 17 in Donaueschingen und die restlichen 16 in Graz, Luzern, Montreux, Nürnberg, Mainz, Bonn und Royan stattgefunden. Bestechend die Tatsache, dass Ernest Bour als der Chef des Orchesters davon 39 dirigiert, die anderen 7 teilweise die Komponisten selbst (Stockhausen, Cristobal Halffter) und schließlich noch der Leiter des Ensemble 13, Manfred Reichert, für die drei Konzerte in Luzern engagiert man den Schweizer Dirigenten Max Sturzenegger sowie für das Auftragswerk von Walter Steffens in Baden-Baden den Dirigenten Dieter Cichewiecz.

Neben Josef Häusler ist Gerth-Wolfgang Baruch als Musikabteilungsleiter der Neuen Musik besonders nahe. Überhaupt ist diese „Gattung" der zeitgenössischen Musik im SWF die natürlichste Sache der Welt und die Donaueschinger Musiktage für alle Redakteure aller Bereiche ein jährlich willkommenes Ereignis. Tomeks redaktionelle Mitarbeiter sind intellektuell und fachlich exorbitant kompetent. Daher ist er nicht die einzige Bezugsperson zu den Komponisten. Empfehlungen und Vorschläge, wer als Komponist für die Donaueschinger Musiktage in Frage kommt, werden direkt aus der Kollegenschaft des Hauses gemacht. Auch haben mehrere Redakteure direkten Kontakt und Briefverkehr mit einzelnen Komponisten. Tomek wird dadurch einerseits entlastet und gleichzeitig auch hin und wieder ausgehebelt. Es scheint, als hätte er die komponierenden Freunde aus der Kölner Zeit „nahtlos" mit genommen ins Badische Gebiet, zumal seine Korrespondenz sich auf wenige beschränkt. Junge Komponisten, die nächste Generation der Experimentierer und Querschläger überlässt er seinem jungen Kollegen Häusler.

Deshalb müssen und können im Gegensatz zu den detaillierten Beschreibungen von Entstehungsgeschichten einzelner Werke und der daraus entstandenen vielfältigen Korrespondenzen in Otto Tomeks Kölner Zeit jetzt – in seiner Baden-Badener Zeit – anhand von nur sechs Komponisten und deren Werke das Spezifische und Andersartige zu allem Vorausgegangenen dargestellt werden:

Spezielle Besonderheiten bei der Entstehung und Realisierung von a) Karlheinz Stockhausens *Trans* für Orchester im Jahre 1971, b) von York Höllers und Peter Ruzickas Kompositionen für Instrumente und Sprechchöre 1972, c) von Mauricio Kagels *Zwei-Mann-Orchester* und Vinko Globokars *Laboratorium* 1973 und schließlich d) von Wolfgang Rihms *Morphonie* für Orchester 1974.

1971: Trans Zen denn!

Die Uraufführung von Karlheinz Stockhausens Komposition *Trans* für Orchester findet am 16. Oktober um 21 Uhr im größten in Donaueschingen verfügbaren Saal statt, dort, wo sonst Kühe zum Verkauf geboten werden. Stockhausens Uraufführung

Karlheinz Stockhausen, Friedrich und Maria del Carmen Hommel, Sabine und Otto Tomek, 1978

folgen im Anschluss Südindische Ragas, gespielt von dem Chitti Babus Ensemble. Dazwischen tobt sich das Publikum aus. Massive Buhrufe. Später, als Karlheinz Stockhausen auftritt und sich verbeugt, explodiert diese Buhorgie und nur ganz wenige Stimmen bringen dazwischen ein verzweifelt hineingebrülltes „Bravo" unter.

Was hat das Publikum so außer Fassung gebracht?

Vielleicht die insistierende und irritierende „Militarisierung" der Streicher, die mittels Abstützhilfen für den Bogenarm permanente Dauertöne durch extrem langsames Streichen der Bögen auf den Saiten erzeugen müssen? Was man hört, kann eigentlich keine solche Erregung auslösen: Clusterklänge, liegende Bänder, die durch die vielfach nicht sichtbaren anderen Instrumentalgruppen mit rhythmisch vertrackten und parallel geführten, an außereuropäische oder folkloristische Musik erinnernden Melodien konterkariert werden. Die Aufstellung der Streicher ist neu. Sie sitzen parallel wie auf einer Art stufenförmiger Empore in zwei Reihen neben- und hintereinander. Das stupide Militante ihrer gleichförmigen, exakt parallelen Bogenbewegung reduziert den Einzelspieler zum Teilchen eines großen Apparats. Dieser szenische Moment parodiert die „Unbeweglichkeit" des Orchestermusikers, die Stockhausen ja bei seinen *Gruppen* zu spüren bekommen hatte. Darüber hinaus wird das knapp 25 Minuten dauernde Stück ab und zu durch solistische Einlagen einzelner Spieler (Geige / Bratsche / Piccolo-Trompete / Violoncello), denen etwas Free-Jazzartiges anhaftet, durchbrochen. Ein Zuspiel, das den Schuss des Schiffchens in einem Webstuhl wiedergibt, erzeugt als vierte Klangdimension seine aperiodisch eingesetzten perkussiven Rhythmen. Der Gesamtklang ist extrem verschmutzt permeabel. Die flexible Eintönigkeit mit kontemplativem Anspruch kommt dem Klangbild elektronischer Musik nahe.

Aber warum diese Buhsalven? Vielleicht hat das inszenierte Orchester in seiner Anverwandtschaftlichkeit zur Meditation den Zuhörer erbost und amüsiert.

In seiner mit „Der Auftragstraum" überschriebenen Rezension vom 10. Oktober 1971 in der Stuttgarter Zeitung teilt Wolfram Schwinger die Reaktion seitens des Publikums:

> Ein Komponist hat einen seltsamen Traum. Er erzählt ihn einem Freund, und der gibt ihm den Auftrag, diesen Traum zu komponieren. Auf so leichte Art erhielten die Donaueschinger Musiktage 1971 ihren „Knüller", denn der Träumer war kein Geringerer als Karlheinz Stockhausen und der Stückbesteller kein anderer als Otto Tomek, der neue Programmchef des kleinen Tonkünstlerfestivals im herbstlichen Schwarzwald. Was man dann allerdings von diesem Traum zu sehen und zu hören bekam, war – bescheiden ausgedrückt – eine arge Enttäuschung.
> Das geträumte Stück hat den Titel „Trans" und ist für Orchester geschrieben. Wäre es ein Albtraum gewesen und die Ausführung als eine Persiflage, als eine Verhohnepiepelung traditionellen befrackten Orchesterspiels gedacht, so hätte man wenigstens einen Schlüssel zu diesem Traum, wenn man auch gleich hinzufügen müßte, daß Stockhausen, wenn er sich einen Jux machen will, nicht halb so amüsant ist wie Kagel oder Ligeti, ganz zu schweigen von großen Filmemachern wie Hitchcock oder Fellini, die ähnliche Träume (letzterer sogar – wie Stockhausen – in Violett) schon vor langem auf die Leinwand brachten. Aber Stockhausen wollte ja gar keinen Jux [...]

Schon in Köln haben Tomek und Stockhausen diese im Aufbau und im Klang- und Lichttechnischen aufwändige Komposition geplant. Die Qualität der Uraufführung bleibt bescheiden, weil Saal, Bühne und Akustik Stockhausens Vorstellungen nicht erfüllen. Wenn man sich im Vergleich dazu die viele Jahre später vom Saarländischen Rundfunkorchester unter der Leitung Hans Zenders produzierte Aufnahme anhört, erschließen sich die statischen Klänge im Verbund mit jenen ätzenden Soli und Bläsergruppenparodien sofort. In der Verhallung und Verräumlichung wird *Trans* in dieser Aufnahme zu einem unwirklichen Klangphänomen, beeindruckend, gewaltig, differenziert und im Wechselspiel zwischen Klangband und solistischen Interjektionen ausgehorcht und perfekt.

Noch ein paar kleine Details zur Entstehungsgeschichte: Im Schreiben vom 29. April 1971 informiert Otto Tomek Josef Häusler, dass Stockhausen das Werk nur „Trans" titulieren möchte ohne die zusätzliche Bezeichnung „für Orchester". Am 25. Mai 1971 beschreibt Stockhausen noch einmal ausführlich, wie er sich die Verstärkung für die vier Soloinstrumente vorstellt, wobei er sich ein 4-kanaliges Regelpult wünscht, das in die Mitte des Saales durch vier Kabel verbunden sein soll. Dieses „Pültchen" dient dem Komponisten dazu, je nach Situation die solistischen Einlagen entsprechend in der Dynamik zu korrigieren. U. a. schreibt er darin an Tomek:

> Du musst Dir noch einmal vorstellen, wie die Aufführung ist: Vorne sitzen die 2 Reihen Streicher hintereinander, die zweite um Brusthöhe erhöht. Dahinter sollten nun meines Erachtens die 4 Lautsprecher der 4 Solisten direkt stehen, um möglichst viel Abstand zu den Spielern selbst zu haben, damit keine Rückkoppelung entsteht. Man

kann sie vielleicht auf die Erde legen mit einer kleinen Winklung nach oben, besser wäre aber auf jeden Fall Stative vorzusehen bzw. Gestelle von ca. 1 Meter Höhe [...] In ca. 2 bis 3 Metern Abstand hinter diesen Lautsprechern säßen dann die vier Gruppen von je 5 Spielern, und in jeder Gruppe hätte einer das Mikrophon direkt beim Instrument.

Ich würde mich außerordentlich freuen, wenn man die Uraufführung von „Trans" mit einer kleinen Ausstellung von Bildern von Mary verbinden könnte. Vielleicht ist Deine Idee doch nicht so schlecht, sie für die Pause in den Konzerten zugänglich zu machen in dem großen Nebenraum, in den sowieso alle Leute immer gehen. Ich würde dann durch eine entsprechende Notiz im Programm darauf hinweisen [...]

Historisches Archiv SWR Baden-Baden, Sig. P 31977

Eine Zusammenkunft mehrerer mitverantwortlicher Mitarbeiter fasst in einer Aktennotiz am 8. Juni 1971 folgende Punkte zusammen: Z. B.: Nicht nur den Vorraum, sondern auch das Konzert selbst will Karlheinz Stockhausen durchgestalten und mit einer farbigen Lichttechnik den bürgerlichen Konzertsaal verfremden. Was für ein Medienunternehmen unkompliziert klingt, ist in Wahrheit eine aufwändige, weil unübliche und abteilungsübergreifende Kooperation zwischen Hörfunk und Fernsehen.

Aktennotiz vom 8. Juni 1971
Betr.: Stockhausen-Konzert bei den Donaueschinger Musiktagen 1971
Am 7.6.1971 fand in Studio 4 ein Versuch statt, der die von Herrn Stockhausen für Donaueschingen gewünschte Lichtsituation simulierte.
Außer Herrn Stockhausen waren anwesend: Herr Dr. Tomek, Herr Häusler und Herr Haller, HA-Musik und Herr Send, HA FS-Technik.
Für spezielle Fragen des Arbeitslichtes für die Musiker waren Mitglieder des Großen Orchesters und der Orchester-Vorstand zeitweise zugegen.
Herr Stockhausen akzeptierte den von uns angebotenen Farbton, der weitgehend seinen Vorstellungen entsprach. Ein Alternativ-Angebot wurde von ihm begrüßt und soll als Farbton für die rechte und linke Außenkante verwendet werden. Es bleibt also bei der Verwendung der CINEMOID 20 über die Breite des Vorhangs, den Abschluß rechts und links bildet je eine Leuchte mit vorgelegter CINEMOID 26-Folie.
Als nächster Schritt wurde ein Lokaltermin für den 21.6.1971 in Donaueschingen verabredet, an dem Herr Dr. Tomek und Herr Häusler anwesend sein wollen. Dabei müssen alle Fragen der Realisierung mit Herrn Probst endgültig besprochen werden. Erst danach sind wir in der Lage, den Zeitaufwand für die notwendigen Installationen und die entstehenden Kosten zu ermitteln [...].

Historisches Archiv SWR Baden-Baden, Sig. P 31977

Trans ist also der neuerliche Beginn einer Zusammenarbeit zwischen Tomek und Stockhausen auf den Weidegründen des Südwestfunks. Auf *Trans* folgt ein weiterer Auftrag für die Komposition *Inori, Anbetungen* für einen Solisten und Orchester, mit dem Tomek seine Programmhoheit in Donaueschingen im Jahre 1974 beendet und Stockhausen seine Musik, die unabhängig von dem ihn fortan ausschließlich beschäftigenden LICHT-Zyklus ist. Schon vier Jahre später programmiert Josef Häusler, das noch von Tomek beauftragte Werk *Michaels Reise um die Erde mit Trompete und Orchester*. Die Donaueschinger Musiktage werden vor allem nach 2000 einer der wichtigsten Aufführungsorte für Teile aus dem LICHT-Zyklus Stockhausens. Dann aber ist Tomek längst außerhalb der Rundfunklandschaft und steht als Vorsitzender des künstlerischen Beirats bei der Universal Edition seinem Freund und Meister hier und da bei, indem er potentielle Geldgeber, Produzenten und andere Mächtige beeinflussend inspiriert, Stockhausen zu unterstützen.

1972 Presseprügel

Am 21. Oktober 1972 kommen Kompositionen von Peter Ruzicka, Dieter Schnebel und York Höller bei den Donaueschinger Musiktagen zur Uraufführung. Drei Auftragswerke, in denen jeweils ein Sprechchor integriert ist. Dieser soll vom Kammerchor Schweiz unter der Leitung von Werner Bärtschi realisiert werden. Tomek schreibt am 3. August 1971 an die Geschäftsführerin Ellen Widmann einen Brief, der auch etwas über den strapaziösen Wechsel Köln/Baden-Baden erzählt:

Liebe gnädige Frau,
da haben wir wohl ungefähr zur selben Zeit aneinander gedacht. In Zürich müßten Sie einen Brief von mir vorfinden, den ich vor kurzem an Sie geschrieben habe. Über Ihre Zeilen habe ich mich riesig gefreut; haben Sie sehr herzlichen Dank, daß Sie mir so ausführlich geschrieben haben. Natürlich hätte ich mich schon früher einmal melden müssen, aber der Übergang von Köln nach Baden-Baden war sehr hart. Es gab für längere Zeit praktisch eine Doppeltätigkeit, insbesondere in der Vorbereitung von Donaueschingen 1971. Das ist der Grund, warum ich vielen alten Freunden nicht eher eine Nachricht geben konnte. Auch habe ich die Belastungen der letzten Zeit gesundheitlich leider nicht ganz unbeschädigt überstanden, aber es geht schon wieder besser. Der Aufenthalt in dieser wunderbaren Gegend ist doch sehr gesundheitsfördernd.
Es ist richtig, daß ich zwischendurch gehört habe von manchen Problemen des Kammersprechchores. In dem Gedränge kam ich allerdings nicht dazu, den Dingen etwas mehr auf den Grund zu gehen. Nun sehe ich aus Ihrem Brief, wie ernst die Krise überhaupt gewesen ist. Ich kann Ihnen gar nicht sagen, wie glücklich ich bin, daß es den Kammersprechchor wieder gibt und gratuliere Ihnen herzlichst dazu. So wünsche ich dem Chor in seiner neuen Lebensphase viel, viel Erfolg. Daß wir bald zusammenarbeiten werden, ist das schönste Erbe, das ich hier in Baden-Baden vorgefunden habe. Dieser Tage kam schon die Ankündigung vom Zollamt, wonach die Partitur von Cervetti für die nächsten Tage zu erwarten sein wird. Ich werde mich gleich nach Ihrer Rückkehr aus Ihrem Urlaub mit Ihnen diesbezüglich in Verbindung setzen.
Wie schade, daß Fred Barth so reagiert hat, daß sein weiteres Verbleiben im Chor nicht mehr möglich war. Er hätte doch die Zusammenhänge sehen müssen, aber ich weiß, wie sehr er immer danach drängte, zu dirigieren. Ich war ihm gegenüber auch oft diesbezüglich in schwierigen Situationen, da seine Möglichkeiten letztlich doch begrenzt waren, so gut er vieles auch gemacht hat [...]
Historisches Archiv SWR Baden-Baden, Sig. P 43021

Baden-Baden, 5. September 1972

Lieber Herr Höller,
schönen Dank für Ihr Schreiben vom 16. August. Inzwischen ist die Partitur hier eingetroffen. Da ich auch erst kurz wieder hier bin, bin ich leider noch nicht zu so in-
tensivem Studium gekommen, wie ich wollte, doch scheint mir das alles vielverspre-
chend zu sein.
Hoffen wir also, daß sich in Donaueschingen dann die gewünschte Wirkung einstellen wird, und auch der Kontrapunkt zu dem Geschehen im Lichtbereich das verwirklicht, was wir uns anfänglich vorgenommen haben.
Über die Funktion Ihrer Musik haben Sie ja in Ihrem Beitrag für das Programmheft
alles Notwendige ausgeführt. Was den Untertitel „Hommage à Skrjabin" betrifft, so
war das eigentlich der Ausgangspunkt zu dem ganzen Unternehmen und lag schon
vor dem ersten Gespräch mit Herrn Sedglay als Grundidee vor. Der Untertitel ist
wichtig, um die starke Betonung von Lichtelementen im Donaueschinger Programm
dieses Jahres entsprechend zu begründen. Er ist deswegen keinesfalls, wie Sie
schrieben, überflüssig. Wir wollen deshalb keinesfalls darauf verzichten.
In den nächsten Tagen wird Herr Haller zurück sein und wir werden die Frage der
Ankündigung seiner Beteiligung sicher zur allseitigen Zufriedenheit klären.
Das Honorar für die Schlagzeugpartie von Herrn Hohmann werden wir natürlich
übernehmen.
Das Einspielband soll jetzt, wie mit Köln abgesprochen, Anfang Oktober hergestellt
werden. Bitte halten Sie doch darüber Kontakt mit Herrn Niehaus.
Das meiste der Schlaginstrumente für den Sprechchor haben wir schon beisammen.
Selbstverständlich müssen die Zürcher das Material auch schon bei den Proben zur
Vorfügung haben [...]. Seien Sie beglückwünscht, daß Sie bei Ihrem schweren Auto-
unfall noch so heil davongekommen sind. Ich hoffe, der Zusammenprall hat Ihnen
gesundheitlich keine ernsten Folgen bereitet.
Mit besten Grüßen und Wünschen Ihr Dr. Otto Tomek

Historisches Archiv SWR Baden-Baden, Sig. P 43021

Außermusikalische Konzeptionen werden von Jahr zu Jahr immer stärker von den
Komponisten eingebracht. Die Offenheit Tomeks gegenüber diesen Konzepten trotz
der schier nicht zu bewältigenden räumlichen und technischen Einschränkungen in
dem kleinen Schwarzwaldort, löst logisch aus, dass die Komponisten mit solchen Ide-
en von Donaueschingen wie Fliegen angezogen werden.

Köln, 28. Oktober 1972

Sehr geehrter Herr Dr. Tomek,
inzwischen sind ja nun die Kritiken über Donaueschingen 72 erschienen, und die
meisten lassen so wenig Phantasie und Differenziertheit erkennen, daß man nur
noch lachen kann. Wenn Herr Herbort z. B. weder Peter Ruzickas noch meinem Stück
Struktur bescheinigt, Fräulein Lichtenfeld in meinem Stück nirgendwo Scrjabin-An-
klänge hört, Herr Trumpf nur von Geflüster und Gebrüll spricht, dann bleibt mir der
Verstand stehen. Ich frage mich wirklich, was in diesen Leuten vorgeht, wenn sie Musik hören. Breton scheint wahrlich recht zu haben, wenn er schreibt: „Früh schon werden diese Menschen des Wunderbaren entwöhnt, und ihr Geist besitzt später nicht

mehr genug Jungfräulichkeit, um an Peau d'Ane (frz. Märchen) größtes Vergnügen zu finden… Es bleiben noch Märchen zu schreiben für Erwachsene; Ammenmärchen beinah noch."

Für niemanden war voraussehbar, daß der Züricher Kammersprechchor, weniger in rhythmischer als in sprach- und stimmtechnischer Hinsicht, mit den in „Décollage" gestellten Aufgaben erheblich überfordert sein würde. Ich bemühe mich jetzt aber mit allen Mitteln um eine Aufführung mit der Schola Cantorum, und ich hoffe, daß die – wie ich glaube – plastische Struktur des Stückes dann Kontur bekommt.

Was den optischen Aspekt von „Lightsound" betrifft, so erscheinen mir weniger Peter Sedglay's Vorstellungen als vielmehr seine Apparate – es sei denn, sie würden erheblich vervollkommnet – für weitere intermediale Projekte ungeeignet. Die optische müßte halt ungefähr der musikalischen Differenzierbarkeit entsprechen, um eine wirkungsvolle Kontrapunktik inszenieren zu können […]. Die schier unbegrenzte Fülle der optischen Strukturen und Gestalten ließ so intensive Vorstellungen in mir wach werden, daß ich, wie von selbst, mit einem neben mir sitzenden Herrn ins Gespräch kam, der sich bald als Herr Schatz, Leiter der Fernsehtechnik (?), entpuppte. Er zeigte sich sehr interessiert an einem von mir zu entwerfenden Projekt, riet mir aber, ich solle zuallererst mit Ihnen über eine solche Möglichkeit sprechen. Es wäre natürlich phantastisch, wenn sich so etwas mit dem Freiburger Studio koordinieren ließe.

Für das großzügige Honorar, das Sie mir für die Einstudierung des Instrumentalparts von „Décollage" angedeihen ließen, bin ich Ihnen sehr dankbar.

Ich möchte Ihnen nochmals sehr herzlich für das Interesse danken, das Sie hinsichtlich meiner Arbeit bewiesen haben und verbleibe

Mit freundlichen Grüßen Ihr York Höller

Historisches Archiv SWR Baden-Baden, Sig. P 43021

Baden-Baden, 2. November 1972

Lieber Herr Höller,
herzlichen Dank für Ihren Brief und Ihre Reflexionen über Donaueschingen. Über diese Musiktage wird noch einiges diskutiert werden in diesem Hause, da die Stellungnahme der Presse ja gar nicht so unproblematisch geraten ist. Immerhin hoffe ich, daß es Ihnen gelingen wird, die Schola Cantorum für eine Aufführung zu gewinnen, und ich bin sehr neugierig dem Stück dann wieder zu begegnen.

Herr Schatz ist nicht Leiter der Fernsehtechnik, sondern der verantwortliche Musikredakteur des SWF beim Fernsehen. Ich werde gerne mit ihm sprechen. Im Augenblick bin ich allerdings allen optischen Elementen gegenüber naturgemäß etwas zurückhaltend. Nach einer kurzen Ruhepause möchte ich aber das diesbezügliche Gespräch gerne mit Ihnen aufnehmen.

Die noch ausstehenden Reisespesen nach Berlin und Zürich werden wir Ihnen wie üblich überweisen.

Für heute in aller Kürze, sehr herzliche Grüße Ihr Dr. Otto Tomek

Historisches Archiv SWR Baden-Baden, Sig. P 43021

Hamburg, 26. Oktober 1972

Lieber Herr Dr. Tomek,
bitte erlauben Sie mir, Ihnen und auch Herrn Häusler auf diesem Wege nochmals sehr herzlich Dank zu sagen für all Ihr Engagement und Ihre monatelangen Bemü-

274

hungen, das FEED BACK-Projekt zu einer Realisierung zu bringen. Natürlich freue ich mich sehr, daß nunmehr am Ende der vielen Arbeit ein positives Resultat zu buchen ist, zumal ich gelegentlich durchaus schon ein schlechtes Gewissen hatte, einen so enormen organisatorischen und technischen Aufwand mit meinen kompositorischen Ideen in Bewegung gesetzt zu haben.

Bitte lassen Sie mich an dieser Stelle auch wiederum hervorheben, wie sehr ich die wunderbare Arbeitsatmosphäre in Ihrem Hause schätzen gelernt habe. Zu jedem Zeitpunkt habe ich einen sehr positiven, menschlichen Kontakt der Kommunikation gespürt, der mir inmitten des so häufig vorzufindenden bloßen Verwaltungsmechanismus bei deutschen Sendern noch nicht begegnet war. Es gibt beim Südwestfunk eben einen gewissen ‚Stil‘, der auch zunächst Unmögliches oder unmöglich Erscheinendes möglich machen kann. –

Besonders gefreut hat mich natürlich auch die gute und verständnisvolle Zusammenarbeit mit dem Südwestfunk-Orchester und seinem Chefdirigenten, denen ich noch gesondert meinen Dank ausdrücken werde. Auch der hervorragend eingespielten und flexiblen Technik gebührt höchste Anerkennung.

Nochmals herzlichen Dank für die wunderbare Zusammenarbeit mit Ihnen, Herrn Häusler und dem übrigen Mitarbeiterstab und beste Grüße für heute
Ihr Peter Ruzicka

Baden-Baden, 2. November 1972

Lieber Herr Ruzicka,
herzlichen Dank für Ihre Zeilen. Ich freue mich natürlich, wenn Sie sich hier wohlgefühlt haben.

„Feedback" ist ja wirklich ein schönes Stück und dafür lohnte sich aller Einsatz. Leider ist ja das Presseecho deprimierend. Am schlimmsten finde ich, daß die meisten alles in einen Topf werfen und überhaupt nicht differenzieren.

Schön, daß Sie demnächst wieder hier in B.-Baden sein werden. Es wird mir ein Vergnügen sein, Sie dann hier zu sehen.
Einstweilen besten Grüße Ihr Dr. Otto Tomek

Heinz Josef Herbort wetzt mit herablassendem Allwissenstonfall in seiner in der ZEIT erschienen Rezension „Speis' und Klang" hemmungslos das öffentliche Bild der Komponisten zurecht:

[...] Ob ein sämtliche Schubladen der kompositorischen Praktiken unserer Tage einmal kurz öffnendes und alles vermengendes Stück für vier Orchestergruppen mit dem so schön modischen, Titel „Feed back" des Hamburgers Peter Ruzicka; ob die kümmerlichen Versuche des Schweizers Werner Bärtschi, mit ein paar Schrei- oder Stöhnlauten das Publikum zu irgendwelchen eigenen Aktionen zu stimulieren oder Light Sound – Sound Light eines deutsch-englischen Triumvirats, das stümperhaft Farbspielereien für kinetische Kunst, wirre akustische Äußerungen vokaler und instrumentaler Art zwischen Flüstern und Gebrüll für eine „Free-Rock-Szene" und die Kombination aus beidem schon für etwas Intermediales hielt – immer wieder ein erschreckendes Maß an Unvermögen, wenigstens technisch die Materialien handhaben zu können, von Phantasie, Einfall, Gestaltung eigentlich ganz zu schweigen.

Nun haben beide Komponisten jeweils ihren Weg gemacht. Peter Ruzickas Wanderlust vom Rechtsanwalt zum Komponisten, dem er dann die Treue hält, während er in unterschiedlichen intendantischen Funktionen von der Hamburger Staatsoper über die Münchener Biennale für Neues Musiktheater bis zu den Salzburger Festspielen eine unbeschreibliche Karriere durchläuft, ohne seine Wirkungsstätten jemals für sich selbst kompositorisch genutzt zu haben. Viel später erinnert er sich entlang eines Tagebuchs zur Entstehung eines neuerlichen Kompositionsauftrags der Donaueschinger Musiktage durch Armin Köhler zurück an seine Komposition *Feed-Back*:

> 26. Januar 1997
> Am Tag der Hamburger Uraufführung von Lachenmanns Mädchen mit den Schwefelhölzern fragt mich Armin Köhler nach einem neuen Werk für die Donaueschinger Musiktage 1999. Ich sage zu. Denke dabei an zwei frühere Uraufführungen bei diesem so „auratischen" Festival der Neuen Musik mit seinen außergewöhnlichen Produktionsbedingungen. Vor fünfundzwanzig Jahren hat Ernest Bour dort mein wohl schwierigstes Orchesterstück Feed-Back mit unerbittlicher Sorgfalt und Courage aus der Taufe gehoben. Und schon ein wenig Verklärung: Die CD mit dieser Einstudierung erinnert an ein heute fast fremdes strukturalistisches Musikdenken – und an eine damals noch „kämpferische" Zeit der Neuen Musik.

Und York Höller als der vielleicht bedeutendste Bernd Alois Zimmermann-Schüler neben Peter Eötvös hat über die Nachfolge Stockhausens als Leiter des Elektronischen Studios in Köln und seiner Professur, seinen vielen Aufführungen weltweit die Schmach solcherart Kritik überwunden. Zusammen mit der Komposition selbst hat diese Rezension längst ihren Platz unter den Seltsamkeiten mit Verwundungsmakel in seinem historischen Archiv gefunden:

> Nach Beendigung meiner ‚informellen', dann ‚stochastischen' Phase hatte ich keine Syntax mehr (Beredtester Ausdruck dieser Sprachkrise war meine Komposition DE-COLLAGE für zwei Sprechchöre und Instrumente, in der isolierte Vokal- und Konsonantenordnungen exponiert wurden, und die in provozierenden Nonsense-Texten aus der ‚Publikumsbeschimpfung' von Peter Handke kulminierte). Ich habe dieses aus meiner damaligen Schaffenskrise zu begreifende Stück inzwischen zurückgezogen.
>
> York Höller, Klanggestalt – Zeitgestalt, hg. R. Dusella, Berlin 2004, S. 117

1973 Geld Geld Geld

Das Jahr 1973 ist vielleicht das Jahr Otto Tomeks, sowohl was die Ausstrahlung und Wirkung exorbitant risikofreudiger Werke als auch die für ihre Realisierung notwendigen Finanzierungskonstruktionen anbelangt. Bei der nachfolgenden Auflistung des Tomekschen Jahresbedarfs sollte man z. B. das Anfangsgehalt eines Studienrats an einem Gymnasium im Jahre 1973 mit einem Monatsbrutto von DM 1.801,13 und das Jahresdurchschnittseinkommen der Deutschen von DM 18.295.– in Relation setzen.

Kosten für Bearbeitung und Synchronisation	DM	41,50
Kompositionsaufträge	DM	31.000,00
Kosten für Arrangements und Bearbeitungen	DM	86,00
Material-Leihgebühren	DM	4.729,04
Honorare für Regisseure	DM	2.500,00
Honorare für Darsteller, Schauspieler	DM	4.000,00
Honorare für Moderatoren, Sprecher usw.	DM	2.500,00
Honorare f. Produktions- u. Aufnahmeleiter	DM	2.300,00
Honorare für Musiker	DM	46.250,00
Honorare für Orchester-Verstärkungen	DM	3.694,00
Ausländersteuer-Übernahme durch SWF	DM	1.816,53
Reisekosten freie Mitarbeiter	DM	22.742,30
Reisekosten festangestellte Mitarbeiter	DM	32.016,27
Telefon, Straßengebühren, Taxikosten	DM	48,25
Arbeiten fremder Werkstätten	DM	260,00
Tapeten und Farben	DM	132,53
Transporte von Ausstattungsgegenständen	DM	7.583,78
Materialien aus FS-Lager	DM	1.944,95
Magnetofonbänder u. Zubehör	DM	5.620,40
Verschiedene Auslagen	DM	490,36
Drehgenehmigung f. zusätzlicher Produktionsstätten	DM	1.942,50
Kosten für Miete und Musikinstrumente	DM	3.511,36
GEMA-Gebühren öffentliche Veranstaltungen	DM	1.392,60
Pensionskasse freie Mitarbeiter	DM	875,00
Gesamtkosten:	DM	178.252,37

In diesen Kosten sind die Gehälter der fest angestellten Orchestermusiker ebenso wenig inbegriffen wie das Honorar des Chefdirigenten.

Am 20. Oktober 1973 kommt Mauricio Kagels aufwändige und teure Komposition *Zwei-Mann-Orchester* durch Wilhelm Bruck und Theodor Ross zur Uraufführung. Die Geschichte ihres Entstehungsprozesses soll unkommentiert entlang der Korrespondenz eines größeren Zeitraums zwischen Kagel und Tomek chronologisiert werden. Sie macht deutlich und anschaulich, welche Vorarbeiten auf der künstlerischen und organisatorischen Seite notwendig sind, um ein solch komplexes Projekt mit Herzblut und Gewissenhaftigkeit tatsächlich zur Realisation zu bringen. Über dieses Projekt selbst hat Josef Häusler in wunderbarer Präzision und bemerkenswerter Anschaulichkeit der konkreten szenischen und klanglichen Situation in seinem Donaueschinger Kompendium ausführlich berichtet.

Josef Häusler, Der Spiegel der Neuen Musik, S. 278ff

Die Vorbereitungen für dieses Projekt reichen über zwei Jahre zurück:

Köln, 18. Februar 1971
Lieber Otto,
ich schreibe an Deine Privatadresse, weil ich unbedingt verhindern möchte, daß mein Donaueschinger Projekt 72 unterschwellig bekannt wird, bevor alles perfekt ist. Zu

diesem Plan entschloß ich mich, als Du mir erzähltest, daß für 71 ein Round-table-Gespräch geplant ist mit dem Thema „Nach der Ära des Orchesters, was nun?" (Titel aus der Erinnerung zitiert). Was nun?

Ein Stück für zwei Orchester-Männer, die nach dem Modell jener Straßenmusikanten und Musik-Clowns mit Füßen, Knien, Ellenbogen, Unterarmen, Handgelenken, Händen, Nacken, Kopf, Mund, und womöglich auch dem Unterleib eine entsprechende Anzahl von Instrumenten auf einmal zu bedienen vermögen. Wie Du siehst, kein leichtes Unterfangen, kein Ersatz für ein Orchester und doch in der Mannigfaltigkeit der Möglichkeiten, in der Visualisierung des Instrumentalen und im Ansatz ein echt Kagelsches Stück.

Beide Interpreten sollen Theodor Ross und Wilhelm Bruck sein. Ich werde in Köln mit ihnen proben und diese lebenden Skulpturen in meinem Studio aufbauen. Dazu werde ich eine wirkliche Nonsens-Maschine entwerfen mit allen möglichen Instrumenten kleinerer Formats, Lämpchen, winzigen Motoren, Übersetzungssystemen, Spinnrad-ähnlichen Pedalmaschinen und einiges mehr. In Donaueschingen stelle ich mir einen Raum vor, wo die Maschinen in aller Ruhe aufgebaut werden könnten und wo man eventuell mehrere Vorführungen machen könnte. Es sollte ein Raum mittlerer Größe sein, damit Zuhörer unmittelbaren Kontakt mit dem Geschehen haben. Selbstverständlich müßten wir uns über viele Details einig werden. Das Stück soll praktisch ein ganzes Programm ersetzen. Der SWF müßte die Unkosten des Baus mit übernehmen. Wieviel? Wir sprechen noch darüber.

Bitte, gib mir Bescheid sobald Du kannst, herzlich Dein Mauro

Historisches Archiv SWR Baden-Baden, Sig. P 43033

Köln, 23. März 1971

Lieber Mauro!

Herzlichen Dank für Deinen Brief vom 18.2. mit dem Vorschlag für Donaueschingen 1972, den ich zunächst ebenso privat beantworten möchte. Deine Idee ist sehr gut und ich hoffe, wir bekommen sie realisiert. Also: mein Interesse ist prinzipiell stark da. Über Details hoffe ich auf eine baldige Unterhaltung (wohl erst nach „Staatstheater" möglich?). Besonders müsste ich den Umfang der benötigten mechanischen Teile und. Maschinen wissen, um im SWF untersuchen zu können, was die dortigen Werkstätten leisten könnten.

Also bitte, möge mit diesem Brief deutlich meine Hoffnung zum Ausdruck kommen, dass wir das Stück für die zwei Orchester-Männer im nächsten Jahr verwirklichen können.

Ich drücke Dir, weiter die Daumen für die Vorbereitung von Staatstheater und freue mich auf die Premiere.

Mit vielen sehr herzlichen Grüssen Dein Otto

Historisches Archiv SWR Baden-Baden, Sig. P 43033

Köln, 23. Juli 1971

Lieber Otto,
danke für Deine Zeilen.

Zu Deiner Frage: die Halle in Donaueschingen braucht nicht immer abgedunkelt zu sein. Es könnte sogar sehr schön sein – und das hinge ja vom Saal ab und dem vorhandenen Herbstlicht – am Nachmittag ohne große Scheinwerfer zu arbeiten. Nun,

Spots brauchen wir ohnehin, wenn aufgezeichnet werden sollte. Wiederum verstand ich Dich so, daß richtig erst im Baden-Badener Studio aufgezeichnet werden soll. In Baden-Baden hätten wir den Vorteil einer vollkommensten Aufnahmetechnik, in Donaueschingen vielleicht den Reiz des Saales. Nun, bei MAZ wird sowieso so grob ausgeleuchtet, daß der Hintergrund schnell ins Finsterliche übergeht.

Allerschönste Grüße, Dein Mauro

Historisches Archiv SWR Baden-Baden, Sig. P 43033

Köln, 7. November 1971

Lieber Otto,
es war wirklich sehr schön, daß wir über die verschiedenen Probleme von „Orchestrion" (Arbeitstitel!) in Ruhe sprechen konnten.

Mittlerweile habe ich auch einen geeigneten Assistenten gefunden, und zwar Silvio Foretic. Ich habe bereits mit Foretic gesprochen, er ist über die Termine benachrichtigt und wartet auf einen offiziellen Brief von Dir. Bitte, präzisiere darin, daß die Proben in Köln bereits ab 1. September beginnen. Dieses ist ein wichtiges Detail, das im Vertrag erwähnt werden sollte.

Leider seid Ihr wegen des schon pfeifenden Zuges fast kopfüber getürmt. Ein mir wichtig erscheinender Punkt wurde deswegen nicht zuende besprochen. Es handelt sich um die reine Rundfunkproduktion. Da ich mich kenne, und weiß, was auf mich zukommt, bedeutet dies rund eine Woche zusätzlicher Arbeit (Schnitt und Montage der Bänder à la Kagel). In unseren Abmachungen wurde dies nicht berücksichtigt. Ich schlage 3.000.– vor.

Mit sehr herzlichen Grüßen, Dein Mauro

Historisches Archiv SWR Baden-Baden, Sig. P 43033

Baden-Baden, 17. Dezember 1971

Lieber Mauro,
entschuldige bitte die verspätete Reaktion auf Dein Schreiben vom 7.11. Die Situation des schon pfeifenden Zuges und der Hast, mit der vieles erledigt werden muß, war nicht nur typisch für unser Gespräch in Köln. Es begleitet mich sehr oft auch sonst.

Du hast natürlich recht, wir haben vergessen ein Honorar zu verabreden für die Hörfunkproduktion an dem einen Wochenende. Mit Deinem Vorschlag bringst Du mich allerdings etwas in Verlegenheit, denn es betrifft ja das Honorar für ein Werk, dessen Einstudierung und öffentliche Aufführung vorangegangen und honoriert wurde. Auch wenn ich die ganz gewiss sehr umfangreichen Schnitt- und Montagearbeiten dazurechne, komme ich mit Deinem Vorschlag in Schwierigkeiten. Ich möchte meinerseits deshalb folgenden Vorschlag machen: eine Gesamtsumme von DM 2.500.– für die Mitwirkenden-Leistung in der Hörfunkproduktion und dazu die Möglichkeit, für diese Gesamtsumme zwei Verträge auszustellen, einen etwa für DM 2.000.– Mitwirkenden-Honorar und DM 500.– für Schnitt. Ich hoffe, wir können uns auf dieser Basis einigen.

Wenn Deine Antwort vorliegt, schicke ich dann auch den entsprechenden Auftragsbrief für den Kompositionsauftrag.

Was die Mitwirkenden und den Assistenten betrifft, müßten wir versuchen mit einer Pauschalsumme für Hörfunk und Fernsehen zurechtzukommen, oder zumindest die

Beträge entsprechend mit dem Fernsehen abzustimmen. Dies ist aber erst in den ersten Tagen des Neuen Jahres möglich. Ich melde mich dann ganz zuverlässig wieder.

Für heute besonders schöne Grüße zu den bevorstehenden Festtagen, Dir und Deiner Familie, und alles Gute fürs Neue Jahr, Ich freue mich sehr, daß wir dann wieder zusammenarbeiten werden.

Alles Liebe Dein Tomek

Historisches Archiv SWR Baden-Baden, Sig. P 43033

Baden-Baden, 14. Januar 1972

LIEBER MAURO,
in Vorverhandlungen konnte ich klären, daß wir Dir als Kompositionsauftrag für das „Orchestrion" den absoluten Höchstbetrag von DM 10,000.– vorschlagen können. Ein entsprechender offizieller Brief kommt noch. Unter diesen Voraussetzungen hoffe ich, daß Du meinen Vorschlag hinsichtlich Deines Mitwirkenden-Honorars bei der Hörfunkproduktion akzeptieren kannst.

Während das Honorar für Bruck und Ross für die Vorführung selbst vom Fernsehen übernommen wird, müßten die Beiden auch ein Honorar für die Hörfunkproduktion von mir bekommen. Ich schlage für jeden DM 1.000.– vor und bitte Dich mir zu sagen, ob das in Ordnung geht.

Viele sehr herzliche Grüße Dein Otto

Historisches Archiv SWR Baden-Baden, Sig. P 43033

Köln, 18. Januar 1972

Lieber Otto,
habe herzlichen Dank für Deinen Brief vom 14.1. sowie für die Bestätigung des Höchstangebotes. Du kennst mich leider zu gut und weißt, daß es kein besseres Mittel gibt, mich in mehrfacher Weise an etwas zu verpflichten, als mich tatsächlich zu verpflichten. Deinen Brief vom 17.12. hatte ich nicht beantwortet, weil ich, ich weiß nicht mehr auf was wartete. Entschuldige bitte. Ich nehme Dein Gesamthonorar von DM 2.500.– für die Hörfunkproduktion an und bedanke mich. Dein Angebot für die Spieler (DM 1.000.– pro Kopf, glaube ich, ist in Ordnung. Selbstverständlich ist es wichtig, was die Beiden für die lange Probenarbeit sowie für die Aufführungen in Donaueschingen und die Fernsehproduktion bekommen. Dabei möchte ich Dich erinnern, daß die Mitwirkung eines Assistenten (siehe meinen Brief an Dich vom 7.11.71) auch berücksichtigt werden muß.

Ist es wahr, daß Du Ende des Monats nach Köln kommst? Dann sollten wir uns – auch wenn kurz – sehen. Es ist außerordentlich wichtig, daß der WDR (also Gräter) offiziell zum Projekt Stellung nimmt, damit ich bereits Produktionstermine mit Reichelt besprechen kann. Ich habe gleich nach unserer Kölner Unterredung einen Produktionsplan bis zur Uraufführung gemacht, den man einhalten müßte, wenn man will, daß das Stück glanzvoll über die Bühne geht.

Auch die Mitarbeiter des Bühnenbildes (Ursula Burghardt und Hingstmartin) sollten bald ihre Verträge erhalten, da wir seit Wochen bereits an der Sache arbeiten.

Sehr liebe Grüße, auch meine besten Wünsche für das angebrochene Jahr,
Dein Mauro

Historisches Archiv SWR Baden-Baden, Sig. P 43033

Baden-Baden, 2. März 1972

Sehr geehrter Herr Ross,
Wie Sie schon erfahren haben, ist es uns zu unserem außerordentlichen Bedauern
nicht möglich, 1972 die finanziellen Voraussetzungen für eine Realisation von Mau-
ricios „2-Mann-Orchester" zu schaffen. Wir sind daher jetzt dabei, die Pläne im Rahmen unseres Budgets für 1973 so fest zu klären, daß das Projekt dann auf einer sicheren Grundlage stehen wird.
Weitere Nachrichten folgen, sobald unsere Vorbereitungen dann verbindliche Absprachen zulassen werden.
Mit freundlichen Grüßen Dr. Otto Tomek

Baden-Baden, 2. März 1972

Lieber Herr Kagel,
wir haben verabredet, daß Sie ein neues Werk mit dem Titel „Zwei Mann Orchester"
schreiben. Wir planen die Uraufführung für die Musiktage 1973. Es soll ein Stück für
Automatophon mit zwei Spielern werden. Die Länge des Stückes wird ungefähr 40
Min. betragen.
Als Honorar können wir Ihnen DM 10.000.– vorschlagen, wobei die eine Hälfte nach
Bestätigung des Auftrages, die andere nach Lieferung des Belegexemplares der Par-
titur erfolgt.
Der Südwestfunk wird durch diese Vereinbarung erst verpflichtet, wenn mit unserer
Honorar- und Lizenzabteilung ein formeller Honorarvertrag abgeschlossen worden
ist. Ein entsprechendes Vertragsangebot wird Ihnen in Kürze zur Unterschrift vorge-
legt werden.
Wir bitten Sie, uns Ihr Einverständnis auf der beiliegenden Kopie dieses Schreibens
zu geben.
Mit freundlichen Grüßen Dr. Otto Tomek

Köln, 3. März 1972

Lieber Herr Dr. Tomek, also, lieber Otto,
anbei der unterschriebene Briefvertrag für ZWEI-MANN-ORCHESTER
Besten Dank für die Zusendung und eine Bitte: könnte die Prozedur etwas beschleunigt werden, damit ich die erste Hälfte des Honorars bald erhalte? Der Finanzgeier
schlägt mit seinen amtlichen Flügeln.
Mit herzlichen Grüßen, Mauricio Kagel

Baden-Baden, 20. März 1972

Lieber Mauro,
ich bemühe mich den Vertrag so schnell wie möglich durchzuziehen, nur verlangt
die Verwaltung bei einem Unternehmen dieser Größe eine Gesamtkalkulation. Diese
kann ich erst erstellen, wann wir über die Mitwirkenden-Honorare uns unterhalten

haben. Daher nochmals die Bitte um Deinen Fahrplan, damit wir zum allerschnellsten und nächstmöglichen Termin eine nochmalige Produktionsbesprechung ansetzen können, bei der dann auch die Mitwirkendenhonorare festgelegt werden. Mir wäre es auch lieb, die Angelegenheit schnellstens unter Dach und Fach zu bekommen. Herzlichst Dein Otto Tomek

Köln am 3. und 4. Oktober 1972
Protokoll der Besprechung über die Produktion „Das Zwei-Mann-Orchester"
mit Herrn M. Kagel
1) Bau und Finanzierung der „Orchestermaschine". Vordringlich ist der Auftrag an H. Kagel für den Bau der „Maschine", da nach deren Fertigstellung noch ausgedehnte Proben vor den Donaueschinger Musiktagen 73 notwendig sind. Die Konstruktion der „Maschine" wird möglicherweise, je nach Gegebenheit des noch auszuwählenden Drehortes für den Fernsehfilm, einige Änderungen mit zusätzlichen Geräten und Instrumenten erforderlich machen. Die Pauschalsumme für den Bau setzt sich zusammen aus:

a) Arbeitslöhne. für drei. Handwerker beim Bau in den Werkstätten
in Köln (insges. 570 Stunden)   ca. DM 12.000,–
b) Leihgebühr für Instrumente: (Synthesizer mit Tastatur.
2 Rhythmus-Maschinen, 2 Rührtrommeln, 1 grosse Trommel,
2 Hi-Hat, 1 kleine Trommel, 2 Handtrommeln, 2 spanische Gitarren,
2 Zithern, 1 elektr. Kontrabass, 1 Geige, 1 Klarinette, 2 Harfen,
spanische Klingeln, 1 Flöte, 1 Posthorn, 1 Bandonium 1 Orgelpedalwerk,
2 Orgelmanuale)
Leihgebühr für Geräte:
(2 japanische Megaphone, 2 Stereo- Kassettenrecorder,
2 Rhythmusmaschinen, 2 Plattenspieler, 1 Penduluhr,
Gymnastikapparaturen)   insgesamt: DM 10.000,–
c) Materialkosten und verschiedene Gerät   DM 5.000,–

Da eine genaue Kalkulation der Konstruktion grosse Schwierigkeiten mit sich bringt, (voraussehbare Änderungen während der Bauzeit und nach dem ersten Vorstellen in der Öffentlichkeit in Donaueschingen), schlägt H. Kagel vorstehende Pauschalierung der Gesamtkosten in Höhe von vor. (Limit)   DM 27.000,–
Zahlungsmodus:
50 % bei Auftragserteilung   (1972)
25 % nach Fertigstellung   (1973)
25 % nach Beendigung der Dreharbeiten   (1974)

Das Konstruktionshonorar von insgesamt   DM 6.000,–
teilt sich in 2 Personen à   DM 3.000,–
c) Martin Hengst
d) Ursula Burghardt
und setzt sich zusammen aus je einem Drittel für:
e) Entwurf – fällig Dezember 1972
f) Durchführung und Überwachung des Baues
    fällig am 20.10.73 nach Donaueschingen
g) Überwachung des Aufbaues für Filmproduktion

u. notwendige Änderungen fällig nach Abschluss der Dreharbeiten 74.
[...]

3) Verträge:
Manuskript (Kagel)
Urheberrechtsvertrag mit Pauschal-Honorar   DM 5.000,–
     DM 2.000,– bei Vertragsabschluss 1972
     DM 3.000,– bei Ablieferung des sendefähigen Vertrags im Dezember 73
Musikalische Einstudierung (Kagel)
Mitwirkendenvertrag mit einmaligem Pauschal-Honorar   DM 3.500,–
     ein Drittel bei Beginn der Proben ab Mai 1973
     zwei Drittel am 20.10.73 nach den Donaueschinger Musiktagen

Regie (Kagel)
Mitwirkendenvertrag mit einmaligem Pauschal-Honorar   DM 6.500,–
     DM 2.200,– bei Produktionsbeginn 74
     DM 4.300,– bei Abnahme Juli 74

Musiker
(Name und Adresse über Herrn Dr. Tomek)
Mitwirkendenvertrag mit einmaligem Pauschal-Honorar   DM 2.500,–
     nach Ende der Donaueschinger Musiktage   DM 4.500,–
     nach Abschluss der Dreharbeiten Juni 74   je DM 7.000,–

Musikassistent
Mitwirkendenvertrag mit einmaligem Pauschal-Honorar   DM 4.000,–
     ein Drittel bei. Probenbeginn 1.5.73
     zwei Drittel nach Abschluss der Dreharbeiten im Juni 74
(Bei diesem Vertrag ist vorher zu klären ob der Hörfunk das in der Pauschalsumme
enthaltene Honorar für Donaueschingen in Höhe von DM 1.000,– übernimmt).

Spesen:
Da die beim SWF festgelegten Spesensätze nicht mehr ganz der Wirklichkeit entsprechen, bittet H. Kagel um eine Regelung, dass die über den Spesensatz hinaus-
gehenden Übernachtungskosten gegen Rechnungslegung zuzüglich bezahlt werden
[...].

Mauricio Kagel ist der Finanzstratege unter den Komponisten. Er übertrumpft bei
weitem Stockhausen und Ligeti. Die sozialpsychologischen Faktoren solchen Verhaltens resultieren wohl aus der Herkunft, aus den anfänglich ärmlichen Zuständen,
die alle drei in ihrer Biographie durchlaufen. Kagel ist der Stratege des Mehrwerts
einer Idee, nämlich aus einem komponierten Produkt nicht nur eine Aufführung,
sondern gleich eine Produktion und eine Fernsehaufzeichnung herauszuschlagen, bei
welchen er selbst immer der wichtigste Faktor sein muss: der des Konstrukteurs, des
Einstudierers, des Inszenierers und der des Leiters. Und Kagel ist ein Stratege im
Umgang mit seinem Veranstalter. Er instrumentalisiert diesen Typus zu seinem Werkzeug und wenn dieses Werkzeug nicht funktioniert, reagiert der Musikhandwerker

und mit Zoll und Meterstab agierende Musiktheatererfinder äußerst empfindlich und verletzt. Es bleibt Otto Tomeks Geheimnis, wie er sich über Jahrzehnte hinweg die Freundschaft Kagels sichert, ohne dass dessen inkommensurablen Ansprüche und Finanzgebaren sichtbare Folgen von Erpressungen hinterlassen. Aus der gesamten Korrespondenz mit Kagel liest sich Tomeks grundsätzliches Einverständnis mit Forderungen heraus, die anderen Komponisten die Schamesröte ins Gesicht treiben würde. Er zeigt eine spezielle, hin und wieder aufmüpfige Hingegebenheit an den Freund mit cleveren Lösungsangeboten für Unlösbares mit der Bereitschaft, manchmal auch die eigenen gesetzten Finanzmöglichkeiten zu überspringen. Kagel geht nicht nur als der doppelbödige, mit komplexem Hintersinn operierende Musiktheaterfachmann in die Geschichte ein, er geht auch als der erste Manager und Finanzfachmann in eigener Sache durch das Tor ins Kuriositätenkabinett der Historie.

Beeindruckend bleiben aber die organisatorischen Vorläufe und Tomeks Perfektionismus im Durchplanen jedes einzelnen Schritts bis zur Vollendung einer Aufführung und die vorausschauend präzisen Kalkulationen der verfügbaren finanziellen Mittel.

Im gleichen Jahr kommt noch ein gleichfalls aufwändiges Werk zur Uraufführung, allerdings mit ungleich bescheideneren Mitteln und ohne ein finanzielles Fiasko zu provozieren: Vinko Globokars Komposition *Laboratorium 1973* durch das Ensemble Musique vivante Paris unter der Leitung von Diego Masson.

Mailand, 5. März 1973

> Lieber Herr Dr. Tomek,
> vielen Dank für Ihren Brief vom 20.II.73. LABORATORIUM besteht aus einer grossen Anzahl kleiner Stücke, die beliebig überlagert sein können. Jedes Stück hat ein ganz spezielles Forschungsthema wie zum Beispiel:
> Technik des Spielens
> Transformation des Instrumentes
> Spielen auf mehrere Instrumente gleichzeitig
> Mehrere Leute auf einem Instrument
> Musik die durch Gesten verursacht wird: werfen, reiben etc.
> Bau der Instrumente oder Gegenstände etc.
> Forschungen über Verhältnisse Musiker – Instrument / Musiker – Musiker / Gruppe – Gruppe
> Einflüsse der Elektronik auf das Spielen
> Verhältnis Musiker – Publikum
> LABORATORIUM wird nie ein Ende haben, da ich jedesmal ein neues Forschungsthema entdecken werde [...] Für die Besetzung: 2 Holzspieler, 2 Blechspieler, 2 Schlagzeuger, 2 Streichspieler, 1 Gitarrist, 1 Harfe, 1 Synchronisator (Dirigent), also im Ganzen nur 11 Leute, keine Sängerin wie vorgesehen – Mit herzlichsten Grüssen Ihr Vinko Globokar

Historisches Archiv SWR Baden-Baden, Sig. P 43022

Baden-Baden, 11. Mai 1973

Lieber Harr Globokar,
über Ihr Werk „Laboratorium" haben wir schon viele vorbereitende Gespräche geführt. Es soll ein Werk werden für elf Mitwirkende (Ensemble Musique Vivante). Die speziellen Forschungs-Themen, die den einzelnen Teilen des Stückes zu Grunde liegen, haben Sie mit Schreiben vom 5. März mir geschildert.
Es freut mich nun, ihnen den für dieses Werk angesprochenen Kompositionsauftrag erteilen zu können. Als Honorar erhalten Sie einen Betrag von DM 10.000,–, wobei die eine Hälfte bei Bestätigung der Vertragsbedingungen, die andere Hälfte bei Lieferung eines Belegexemplars der Partitur fällig wird.
Als Ort der Uraufführung ist Donaueschingen 1973 geplant. Über die näheren örtlichen Bedingungen daselbst haben wir uns im Detail bereits unterhalten.
Bitte bestätigen Sie Ihr Einverständnis mit dem Inhalt dieses Briefes durch Ihre Unterschrift auf beiliegender Kopie.
Wir erwarten Ihre Partitur bis spätestens zum 1. September 1973 [...].
Mit freundlichen Grüßen Dr. Otto Tomek

Historisches Archiv SWR Baden-Baden, Sig. P 43022

Baden-Baden, 10. April 1973

Liebe Freunde,
was die Probeneinteilung für Laboratorium betrifft, so stehen wir vor der Notwendigkeit, ganz bestimmte, präzise Stunden für Donaueschingen zu verabreden. Es hat sich nämlich als unumgänglich erwiesen, daß das Stück von Kagel in dem neben dem Raum B befindlichen Saal aufgeführt wird. Beide Säle sind akustisch nicht dicht, sodaß man sich gegenseitig empfindlich stören würde. Nun wäre Kagel bereit, mit seiner Mannschaft schon morgens früh anzufangen. Ich kann mir vorstellen, daß es den Wünschen der Pariser Musiker entgegenkommt, wenn sie erst später anzufangen brauchen. Danach ergäbe sich folgende Planung: Montag, 15. Oktober, ganztägig Aufbau in beiden Sälen. Dienstag, den 18., Mittwoch, den 13., Freitag, den 19., jeweils

9–12 Uhr Kagel   12–15 Uhr Globokar
15–13 Uhr Kagel   13–21 Uhr Globokar

Die Zeit ab 21 Uhr kann nach Vereinbarung benutzt werden. Bitte, lassen Sie mich recht bald wissen, was Sie von dieser Einteilung halten. Ich glaube, daß wenn man zweimal täglich drei Stunden intensiv probiert, man doch wohl hinkommen müßte. Für eine recht baldige Benachrichtigung wäre ich dankbar.
Mit herzlichen Grüßen Ihr Dr. Otto Tomek

Historisches Archiv SWR Baden-Baden, Sig. P 43022

1974 Wolfgang Rihm: Ein Komponist und... „siehe: ein Mensch"

„Gedanken, die in angenehmer Weise vom üblichen Schematismus abweichen", schreibt Otto Tomek irgendwann innerhalb des Briefwechsels dem jungen Wolfgang Rihm, der eben bei Stockhausen noch studiert hat und jetzt von Köln wegflieht, Richtung Freiburg. Es muss wie ein wärmender Lichtstrahl auf Tomek gewirkt haben, dass da ein Komponist sich nicht mit bittstellerischen eigenen Belangen und Fortkommens-Interessen bei ihm meldet, um aus ihm als einem institutionalisierten Förderer und sterilen Karrierebegünstigungsapparat alle möglichen Vorteile herauszuschlagen, sondern dass da einer als Mensch auftritt, der ein reflektierendes Lebewesen ist und Tomek gleichfalls als ein solches anerkennt. Dass da einer über seine Befindlichkeiten erzählt, die nicht nur mit dem Komponieren, sondern einfach nur mit den Dringlichkeiten des Lebens zu tun haben. Ausbeuterfröhlichkeit, welche den Herren Ligeti, Kagel, Stockhausen eigen ist, ist Wolfgang Rihm fremd. Sein Spiel mit Sprache und die darin spielerische Offenheit kennt keine Taktik.

Köln, 6. November 1972

Lieber Herr Tomek!
Ihr lieber Brief vom 27.10. erreichte mich heute, und ich möchte Ihnen danken. Meine Absicht, aus Köln Berichte zu senden, war ohnehin zu voreilig gefaßt: Ich hatte nicht eingeplant, daß ich Köln evtl. bald wieder verlassen werde. Dieser Entschluß ist mittlerweile gereift.
Erstens: gibt Stockhausen keinen eigentlichen Kompositionsunterricht. Seine Gründe verstehe ich, er scheint von den früheren Kölner Kursen enttäuscht zu sein und zweifelt am Erfolg einer solchen Tätigkeit, aber leider gibt er immer zu verstehen, an seinen Schülern liegt ihm nichts, ja er sagte sogar expressis verbis: „das, was ihn noch interessiert, sei eine Gruppe junger Menschen, die unter seiner Leitung Stücke von ihm einstudierten, und sich damit auch ihren Lebensunterhalt verdienen könnten [sic!]". Bei aller Verehrung, aber deswegen kam ich nicht. Natürlich hat er irgendwo recht, wenn er sagt: „Wenn Sie etwas lernen wollen, sperren Sie die Augen und Ohren auf." „Wenn Sie ein eigenes Stück hören, merken Sie von selbst, wann ‚Es' passiert ist." Stimmt, ich möchte auch einmal ein Professorengehalt, und derartige Auskünfte [sic!] beziehen. Nun – ich hätte früher Augen und Ohren aufsperren sollen. Dann hätte ich gemerkt, daß es besser ist, aus Stockhausens guten Stücken („Momente" etwa oder „Gruppen", „Kontakte" etc.) zu lernen, wie „ES" zu gestalten sei, als sich selbst als Schüler um ihn zu tummeln. Wie ich merkte, hat er ja blutleere, ergebene Adepten genug. Nach alter griechischer Vorstellung ist es ja Aufgabe des Schülers, den Lehrer zu provozieren, Erkenntnisse von sich zu geben. Ich war froh, daß mir dies zweimal gelang. Ich bekam wirklich viel vermittelt – aber bevor ich nach Köln kam, stand ich mit Stockhausen im Briefwechsel und bekam noch mehr. So will ich es auch halten. Im SS 73 werde ich nach Freiburg gehen und dort mein Zelt errichten. Eggebrecht lehrt dort Musikwissenschaft, Fr. Frabis: Dirigieren und Fortner kenne ich schon von früher. Soll nicht Klaus Huber sein Nachfolger werden?
Der zweite Grund, warum ich nicht in Köln bleiben will, ist der, daß ich sehr unter dem Klima zu leiden habe – physisch unter dem Wetter – psychisch unter einer gewissen Isolation. Gewiß, ich habe einige Freunde dort, aber die sind auch nicht gerade beglückt von Köln. Was alles an Kultur aufsaugbar ist, das sauge ich auf. Ein derartiger Schwamm bin ich fast jeden Abend in der Cinemathek und sehe die alten Filmklassiker und neuen cineastischen Meisterwerke, was zur Zeit weit anregender ist für mich als Musik. Das Wallraff Richartz-Museum kenne ich bereits westentaschendetailliert, bin sowieso zur Zeit mehr mit den Augen, als mit den Ohren unterwegs. Trotzdem komponiere ich viel: mein Stück für Streichquartett und Orchester – die „Abschnitte op. 13" – machen gute Fortschritte und auch ein neues Stück „Co-

lormobil" (hoffentlich verwechselt das keiner mit dem Kaufmann-Stück; im Titeler-finden war ich schon immer schlimm dran) für Cello, Schlagzeug + Klavier, das als Mittel-Stück zu einem größeren Gebilde für 7 Spieler (concerti) gedacht ist. Wenn ich mit der Arbeit etwas weiter bin – soweit dies die chemieindustriedampfbeding-ten Kopfschmerzen erlauben – schicke ich Ihnen detailliert Auskünfte. – Ein dritter (privater) Grund ist für meine Flucht das Fehlen eines guten Weinhinterlandes. Zwar wächst hier viel, aber das kann doch keiner trinken und das ewige Kölsch deprimiert mit der Zeit auch die Geschmacksnerven.

Aber im Ernst: bin ich verwöhnt?

Ihre Anregung, Ihnen Textproben zum Weiterleiten zu schicken, nehme ich gerne an, das ist ja nicht ortsgebunden.

Wenn doch Zimmermann noch lebte!

Kommen Sie am 18. Nov. zum Gedenkkonzert? Ein herrliches Programm!

Nun habe ich Sie lange genug eingeweiht, ich sehe daran: wie ich wirklich isoliert bin. Das wird sich ja ändern. Ihr Brief – obwohl er kurz und einfach eine Lage schilderte – war für mich wie ein auslösendes Muster bei einem Wesen in Appetenz. Der Satz: „Ich habe nachgedacht, was man mit Ihnen tun könnte" hat mich besonders gefreut, Sie verstehen das sicher.

Ich wünsche Ihnen alles Gute

Und bin bis auf Weiteres Ihr Wolfgang Rihm im Ex.

Baden-Baden, 12. September 1973

Lieber Herr Rihm,

nach Rücksprache mit Herrn Bour kann ich Ihnen mitteilen, daß wir Ihr Orchester-stück gerne 1974 in Donaueschingen uraufführen wollen. Über die näheren Modali-täten, auch wegen des Kompositionsauftrages, unterhalten wir uns Anfang Oktober. Bis dahin bin ich kaum da. Bitte, lassen Sie mich nur wissen, wo Sie ab 1. Oktober erreichbar sind.

Mit freundlichen Grüßen Ihr Dr. Otto Tomek

Baden-Baden, 5. Oktober 1973

Sehr geehrter Herr Rihm,

wie besprochen bitten wir Sie, für uns ein Orchesterstück zu komponieren. Die Ins-trumentalbesetzung unseres Orchesters ist Ihnen bekannt. Es besteht zwischen uns Einvernehmen, daß Sie zum Orchester zusätzlich noch ein Streichquartett einsetzen können. Die Länge des Stückes soll ca. 25 Minuten betragen. Die Uraufführung soll in Donaueschingen oder an einem anderen prominenten Ort erfolgen.

Wir erwarten Ihre Partitur spätestens zum 1. Februar 1974.

Als Honorar können wir Ihnen einen Betrag von DM 6.000,– vorschlagen, wobei die eine Hälfte bei Bestätigung unserer Vereinbarung, die andere nach Lieferung eines Belegexemplars der Partitur fällig wird, nicht jedoch vor dem 2. Januar 1974.

Wir bitten um kurze schriftliche Bestätigung des Inhalts dieses Briefes.

Der Südwestfunk wird durch diese Vereinbarung erst verpflichtet, wenn mit unserer Honorar- und Lizenzabteilung ein formeller Honorarvertrag abgeschlossen worden ist. Ein entsprechendes Vertragsangebot wird Ihnen in Kürze zur Unterschrift vorgelegt werden.

Mit freundlichen Grüßen Dr. Otto Tomek

Jungkomponisten werden anders eingestuft. Gemessen an den von Kagel und Ligeti mit listigen Argumenten herausgeschlagenen Auftragshonoraren für weitaus kleinere Besetzungen sind die für ein Orchesterwerk vorgeschlagenen DM 6.000,– zuerst einmal nicht beeindruckend. Im Verhältnis zu allen sonstigen Zeiten – bis in die heutigen Tage hinein – ist die festgesetzte Beauftragungssumme durch eine Rundfunkanstalt jedoch hoch.

Karlsruhe, 15. Oktober 1973

Lieber Dr. Tomek!
Vielen Dank für Ihr Schreiben vom 5. Oktober '73, dessen Empfang und inhaltliche Kenntnisnahme ich Ihnen hier kurz bestätigen will.
Mit vielen freundlichen Grüßen: Wolfgang Rihm

Karlsruhe, 20. Oktober 1973

Lieber Dr. Tomek!
Jetzt, da alles vorbei ist, kann ich Sie zur Gestaltung der diesjährigen Donaueschinger Musiktage beglückwünschen, die mir gerade durch ihre Widersprüchlichkeit viel Anregung geben konnten. Diese Widersprüchlichkeit spiegelte sich im Publikum: die einen verlangen Qualität, die andern lechzen nach „Schocks", für mich heute unvereinbar, ja als Alternative lächerlich. Eine Episode: aufgeputzte Altavantgardistin (seit gestern) beim Hinausschreiten nostalgisch: „Ja früher war alles viel aufregender". Sie wird früher wohl am meisten „geschockt" gewesen sein und gebuht haben. Ich habe keine Angst für Donaueschingen '74. Mein Stück wird jene nicht schocken, die den Komponisten zu einem Narren machen wollen, der unter Erfolgszwang sich von Schock zu Schock müht. Im Grunde wollen die Leute nur Sicherheit: Information* (Bastelgeheimnisse) dient dazu, die „Sicherheit des Schocks" abzusichern.
Schade, daß ich Sie bei Fürstens nicht mehr sprechen konnte, aber wir werden ja noch oft Zeit haben, unsere Gedanken über's Publikum auszutauschen und nicht nur darüber.
Globokar, Boulez waren wichtig für mich, im positiv fragwürdigen Sinn.
Einen lieben Gruß Wolfgang Rihm
PS. 2 Gedanken noch
Wie wäre es mit einer öffentlichen Generalprobe bei Morphonie (Information* ohne eloquenten Verbalsalat)
(kein Gedanke nur ein Sagen:) ich hab einen Schlips gekauft!

Baden-Baden, 27. November 1973

Lieber Herr Rihm,
schönen Dank für Ihren Brief vom 20. Oktober 1973 und Ihre Reflexionen über Donaueschingen. Das sind Gedanken, die mich sehr interessieren, zumal sie von dem

üblichen Schematismus in angenehmer Weise abweichen. Nun rückt ja der Oktober 74 schnell heran. Ob wir eine öffentliche Generalprobe Ihres Stückes machen können, muß ich untersuchen, im allgemeinen sind ja die Generalproben nicht gesperrt wie bei Kagel, sondern zugänglich. Vielleicht läßt sich dies aber ins Programm direkt mit hineinziehen. Dies wird sich innerhalb der nächsten Wochen wohl herausschälen. Für ihre Arbeit alles Gute und beste Grüße von Ihrem Dr. Otto Tomek

Historisches Archiv SWR Baden-Baden, Sig. P 43024

Merzhausen, 18. Januar 1974

Lieber Herr Tomek,
Zuerst will ich Sie im neuen Jahr herzlich grüßen, dann habe ich eine Bitte an Sie: Können Sie mir (vielleicht auch nur annähernd) die Probentermine für das Stück mitteilen, bei denen ich ja, wie Sie sagten, dabei sein soll? Ich muß nämlich hier in Freiburg an der Uni bald sagen, ob ich an einer Seminarexkursion nach Prag teilnehmen will, die in die Spätsommerzeit fällt. Ich wäre sehr dankbar, wenn ich bald näheres erfahren kann.
Etwas anderes: hat Breitkopf schon die Partitur geschickt und geht alles klar in der Materialherstellung?
Wir sollten uns vielleicht gedankenaustauschhalber wieder einmal treffen, jetzt will ich Sie nicht länger aufhalten.
Einen lieben Gruß von Ihrem Wolfgang Rihm

Historisches Archiv SWR Baden-Baden, Sig. P 43014

Merzhausen, im Februar 1974

Lieber Herr Dr. Tomek,
Heute nur kurz:
Ich habe in mehreren Zeitschriften gesehen „Sektor IV für Streichquartett und Orchester". Der genaue Titel aber ist: „Morphonie (1972/...), Sektor IV für Orchester mit Solostreichquartett". Eine Kleinigkeit, aber nicht unwichtig. Im Programm und der Vorankündigung wird es ja richtig stehen.
Haben Sie sich schon wegen der öffentlichen Generalprobe Gedanken gemacht? Ich für meinen Teil finde das gar nicht mehr so attraktiv wie im Oktober, als ich Ihnen schrieb. Zumal Sie mich ja erinnerten, daß die Generalproben alle öffentliche sind. Vielleicht kann man das im Programm vermerken für alle Stücke!?
Bald ausführlicher und hoffentlich bald leibhaftig zu einem Gespräch
Ihr Wolfgang Rihm

Historisches Archiv SWR Baden-Baden, Sig. P 42014

Baden-Baden, 5. März 1974

Lieber Herr Rihm,
heute kann ich Ihnen endlich wenigstens den Rahmen der Probezeiten für Donaueschingen mitteilen. Herr Bour probiert an zwei großen Perioden. Einmal vom 27. August bis 7. September und dann nochmal vom 3. bis 8. Oktober. Dann gibt es noch am 15. und 16. Oktober zwei Repetitionstage. In der ersten Periode wird Herr Bour die Stücke erarbeiten, in der zweiten vermutlich aufnehmen. Es könnte natürlich sein,

daß er das eine oder andere Stück auch schon innerhalb der ersten Periode fertig produziert. Wann die einzelnen Stücke genau drankommen, läßt sich im Moment noch schwer sagen, da noch nicht alle Partituren vorliegen und erst danach eine genaue Probeneinteilung gemacht werden kann. Natürlich brauchen Sie nicht die ganze Zeit da zu sein, es wäre aber sicher sehr nützlich, wenn es sich sowohl in der ersten wie auch in der zweiten Periode einrichten ließe. Wenn Sie wegen Ihrer Exkursion nach Prag z. B. einen Teil der ersten Periode nicht wahrnehmen könnten, so lassen Sie mich dies bitte wissen; ich könnte dann Herrn Bour bitten, darauf Rücksicht zu nehmen. Wir werden uns bemühen, die genauen Titel in alle neuen Verlautbarungen hinein zu bekommen. Die Notiz in MELOS bezog ja seine Weisheit aus anderen Quellen.

Zum Problem Generalprobe: Diese wird natürlich zugängig sein. Es läßt sich aber nicht vermeiden, daß bei dem dichtgedrängten Programm des Donaueschinger Wochenendes sich Überschneidungen ergeben. So werden z. B. während der Generalprobe für Ihr Stück gleichzeitig einzelne Schichten des Schnebelschen Werkes im Saal daneben vorgeführt werden müssen usw... Darüber unterhalten wir uns bei nächster Gelegenheit.

Für Heute mit besten Grüßen Ihr Dr. Otto Tomek

Historisches Archiv SWR Baden-Baden, Sig. P 42024

Eine fast anekdotische Komik spielt in folgendem Brief Tomeks unterschwellig mit herein, wenn man sich n i c h t vergegenwärtigt, dass es sich bei *Morphonie* um Rihms erste Orchesterkomposition handelt und dem Anfänger auf dem Gebiet einer Orchesterpartitur weder sein erster Lehrer Eugen Werner Velte noch Karlheinz Stockhausen die singuläre und hierarchische Position des Paukisten klar gemacht haben.

Baden-Baden, 13. März 1974 (Rihms 22. Geburtstag)

Lieber Herr Rihm,
bei unserem Gespräch hatte ich folgendes vergessen. Könnten Sie bei der Materialherstellung darauf achten, daß Pauke und Schlagzeug nicht durcheinandergebracht wird. Pauker ist immer ein besonderer Stand gegenüber den Schlagzeugern. Es wäre sehr angenehm, wenn Sie dies noch einrichten könnten.
Mit besten Grüßen Ihr Dr. Otto Tomek

Historisches Archiv SWR Baden-Baden, Sig. P 42024

Nach den üblichen Gepflogenheiten kann ein Komponist höchstens ein bis zwei Tage auf Wunsch des Dirigenten zusätzlich zum Ort des Geschehens gebeten werden, meist nicht zu den ersten Proben, sondern kurz vor der Aufführung. Tomek spürt, dass der junge Rihm den unmittelbaren Probeprozess erleben muss, dass er das Geschriebene, auch riskant Notierte, in seiner Klangverwandlung immer wieder hören muss, um daraus für kommende Kompositionen Kapital zu schlagen. Tomek bewilligt ihm daher großzügig sieben Tage, die der führerscheinlose, von Karlsruhe aus anfahrende Komponist alle in Anspruch nimmt.

Merzhausen, 9. September 1974

Liebe Dame!
Anbei schicke ich Ihnen die bereits angedrohte Spesen- bzw. Fahrtkosten-Aufstellung.

Wolfgang Rihm und Otto Tomek, 1987

Bitte so schnell wie möglich überweisen[...] – wenn möglich – denn ich sitze auf dem
Trockenen und sehe kein Land. Bitte grüßen Sie Dr. Tomek und sagen Sie ihm auch,
wie ungeheuer stimulierend die Proben- und Aufnahme-Arbeit für mich war und wie
begeistert ich vom Ergebnis bin.
Ihnen einen ganz besonders lieben Gruß von Wolfgang Rihm

Historisches Archiv SWR Baden-Baden, Sig. P 41024

Obschon es zu den alltäglichen Banalitäten zählt, bleibt es nach wie vor d a s unausgesprochene Geheimnis, welche Großzügigkeit den einzelnen Musikabteilungsleitern
eigen ist, um zusätzliche Reisekosten, Aufwendungen und sonstige Nebenkosten zu
finanzieren. Akkurat listet Wolfgang Rihm sämtliche Fahrten auf, die notwendig sind,
um möglichst viele Proben des Orchesters mit Ernest Bour zu erleben, um aus den
gemachten Erfahrungen Erkenntnisse für kommende Ideen abzuleiten:

Rihm – Fahrtkosten
27.8.1974

Taxi	Wohnung KA – Hbf	7,00
Zug	KA hin/zurück Baden Oos	7,60
Taxi	Bf Oos – Rosbaud-Studio	13,00
Taxi	Rosbaud-Studio – Bf Oos	14,00 (seltsamerweise)
Taxi	Hbf KA – Wohnung KA	7,00
		48,60

28.8.

Taxi	Wohnung KA – Hbf	7,00
Zug	KA hin/zurück Baden Oos	7,60
Taxi	Bf Oos – Rosbaud-Studio	14,00
Bus	Studio – Bf Oos	1,00
Taxi	Hbf KA – Wohnung KA	7,00
		36,60

[etc.]

Am 19. Oktober wird *Morphonie* uraufgeführt. Das 40 Minuten dauernde Werk packt und begeistert gleichermaßen Publikum und Rezensenten. Im Programmheft finden sich von Wolfgang Rihm einige „Bastelgeheimnisse", die aber nicht dazu preisgegeben worden sind, um die „Sicherheit des Schocks abzusichern":

> Ein Text soll nicht von der Musik ablenken, das Hören ersetzen. Vor diesem Hintergrund: einige Ausgangspunkte.
> Meine Arbeitsweise ist oft vegetativ [...]. Musik als Wechselbeziehung von stummer Struktur und Klang ist primär Emotionsträger und -erreger [...]. Musik muß voller Emotion sein, Emotion voller Komplexität. Um die Komplexität vernehmbar zu machen, darf Hochartifizielles genauso wenig wie bruitistisch Zielgerichtetes ausgeklammert werden. Das eine ist oft Sonderfall des anderen. Damit beides wahrnehmbar wird, bedarf es einer komplexen Form als Ausdruckswert. Ich glaube, die (nun doch schon abnehmende) Angst vor Werk und Form ist Angst vor Komplexität, vor Introversion und Emphase.
>
> Wolfgang Rihm, ausgesprochen, Schriften und Gespräche, hg. Ulrich Mosch, Basel 1997, S. 285

Morphonie ist Kammermusik, ist Stillstand von Aktion, ist ohrenbetäubende Verlautbarung von Energie, ist Zusammenprall geschichteter Rhythmusfelder, ist „Ich-bin-die-insistierende-Harfe", ist Wehmut und Stille. *Morphonie* ist aber auch, wenn man so will, Otto Tomeks l e t z t e r Kompositionsauftrag, den er will und nicht nur unterschreibt, mit dem er sich selbst ein weiteres Zeichen, ein letztes seiner Sensibilität des Findens und Durchsetzens setzt, bevor er einen weiteren Wechsel erleben wird beim Verlassen des grünen SWF-Hügels mit Hoffnung auf gelobteres Land in einer Stadt. Mit Rihm hat Otto Tomek einen zweiten „BaZi" gefunden, dem er die Treue hält bis zu seinem Tod und der von der Treue des Komponisten bis dahin begleitet wird.

1975–77 Verantwortungsträger, Herausgeber

Drei Jahre noch bleibt Tomek in Baden-Baden, mit Verantwortung, aber ohne aufreibende Organisationstätigkeit für Donaueschingen. Sein Engagement gilt dabei nicht zuletzt dem Experimentalstudio, für dessen Wahrnehmbarkeit außerhalb der Konzertsäle er sich einsetzt.

In diese Zeit fällt auch seine Herausgeberschaft der Schriftenreihe der Heinrich-Strobel-Stiftung des Südwestfunks, die den Titel *TEILTON* trägt, eine lose

Sammlung von Beiträgen renommierter Autoren zu elektroakustischen Themen. Zunächst erscheinen drei Hefte, das vierte erst wieder 1985 in der Herausgeberschaft von Josef Häusler mit Texten von Pierre Boulez und Cristóbal Halffter, das fünfte 1987 mit Clytus Gottwalds Laudatio zum 60. Geburtstag von Pierre Boulez und einem Text von Jürg Stenzl zum „neuen" Luigi Nono. 1989 erscheint die letzte Ausgabe von TEILTON. Otto Tomek, gerade noch beim SDR in Stuttgart, schreibt darin einen Beitrag zum 60. Geburtstag des langjährigen Leiters des Experimentalstudios, Hans Peter Haller, dem dieses gesamte Heft gewidmet ist.

Herausgeberschaft gehört zur intellektuellen Seite der Biographie Otto Tomeks. Die ersten Erfahrungen auf diesem Gebiet hat er in Wien gesammelt, als Herbert Eimert 1955 bei der Universal Edition die Heftenfolge „die reihe" publiziert, mit Texten zur Neuen und Elektronischen Musik. Beratender Mitarbeiter ist damals Karlheinz Stockhausen, so dass die Achse Wien–Köln schon durch dieses Personal nach allen Richtungen hin gesichert war und Tomeks Empfehlung an den Kölner Rundfunk durch die „Sekundanten"-Tätigkeit im Bereich der redaktionellen Mitarbeit und Heftherausgaben seinen eigentlichen Ursprung gehabt haben wird. Herbert Eimert als der Herausgeber von „die reihe" und als Redakteur beim WDR hatte sich damals vermutlich den jungen Tomek als einen weiteren Kollegen im Kreis der „jungfräulichen" Mitarbeiter beim innovativen Rundfunkhaus im Nordrhein-Westfälischen gewünscht.

Zuerst also Erfahrungstraining in Wien, von 1967 bis 1978 zunächst als freier Mitarbeiter von MELOS, dann professionalisiert im Herausgeberteam von Neue Zeitschrift für Musik, um schließlich noch einmal hier beim SWF eine neue Zeitschrift mit ähnlichem Personal zu initiieren.

A propos MELOS: Gegründet wird die Zeitschrift am 1. Februar 1920 von Hermann Scherchen in der Überzeugung, gewichtige und analytisch fundierte Texte herauszubringen zu müssen über die systemsprengende Kraft avantgardistischer Kunst. Der Dirigent setzt sich zum Ziel, die internationale Musikszene in einem Periodikum zu porträtieren, einem Organ also, in welchem die Kunst des Kritisierens zur Kunst der Deutung werden soll. Eine Zeitlang funktioniert das idealistische Unterfangen. Dann kommt die Nazizeit. Nach dem 2. Weltkrieg gelingt Heinrich Strobel bereits im November 1946 die Wiederbelebung von Melos; seine Herausgeberschaft übernehmen nach dessen Tod Gerth-Wolfgang Baruch und Otto Tomek. 1975–1979 kommt es aus wirtschaftlichen Gründen zur Zusammenlegung mit der Neuen Zeitschrift für Musik, die seit 1956 ebenfalls beim Schott-Verlag erscheint. Die neue Zeitschrift Melos/ NZ für Musik wird von Carl Dahlhaus, Hans Oesch, Ernst Thomas und Otto Tomek verantwortet. Tomek beendet seine Mitarbeit 1978, zumal das Profil von Melos, der Urgedanke, wichtige zeitgenössische Ereignisse in Konzert und Oper aufwändig reflektiert und essayistisch zu kommentieren, immer mehr zugunsten einer breiteren, mehr an oberflächlichen Informationen orientierten Leserschaft vernachlässigt wird. Eine erneute Wiederbelebung von Melos 1984 verdankt sich der Initiative Wilhelm Killmayers, Siegfried Mausers und Wolfgang Rihms. Alle drei sind aber keine Herausgeberprofis mit marktwirtschaftlicher Ausrichtung, sondern Idealisten und Künstler, so dass mangels wirtschaftlichen Erfolgs Melos 1988 dann endgültig eingestellt wird.

Tomeks Rückzug aus der Programmverantwortung für die Donaueschinger Musiktage bleibt zunächst rätselhaft. Spekulationen hinsichtlich eines Zerwürfnisses mit dem Redakteur für Neue Musik laufen auch hier ins Leere. Josef Häusler ist in seiner Art von Stringenz, von öffentlichkeitswirksamer oder das Rampenlicht suchender Präsenz und von insistierender Kooperation mit den Komponisten der intellektuellere und aggressivere der beiden. Tomeks Nepotismus ist dagegen höchst bescheiden und von Hyperbulie keine Spur! Gewiss ist, dass ihn die Komponisten in ihrer Art des sich selbst Vermarktens immer mehr, wenn nicht belästigen, so doch langweilen. Auch gehen ihm die nicht ganz unberechtigten Vorwürfe aus benachteiligten Zonen und Ecken mehr und mehr an die Nieren, er befördere immer die gleichen Komponisten, schleppe seine alten Bekannten mit sich von einer Rundfunkanstalt in die andere. Messerscharf erkennt er künstlerisches Vakuum als wellenartiges Phänomen in der Zeit und gleichzeitig seine eigenen Grenzen in der Beurteilung der Qualität, des Förderungswürdigen innerhalb des Innovativen. Die Zeit Helmut Lachenmanns, Nicolaus A. Hubers oder Mathias Spahlingers ist nicht seine Zeit. Er spürt, dass seine Antriebskräfte und Antreibungskräfte den Komponisten und Interpreten gegenüber erlahmen. Nicht so seine Neugier und Wissbegierde, die frei von Verurteilung, Beurteilung ist, jedenfalls in allen seinen Verlautbarungen.

Das Finale beim SWF in Baden-Baden in seiner Position als Hauptabteilungsleiter Musik läutet er selbst mit dem allmählich wachsenden Wunsch nach Veränderung in einem Schreiben an den Intendanten ein:

Baden-Baden, 9.November 1976

> Lieber Herr Hammerschmidt,
> ich hatte inzwischen Gelegenheit zu einem Gespräch mit Herrn Hilf. Dabei konnte ich ihn über das Stuttgarter Angebot an mich informieren. Die Hoffnung, durch dieses Gespräch eine Entscheidungshilfe zu bekommen, hat sich nicht erfüllt, es bleibt in seiner Auswirkung ganz neutral. Ich habe mir nun vorgenommen, bis spätestens zum Jahresende in dieser Sache zu einer Klarheit und Entscheidung zu kommen.
> Mit besten Grüßen Dr. Otto Tomek
>
> Otto-Tomek-Archiv, AdK, Berlin

Willibald Hilf, bereits als der Intendant in spe, der Hammerschmidt ab 1. Mai 1977 folgen soll, kann Tomek in diesem Gespräch keine verbindlichen Aussagen machen, die eine generelle Verbesserung der örtlichen Aufführungsmöglichkeiten des Orchesters zum Inhalt haben. Prompt schreibt ihm der Intendant in einem persönlichen Brief seine Meinung zu dieser internen Beratung mit seinem Nachfolger:

Baden-Baden, 11. November 1976

> [...] Zunächst einmal liegt mir selbstverständlich daran, den Bestand unseres Hauses auf meinen Nachfolger überzuführen. Dazu gehört ganz wesentlich das geisti-

ge Potential. Alsdann möchte ich jedoch auch meinem Nachfolger nicht zumuten, was ich selbst nur unter Bedenken tun könnte. Nach meiner Meinung sind wir Ihnen sehr weit entgegengekommen, und Sie müßten schon sehr konkret sagen, welche berechtigten Wünsche nach Ihrer Meinung noch offen sind.

Sodann kann ich mich des Eindrucks nicht erwehren, daß Sie weniger Gründe haben, von uns wegzugehen als Gründe, es anderswo zu versuchen. Ich habe mich gewundert, das wissen Sie, daß Sie eine der prägnantesten Aufgaben, die mit der leitenden Tätigkeit im Musikbereich des SWF verbunden sind, abgaben. Eine Liederhalle können wir Ihnen hier nicht bieten, jedenfalls nicht in allernächster Zeit. Sollten Sie den „normalen" Musikbetrieb – dem ich niemals seine Berechtigung abgesprochen habe – jetzt vorziehen oder sollten Sie gar versuchen wollen, ihn stärker der Neuen Musik zugänglich zu machen, so gibt es dafür meines Erachtens im SWF kein Äquivalent. Dies sind in Kürze meine Gedanken, die freilich nur meinem eigenen Kopf entsprungen sind, weil ich über all Ihre eigenen Erwägungen so gut wie nichts weiß [...]

Otto-Tomek-Archiv, AdK, Berlin

Tomek schreibt am 22. November 1976 zurück:

[...] Wie ich Ihnen schon bei unserer seinerzeitigen Besprechung sagte, erhebe ich in der durch das Stuttgarter Angebot entstandenen Situation keinerlei Forderung gegenüber dem SWF. Mir ist klar, dass ich mich zwischen status quo hier und dem SDR-Angebot entscheiden muss, und das auch sehr bald. Diese Haltung hatte ich auch Herrn Hilf gegenüber klar zum Ausdruck gebracht. Die Entscheidungshilfe, die ich mir durch dieses Gespräch mit ihm erhofft hatte, war auch nicht materieller Art. Es gibt Gespräche, die unglaubliche Perspektiven aufreissen, Türen öffnen können, – oder aber das Gegenteil bewirken können: fest verschliessen, die Unmöglichkeit einer Zusammenarbeit offenbaren. Beides wäre eine Entscheidungshilfe gewesen, die sich aber nicht eingestellt hat [...].

Otto-Tomek-Archiv, AdK, Berlin

... und weiter am 11. Dezember 1976:

Lieber Herr Hammerschmidt,
am Ende meines Überlegungsspielraums habe ich mich nun entschlossen, das Angebot des SDR anzunehmen. Über die Gründe, die mir dieses Angebot reizvoll erscheinen lassen, konnte ich Sie in persönlichem Gespräch informieren. So muß ich heute nun im Sinne von 252.1 MTV schriftlich festhalten, daß ich mein Arbeitsverhältnis zum SWF zum 30. Juni 1977 kündige.

Noch ist es zu früh, ausführlich abschließend zu würdigen, wie viel diese SWF-Jahre für mich in jeder Hinsicht bedeuten [...]. Im Bereich meiner Möglichkeiten werde ich alles tun, um den Übergang so unproblematisch wie nur möglich zu gestalten. Ich wäre froh, wenn von Seiten der Betriebsleitung mein Nachfolger möglichst bald bestimmt werden könnte. In keinem anderen Bereich müssen viele Angelegenheiten so langfristig geplant werden wie in der Musik. Es müssen für manche Projekte der Spielzeit 1979/80 schon jetzt Entscheidungen getroffen werden. Mein Nachfolger sollte möglichst nicht auf Jahre hinaus festgelegt werden.

Orchesterfest beim SWF, 1975

Ich hoffe, daß Sie mir Ihr in unserem Gespräch gezeigtes partielles Verständnis für die von mir angestrebte berufliche Veränderung weiter erhalten können, wofür ich Ihnen herzlich danke.
Mit besten Grüssen Dr. Otto Tomek

Otto-Tomek-Archiv, AdK, Berlin

Mehrere Fakten lassen weitere Spekulationen zu, um mit ihnen den Ausstieg Tomeks aus dem SWF begründen zu können. Das gute und gegenseitig durch Offenheit geprägte Dienstverhältnis zu seinem Intendanten Hammerschmidt findet durch die vorzeitige Abwahl seines verehrten Chefs ein Ende. Wenn Hammerschmidt geht, geht Tomek auch. Der Intendanten-Nachfolger ist politisch ein Zuarbeiter des Ministerpräsidenten von Rheinland-Pfalz Helmut Kohl, konservativ gefärbt, ehrgeizig, hemdsärmelig und steht der innovativen Kunst reserviert gegenüber. Mit ihm noch einmal Neuland zu erobern, will ihm nicht einleuchten, hat er Tomek doch in diesem Beratungsgespräch durch nichts und von nichts überzeugen können. Tomek hingegen versteht sich als Weltbürger, ja immer wieder auch als Ausländer österreichischer Provenienz, dem die Mentalität der bürgerlichen und zugleich wohlhabenden Baden-Badener Gesellschaft auf Dauer fremd erscheint. Seine Entscheidung, bereits nach vier Jahren die Trumpfkarte der Donaueschinger Musiktage an Josef Häusler abzugeben, spiegelt die internen Strukturen innerhalb der Musikabteilung, die durch Hierarchisierung geprägt ist und die Tomek aus seiner Kölner Erfahrung so nicht kennt: „Kompetenzgerangel", wie er es einmal formuliert hat. Aber auch eine hohe Empfindlichkeit seinerseits trägt dazu bei, die Angriffe und niederträchtigen Urteile der Neue-

Musik-Feindlichen nicht mehr akzeptieren, respektive aushalten zu wollen. Äußerlich und in seinen schriftlichen Verlautbarungen wahrt Tomek Sachlichkeit und Contenance. Er beschreibt letztendlich immer nur das Positive, niemals die Konflikte und die Enttäuschungen, die er erlebt und die er zu beseitigen versucht. Er kaschiert die Unzulänglichkeiten der anderen aus seiner Imaginationsutopie und setzt stattdessen deren von ihm unterstellten Idealismus ein.

Dann: Die akustischen Bedingungen durch die geradezu bescheidenen und der Neuen Musik nicht adäquaten Saalverhältnisse in der Kleinstadt Donaueschingen verschlechtern jede Uraufführung dort um ein Vielfaches. Seine Liebe zum Orchester bestätigt und durchglüht nicht seine Hoffnung auf spektakulärere Interpretationsereignisse. Er ist für alles Neue offen, er ist es aber auch für alles Alte. Mit der Spezialisierung des Sinfonieorchesters des Südwestfunks kann man im Bereich der Neuen Musik und auf dem hauseigenen Festival Furore machen, nicht aber sonst wo in der Welt. Die Welt will Mozart, Beethoven, Brahms, Berlioz. Und da die Chefposition von Ernest Bour auch weitere Jahre nicht geändert werden kann, sind Tournee-Projekte, von denen Otto Tomek träumt, kaum zu realisieren. Auch mit Ernest Bour glänzt man nur auf Festivals der Neuen Musik, denn Bours stringente Art, neue Werke zu erarbeiten, bleibt Legende, aber er ist kein Gigant, nicht in der „Meisterklasse" der Stardirigenten, die Tomek schon als junger Mensch als seine großen Idole in der Wiener Staatsoper erlebt hat. Es gelingt ihm zwar, die in Köln engagierten Dirigenten auch für Produktionen zu gewinnen, aber für Konzerte in der Stadt steht dann nur das edlen Flair versprühende Kur- und Bäderhaus Baden-Baden mit putzig kleiner Bühne zur Verfügung, mozarttauglich, aber schon für Strauss-Mahler-Strawinsky-Werke ein Ort der Unmöglichkeit. Und das Rosbaud-Studio im Funkgelände ist Produktionsstätte und für reputative Abonnementskonzertreihen gleichfalls zu klein und zu speziell. Daher reist das Sinfonieorchester des Südwestfunks von Ort zu Ort innerhalb seines Sendegebiets, um dort in verfügbaren und repräsentativen Konzertsälen auch das klassisch-romantische Repertoire aufführen zu können. Man ist also ständig Gast und Gastorchester. Tomek aber ersehnt den Konzertsaal auf eigenem Terrain.

Viel später erst und nach seiner SWF-Zeit, mit der Verlagerung der Produktions- und Aufführungsstätte nach Freiburg ins neugebaute, akustisch großartige Konzerthaus, verändern sich die Bedingungen mit einem Schlag. Das Orchester wird nicht nur der erste Repräsentant der Neuen Musik, das beliebteste und „geliebteste" Orchester fast aller lebenden Komponisten, sondern dann – man weiß es – mit Michael Gielen und Hans Zender auch zum international gefragten Spitzenensemble. Und Gielens Wunsch, eines Tages einem Rundfunkorchester vorstehen zu dürfen, den er viele Jahre zuvor Otto Tomek gegenüber in einem der persönlichen „Verzweiflungsbriefe" mitgeteilt hat, wird grandios erfüllt und durch ihn grandios gefüllt.

Das Stuttgarter Angebot mit einem ebenbürtigen Sender, der gerade erst den Neubau „Stuttgarter Funkhaus" an der Neckarstraße und dem Funkstudio mit angeschlossenem Konzertsaal in der Villa Berg fertiggestellt hat in einer zwar schwäbisch-behäbigen, nichtsdestoweniger kulturell und kunst-institutionell reichen Stadt mit der „Liederhalle" und ihrem Beethovensaal, einem renommierten Opern- und Schauspielhaus, einem international berühmt gewordenen Ballett, macht also schließlich das Rennen für Tomek.

In den Weihnachtstagen 1976/77 fällt Otto Tomeks Entscheidung. Am 6. Januar 1977, am Epiphanien-Tag, schreibt Otto Tomek an Rafael Kubelik einen Brief, in dem er die Hintergründe erläutert und dabei einige Geheimnisse lüftet, die aus den sonstigen Briefwechseln nicht hervorgehen:

Lieber Herr Kubelik,
Es ist jetzt etwa ein Jahr her seit jenem schönen Abend bei Elisabeth Hartmann, in dessen Verlauf Sie es nochmals bedauert haben, dass die Umstände es mir nicht erlaubten, Ihrer Anregung zu folgen und mich für die Goslich-Nachfolge [Dr. Siegfried Goslich, Hauptabteilung Musik des BR] zu bewerben. Ich muss heute nochmals auf diese Angelegenheit zurückkommen, da inzwischen so viel geschehen ist und mir sehr viel daran liegt, dass Sie die Zusammenhänge kennenlernen und nicht am Ende zu falschen Schlüssen kommen. Natürlich wäre ich damals sehr gerne zu Ihnen gekommen, es wäre eine Tätigkeit und ein Umfeld gewesen, wie ich es mir schöner nicht hätte vorstellen können. Sie wissen, warum es mir damals nicht möglich war: ich hatte eben erst Köln ausgeschlagen und mich erneut in Baden-Baden verpflichtet. Zu jenem Zeitpunkt wäre es wirklich nicht möglich gewesen, neue Berufskontakte zu knüpfen. Alle Umstände versprachen damals auch eine stabile Lage. Ich konnte nicht ahnen, dass sich da nur zu schnell etwas ändern sollte. Ein Vierteljahr später wurde bekannt, dass die Aufsichtsgremien des SWF den Intendanten, dessen Position bis dahin unangreifbar schien, nicht wiederwählen wollten. Gerade diesem Intendanten aber war ich im Wort, ihm in erster Linie fühlte ich mich verpflichtet. Später stellte sich heraus, dass auch der Hörfunkdirektor ausgetauscht werden sollte. Da auch ein neuer Fernsehdirektor zu bestellen war, bedeutete das eine völlig neue Führungsspitze in Baden-Baden. Unter diesen Umständen fühlte ich mich auch nicht länger gebunden. Vorsichtig recherchierte ich die Lage in München. Aber zu diesem Zeitpunkt war die Entscheidung bereits gefallen, alle Absprachen mit Herrn Meyer-Josten waren getroffen. Unter diesen Umständen war ich mit meinem neuerwachten Interesse natürlich viel zu spät.
Ein paar Monate später ergab sich eine neue Situation: die Offerte des SDR Stuttgart, die mir einige sehr reizvolle berufliche Aufgaben verspricht. Unter den jetzt gegebenen Umständen habe ich dieses Angebot angenommen.
Mir liegt es nun wirklich sehr am Herzen, dass Sie, lieber Herr Kubelik, die Entwicklung des letzten Jahres so sehen, wie sie sich zeitlich abgespielt hat, in all der für mich so bedauerlichen Abfolge von „zu früh" und „zu spät". Aber glauben Sie mir bitte wirklich, dass ich jeweils zu den verschiedenen Zeitpunkten nicht anders handeln konnte.
Ich hoffe, dass es Ihnen und Ihrer verehrten Gattin gesundheitlich wieder bestens geht! In der Hoffnung, Ihnen wieder einmal zu begegnen, mit allen guten Wünschen für ein gutes Neues Jahr und herzlichen Grüssen
Ihr Otto Tomek

Otto-Tomek-Archiv, AdK, Berlin

Der langjährige Chefdirigent Rafael Kubelik also wollte Tomek als Hauptabteilungsleiter Musik beim Bayrischen Rundfunk haben, um mit ihm die Konzertprogramme für die Abo-Reihe und für die Tourneen zu planen. Sie kennen sich aus Köln. Tomek hat dem Dirigenten in seiner Eigenschaft als Komponist zweimal die Kanäle geöffnet, um dort mit dem Kölner Rundfunk-Orchester eigene Werke unter der eigenen Leitung zur Uraufführung bringen zu können.

Nach der Aufgabe der Programmhoheit für das Donaueschinger Festival verhandelt Tomek mit dem WDR um die Nachfolge von Karl O. Koch, wird aber noch einmal vom SWF Intendanten Helmut Hammerschmidt zurückgebeten. Doch die konfliktbeladenen und gremienpolitischen Schiebungen und Einflussnahmen stellen den SWF in den hierarchischen Positionen so auf, dass Tomek keine Aussicht auf eine fruchtbare Zusammenarbeit sieht. Das Angebot des SDR überzeugt ihn und entspricht ihm mehr, obschon Tomek auch beim SDR „alles stehen und liegen gelassen" hätte, wäre ihm die Kubelik-Zusammenarbeit doch noch möglich gemacht worden.

Am 1. Juli 1977 beginnt Tomek mit der Tätigkeit beim SDR als Nachfolger von Dr. Willy Gaessler als Hauptabteilungsleiter Musik. Über sich wird er den bereits 20 Jahre amtierenden Intendanten akzeptieren, ja schätzen und bewundern lernen, handelt es sich bei Prof. Dr. Hans Bausch doch um einen klassisch gebildeten Menschen, mit großen Kenntnissen in Geschichte, Politikwissenschaft, Philosophie und Kunstgeschichte. Und neben sich, als engsten Partner und Mitstreiter, mit dem er sich einen uralten Traum vielleicht doch noch zu erfüllen hofft, ein Dirigentenstar aus seiner Kindheit: Sergiu Celibidache, 16 Jahre älter und seit sechs Jahren Chef des Radio-Sinfonieorchesters Stuttgart.

Der Arbeitsplatz im SDR, Stuttgart 1978

6. Stuttgart SDR / Hauptabteilungsleiter Musik und künstlerischer Leiter der Schwetzinger Festspiele (1977–1988)

Altes Neuland

Mit der Aufspaltung in drei voneinander unabhängige Spartenprogramme, die spätestens ab 1985 den SDR-Hörfunk ausmachen, erweitert sich schrittweise die Verantwortung eines Programmchefs Musik. Er ist für die Musik in allen drei Programme zuständig: Im Programm SDR1, dem Nachrichten- und Informationskanal, ist die Musikfarbe die der anspruchsvolleren Unterhaltung. Sie reicht von Volksmusik bis zum Operettenrepertoire und schließt den deutschen Schlager in allen seinen Facetten mit ein. In SDR2, dem Kulturkanal paart sich die sogenannte „Ernste Musik" als Klassische Musik im weitesten Sinne mit anspruchsvollen Wort- und Wort-Musiksendungen und Hörspielen. Die Kultur- und Musik-Redakteure setzen auf hohe inhaltliche Qualität. Vielfach kooperieren sie miteinander, vor allem da, wo die Sendungen durch Wort und Musik das Inhaltliche bestimmen. Die Sendeplätze sind hart umkämpft, vor allem die in den Zuhörer starken, Privilegien versprechenden Sendezeiten und müssen durch die Allmacht des Hörfunkdirektors im Zusammenspiel mit dem Musikchef und Leiter der Abteilung Wort geglättet, geschlichtet und immer wieder neu strukturiert werden.

Da sowohl die Klangkörper – zu denen beim SDR nicht nur ein Orchester sondern auch ein Chor gehört – als auch die Neue Musik ihre eigenen Sendeplätze beanspruchen, ist die strategische Geschicklichkeit des Hauptabteilungsleiters gefragt und gefordert. Und auch SDR3 – in Tomeks letzten Dienstjahren vom Hörfunkdirektor Friedmar Lüke neu installiert und dem 3. Programm des Südwestfunks entsprechend angepasst als Junghörerprojekt mit der eng begrenzten Musikfarbe der aktuellen Popmusik und mittels virtuos-frechen, leichtsinnig-groben, schlüpfrig-ironischen Moderationen den konkurrierenden Moderatorenstars des SWF (z. B. Frank Laufenberg) zum Wettkampf entgegengestellt – muss vom Musikchef organisatorisch geleitet werden.

Die SDR-Zeit im Funkhaus Stuttgart in der Neckarstraße ist nach Köln die zweitlängste, die Otto Tomek in einer Rundfunkanstalt tätig ist. Sie entspricht den Aufgabengebieten, die er bereits beim Südwestfunk in Baden-Baden verantwortet hat: Er ist Hauptabteilungsleiter für Musik und das bedeutet im SDR Stuttgart wie gesagt die Leitung für alle Musikbereiche.

Tomeks Spielwiese ist das Orchester, das Radio-Sinfonieorchester Stuttgart, das sowohl innerstädtisch als auch landesweit größere Erfolge mit seinem Chefdirigenten Sergiu Celibidache einfährt. Die Neue Musik, der Otto Tomek zwanzig Jahre lang so leidenschaftlich selbstlos sein Privatleben, seine Zeit und seine Treue vermacht hat, wird von nun an eine Nebenrolle spielen; Ein Apercue, wenn es darum geht, sich mit dem eher auf klassisch-romantische Musik getrimmten Orchester auf Konzerttourneen auch hin und wieder in die Zonen der Neue-Musik-Festivals zu wagen.

Die Personalsituation in Stuttgart ist, was die Betreuung der Neuen Musik betrifft, äußerst günstig. Redakteur ist Clytus Gottwald, den Tomek schon für Donaueschingen engagiert hatte, in seiner nebenberuflichen Funktion als Leiter der Schola Cantorum, einer 16-Mann/Frau starken Spezialvokaltruppe für alle Arten von Stimmakrobatik, die er aus dem Fundus des Südfunkchors Stuttgart rekrutiert und zu Weltruhm geführt hat und die Jahrzehnte lang wenn nicht Musikgeschichte, so jedenfalls aber Werkgeschichte geschrieben hat. Bedeutend ist Gottwald aber auch als Autor: Als Essayist, als Hegelianer und daher als philosophisch strukturierter Denker über spezielle Phänomen innerhalb der Musik, ein Souverän im Bereich der neuen Vokalmusik, aber auch ein vernetzter Sympathisant im rührigen Getriebe der protestantischen Theologie, die mit ihrer ganz speziellen Intellektualität bemerkenswerte Seilschaftsverbrüderungen zuwege bringt.

Clytus Gottwald wird für Otto Tomek im Stall seiner E-Musikredakteure der erste Ansprechpartner, der Vertraute und vor allem der in seiner Vorgehensweise bei der Vergabe von Kompositionsaufträgen oder bei Programmierungen von Konzerten der Reihe „Musik unserer Zeit" der ihm gegenüber konträre, völlig anders strukturierte Redakteur. Für Tomek ist Gottwald ein Glücksfall. Kein Konkurrent, sondern ein Partner, ein Gleichgesinnter, den er aufgrund seiner geistreichen und geschliffenen, oft auch radikal anspruchsvollen Texturen über die Musik der Gegenwart zu schätzen weiß. Man könnte auch sagen: der Fettnäpfchen-Spezialist, der die offensichtlichen Mängel im Hause des SDR bloßstellt und in Wunden greift, die bewirken, dass man ihn fürchtet und zugleich reglementieren muss.

Die E-Musikabteilungen aller deutschen Rundfunkanstalten haben sich im Laufe der Zeit so ausgeweitet und sich in einzelne Sparten differenziert, dass dadurch auch ein immer umfangreicher werdendes fachspezifisches Personal notwendig wurde wird. So gibt es beim SDR um 1975 neben der Redaktion für Neue Musik eine Redaktion für Sinfonische Musik, für Oper, für Kammermusik (klassisch-romantischer Bereich), für Geistliche und weltliche Chormusik (die den Südfunk-Chor mit einschließt), für Außereuropäische Musik (die der Redaktion Neue Musik untergliedert ist) und für Musikalische Unterhaltung. Ab 1984 kommen noch die Redaktion Alte Musik und die der Volksmusik hinzu. Auch wird die Neue Musik aufgespalten in zwei Ressorts, die sich darin unterscheiden, dass die sogenannte Redaktion Zeitgenössische Musik (unter den Kollegen auch als „Zweitgenössische Musik" bezeichnet) vor allem Komponisten des Komponistenverbandes Baden-Württemberg präsentiert, während die Redaktion Neue Musik die innovativen Strömungen des Komponierens weltweit im Auge hat.

Das Orchester besteht 1975 aus 118, der Chor aus 35 Stellen. Für das gesamte Orchester- und Chorbüro und deren Produktionsleiter ist Tomek verantwortlich. Und der SDR überträgt ihm sogleich auch die künstlerische Verantwortung für die Schwetzinger Festspiele.

Das Klima, das Tomek im SDR antrifft, entspricht seinem grundsätzlich frei-heitlichen Denken, das eine freie Entscheidungsposition, unabhängig von Vorgesetz-ten und Hierarchien, zu allem Sperrigen – nicht nur im Bereich der Kunst, auch im Bereich des Menschlichen und Gesellschaftlichen – mit einschließt. Von der Spitze aus, vom Intendanten Hans Bausch, wird dieses Denken im Hause des SDR prakti-ziert und ausgestrahlt. Bauschs Haltung gegenüber der Parteipolitik formuliert er so: „Kein Wahlergebnis und keine Regierungsbildung haben auf die innerbetriebliche Entwicklung beim SDR Einfluss genommen. Das hat sich natürlich nicht von selbst ergeben."

Der öffentlich-rechtliche Rundfunk ist für Bausch ein „herrschaftsfreier Raum". Die ständige Erweiterung in Fachredaktionen ist ihm auch deshalb ein Anliegen, weil er die unterschiedlichen Vermittlungsmöglichkeiten von kulturellen, politischen und volkstümlichen Inhalten erkennt. Lange Jahre hat er gekämpft für eine „publizistische Gewaltenteilung" zwischen privatwirtschaftlicher Presse und öffentlich-rechtlichem Rundfunk. Der aus dem politischen Journalismus kommende Bausch profitiert davon, dass ein Intendant in einer denkbar beschenkten Position sei, „dass er nicht nur mit Politik zu tun hat. Aber er hat mit Musik zu tun, mit Sprache, mit dem Hörspiel, er hat mit Kultur schlechthin zu tun. Er lernt Menschen kennen und besitzt in alle Bereiche hinein seine Verbindungen, er wird mit Problemen konfrontiert, vor Entscheidungen gestellt, so dass es ein unentwegter Fortbildungskurs ist, Intendant zu sein."

Der von Redaktion zu Redaktion wandernde, sich permanent in den einzelnen Bereichen kundig machende Intendant hat in Hörfunkdirektor Dr. Peter Kehm einen intellektuellen Gleichgesinnten. Kehm, Waldorfschüler und aus kulturell gebildetem Haus, schätzt die Führungsqualität seines Vorgesetzten, auch dass dieser mit interner Kritik an seinen Mitarbeitern nicht sparsam umgeht: „Er bezog auch Fehlleistungen ohne viel Aufhebens in seine Verantwortung gegenüber der Öffentlichkeit ein und vertrat sie in den Aufsichtsgremien auch bei harter Kritik. Dass auch im öffentlich-rechtlichen Rundfunk nur Menschen am Werk sind, wie anderswo, zum Beispiel in der Politik – das zu betonen wurde er nicht müde."

Hans Bausch, in: Dieter Schwarzkopf „Zwischen Anspruch und Akzeptanz,
Der öffentliche Rundfunk im Wandel", Münster 2006, S.106ff

Unter solchen Führungskräften lässt sich arbeiten. Unmittelbar nach Beginn seiner Tätigkeit schreibt Tomek an den Hörfunkdirektor:

Stuttgart, 19.7.1977
Lieber Herr Dr. Kehm,
wie besprochen, möchte ich anfragen, welche Dienstgeräte (Stereoanlage, Platten-spieler, Magnetophon) ich vom SDR bekommen kann. Diese Geräte sollten ihren Standort bei mir zu Hause haben, wo sich ja der größere Teil des Abhörens von Sen-dungen, Schallplatten und auch Bändern vollzieht.
Mit besten Grüßen Dr. Otto Tomek

SWR Stuttgart, Historisches Archiv, Otto Tomek, 25 Ordner (1978–1988)

Otto Tomek und
Hans Bausch, 1985

Noch am gleichen Tag setzt er ein zweites Schreiben auf, das sich bereits schon mit ganz speziellen Bereichen seiner Belegschaft befasst:

> Lieber Herr Dr. Kehm,
> bei unserer letzten Besprechung konnte ich Sie darüber informieren, daß ich in meiner Eigenschaft als Mitherausgeber der Zeitschrift Melos / NZ für Musik gerne Kollegen der Musikabteilung zur Mitarbeit heranziehen möchte, insbesondere für den von mir bearbeiteten Sektor „Schallplattenkritik". Ich denke dabei zunächst an die Kollegen Wienke, Ludewig, Gottwald und Steegmann. Soweit die Betreffenden nicht schon generelle Nebenbeschäftigungsgenehmigungen haben, sollen diese von ihnen beantragt werden.
> Bei dieser Gelegenheit möchte ich auch darum bitten, daß meine Sekretärin, Frau Frisch, und später deren Nachfolgerin, Schreibarbeiten in geringem Umfang übernehmen, die durch meine Nebentätigkeiten bei Melos/NZ sowie der Heinrich-Strobel-Stiftung entstehen. Diese Schreibarbeiten sollen außerhalb der Dienstzeit gemacht werden, sie werden von den betreffenden Stellen honoriert. Ich bitte aber um Genehmigung, daß diese Arbeiten in den Diensträumen und mit den Dienstschreibmaschinen ausgeführt werden. Irgendeine Beeinträchtigung dienstlicher Belange durch alle Anträge dieses Briefes halte ich für ausgeschlossen.
> Mit besten Grüßen
>
> SWR Stuttgart, Historisches Archiv, Otto Tomek, 25 Ordner (1978–1988)

Ein für Tomek archetypischer Akt, unmittelbar nach Antritt seines Amtes beim SDR: Einerseits offene Worte in eigener Sache, was die Praxis des Wahrnehmens der Sendungen seiner redaktionellen Mitarbeiter betrifft, die nur außerhalb der Dienstzeit und außerhalb des Dienstortes möglich erscheint; Andererseits die Stärkung und Miteinbeziehung der Kollegenschaft in seine außerdienstliche publizistische Tätigkeit inclusive der akribisch korrekten Einholung eventuell notwendiger Genehmigungen vom Arbeitgeber SDR.

Das übliche Dirigenten- und Orchestergeschäft?

Die Nachkriegsära des Radio-Sinfonieorchesters Stuttgart wird zunächst bestimmt durch Hans Müller-Kray, 1948 von der amerikanischen Militärregierung zum Leiter der Hauptabteilung Musik und in Personalunion zum Chefdirigenten des SDR-Orchesters benannt. Dieser ist ein Kapellmeister von besonderer Qualität, zumal er über ein riesiges Repertoire verfügt, gut organisiert ist und auch die personellen Belange der Musiker und der redaktionellen Mitarbeiter souverän bewältigt. Sein direkter Vorgesetzter Dr. Peter Kehm arbeitet ausgesprochen gerne mit ihm zusammen, allerdings fehlt Müller-Krays künstlerischem Engagement die Besonderheit, das nationale und internationale Flair. Durch Müller-Krays ästhetische Verfügbarkeiten und seine wenig kreative Originalität wird das Orchester schon zu Beginn seiner Existenz auf das klassisch-romantische Repertoire heruntergefahren und der Bereich der Neuen Musik spielt nur eine marginale Rolle. Müller-Kray betrachtet die Komponisten der Vorkriegszeit als die einzig Zeitgenössischen. Er ist ein Konservativer der Kunst, wenn es so etwas überhaupt je gegeben hat und mit diesem Idiom färbt er auch die künstlerische Gesinnung des Orchesters, macht es zu einem „berühmt-berüchtigten" konservativen Kollektiv. Das Manko, das Müller-Kray und damit das Orchester umgibt, beschreibt der Hörfunkdirektor in seinen Erinnerungen so:

> Was ihm fehlte, war jene Eigenschaft, die für viele Konzertgänger den Dirigenten jedenfalls zuvorderst ausmacht und die auch unser tonangebender Musikfreund im Verwaltungsrat so schmerzlich vermißte: das Charisma einer außerordentlichen Persönlichkeit, des Dompteurs, Magiers und faszinierenden Gebieters über ein inspiriertes, hingebungsvolles Kollektiv, das mit diesem zu einem einzigen Organismus zu verschmelzen scheint.
>
> Peter Kehm: Vorübergehend lebenslänglich... Ganz persönliche Erinnerungen
> aus 40 Rundfunkjahren – und einigen davor, Stuttgart 1990, S. 148f.

Auch Clytus Gottwald beschreibt in seiner Autobiographie die Ausgangslage, unter der das Radio-Sinfonieorchester Stuttgart in der Zeit um 1969/70 um einen neuen Chefdirigenten geworben hat. Bis zu Hans Müller-Krays Tod war der Dirigent des Orchesters zugleich auch der Musikabteilungsleiter beim SDR. Mit der Inthronisation Sergiu Celibidaches spaltet sich diese Personalunion. Der Intendant Hans Bausch verpflichtet Dr. Willy Gaessler zum Hauptabteilungsleiter Musik. Gottwalds Rekapitulation schildert die Genesis dieses Umbruchs durch die Brille des Neue-Musik-Spezialisten. Die ironische Schärfe, mit der er die Sachlage beurteilt, spiegelt die Distanz und Gegnerschaft, die sich bei ihm im Laufe der Jahre dem Orchestermusiker gegenüber aufgebaut hat, war er durch sein Aufgabenfeld doch zwangsläufig der Berufs-Provokateur des Orchesters, mit seinen Entscheidungen für Werke, die diese Musiker meist nur unter Widerstand und in einer kollektiven, ästhetisch bedingten Abneigung zu spielen gezwungen waren.

> Da Müller-Kray Leiter der Musikabteilung und Generalmusikdirektor in Personalunion gewesen war, sah ich mich unversehens in die Diadochenkämpfe um seine Nachfolge verstrickt. Ich rief Gielen an, den ich für den am besten geeigneten Nachfolger

hielt, und erreichte, dass er „seinen Hut in den Ring warf". Aber das Orchester revoltierte vehement gegen seine Bewerbung, favorisierte dagegen Sergiu Celibidache. Die Fronten verhärteten sich weiter, als die Geschäftsleitung und die Musikabteilung sich für Gielen aussprachen. Der Orchestervorstand, überwiegend reaktionär gepolt, ließ nichts unversucht, aktivierte die Presse und damit die Öffentlichkeit. Vergeblich kreidete die Musikabteilung die Absurdität an, am Rundfunk einen Dirigenten zu engagieren, der sich weigerte, Rundfunkproduktionen zu machen, der nur Konzertmitschnitte tolerierte, der also den Rundfunk als technisches Medium auf Vorkriegsstand zurückschrauben wollte. Im Wahn, alles auswendig dirigieren zu wollen, musste sich Celibidache auf ein schmales Repertoire beschränken, also nur die Stücke dirigieren, die in seinem Gedächtnis Platz fanden. So hatten wir, als Celibidache ging, vielleicht zehn Mitschnitte von Strawinskys Kuss der Fee, gewiss kein Meisterwerk, aber keinen einzigen von Petruschka. Nun, die Lösung der verfahrenen Lage sah dann so aus, dass man keinen von beiden zum Chef machte, aber beiden Verträge als ständige Gastdirigenten gab. Der nächste Aufstand des Orchesters erfolgte, als ich im Sommer 1970 den Flyer zu den erstmals von mir programmierten Konzerten „Musik unserer Zeit" vorlegte. Als erster Gastdirigent figurierte darin Pierre Boulez, was einen auch kompositorisch tätigen Hornisten zu einer scharfen Demarche beim Programmdirektor herausforderte: Wehret den Anfängen! Aber Peter Kehms Antwort war ebenso scharf. In Aktionen wie diesen schwang die alt gewordene Animosität mit, auf die sich das Orchester und vor allen Dingen Müller-Kray geeinigt hatten, von dem der Ausspruch kolportiert wurde, dass, so lange er Chef sei, ein Mann wie Boulez nicht ins Haus käme. Selbst als Boulez Chef bei der BBC in London und bei den New Yorker Philharmonikern geworden war, stichelte Celibidache in stiller Komplizenschaft mit dem Orchester: Boulez – alles kalt! Keine Musik! Und natürlich beklagte er immer wieder, dass er, wenn Boulez oder Gielen das Orchester dirigiert hätten, er mit seiner Erziehungsarbeit von vorn beginnen müsse. In der Zeit, als Celibidache am hiesigen Rundfunk sein Unwesen trieb, machte sich im Hause ein unerträglicher Byzantinismus breit. Dass die Musikabteilung sich nicht für ihn, sondern für Gielen als Chef ausgesprochen hatte, ließ er diese damit entgelten, dass kein Sachbearbeiter oder Redakteur, der mit ihm zu tun hatte, Gnade vor seinen Augen fand. Ich weiß nicht, wie viele Kollegen ausgetauscht oder entlassen wurden, weil Celibidache sie als Gesprächspartner intolerabel fand. Dem Leiter der Musikabteilung, Willy Gaessler, der eine ironische Bemerkung über den Pianisten Michelangeli gemacht und damit unbeabsichtigt seinen „Freund" beleidigt hatte, verbot er den entsprechenden Konzertbesuch, drohte an, nicht zu dirigieren, wenn er ihn im Saal entdeckte. Am Ende konnte niemand von der Musikabteilung mit ihm mehr verhandeln. Deshalb musste Wolfram Röhrig, der Leiter der Unterhaltungsmusik, als Verbindungsinstanz einspringen, weil Celibidache ihn von seiner Berliner Zeit her kannte.

Clytus Gottwald, Rückblick auf den Fortschritt, Eine Autobiographie,
Carus-Verlag, Leinfelden-Echterdingen 2009, S. 30f

Wie auch immer die Dirigentenpersönlichkeit Sergiu Celibidache zu deuten sein mag, bleibt Gottwalds Erinnerungsbericht eine Singularität innerhalb der vielfach euphorischen Gemälde über diesen in jeder Hinsicht nicht einfachen Maestro.

Tomek trifft auf den bereits seit 1972 vertraglich an den SDR gebundenen Celibidache erst fünf Jahre später: auf eine dominante und zugleich fragile Kapazität, die den Titel eines „Chefdirigenten" nicht akzeptiert, obgleich sie als Berater für die

Sergiu Celibidache, 1982

Orchesterarbeit fungiert und an personellen Fragen beteiligt werden will. Celibidache unterschreibt keinen Vertrag, zeichnet aber schriftlich fixierte Vereinbarungen gelegentlich gegen. Als Gestalter und Schleifer am Klang lässt er das Orchester in- und außerhalb der Stadt mit vielfach sensationellen interpretatorischen Deutungen von Repertoire-Werken brillieren. Allerdings widersetzt sich Celibidache den Obliegenheiten eines Rundfunkhauses, indem er wichtige Werke der jüngeren Musikgeschichte kategorisch ablehnt. „Aus unseren Gesprächen wissen Sie, daß für uns der Rundfunkübertragung von Konzerten unseres Orchesters unter international üblichen Bedingungen unabdingbare Priorität zukommen muß", schreibt der Hörfunkdirektor an den Pultstar.

Vertrauliches Schreiben Kehms an den Orchestervorstand,
16. Juni 1976, Archiv des SWR Stuttgart, 10/28204

Und in seinen Erinnerungen:

> [...] Ich habe niemals vorher oder nach ihm einen Musiker erlebt, der sich gleicher
> maßen an seine Arbeit verlor – und an ihr litt, litt unter der Diskrepanz zwischen
> dem, was ihm das imaginäre Orchester in seinem Inneren, sein Klangsinn, sein dy
> namisches Empfinden zu hören gaben, und dem, was er in der Realität zu hören be
> kam [...]. Der Maestro ist nach wie vor nicht bereit, auch nur im entferntesten die
> zwingenden Belange einer Rundfunkanstalt ebenso wie die zwingenden Belange des
> Orchesters als Institution dieser Anstalt zu berücksichtigen [...].

Alle Höhen und Tiefen mit Sergiu Celibidache, alle Schikanen und alle Furore machenden Konzerte sind in Michael Strobels protokollarisch aufschlussreicher Chro

nik „Sergiu Celibidache am Pult des Radio-Sinfonieorchesters Stuttgart (1958–1983)"
nachzulesen.

Michael Strobel, Sergiu Celibidache am Pult des Radio-Sinfonieorchesters Stuttgart (1958 – 1983),
Zum 10. Todestag des Dirigenten am 14. August 2006, in: Musik in Baden-Württemberg,
Jahrbuch 2006 Band 13, München–Berlin 2006, S. 147ff

Auch verweist sein Text auf jene Parallele, die die Stadt Stuttgart wenige Zeit vorher
mit dem anderen Stardirigenten Carlos Kleiber an der Württembergischen Staatsoper
Stuttgart erleben musste. In diesem Zusammenhang ist der Brief des damals amtierenden Leiters des Betriebsbüros der Württembergischen Staatstheater Klaus Günzel
an Peter Kehm nicht nur ein Fanal gegen jede Art von Beugsamkeit, sondern auch
eine Art fernwirkende Solidarität mit dem gleichdenkenden Otto Tomek:

> Es gehört meiner Meinung nach geradezu unpopulärer Mut dazu, maßlose Forderun-
> gen und extravagante Wünsche egozentrischer Interpreten, deren Intelligenzgrad
> oftmals in krassem Widerspruch zu ihrer Popularität steht, im geeigneten Augenblick
> in die ihnen gebührenden Schranken zu verweisen. Nur dann erscheint es mir mög-
> lich, unseren ohnehin durch persönliche und kommerzielle Interessen weitgehend
> korrumpierten und seinen eigentlichen Zielen entfremdeten Kulturbetrieb in einer
> Weise aufrecht zu erhalten, die seinen wahren und eigentlichen Zielen entspricht
>
> Günzel an Kehm, 22. Februar 1977, in: Historisches Archiv SWR Stuttgart, 10/28204.

Die komplizierten Programmverhandlungen, die einseitigen Prioritäten, die Celibidache setzt, die radikale Bevormundung des Orchesters, die Nichteinhaltung vereinbar-
ter Termine erschweren die Zusammenarbeit mit ihm, so dass eine weitere Verpflichtung gänzlich unmöglich scheint. Im September 1977 überrascht Sergiu Celibidache
dann doch Peter Kehm, als er plötzlich vor der Tür des Hörfunkdirektors erscheint:

> Ein mild gestimmter Meister – er konnte in solchen Augenblicken geradezu kindlich
> wirken – erschien und erzählte mir von Frau und Sohn, um schließlich, Blick zurück
> ohne Zorn, zu äußern, zwischen uns habe alles nur so kommen können, weil er sich
> mit mir nicht genügend beschäftigt habe und mir sein Verständnis von Musik nicht
> ausreichend nahegebracht habe. Es war rührend, aber mit der Wirklichkeit hatte es
> ja nun nicht viel zu tun.
>
> Peter Kehm, a.a.O.

Aus den sich anschließenden Vereinbarungen zwischen Hörfunkdirektor und Dirigent ergibt sich schließlich die Basis für eine zweite, lockerere Phase der Zusammenarbeit mit dem SDR und seinem Orchester, die bis zum letzten Auftritt Celibidaches
beim Südfunkball am 10. Juni 1983 andauert.

Tomeks Zusammenarbeit mit Celibidache, die aus dem am 13. Mai 1999 geführten Erinnerungsgespräch mit der SWR-Redakteurin für Sinfonische Musik und
Orchester Kerstin Gebel hervorgeht, ist voll mit anekdotisch-grotesken und absurd-
konflikthaften Randerscheinungen:

> *Kerstin Gebel (KG):* Herr Tomek, lange vor Ihrer Zeit als Musikchef in Stuttgart sind Sie
> Sergiu Celibidache bereits begegnet. Erzählen Sie uns doch etwas darüber!

Dr. Otto Tomek (OT): Es gab eigentlich zwei Stufen des Kennenlernens. Einmal habe ich Celibidache als Student Ende der vierziger Jahre in Wien erlebt, das war das erste Mal, allerdings nur per Distanz, er oben auf dem Podium und ich im Saal.

Wir Studenten waren hellauf begeistert. Wir hatten bis dahin nur die altehrwürdigen Herren wie Furtwängler oder Bruno Walter erlebt. Und dann kam Celibidache, ein Teufel, springlebendig, und er dirigierte Tschaikowskys Sechste. Das gab einen Riesenbeifall im Publikum, schon nach dem dritten Satz.

Seine Gastspiele in Wien waren aber relativ begrenzt. Und leider war es fast überall so, daß es nach einiger Zeit einfach Unstimmigkeiten gab und keine Harmonie mehr da war mit dem Orchester.

KG: Womit hatten diese Unstimmigkeiten zu tun? Wie ging er mit dem Orchester um?

OT: Seine Arbeit war hinreißend und fantastisch solange er am Pult stand, aber einen Schritt daneben wurde er problematisch. Ich selbst habe das dann später erst richtig erlebt.

Eine zweite Begegnung war dann schon etwas persönlicher, das war 1958 in Köln beim WDR. Er war damals fast in der Situation eines Chefdirigenten, obwohl er einen solchen Titel nirgends so richtig akzeptiert hat. Ich hatte damals als junger Redakteur für Neue Musik die europäische Erstaufführung des Klavierkonzertes von John Cage aufs Programm gesetzt, David Tudor spielte und Cage dirigierte. Was heißt dirigieren, er mimte eine Uhr, und er konnte, je nachdem, ob er die Minute schneller oder langsamer nahm, das Spiel beeinflussen, und die Musiker konnten die Töne setzen, wann sie wollten. Und das waren anarchische Klänge, ganz ungewohnt und auch weitab von der seriellen Musik dieser Jahre. Ja, und die Musiker mochten das gar nicht, lehnten es sogar ab.

Ein paar Tage nach dem Konzert kam Celibidache und probierte, und ich bekam plötzlich einen Anruf, ich solle hinunterkommen, denn der Maestro wolle mich sprechen. Ich ahnte nicht, dass ich da in eine Falle ging. Ich kam also herein, er saß mit den Musikern im Saal und ließ sich das Klavierkonzert von Cage vorspielen. Übrigens waren im WDR in der Wand riesige Lautsprecher eingebaut, und dazu spielten sie mit einer so überdimensionalen Lautstärke, dass es völlig verzerrt klang. Und Celibidache kam auf mich zu und fragte: „Haben Sie das verantwortet?" – Ich bejahte. Dann sagte er weiter: „Wenn ich könnte, würde ich Sie auf der Stelle erschießen lassen."

Sie können sich vorstellen, dass einem das als Anfänger natürlich auf den Magen schlägt.

Dann vernahm ich lange Zeit nichts von ihm, ich war mittlerweile in Baden-Baden als Musikchef tätig. Und eines Tages hörte ich, dass mein Kollege Willy Gaessler in Stuttgart auch unter Celibidache litt und dass er ausgesprochen schlecht von ihm behandelt worden war. Das lag zum einen daran, dass Celibidache alte Menschen nicht mochte. Jüngere konnten fast alles tun. Und so hatte er sich oft auf bestimmte Musiker „eingeschossen". Die hatten dann kaum eine Chance. Nun hieß es, Celibidache habe sich mit dem Stuttgarter Orchester zerstritten. Ich wusste auch, dass es ebenso mit dem Schwedischen Rundfunkorchester und dem RAI-Orchester in Rom so war. Dort hatte er die Musiker derart beschimpft, dass sie mit den Pulten nach ihm warfen, wie mir der damalige Soloflötist Severino Gazzelloni mitgeteilt hatte.

1977, ich war gerade als Nachfolger von Willy Gaessler Musikchef in Stuttgart geworden, bekam ich einen Anruf von Dr. Kehm, dem Programmdirektor, Celibidache sei wieder da. Ich kam mit gemischten Gefühlen hinauf und saß, da Kehm kurz aus dem

Zimmer gegangen war, ganz allein mit dem Maestro. Den Zwischenfall in Köln habe ich natürlich nicht erwähnt, obwohl ich mir ganz sicher bin, dass Celibidache sich genau erinnern konnte. Er hatte ein sagenhaftes Gedächtnis, wie ein Elefant. Und merkwürdigerweise kamen wir von dem Moment an gut miteinander aus.

KG: Nun hatten Sie also die Gelegenheit, Sergiu Celibidache hautnah bei den Proben und im Konzert zu erleben. Wie hat er gearbeitet, was machte seine Faszination aus?

OT: Musikalisch war es mit ihm ungeheuer eindrucksvoll, obwohl ich auch stilistische Einwände hatte. Sein Mozart gefiel mir gar nicht, und auch jetzt bei den neuesten Brahms-Einspielungen der Deutschen Grammophon habe ich gewisse Zweifel. Beispielsweise hängt meines Erachtens der Anfang der 2. Sinfonie arg im Tempo durch. Das hat aber auch den Vorteil, dass dadurch eine ungeheure Klangentfaltung möglich war.

Bei den Proben war er oft schwierig. Besonders auf die zweiten Geigen hatte er es abgesehen. Einmal dirigierte er eine Bruckner-Sinfonie, und für mich war das einfach wunderbar. Ich ging zu ihm hin, um ihm das zu sagen. Er fuhr mich an: „Wo haben Sie denn Ihre Ohren? Haben Sie nicht gehört, wie im Trio die zweiten Geigen gewackelt haben?"

KG: Verschiedene Musiker aus dem Orchester berichten, dass Celibidache sehr intensiv und lange geprobt haben muss?

OT: Ja, er hat sehr intensiv geprobt, das waren in einer Arbeitsperiode von ungefähr drei Wochen jeweils zwei Konzertprogramme. Er arbeitete mit seinem Orchester als ein echter Orchestererzieher. Wenn er eine Probe begann, arbeitete er an den ersten acht oder 16 Takten oft über eine Stunde. Für das erste Konzert, das ich mit ihm in Stuttgart hörte, war Dvořáks „Neue Welt" vorgesehen. Ich dachte bei den Proben, er käme nie zum Ende. Aber das war einer seiner Tricks. Nachdem er die Musiker auf die von ihm geforderte Klangqualität gebracht hatte, lief das Weitere ganz schnell und auch wesentlich einfacher.

KG: Sie waren von Celibidaches Mozart-Interpretationen nicht ganz begeistert. Was meinen Sie, wo seine Repertoire-Stärken lagen?

OT: Also, Bruckner unbedingt, Debussy und Ravel, die Spätromantik, das 20. Jahrhundert wie Bartók oder Strawinsky. Auch seine Probenarbeit bei Debussy und Ravel war beeindruckend pädagogisch und ging immer vom gegenseitigen Hören aus. Und damit brachte er das Orchester auf einen „Pianissimo-Standard" der einfach sensationell war. Er stimmte die einzelnen Akkorde so lange aufeinander ab, bis sie die richtige Transparenz hatten.

Und er wusste einfach alles. Celibidache war ein so umfassend kenntnisreicher Musiker. Er probte immer ohne Partitur. Er ließ sich nur immer die Taktzahlen vom Konzertmeister ansagen, die hatte er nicht im Kopf. Er wollte auch nie, dass Studenten mit der Partitur in die Probe kamen. Die musste man im Kopf haben, um sich ganz auf das Hören konzentrieren zu können.

KG: Warum ist Celibidache nach 1982 nicht in Stuttgart geblieben, warum ging er nach München?

OT: [...] Ein anderer Grund war, dass Celibidache zwar ein großes Repertoire hatte, aber für den Rundfunk war es irgendwann einmal erschöpft. Man konnte nicht immer dieselben Stücke spielen. Und wenn man ein Rundfunkarchiv aufbauen will, ist das eben schwierig. Hingegen konnte ein städtisches Orchester wie die Münchner Philharmoniker jedes Jahr seine Bruckner-Sinfonien spielen. Das Publikum kam sowieso. Das war eine ganz andere Struktur. Und dann ging es Celibidache eben nicht um Aufnahmen, wie Sie wissen. Er wollte das nicht und hat es immer abgelehnt.

KG: Wie war denn Ihre persönliche Zusammenarbeit bezüglich der Programmgestaltung? War das eine Teamarbeit?

OT: Am Anfang der Programmgespräche sagte er immer: „Also ich gebe Ihnen jetzt drei Perioden zu drei Wochen." Das waren erst einmal die Zeiten. Und dann fing das Ringen an. Er wollte z. B. die Achte von Bruckner dirigieren. Und ich sagte darauf: „Die haben wir doch erst gemacht." Daraufhin er: „Also schön, dann eben die Siebente." Und so ging das Stück für Stück. Wir haben immer alle möglichen Programme ausgelotet, mühsam. Ich bin manchmal zu ihm nach Paris gefahren und habe dort mit ihm verhandelt. Dort sah ich einen Tisch voll mit Post und ungeöffneten Briefen. Er hat nie geantwortet. Man konnte schreiben, was man wollte. Das ignorierte er, das war ihm lästig [...]

KG: Wenn Sie sich erinnern und einmal zusammenfassen würden: Was war es, was Celibidache vor allen anderen Dirigenten auszeichnete?

OT: Das war die Klangentwicklung, eine ganz spezifische Klangsensibilität. Und die Fähigkeit, aus dem Augenblick heraus zu gestalten. Deshalb war er ja auch so gegen Studioaufnahmen. Er war der Meinung, dass Musik im Augenblick entsteht, dass sie heute anders sei als am nächsten Tag. Und dabei spielt natürlich auch das jeweilige Publikum eine große Rolle.

Für das Orchester wäre es sicher gut gewesen, mehr Wirkung nach außen zu haben. Deshalb begrüße ich jetzt auch die Celibidache-Edition der Deutschen Grammophon in Zusammenarbeit mit den SWR. Die Aufnahmen zeigen, dass die Stuttgarter Jahre von 1972–1982 für das Orchester wie auch für Celibidache – entgegen manchen anderen Meinungsäußerungen der letzten Zeit – eine ganz wichtige und außerordentlich erfolgreiche Periode gewesen sind.

„Sergiu Celibidache. Erinnerungen an ein Genie" Kerstin Gebel im Gespräch mit dem ehemaligen SDR-Musikchef Dr. Otto Tomek, in: SWR-Klangkörper-Journal, Mai 1999.

Neben dieser speziellen Pflege des egozentrischen, menschlich komplizierten Maestros und der damit verbundenen Vermittlungsarbeit zwischen ihm und seinem Orchester müssen pro Saison zu Beginn ungefähr 30, später ab 1983 wenigstens 70 Konzerte konzipiert, programmiert und veranstaltet werden. Neben den acht bis zehn Abonnementskonzerten finden Gastkonzerte, Tourneen und Produktionen statt, darüber hinaus Auftritte bei den hauseigenen Schwetzinger Festspielen, vor allem der Oper verpflichtet sowie als Klangkörper-Partner bei anderen Festspielen. Neben Sergiu Celibidache müssen Gastdirigenten engagiert werden wie Michael Gielen, Rudolf Barschai, Bruno Maderna, Pierre Boulez, Witold Rowicki, Karl Böhm, Wolfgang Sawallisch, Sir John Barbirolli, Sir Georg Solti, Günter Wand, Gustav Kuhn, Gary Bertini, Daniel Nazareth, Hubert Soudant, Uri Segal, Garcia Navarro, Jirí Starek, Herbert Blomstedt oder Guiseppe Sinopoli, um nur einige zu nennen.

Die rituelle Kommunikationsprozedur zwischen Manager und Dirigent, zwischen Manager und Agentur verläuft im Prinzip immer gleich. Tomek, längst professionalisiert durch seine beim SWF gemachten Erfahrungen als Musikchef im Umgang mit Terminen, Programmfindungen und Engagementspitzfindigkeiten, die auch das Honorar und alle damit verbundenen Vertragsmodalitäten beinhalten, verfährt routiniert auch bereits in seiner ersten SDR-Kontaktaufnahme mit dem Dirigenten Rudolf

Barschai, dem der Wunsch des Hauses eröffnet wird, neben Celibidache als ständiger erster Gastdirigent verpflichtet zu werden. Die Wahl ist problematisch. Aber eine Umkehr ist nicht mehr möglich, da bereits von seinem Vorgänger Gaessler alle Vertragsmodalitäten ausgehandelt sind.

Dieses erste umfassende Engagement soll hier einmal in seiner ganzen Ausführlichkeit beispielhaft für alle folgenden Engagements dokumentiert werden:

Stuttgart, 6. Juli 1977
Sehr verehrter, lieber Herr Barschai,
nun ist es endlich soweit: ich sitze im Stuttgarter Funkhaus und freue mich, daß ich damit unserer Zusammenarbeit um ein wesentliches Stück näher gerückt bin. Es gibt eine Fülle zu tun.
Über die Programme sprechen wir am besten dann, wenn Sie wieder in Stuttgart sind. Wegen verschiedener Termine hat Frau Shahar Herrn Dr. Gaessler geschrieben. Ich werde jetzt, im Einvernehmen mit Herrn Dr. Gaessler, mich dieser Terminfrage schon selbst annehmen. Ich werde auch schnellstens Vorschläge für die weiteren Termine der Spielzeit 1978/79 machen. Ich verstehe, daß man auch jetzt schon für 1979/80 vordisponieren muß. Dafür bitte ich aber doch noch um eine kurze Frist. Zunächst müssen wir ja 1977/78 noch in allen Details regeln.
In diesem Zusammenhang eine Frage. Bei den Gesprächen in Stuttgart war als Termin für ein Konzert in Schwetzingen der 18. Mai 1978 angesetzt. Jetzt findet aber wegen Menuhin das Konzert schon am 7.5.78 statt. Bitte lassen Sie mich wissen, ob Sie die Zeit zwischen 7. Und 18. Mai weiterhin für uns reserviert haben. In Ihrer persönlichen Angelegenheit sind hier sehr viele Erkundigungen eingeholt worden. Man weiß jetzt über das Verfahren Bescheid. Weiterkommen wird man allerdings erst, wenn Sie hier sind, da in diesem Zusammenhang eine Fülle von Fragen beantwortet werden müßten.
Im Zusammenhang mit den Erkundigungen wurden wir von den Behörden auch darauf aufmerksam gemacht, daß Sie vor Antritt Ihrer Tätigkeit bei uns unbedingt eine Aufenthaltsgenehmigung bekommen müssen. Diese muß zunächst von Ihnen bei der Deutschen Botschaft beantragt werden. Wir werden gleichzeitig an die Botschaft schreiben, damit Ihnen ein entsprechender Einreise-Sichtvermerk erteilt wird [...] In wenigen Tagen mehr (morgen und übermorgen ziehe ich mit Familie und Hab und Gut von Baden-Baden nach Stuttgart).
Mit herzlichen Grüßen Ihr Dr. Otto Tomek

Stuttgart, 6. Juli 1977
An den
Botschafter der Bundesrepublik
Deutschland in Israel [...]

Sehr geehrter Herr Botschafter,
der Süddeutsche Rundfunk und Herr Rudolf Barschai, Leiter des Israel Chamber Orchestras, haben vor kurzem ihre Bereitschaft zu enger Zusammenarbeit erklärt. Danach soll Herr Barschai für eine intensive Tätigkeit als künstlerischer Leiter des Radio-Sinfonieorchesters Stuttgart gewonnen werden. Für die nächste und übernächste Spielzeit sind bereits eine ganze Reihe von Terminen vereinbart worden, durch die im übrigen die Tätigkeit von Herrn Barschai beim Israel Chamber Orchestra nicht

berührt wird. Wir erwarten uns von der Zusammenarbeit mit Herrn Barschai eine wesentliche Bereicherung und Steigerung der künstlerischen Substanz unseres Sinfonieorchesters.

Damit Herr Barschai nun ordnungsgemäß seine Tätigkeit aufnehmen kann, benötigt er eine Aufenthaltsgenehmigung für die Bundesrepublik [...] Herr Barschai wird in dieser Angelegenheit sich in den nächsten Tagen an die Deutsche Botschaft wenden und wir wären Ihnen außerordentlich dankbar, wenn Sie seinen Antrag unterstützen wollten. Wir erwarten Herrn Barschai zu Proben ab 22. August dieses Jahres in Stuttgart [...]

Mit vorzüglicher Hochachtung Dr. Kehm
SWR Stuttgart, Historisches Archiv, Otto Tomek, 25 Ordner (1978–1988)

Und dann, sechs Tage später, noch kaum die Kollegenschar und die strukturellen Gegebenheiten der Musikabteilung beim SDR richtig erfasst, stellt der neue Musikchef einen „Katalog" als Planungskonzept auf, den er dem designierten Gastdirigenten vorschlägt:

Stuttgart, 13. Juli 1977
Sehr verehrter, lieber Herr Barschai,
vielen Dank für Ihren Brief vom 30.6. Es freut mich sehr zu hören, daß Sie während unseres Orchestergastspiels in Israel sein werden und ich also schon zu diesem Zeitpunkt die Möglichkeit haben werde, Sie wiederzusehen! Für Ihre freundlichen Wünsche zu Beginn meiner Tätigkeit danke ich Ihnen besonders herzlich! – Ich möchte heute versuchen, die verschiedenen anstehenden Fragen einmal wie in einem Katalog festzuhalten. Wir werden einiges vielleicht vorher schriftlich klären können, den Rest dann im persönlichen Gespräch.

Erstens: Ich weiß nicht, ob Sie mein Schreiben vom 6. Juli schon bekommen haben. Ich lege auf alle Fälle hier eine Kopie bei, sowie eine Kopie des Schreibens vom gleichen Datum von Herrn Dr. Kehm an den deutschen Botschafter in Israel. Diese Angelegenheit ist eine Formalität, um deren Erfüllung wir Sie bitten müssen.

Zweitens: Ihren Vorschlag, anstelle der Jupiter-Sinfonie Beethovens Vierte Sinfonie aufs Programm Ihres ersten Konzertes zu setzen, haben wir hier lange überlegt. Natürlich könnte man dies machen, es würde sich dann allerdings wohl empfehlen, mit der 4. Sinfonie anzufangen und nach der Pause die Haydn-Sinfonie zu machen. Ich bitte Sie aber, zu überlegen, was gegen eine Änderung des vereinbarten Programms spricht. Zunächst ist dieses Programm schon publiziert. Sie finden anbei den Konzertprospekt der nächsten Saison. Es wäre nun wirklich nicht schön, wenn gleich das erste Konzert geändert würde, wobei für einen Außenstehenden diese Änderung nur schwer plausibel gemacht werden kann. Wir würden mit dieser Änderung sicher sofort Kommentare in der Presse provozieren. Man würde uns vorwerfen, daß wir nicht richtig überlegt haben und daran allerlei Vermutungen anknüpfen, welche die neue Spielzeit und neue Ära gleich belasten würden. Ich weiß natürlich nicht, wie gewichtig Ihnen die Vierte Beethovens gerade zu diesem Termin Anfang September ist. Wir haben eine Produktion des Werkes (in der Originalfassung) ohnedies zunächst schon für die Periode 24. – 28. Oktober 77 vorgesehen, eventuell schon 19. – 24. September 77. Können wir unter diesen Umständen nicht doch bei dem angekündigten und ausgedruckten Programm bleiben?

Drittens: Spielzeit 1977/78

Hier müssen noch viele Programme fixiert werden, was wir im Detail sicher erst machen können, wenn Sie hier sind. Wir haben zwar seinerzeit einige Werke ins Auge gefaßt. Damals hatten wir allerdings nur an Produktionen gedacht. Jetzt sind aber drei weitere Konzerte hinzugekommen (Tübingen, Gewerkschaftskonzert Stuttgart, Schwetzingen). Darum sollten wir erst die Konzertprogramme fixieren und danach entscheiden, welche Werke wir in den übrigen Terminen schon vorproduzieren.

Ich fasse die Termine hier nochmals zusammen (zusätzlich zu 22.8. – 2.9.77):

a) 19. – 24. September 77

b) 24. – 28. Oktober 77

c) 21. – 25. November 77. Hierfür ist Herr Lima als Solist verpflichtet (Boris Tschaikowsky – Klavierkonzert)

d) 5. – 9. Dezember 77, Konzert in Tübingen. Der Veranstalter, der uns dieses Konzert noch kurzfristig ermöglicht hat, hat für diesen Termin allerdings schon Ricardo Odnoposoff verpflichtet. Er würde es sehr begrüßen, wenn wir diesen Solisten zu diesem Datum übernehmen könnten. In Frage käme vor allem das a-moll-Konzert von Viotti oder ein Konzert von Leclair.

e) 31. Januar – 8. Februar. Ich habe mit Harrison & Parrott, London, gesprochen, den Agenten von Vladimir Ashkenazy. Es ist leider unmöglich, daß Herr Ashkenazy noch am 8. Februar zur Verfügung steht. Dies wäre aber der früheste Termin, zu dem wegen der Karnevalstage ein Konzert veranstaltet werden könnte. Am 6. Februar, wie von Ihnen ursprünglich vorgeschlagen, kann man wegen der „tollen Tage" wirklich kein Konzert veranstalten. Bei den ungeheuer hohen Honoraren, die Herr Ashkenazy verlangt, müßten wir schon ein Konzert haben und ihn nicht nur zu einer Studioproduktion einladen. Ich glaube, daß wir zu diesem Termin jetzt nicht weiter mit Ashkenazy rechnen sollten, zumal wir auch jetzt noch keinen Veranstalter gefunden haben, der auch am 8. Februar 78 ein Konzert arrangieren würde. Wir können dies ja nur sehr begrenzt in eigener Regie tun. – Herr Parrott bat mich, Sie wissen zu lassen, daß in der in Frage kommenden Periode Malcolm Frazer frei wäre.

f) 27. Februar – 3. März 78

g) 30.März – 6. April 78. Konzert für den Deutschen Gewerkschaftsbund in Stuttgart.

h) 2. Mai – 7. Mai 78, Konzert in Schwetzingen, Solist: Menuhin.

i) Hier ist weiter die Frage offen, die ich schon in meinem Schreiben vom 6. Juli angesprochen habe: Da das Schwetzinger Konzert ursprünglich für den 16. Mai angesetzt war, ist mir unklar, ob Sie weiterhin die Zeit zwischen 7. und 18. Mai für uns reserviert haben oder ob Sie nach Fixierung des Schwetzinger Konzerts am 7. Mai über die darauffolgenden Tage anders disponiert haben. Zu diesem Punkt wäre ich um recht baldige Nachricht dankbar.

In der bisherigen Korrespondenz ist offen geblieben, ob Sie nicht noch im Juni 1978 einen Termin bei uns wahrnehmen können. Wir haben die Zeit zwischen 1. und 16. Juni noch nicht besetzt. Es wäre schön, wenn Sie hier noch eine Woche nehmen könnten. Dies ist eine Terminfrage, für deren recht baldige Beantwortung ich sehr dankbar wäre.

Viertens: In ihrem Schreiben vom 22. Juni bat Frau Shahar um die Probenzeiten für die vereinbarten Konzerte in der Spielzeit 78/79. Bei den im folgenden genannten Daten handelt es sich nur um Vorschläge von mir. Ich bitte zu prüfen, ob dies Ihrerseits möglich ist. Ich habe mit Absicht die Probenzeiten länger gewählt, damit einerseits die Werke in Ruhe erarbeitet und in der Probeperiode möglichst auch studiomäßig produziert werden können. Im Einzelnen handelt es sich jetzt um folgende Daten von Konzerten in der Stuttgarter Liederhalle:

a) 7./8. September 78, Proben ab 28. August 78.

b) 21./22. Dezember 78, Proben (und zusätzliche Produktion eventuell auch anderer Werke) ab 11. Dezember 78.

c) 11./12. + 13./14. Januar 79, Proben (+ Produktion eventuell auch anderer Werke) ab 4. Januar 79. Für dieses Konzert ist schon seit langem Viktor Tretjakow als Solist verpflichtet. Ich hoffe, daß es da mit Goskonzert keine Probleme geben wird, wenn Sie jetzt die Leitung dieses Konzertes übernehmen. Im Anschluß an die beiden Konzerte in Stuttgart sind Wiederholungen in Augsburg und Nürnberg am 13. und 14. Januar vorgesehen, so daß ich Sie bitte, diese beiden Daten gleichfalls zu reservieren.

Dies sind für die Spielzeit 78/79 jedoch nur die drei Konzerte in der Liederhalle. Darüber hinaus wollen wir uns natürlich um weitere Konzerte bemühen, eventuell eine Tournee. Dies kann ich erst in den nächsten Tagen in Angriff nehmen. Wir sollten aber auf alle Fälle jetzt schon einige größere Perioden reservieren. Die Spielzeit 78/79 fängt außerordentlich früh an. Die Ferien sind bereits am 31. Juli beendet, so daß wir ab August mit dem Orchesterdienst beginnen. Wenn Sie im August schon einen Termin einrichten könnten, wäre das sehr schön.

Eine weitere Periode könnte sich ergeben im Anschluß an Ihr Konzert vom 7./8. September 78, also für die Zeit vom 11. bis 16. September.

Weitere Möglichkeiten zwischen 9. und 27. Oktober 1978.

Weitere offene Perioden zwischen 13. November und 1. Dezember 1978.

Ferner zwischen 1. und 9. Februar 1979.

Am 20. Mai 1979 (Proben ab ca. 10. Mai) wäre wieder ein Konzert in Schwetzingen höchst wünschenswert.

Noch offen sind praktisch der ganze Juni und der Juli 1979. Die Saison 78/79 dauert außerordentlich lang, da 1979 die Schulferien erst sehr spät, nicht vor Ende Juli, beginnen werden. Entsprechend spät fängt dann die drauffolgende Spielzeit an.

Es ist mir klar, daß Sie nicht alle diese Termine wahrnehmen können. Im Sinne der angestrebten Zusammenarbeit sollten wir ungefähr eine Anzahl von Tagen pro Jahr festlegen, die Sie zu uns kommen. Wünschenswert wäre eine Anzahl von etwa 90 Tagen im Jahr. Was denken Sie über diese Zahl? –

Ich wäre Ihnen sehr dankbar, wenn Sie von den oben angegebenen Perioden in der Spielzeit 78/79 jene bezeichnen könnten, die für Sie in Frage kommen. – Können wir auch in Zukunft die Termine direkt mit Ihnen festlegen oder soll dies über Frau Shahar geschehen?

Sechstens: Was die Spielzeit 1979/80 betrifft, so bitte ich noch ein wenig um Geduld. Wir wollen aber dann spätestens ab 22. August, wenn Sie hier in Stuttgart beginnen, auch die Daten von 79/80 festlegen. Ich werde sehr froh sein, wenn die Daten fixiert sind und wir uns dann den Programmfragen zuwenden können.

Mit allen guten Wünschen und besten Grüßen

Ihr Otto Tomek

PS: Wir treffen in der Nacht vom 6. zum 7. August in Tel Aviv ein. Ich werde Sie am 7. vormittags zu erreichen versuchen.

SWR Stuttgart, Historisches Archiv, Otto Tomek, 25 Ordner (1978–1988)

Es braucht nicht viel Phantasie, sich die Antwort des Dirigenten auf diese reichhaltige Liste an Terminen, an Programmvorschlägen vorzustellen. Man wird sich in Tel Aviv treffen und alle Daten, die mit Musikprogrammen gefüllt werden können, zu füllen. Ein Ordnungsliebhaber ist Otto Tomek, ein weit nach vorne Planender. Vorlaufzeiten schaffen Freiheit für Ideen. Rudolf Barschai ist im Planungsgefüge Tomeks der richtige Dirigent, den man für eigene Ideen, für rundfunkspezifische Notwendigkeiten (Produktion selten gespielter Werke der Musikgeschichte) einsetzen, beeinflussen, aber auch als Ideengeber beanspruchen kann. Allerdings ist die Liebe des Orchesters zu diesem Dirigenten gering, zumal die künstlerische Qualität und die Interpretationsfähigkeit unter dem Anspruch und Niveau des Orchesters liegt. Ein Kooperateur, kein Star, keine Pultallgewalt, das schiere Gegenteil von Sergiu Celibidache. Zwar ist dieses spezielle Radio-Sinfonieorchester Stuttgart in der Überzahl seiner Belegschaft viel eher dem zirzensischen Milieu verbunden, neigt dazu, eher den Dompteur und Pultfiesling zu favorisieren als den Demokraten, der sich in seiner Rolle als Dirigent der Diskussion, der Befragung des Komponierten stellt.

Patrick Strub, zweiter Geiger im Orchester und viele Jahre ein eloquenter und sich einfühlsam oft durchsetzender Vorstand, sieht die Chefposition Otto Tomeks als ein Glücksfall für das Orchester an. Er attestiert Tomek geniale Programmzusammenstellungen mit musikgeschichtlichem Raffinement, erlebt ihn mit seinem „goldenen Händchen" für Vokalstimmen, die in den immer häufiger programmierten Vokalsinfonien und Requien eine gewichtige Rolle spielen. Strub bescheinigt seinem Amtsvorsteher ein phänomenales Wissen über die Orchesterliteratur, sieht in dem universal gebildeten, bescheidenen, uneitlen Tomek eine hohe Verlässlichkeit, wenn es um die Belange des Orchesters auch gegenüber dem Hörfunkdirektor und Intendanten geht. Strub sieht die Gefahr des „Duckmäusertums" der Orchestermitglieder, wenn Celibidache mehr brüllt als dirigiert und er missbilligt die Kluft zwischen denjenigen, die „Celi" hassen und denjenigen, die ihn bis zur Selbstaufgabe verehren. Er bewundert Tomeks kooperative Sensibilität, die macht, dass auch ungebändigte Dirigenten zur Vernunft kommen. Der „Fehlgriff" Barschai, nicht Tomeks Anfangsfehler, sondern seine sogenannte Erblast, wird durch behutsame und schrittweise eingeleitete Besetzungsstrategien kompensiert. Gerade diese Offenheit den Meinungen und Erfahrungen der Orchestermusiker gegenüber macht Tomek bei seinem Klangkörper beliebt. Dadurch entwickelt das Orchester auch eine Flexibilität und Akzeptanz gegenüber ungewohnter Programmierungen und Dirigentenbesetzungen.

Solcherart Prägung des Stuttgarter Orchesters lässt zu, dass Dirigenten wie Celibidache oder später Roger Norrington mit ihren subjektiven Sound-Imaginationen die Spielweise der Musiker formen. Dieser „Stuttgart-Sound" ist durch die Wasserträger der Feuilletons ein ersehntes Fressen und umgekehrt für das Orchester eine Würdigung.

Neue Musik, von Fachredakteuren beauftragt, vorgeschlagen und programmiert, ist großen Teilen dieses Orchesters ein Fremdkörper, eine Zumutung, ja für manche geradezu eine Art Beschädigung seines Klangbegriffs und eine Verunglimpfung seines Rufs. Einige nutzen das öffentliche Konzert hin und wieder demonstrativ als Plateau, um nonverbal ihr Missfallen auszudrücken: „Schaut her, was für einen

Schwachsinn wir da spielen müssen". Ein stillschweigendes Einholen von Solidarität von einer Zuhörerschaft, die aber gekommen ist, um sich mit Neuem auseinanderzusetzen.

Viele Musiker innerhalb dieses Orchesters haben mit diesem Selbstverständnis allerdings ihre liebe Not gehabt. Sie, die Instrumentalisten mit Neigung zur Offenheit, haben ähnlich gelitten wie die nicht selten von einzelnen Orchestermitgliedern attackierten Redakteure für Neue Musik.

Otto Tomek wird diese Aura des Widerstandes gegen das Neue sehr gespürt haben. Die leidenschaftliche Unterstützung seines Neue-Musik-Redakteurs Clytus Gottwald zeugt von seiner Heimat und Zugehörigkeit zur Avantgarde. Er ist nicht mehr zuständig für die Programme „Musik unserer Zeit", aber er stützt und fördert jede Anstrengung Gottwalds, ja öffnet Räume, die eben nicht nur die renommierten Stars in der Abonnementsreihe dirigieren lässt, sondern auch Repräsentanten der anderen Seite, der Seite des Fortschritts, des Muts, der Intellektualität und Zeitgenossenschaft wie Michael Gielen, Pierre Boulez, Bruno Maderna, Peter Eötvös, also seine Freunde und die ihm Nahen aus eben erst vergangener Zeit.

Vom Kölner Rundfunk-Sinfonieorchester nicht gerade verwöhnt, aber beeindruckt von der Bewältigung extremer Spannungen zwischen kompositorischem Wahnsinn und dessen Verklanglichung, bereichert und beschenkt durch das Sinfonieorchester des Südwestfunks, das sich bewusst zur Aufgabe gemacht hat, alles Komponierte mit Ernsthaftigkeit instrumental zu realisieren, und nun das Radio-Sinfonieorchester Stuttgart, das so ganz anders tickt und auf die Tradition, auf die Wahl berühmter Dirigenten setzt, denen es mit Treue und Hingabe dienen will.

Solcherart Planungen, wie sie Tomek mit Rudolf Barschai nicht nur in schriftlicher Form favorisiert, bestimmen seine 12 Jahre in Leitungsfunktion beim Süddeutschen Rundfunk. Das Orchester ist seine Hauptbeschäftigung. Diese Welt, die ihn als jungen Wiener grenzenlos fasziniert hat, ist die Erfüllung eines Kindheitstraums: mitten in der Musik sein, distanzierte Nähe zu vielen Menschen haben, Musik aufführen zu lassen, zielorientierte Organisation spielerisch bewältigen zu dürfen. Dazu das Programmieren von Werken, die ihm ans Herz gewachsen sind und Programme machen zu können, die in ihrer inneren Logik intelligent, beziehungsreich und widerständig gegen den Trott des üblichen Orchesterrepertoires gerichtet sind. Reisen, aufgefrischt mit behaglicher Geselligkeit, sensationelle Erfolge durch Qualität erleben zu dürfen und schließlich fähig sein zu können, provozierende Konflikte mit der Chuzpe des phlegmatisch-wienerischen Gemüts auszuräumen.

Allerdings gibt es gravierende Fehlentscheidungen durch riskante Engagements, die sich erst im Nachhinein als solche offenbaren:

1978: Mauricio Pollini sollte ein Konzert in Stuttgart und zwei anschließende Gastkonzerte mit dem RSO leiten. Bei den Proben stellte sich jedoch heraus, daß er nicht in der Lage war, das Programm (Mozart Sinfonia concertante 4 Bläser, Webern op. 10, Brahms 2. Sinfonie) über die Runden zu bekommen. Ich war gezwungen, die Produktion abzubrechen.

Die Sache war äußerst unangenehm, da ich Pollini als Pianisten sehr schätzte. Es war aber nach 10 Minuten klar, daß sich hier eine Katastrophe anbahnte. Bereits in der ersten Pause verlangte das Orchester den Abbruch. Ich versuchte, das hinauszuzögern und Pollini selbst zur Einsicht zu bringen, daß es so nicht geht. Was mir auch ein Vertreter der Konzertdirektion bestätigte. Aber Pollini blieb bis zuletzt uneinsichtig. Nach weiteren quälenden Proben mußte ich dann am nächsten Tag die Notbremse ziehen. Pollini vermutete jedoch eine faschistische Attacke gegen ihn, was jedoch völlig absurd war. Er hat mir das bis zum heutigen Tag nicht verziehen (ich startete einmal über den Karajan-Mitarbeiter Merkle, Monte Carlo, einen Versöhnungsversuch, der hoffnungslos scheiterte.

Otto Tomek, AdK Archiv, Gelbe Blätter

Tomeks rasche Überschau bei den Planungen und Verflechtungen von saisonalen Programmen unterscheidet sich nicht wesentlich von den Planungsnotwendigkeiten aller anderen erfolgreichen Orchester-Managements im In- und Ausland. Was ihn unterscheidet, sind seine selbstlosen, kaum nach Äußerlichkeiten sich orientierenden Wertmaßstäbe, die ihm vom Denken der Kreativen, also der Komponisten, tief eingegraben worden sind. Kunst vor Erfolg, dann kann Kunst erfolgreich sein. Seine Maxime: „Man muss das Klima freundschaftlicher Geborgenheit schaffen, in dem sich diese Künstler wohlfühlen" hat ihm ermöglicht, Unversöhnliches zu versöhnen, Disparates kollegial zu verbinden.

Diese Art von Systematik und innerer Mechanik, die einen großen Teil zum Funktionieren der Kultur- und Kunstgesellschaft beiträgt und die die bundesrepublikanische Orchesterlandschaft zum Blühen, später allerdings auch zum Verwelken gebracht hat, indem sie dabei auch die gesellschaftlich stabilisierten Erwartungen und Hoffnungen auf ein Dauerglück in ewiger Klangharmonie affirmativ prolongiert, verdiente an anderer Stelle einmal eine profunde analytische Durchdringung. Wie sagte auf unübertrefflich ironische Weise Peter Eötvös vor mehr als 30 Jahren: „Die Epoche der Klassik und Romantik dauert jetzt schon über 190 Jahre"; mittlerweile dauert sie schon 220 Jahre.

Für das 40jährige Bestehen des Radiosinfonieorchesters Stuttgart beauftragt Otto Tomek eine Mitarbeiterin damit, die Geschichte des Orchesters zu recherchieren und zu dokumentieren. Eine Jubiläumsbroschüre soll entstehen, für die Otto Tomek Persönlichkeiten des Musiklebens um Würdigungen des Orchesters bittet. Darunter auch Joachim Kaiser, den Star-Rezensenten der Süddeutschen Zeitung, der als Professor für Musikgeschichte an der Staatlichen Hochschule für Musik und Darstellende Kunst Stuttgart lehrt. Doch an Stelle der erhofften Lobpreisungen sendet dieser bittere Arznei:

München: 13. März 1985
Lieber Herr Tomek,
schönen Dank für Ihren Brief, dem ich mit Vergnügen entnehme, daß Sie – fast unwiderstehlich sind. Aber wenn ich mir überlege, daß ich bei meinen wenigen Begegnungen mit dem Orchester des Süddeutschen Rundfunks offenbar (so schien es auch anderen) gerade nicht die besten oder charakteristischsten Konzerte, sondern

eher nur mittlere, nach langen Tourneen zustande gekommene hörte; wenn ich mir weiterhin überlege, daß eine liebevolle Würdigung doch etwas mit Kenntnis haben sollte und nicht mit Objektivität vermittelnder Unkenntnis, wenn ich mir deutlich vor Augen halte, daß kein ehrenhafter Stuttgarter Kritiker so armselig sein sollte, sich gewissermaßen ‚bestechen' zu lassen durch ein solches Würdigungs-Unternehmen, um danach später gewissermaßen unfähig zu sein, öffentlich zu sagen, „diesmal hat es mir nicht so gefallen" – dann muß ich meine Anfangsargumentation: „Ich sollte es lieber doch nicht tun" schweren Herzens und mit halber Stimme aufrechterhalten.

Was Ihre freundlichen Anerbieten im Hinblick auf Scarlatti und anderes aus der Sphäre meines großen Kollegen Jürgen Uhde betrifft, so werde ich mir erlauben, Sie demnächst in Stuttgart anzurufen. Wir müssen uns ja nicht nur sehen, wenn Jacob [Werner Jacob, Organist] Geburtstag hat!

Mit freundlichen Grüßen

bin ich Ihr Alter Joachim Kaiser

SWR Stuttgart, Historisches Archiv, Otto Tomek, 25 Ordner (1978–1988)

Aus der insgesamt in 20 dick gefüllten Ordnern archivierten und überwiegend organisatorisch-pragmatischen Korrespondenz zwischen Otto Tomek und den vielen beim SDR engagierten Dirigenten und solistischen Interpreten noch ein zweites Beispiel: ein Brief, den Otto Tomek nach dem Scheitern eines Herzensprojekts – dem des dreiteiligen Oratoriums *Gurre-Lieder* von Arnold Schönberg in Kooperation mit dem Orchester und dem Chor der Staatsoper Stuttgart schreibt.

Er informiert darin seinen engen Freund Michael Gielen, mit dem er vor Jahren bereits die Realisierung von Bernd Alois Zimmermanns *Die Soldaten* provoziert und impulsiert hat über die gescheiterten Verhandlungen zu einer Kooperation mit der Stuttgarter Staatsoper und plant ohne viel Aufhebens gleich weiter.

Stuttgart, 30. Mai 1978

Lieber Michael,

vergeblich versuche ich, Dich telefonisch zu erreichen.

Leider ist das Ergebnis der gemeinsamen Überlegungen mit Schwinger [Wolfram Schwinger, Operndirektor] wegen der Gurre-Lieder ein negatives. In der Art, in der wir uns das vorgestellt haben, geht es leider nicht. Nähere Ausführungen demnächst mündlich.

Grundsätzlich möchte ich aber an dem Plan festhalten, wenn auch nicht für die Termine 31.1./1.2.1980. Ich muß ganz andere organisatorische Voraussetzungen finden, das dauert seine Zeit.

Was machen wir nun mit den Konzertterminen? Können wir nicht auf die Idee „Reger-Klavierkonzert" mit Aloys [Kontarsky?] zurückkommen, falls er kann? Vielleicht gelingt es uns doch, in den nächsten Tagen miteinander zu telefonieren.

Mit riesigem Bedauern habe ich von Schmid [Konzertdirektion Hans Ulrich Schmid] gehört, daß Du den Termin 2./3.4.81 wieder zurückgeben willst. Es ist besonders schade, weil wir Yvonne Minton bereits für das Alt-Solo gewinnen konnten. Wenn Du es aber unbedingt möchtest, dann geben wir Dir selbstverständlich diesen Termin zurück, wenn auch mit großem Bedauern. Wir haben Schmid schon informiert. Wie sieht es denn mit einem Ersatztermin aus?

In unserem Berlioz-Konzert: Nicolai Gedda kann uns seine definitive Zu- bzw. Absage erst für August in Aussicht stellen, obwohl er prinzipiell gern kommen würde. Müßten wir nicht vielleicht doch schon an einen anderen Tenor denken? Was hältst Du von David Rendall, der neuerdings auch bei Karajan gesungen hat?
Herzliche Grüße Dein Otto

SWR Stuttgart, Historisches Archiv, Otto Tomek, 25 Ordner (1978–1988)

Just am gleichen Tag schreibt Michael Gielen, der zu dieser Zeit Generalmusikdirektor der Frankfurter Oper ist, an Tomek:

Glashütten, 30. Mai 1978
Lieber Otto,
es tut mir leid, Dich bitten zu müssen, mich aus einem verabredeten Termin wieder herauszulassen. Es handelt sich um April 2. + 3.4.1981.
Der Mauricio schreibt ein Stück für Palm und die haben mich gebeten, es uraufzuführen. Du verstehst sicher, dass ich das gerne tun möchte, zumal ich beim „Staatstheater" nicht mitmachen konnte.
Bitte sei mir nicht bös.
Alles Liebe Dein Michael

SWR Stuttgart, Historisches Archiv, Otto Tomek, 25 Ordner (1978 – 1988)

Und 32 Jahre nach der ersten Begegnung mit dem Dirigenten bei den Darmstädter Ferienkursen und in Köln schreibt ihm Michael Gielen einen sehr persönlichen, Hand geschriebenen Brief nach Stuttgart, aus dem auch das Dilemma, in welchem Tomek steckt, herausspricht:

Baden-Baden, 20.8.87
Lieber Otto, die Post von Tour & Taxis ging in 4 Tagen von Rom nach Hamburg – aber heute dauert es 14 Tage von Imperia nach Florenz. Als zukünftiger Italiener lerne: die Post ist nur zum Express-Tarif bereit, normal zu liefern. Trotzdem ist es schön dort, was?
Hab herzlichen Dank für den Brief, der gestern kam. Ja, wir waren bis 25.7. in Italien, waren gleich nach dem triumphalen Finale geflohen und hatten 4 Wochen Sonne, dafür hier 3 Wochen Regen. Die Kinder waren da, Bitters [Christof Bitter, Musikchef beim SWF], eine Kagel-Tochter und mein letzter Assistent, Michael Boder. Es war schön und ruhig.
Ich bin froh über Fft [Frankfurt?] – und froh, dass es vorbei ist, zuviel Druck. Der SWF ist bestimmt ruhiger, vielleicht zu ruhig. Aber es gibt so viel Unverständnis und Kulturfeindlichkeit bei den Mächtigen, da werde ich mich sicher nicht langweilen. Vieles sollte geändert werden, aber das weisst Du genau vom SDR. Ich habe eine Professur in Salzburg angenommen, um frei zu sein, eventuell nicht auf BB [Baden-Baden?] angewiesen zu sein.
Der 60er war eine grosse Caesur, durch Übersiedlung und Ende Fft sehr merklich. Und es fängt ja unweigerlich ein letztes Kapitel an – aber ich bin gesund und hoffe, noch ein paar gute Bänder Klassischer Musik zu hinterlassen – und wieder komponieren.

Es wäre schön, Dich am 11. + 12. Sept. zu sehen in BB, wir haben eine wunderbare Wohnung (neben Boulez...!) gefunden – und die Konzerte werden hoffentlich gut.
Alles Liebe für Deine Frau + Dich, auf bald, Dein Michael
Auch von Helga
Habt Ihr ein Haus oder eine Wohnung in Riva?

Otto-Tomek-Archiv, AdK, Berlin

Sie können es nicht lassen: Die Plagegeister Kagel und Stockhausen

Noch einmal wird Otto Tomek zu Beginn seiner SDR-Zeit sowohl von Mauricio Kagel als auch von Karlheinz Stockhausen „aufgesucht", um durch die Mächtigkeit seiner Funktion den neuen Ideen der beiden Komponisten zur Realisierung zu verhelfen.

Kagel erhofft sich mit Tomeks Einfluss eine Fernsehproduktion seiner Komposition *Variété*, die eben bei den Rencontres internationales de musique contemporaine in Metz uraufgeführt worden ist.

Stuttgart, 9.3.78
Lieber Mauro, meine Hinweise sind beim Fernsehen auf ein erstes Interesse gestossen. Wir müssten jetzt dringend eine Partitur haben. [...] Mit dieser Partitur müssten dann weitere Besprechungen stattfinden. Ich bleibe am Ball [...]

Köln, 25. Mai 1978
Lieber Otto,
Schade! Selbstverständlich habe ich mich insgeheim auf unsere Zusammenarbeit gefreut und gehofft, daß eine Ortsbesichtigung der Aufführung die Entscheidung leichter gemacht hätte. Hast Du die Partitur und Aufnahme erhalten? Die WDR-Produktion ist bereits vor längerer Zeit abgeschlossen.
Hättest Du gerne eine hauseigene Produktion mit Solisten aus Deinem Orchester? Das Stück ist keineswegs für Spezialisten geschrieben. Meine Frage: Glaubst Du, daß es einen Sinn hat evtl. über andere Projekte zu sprechen, oder ist das Fernsehen auf sehr lange Zeit für Musikproduktionen von „einfacher" Art lahmgelegt? Leichtere Kost könnten wir sicher zusammen machen. Das Unverdauliche ist nie aus der Einfachheit der Nahrung im voraus zu bestimmen.
Sehr herzlich Dein Mauro

Stuttgart, 31.5.78
Lieber Mauro,
natürlich hatte auch ich mich gefreut und gehofft, daß wir etwas zusammen machen können. Aber nach neuesten Erfahrungen sehe ich, daß ich mir hier keine Illusionen machen kann. Es ist wie ein ganz verkarstetes Gebiet: Musik im Fernsehen findet hier praktisch nicht statt. Ich muß da sehr langsam und über lange Zeit hin versuchen etwas aufzubauen. Ob es überhaupt gehen wird, weiß ich nicht. Es wird, wenn überhaupt, noch ziemlich lange dauern bis ich einmal etwas an neuer Musik realisieren kann.
Eine Partitur habe ich vom Verlag Peters bekommen und inzwischen dorthin wieder zurückgestellt. Die WDR-Aufnahme habe ich hingegen nicht bekommen. Was eine

eigene Neuproduktion (Hörfunk) hier betrifft, so fällt das in die Zuständigkeit von Clytus Gottwald, dem ich eine diesbezügliche Notiz gebe.

Herzlichste Grüsse Dein Otto

SWR Stuttgart, Historisches Archiv, Otto Tomek, 25 Ordner (1978–1988)

Und der andere Komponist aus der gleichen Kölner Gegend:

Kürten, 21. Februar 1978

Lieber Otto,

Dein Brief hat mir gut getan: schade, daß Du nicht kommen konntest.

Bitte bestelle doch

FORMEL

JUBILÄUM

Und die Aufnahme von Mozart in Baden-Baden und sende es. Die Aufnahmen sind mit großer Sorgfalt gemacht!!

Herzlich Dein Karlheinz

Wie wärs, wenn Du zum 50. einmal die Stücke sendest, die durch Dich realisiert würden bzw. für Dich:

KONTAKTE

MOMENTE (das Ganze)

TRANS

INORI

HYMNEN

Kürten, 19.IV.78

VERTRAULICH

Lieber Otto,

ich möchte zumindest, daß Du es weißt, was seit 1976 in deutschen Rundfunk- und Fernsehanstalten los ist mit MUSIK DER GEGENWART: Da mein Geld von der GEMA, von dem ich jetzt leben und arbeiten und alles finanzieren muß, so drastisch zurückging, erkundigte ich mich (16.000.– weniger als 1976), und heute kam die Antwort. Sag das ruhig einmal allen Kollegen vom Rundfunk, wenn Ihr Sitzungen in der ARD etc. habt...

Herzlich Dein Karlheinz

Otto Tomek, Privatarchiv (auch die folgenden Zitate)

Die Verbindung zu Karlheinz Stockhausen reißt nicht ab. Der Kölner Komponist, der mittlerweile zum Weltberühmten emporgewachsen ist, wie es die Zentrale in Kürten zu formulieren versteht, bleibt auch nach vielen Jahren noch immer Otto Tomek gewissermaßen treu, sobald es um Wiederaufführungen von Werken, die der Veranstalter bereits schon woanders zur Uraufführung gebracht hat, wie zum Beispiel das musik-szenische Klangoratorium *Trans*. Allerdings ergeben sich neue unerwartete Probleme, zumal der Komponist nun seit längerem auch der Verleger der eigenen Werke geworden ist und er in dieser Rolle und Selbstherausgeberschaft neue Modalitäten im Umgang mit dem Material zwischen Verlag und Veranstalter setzt und einfordert.

Stuttgart, 16. Februar 1979
Lieber Karlheinz,
herzlichen Dank für Deinen Brief. Deine Argumente leuchten mir ein, wir werden also
eine andere Lösung suchen für den ersten Teil des Konzertes, in dessen zweiten Teil
dann TRANS gespielt werden soll. Vielen Dank, daß Du so ausführliche Vorschläge
dazu gemacht hast. Ich sehe, was am besten geht. Was die Angelegenheit mit der
„Ansichtspartitur" von TRANS betrifft, so hat sich meine Reaktion, bis sie bei Dir angelangt war, doch um einiges verändert. Bei mir gab es natürlich ein gewisses Erstaunen, weil es sonst handelsüblich ist, auf Wunsch jederzeit Ansichtspartituren zu bekommen. Aber daran wird die Vorbereitung nicht scheitern. Unser Notenarchiv wird
eine Kaufpartitur bestellen und dann haben wir ständig eine im Hause.
Sei herzlichst gegrüßt Dein Otto

Stockhausen schreibt aus Afrika und beklagt die geringe Aktivität des SDR, was die
Sendungen seiner Werke betrifft.

Stuttgart, 28.3.1979
Lieber Karlheinz,
herzlichen Dank für Deine afrikanischen Grüße. Ich hoffe, dass „Michaels Jugend"
inzwischen zu einer dichten Partitur angewachsen ist [...]. Dass wir mit „Sirius" nicht
vorankommen, bekümmert mich sehr, aber es ist effektiv eine Frage des nicht verfügbaren Saales [...]. In anderen Städten unseres Sendegebietes sind wir mit Versuchen mit neuer Musik kläglich eingebrochen, es ist da überhaupt keine Resonanz
gewesen. Sie ist auch in Stuttgart, trotz langjähriger Bemühungen recht mäßig [...].
Daß die Anzahl der öffentlichen Aufführungen Deiner Stücke so zurückgegangen ist,
ist wirklich betrüblich. Du hast schon recht, daß die Botschaft dieser Musik von vielen
nicht gerne gehört wird. Es mag aber vielleicht auch einen trivialeren Grund geben:
Die Länge der Stücke, die schwer mit den oft auf 45 bis 60 Minuten limitierten Sendezeiten eingebracht werden können. Letztes Wochenende hörte ich die 3. Region der
„Hymnen", von [Ernest] Bour unglaublich exakt begleitet. Wie viele Erinnerungen an
gemeinsame Taten hat dieses Stück doch hervorgerufen! [...]

Und schließlich schwenkt Tomek wieder auf die endlosen Versuche und Bemühungen ein, *Trans* endlich einmal in Stuttgart zu realisieren. Wahrscheinlich hat er sich
mit Clytus Gottwald beraten und von Seiten der Neuen Musik-Redaktion Argumente
eingeholt, die auch die Gefahr heraufbeschwören, von dem komponierenden Freund
verstoßen zu werden:

Stuttgart, 23.7.1979
[...] Auf TRANS freue ich mich schon sehr. Wir hatten allerdings die Absicht, diese
Produktion ganz aus eigenen Kräften zu gestalten. Das heißt, nach den Angaben der
Partitur zu realisieren. Ich glaube nämlich, daß ein nicht unbeträchtlicher Grund für
die von Dir so beklagten wenigen Aufführungen Deiner Werke darin liegt, daß sie
eigentlich immer an die Mitwirkung Deiner Person gebunden sind. Davon wollen
wir einmal ganz eindeutig abrücken und unsere eigenen Vorstellungen von TRANS
realisieren. Ich hoffe, daß Du das verstehst und vielleicht sogar als Freundschafts-
dienst an Deinem Werk. Ich glaube, daß es wichtig ist, es einmal szenisch und auch

musikalisch es ganz unabhängig von Dir zu realisieren. Das heißt nicht, daß wir uns nicht freuen würden, wenn Du zur Aufführung kommst, ich möchte aber doch wirklich versuchen, die Realisation mit unserer Technik, vielleicht mit Gottwald am Regler und einem noch zu findenden Regisseur für die optische Seite zustandezubringen. Ich glaube wirklich, Du solltest Deinen Werken etwas mehr freien Lauf lassen und auch divergierende Realisationen akzeptieren. Ich bin überzeugt, daß dies ein Ansporn sein könnte, auch für andere. Nun bin ich natürlich neugierig, was Du zu so verwegenen Ideen meinst.

Nach einer sehr anstrengenden Spielzeit gehe ich übernächste Woche für vier Wochen auf Urlaub ins Salzburger Land [...]

Stockhausen reagiert stinksauer und räsoniert Tomek. Aus der neuerlichen Antwort Tomeks, die mehr oder weniger ein Rechtfertigungs- und Einlenkungsschreiben ist, spürt man seine große Menschlichkeit, die unabhängig von der Gunst oder Nichtgunst Stockhausens ist. Hingegen leuchtet viel elementarer und auffälliger die hohe Empfindlichkeit und die komplexhafte Egozentrik des Komponisten auf durch die Zeilen der privat-persönlichen, nicht auf offiziellen SDR-Bogen sondern per Hand geschriebenen Erwiderung, die hier der Kuriosität und Aussagestärke halber vollständig zitiert wird:

Stuttgart, 1. August
Lieber Karlheinz! Ich möchte nicht, dass es Missverständnisse zwischen uns gibt. Die Idee, Trans ohne Deine Mithilfe zu realisieren, haben wir ja nicht nachträglich eingebracht, sie war eigentlicher Ausgangspunkt des Ganzen. Als Gottwald Dich anrief, so fragte er nicht nach Deiner Mitwirkung, er wollte nur erreichen, daß Du Peter Eötvös von der Tournee beurlaubst. Gottwald hat mir ausdrücklich versichert, daß er nichts Anderes bei seinem Anruf gefragt hat. Dein Vorschlag, die Aussteuerung zu übernehmen, kam erst nachträglich via Peter Eötvös an uns. Insofern kann ich mich nicht wirklich schuldig fühlen unfair zu sein, wenn wir an unserem ursprünglichen Plan festhalten wollen. Angesichts der beschriebenen Chronologie der Ereignisse wäre ich froh, wenn Du das auch so sehen wolltest.
Es ist keineswegs fixiert, daß Gottwald selbst regeln sollte. Das war eine erste Idee. Er will es übrigens gar nicht. Wir werden also dafür eine gute Lösung finden. Weißt Du, wo die Armstützen für die Geiger sich befinden, die im Südwestfunk damals für Donaueschingen hergestellt wurden? Niemand weiß es.
Übrigens war es in meinem Brief doch ausdrücklich als Vermutung ausgesprochen, das mit dem Zusammenhang zwischen der Anzahl Deiner Aufführungen und Deiner Mitwirkung, – nicht als Behauptung. Sagte ich nicht: es könnte sein, daß... und also brauchtest Du doch nicht gleich so böse zu sein. Ich bedaure das, es war sicher nicht meine Absicht, Dich zu verärgern. Ich dachte viel eher, solche Nachrichten würden Dich freuen. Dennoch: herzlichen Dank für Deinen Brief! Jetzt gehe ich aber wirklich sofort in Urlaub. Sei herzlich gegrüßt Dein Otto

Diesem Schriftverkehr folgt eine monatelange Korrespondenz mit dem Württembergischen Staatstheater. Man versucht durch eine Kooperation *Trans* endlich raumgerecht realisieren zu können. Die Zusammenarbeit scheitert schließlich an den Kosten. Das Projekt wird ersatzlos gestrichen. Die nicht aufzufindenden Armstützen, vom

mit Karlheinz Stockhausen, 1987

SWF hergestellt, befinden sich seit Anfang der neunziger Jahre im Stockhausen-Verlag und müssen, wenn *Trans* aufgeführt werden soll, dort bestellt und geliehen werden.

Bei den ersten „Tagen für Neue Musik Stuttgart" im Juni 1980, gegründet von den jungen Komponisten Reinhard Febel und Albrecht Imbescheid zusammen mit dem noch studierenden Dirigenten Michael Zilm und dem Kirchenmusikdirektor Manfred Schreier und in Verbindung mit dem SDR, vertreten durch Clytus Gottwald, wird vom Stockhausen-Ensemble als Ersatz für *Trans* dann *Michaels Jugend* zur Aufführung gebracht.

Noch in seinen letzten Jahren in Stuttgart gelingt es Otto Tomek, mit den Bläsern des Radio-Sinfonieorchesters Stuttgart die Hintergrundmusik von *Trans* unter der Leitung von Peter Eötvös zu produzieren – in der Hoffnung, damit für die Zukunft doch noch eine Stuttgarter Aufführung dieses Werks, auch nach seiner Zeit, zu ermöglichen.

6.Nov.1985
Lieber Otto,
vor Ende dieses Jahres möchte ich Dich im Bewusstsein aller Abhängigkeit, in der ich mich 1985 in Deutschland als Komponist befinde, bitten, so viel meiner Werke zu sen-

den, wie es Dir bis zu Deiner Emeritierung möglich ist. Vielleicht kannst Du auch etwas Wesentliches zu meinem 60. Geburtstag für August/September/Oktober 1988
vorbereiten, wenn Du dann auch nicht mehr Deines Amtes waltest...

Vom 23. bis 25. Oktober 1985 veranstaltet Clytus Gottwald in der Reihe „Musik unserer Zeit" das Atelier Karlheinz Stockhausen mit mehreren Werken des Kölners. Darin
findet auch das berühmt gewordene „Der Komponist im Gespräch" statt, worauf sich
Stockhausens folgender Brief bezieht:

15.3.1986
Lieber Otto,
ich schicke Dir – wirklich sehr besorgt – eine Kopie des letzten Briefes von Gottwald
an mich, nachdem ich ihn dreimal erinnert hatte, mir die versprochene Tonbandkopie
des Stuttgarter Gesprächs zu senden (auf meine Kosten, sagte ich).
Was ist das doch für eine Schweinerei?! Immerhin bist Du doch noch der Abteilungsleiter.
Die aufnehmenden Techniker hatten eine erstklassige Sennheiser-Aufnahmeanlage
mit Sender/Empfänger. Wie der zusammengeschnittene Rest beweist, war die Aufnahme gut. Warum hat Gottwald nicht das ganze Gespräch (wie bei früheren Gesprächen mit Nono etc.) gesendet und warum hat er über eine Stunde Text löschen
lassen?! Mein Gott!! Herzliche Grüße Ka.

Die Sendeplätze für Neue Musik im zweiten Programm des SDR sind zeitlich auf
max. 60 Minuten begrenzt. Gottwald hätte also das Gespräch, das Stockhausen in
diesem Atelier mit Rudolf Frisius im Saal 401 der Musikhochschule Stuttgart geführt
hat, in zwei Teile trennen müssen, die nur hintereinander folgend innerhalb von zwei
Wochen sendbar gewesen wären. Durch den Schnitt dieses Live-Gespräches von einer Dauer von 90 Minuten fallen wenigstens 15 Minuten an nicht sendbaren Störun-
gen und Unterbrechungen weg. Das komplett geschnittene Gespräch ist nach wie vor
im SWR archiviert. Die Mutmaßung, das Gespräch mit Luigi Nono im Nono-Atelier
ein Jahr zuvor sei in seiner ganzen Länge gesendet worden, entspricht nicht den Tatsachen. Allerdings hat sich Tomek auf diese Stockhausen spezifischen Spitzfindigkeiten
nicht eingelassen.

26.3.1986
...
Die Gottwald-Geschichte ist wirklich eine unglaubliche. Hat dieser Geist denn überhaupt kein historisches Bewußtsein und keinen Respekt vor anderen?!...

14.5.1986
...Es ist sehr schlimm, daß Gottwald lügt. Er hat mir Aug in Aug eine Kopie des ganzen
Gesprächs versprochen, als wir in der Musikhochschule die Vorbereitungen machten;
und von den ca. 90 Minuten, die er – auch per Versprechen – ganz senden wollte (wie
bsp. bei seinem Freund Nono etc.) hat er nur ca. 30 Minuten senden und den Rest
löschen lassen. Das ist – historisch – infam. Alles Liebe von Deinem Karlheinz

29.9.1986
[...] Otto, wir werden uns verständigen, verstehen, wenn Du in einer höheren Welt eine Pause machst und wir uns begegnen. Du hast es gespürt, immer irgendwie geahnt, was die Wahrheit der musikalischen Schöpfung ist und wie sehr man ihr helfen muß, damit sie nicht erstickt...

Stockhausen teilt den „Geist" der Redakteure der Neuen Musik in solche mit und in solche ohne historisches Bewusstsein ein: Wer Stockhausen folgt ist sich der historischen Bedeutung des Kürtener Komponisten bewusst. Wer es nicht tut, oder wer es anders betrachtet und wahrnimmt, wird nicht erkennen, „was die Wahrheit der musikalischen Schöpfung ist". Stockhausens Selbstjustierung in die Geschichte der Musik ist autognostisch.

Gepflegte Tradition: die Schwetzinger Festspiele

Zum Verantwortungsrevier des Musikchefs beim SDR gehören die Schwetzinger Festspiele. Sie finden seit 1952 jedes Jahr von Ende April bis Anfang Juni hauptsächlich im Schwetzinger Schloss statt und bereichern das Musikleben im nordbadischen und kurpfälzischen Raum nicht nur durch ein klassisch-romantisches Programm, sondern auch durch Uraufführungen, insbesondere im Opernbereich. Sie brillieren seit etwa 2000 durchschnittlich mit jährlich rund 700 internationalen Rundfunkausstrahlungen und sind damit das größte Radio-Klassik-Festival der Welt.

Es sprengte tatsächlich den Rahmen dieses Buches, müsste Tomeks Wirken in dieser Rolle als Programm-Macher vor allem im Konzertbereich in allen Details beschrieben werden. Zum Glück hat er selbst in jener unnachahmlichen „Sich-Selbstausscheidungstendenz" über die Festspiele aus der Sicht eines Rundfunkmannes 1984 geschrieben:

Die großen Übertragungswagen des Süddeutschen Rundfunks, die zwar hinter den Zirkelbauten, damit aber noch lange nicht im Verborgenen stehen, verraten dem Besucher der Schwetzinger Festspiele in jedem Augenblick, daß eine sehr enge Verbindung zwischen den Festspielen und dem Rundfunk bestehen muß. Alle Veranstaltungen sind gleichzeitig Grundlage für eine direkte oder versetzte Sendung im Süddeutschen Rundfunk und in vielen angeschlossenen Sendern des In- und Auslands. Für die Konzerte gilt dies ganz besonders und ohne Ausnahme. Der Konzertsaal ist also auch ein Rundfunkstudio. Die Gestaltung der Konzertprogramme kann von dieser Doppelfunktion nicht unberührt bleiben und muß daher einerseits ohne Einschränkung dem Festspielcharakter gerecht werden, andererseits aber auch die besonderen Bedürfnisse der Rundfunkanstalt berücksichtigen.

Die Konzerte der Schwetzinger Festspiele haben neben den zentralen Bühnenaufführungen eine durchaus selbständige Funktion. Weit mehr als nur das Festspielgeschehen abzurunden, sind es Angebote an den Musikfreund, der in Schwetzingen stilistisch breitgefächerte Programme in qualitativ hochwertigen Interpretationen sucht. Die zur Aufführung kommenden Werke umfassen den Zeitraum etwa der Renaissance bis zur Gegenwart. Es liegt im Charakter der Festspiele, daß dabei weltliche Musik im Vordergrund steht, ohne indessen das geistliche Element völlig auszuschließen. Aufführungen geistlicher Musik sind nicht nur auf gelegentliche Veranstaltungen in der dem Schloß benachbarten Pfarrkiche St. Pankratius beschränkt, sie finden durchaus auch Eingang in die Konzerte in den beiden Zirkelbauten des Schlosses. Daß den Schwetzinger Konzerten weitgehend der Charakter einer „Unterhaltung" auf höchstem Niveau zu eigen ist, läßt sich im Übrigen vom Ort der Veranstaltungen leicht ableiten: Park, Schloß und Musik sollen eine harmonische Einheit ergeben, die den Zuhörer beglückt nach Hause gehen läßt. Dies schließt gewichtige, anspruchsvolle Werke der Klassik wie der Gegenwart nicht aus. Es kommt aber immer auf den Zusammenhang an, in dem sie dem Publikum angeboten werden. Um auch solche, durch Form und Inhalt einen aufmerksamen Hörer fordernden Werke bruchlos in ein Gesamtprogramm miteinbeziehen zu können, gibt es sehr verschieden gestaltete Konzerte. Die wichtigsten seien hier kurz charakterisiert. Regelmäßig und am stärksten vertreten, drei bis viermal pro Saison, sind die „Schwetzinger Serenaden" mit Kammerorchestern des Landes Baden-Württemberg, öfters jedoch mit auswärtigen Kammerorchestern. Hier dominieren naturgemäß die Divertimenti, die frühen Sinfonien Mozarts und Haydns, Serenaden der Klassik und Romantik sowie Werke des 20. Jahrhunderts mit spielerisch-heiterem Charakter. Instrumentale und vokale Solisten lockern die Werkfolge auf. Zu diesen Serenaden kommt ein größeres Angebot an Quartettabenden, Klavierabenden, Veranstaltungen mit Ensembles auf alten und neuen Instrumenten, Liederabenden bis hin zu Orchesterkonzerten, Galaabenden mit angehenden Gesangstars, konzertanten Opernaufführungen. Insgesamt sind es im Durchschnitt 14 bis 16 Veranstaltungen pro Jahr. Der verschiedenartige Anspruch, den solche Konzerte stellen, macht dann eben die erwähnte Einbeziehung weniger gängiger Werke möglich: Von Beethovens späten Klaviersonaten bis zur Uraufführung des Streichquartetts eines zeitgenössischen Komponisten.

Was die Heranziehung von ausübenden Künstlern betrifft, so gilt das Bemühen einer rechten Mischung von international attraktiven Namen und noch weniger bekanntem, aber erstklassigem Nachwuchs. Auch konnten in Schwetzingen immer wieder Solisten und Ensembles vorgestellt werden, die zwar im Ausland schon arriviert, in der Bundesrepublik aber noch relativ unbekannt waren. Hier können nur einige wenige Beispiele diese Tendenz verdeutlichen. Zu den international bekannten Namen der letzten Jahre zählten: die Geiger Yehudi Menuhin und Gidon Kremer, die Pianisten Andre Watts und Christoph Eschenbach, der Flötist Aurèle Nicolet, der Oboist Heinz Holliger, die Sängerinnen Teresa Berganza und Barbara Hendricks, die Academy of St. Martin-in-the-Fields (Neville Marriner), das Amadeus- und Melosquartett, das Philipp Jones Brass Ensemble, The King's Singers, Hesperion XX., die London Baroque Players (Arnold Östman).

Von den zum Zeitpunkt ihres ersten Auftretens in Schwetzingen hierzulande noch relativ unbekannten, später aber schnell erfolgreich gewordenen Künstlern wären unter anderen zu erwähnen: die Sängerinnen Teresa Berganza, die 1962 in Schwetzingen ihren ersten Liederabend in der Bundesrepublik gab, Yvonne Minton, Doris Soffel, Trudelise Schmidt, Brigitte Faßbaender, Margaret Marshall, die Pianisten Radu Lupu, Christian Zacharias, Gerhard Oppitz, Dinorah Varsi, Cecile Licad, Konstanze Eickhorst, Cyprien Katsaris, die Geiger Frank Peter Zimmermann, Ulrike Anima Mathe, Thomas Zehetmair, Joseph Swensen, die Bratschistin Tabea Zimmermann, sowie das Alban Berg-Quartett, das Kreuzberger Streichquartett, I Solisti Veneti (Claudio Scimone), die Academy of Ancient Music (Christopher Hogwood).

Was hat aber bei der Planung der Konzertprogramme die Beteiligung des Süddeutschen Rundfunks zu berücksichtigen? Im Gegensatz zu dem auf das Erlebnis eines Abends konzentrierten Konzert konserviert der Rundfunk das Geschehen dieses Abends und kann das Band mit der Aufzeichnung im positiven Fall jederzeit wieder aus dem Archiv holen und in neuen Sendungen zum Einsatz bringen. Daraus ergibt sich, daß die Wiederkehr bestimmter Werke einer nicht zu unterschätzenden Restriktion unterliegt, da es sonst zu einer unwillkommenen Häufung von Dubletten im Sendeablauf kommen würde. Die Tatsache der Sendung im Rundfunk erzwingt auch eine Abstimmung mit den Programmen anderer Festspiele, die im Lande stattfinden, – teilweise sogar ebenfalls unter der Ägide des Süddeutschen Rundfunks, wie die Schloßkonzerte von Ettlingen und Bruchsal, – sowie zahlreichen weiteren im Sendegebiet veranstalteten öffentlichen Konzerten des SDR, ganz besonders aber mit den bedeutenden Angeboten der Ludwigsburger Schloßfestspiele, der Sommerakademie der Internationalen Bachakademie in Stuttgart und mehrerer anderer, die der SDR im Bemühen um eine breite Darstellung des Musiklebens in seinem Sendegebiet zur Übertragung anbietet. Dieses alles hat nicht nur Bedeutung für die Gestaltung der Konzerte in Schwetzingen, sondern ebenso für den internationalen Programmaustausch der Rundfunkanstalten, in den man ungern Parallelen zu anderen Angeboten einbringt, was ja zwangsläufig zu einer Reduzierung der Abnahme auf allen Seiten führt.

Die zahlreichen Mikrofone, die zur Übertragung der Konzerte nun einmal notwendig sind, mögen optisch vielleicht eine gewisse Beeinträchtigung für den Konzertbesucher bedeuten, sie stimulieren aber auf der anderen Seite erfahrungsgemäß oft die auftretenden Künstler zu noch konzentrierterer Leistung. So löst die Gegenwart des Rundfunks in den Konzerten eine positive Wechselwirkung aus: der Hörer am Radio zu Hause, der eine direkte oder eine versetzte Sendung eines Schwetzinger Konzertes hört, genießt die lebendige Atmosphäre einer solchen Liveaufzeichnung, die vielleicht in manchen verschwindenden Details nicht so perfekt ist wie eine in mühsamer Schnittarbeit hergestellte Studioproduktion, die aber andererseits sehr viel von jener Spannung vermitteln kann, die einem Konzert zu eigen ist. Auf der anderen Seite verbreitet der Hörfunk, und seit 1986 auch wieder das Fernsehen, den Namen der Schwetzinger Festspiele weit über die Grenzen des Landes hinaus, machen das Auftreten in den Konzerten für viele Künstler interessanter. So schließt sich der Kreis, der Festspiel und Rundfunk verbindet, zu einem beide Teile befruchtenden und fördernden Ganzen.

SWR Stuttgart, Historisches Archiv, Otto Tomek, 25 Ordner (1978–1988)

In dem verdienstvollen Kompendium über die 50 Jahre Schwetzinger Festspiele in der Zeit von 1952 bis 2002 – herausgegeben von dem Hörfunkdirektor Bernhard Hermann, der seine Karriere 1998 mit der die Fusion der beiden Häuser SWF und SDR beginnt und mit seiner blamablen Mittäterschaft bei der „Untermischung" zweier unvermischbarer Orchester (durch intensive langjährige Vorarbeit und treue Umsetzung der Strategien seiner Intendanten Peter Voß / Peter Boudgoust gegenüber) 2012 beendet, und dem einstigen Musikabteilungsleiter des SDR Peter Stieber, der zum Künstlerischen Leiter der Konzerte und zum Geschäftsführer der Schwetzinger Festspiele 1997 avanciert und diese Position mit Erfolg und durchschlagenden Bilanzen 2012 beendet – sind auch die Jahre Otto Tomeks in der Funktion als Leiter der Konzerte festgehalten und dokumentiert.

Ein Arkadien der Musik, 50 Jahre Schwetzinger Festspiele 1952–2002,
hg. Bernhard Hermann und Peter Stieber, Stuttgart/Weimar/ 2002

Sechs durch Tomek initiierte Opern-Uraufführungen fallen in diese Zeit, in der Peter Kehm (bis 1986) und Roderich Klett (bis 1987) die Gesamtleitung kraft ihrer Funktion als Hörfunkdirektor innehaben: *The Tempest* von Arne Nordheim, *Die wundersame Schusterfrau* von Udo Zimmermann, *Die englische Katze* von Hans Werner Henze, *Ophelia* von Rudolf Kelterborn, *Die Leiden des jungen Werthers* von Hans Jürgen von Bose und schließlich *Der Wald* von Rolf Liebermann. Das Radio-Sinfonieorchester Stuttgart hat jeweils einmal pro Jahr seinen Auftritt: 1978 (bei insgesamt 17 Kv [Konzertveranstaltungen] der Schwetzinger Festspiele) und 1979 (15 Kv) mit dem Dirigenten Rudolf Barschai (Yehudi Menuhin, Violine / Aurèle Nicolet, Flöte und Ursula Holliger, Harfe), 1980 (16 Kv) mit Paul Sacher (Arleen Augér, Sopran), 1981 (14 Kv) mit Bernhard Güller (Richard Steuart, Trompete), 1982 (13 Kv ohne Orchester), 1983 (15 Kv) mit Neville Marriner (Gidon Kremer, Violine), 1984 (15 Kv) Gala-Abend mit Faye Robinson (Sopran) unter der Leitung von Kurt Eichhorn, 1985 (18 Kv) Gala-Abend mit Lucia Aliberti unter der Leitung von Alberto Zedda, 1986 (21 Kv ohne Orchester), 1987 (20 Kv) mit Garcia Navarro (Joaquin Achucarro, Klavier) und 1988 (15 Kv) mit Neville Marriner (Gesangssolisten).

Die Hauptbeschäftigung der künstlerischen Leitung dieses Festivals, die Strukturierung und Programmierung der Konzerte, gehorcht der Tradition dieses behaglichen Schloss-Spektakels: mit Repräsentationscharakter und Shakehands-Niveau. Es richtet sich vor allem an aus dem Umland anreisende Musikliebhaber, die sich nicht zu fürchten brauchen, auf rein dissonanz-verliebte Projekte zu stoßen. In den insgesamt 179 von Tomek verantworteten Konzertabenden gibt es nur 11 Werke, die nach 1945 komponiert worden sind.

Im Gegensatz zu Otto Tomek ist Peter Stieber eher der Typus des Bewahrens und wortreichen Schwärmens von Stars und Künstlerpersönlichkeiten. Dennoch schafft er es, die Programminhalte von Mal zu Mal mit Musik des 20. Jahrhunderts zu füllen. Sein Wandel vom skeptisch ablehnenden, zumindest immer kritisch hinterfragenden Paulus zum Neue Musik-Highlight-Saulus hat das erzkonservative Schwetzinger Festival in ein offeneres verwandelt. Mit Genugtuung wird Tomek als ständiger Gast und späterer Einwohner der Kleinstadt Schwetzingen diesen Wandel zur Kenntnis genommen und daraus seinen persönlichen Gewinn bezogen haben.

Die wachsamen Augen auf das Programm. Der Musikausschuss

Die Gremien der Rundfunkhäuser beobachten und legitimieren das, was die gesendeten Produkte beinhalten. Sie wachen als Repräsentanten von gesellschaftlichen Organen auch über die Souveränität des Intendanten. Sie sind im besten Falle politisch neutral. Dadurch wird ihre Aufsichtsfunktion gesellschaftsrelevant. Mischen sich parteipolitische Interessen ein und dominieren diese die Zusammensetzung der Gremien, wird ihre Aufsichtsfunktion parteipolitisch und damit einseitig, gesellschaftlich wertlos, jedoch oftmals erstaunlich wirksam.

Der sogenannte Musikausschuss ist eine Art Vertreterkollektiv des Gesamtgremiums im Bereich des Musikalischen. In diesem Ausschuss befinden sich zuvörderst Vertreter unterschiedlicher auf Musik bezogener Berufsverbände wie z.B. der Komponistenverband oder der Vertreter der Orchestervereinigungen; darüber hinaus sind die kunst- und kulturwissenschaftlichen Institutionsvertreter aus Gesellschaft und Politik sowie die Vertreter der Kirchen und Konfessionen wichtige Instanzen der Kritik, des Lobs und alternativer Vorschläge von musikalischen Programminhalten des zweiten SDR-Programms.

Die Musikausschuss-Sitzungen werden durch den Hörfunkdirektor geleitet. Der Intendant ist meist zugegen, wenn es um komplexere Fragen geht. Der Leiter der Musikabteilungen dagegen ist immer anwesend, zumal in den Sitzungen immer ein Fachredakteur eingeladen wird, um über sein Ressort zu berichten.

Im Historischen Archiv des SWR finden sich insgesamt 18 Sitzungen, an denen Otto Tomek als Musikchef teilgenommen hat und vielfach auch befragt worden ist. Diese Protokolle gelten als vertrauliches Material, bleiben aber nichtsdestoweniger für einen Rückblick in das Denken vergangener Jahrzehnte substantiell und für die Beschreibung der Wirksamkeit von Tomek informativ. Deshalb wird an dieser Stelle aus diesem Material chronologisch – und respektvoll, den seit 25. Mai 2018 europaweit festgelegten Datenschutzbestimmungen entsprechend – zitiert. Da es sich nahezu ausschließlich um Zusammenfassungen der von Tomek gemachten Äußerungen handelt, müssen an keiner Stelle erläuternde Erklärungen eingefügt werden. Die Protokolle sprechen für sich. Formal listet das Kurzprotokoll – in aller Regel vom Leiter des Historischen Archivs erstellt – jeweils die Teilnehmer, die Themen und die beigefügten Schriftstücke auf:

Kurzprotokoll über die Sitzung des MUSIK-Ausschusses am Montag, 28. Mai 1979, im Hotel ADLER, Schwetzingen
Beginn der Sitzung: 15.15 Uhr / Ende der Sitzung : 18.09 Uhr
Anwesend waren vom Ausschuss: Herr Rickelt, Vorsitzender / Herr Prof. Frommel / Herr Dr. Bayer / Herr Hummel / Herr Klein / Herr Dr. Rettich / Herr Dr. Richert / Herr Röder
als Gast: Herr Dr. Gaa
vom SDR: Herr Dr. Kehm / Herr Dr. Tomek / Herr Dr. Wienke / Frau Hirschmann / Herr Dr. Wunden
Tagesordnung:

1) Genehmigung der Niederschrift über die Sitzung am 30.04.1979
2) Radio-Sinfonieorchester 1979/80 – Öffentliche Konzerte und Gastspiele
   Bericht von Herrn Dr. Tomek
3) Veränderungen in der Hörfunkprogrammstruktur ab Herbst 1979
   Bericht von Herrn Dr. Kehm
4) Verschiedenes
   [...]

zu 2) Radio-Sinfonieorchester 1979/80 – Öffentliche Konzerte und Gastspiele
Herr Dr. Tomek leitet seinen Bericht mit der Überlegung ein, man habe wohl beim SDR unter den gegebenen Umständen eine gute Mischung gefunden zwischen der einen Form von Musikproduktionen, den Live-Charakter zu betonen, und der anderen Form der Studioproduktionen ohne Publikum. Dass der SDR auf Live-Mitschnitte eingestellt sei, könne man schon am Gewicht der Namen der Dirigenten ablesen, die die Mietkonzerte dirigieren. – Die Qualität der Produktion hänge dabei nicht von Zufälligkeiten ab: Konzerte würden meistens zwei Mal gespielt und aufgenommen, so dass Unebenheiten ausgeglichen werden könnten; zusätzlich würden infolge verbesserter räumlicher Dispositionen in der Liederhalle ab Herbst 1979 auch die Generalproben mitgeschnitten. Die Freiheit der Option für die oben erwähnte eine oder andere Form sei natürlich auch dadurch eingeengt, dass die akustischen Möglichkeiten im Funk-Studio Berg sehr begrenzt seien.
Bezüglich der Programmkonzeption hält Herr Dr. Tomek entgegen manchen Kritikern daran fest, dass der Rundfunk Vielfalt zu präsentieren habe. Gegenbeispiele (Kubelik!) seien schon deswegen nicht heranzuziehen, weil er z.B. im Fall des Zyklus mit Werken von Reger und Hartmann sechs von zehn Konzerten selbst dirigiert habe. Die Kapazität der Dirigenten in Bezug auf das Repertoire sei dem gegenüber in der Regel recht begrenzt. Immerhin bilde das Werk Strawinskys in der nächsten Spielzeit einen Schwerpunkt. Im Übrigen sei die Planung für ein einzelnes Konzert natürlich unter binnendramaturgischen Gesichtspunkten zu sehen. Auch spiele der Gesichtspunkt eine Rolle, das Archiv durch bisher nicht darin befindliche Werke anzureichern. Die Dirigenten dazu zu gewinnen, sei nicht immer einfach. Für einen von einer Rundfunkanstalt gestalten Zyklus sei ferner das Engagement für das 20. Jahrhundert wichtig: Es gelte, die Musik unseres Jahrhunderts repertoirefähig zu machen. – Dies erläutert Herr Dr. Tomek an einigen Beispielen [...]

Kurzprotokoll über die Sitzung des MUSIK-Ausschusses am Mittwoch, 16. Juli 1980, im Sitzungssaal. BE 8 des Funkhauses
Planungen des Radio-Sinfonieorchesters, Spielzeit 1980/81
Hierzu liegt dem Ausschuss eine Liste der Miete-, Sonder- und Gastkonzerte des Radio-Sinfonieorchesters vor.
Herr Dr. Tomek erläutert diese Liste und führt dabei aus: Das Radio-Sinfonieorchester sei mehr als ein privater Konzertveranstalter verpflichtet, sein Repertoire der gegenwärtigen Musik zu öffnen, ohne deshalb die Klassik zu vernachlässigen. Dabei wolle es sich auch gegen den Zyklus ‚Musik unserer Zeit' abgrenzen. Etliche ‚Avantgardisten von gestern', die einst ihren Platz in ‚Musik unserer Zeit' hatten, seien nun in das breitere Spektrum unserer Sinfoniekonzerte hinüber gewachsen; Penderecki sei dafür wohl das markanteste Beispiel. Im Übrigen liege in dieser Erweiterung ein Grund dafür, dass man nur acht Konzerte im Abonnement berechne, das neunte gleichsam

als Werbepräsent für die ,Musik unserer Zeit' gratis dazugebe. Den neun Konzerten des Sinfonieorchesters im Beethovensaal der Liederhalle in Stuttgart seien sieben Jugend- und zwei Sonderkonzerte angegliedert, die auch wegen des (insgesamt dreimaligen) Mitschnitts unerlässlich seien. Das Programm der neun Miete-Konzerte richte sich außerdem nach dem Bedarf unserer Hörfunkprogramme, der gerade hinsichtlich der sinfonischen Musik erheblich sei. Unter diesem Aspekt sei es erfreulich, dass Herr Celibidache bisher ohne Reprisen ausgekommen sei. Was die Gastkonzerte anlange, so sei leicht zu ersehen, dass man diesmal die hiesige Region besonders berücksichtigt habe. Bei der Festlegung der Orte und Termine im weiteren Umkreis habe der Umstand Schwierigkeiten gemacht, dass die Münchner Philharmoniker mit Herrn Celibidache in jüngster Zeit vermehrt auf Reisen gehen und entsprechend weit voraus disponiert haben. Herr Celibidache habe sich für zweimal zwei Wochen in der Saison 1982/83 verpflichtet; das reiche gerade für zwei Konzerte in der Mietreihe und eine Studioproduktion für das Fernsehen, eventuell mit einigen Wiederholungskonzerten. Für Auslandskonzerte halte Herr Celibidache das Radio-Sinfonieorchester für noch nicht gut genug. Hinter den Konzerten träten die reinen Studioproduktionen deutlich zurück, was nicht ohne Konsequenz für das aufgenommene Repertoire bleibe. Angesichts der spärlicher werdenden Celibidache-Termine ab 1982/83 sei es notwendig, auch andere international angesehene Dirigenten zu gewinnen. Gute Kontakte haben sich mit Neville Marriner ergeben; von Seiten des Hauses werde angestrebt, ihn als ,principal guest conductor' an den SDR zu binden [...].

Kurzprotokoll über die Sitzung des MUSIK-Ausschusses am Dienstag, 18. Mai 1982, im Hotel Adler, Schwetzingen
Dirigenten des Radio-Sinfonieorchesters
Herr Dr. Tomek berichtet: Die zweite Ära Celibidache neige sich ihrem Ende zu; der Maestro habe wegen München und Zürich leider nur noch wenig Zeit für das Radio-Sinfonieorchester. Hieraus ergäben sich Schwierigkeiten nicht nur psychologischer Natur. Vielmehr stelle sich jetzt eine grundsätzliche Strukturfrage für das Orchester überhaupt. Zwar sei mit Neville Marriner als Prinzipal Guest Conductor ein guter Griff getan worden. Aber Marriner sei weltweit doch ziemlich viel beschäftigt und könne vorerst nur rund 20 Tage im Jahr dem Radio-Sinfonieorchester zur Verfügung stehen. Dies reiche für die Funktion eines Chef-Dirigenten nicht aus – was immer man sich darunter vorstellen möge. Marriner sei sicherlich besonders geeignet im Hinblick auf die neuen Aufgaben, die sich in den letzten Jahren mit Konzerten in Stuttgart und auswärts sowie Schallplattenaufnahmen eröffnet hätten. Er sei jedoch nicht in gleichem Maße ein Orchestererzieher wie Celibidache. Der Arbeits- und Darstellungsstil der beiden Dirigenten sei wirklich sehr unterschiedlich und nicht zu vergleichen. Kommende Überlegungen zum Problem eines Chef-Dirigenten für das Orchester haben von folgenden Kriterien auszugehen:
1. Es müsse eine Persönlichkeit gefunden werden, die sich mit dem Orchester, das nach dem Wirken Celibidaches erheblich an Selbstbewusstsein gewonnen habe, gut verstehe. Er müsse dauerhaft vom Orchester akzeptiert werden und es müsse von ihm sozusagen ein ,Funke' auf den Klangkörper überspringen. Leider habe man hier mit qualifizierten Persönlichkeiten nicht gerade verheißungsvolle Erfahrungen gemacht.
2. Der Betreffende müsse eine positive Einstellung zum Mikrofon mitbringen.

3. Sein Repertoire und das Spektrum seiner Möglichkeiten dürfe nicht nur für die Zyklen der Liederhallenkonzerte, sondern auch ganz allgemein für die Programmerfordernisse angemessen sein.

4. Er müsse nicht nur Verständnis und Aufgeschlossenheit, sondern auch einen Namen für die immer zahlreicher werdenden Schallplatten-Koproduktionen mitbringen.

Unter dem Gesichtspunkt dieser vier Kriterien berichtet Herr Dr. Tomek über Kontakte und Erfahrungen mit mehreren Dirigenten-Persönlichkeiten. Die meisten von ihnen hätten nicht die erforderliche Resonanz beim Orchester gefunden; einige von ihnen seien auch unerreichbar (z. B. Boulez, Sinopoli, Solti). Nicht zuletzt um zu prüfen, ob sie sich für die Bindung nach den angeführten Kriterien eigneten, seien für weitere Gastspiele die Herren Steinberg, Kuhn, Weller und Soudant verpflichtet worden. Herr Kuhn gäbe dabei wohl zu den besten Hoffnungen Anlass [...].

Kurzprotokoll über die Sitzung des MUSIK-Ausschusses am Montag, den 27. Sept. 1982 im Sitzungssaal BE 8 des Funkhauses
Kompositionsaufträge des SDR
[...] Die Kompositionsaufträge im Bereich der E-Musik erachte er als wichtig für das Profil der Anstalt. Man erfülle damit aber auch den Kulturförderungsauftrag. Leider habe man sich unter dem Druck der Einsparerfordernisse der letzten Zeit Beschränkungen bei der Vergabe von Kompositionsaufträgen auferlegen müssen. Herr Dr. Tomek erläutert eine Liste der seit 1978 vom Hause vergebenen Kompositionsaufträge. Diese Liste ist als Anlage 2 dem Protokoll, beigefügt. Herr Dr. Tomek gibt sodann eine Übersicht über weitere Planungen für Auftragskompositionen [...]:

Kompositionsaufträge seit 1978
Helmut Lachenmann: Les Consolations für 16 Sänger und Orchester
Jens-Peter Ostendorf: ...creuser pour bien sortir le soleil für Vokalensemble und Live-Elektronik
Wlodzimierz Kotonski: Midsummer for Klarinette, Violoncello, Klavier und Live-Elektronik
Reinhard Febel: Charivari für Kammerensemble
Roland Kayn: Engramme für 15–60 disponible Instrumente
Manfred Trojahn: Seebilder 2–3 Zyklus für. eine Singstimme und Orchester
Steve Reich: Tehillim (Teil 1) für 4 Frauenstimmen, 6 Schlagzeuger, 2 Klarinetten, Oboe, Englisch Horn, 2 elektrische Orgeln und Streicher
Mauricio Kagel: Mitternachtsstük für Chor und Instrumente
Adriana Hölszky: Innere Welten für Streichtrio
Hans Vogt: Historie vom Propheten Jona Kammeroratorium nach Worten des Alten Testaments und Gedichten von Hilde Domin für gemischten Chor, 2 Solostimmen und Instrumente
Hans Georg Pflüger: Sprachgitter nach einem Text von Paul Celan für gemischten Chor, Schlaginstrumente und Klavier (1981)
Isang Yun: O Licht für Chor, Solovioline und Schlagzeug nach Texten von Nelly Sachs und einem Gebet des Buddhismus (1981)
Manfred Niehaus: Drei Texte des hl. Augustinus für gemischten Chor (1975)
Ulrich Gasser: passion II/stationen für 2 Solosoprane, gemischten Chor, 2 Klaviere, Cembalo, Orgel, 2 Posaunen, Streichquintett, Tonbänder und Requisiten (1979)

Gérard Zinsstag: Trauma für Doppelchor a cappella (1981)

Schon laufende Aufträge:
Liebermann: Ergänzung des Essays
Sinopoli Chorwerk für Bach-Jahr 1985

Pläne für Aufträge in den kommenden Jahren:
Stockhausen für Atelier Stockhausen 1985

Nono für Atelier Nono 1984

Henze Versuch, ihn für ein Stück für den Südfunkchor zu gewinnen
Penderecki Versuch, ihn für ein Stück für den Südfunkchor zu gewinnen
Reinhard Febel, Stuttgart
Ernst-Hellmut [Ernst Helmuth] Flammer, Heilbronn
Susanne Erding, Schwäbisch Gmünd
Henning Brauel, Aalen
Joachim Krebs, Karlsruhe
Dietrich Mast, Mannheim
Younghi Pag Paan, Freiburg
Adriana Hölszky, Stuttgart
Mathias Spahlinger, Berlin
Helmut Bornefeld, Heidenheim

Kurzprotokoll über die Sitzung des MUSIK-Ausschusses am Montag,
07.11.83 im Sitzungssaal BE 8 des Funkhauses in Stuttgart
Kurzer Bericht über die Donaueschinger Musiktage 1983
Herr Dr. Tomek berichtet von den diesjährigen Donaueschinger Musiktagen, die sehr
erfolgreich und beeindruckend gewesen seien. Dies sei deshalb hervorzuheben, da
das Publikum gerade an Donaueschingen hohe Qualitätsanforderungen stelle, die
auch diesmal wieder teilweise erfüllt werden konnten. Ebenfalls habe sich die erstmals stattgefundene Kooperation mit dem SWF gut bewährt. In diesem Jahr hat
Karlheinz Stockhausen ‚Kathinkas Gesang‘ uraufgeführt. Dieses Stück stamme aus
einer umfangreichen Komposition, an der Stockhausen derzeit arbeite: ‚Der Weg
des Menschen zum Licht‘ orientiere sich thematisch an den einzelnen Wochentagen.
Durch bühnengerechte Inszenierungen sorgten Stockhausens Werke immer wieder
für zusätzliche Spannung. Im Rahmen der Donaueschinger Musiktage finden immer
auch Jazz-Veranstaltungen statt, die vornehmlich von der Jugend besucht würden.
Ferner sei auch wieder der Karl-Sczuka-Preis verliehen worden. Herr Röder interessiert sich dafür, ob weitere Kooperationen mit dem SWF geplant seien. In diesem Zusammenhang denke er an den Südfunkchor, der dafür besonders geeignet sei. Herr
Dr. Tomek bekräftigt, dass sich die Zusammenarbeit mit dem SWF gelohnt habe; zudem sei es ein Leichteres, große Werke mit einem zweiten Partner zu gestalten und
durchzuziehen; dabei spiele das Finanzielle nicht die Hauptrolle.
Zu detaillierten Fragen von Herrn Dr. Rettich zum Vorhaben von Stockhausen, erklärt
Herr Dr. Tomek, dass es vermutlich einmal eine Art Selbstdarstellung durch sehr he-
terogene Elemente werde. Auf die Bemerkung von Herrn Wunderlich äußert Herr Dr.
Tomek, dass immer wieder über die Frage debattiert werde, ob die Musik durch öko-

nomische oder vorwiegend künstlerische Gesichtspunkte bestimmt werden sollte. Er allerdings vertrete die Ansicht, den Komponisten weitgehende Freiheiten zuzugestehen, so lange es sich die Institutionen leisten könnten. Einem solchen Verhalten verdanke man Werke, die in der Vergangenheit Musikgeschichte machten [...].

Kurzprotokoll über die Sitzung des MUSIK-Ausschusses am Freitag, 28. September 1984, im Sitzungssaal CE.10 des Funkhauses
Saison 1984/85
Herr Dr. Tomek berichtet zunächst über den Verlauf der. Proben zu Pendereckis ‚Polnischem Requiem': Der Dirigent Mstislaw Rostropowitsch habe Anfang der Woche mit den Proben begonnen. Die Komposition könne man als ‚heikel' einstufen, da sie sowohl vom Dirigenten als auch von den Musikern großes Einfühlungsvermögen erfordere. Dennoch besitze Penderecki beim Orchester durchaus Autorität. Im Übrigen glaube er, dass das Requiem sich einer größeren Nachfrage im In- und Ausland erfreuen werde. Sodann geht Herr Dr. Tomek auf die bevorstehende Konzertsaison ein: Sie stehe neben Neville Marriner als Chefdirigenten ganz unter dem Zeichen Garcia Navarros als neuem Principal Guest Conductor. Er gehe davon aus, dass mit diesen beiden Namen das Radio-Sinfonie-Orchester auch weiterhin seinen vorzüglichen Ruf bestätigen werde. Die Orchester-Saison sei am 19. September mit einem Konzert unter der Leitung von Christoph Eschenbach eröffnet worden. Ab Mitte November sei Neville Marriner zu Proben wiederum in Stuttgart, um auch die außerhalb Stuttgarts stattfindenden Konzerte vorzubereiten. Neben Konzerten in Paris und Lyon (mit Werken von Schumann, Beethoven, Webern und Mahler) gastiere er in Tübingen, Nürnberg, Ludwigshafen und Köln. Garcia Navarro hingegen stehe dem Orchester für zwei Konzerte zur Verfügung (im November 84 und Juli 1985); im letzteren werde er Musik seiner Heimat vorstellen. Gary Bertini – der zusätzlich mit dem Sinfonieorchester des WDR arbeitet – wurde als Gastdirigent für das Konzert im Januar 1985 – mit Werken von Haydn, Alban Berg und Johannes Brahms verpflichtet. Nächsten Jahres wird Gustav Kuhn Anton Bruckners 8. Sinfonie in der weniger bekannten frühen Fassung dirigieren. Für das Konzert im Mai – mit einer Sinfonie von Gustav Mahler (Nr. 6 a-moll) – habe man erneut Guiseppe Sinopoli als Gastdirigenten gewinnen können. Neben den 9 Abonnementkonzerten stehen verschiedene Sonderkonzerte auf dem Spielplan; hier verweise er vor allem auf die Lukas-Passion von Penderecki unter dessen Leitung. Ferner sind Konzerte in Absprache mit der Kulturgemeinschaft des DGB und anlässlich der Ludwigsburger und Schwetzinger Festspiele vorgesehen. Der Chor – unter Leitung von Klaus Martin Ziegler könne ebenfalls mit einem großartigen Repertoire aufwarten; auch er gastiere in und außerhalb Stuttgarts (u. a. in Bremen und Berlin). Ein besonderes Ereignis für den Chor sei die Teilnahme an der Mozartwoche in Salzburg (Januar 1985), die in Zusammenarbeit mit der Internationalen Mozarteum-Stiftung veranstaltet wird [...].

Kurzprotokoll über die Sitzung des MUSIK-Ausschusses am Montag, 4. November 1985, im Sitzungssaal BE 8 des Funkhauses
Langfristige Planungen des Radio-Sinfonieorchesters [...]
Herr Dr. Tomek erläutert die Vorlage im Einzelnen und geht auf Besonderheiten der Spielzeit 1985/86 sowie auf besondere Dirigenten und Interpreten/Solisten ein. Auch habe das Orchester anlässlich des Deutschen Mozartfestes in Schwetzingen mit einem Konzert unter dem englischen Dirigenten Christopher Hogwood gastiert; der

SDR habe versucht, mit Hogwood einen modernen Akzent in die Festspiele einzu-bringen, was ihm aufgrund der Resonanz offenbar auch gelungen sei. Anlässlich der Berliner Festwochen habe das Radio-Sinfonieorchester Stuttgart – neben anderen ARD-Sinfonieorchestern – in der Berliner Philharmonie gastiert. Hier habe man mit Maestro Gelmetti einen außergewöhnlichen Dirigenten gewonnen, der auch vom Orchester sehr gut angenommen wurde; man werde versuchen, ihn als Gastdirigen-ten an das Haus zu binden. Die Berliner Festwochen seien im Übrigen Anlass dafür gewesen, in einer zweiteiligen Dokumentation auf das nunmehr 40jährige Bestehen der ARD-Sinfonieorchester aufmerksam zu machen. Das Fernsehen werde in zwei Sendungen (24.11. und 01.12.1985) versuchen, auf die Geschichte, den Aufgabenbe-reich und auf die mäzenatischen Leistungen der ARD-Institutionen hinzuweisen. Bezüglich Garcia Navarro weist Herr Dr. Tomek darauf hin, dass derzeit noch nicht absehbar sei, ob er nach Auslaufen seines Vertrages auch weiterhin für den SDR zur Verfügung stehe, da er beim Württembergischen Staatstheater auch als Operndiri-gent einen großen Erfolg aufzuweisen habe und dort unter Umständen eine leitende Position erhalten werde. Sodann erinnert Herr Dr. Tomek an die ausführliche Diskus-sion über die Zusammenarbeit mit Schallplattenproduzenten, die ja vom Ausschuss ausdrücklich begrüßt worden sei. Auch für die Spielzeit 1986/87 sei man hier weiter in Verhandlungen, obwohl derzeit weltweit ein Rückgang bei der Schallplattenpro-duktion zu verzeichnen sei. Einer der wichtigsten Koproduzenten des SDR, die Firma ORFEO, habe ihren Betrieb eingestellt, so dass man hier zunächst einmal abwarten müsse. Er werde jedoch den Ausschuss über weitere Aktivitäten auf dem Laufenden halten. Der Vorsitzende bedankt sich für die Ausführungen, die zukunftsweisend für die musikalische Tätigkeit des Radio-Sinfonieorchesters Stuttgart sei [...].

Kurzprotokoll über die Sitzung des MUSIK-Ausschusses am Mittwoch, 14. Januar 1987 im Sitzungssaal BE 8 des Funkhauses in Stuttgart

[...] Herr Dr. Tomek führt aus, dass zum Prestige eines Orchesters auch interkonti-nentale Reisen beitragen würden. Mit Sir Neville Marriner habe man zudem einen Dirigenten, der international geschätzt werde und dadurch mit dem Orchester diese Tournee unternehmen konnte. Die Tournee könne als erfolgreich bezeichnet werden, wenngleich nicht alle Säle ausverkauft gewesen seien. Das liege wohl an den überdi-mensionalen Räumen, die in Japan auch für Theateraufführungen vorgesehen seien. Das Publikum habe sich jedoch im Laufe der Tournee immer stärker mit der Musik identifiziert; zwei bis drei Zugaben seien keine Seltenheit gewesen. Für den Klang-körper sei die Tournee ein wichtiges Erlebnis gewesen. Denn das Orchester habe er-fahren können, zu welchen künstlerischen Leistungen es auch unter Strapazen fähig sei. 16 Konzerte seien gespielt worden; außer den eingeplanten Ruhetagen habe es keine freien Tage gegeben. Es sei auch mit großer Disziplin geprobt worden. Die in-nere Bedeutung dieser Tournee stelle einen wesentlichen Punkt in der 40jährigen Geschichte des Orchesters dar. Durch den Erfolg sei auch ein Ansporn für weitere Unternehmungen gegeben. Die erneute spontane Einladung der Manager für 1990 lasse ebenfalls auf den Erfolg der Tournee schließen. Zum japanischen Presseecho über die einzelnen Konzerte könne er nur wenig sagen, da die Übersetzungen noch nicht vorlägen. Er bemerkt, dass in Japan aufgrund vieler Veranstaltungen, die Presse kaum Konzerte bespreche.

(Die Übersetzungen von Zeitungsberichten aus dem Japanischen sind dem Protokoll in der Anlage beigefügt.) Der Bericht der mitgereisten Zeitungsjournalistin (Süddeutsche Zeitung) solle demnächst in der Süddeutschen Zeitung erscheinen.

Herr Dr. Tomek hebt hervor, dass die Zusammenarbeit mit Sir Neville Marriner hervorragend gewesen sei. Seine Souveränität habe wesentlich zum Erfolg der Tournee beigetragen. Er hoffe, dass es möglich werde, alle zwei Jahre eine Orchester-Tournee dieser Art durchzuführen. Für 1988 liege schon eine Einladung nach Amerika vor. Des Weiteren bemerkt er, dass Konzerte im internationalen Rahmen genauso zum Bild eines Orchesters gehörten wie Schallplattenaufnahmen. Internationale Tourneen förderten das Interesse der Schallplattenfirmen und diese brächten wiederum Künstler ins Haus, die sonst kaum erreichbar seien. Und je mehr Schallplatten produziert würden, desto größer sei auch das Ansehen eines Orchesters.

Kurzprotokoll über die Sitzung des MUSIK-Ausschusses am Montag, 3. Oktober 1988 im Sitzungssaal BE 8 des Funkhauses

Anwesende:

Vom Ausschuss: Herr Röder, Vorsitz / Herr Bühringer / Herr Prof. Dr. Draheim / Herr Dr. Rettich / Frau Dr. Rotermund / Frau Stöffler / Herr Ufer

Vom SDR: Herr Prof. Dr. Bausch / Herr Dr. Lüke / Herr H.J. Schultz / Herr Dr. Tomek / Herr Dr. Lüdemann / Herr Dr. Wienke / Herr Bunz / Herr Höpner / Herr Dr. Lersch: Protokoll

[...]

2. Rückblick auf die Tätigkeit als Programmchef Musik des SDR 1977 – 1988 Bericht von Herrn Dr. Tomek:

„Wie schön ist doch die Musik, aber wie schön erst, wenn sie vorbei ist." Es mag Sie verwundern, aus dem Munde eines scheidenden Programmchefs Musik einen solchen Satz zu vernehmen. Aber gehen wir ihm auf den Grund. Es ist ein Zitat aus der Schlussszene der Oper „Die schweigsame Frau" von Richard Strauss. Text von Stefan Zweig. Sir Morosus, der diesen Satz singt, ist ein pensionierter Offizier der britischen Flotte, der einmal mit einem Pulverfass in die Luft geflogen und daher gegen alle Arten von Schalldruck außerordentlich empfindlich geworden ist. Und Musik ohne Schalldruck kann es ja nicht geben. Analysieren wir das Zitat weiter. Es zerfällt in zwei Teile: „Wie schön ist doch die Musik". Das ist absolut unbestritten, gilt für immer. Aber was bedeutet der zweite Satz („aber wie schön erst, wenn sie vorbei ist") für den Programmchef Musik? Nun; der spiegelt das erleichterte Gefühl nach jeder beendeten Produktion, nach jedem Konzert – ob gut gelungen oder weniger. Und das seit mehr als drei Jahrzehnten. Er spiegelt die Last, die mit dem Amt verbunden war. Jetzt gilt nur noch der erste Satz: „Wie schön ist doch die Musik!" Ich habe es erst vor wenigen Tagen ganz intensiv erleben können, im Oratorio San Pietro in Porto Mauricio, da hörte ich das Konzert eines englischen Ensembles, durfte einfach hören, mich freuen. Und so, denke ich, wird es auch bleiben. Ich wurde gebeten, einen Rückblick zu geben auf die Jahre meiner Tätigkeit im SDR. Sie sind Teil einer Lebensarbeit bei der ARD, insgesamt mehr als 31 Jahre. In diesen 31 Jahren habe ich unter fünf Intendanten und acht Programmdirektoren gearbeitet.

Als ich vor 12 Jahren vom SWF nach Stuttgart kam, waren mir die Verhältnisse hier im Hause gut bekannt. Einerseits durch die enge Zusammenarbeit in der Kooperation der drei Südwestanstalten, andererseits durch den jahrelangen Kontakt mit meinem

Vorgänger Dr. Gaessler. Meinem damals geäußerten Wunsch, die gesamte Musik, als E- und L-Musik, unter dem Dach des Programmchefs Musik zu vereinen (wie das beim SWF damals, aber auch beim WDR und anderen Anstalten der Fall war), hat die Geschäftsleitung zugestimmt. Es ist in meinen Augen das beste System, die Musik in einer Rundfunkanstalt zu organisieren, insbesondere dann, wenn es in beiden Abteilungen Eigenproduktionen in nennenswertem Umfang gibt und Sendezeiten in verschiedenen Programmsäulen sich teilweise überschneiden. Hemmende Rivalitäten, Streit um Sendeplätze und Produktionsmittel werden durch eine solche organisatorische Einheit weitgehend vermieden. Es waren mehrere Umstände, die mich reizten, vom SWF zum SDR zu wechseln. Einmal wollte ich doch wieder in einer größeren Stadt leben, mit all dem kulturellen Großangebot wie Stuttgart es bietet – so schön auch der Schwarzwald und das benachbarte Elsass ist. Zum anderen reizte mich die Qualität der Klangkörper hier: Radio-Sinfonieorchester, Südfunk-Chor, Orchester Lehn. Vor allem auch die Möglichkeit, die Konzerte in einem großen Auditorium, der Liederhalle, veranstalten zu können. Es war nicht so lustig in Baden-Baden, den Lohn für die Mühen langer Probenzeiten vor 200 Zuhörern im Rosbaud-Studio zu ernten. Der Saal im Casino war damals noch nicht als Konzertsaal gerüstet, er ist im Übrigen auch heute noch akustisch höchst unbefriedigend. Auch ist das Publikumsinteresse in Baden-Baden nicht entfernt mit Stuttgart vergleichbar. Einen weiteren Reiz nach Stuttgart zu kommen, bildete die Aussicht auf Mitarbeit bei den Schwetzinger Festspielen, ein sehr anziehender Kontrast nach Jahren intensiver Arbeit auf dem Felde der neuen Musik, insbesondere Donaueschingen.

Die Aufforderung zu diesem Rückblick erreichte mich in Italien, von wo ich erst gestern zurückgekommen bin. Ich kann deshalb hier nur aus der Erinnerung einiges skizzieren, nicht mit exakten Daten aufgelisteter Sendeminuten oder Produktionseinheiten dienen. Es war ein weiter Weg, der zu den heutigen 3 1/2 Programmsäulen führte. Zu Beginn meiner Tätigkeit hier war das heutige 3. Programm noch recht fragmentarisch und wurde erst nach und nach entwickelt, unter schwierigen Umständen angesichts der Dominanz von SWF3. Was hier das junge Team von Redakteuren im Laufe der Jahre geleistet hat, erfüllt mich mit ganz besonderer Freude. Demgegenüber konnte das 1. und 2. Programm auf einer Basis der längeren Tradition zu Reformen ansetzen. Ob allerdings die vielen Veränderungen, denen diese beiden Programme bis in die jüngsten Tage hinein unterworfen waren, immer auch eine Verbesserung waren, wage ich nicht eindeutig mit JA zu beantworten. Mit Wehmut denke ich etwa daran, dass es einmal im 2. Programm ein klar strukturiertes Musikangebot in den Morgenstunden gab, mit der „Musikalischen Morgengesellschaft" und dem „Konzert am Morgen", – dass einmal von Mittag bis in die Abendstunden hinein ein „großes Musikprogramm" gesendet wurde. Leider konnte ich mich nie durchsetzen mit der Meinung, man solle die redaktionellen Kräfte nicht durch monatelange Strukturdebatten verbrauchen, stattdessen innerhalb bestehender Sendezeiten, an welche die Hörer gewöhnt sind, vorsichtige inhaltliche Änderungen vornehmen. So wurden leider immer wieder neue Programmschemata eingeführt.

Die wesentliche Frage der Präsentation ist nach wie vor nur unbefriedigend gelöst. Zur Entschuldigung kann ich nur anführen, dass zu einer einigermaßen zufriedenstellenden Lösung eine wesentlich höhere redaktionelle Kapazität vorhanden sein müsste, als wir heute darüber verfügen. Dass durch die oft sehr auseinanderdriftenden Vorstellungen innerhalb der Kooperation diese Fragen nicht einfacher werden, sei nur am Rande vermerkt. Ich möchte aber hier ganz besonders erwähnen, dass trotz der personellen und vor allem auch finanziellen Begrenzung die Mitarbeiter kontinuierlich ein hohes Niveau der Sendungen garantieren.

Durch besondere Kraftakte immer wieder zustande kommende Spitzenleistungen zeigen, was bei einem größeren Volumen der redaktionellen Kapazität noch viel öfter möglich wäre. Ich denke da an die verschiedenen Festtagsprogramme, an lange Abende aus besonderen Anlässen usw. Ein Programmchef Musik steht immer vor der Frage, auf welchem Sektor er sich über die Lenkung des Gesamtbereichs hinaus persönlich stärker engagieren soll, dem Sendeprogramm oder der Eigenproduktion der Anstalt. Da ich die Aufsicht und kreative Weiterentwicklung der Sendeprogramme bei den Abteilungsleitern, den Herren Bunz und Dr. Wienke, in besten Händen wusste, konnte ich ruhigen Gewissens meiner Neigung folgen und versuchen, die Produktion des SDR so zu gestalten, dass das Eigenprofil des Senders gestärkt wurde. In Bezug auf das Radio-Sinfonieorchester habe ich selbst daran gearbeitet, die anderen Gebiete (Chormusik, Kammermusik, Volksmusik, Neue Musik, Außereuropäische Musik, Jazz, Popp, diverse Sparten der Unterhaltungsmusik usw.) betreuten die dafür jeweils verantwortlichen Mitarbeiter, deren Namen ich hier im Einzelnen nicht zu erläutern brauche, sind sie Ihnen ja von vielen Referaten in diesem Kreis hier wohlbekannt.

Ich glaube schon, dass die Musikproduktion unseres Hauses wesentliches zum Image des SDR beigetragen hat und beiträgt. Unser Schallarchiv kommt nur mit Mühe nach, all die Wünsche des Programmaustausches zu erfüllen. Unsere Klangkörper sind in aller Welt begehrt und seit einigen Jahren gelingt es immer mehr, auch auf dem Schallplattenmarkt deutliche Lebenszeichen zu setzen. Letzteres verdanken wir den Dirigenten, mit denen wir zusammenarbeiten. Sergiu Celibidache war in dieser Hinsicht leider ein großer Verweigerer. 1976 hatte er zudem dem SDR grollend den Rücken gekehrt, kam aber 1978 nochmals für fünf Jahre zurück. Für die internationale Akzeptanz, aber natürlich auch für die künstlerische Entfaltung des Orchesters war das unschätzbar. Entgegen meinen anfänglichen Befürchtungen kam ich mit Celibidache eigentlich sehr gut zurecht. Er schied zuletzt nicht wieder in Groll, sondern nur aus Rücksicht auf seine Münchner Verpflichtungen. Ich bin froh, dass es gelungen ist, Sir Neville Marriner schon während der Celibidache-Ära als ersten Gastdirigenten aufzubauen, so dass er dann mühelos die Chefposition übernehmen konnte. Zehn Jahre kontinuierlicher Zusammenarbeit verbinden uns nun mit diesem bedeutenden, in aller Welt bekannten Musiker. Sein Ruf hat die Einladung des Orchesters zu den großen Konzertreisen nach Japan und den USA bewirkt, diesen ganz wichtigen Sprung aus der mitteleuropäischen Isolation. Unter seiner Leitung hat das Radio-Sinfonieorchester den weitaus größeren Teil seiner bisherigen Schallplatten eingespielt, und zwar u.a. auch bei Weltfirmen wie Philips und EMI Electrola. Wenn er Ende dieser Spielzeit auch als Chef ausscheidet, so will er doch noch drei weitere Jahre wiederum als 1. Gastdirigent uns verbunden bleiben.

Der Kontakt mit seinem Nachfolger Gianluigi Gelmetti ist sehr spontan 1985 bei einem Gastkonzert des RSO in Berlin zustande gekommen, als er kurzfristig einsprang. Seither wurde er systematisch immer enger an Stuttgart gebunden, erst als 1. Gastdirigent, ab nächsten Sommer dann als Chef. Obwohl er auch von anderen Orchestern heftig umworben wurde, hat er sich doch für Stuttgart entschieden. Er ist nicht nur ein unglaublich publikumswirksamer Dirigent (was sehr wichtig ist), unter ihm erreicht das Orchester eine Klangkultur, die an beste Celibidache-Zeiten erinnert.

Gianluigi Gelmetti und Sir Neville Marriner zu Besuch bei Tomek, 1987

Stuttgart hat es ja nicht leicht, international gefragte Künstler fest an hiesige Institutionen zu binden. Die Konkurrenz ist groß. Städte wie Köln, Frankfurt, Hamburg stehen da vor ähnlichen Problemen. München ist da eben in einer wesentlich besseren Position, selbst Berlin. Umso wichtiger ist es, durch intensiven persönlichen Einsatz den Ausgleich zu bewirken. Man muss das Klima freundschaftlicher Geborgenheit schaffen, in dem sich diese Künstler wohlfühlen. Ich habe mich immer sehr darum bemüht und sehr viel Zeit und Energie dafür investiert.

Um weiter konkurrenzfähig zu bleiben, braucht das Radio-Sinfonieorchester aber nicht nur erstrangige Dirigenten, sondern auch dringend ein angemessenes Studio für die tägliche Arbeit und für Studioproduktionen, auch Co-Produktionen mit der Schallplatte. Das Funkstudio ist absolut unzureichend, worauf ich seit Beginn meiner Tätigkeit im SDR immer wieder hingewiesen habe. Wir gerieten da anderen Rundfunkanstalten gegenüber immer mehr ins Hintertreffen Der Ausbau der Alten Villa müsste unverzüglich in Angriff genommen werden. In wenigen Monaten wird das neue Studio für das Orchester Lehn bezugsfertig sein. Zu diesem Zeitpunkt müsste mit den Bauarbeiten an der Alten Villa sofort begonnen werden können. Höchste Zeit also für den Architektenwettbewerb!!

Ein anderes Problem im Bereich der Musikproduktion des SDR konnte vor einiger Zeit endlich gelöst werden. Mit der Schaffung der Planstelle eines Produktionsleiters Musik war endlich die verantwortliche Verwaltung, Detailplanung und Abwicklung der zahlreichen, oft komplexen und auch sehr aufwendigen Produktionsvorhaben, namentlich im Orchester- und Chorbereich, gesichert. Die Freude darüber, für diese Position eine so hervorragende Fachkraft wie Herrn Höpner gewonnen zu haben, wird nur dadurch getrübt, dass er uns bald wieder verlassen wird. Er ist mir in kurzer Zeit eine unentbehrliche Stütze geworden.

Zu den positiven Veränderungen, die ich im Laufe meiner Amtszeit erleben durfte, gehört das nach dem Ausscheiden des vorigen Fernsehdirektors erwachte Interesse des SDR-Fernsehens an der Musik. Hier war anderen ARD-Anstalten gegenüber ein gewaltiger Rückstand aufzuholen. Gerhard Konzelmann hat unsere Klangkörper nun wiederholt auf den Bildschirm bringen können und damit eine ärgerlich hemmende Schranke durchbrochen.

In der Stunde der Verabschiedung sei ein Wort des Dankes nicht vergessen. An die Geschäftsleitung für das Verständnis für die oft völlig von der Norm abweichenden Bedürfnisse der Musiksparten. Ein Dank an die Gremien für das Wohlwollen und die Unterstützung, die Sie den Musikproblemen entgegengebracht haben. Dank besonders an die Mitarbeiterinnen und Mitarbeiter in den Redaktionen, den Büros und Klangkörpern für diese Jahre fruchtbaren gemeinsamen Wirkens, sowie allen Kollegen in Technik, Verwaltung, Hörfunk und Fernsehen.

Meinem Nachfolger wünsche ich eine lange, harmonische und erfolgreiche Zeit am SDR. Möge ihn die mächtige Konkurrenz in der ARD, aber auch hier im Lande durch Staatstheater, Ludwigsburger Festspiele, Bachakademie usw. stimulieren, die besondere Note des SDR unter seinen eigenen Vorzeichen weiter zu entwickeln!

Mit Schwetzingen 1989, für deren Konzerte ich noch verantwortlich bin, bleibe ich Ihnen allen zunächst ja noch sehr nahe. Aber auch später werde ich gerne und mit wachem Interesse am Musikleben des SDR Anteil haben. Ich danke Ihnen.

SWR Stuttgart, Historisches Archiv, Otto Tomek, Gremien, Musik-Ausschuss-Sitzungen

Die Geschichte der Rundfunkprogramme veröffentlicht und verbirgt sich hinter den Protokollen der Ausschuss-Sitzungen. Sie sind die Dokumente, aus denen der Wandel der Programme und mit ihnen die sensiblen Schwingungen zwischen Gewolltem und Gesolltem, zwischen Machbarem und Provokativem hervorgehen. Auch ein Konfliktlösungsorgan, das Reinigungen besonderer Art wünscht, quasi die Leber im Organismus eines alles verdauenden Körpers, die die Gifte ausscheidet und die die gesunden Substanzen zur Selbstregulierung und -darstellung in die Adern des SDR-Organismus zurückführt. Die Gremien sind die eigentlichen Herrscher, vor der die Geschäftsleitung bestehen muss. Vor ihnen macht die Macht ihren Bückling, hier, in den Ausschüssen herrscht der Ton der Servilität, positiver ausgedrückt der Diplomatie und, wenn es sein muss, auch der der Heuchelei. Denn die vielmals gewählten Vertreter der unterschiedlichen gesellschaftlichen Innungen verfügen sehr oft nicht annähernd über das, was sie beurteilen müssen, also über das durch Bildung und Erfahrung geformte Wissen derer, die ihnen Rechenschaft ablegen müssen… und dies oft mit Herzzittern und unter den ausdruckslosen Mienen ihrer Vorgesetzten. Die Protokolle dieser Sitzungen lassen Einblicke zu in den jeweiligen Status und Stand gesellschaftlicher Erwartungen im Verhältnis zur hauseigenen Rundfunkpolitik und den aus ihr heraus formulierten Diskretionen, Tabus und Berufsgeheimnissen. Das Aufsichtsinstrument zeigt sich in den Aufzeichnungen nicht nur als einerseits duldsame, andererseits drohende Personenvertretung einzelner gesellschaftlicher Sparten, sondern auch als willensbildende, einflussnehmende Instanz in das Handeln der jeweiligen Abteilungen und Redaktionen. Wenn man so will: ein liberal-demokratisches Organ mit seinen Empfindlichkeiten, die vom Zeitgeist infiziert sind.

Interessant bleibt: Nahezu alle konflikthaften Zusammenstöße mit Dirigenten, Orchestermusikern, Vorständen, redaktionellen Mitarbeitern eliminiert Otto Tomek aus den Ausschuss-Sitzungen, bei denen er Rede und Antwort stehen muss. Auch aus seiner letzten Rückblicks-Rede vor dem Ausschuss spricht der Taktiker mit der Besonnenheit eines gesegneten Besänftigers, der rhetorisch klug über die Glücksmomente seiner Zeit beim SDR, aber auch über sein Scheitern in einigen Bereichen und über wohl unverrückbare, systemimmanente Fehlentwicklungen subtil ironisch zu berichten weiß.

Otto Tomeks „Credo"

> Der Redakteur für Neue Musik – gedenken wir seiner als einer akut bedrohten Art – ist grundsätzlich ein musikalisch-literarisch besonders bewanderter, polyglotter, organisatorisch befähigter Standes-Vertreter. Er muss – in Einzelfällen – Kokosnüsse, Ochsen oder Helikopter für Aufführungen beschaffen, muss vor den Konzerten unbedingt den Kontakt mit dem Komponisten und seinen Interpreten pflegen: planend, rechnend, beratend, auseinandersetzend, inspirierend, diskutierend, tolerierend, oft tröstend, nie resignierend. Dafür ist er oft genug Widmungsträger von Partituren, die – selten genug – in die musikhistorische Unsterblichkeit eingehen, ist dabei von allen Beteiligten als Sündenbock ausersehen: von gereizten Musikern, enttäuschten Komponisten, der Kritik, Rechnungsprüfungsstellen und ahnungslosen Hierarchen. Ohne ihn allerdings ist ein Fortgang der Musikgeschichte nicht vorstellbar.
> Rainer Peters: Musik der Zeit – in Geschichte und Gegenwart, in: Hilberg/Vogt (Hg.), Musik der Zeit, S. 50

Diese formidablen Sätze zum Spezialangestellten an Rundfunkhäusern hat nicht ein Neue-Musik-Redakteur verfasst; Rainer Peters, mindestens ebenbürtig dieser von ihm beschriebenen Gattung, der Tausendsassa-Redakteur hat sie formuliert, bewandert nicht nur im Verfassen zustechender Pointen, sondern auch im Komponieren, im Oboenspiel, im Programmieren und klug Konzipieren von Orchesterkonzerten und im Herausgeben von Büchern, die mit Menschen zu tun haben, die der Neuen Musik meist näher sind, als ihnen lieb ist.

Otto Tomek war so ein Neue Musik-Redakteur, vielleicht sogar der Prototyp, von dem aus diese spezielle Vielfach-Begabung sich entwickelt hat. Die Partituren allerdings, die ihm gewidmet sind, haben eine überdurchschnittlich hohe Überlebensquote im Maul des Vielfressers Musikgeschichte. Das mag an der Pionierzeit der Neuen Musik im Nachkriegsdeutschland liegen, in die er hineingeboren war, vielleicht aber auch an seinem ganz speziellen Gespür für Qualität und die Wachstumsbedingungen, die Kunst und Künstler brauchen, um fruchtbar zu sein.

Ansonsten ist Rainer Peters „Aphorismus" deckungsgleich mit den weichen Konturen des Kommunizierens, den klaren Kanten gegenüber der Mittelmäßigkeit

und mit jenen inneren Zerklüftungen und Verwerfungen des Zweifels bei Otto Tomek, wenn wieder einmal die Hierarchen oder die verwaltenden Überinstanzen das
Sagen beanspruchen. Diese Peters-Sätze sind das Konzentrat der beruflichen Erfahrungen, die Otto Tomek am Ende seiner SDR-Zeit in einem Text festhält.

Es ist der wohl längste, je von Tomek geschriebene Text. Er handelt von den Voraussetzungen, den zwingenden Notwendigkeiten und dem Entscheidungs- und Einmi-
schungstalent eines Musikmanagers. Als einen solchen hat er sich zwar nie öffentlich
bezeichnet, aber die Stringenz, mit welcher er alle Faktoren und alle Bereiche eines solchen Tätigkeitsprofils aufzeichnet, verraten zugleich auch etwas Wesentliches
von ihm. Es ist vielleicht die einzige „Tätigkeitsautobiographie" von Tomek, wobei
er selbst darin gar nicht in Erscheinung tritt. Er substituiert sich darin selbst durch
andere oder durch formulierte Ansprüche an einen Rundfunk und die damit verbundenen Aufgaben. Was hier folgt, ist Tomeks Credo. Vielleicht ist es nie öffentlich
vorgetragen worden; vielleicht war es ein Vortrag vor Mitgliedern des Lyons-Club
oder der Rotarier, aber dagegen spricht die Ausführlichkeit und die Differenzierung
der einzelnen Bereiche, die Fabrikanten, Rechtsanwälte oder Chefärzte wohl kaum
interessieren.

Auch spricht gegen eine öffentliche Lesung dieses Textes die nach hinten nur
noch stichpunktartig zusammengefassten Managementdisziplinen im Bereich Musik,
ähnlich dem Erschöpftsein des „Mann ohne Eigenschaften"-Autors Robert Musil, der
gegen Ende des Romans von Mal zu Mal aphoristischer, punktueller zu schreiben
beginnt. Indes gibt es wohl sonst keine Gemeinsamkeiten zwischen Robert Musil und
Otto Tomek. Obschon letzterer den Roman gelesen hat und den Zerfall der Form
innerhalb des Epischen als symptomatisch für dieses Werk erkennt. Hier nun das
Credo:

Das Tätigkeitsprofil eines Musikmanagers im Hörfunk

Orpheus, der große Sänger der antiken Mythologie war wahrscheinlich der erste und
letzte Musiker von Rang, der ohne ein Management zurechtkam. Er sang im Wald
zur Leier und die wilden Tiere legten sich friedlich zu seinen Füßen. Mit dem Eintritt in das geschichtliche Zeitalter änderte sich das radikal. Platon wies der Musik
bereits klar umrissene Funktionen zu: politisch als Stütze der staatlichen Ordnung,
moralisch als Fundament jeglicher Erziehung. Die Verpflichtung aller jungen Männer,
am Instrumentalunterricht und Chorgesang mit gleicher Intensität teilzunehmen
wie an sportlichen Übungen, konnte nur durch eine wohldurchdachte Organisation
gewährleistet werden. Namen kultureller Manager von damals sind uns allerdings
nicht überliefert. Aber halten wir uns nicht bei der Antike auf, gehen wir in unsere
Gegenwart.

Ich möchte heute einige Anmerkungen zum Tätigkeitsprofil eines Musikmanagers
im Hörfunk anstellen, einige Bezugslinien zwischen allgemeinen Managereigenschaften und speziellen musikbezogenen Tätigkeiten im Hörfunk ziehen. Skizzieren
wir zunächst einmal die wichtigsten Eigenschaften eines guten Managers:

1.

Der Manager muss die Fähigkeit zu systematischen Denken und Handeln besitzen. Ich erwähne dies als ersten Punkt vor allen anderen Forderungen. Denn ohne Systematik schafft auch die beste Intuition nur Chaos. Sie können das immer wieder beobachten. Herausragende Regisseure (z. B. Hans Neuenfels, Berliner Volksbühne) haben immense Schwierigkeiten als Intendanten eines Hauses. Mit Systematik lassen sich Strukturen erkennen und aufbauen. Basis der Arbeit muss ein ökonomisches Denken sein, ein Umgang mit Zahlen ist unumgänglich. Der Computer liefert einem heute in langen Listen ein großes Zahlenmaterial, das einen Betrieb transparent machen kann. Aber man muss mit solchen Zahlen etwas anfangen können. Der vorgegebene finanzielle Rahmen darf nicht überschritten werden.

Zur Systematik gehört einerseits die Konsequenz, langfristig ein Planziel anzupeilen. Andererseits darf es aber nicht die nötige Mobilität beeinträchtigen. Es gibt fast täglich Situationen, auf die man flexibel reagieren muss. Zur Systematik gehört auch ihr Gegenteil: langfristige Pläne von einem Moment auf den anderen den Gegebenheiten anzupassen und entsprechend zu ändern. Es gibt große nationale Unterschiede, in welchen Graden diese beiden einander so gegensätzlichen Eigenschaften verbreitet sind. Preußen gilt im allgemeinen als Muster sorgfältiger Planung bei relativer Unfähigkeit zur Improvisation. In Italien ist es gerade umgekehrt, da gibt es eigentlich nur Improvisation, aber eine wirklich geniale. Dem Idealbild eines Managers entspricht nur die Vereinigung der Gegensätze.

2.

An zweiter Stelle aber nicht geringer in seiner Wichtigkeit ist eine andere Anforderung an den Manager: er muss innovativ sein – immer offen für Neues, nie zufrieden mit dem eben Erreichten. Die schöpferische Seite des Managers zeigt sich in ungewöhnlichen, ganz unerwarteten Kombinationen von vielleicht sehr entfernt liegenden Elementen, in kreativen Ideen für das eigene Arbeitsgebiet, im Überschreiten der Grenzen auf vielleicht zunächst sehr entfernt liegende Gebiete. Auch das bestorganisierte System wird ohne eine ständige Erneuerung aus dem Kreativen mit der Zeit erstarren und absterben.

3.

Der Manager muss kommunikativ sein. Er muss sich in ein Team einordnen können, dort ein positives Element darstellen. Je nach Stellung muss er auch ein Team leiten können. Das schließt auch die Entwicklung eines gesunden Betriebsklimas mit ein. Es ist wichtig, in jeder Position, auch der gleichrangigen, Kollegen zu motivieren. Nichts ist schlimmer als Passivität, Stagnation. Eine gute Hilfe kann dabei ein ungehinderter Fluss von Information von oben nach unten und quer durch eine Mannschaft sein. Das ist eine ganz wesentliche Voraussetzung für das Funktionieren jeder Art von Organisationsformen.

4.

Schließlich muss der Manager über ein psychologisches Fingerspitzengefühl verfügen. Er muss Gegensätze im Team ausgleichen können, mit auswärtigen wichtigen Persönlichkeiten von oft schwieriger, vielleicht sogar unsympathischer Wesensart zurechtkommen. Hat er gar eine leitende Funktion, so zählt diese Fähigkeit zu den Grundelementen von Führungsqualität. Diese Managereigenschaften gelten nun ganz allgemein für jede Art von Betrieb. Ist es ein künstlerischer, so kommt eine weitere, ganz wesentliche Forderung auf den Manager zu:

5.

Er muss über eine möglichst große künstlerische Kritikfähigkeit verfügen, über genügend Erfahrung im Umgang mit Kunst, um Werke, Interpreten, Zeitströmungen erkennen und selbstständig beurteilen zu können. Sicherlich gibt es noch genügend andere Eigenschaften, um das Bild eines Managers zu vervollständigen. Für meine folgenden Ausführungen soll das Gesagte genügen. Denn wir wollen jetzt sehen, auf welchen Sektoren ein Musikmanager, speziell im Hörfunk, sich mit diesen genannten Grundeigenschaften bewähren muss. Ich beschränke mich hier auf den Hörfunk und berühre das Fernsehen nicht, denn dort ist es nochmals um einiges komplizierter.

a)

Die verbreitetste Tätigkeit eines Musikers im Hörfunk ist die des Redakteurs – sieht man einmal von Orchester- und Chormitgliedern ab, für die ein ganz anderes Tätigkeitsprofil gilt. Es gibt Redakteure, welche die Musik in aller Breite bearbeiten, und solche, die sich auf ein bestimmtes Gebiet spezialisiert haben, zum Beispiel Kammermusik, Neue Musik, Geistliche Musik, usw. Der Redakteur bewährt seine Managerfähigkeiten im täglichen Umgang mit dem Sendeprogramm und den Programm-Mitarbeitern. Er gestaltet auch selbst Programme, bestellt aber vielfach Beiträge bei freien Mitarbeitern, redigiert sie und bringt sie unter seiner Verantwortung zur Sendung. Hier können schon Probleme anfangen. Es gibt so etwas wie „Erbhöfe" für bestimmte Themen, an denen langgediente freie Mitarbeiter eisern festhalten. Es ist oft schwer, wenn nicht fast unmöglich, Sendungen oder Sendereihen, die sich totgelaufen haben, abzuschaffen. Hier wehren sich manche Mitarbeiter oft unter Zuhilfenahme von arbeitsrechtlichen Bestimmungen, die ausgesprochen innovationsfeindlich sind. Viele davon sind inzwischen in eigenen Tarifverträgen verankert. Danach sind sehr unmusikalische Vorschriften zu beachten wie Abstimmungen mit dem Personalrat, Einhaltung von Kündigungsfristen, wenn es nicht gelingt, Ersatzsendungen zu vereinbaren. Aber auch bei weniger schwerwiegenden Eingriffen in das Programm muss der Redakteur psychologisch geschickt vorgehen. Fast täglich sind kleine Korrekturen an Sendeinhalten oder Manuskripten nötig. Je älter und prominenter ein Mitarbeiter ist, umso schwieriger wird das.

Arbeitet man in einer größeren Redaktion mit oder steht man ihr gar vor, so stellt der Programmabgleich ein spezielles Problem dar. Hier ist der Manager gefordert, der erreicht, dass nicht alle denselben Komponisten oder Interpreten in der betreffenden Programmwoche forcieren, dasselbe Festspielkonzert bringen oder auch Sendezeiten zu Lasten anderer ohne Not überziehen wollen. Oft muss man da mit gutem Beispiel vorangehen und verzichten zugunsten anderer Kollegen oder Gastmitarbeiter.

b)

Der Redakteur kann und muss, wie erwähnt, den Inhalt von Sendungen selbst gestalten. Je nach Größe und Finanzstärke einer Rundfunkanstalt wird er dazu mehr aber auch weniger verpflichtet sein. Bei kleineren Sendern wie SR; RB ist das Ausmaß solcher Verpflichtungen oft sehr hoch und darunter kann die Qualität sehr leiden. Hier hilft nur eine profunde Kenntnis des musikalischen Repertoires, um auch sehr viele Sendungen noch abwechslungsreich und niveauvoll gestalten zu können. Anfänger haben es da oft sehr schwer, sie kennen die im Archiv vorhandenen Eigenproduktionen und deren Qualität noch zu wenig. Das braucht eine nicht zu kurze Zeit, ehe sich Routine im positiven Sinne einstellt, das heißt, dass weniger Zeit mit dem Suchen verloren wird und mehr Zeit zum Nachdenken über Programmkombinationen bleibt.

c)

Programmgestaltung schließt oft auch eine Tätigkeit als Autor ein. Kurze erweiterte Ansagen gehören gewissermaßen noch zur redaktionellen Arbeit. Größere Manuskripte werden bei freien Autoren bestellt. Nur in Ausnahmefällen kommt der von Sitzungen aller Art (Programm-, Finanz-, Struktur-Sitzungen) und langwierigen Verhandlungen (mit Verwaltung, Technik, usw.) sowie von Publikumsverkehr und einem großen Papierkrieg im Büro geplagte Redakteur dazu, selbst als Autor in Erscheinung zu treten. Das ist sehr schade. Denn oftmals wurde ein gerade wegen seiner brillanten Schreibweise bekanntgewordener Musikologe als Redakteur in eine feste Anstellung geholt, wo dann seine musikschriftstellerischen Ambitionen hoffnungslos im grauen Alltag untergehen.

Ich habe immer wieder die oft heroische Anstrengung von Redakteuren beobachten können, sich die Zeit für gewichtige eigene Beiträge abzuringen. Aber auch das ist letzten Endes Management: sich selbst optimal zu organisieren.

Zur Tätigkeit als Autor gehört oft auch eine solche als Sprecher, wenn man das eigene Manuskript selbst vorträgt. Jüngere Redakteure haben sich oft auch als ausgezeichnete Moderatoren von Sendungen bewährt, die meist in freier Rede das Programm begleiten, manchmal über Stunden. Aber nicht jeder gute Autor ist auch gleichzeitig ein guter Sprecher. Es gehört schon einiges Managergeschick dazu, in solchen Fällen sanft einzugreifen und die betreffenden Personen vom Mikrophon fernzuhalten. Man glaubt gar nicht, welche Anziehungskraft dieser Apparat ausübt, vielfach gerade auf solche, die damit mehr schlecht als recht umgehen können.

Nun gibt es natürlich auch Ausnahmen. Bei manchen Autoren macht der persönliche Ausdruck eine mangelnde Sprechtechnik mehr als wett. Berühmte Persönlichkeiten will man eben im ungeglätteten Originalton hören, nicht in einer perfektionierten sprachlichen Transkription. Als Ernst Bloch noch lebte und in Tübingen lehrte, hat der Südwestfunk eine ganze Reihe von Aufnahmen mit ihm gemacht, und dies, obwohl er – mit allem Respekt gesagt – nuschelte. Es gibt sogar eine Schallplatte davon, eine Privatpressung, die ich als kostbare Erinnerung sehr hüte. – Oder ein anderer Fall. Der Komponist Karl Amadeus Hartmann hatte schreckliche Angst vor Studios und Mikrophonen. Lange war er nicht zu bewegen, einige seiner Texte zu lesen. Aber irgendwann gelang es mir doch, ihn dazu zu überreden. Ich setzte mich zu ihm ins Studio, damit er das Gefühl bekam, einen unmittelbaren Ansprechpartner zu haben. Er hat sich bei dieser Aufnahme unentwegt versprochen, verhaspelt, unterbrach dauernd. Ich hatte danach viel Mühe mit dem Schneiden. Im Normalfall wäre das Ergebnis unzureichend gewesen. Hier aber war es etwas anderes: der Komponist wurde nicht sehr alt. So blieb diese Lesung das einzige akustische Zeugnis seiner Persönlichkeit und somit von großem dokumentarischem Wert. Als der BR vor einiger Zeit einen Fernseh-Film über Hartmann drehte, leistete dieses Hörfunkband unschätzbare Dienste, denn es gab keine einzige Fernsehaufnahme, die den Komponisten im Bild gezeigt hätte. So erklang zu Standfotos seine Stimme aus dem „off", wie man beim Fernsehen sagt.

d)

Wenn man Glück hat, gehört zu den besonderen Aufgaben einer Redakteurstätigkeit die eines Produzenten. So umfangreich, oft belastend und schwierig diese Aufgabe auch ist, sie ist wohl das schönste, was einem im Rundfunk widerfahren kann und sicher die Krone einer künstlerischen Managertätigkeit. Produzent sein, Eigenproduktionen für das Programm planen und herstellen, bedeutet einen sehr hohen Grad von Selbstverwirklichung. Zwar begrenzt durch limitierte finanzielle Mittel einerseits und besondere Bedürfnisse der Redaktionen sowie arge Lücken im Schallarchiv andererseits – es bleibt immer noch ein weites Feld für programmgestalterische Ideen. Für deren Realisierung sucht man Werke aus, verpflichtet Interpreten dafür und führt sie im Aufnahmestudio zusammen, produziert also Programm, das das eigene Profil des Senders möglichst deutlich machen soll.

Es ist oft ein weiter Weg von der ersten Idee bis zum fertigen Produkt. Das fängt schon bei der Suche nach dem Notenmaterial an, das vielleicht nicht greifbar ist, verschollen. Manchmal gibt es zwar eine Partitur, aber kein Stimmenmaterial – oder umgekehrt. Die Herstellung kostet Zeit und Geld, übersteigt vielleicht die eigenen Möglichkeiten. Das Beispiel ist gar nicht so weit hergeholt. Wer heute etwa die österreichische Kirchenmusik des 18. Jahrhunderts aufführen will, wird vielfach auf große Probleme in der Materialbeschaffung stoßen. Zwar sind manche Werke etwa von Johann Joseph Fux als wissenschaftliche Edition vorhanden, aber sie ruhen verborgen in Denkmälern der Tonkunst, es mangelt der praktischen, spielbaren Ausgabe.

Dann sprechen Sie Interpreten an, bieten ein Projekt an, das sie meistens natürlich nicht im Repertoire haben. Oft werden Termin und Honorar sofort akzeptiert, gegen den Werkvorschlag aber gewisse Einwände erhoben und mit einem Gegenvorschlag gekontert, der Ihnen überhaupt nicht ins Konzept passt. Allen Schwierigkeiten zum Trotz: Produzieren ist eine wunderschöne Sache.

Wenn man ganz besonders viel Glück hat, so gehört zum Job des Producers auch eine Konzertreihe in der betreffenden Stadt, manchmal erweitert zu Konzertreisen im In- und Ausland, unter Umständen bis nach Japan und Amerika. Damit potenziert sich das Engagement des Managers und die Anforderung an ihn. Es gibt nichts, was einem dabei nicht alles begegnen und passieren kann: an Freude über künstlerische Erfolge, aber auch an schwerer Sorgen wegen Absagen, Erkrankungen, lautstarker Auseinandersetzungen bei Proben, an zum Zerreißen starken Spannungen, die alles bedrohen. Ich habe in mehr als drei Jahrzehnten Produzententätigkeit alle Höhen und Tiefen erleben können, habe sehr viel Glück gehabt, mir aber auf der anderen Seite auch manche gesundheitliche Schlappe eingehandelt. Es bleibt einem da nichts erspart. Aber vielleicht ist die junge Generation heute da um vieles robuster, sie kann auch den Lehrgang für künstlerisches Management besuchen und ist damit sicher im Vorteil demjenigen gegenüber, der erst aus Erfahrung etwas klüger wird.

Aber lassen Sie mich noch einige Informationen zum Konzert- und Tourneemanagement wenigstens antippen; das Thema gäbe Stoff für ein ausführliches semesterlanges Seminar.

Mit dem Schritt aus dem Funkstudio in den Konzertsaal kommt ein neues Element hinzu, ein ökonomisches. Solange man nur im funkeigenen Studio unmittelbar für das Programm Aufnahmen herstellt, bewegt sich die Kostenrechnung innerhalb des Rundfunkbudgets für die betreffende Redaktion. Veranstaltet man aber Konzerte vor Publikum, wird die Kostenrelation Einnahmen/Ausgaben unausweichlich Gegenstand ständiger Diskussionen. Denn der finanzielle Aufwand ist enorm hoch,

348

insbesondere wenn Konzerte wiederholt werden, die ja sinnvollerweise nur einmal gesendet werden können. Größere Konzertreisen setzen genaue Kalkulationen voraus, harte Verhandlungen mit den Gastgebern, um den auf alle Fälle benötigten Zuschuss in Grenzen zu halten. Die Vorbereitung einer Tournee erfordert auch eine besondere Logistik, die man aber nicht den Wirtschaftsleuten allein überlassen kann. Denn zu viele Details aus der Musikpraxis spielen hier mit. Wie lange bei einer Konzertreise, bei der täglich in einer anderen Stadt gespielt wird, die Reisezeiten sein dürfen, beurteilen die Musikvertreter ganz anders als die Ökonomen. Die betrachten einen Reiseplan rein nach der Papierform, legen Durchschnittskilometerleistungen zugrunde ohne Berücksichtigung vieler zeitraubender Faktoren, akzeptieren also lange, kräfteraubende Reisezeiten, womöglich noch im billigeren Autobus statt im Flugzeug, was aber im Hinblick auf künstlerische Hochleistungen am Abend nicht zu verantworten ist. Besonders in Übersee muss man da sehr aufpassen. Die örtlichen Manager, die normalerweise alle Transporte laut Vertrag zu bezahlen haben, versuchen da natürlich zu sparen. Bei der ersten Japanreise des RSO Stuttgart wollte man uns auf eine 500 km lange Strecke per Bus befördern. Da gab es natürlich heftigen Widerspruch.

Mit dem Shinkansen, dem Hochgeschwindigkeitszug mit einer Stundenleistung von durchschnittlich 250 km war die Strecke dann wirklich kein Problem. Feilschen im Interesse der Musik ist da immer sehr am Platze.

Man darf auch nicht den Instrumententransport vergessen, der exakt mitgeplant werden muss. Der macht schon vor der Abreise viel Arbeit, bis alle Zollpapiere ausgestellt sind. Und wenn dann das Carnet mit den genauen Angaben über die Anzahl der Geigen, Celli usw. und deren Wert endlich erfasst sind, kommen einzelne Musiker mit der Mitteilung, sie müssten ihr Instrument doch als Handgepäck mitnehmen, da sie es noch am Vorabend der Abreise brauchten. Aber auf der Rückreise würden sie es dem Sammeltransport überlassen. Differenzen zwischen den Angaben für den Zoll und den tatsächlich mitgeführten Instrumenten haben schon zu den schlimmsten Komplikationen an Grenzen geführt und gefährliche Verzögerungen verursacht. Denn der LKW mit den Instrumenten muss immer rechtzeitig überall eintreffen. Es muss Zeit bleiben für den Aufbau, der selbst mit zur Verfügung stehenden Hilfskräften 1–2 Stunden in Anspruch nimmt (je nach Praktikabilität des Zugangs zum Podium). Dann muss auch noch eine Einspielprobe stattfinden können, um sich mit der Akustik des ja fremden Konzertsaales etwas vertraut zu machen. Bei kleineren Podien gibt es auch manchmal Sitz- und Sichtprobleme, die gelöst werden müssen. Aufgaben noch und noch für den Musikmanager.

Um uns nicht ganz in die Probleme der Organisation von Konzerten zu verlieren, sollten wir uns jetzt mit Konzertformen befassen, und zwar mit neuen Konzertformen, wie sie seit den 60er Jahren an vielen Orten entstanden sind. Diese zu beobachten und nach Kräften zu fördern, erscheint mir als eine ganz besonders ernst zu nehmende Verpflichtung für einen Musikmanager. Den Anstoß, nach neuen Konzertformen zu suchen, hat die neue Musik nach 1945 gegeben. Zunächst noch im Rahmen des traditionellen Konzertablaufes wurden neue Inhalte geboten, die sich besonders in den 50er Jahren neben den etablierten Abonnementkonzerten glänzend behaupteten. So wurde das „erstarrte Ritual", wie Pierre Boulez die Konzerte mit den schablonenhaften klassisch-romantischen Programmfolgen nannte, vom Inhalt her aufgesprengt. Am Beispiel der Münchener Musica viva Konzerte möchte ich das kurz darstellen. Sie wurden unmittelbar nach Kriegsende von Karl Amadeus Hartmann als Gemeinschaftsunternehmen von Staatsoper und BR ins Leben gerufen. Zunächst war ja der kriegsbedingte Nachholbedarf zu stillen. Das Werk von Bartok, Strawinsky, Hindemith war wiederzuentdecken, danach die Wiener Schule Schönberg–Berg–Webern, aber auch Einzelgänger wie Edgard Varèse oder Charles Ives waren erst einmal durchzusetzen. Als diese Aufgabe später vom allgemeinen Musikleben übernommen werden konnte, rückten jüngere Komponisten in den Mittelpunkt des Interesses, u. a. Henze, Zimmermann, Nono, Boulez, Stockhausen, Cage. Alles Namen, die heute ganz geläufig sind, die aber damals noch sehr umstritten waren, auch angefeindet oder wenig ernst genommen. Nach dem Vorbild der Münchner Musica viva entstanden auch in anderen Städten, vor allem beim Rundfunk, Zyklen mit ähnlichen Zielsetzungen, aber ganz unterschiedlichen Schwerpunkten. Die Geschichte der neuen Musik wäre völlig anders verlaufen ohne diese Konzertzyklen. In den Jahrbüchern der Internationalen Gesellschaft für Neue Musik (IGNM) sind alle diese Großtaten verzeichnet. An diesen Zyklen lassen sich aber auch Wachsen, Werden und Vergehen einer Konzertform beobachten, die letzten Endes nur die Inhalte erneuerte, nicht jedoch die Gestalt der Konzerte aus den Bedürfnissen moderner Werke neu entwickelte. So lange Hartmann lebte, war die Münchener Musica viva in Ordnung. Seine Persönlichkeit gewann immer wieder Dirigenten von Rang: Mitropoulos, Erich Kleiber, Leopold Stokowski, Ferenc Fricsay, Hermann Scherchen, Hans Rosbaud, Pierre Boulez. Sogar Karajan kam einmal. Hartmann konnte auch großartige Künstler zur Gestaltung der Titelblätter seiner Programmhefte überreden, ja sie zum Nachdenken über Musik und Malerei anregen. Le Corbusier schrieb darüber an Hermann Scherchen: „... ich empfing diesen Morgen einen Brief von Karl Amadeus Hartmann, in dem er mich um Zeichnungen für eines seiner musikalischen Programme bat. Ich werde ihm positiv antworten, da ich diese Absicht, auf eine heutige Weise das Denken und die Ästhetik in ihren musikalischen, plastischen und selbst literarischen Kundgebungen zu verbinden, durchaus billige". Es ist eine eindrucksvolle Galerie des 20. Jahrhunderts diese Sammlung von Titelblättern, u. a. von Jean Cocteau, Juan Mi[ró], André Masson, Fritz Wotruba, Ernst Wilhelm Nay, Emilio Vedova, Marino Marini u.v.a.

Nach Hartmanns Tod 1963 übernahm Wolfgang Fortner die Leitung der Musica viva. Er bemühte sich redlich, die vorhandenen Konzertdaten, auf die man ja nicht verzichten wollte, mit guten Stücken zu füllen. Aber es war nicht mehr dasselbe, und so verblasste das Bild, die Anziehungskraft der Musica viva sehr schnell. Sie existiert heute noch als Schatten. In den 50er und 60er Jahren waren neben München, soweit es den Rundfunk betraf, vor allem Köln und Hamburg wichtig, z.T. auch Berlin und natürlich Baden-Baden mit den Donaueschinger Musiktagen. Das neue Werk, Hamburgs Zyklus ist völlig zugrunde gegangen durch den Unverstand und die Borniertheit der Spitze des NDR, welche, die neue Musik einem Popularitätswahn geopfert haben. Und das ist schade um einen Zyklus, in dem immerhin Schönbergs Moses und Aron uraufgeführt worden ist. Berlin ging an finanzieller Auszehrung zugrunde. Kölns Musik der Zeit lebt weiter, gedeiht eigentlich sehr gut, denn dort hat Wolfgang Becker den Übergang sehr gut gemeistert. Hinweg von Einzelveranstaltungen hin zu übergreifenden „Musiktagen", die einzelnen Komponisten oder einem Thema gewidmet werden: Zum Beispiel: „Neue Einfachheit" oder Giacinto Scelsi.

Das waren aber sozusagen immer noch die traditionellen Konzertformen, aber daneben hat sich schon sehr früh etwas ganz Anderes geregt und zwar überall dort, wo der Anstoß und die Notwendigkeit zu neuen Formen zu finden, aus der Musik selber gekommen sind. Das betraf einmal eine räumliche Erweiterung, zum anderen

eine zeitliche. Bleiben wir erst einmal bei der räumlichen Erweiterung der Konzertform. Sie ging von Stücken aus, die ganz bewusst den Raum mit in Konzeption der
Musik einbezogen hat. Wir kennen aus der Musikgeschichte die Mehrchörigkeit in
Venedig und Rom, die sich durch das ganze Barockzeitalter gehalten hat. Und der
Raum als Konstruktionsprinzip wurde wieder entdeckt. Karlheinz Stockhausen war
da einer der führenden, seine „Gruppen für drei Orchester" sind das Werk gewesen,
das hier in unserem Jahrhundert den stärksten Anstoß gegeben hat. Drei Orchestergruppen, jede unter seinem eigenen Dirigenten, im großen Saal verteilt, spielten
abwechselnd und zusammen mit- und gegeneinander. Das Publikum saß in der Mitte
und hatte ein echtes Raumerlebnis, konnte ganz verschiedene musikalische Bewe-
gungsabläufe, Dichtegrade und Akzentuierungen eben durch die räumliche Trennung deutlich unterscheiden. In traditionellen Konzertsälen lassen sich die Gruppen
für drei Orchester kaum aufführen – eine solche im großen Wiener Musikvereinssaal
kann nicht sehr befriedigend verlaufen sein, auch im Konzerthaus ist es alles andere als ideal. Es empfiehlt sich wirklich, möglichst neutrale Räume, die aber genügen
Platz bieten, zu suchen. Stockhausen hat die Idee der Raummusik auf verschiedenen
Ebenen weiterverfolgt. Das führte zum kugelförmigen Auditorium bei der Weltausstellung in Osaka. Hier hat Stockhausen zusammen mit den Architekten Musik und
Raum gemeinsam konzipiert. Daraus und aus der Notwendigkeit, ein nach zig Tau-
senden zählendes Publikum geordnet durchzuleiten, ergab sich von selbst eine neue
Konzertform. Aber Stockhausen hat Musik im Raum zuvor nach anderer Richtung hin
entwickelt. Nämlich die Musik in mehreren Räumen gleichzeitig erschallen zu lassen.
Der Hörer geht von einem Raum zu anderen, aus einer Klangwelt in die andere. Er
gestaltet sozusagen sein Stück selbst, indem er in dem einen Raum länger verweilt,
oder nur durchgeht, oder in einem weiteren nur kurz bleibt, dann wieder zurückgeht,
dorthin wo es ihm gefallen hat. Stockhausens „Musik für ein Haus", organisiert 1968,
ist da für alle Teilnehmer in starker Erinnerung geblieben.
Der Begriff des Wandelkonzerts ist dann von anderen Komponisten aufgegriffen
worden. Ich denke nur an Ladislav Kupkovic, der eine ganz besondere Art der Kommunikation entwickelt hat, indem er alle Räume eines Hauses (und zwar war das
damals die Akademie der Künste Berlin) durch Induktionsschleifen verbunden hat.
Jeder Musiker hatte einen kleinen Lautsprecher im Ohr. Auf diese Weise konnte Kupkovic seine Musiker verbal dirigieren, also alle im Hause verteilten Musiker synchronisieren. Es war natürlich verblüffend, wenn plötzlich im ganzen Haus nur rhythmische Unisono-Klänge zu vernehmen waren, ohne dass ein Dirigent, etwa auf einem
Monitor sichtbar gewesen wäre. Auch hier sucht man vor allem andere Häuser als
die traditionellen Konzertgebäude, auch dauerte so ein Wandelkonzert mindestens
mehrere Stunden, wenn nicht die halbe oder ganze Nacht.
Neue Stücke, neue Räume, neue Konzertformen. Hier musste wirklich etwas geschehen, denn mit dem bisherigen Schema etwa – zwei Stücke vor und zwei nach der
Pause – ging es nicht mehr, die Umbaupausen zwischen den Stücken dauerten meist
länger als die Musik und das schuf eine oft lähmende Verdrossenheit im Publikum.
In den 50er und 60er Jahren besonders, aber teilweise auch heute noch, schrieb jeder Komponist eine andere Sitzordnung vor, nicht nur oftmals für einzelne Gruppen,
manchmal auch für jeden einzelnen Musiker eines Orchesters. Bernd Alois Zimmermann zum Beispiel wünschte sich in seinen „Dialogen" für zwei Klaviere und Orchester, dass etwa die 2. Posaune neben der siebten zweiten Geige saß, oder die 3. Flöte
neben dem 4. Kontrabass. Das gab bei den Proben zunächst eine unglaubliche Un-

ruhe, bis jeder seinen Platz gefunden hatte. Dann saßen plötzlich Musiker nebeneinander, die sonst nie zusammensaßen und da hatten die sich erst einmal eine Menge zu erzählen.

Der RAUM ist die eine Komponente, die andere ist die ZEIT. Ich erwähnte schon die wesentlich längere Dauer von Wandelkonzerten. Sie entsprach dem Bedürfnis der Komponisten von damals, das ureigene Element der Musik, nämlich die Zeit, stärker zu reflektieren und in den Prozess der Komposition bewusst einzubringen. Realzeit und Erlebniszeit, zwei ganz unterschiedliche Größenordnungen von Zeit, wurden zum Zentrum von gedanklichen und kompositorischen Vorgängen. Alle diese Versuche, neue musikalische Perspektiven zu eröffnen, damit auch ein neues Publikum mit einem vertieften Musikverständnis zu gewinnen, blieben jedoch nicht nur auf Veranstaltungen mit neuer Musik beschränkt. Das moderne Wandelkonzert wurde schnell zum Modell, mit dem man auch klassisch-romantische Musik in neuer Form präsentieren konnte. Das große Fest, mit dem die Wiener Musikhochschule in sämtlichen Sälen des Musikvereinsgebäudes jubilierte, lief in solchem Rahmen ab.

Hinweis auf neue Konzertformen: zur rechten Zeit am rechten Ort für ein oft ganz anderes Publikum / Lunch time Konzerte in London / Konzerte in St. Martin-in-the-fields oder St. John's-6-Uhr-Konzerte in München / Fehlen von Sitzordnung und Kleiderzwang / Abend- oder Nachtkonzerte u.a. WDR Köln / Kein gesellschaftliches Ereignis, Angebot zwischen Stadtbummel, Restaurant oder Kino und Heimkehr gegen 22–23 Uhr / Heterogenes Programm: Schubert 4 händig, indischer Sitarspieler, Popgruppe, Madrigalensemble, Volksmusik aus Rumänien, Stockhausen und seine Gruppe, Lucia Papp, Flamenco, Sigiswald Kuijken usw. / Knaak-Konzerte in Rotterdam: 1 Knaak = volkstümlicher Ausdruck für 2 1/2 Gulden in der Nacht von Freitag auf Samstag / Rug-Concerts in New York von Boulez eingeführt, von Zubin Mehta sofort wieder abgeschafft / Einbeziehung von Film / Lange Nächte. Frage: Wieviel neue Musik ist konsumierbar? Erfolge von Konzertreihen mit neuer Musik durch Initiative Einzelner (zum Beispiel Graz Musikprotokoll Peter Oswald oder Alte Oper Frankfurt) / Expansion in die Zeit hinein erzwang neue Konzertformen. Die Stücke dauerten nicht die üblichen – leider auch heute noch üblichen – 12 oder 18 Minuten, wie das bei den meisten in Auftrag gegebenen Orchesterstücken der Fall ist. Die Komponisten zielten eher auf eine unbegrenzte Zeit, von der das zur Aufführung kommende Stück jeweils nur ein kleiner Ausschnitt sein sollte. Sicher spielte da der Einfluss ostasiatischen Denkens und ostasiatischer Musik eine Rolle, die damals (ich spreche hier immer von den 50/60er Jahren) immer stärker ins allgemeine Bewusstsein drängten. Das sprengte überlieferte Normen. Die Zeit – „Wie die Zeit vergeht" (so heißt ein sehr wichtiger Aufsatz von Stockhausen) – oder Werktitel wie „Dimensionen der Zeit und Stille" (Penderecki), das alles weist deutlich darauf hin, dass da ein neuer Bezug enorm an Wichtigkeit gewonnen hat (Makro-Mikro-Formeln!).

Zeit und Raum verlangten nach anderen Organisationsformen. Beispiel Donaueschingen 1971: Auflösung des starren Konzertschemas zugunsten einer Totale während des ganzen Wochenendes. Für jedes Stück eine bestimmte Zeit in einem bestimmten Raum. Publikum musste nicht auf Plätzen ausharren bis Umbau beendet war. Freie Bewegung. Keine gähnende Langeweile. Problem der Eintrittskarten. Beispiel Radio Bremen: pro musica nova. Nicht mehr Stücke in ein vorhandenes Schema hineinzupressen, sondern das Schema nach der Art der vorhandenen Stücke zu entwickeln. Leider hat der avantgardistische Elan, mit dem damals alles in Angriff genommen wurde, sehr nachgelassen. Es fehlt heute vielfach der fordernde Anstoß durch neue Werke. Vielmehr hat sich ein ganz allgemeiner Zug zum Konservativen in der Musik breitgemacht, was sehr bedauerlich ist. Glücklicherweise gibt es aber doch noch immer Zentren, von denen starke Impulse ausgehen. Zu diesen gehören die Institute für elektronische oder experimentelle Musik. Das IRCAM-Institut in Paris, das Experimentalstudio der Strobelstiftung in Freiburg. Die Musik in ihrem elektro-akustischen Zeitalter formt nicht nur neue Möglichkeiten einer konzertanten Darbietung, sie formt auch die Menschen, die mit ihr umgehen. In Zukunft wird vor allem ein musikalischer Techniker oder umgekehrt ein technisch versierter Musiker gefragt sein, der mit all den inzwischen entwickelten Geräten zur Klangumformung umgehen kann. Und auch der Musikmanager sollte sich rechtzeitig damit vertraut machen. Es wäre auch wieder ein umfassendes Seminarthema, die unzähligen organisatorischen Wege nachzuvollziehen, die etwa der Uraufführung von Luigi Nonos „Prometeo" in Venedig vorangegangen sind. Werke wie diese gehören zu den großen Utopien unserer Zeit. Es ist ein Glück, dass es auch solche heute noch gibt.

Aber wenden wir uns wieder dem Tätigkeitsprofil eines Musikmanagers im Hörfunk zu, denn da gibt es doch noch einige Gebiete, auf die ich kurz eingehen möchte.

e)

Ich erwähnte schon die Akustik. Hier ist der Manager gefordert, wenn die Raumakustik eines Konzertsaales zu beurteilen ist. Nicht immer kann man im angestammten Lokal spielen. Viele Gründe können die Verlagerung einer Veranstaltung nahelegen. Sei es, dass das Radio-Sinfonieorchester auch in kleineren Städten des Sendegebietes mit entsprechend kleiner dimensionierten Sälen spielen soll, sei es, dass man für eine Schallplattenproduktion mit sehr großer Besetzung einen Raum sucht, wenn das eigene Studio dafür zu klein ist. Oder man sucht eine passende Kirche für geistliche Musik, ein Schloss mit Atmosphäre für Kammermusik. Überall hat der Musikredakteur im Wesentlichen zu bestimmen. Er hat sich dabei freilich auch gegen die hauseigene Technik durchzusetzen, die oft sehr konträre Ansichten vertritt. Differenzen können da entstehen (und müssen überbrückt werden – dank Managereigenschaft!), insbesondere wenn es um das Klangbild der Aufnahmen geht. Zu trocken, zu hallig, zu präsent, zu wenig präsent, nicht homogen genug, zu transparent – jeder Kopf hat da seine eigene Meinung und Idealvorstellung.

f)

Eine andere Aufgabe für den Musikredakteur: auch Verträge gehören zum Management. Verträge, die von den Juristen des Hauses ausgearbeitet werden, die aber nicht immer die Praxis berücksichtigen. Man sollte daher über so viel juristische Kenntnisse verfügen, um den Vertragsinhalt jederzeit selbst gut zu verstehen und präsent zu haben. Das ist von großem Vorteil bei Verhandlungen mit Künstlern, die den Vertragstext meist nicht kennen (ihre Verträge schließen ja meist Konzertdirektionen ab), aber oft noch während der Generalprobe weit überzogene und nicht im Vertrag verankerte Forderungen stellen. Es ist aber manchmal auch notwendig, im eigenen Hause Verträge gegen eine restriktive Auslegung durch die Verwaltung zu verteidigen. Oft sind nachträgliche Änderungen erforderlich, zum Beispiel eine Honorarerhöhung wegen Verlängerung der Probenzeit. Hier können sich Verwaltungen oft sehr starr erweisen.

g)

Es geschieht zwar selten genug, aber es kann doch auf einen Musikmanager zukommen, dass ein großer Umbau oder der Neubau eines Studios oder gar eines Konzertsaales zur Debatte steht. Dann gilt es auch architektonische Phantasie zu entwickeln und alle denkbare Wachsamkeit walten zu lassen. Vor jeder Überlegung zur Raumgestalt oder der Fassade steht der mühevolle Prozess der Bedarfsanalyse für die vielen lebensnotwendigen Nebenräume. Es müssen Überlegungen angestellt werden über die Funktionen eines solchen Gebäudes und seiner einzelnen Teile. Dabei haben die Architekten begreiflicherweise andere Vorstellungen als Musiker. Ein Beispiel aus Stuttgart: Als vor einigen Jahren die neue Liederhalle geplant wurde, hatten die Architekten die Stimmzimmer für das Orchester in ein Stockwerk oberhalb des Publikumsfoyers gelegt, also unglaublich weit vom Podium entfernt, nur durch ein Gewirr von Stiegen oder über einen einzigen Aufzug erreichbar. Es waren auch nicht genügend Toiletten vorgesehen. Hier hat man nicht bedacht, dass man dabei nicht von Durchschnitts-Benutzungswerten ausgehen kann, dass man dabei vielmehr die Höchstbelastung während einer kurzen Pause errechnen muss. Wenn man sich neue Konzertsäle ansieht, so muss man feststellen, dass sie meistens sehr unpraktisch gebaut sind. Podien sind oft zu klein, so dass schon ein Strauss- oder Mahlerorchester nicht unterzubringen ist, oder nur mit sehr reduzierter Streicherbesetzung. Von großen Chorwerken gar nicht zu reden. Auch gibt es meist viel zu wenige Türen, durch die Instrumente schnell transportiert werden können. Auf- und Abbauten verzögern sich somit. Auch liegen die Podien oft um Stockwerke zu hoch. Damit entstehen weitere Transportprobleme und Verzögerungen. Am idealsten ist es, wenn das Podium auf Straßenniveau liegt und von einer Rampe stufenlos vom LKW die Instrumente ein- oder ausgefahren werden können. Zum mindesten sollte gleich hinter der Rampe ein sehr großer Lastenaufzug die Instrumente aufnehmen und auf Bühnenniveau bringen können.

h)

Ein letzter Punkt: Klappern gehört zum Handwerk: Sie haben sich nun große Mühe um Programmstrukturen und Programminhalte gemacht, haben Konzertzyklen gut organisiert. Sie wollen damit natürlich Erfolg haben, mit dem Produkt einen optimalen Nutzungsgewinn erzielen. Sie müssen also Werbung betreiben für das Programm, es an Musikfreunde herantragen, Aufmerksamkeit erregen. Hier muss man die PR-Methoden der gewinnorientierten Wirtschaft übernehmen. Nun gibt es in den meisten Häusern eigene PR-Abteilungen, die sich um diese Öffentlichkeitsarbeit kümmern. Aber wie es mit solchen Einrichtungen, die ja in einem großen Funkhaus für die verschiedensten Abteilungen da sein sollen, nun einmal ist: sie tun entweder zu wenig (weil sie sich hauptsächlich mit dem Fernsehen beschäftigen) oder wenn sie schon etwas tun, dann nach eigenen, naturgemäß musikfremden Vorstellungen. Es empfiehlt sich daher, hier eigene Ideen zu entwickeln, die freilich nicht utopisch sein dürfen, wollen sie Aussicht auf eine Realisierung haben.

Die in den letzten Jahren doch sehr differenziert gewordene Hörerforschung gibt uns wertvolle Hinweise auf die musikalischen Präferenzen der verschiedenen Altersgruppen und Bildungsgrade, auf das Hörverhalten zu bestimmten Tages- und Nachtzeiten. Damit können ganz bestimmte Zielgruppen angesprochen werden, durch das Programm selbst wie durch die Werbung. Die beste Werbung für eine Musikwelle sind gelungene, unverwechselbare Programminhalte, Präsentatoren, die es verstehen, die Hörer anzusprechen und auf die nächsten Sendungen neugierig zu machen. Sogenannte Trailer, also Kurzausschnitte aus Sendungen, die Stunden oder Tage vorher schon eingeblendet werden, sind ein gutes Mittel, Hörer anzusprechen. Also Eigenwerbung im eigenen Medium. Darüber hinaus wird man aber nicht ohne gedrucktes Material auskommen: die genauen Programme im Detail gehen wöchentlich an alle Zeitungen und Zeitschriften. Hauseigene Programmzeitschriften liefern speziell interessierten Hörern erwünschte Informationen. Es müssen auch programmbegleitende Broschüren und Sendeschemata verschickt, Aufkleber entworfen werden. Hörerbindung erzielt man auch mit der Organisation eines Service, der Hörer mit Texten zu Wortsendungen versorgt, welche diese gerne nachlesen wollen.

i)

Aufbau eines Musikfestes

1. Entwicklung eines Festivalprogramms / Stationen des Aufbaues eines Musikfestes)

Analyse der Situation / Organisation des Festivals / Hypothetischer Fall: Auftrag durch Bürgermeister / Kleinstadt Einzugsbereich von drei Industriestädten Barocksaal (Eigentum Bundesland) / Schloss Gastronomie (Spezialitäten) ausreichend / Hotellerie schwach / Träge Gemeinde? (Kurverwaltung) / e.V. / GmbH / in Zusammenarbeit mit Radio/Fernsehen? / Bundesland / Schallplattenfirmen / Industrie / Zustand des Saales / Podium vorhanden? / Podiumsbeleuchtung? / Künstlergarderoben und Toiletten / Nebenräume / Publikumsfoyer (Leute nicht im Freien warten lassen) / Publikumstoiletten / Parkplätze / Zielgruppe (unter finanziellem Gesichtspunkt) / Musikfreunde / Snobs / Gourmets

2. Finanzierung

EINNAHMEN

Eintrittsgelder aus Kartenverkauf / Sponsoring / Subvention durch öffentliche Hand (Gemeinde, Land, Bund) / Verkauf der Senderechte an Radio/TV / Verpachtung / Pausenbuffet / Verkauf Programmhefte, Plakate / eventuelle indirekte Einnahmen durch kostenlose Bereitstellung von Büroräumen durch die Gemeinde, dito Fahrbereitschaft, Transporte, Hilfen durch Bauhof der Gemeinde, Abstellung von Personal usw.

Überschlägige Rechnung Einnahmen aus Kartenverkauf

15 Konzerte á 600 Plätze:

Kat. I 250 Plätze á DM 80.-- = 20.000.--

Kat. II 200 Plätze á DM 40.-- = 8.000.--

Kat. III 150 Plätze á DM 20.-- = 3.000.--

pro Konzert 31.000.--

Durchschnittliche Auslastung 85% 26.350,--

15 Konzerte x 26.350.-- = 395.250.--

AUSGABEN

Künstlergagen + Reisekosten/ Abholdienst Flughafen / Redaktion: Programmheft / Pressestelle / Reisekosten / Gehälter Bürokräfte, Buchhaltung / Kosten für Entwicklung und Druck von Plakaten, Signets, Prospekten, Eintrittskarten, Programmheften / Allgemeine Werbung (Inserate) / Miete für Büro, eventuell auch Barocksaal / Bürokosten (Papier), Telefon, Telefax etc. / Betriebskosten Barocksaal: Beleuchtung / Reinigung / Garderobenpersonal / Billeteure / Abgaben für Arzt, Feuerwehr / Abgaben für AKM, GEMA etc. / Miete und Transport von Musikinstrumenten (Klaviere, Cembali) / Honorar Wirtschaftsprüfer

3. Programmplanung

Kein genius loci / lange Vorlaufzeit einplanen / Zielgruppe (hinsichtlich Programm): Musikfreunde / Snobs: also keine Avantgarde, vorwiegend Serenadencharakter

Allgemeines Programmschema: Typ: Personalfestival Gidon Kremer / Fischer-Dieskau, Hermann Prey Hohenems / Swatoslaw Richter / Thematische Festivals: Alte
Musik Innsbruck / Bachakademie Stuttgart (Bach und...) / Neue Musik (Donaueschin-
gen) / Breitgefächertes Programmangebot, das auf verschiedene Interessen wech-
selnder Publikumsschichten ausgerichtet ist: Carinthischer Sommer / Schwetzinger
Festspiele
Strukturschema: Serenade I / Serenade II / Serenade III / Internationales Kammeror-
chester / Sinfoniekonzert / STAR / Nachwuchs / Liederabend / Gruppe alter Musik /
Ensemble (Streichquartett) / Kammermusik I / Kammermusik II / Kammermusik III /
Oratorium/Oper konzertant / Lesung
Auch andere Strukturierung möglich: statt nur einem Liederabend 3–4 Liederaben-
de, usw. dito Streichquartett, dito Klavier
Zusätzliche Veranstaltungen in der Stadt für die Bevölkerung / in der Pfarrkirche / im
Schlosspark (Freiluft)
Frage: Anteil neuer Musik? Welchen Charakters? Frage: Anteil unbekannter Namen /
Verbindung mit Musikwettbewerben
Nach Klärung der Struktur Detailarbeit am Programm: Verpflichtung der Mitwir-
kenden / Vorbereitung Programmheft-Texte / Biographien / Werkhinweise / Fotos /
Vorbereitung Druck Plakat / Werbung im Einzugsgebiet: Inserate / Interviews in Lo-
kalpresse wie überregionaler Presse / Druck Programmheft / Durchführung des Pro-
gramms / Betreuung der Konzerte / Kontrolle: künstlerisch und finanziell (Resumee).

Otto Tomek, Privatarchiv

Irgendwann im Frühsommer 1988 verlässt Otto Tomek den SDR. Er ist sechzig Jahre
alt und satt an Erfahrung und Erfolg. Mehr einzuholen, ist auf dem Gebiet der Musik,
des Musikorganisierens und darüber Schreibens nicht möglich.

Die Rundfunkanstalt bietet just zu dieser Zeit dem gerade erst 60jährigen eine
lukrative Verrentung an, die Tomek annimmt, um endlich frei zu sein. Dem Nachfolger, den er nicht nur aus Wien kennt, Lutz Lüdemann, kann er ohne ein Zeichen des
Verlustes oder der Trauer seine Ämter übergeben. Im Gegensatz dazu herrscht unter
den Mitarbeitern, die mit Tomek zu tun haben eine Art lähmende Bestürzung. Vom
Pförtner über die Technik bis zu den Redakteuren und deren Sekretariate ist der
Verlust dieser Persönlichkeit zu spüren. Der starke, markante, immer zuverlässige und
loyale „Bär" verlässt den Wald.

Das Privatleben, irgendwie leicht ramponiert durch ewige Bürozeit-Enklaven, durch
Reisen und Endlos-Sitzungen, beschert ihm in der SDR-Zeit noch eine weitere Scheidung und beschwert ihn. Dieses Mal heiratet er seine sogenannte Chefsekretärin, die
sich gleichfalls aus ihrer Ehe entlassen muss, Ursula Margarete Bertram, am 29. Oktober 1982. Da sind die beiden Kinder Marcus und Julia 12 und sieben Jahre alt und
erstmals in Tomeks Biographie muss er neben seinem Job, neben seinen Interessen
und neben der Pflege vieler Freundschaften den Kindern ein geschiedener Vater sein,
eine zeitaufwändige und belastende Angelegenheit. Sabine Tomek, die Mutter der
Kinder, beginnt im gleichen Jahr bei der Internationalen Bachakademie Stuttgart,
deren Künstlerischer Leiter Helmuth Rilling ist, mit dem Aufbau einer wissenschaftlichen Bibliothek und betreut gleichzeitig das Aufführungsmaterial für die Ensembles

Pierre Boulez,
Stuttgart, 1986

Gächinger Kantorei und Bachkollegium Stuttgart. Einige Zeit danach ist sie verantwortlich für die Programmhefte sämtlicher Veranstaltungen. Das Kompendium, das
sie lektorial betreut ist der Almanach für das „Internationale Musikfest Stuttgart"
zum Europäischen Jahr 1985, das mit Originalbeiträgen von Pierre Boulez, Mauricio
Kagel und Wolfgang Rihm zum Thema „Tradition" seine Besonderheit erhält. Wenig
später wird sie die erste Musikchefin an einem deutschen Rundfunkhaus, beim Saarländischen Rundfunk; und wenn man so will, setzt sie die grandiose Laufbahn ihres
ehemaligen Mannes ähnlich wirksam fort.

25 Jahre Lebenszeit stehen Otto Tomek noch bevor. Die notwendige Zäsur, die Befragung der eigenen Geschichte im Beruflichen und Privaten wird verschoben. Dringli-
che Mahnungen von Freunden und Freundinnen zur Mäßigung und Kontemplation,
um den sogenannten „wohlverdienten Ruhestand" – das Folterwort für den vital ge-
bliebenen Geist – endlich einmal auszukosten, nimmt er zur Kenntnis, aber längst ist
klar, dass eine Anfrage aus Karlsruhe, sich mit seinen Erfahrungen für ein projektier-
tes LernRadio unterstützend und beratend einzubringen, ihn wieder in die Pflicht
nimmt. Das Leben soll sich wiederholen. Anders.

mit Clytus Gottwald, Eclat-Festival, 2006

7. Die Zeit danach (1990–2013)

... Ich, der Leiter eines kleinen Monsters

Kurze Zeit nach seinem Abgang beim Süddeutschen Rundfunk wird Otto Tomek aufmerksam gemacht auf ein Projekt, das der Musikhochschule Karlsruhe, vertreten durch die rührige und engagierte Rektorin Fany Solter in Kooperation mit dem ZKM und der Universität Karlsruhe auf den Nägeln brennt: eine universitäre Institution zu gründen, die Studenten in einem Aufbaustudium ermöglichen soll, journalistische Professionalität zu erwerben im Bereich aller Disziplinen innerhalb des Radios. Zunächst wird Tomek als kompetenter Rundfunkstratege beratend involviert. Bald aber erweisen sich seine Ratschläge, seine Bedenken und Vorstellungen als höchst konstruktiv und anregend. Er wird – wie so oft – Partner, dieses Mal an der Seite Monica Steegmanns, die gleichfalls in den Initiativkreis aufgenommen wird und zu dieser Zeit noch beim SDR als Redakteurin für Kammermusik tätig ist. Zunächst versteht sich Tomek als Korrektiv und als ihre Gesprächs- und Diskussionsinstanz. Das Projekt „LernRadio", wie es schließlich genannt wird, benötigt eine vielfach komplizierte und kommunikationsaufwändige Vorarbeit. Stadt und Land müssen zustimmen, freie UKW-Frequenzen müssen gefunden und genehmigt werden, die ersten groben inhaltlichen Konzeptionen müssen formuliert, die Kooperation zwischen den drei Institutionen will organisiert sein. Schließlich sind zwingend notwendig, Struktur- und Besetzungpläne für ein Curriculum, für Prüfungs- und Abschlusskriterien und für die potentiellen Dozenten mit entsprechendem Tätigkeitsfeld zu statuieren und zu präzisieren.

Die Geschichte der Institution LernRadio begann mit der Anregung der Kunstabteilung des Stuttgarter Ministeriums für Wissenschaft und Kunst, über die Möglichkeiten eines Universitäts- oder Hochschulradios nach dem Modell Campus-Radio nachzudenken. Die Rektorin der Karlsruher Musikhochschule, Professor Fany Solter, nahm diesen Faden beherzt auf, spann ihn aber gleich in medienpädagogischem Sinne weiter in Richtung einer Ausbildungsstätte für Rundfunk-Musikjournalisten unter konkreten Sendebedingungen. Der nächste Schritt war die Aufnahme in die 1989 vorgestellte Kunstkonzeption des Landes Baden-Württemberg, die sowohl den Bestand bisheriger Kunstförderungen als auch Vorschläge für künftige Aktivitäten umfasste. Im LernRadio, so ist dort zu lesen, sollte „mit größtmöglicher Annäherung an die Arbeitsweise einer professionellen Rundfunkanstalt und unter der verantwortlichen Leitung rundfunkerfahrener Lehrer ein Musikprogramm entworfen und realisiert werden". In konsequenter Weiterentwicklung dieser Ursprungsidee beauftragte die Musikhochschule Monica Steegmann mit der Ausarbeitung eines Konzepts, die ihrerseits den Verfasser dieses Beitrags mit heranzog. Nach Billigung dieses Konzepts vom 10. Juli 1990 durch die Musikhochschule erhielt das Team Steegmann/Tomek den Auftrag, den Entwurf durch ein Curriculum zu ergänzen, das alle Einzelheiten der journalistischen, technischen und sendebezogenen Lehrinhalte aufzeigen sollte. Dieses Dokument dient bis heute als Grundlage des Lehrplans.

Das erklärte Ziel der pädagogischen Bemühungen im LernRadio war also von Anfang an die Einbindung des Unterrichts in die Praxis realer Rundfunksendungen. Zu Anfang der neunziger Jahre war es jedoch hoffnungslos, den Zugang zu einer UKW-Frequenz zu bekommen. Das änderte sich erst mit der Neufassung des Landesmediendiengesetzes, das nicht nur für öffentlich-rechtliche und private, sondern auch für nichtkommerzielle Medienanbieter Sendefrequenzen freistellte. Am 16. Mai 1995 erfolgte die Zuteilung von Sendezeiten auf der Frequenz 104,8 MHz Karlsruhe an die „Arbeitsgemeinschaft LernRadio", zu der neben der Musikhochschule auch das „Radio aus Bruchsal" des Instituts zur Förderung von Wissenschaft und Ausbildung im Bereich neuer Medien e.V. (IFM) gehört. Bereits am 14.12.1994 hatte der Ministerrat der Landesregierung Baden-Württemberg eine Kabinettsvorlage des zuständigen Ministeriums zur Errichtung des neuen Aufbaustudiengangs zustimmend zur Kenntnis genommen. Damit war der Weg frei für den Start der Arbeit dieses Instituts LernRadio, zu dem es im deutschsprachigen Raum und auch darüber hinaus nichts Vergleichbares gibt.

Otto Tomek, aus: Das neue Institut LernRadio, Schriften aus dem Privatbesitz, 14.2.1997

Ende Mai 1995 wird der Sendebetrieb aufgenommen, nachdem die Zuteilung von Sendezeiten auf der Frequenz 104,8 MHz Karlsruhe an die „Arbeitsgemeinschaft LernRadio" erfolgt ist, zu der neben der Musikhochschule auch das „Radio aus Bruchsal" des Instituts zur Förderung von Wissenschaft und Ausbildung im Bereich neuer Medien e.V. (IFM) gehört. Am 2. Oktober 1995 startet, nach einigen Wochen Vorlauf durch verstärkte Wiederholung verschiedener Trailer, die den Stil und den Charakter des Musikprogramms andeuten und Hinweise auf den voraussichtlichen Beginn eines regelmäßigen Sendebetriebs enthalten, das LernRadio-Programm.

In seinem am 26. Juni 1996 verfassten Aufsatz „Das neue Institut LernRadio" formuliert Tomek eine erste kurzgefasste Dokumentation der Entstehungsgeschichte:

Viermal wöchentlich leuchtet um 18.00 Uhr im zweiten Stockwerk des Schlosses Gottesaue das rote Warnlicht auf und signalisiert: „LernRadio ist auf Sendung". Im Studio haben zuvor Studierende des viersemestrigen Aufbaustudiums die Plätze in der Sprecherkabine und neben dem Regiepult eingenommen. Der Tontechniker zieht die Regler auf. Der Jingle, das Stationskennzeichen, ertönt, ein Fragment aus einer Komposition von Jörg Mainka, Dozent an der Musikhochschule. „LernRadio, das Programm der Musikhochschule Karlsruhe", verkündet die Stimme, die über den Sendemast Grünwettersbach für die Stadt Karlsruhe und die nähere Umgebung verbreitet wird. LernRadio im Konzert, LernRadio Kalenderblatt, Lernradio stellt vor, LernRadio-Kulturjournal, das sind nur einige der vielen Programmtitel. Die Inhalte dieser Sendungen sind stilistisch nicht begrenzt. Klassik, Jazz, Pop oder traditional music anderer Kontinente, alles ist möglich, Qualität vorausgesetzt [...]. Gründung und Unterhalt dieses Instituts bedeuteten einen unerhörten Kraftakt der Musikhochschule, der nur durch die Bündelung aller eigenen Reserven und den eisernen

Willen der Hochschulleitung zum Festhalten an der Idee LernRadio möglich wurde. Das Kind wurde geboren und hat sich im ersten Lebensjahr prächtig entwickelt. Nun sind die Kulturbehörden des Landes aufgerufen, es für sein weiteres Dasein entsprechend auszustatten und zu ernähren.

Otto Tomek, Entwurf der Geschichte des LernRadios, Schriften aus dem Privatbesitz, datiert 26.7.1996

Otto Tomek ist aus seiner Geschichte heraus kein Affirmationsgehilfe in den Rundfunkanstalten gewesen. Er kommt aus dem Revier der Kunst als Begeisterter für das Neue und nicht aus dem Verwaltungswesen, der Rechtswissenschaft oder des Wirtschaftsmanagements wie viele seiner ihm nachfolgenden ARD-Hauptabteilungsleiter, -Hörfunkdirektoren oder -Abteilungsleiter in Kultur und Musik. Seine leitenden Positionen in unterschiedlichen Rundfunkhäusern haben ihn nicht korrumpieren können, nicht immer wieder kritisch auf die Entwicklung der Inhalte und Programme, skeptisch auf die Tendenzen einer schleichenden Verflachung und allmählichen systematischen Dominanz eines Quotenprinzips, das Einschaltszenen zum Kriterium von Programminhalten macht, zu blicken. Seine Sichtweise auf die Dringlichkeit, Kunst und künstlerische Werte nicht nur im Bereich der Musik zu vermitteln und zu behaupten, spiegelt sich auch in einem seiner Essays, den er wohl nie veröffentlicht hat, der aber im Kontext LernRadio von Bedeutung ist:

Neue Medien, Digital Audio Broadcasting, Radio on demand, sind nur einige der vielen Schlagworte, die heute die Szene beherrschen. Inmitten der vielen Neulinge ist das alte Radio beinahe ein Veteran. Dennoch gehört es noch immer zu den populärsten und von fast jedermann benutzten Informations-, Bildungs- und Unterhaltungsquellen, kann das Radio doch zu jeder Tageszeit Kunst und Kultur auf vielfältige Weise vermitteln: Sendungen aus Klassik Jazz und Pop ebenso wie Hörspiele, Vorträge, Berichte über Theaterereignisse, Kunstausstellungen, neueste Informationen aus Wissenschaft und Gesellschaft und vieles andere. Ein riesiges, ständig wachsendes Repertoire an Musik und kulturellem Wort wird über die Radiowellen verbreitet. Für die Rezeption von Musik und Kultur ist auch heute noch das Radio ein unverzichtbares Medium.

Auf der Seite der Rundfunkanstalten hat sich die Situation in den letzten Jahren dramatisch verändert. Im privaten Bereich sind ganze Senderketten hinzugekommen. Über Satellit werden wir bald hunderte verschiedene Programme digital empfangen können. Spezielle Spartenkanäle werden um die Gunst der Radiohörer werben. Die rasante Entwicklung der Rundfunktechnik hat auch einen tiefgreifenden Wandel des Berufsbildes eines Radioredakteurs/Journalisten bewirkt. Auch und gerade im kulturellen Bereich gibt es die alte Teilung in einen schreibenden Autor, einen Redakteur, einen Sprecher und einen Techniker für den Sendeablauf, nur noch in immer seltener werdenden Ausnahmen. Heute wird der universell einsetzbare Radiomacher verlangt. Er entwirft und gestaltet Programme und präsentiert die Texte am Mikrophon. Oftmals bringt er sie auch noch im Selbstfahrer-Studio sendetechnisch auf den Weg. Die heutige Zeit verlangt schnelle, fundierte, aktuelle Informationen in ansprechender Präsentation.

Um dieser Situation Rechnung zu tragen, möchte das KultRadio eine Ausbildung anbieten, die junge künftige Mitarbeiter von öffentlich-rechtlichen wie privaten Rundfunkanstalten entsprechend auf ihre neuen Aufgaben vorbereitet. Erfahrene

Rundfunkleute sollen hier als Dozenten wirken. Gemäß dem Prinzip learning by doing muss die Ausbildung unter konkreten Sendebedingungen erfolgen und auf ein tägliches eigenständiges Radioprogramm zielen. (Die Zuteilung einer Frequenz, bzw. des Anteils an einer Frequenz ist daher unabdingbare Voraussetzung dieses Projekts). Dieses Programm soll experimentellen Charakter haben und ein Forum für Pilotprojekte des Rundfunks bieten. Darüber hinaus soll es natürlich ein gut konsumierbares Programm für anspruchsvolle Hörer aller Altersgruppen sein. Als mehrsemestriges Aufbaustudium gibt KultRadio den Studierenden Gelegenheit, praktische Berufserfahrungen als Programmmacher neuen Typs zu sammeln.

Zielgruppe des Ausbildungsangebots sind Absolventen von Universitäten, Kunst- und Musikhochschulen. Gegenüber fachspezialisierten pädagogischen Einrichtungen vereint die Ausbildung im KultRadio also Studierende verschiedener Fakultäten, was der Entwicklung der Programmdramaturgie sehr zugute kommen wird.

Gerade in Zeiten zunehmender Arbeitslosigkeit kommt einer qualifizierten Ausbildung eine hohe Bedeutung zu. Vielseitige Nachwuchsjournalisten mit Moderationserfahrung haben auch heute gute Berufschancen. Denn die Qualität eines Programms und die seiner Mitarbeiter stehen in einem unmittelbaren Verhältnis. Das breit angelegte Ausbildungsfundament des KultRadios wird die Absolventen aber auch zu Tätigkeiten etwa im Bereich von Kulturmanagement, Öffentlichkeitsarbeit, Agenturen u.a. befähigen.

Otto Tomek, Schriften aus dem Privatbesitz, undatiert

Neben der verwaltungstechnischen Tätigkeit, neben der Funktion als kommissarischer Leiter des Gesamten findet Tomek auch noch genügend Zeit, aktiv an den Musiksendungen mitzuwirken als Autor von Sendemanuskripten. Seine Beziehungen zur Universal Edition, zu den Hörfunkabteilungen der ARD-Anstalten, und wenn es zu senderechtlichen Problemen kommt auch seine Freundschaften zu Komponisten liefern den Stoff, der ihm am Herzen liegt und über den er profunde Kenntnisse besitzt. Aus der Menge von immerhin 25 Sendemanuskripte fürs LernRadio, worunter neben Luigi Nonos *Intolleranza* auch Alban Bergs *Violinkonzert*, Karlheinz Stockhausens *Mantra*, neben einer Porträtsendung zu Karl Amadeus Hartmann, neben Michael Haydns *Missa in honorem Sanctae Ursulae* („*Chiemsee-Messe*"), neben vielen Mischprogrammen, ragen die Sendung über Werke von Gustav Mahler, César Franck und Ludwig van Beethoven heraus. Hier dokumentiert Tomek sein reichhaltiges Wissen, das auch durch seine engen Verbindung zur Universal Edition und deren Geschichte geprägt und bereichert worden ist. Hier die „wortlastige" Sendung in ihrer Vollständigkeit:

Nach dem Tode Gustav Mahlers am 18. Mai 1911 entdeckte man im Nachlass die Manuskripte des „Lieds von der Erde", der 9. und der 10. Sinfonie. Während die ersten beiden der genannten Werke durch die posthume Uraufführung unter Leitung Bruno Walters im Jahre 1911, beziehungsweise 1912 sehr bald ihren Weg in die Öffentlichkeit nahmen, blieb die Existenz der 10. Sinfonie zunächst in Dunkel gehüllt; sporadisch auftretende Hinweise trugen zunächst eher zur Legendenbildung als zur Enthüllung des tatsächlichen Sachverhaltes bei. Im Jahre 1924 stellte Ernst Krenek auf Anfrage Alma Mahlers nach den vorhandenen Skizzen eine zweisätzige Version der ursprünglich auf fünf Sätze angelegten 10. Sinfonie her, bestehend aus dem Anfangs-

Adagio und einem weiteren Satz, der mit „Purgatorio" – „Fegefeuer" überschrieben war. Diese Werkfassung, die am 14. Oktober 1924 unter der Leitung von Franz Schalk in Wien aufgeführt wurde, erschien kurz darauf im Druck, war jedoch mit etlichen Übertragungsfehlern behaftet, darüber hinaus mit vielen Retuschen versehen, die als solche nicht kenntlich gemacht waren; seltsamerweise hatte man von den Verbesserungsvorschlägen Alban Bergs, der die Fassung Kreneks durchgearbeitet und mit dem Manuskript verglichen hatte, keinerlei Kenntnis genommen; diese blieben bis heute unveröffentlicht.

Als Mitte der zwanziger Jahre das gesamte autographe Material in Faksimile-Ausgabe publiziert wurde, entstand erneut die Frage, ob sich aus dem Torso nicht eine Fassung herstellen ließe, die aufführungsreif sei.

Für dieses überaus schwierige Unterfangen konnte nur jemand in Frage kommen, der mit dem Kompositionsstil und der Ästhetik Mahlers aufs engste vertraut war. Schönberg, der zu den großen Verehrern Mahlers gehörte, hatte sich bereits 1912 in etwas mystifizierender Weise über jene Schwelle geäußert, welche die Zahl „Neun" verkörpere:

„Was seine 10., zu der, wie auch bei Beethoven, Skizzen vorliegen, sagen sollte, das werden wir so wenig erfahren wie bei Beethoven und Bruckner. Es scheint, die 9. ist eine Grenze. Wer darüber hinaus will, muss fort. Es sieht so aus, als ob uns in der 10. etwas gesagt werden könnte, was wir noch nicht wissen sollen, wofür wir noch nicht reif sind. Die eine 9. geschrieben haben, standen dem Jenseits zu nahe. Vielleicht wären die Rätsel dieser Welt gelöst, wenn einer von denen, die sie wissen, die Zehnte schriebe, und das soll wohl nicht sein".

Ganz offensichtlich ignorierte Schönberg die Tatsache, dass Mahlers „Lied von der Erde" im Prinzip eine Sinfonie darstellt, die somit als 9. und Mahlers 9. als 10. Sinfonie zu gelten hätte. [...] Musik.

Zu den französischen Komponisten, die die Musikentwicklung ihres Landes im 19. Jahrhundert entscheidend geprägt haben, gehört César Franck. Seine besondere Bedeutung liegt darin, dass er zu einer Zeit, in der sich das kompositorische Interesse in Paris ausschließlich auf Oper, Operette und Ballett konzentrierte, eine Hinwendung zur Pflege der reinen Instrumentalmusik vollzog, ohne dass es hierfür eine Möglichkeit gegeben hätte, an gewachsene Traditionen anzuknüpfen, wie sie beispielsweise in Deutschland bestanden. Die nachhaltigsten musikalischen Eindrücke während seiner Ausbildungszeit in Paris – er studierte zunächst bei Anton Reicha, später Orgel- und Klavierspiel sowie Kontrapunkt am Conservatoire – gingen weniger von den Opernaufführungen der Grand Opéra aus, deren Repertoire Meyerbeer und Halévy, Spontini und Rossini beherrschten, sondern vielmehr von den Habeneck-Konzerten, in denen insbesondere Werke der Wiener Klassiker mustergültige Aufführungen erlebten. So ist es nicht verwunderlich, dass neben Bach, Gluck, Schumann und Chopin gerade Beethoven zu den musikalischen Hausgöttern Francks zählte, was für sein spätes Schaffen von Bedeutung sein sollte.

Ein weiterer musikalischer Pol, an dem sich der in Lüttich geborene französische Komponist deutscher Abstammung orientierte, war Richard Wagner. Was Franck faszinierte, dürften weniger die neue musikdramatische Konzeption, geschweige denn die theoretischen Abhandlungen gewesen sein, sondern die der spezifischen Orchestersprache Wagners immanente Expressivität. Während ihn die Musik Berlioz' nicht sonderlich interessierte, beschäftigte er sich intensiv mit den Partituren des Bayreuther Meisters, aus denen er vor allem Anregungen für seine Harmonik empfing. Die außerordentlich vielfältig ausgeprägte chromatische Satztechnik im Spätwerk César Francks ist ohne das Vorbild Wagners kaum denkbar, zeigt jedoch eine durchaus eigene unverwechselbare Handschrift.

Darüber hinaus war Franck in seiner Vorstellungswelt durch den christlichen Glauben geprägt, von welchem bedeutsame Impulse für sein Schaffen ausgingen, was die zahlreichen Werke für Orgel, seine Offertorien und Hymnen, Motetten und Oratorien belegen. Die religiöse Haltung war zugleich bestimmend für seine öffentliche Tätigkeit: nachdem er sich zunächst als Klavierlehrer in Lüttich seinen Lebensunterhalt verdient hatte, nahm er in Paris eine Stelle als Organist an verschiedenen Kirchen an. 1972 erhielt er eine Professur für Orgelspiel und Improvisation am Conservatoire. Diese Tätigkeiten, die des Organisten und Pädagogen, übte er bis zu seinem Tode im Jahre 1890 aus [...].

Schauspielmusik im weitesten Sinne des Begriffes gibt es seit den Anfängen des Schauspiels selbst. Sie ist mit dem antiken griechischen Drama ebenso verknüpft wie mit den theatralischen Aufführungen der Shakespeare-Zeit, in der sie als einer der wichtigsten Inszenierungsfaktoren galt; Shakespeare selbst schrieb für seine Bühnenwerke die Verwendung zahlreicher Musikeinlagen vor. In der zweiten Hälfte des 17. Jahrhunderts war der Anteil der Musik im Sprechtheater so groß, dass eine klare Abgrenzung des Schauspiels zur Oper vielfach nicht mehr bestand. Unter dem Einfluss Gottscheds, der die Übereinstimmung von Schauspiel und Musik postulierte, sowie Lessings, welcher in seiner Hamburger Dramaturgie eine Ästhetik der Schauspielmusik entwarf, erreichte die Entwicklung dieses Genres im 18. Jahrhundert ein beachtliches Niveau. Nicht zuletzt deshalb, da sich auch namhafte Komponisten seiner annahmen. Bei Schauspielaufführungen blieb der musikalische Rahmen bis zur Mitte des 19. Jahrhunderts obligatorisch.

Unter den vielen Schauspielmusiken zu den Dramen Goethes und Schillers, die gegen Ende des 18. und zu Beginn des 19. Jahrhunderts entstanden, ragt Beethovens Egmont-Musik heraus. Von dem gesamten zehn Nummern umfassenden Werk hat nur die Ouvertüre einen festen Platz im Konzertsaal erringen können, wofür sich plausible Gründe anführen lassen: zum einen hat die Schauspielmusik außerhalb des Dramas keine Funktion, während die Ouvertüre generell als Eröffnungsstück fungieren kann; zum zweiten erhebt sich die Ouvertüre auf Grund ihrer relativ weitgespannten Dimension und ihres sinfonischen Duktus in kompositorischer Hinsicht über die weiteren Nummern der Schauspielmusik.

Die Egmont-Ouvertüre ist der Sonatenhauptsatzform verpflichtet, zudem mit langsamer Einleitung und ausgeprägter Coda versehen. In ihr gelingt Beethoven die Synthese von musikimmanenter Logik und programmatisch bedingter Expressivität: einerseits werden beide Themen in der Introduktion vorbereitet, dann in der Exposition entwickelt; andererseits werden Grundzüge des Dramas durch fassliche musikalische Symbole dargestellt, wobei Beethoven sogar vor drastischer Tonmalerei nicht zurückschreckt. Die Coda, mit der Schlusshymne identisch, verkündet das Fazit des Dramas: der Held geht zwar unter, aber seine Idee von Freiheit und Gerechtigkeit lebt weiter.

Otto Tomek, Schriften aus dem Privatbesitz, undatiert

Bemerkenswert an dieser Programmzusammenstellung ist der Ausgangspunkt „Sonatenhauptsatz". Nicht die tradierte Konzeption wird hier vorgeführt, wie man sie in Mozarts, Schuberts oder Beethovens Sinfonien evident nachweisen und beispielhaft veranschaulichen kann, sondern kompositorische Randerscheinungen und Formate, die das klassische Prinzip nur noch vage beachten und es mit utopischem Kalkül kompositorisch zersetzen. Mahlers 10. Symphonie, César Francks erster Satz aus der d-moll Sinfonie und Beethovens Ouvertüre als Auflösungsphänome von Form. Tomek betrachtet nicht nur die strukturellen Formalien, er spielt mit dem Motivmaterial der drei Werke, deren insgeheime Beziehung er verschweigt und nur durch die klingende Gegenüberstellung hörbar werden lässt. Die thematische Linie der Bässe des Anfangs bei Franck, die zerrissen wird durch schnitttechnikartige Einschübe, ganz wie bei Mahler, dessen Unvollendete nicht mit den Celli sondern mit einer nicht enden wollenden Melodie der Violinen in jenen alles aufreißenden Apotheoserausch mündet; und schließlich der Egmont-Beginn, der nach statisch schwergewichtigen Tutti-Akkorden die Oboe kurzzeitig ihre verlorene Linie singen lässt. Aller Anfang dieser drei Kompositionen ist von dunkler Schwere und Einfachheit. Um solche Programme zu denken, muss der Programmierende profunde Kenntnisse in der Bedeutung des jeweiligen Werkes haben. Dass Tomek mit virtuoser Einfachheit das Komplizierte bündelt und dem Hörer mit Leichtigkeit eine Menge Bildung mitliefert bis hin zu noch gar nicht bekannten Rätseln der editorischen Aufarbeitung zum Beispiel Mahlers letzter Symphonie, spiegelt seine kompetente Zugewandtheit dem fiktiven Hörer gegenüber. Ihm möchte er ein Gleichgesinnter sein, kein Dozierender.

Am 23. September 1996 schreibt er an Hans Werner Henze:

> [...] Ich war schon seit 1989 im Ruhestand, als 1990 eine erste Anfrage an mich erging, an der Konzeption eines solchen Instituts LernRadio mitzuwirken. Eigentlich wollte ich mich ganz meinen eigenen Studien widmen. Aber Sie kennen das ja, wenn junge Menschen etwas wollen und Hilfe suchen: Mürzzuschlag/Deutschlandsberg/usf.-Effekt. Nur wuchs sich das Projekt mit jedem der mühseligen, jahrelangen Entwicklungsschritte zu immer größeren Dimensionen aus. Und auf einmal war ich der Leiter eines kleinen Monsters. Leider haben die erhofften finanziellen Zuwendungen des Staates bis heute auf sich warten lassen [...]. Wenn Sie im kommenden Frühjahr in Schwetzingen weilen werden, gebe ich mich der verwegenen Hoffnung hin, Sie vielleicht einmal für wenige Stunden ins nahegelegene Karlsruhe entführen zu können. Eine Live-Sendung mit Ihnen, in der Sie mit den Studierenden sich unterhalten, dazu ausgewählte Werke von Ihnen, das wäre ein großes Geschenk für die jungen Leute. Ich werde diesbezüglich später bei Ihnen noch anklopfen (und hoffe wie in der Bibel verheißen, daß aufgetan wird!) [...]

Seinem langjährigen Freund Emmerich Smola, der bis 1987 Chefdirigent des Rundfunkorchesters Kaiserslautern des Südwestfunks und gleichzeitig auch Leiter der dortigen Musikabteilung gewesen ist, schreibt er am 24. Juni 1997:

> [...] Umso mehr ist dann ein ausgiebiger Besuch bei Dir (oder Ihr bei uns) fällig, wenn wir wieder zurück sind. Die letzten zwei Jahre haben mich leider mit der Arbeit an der Musikhochschule allem anderen Leben total entfremdet. Dieser Job hat mich buchstäblich aufgefressen. Selbst für die Kinder hatte ich kaum Zeit und Energie. Nun habe ich mich von den Hochschulpflichten befreit, aber es bleibt immens viel

liegen, das dringend aufgearbeitet werden müßte, so daß es erst im späteren Sommer endlich wieder ein wenig gemütlicher zugehen kann. Ich möchte endlich das Leben genießen, alte Freunde wiedersehen, in der Gegend herumfahren. Einzig meine Tätigkeit bei der Universal Edition in Wien möchte ich noch beibehalten, doch die ist nicht so zeitraubend, außerdem möchte ich die Fahrten nach und von Wien ausdehnen, Städte und Landschaften besuchen [...].

Der ausgelaugte und „aufgefressene" Otto Tomek scheidet Ende 1997 unwiderruflich aus der Leitung des LernRadios aus.

Wieder Wien

1997 ist es wieder Wien und wieder die Universal Edition, der Tomek, eben den Strapazen des Aufbaus LernRadio entgangen, seine neuerliche Arbeitskraft anbietet, dieses Mal angefüllt mit Wissen, Erfahrung und Erkenntnis. Er wird zum wichtigen Gesprächspartner und zum ermunternden Zuhörer sowohl für die jungen Komponisten als auch für die noch immer um Gunst ringenden alten wie Stockhausen und für die Belegschaft des Verlags. Man macht ihn zum Leiter des künstlerischen Beirats, eine Funktion, die er bereits 2003 wieder abgibt, und überträgt ihm den Vorsitz des Aufsichtsrats, den er bis zu seinem 80. Geburtstag 2008 innehat.

Kurz nach Beginn seines Amtes bei der Universal Edition versucht Tomek Stockhausen Angebote und Vorschläge zu machen, um die dort von ihm verlegten Werke nicht alle in den Stockhausen-Verlag überführen zu müssen, zumal die Rechtslage kompliziert und strittig ist:

Stuttgart, 10.10.1990
Lieber Karlheinz!
Sei bedankt für Deinen Brief vom 15.9. Ich glaube, wir sollten versuchen, eine Lösung zu finden. Natürlich wäre es Sache eines Schlee-Nachfolgers, diese Fragen in Angriff zu nehmen. Da sich aber im Moment kein solcher abzeichnet, bleibt die Aufgabe doch bei mir hängen. Auch wenn meine Funktion die eines Beirats ist, irgendwer muß jetzt doch aktiv werden. Ich verstehe Deinen Wunsch nach Rückgabe der Werke, ich verstehe auch, daß der Verlag sie nicht hergeben will. Also muß man einen Kompromiß suchen. Man müßte jedes Werk anders betrachten, vielleicht kommt man dann weiter. Sicher ist viel versäumt worden in den vergangenen Jahren. Sicher könnte aber manches nachgeholt werden. Die Bereitschaft ist seitens der UE ja da. Also lasse uns darüber reden. Bitte gib mir Deinen Terminkalender für die nächsten Wochen, ich werde Dich aufsuchen.
Lasse uns dabei auch darüber sprechen, was für Deine anderen Partituren seitens der UE an PR-Arbeit geleistet werden kann, damit es mehr Aufführungen gibt. Ich glaube, ein Gespräch kann hier gute Anstöße geben! Es ist ja wirklich ein schlimmer Zustand, daß Du mit dem DIENSTAG nicht vorankommen kannst. Und was war da nur in Hamburg? Ich fand die Nachricht doch sehr merkwürdig, daß man dort so kurzfristig wieder ausgestiegen ist.

Du siehst, lieber Karlheinz, es geht nicht nur um die vier Partituren. Für mich ist das alles ein größeres Paket, für das gemeinsame Anstrengungen am Platze wären. Lasse uns zusammen überlegen!
Sei herzlichst gegrüßt! Dein Otto
P.S.Darmstadt 1990: viel ernste Bemühung. Zuviel Neo-Konstruktivismus. Ferney-hough und die Folgen: fürchterlich. Leider vermißte ich weitgehend Imagination. Fast alle Namen schon wieder vergessen.

Otto Tomek Privatarchiv

Am 23. Februar 1991 geht Stockhausen noch einmal auf das UE-Problem ein:

[...] Was Wien betrifft: ich habe absolut kein Vertrauen in diese Unternehmung seit 1969. Dazu weiß ich nun, daß die geistige Haltung kriminell ist, was das sture Beharren auf STUDIE I, GESANG DER JÜNGLINGE; Bruxeller Verein MIKROPHONIE I, HYMNEN mit Orchester, MOMENTE, Dr. Kalmus-Sextett betrifft.
Diese Werke sind NIE betreut, veröffentlicht worden, sondern rücksichtslos ausgebeutet. Jetzt sind zwar andere Leute dort, aber die haben ihr Gewissen nicht geschult und einfach geerbt. Das gilt im Reiche des Geistes nicht und muß gesühnt werden. Bestehe nur auf der Wahrheit, das ist der einzige Weg...

Otto Tomek Privatarchiv

Es ist nicht möglich, hier die vielfältigen Probleme, Verstrickungen und Fehlentscheidungen zu dokumentieren, mit denen Tomek konfrontiert wird, nachdem man ihm diese halb ehrenamtlichen Tätigkeiten bei der UE übertragen hat.

Einen Einblick in die Komplexität eines Verlages, der vielfach auch und vor allem junge und unbekannte Komponisten aufzunehmen bemüht ist, wird in dem im Februar 2008 geführten Gespräch Tomeks mit dem Autor des Buches allerdings gegeben und soll deshalb hier protokolliert werden:

Im Lektorat der Universal Edition, so Otto Tomek, ist eine langwierige und strenge Auswahl von Kompositionen oberste Regel; nur selten werden neue Komponisten aufgenommen: „Fast nie haut gleich eine erste Einreichung einer Partitur hin". Berühmt gewordene Absagebriefe an später arrivierte Komponisten schmücken das Archiv des Verlags. Irrtümer bei der Analyse der Partituren sind immer möglich. Ein berühmtes Ablehnungs-Beispiel der jüngeren Musikgeschichte ist die „Kultfigur" Arvo Pärt.

Beziehungen zu Komponisten entwickeln sich meist als längerer Prozess. Tomeks Methode: Man hört ein Werk, interessiert sich für den Komponisten, lernt ihn kennen und studiert weitere Werke von ihm. Dabei müssen immer die Grenzen der Kapazität der Herstellungsabteilung und des Promotionsbereichs beachtet werden. Die Rationalisierung durch Computersatz ist teuer, ebenso das Netz der Mitarbeiter des Verlags bis nach Ostasien. Der Wettlauf mit der Zeit bei der Herstellung des Materials, wenn die Aufführungstermine von Uraufführungen bereits festliegen – wie häufig im Falle des Komponisten Wolfgang Rihm – führt zu exorbitanten Engpässen: „Wenn es nicht klappt, ist immer der Verlag daran schuld, nie der Komponist." Grenzen der Herstellungskapazität provozieren aber nicht nur die neuen Werke. Auch der Bestand an alten, gewinnbringenden Werken muss gepflegt werden. Wissenschaftliche Erkenntnisse machen Neurevisionen nötig wie zum Beispiel die Klaviersonaten von Beethoven, deren 1. Ausgabe 1901 die grundlegende Revision nach den Manuskripten 1923 durch Heinrich Schenker und 1997 endlich die Urtextausgabe folgt. Ein anderes Beispiel: Neu gefundene Takte in Gustav Mahlers *Klagendes Lied* oder in Béla Bartóks W*underbarer Mandarin* verschieben das Gefüge der Wendestellen. Das kann auch bei neuen Werken vorkommen wie zum Beispiel in Hans Zenders Suiten *Stephen Climax* oder in Rihms Work in Progress *Vers une symphonie fleuve*.

Weitere Probleme treten auf, die die Herstellung in eklatante Nöte versetzt: Die Ablehnung alten Orchestermaterials durch die Orchester (Alban Bergs *Lulu* Akte 1 / 2 und 3). Das revidierte Material hat andere Noten als die längst schon im Umlauf befindlichen Partituren; dadurch entstehen Konfusionen bei den Proben und „die Dirigenten werden verrückt". Rückläufiges Material muss immer auch kontrolliert werden: Vielfach findet man durch Orchestermusiker eingetragene Ergänzungen von Fehlendem. Auch die Abnutzung oder „Verschmiertes" macht immer wieder eine expensive Nachproduktion notwendig.

Tomek geht der Frage nach, was eine Promotionsabteilung an Serviceleistungen bieten muss und zählt systematisch auf: 1) Infomaterial; 2) Kataloge Orchester, Bühne; 3) Edition, Urtextausgabe, Philharmonia Taschenpartituren, Chorkataloge, Werkverzeichnisse der Komponisten; 4) UE-news; 5) Wartung und Erweiterung des Archivs (Dokumente aller Art wie Biographien, Artikel, Fotos, Programmhefte, Kritiken etc.); 6) regelmäßiges Updaten der Homepage; 7) Erleichterung durch Links zum Schoenberg Center Wien oder zur Kurt Weill Foundation, New York; 8) Ausbau eines Netzes persönlicher Beziehungen durch erfahrene Mitarbeiter in alle Welt, was ein großes Kapital darstellt.

„Der Name UE", so Tomek, „öffnet viele Türen in aller Welt". Allerdings gibt es immer auch Menschen, zu denen kein Zugang möglich ist. Der Aufbau „Beziehungsnetz" dauert viele Jahre und muss lebenslang gepflegt werden. Regelmäßige Besuche bei Intendanten, Dramaturgen, Veranstaltern, bei Bühnen, Orchestern, Rundfunk und Fernsehen, Festivals, Schallplattenfirmen „ist Promotionspflicht". Die Pflege der Kontakte zu Ensembles mit neuer Musik, also freundschaftliche Beziehungen zu Formationen wie dem ensemble recherche, dem Ensemble Modern, dem Ensemble intercontemporain, dem Klangforum Wien oder auch zu einzelnen Interpreten sind dem Geschick und der individuellen Konzertbesuchspflege überantwortet. Otto Tomek bemisst den Reisen zu den Veranstaltungsorten großen Wert bei; zu seinem Selbstwertgefühl gehört, berühmtes Konzertbesucher-Faktotum bei allen international bedeutenden Festivals zu sein. Davor und danach muss ein intensiver Brief- oder Emailwechsel geführt, müssen Erinnerungsbriefe nach einiger Zeit geschrieben werden. Die Zusendung von Partituren, Noten aller Art, Kassetten/CDs zum Abhören gehört zur Selbstverständlichkeit eines bedeutenden Verlags, da „heute niemand mehr gerne Partituren liest, außer die ganz Wenigen und die kennen und schätzen nur wenige".

Frühzeitige Hinweise auf bevorstehende Uraufführungen und Verbindung-Stiften zwischen Opernhäusern und Festivals zwecks Koproduktionen und Organisation von Ko-Kompositionsaufträgen gehört zum Alphabet jedes Verlagsvertreters. Es ist klar, dass ein solches System nicht auf beliebig viele Komponisten ausgeweitet werden kann. Von daher muss es ein Limit an Komponisten geben. „Es hat keinen Zweck, jemanden nur im Katalog zu führen, aber kaum etwas für ihn tun zu können". Aber auch die gut vertretenen Komponisten sind nur selten zufrieden mit dem, was man für sie tut, was immer wieder zu Abwanderungen geführt hat (Beispiele: Stockhausen, Kagel, Birtwistle nach jeweils 10, 20 Jahren… „von den Witwen und sonstigen Hinterbliebenen gar nicht zu reden").

Probleme der Gegenwart und Zukunft des Verlages wie überhaupt des Verlagswesens allgemein gehören zum permanenten Diskussionsgegenstand des Aufsichtsratsvorsitzenden Tomek. Die Probleme sind Teil der allgemeinen Änderungen in allen Lebensbereichen: Zur zunehmenden Technisierung, zu den grundlegenden Strukturveränderungen in Gesellschaft und Wirtschaft, zum Rückgang der finanziellen Aufwendungen im Kulturbereich kommen die alles okkupierenden Interessen der digitalen Medien hinzu. Gravierende und spezielle Probleme finden sich im fehlenden finanziellen Ausgleich durch „relativ populäre Werke wie einst jener von Kurt Weill oder Zoltan Kodaly". Das Kopieren von Noten in allen musikproduzierenden Institutionen als selbstverständliche Gepflogenheit, die Notenpreisbindung durch EU-Gesetze und schließlich zeitbedingte Ausläufe großer Copyrights (Janacek 1998, Berg 2005) schaffen neben den neuen Regularien der Verwertungsgesellschaften wie die GEMA, die AKM und die SUISA rapide Mindereinnahmen.

Zu guter Letzt reflektiert Otto Tomek auch über die aktuellen Musikproduktionen der nächsten Generation, über die Computerfreaks, über die Algorithmenmönche und „Samplerregler und -erregten": Neue Werke mit Elektronik oder mit elektronischer Beschallung, mit Videoeinsatz oder Installationen überfordern die traditionellen Verlagsstrukturen der Universal Edition. Die Rettung aus schier aussichtslosen Sackgassen könnte die Suche nach neuen Formen des Vertriebes sein: Komponisten schreiben ihre Noten selbst mit Zuhilfenahme von digitalisierten Notensatzsystemen. Das scheint für Tomek bereits zu funktionieren, aber bei großen Besetzungen und bei Opern und Musiktheatern scheitern die „Selfmaker" mangels dazu notwendiger gigantischer Monitore. Und Tomek stellt sich die Schlussfrage nach dem zukünftigen Vermittler zwischen Komponist und Veranstalter und denkt an hochprofessionalisierte Agenturen (als Beispiel nennt er die ‚karsten witt music management gmbh'), die mit Komponisten handelt wie die Börsianer mit unbestimmten Werten. Der Wert des vermarkteten Produkts durch Akklamation seitens der Veranstalter und des Publikums regelt dann die Freigabe von Herstellungskosten. „Noch kann man nicht", sagt Tomek lachend, „die Musik an die Wand hängen."

Bei der Betreuung der Ämter in der Universal Edition lernt er seine „Nachfolger" in der Promotionsabteilung – Dr. Wolfgang Hofer, dem in den späten neunziger Jahren Bálint András Varga folgt – kennen und schätzen. Hofer, vielfacher Dramaturg an unterschiedlichen Opernhäusern (Nürnberg / Frankfurt / Steirischer Herbst Graz) aus der Literaturwissenschaft kommend, ein ungemein kluger Denker und umfassend gebildet in den mit sich selbst verschlungenen Zonen Mahler, Schönberg, Berg, Webern, Ingeborg Bachmann, Max Frisch, Hans Mayer, Theodor W. Adorno, Luigi Nono, Beat Furrer oder Wolfgang Rihm, die er allesamt nicht nur in ihren Werken bestens kennt, sondern auch liebt, hat nicht nur eine vortreffliche Laudatio zum 80. Geburtstag über Tomek gehalten, er hat auch Meterware von Sätzen in einer unnachahmlichen, auch bösartig-österreichischen und sarkastischen Überstürzt- und Übertriebenheit über Tomek formuliert:

> [...] ich kann jetzt spontan nur ein ganz x-beliebiges lebensexempel geben: also die UE-zeit umfasste einige jahre, so ab ende 1989 bis 2003 glaube ich. drotto [Dr Otto Tomek] fungierte da als eine art nobelrentier, ehrenpräsident oder beiräter wie auch immer. man begründete so was wie ein kuratorium..., in dem später auch halffter & soweiter saßen. stenzl wurde als direktor nach inner&außenhin installiert. ich habe die sache selber nie so recht durchschauen können. irgendwie sah das alles sehr verdächtig nach fassade, verschleierung aus. & vielleicht hat gerade darin unser drotto nicht immer eine wirklich glückliche figura abgeben können. aber seine helle&sichtigkeit durchschaut inszenierungen. der verlag war in einer äußerst häßlichen zwickmühle zwischen der gealterten kunsthülle & den so erpresserischen utilitaristisch-usurpatorischen (profit)interessen aus der alten kalmus-richtung [ehemaliger Vorstand der UE]. ob drotto da wirklich ausgleichend & erfolgreich zu balancieren wusste, ist höchst ungewiss. empathiegemäß war er sicher immer auf schlee-seiten, aber die real existierenden verhältnisse wurden ja immer düsterer, haben sich zusehends verbleiert. wahrlich eine düstere & sehr dürftige zeit für die jetztmusik. das können wir ein andermal erörtern. aber die frage ist ja, welche rolle wer wirklich spielte. & das geld?! ich meine, da ließe sich ein kleines kapitel über den verfall einer verlagsgeschichte schreiben, die mit hertzka & mahler ganz hoch oben engagiert begonnen hat & nach schlee zwischen business & betriebsblindheit in den tiefsten niederungen unserer totalbreitblödigkeit endigte. dabei ist die UE übrigens gewiß kein einzelphänomen [...] ich kann dabei vorläufig nur kleine mutmaßungen über drotto anstellen. möglich auch, dass er ein durchaus zerrissener war, obgleich keine nestroy-figur [...]
>
> Wolfgang Hofer, Email vom 28.2.2018 an den Autor

„Der Vater, besser noch: der Hüter des Hauses der neuen Musik", wie Wolfgang Hofer Otto Tomek bezeichnet, ist im Machtkampf unterschiedlicher Interessen Zaungast, bemüht dabei, das Beste für den Verlag zu leisten, die Strukturen nach dem Abgang Alfred Schlees zu festigen oder neu zu ordnen. Strategisches Handeln ist seine Sache nicht, zu groß ist die Distanz, die sich aus Erfahrung und Altersweisheit wie selbstverständlich schafft. Die Distanz zu den einstigen Arbeitsfeldern erweitert sich zur generellen Distanz. Sein Blick von oben – nicht herab aber darauf – schmälert die Euphorie. Solcherart Hellsichtigkeit im Verborgenen, die Hofer Tomek unterstellt, hat aber auch ihre Schattenseiten. Denn das immerwährende Kämpfen und Argumentieren zermürbt ihn. Und Hofers kritischer Blick auf Tomek schont nicht das von ihm verehrte Vorbild. Das Motiv des „Zerrissenen", von dem Hofer schreibt, spiegelt die Ambivalenz Tomeks zwischen Verbindlichkeit und Härte.

Anekdotisch zwar und doch voller Anspielungen endet Hofers Informations-Email, mit der er seinen verehrten Meister und Vorgänger skizziert und dabei spitzbübisch Tomek-Ebenbürtige in den Zerrspiegel rückt:

Otto Tomek,
Christof Bitter
und Wolgang
Rihm, 1992

[...] umso lieber schließe ich mit einer anekdote, die mir nachhaltig & leibhaftig lebendig erinnerlich ist: es war ein abend in karlsruhe, bei den neuholds sollte irgendein fest gefeiert werden, wohl wolfgang dem großen rihm zu ehren, dieser hieb dann auch später kräftig mit der emmi schmidt aufs klavier vierhändig stemmend ein, zur verlustierung der anwesenden... die da waren: die erwähnten gastgeber, der grandiose künstler, dazu christof der bitter [Christof Bitter] und der häusler, zuletzt noch meine wenigkeit. es war zu dieser exklusiven runde noch mit eingeladen worden & ich formuliere dies deshalb so, weil ich spontan nachmittags anmerkte, da müsse man doch selbstverständlich den guten maitre tomek dazu bitten, der doch zufällig ebenfalls gerade vor ort verweilte (ich glaube, es war wohl doch vorher ein konzert im theater mit irgendeinem orchesterwerk von wolfgang [...] also ich regte diese integrative einladungserweiterung an, ganz spontan... aber irgendwie merkte man ein raunendes zögerlich sein der funk-kollegen... ich war verblüfft, ließ mir aber nix anmerken, verwies auf das hier wohl angebracht selbstverständlichste, dass man den kollegen otto wohl bei solch guter gelegenheit ohne weiteres dazu bitten müsse... irgendwie merkwürdiger fall, vielleicht kannst du das besser einschätzen, im licht deiner erfahrung... ich kann dir nur noch folgendes sagen: otto ward dann doch dazu gebeten, niemand ließ sich was weiterhin zögerliches anmerken, es wurde vielmehr heftig & deftig gefeiert... ich höre den christof noch immer schallend laut sein „SEPP" quer durch den raum schneidend versenden, den häusler mit seinem rufen meinend (ich war irgendwie einfach baff ob dieser wie soll ich sagen so schlichten einfachheit) während emmi in ihren solistischen etuden plötzlich spontan von wolfgang überfallsartig akkompagniert wird und man wunderbar inspiriert quasi über schumann improvisiert... dazwischen immer wieder dieser refrain „hearst es, sepp... geh kum sog... oiso sepp... geh..." – also ich bin sicher, dass otto tomek es selber auch sehr genossen hat. ich halte hier inne, wollte nur darauf hinweisen, dass es wohl doch schon immer ziemliche fallhöhen, will sagen, untiefen gegeben hat neben dem sogenannten „umbau vor der neuen musik". dabei hat mir christof bitterlich versichert, sogar den szondi-peter in berlin noch gut gekannt zu haben (übrigens wollte christof ja noch eine größere sache über mozart schreiben, z. b. ausgehend von der these, dass die champagner-arie gar keine solche sei, wie überhaupt bis hin zur ‚lulu' das eigentliche zentrum großer opernwerke irgendwie leer oder hohlgehend sei... ich habe mich gerne mit ihm darüber beredet, genauso interessiert übrigens wie über die organisation von orchestertourneereisen (stichwort: lies lieber fahrpläne statt oden, mein sohn, die sind genauer – worüber man freilich auch streiten kann... &c.) [...]

Wolfgang Hofer, Email vom 28.2.2018 an den Autor

Das von Wolfgang Hofer eingebrachte Zitat aus Hans Magnus Enzensbergers 1957 geschriebenen Gedicht Lesebuch für die Oberstufe zeigt in seiner, Enzensberger damals noch nicht imaginierten, Inversion – „Lies keine Fahrpläne, mein Sohn, lies die Oden, sie sind ungenauer..." – etwas von der Mentalität Tomeks, die er zu Beginn seiner Kölner Zeit hätte insinuieren können: Erst die Kunst, dann der Betrieb. Wie dem auch sei, das Konkurrenzmilieu, auf das Hofer anspielt, gehört zum Alltag der Spiele unter der Decke der Rundfunkredakteure. Sobald die Oberflächenneidereien durch flüssig vergorenen Traubensaft eingeweicht sind, kann befreite Heiterkeit einkehren dort, wo ansonsten komplexere Spielchen unter den Redakteuren der Neuen Musik in unterschiedlichen Häusern mit „sich gegenseitig den Braten stehlen", Spannungen herstellen.

Hingegen geht es in Wolfgang Hofers Laudatio nicht um augenblinzelnde Feinheiten flurfunkfunkelnder Niedrigkeiten, sondern ausschließlich um das Singuläre in Tomeks Wirken, um seine individuellen Qualitäten, die ihn von Anbeginn bis ins hohe Alter auszeichnen:

In Otto Tomeks Verzeichnis ist jedenfalls eine zeitgenössische Klang-Arche mit Tiefgang verborgen. Genauer gesagt: geborgen. Geborgenheit – das ist das Stichwort, das mir am ehesten zu vermitteln scheint, was sich in Otto Tomeks musikalischer Metaphysik vermittelt: um, nicht zuletzt, eben auch und gerade – das scheinbar Unmögliche möglich zu machen.

Die Sache selber immerhin, um die es geht, ist einfach kompliziert. Wenn Theodor W. Adorno einmal die Moderne theoretisch mit der Devise versehen hat, dass es dabei darum ginge, Dinge zu realisieren, „von denen wir nicht wissen, was sie sind", war es Otto Tomek immer darum zu tun, das scheinbar vollkommen Unmögliche immer wieder möglich zu machen. In diesem Sinne ist Otto Tomek eine Art Operator, der das Organon des Unmöglichen dergestalt in Gang gebracht hat, wie Ferruccio Busoni es in seiner Neuen Ästhetik der Tonkunst vorausgeträumt hat. „Frei ist die Tonkunst geboren und frei zu werden ist ihre Bestimmung". Das war und ist stets und immer noch, so denke ich, auch Otto Tomeks Leitsatz und Leitbild. Um es anders zu sagen, mit höherem Herold sozusagen, mag auch noch folgender Leitspruch für Otto Tomek gelten: „Wenn es einen Traum von einer Sache gibt, muss es auch die Sache selber geben". Die wahr werden muss. Als Annäherung, als Vorschein, als Möglichkeit einer wirklich neuen Musik. Soweit Otto Tomeks – durchaus gewagte – ästhetische Devise. Er war und ist einer mit dem besonderen Sinn für das authentisch Kommende, ins Offene geleitende, sich Öffnende, zu den musikalischen Kunstformen eines fundierten Futurums hin, ein Pionier seinerseits und damit quasi ein Schleusenöffner, ein Furtdurchschreiter, ...&c. – wie einst Moses ohne Aron. Es mag durchaus sein, dass er damit das allgemein herrschende Chaos seinerzeit (= seiner Zeit) vollkommen aufgebraucht hat. Allein: „Es war die beste Zeit."

Wolfgang Hofer, Laudatio, Otto Tomek Privatarchiv

Das „Aufgebrauchtsein" wird in den letzten 15 Jahren von Tomeks Leben zur Distanz. Distanz schärft ihm die Beobachtungsgabe. Der Beobachter leistet sich endlich auch einmal Bewertungen aus dem „Off". Er hinterfragt das Gehörte, da er nun aus den beruflichen Verbindlichkeiten entlassen ist. Er riskiert Zweifel. Freundliche Zustimmung weicht der Verschwiegenheit. Und die spontane Euphorie hält sich in Grenzen, zumal das, was er zu hören bekommt, mit den Kategorien seiner großen Vergangenheit nicht messbar ist und sich seinen Zuordnungskriterien entzieht. So schreibt er am 13. Dezember 1993 an den alten Freund Ladislav Kupkovic:

... Dein Referat „Musik als Botschaft" habe ich natürlich auch gleich gelesen. Sehr polemisch natürlich, aber ein klar formulierter Standpunkt, den man respektieren muss, auch wenn man ihn nicht gerade teilt. Ich fürchte, ich werde auf meine alten Tage nicht mehr bekehrt werden können, sondern ein Anhänger der avantgardistischen Stücke bleiben. Was nicht ausschließt, daß ich auch Deine Werke gerne höre und versuche, sie richtig einzuordnen und als Dein persönliches Ausdrucksfeld zu verstehen. Was insofern nicht schwer ist, als Du ja satztechnisch hervorragend arbeitest, mit Geschmack und Fantasie die Themen setzt und verarbeitest. Und so immer wieder Überraschendes zuwege bringst. Sehr gerne denke ich z. Bsp. an Deine Messe zurück, die ich in Bratislava gehört habe, die mich richtig bewegt hat (also war das die „Botschaft") oder an das Klavierkonzert in seinem prächtig-virtuosen Gewand. Manchmal klingt auch etwas typisch Altösterreichisches an mit jenen seufzenden Vorhalten, das berührt heimatlich. Trotzdem glaube ich, daß das, was für Dich persönlich eine Lösung sein kann, nicht als allgemein gültige Linie angesehen werden kann, wie es in unserer Zeit weitergehen soll. Aber darüber brauchen wir nicht zu streiten, das wird entschieden durch die nächste und übernächste Komponistengeneration. Vielleicht bekommen wir noch etwas davon mit. Wäre doch ganz interessant?...

Otto-Tomek-Archiv, AdK, Berlin

Und auch im Privaten ergeben sich Veränderungen, von denen er in stetigem Abstand seinem ehemaligen Programmchef-Kollegen Hans-Wilhelm Kulenkampff beim Hessischen Rundfunk Mitteilungen zukommen lässt, wie im Übrigen vielen anderen seiner einstmaligen Getreuen auch:

Schwetzingen, 16.6.1996
[...] Bei mir rotiert die Arbeit noch immer. Sie haben sich ja in Ihrem lieben Brief zu meinem Geburtstag ausführlich damit befasst und damit den Punkt genau getroffen, der mich immer mehr bestimmt, nämlich den drängend gewordenen Wunsch, aus all diesen Verpflichtungen auszusteigen. Das ist natürlich leichter gesagt als getan. Aber immerhin habe ich jetzt dezidiert erklärt, dass ich der Musikhochschule nur noch für die Hälfte einer ganzen Arbeitszeit zur Verfügung stehen werde. Da dies

aber im täglichen Ablauf des Studiengangs ziemlich irreal ist, habe ich die Hoffnung, dass man jemand anderen für mich finden wird. Ich merkte, dass es mir jetzt ganz leicht fällt, loszulassen (was ich noch vor einem Jahr kaum geschafft hätte).

Eine andere Arbeit liegt jetzt hinter mir: ich habe an dem Katalog der großen Ausstellung "50 Jahre Darmstädter Ferienkurse" mitgearbeitet. Das ist jetzt glücklicherweise beendet, am 14. Juli wird die Ausstellung eröffnet. Ich habe mir geschworen, keine solchen Aufträge mehr anzunehmen. Anfangs sehen die alle so harmlos aus und wachsen sich mit der Zeit zu wahren Monstern aus. Die letzten Monate waren sehr erschöpfend für mich. Nun werde ich mich dann bei den Ferienkursen „erholen" und anschließend zu Freunden in die Toskana fahren, endlich etwas ganz Anderes sehen (auf den Spuren Guidos von Arezzo wandeln, Piero della Francesca, Siena, Perugia, usw.). Das Haus der Freunde liegt mitten im edelsten Chianti-Gebiet, also ist auch für köstlichen Rotwein vorgesorgt [...] Und ich hoffe, mit der Ordnung meiner umfangreichen Archivbestände beginnen zu können, alle die vielen privaten Komponistenbriefe zu sichten und vielleicht zu kommentieren. Die Akademie der Künste Berlin würde gerne eine Tomek-Archivecke einrichten. Aber das setzt natürlich ein geordnetes Material voraus. Das ist zwar auch Arbeit, aber eine, die ich mir einteilen kann, täglich auf 2–3 Stunden beschränken will, die mir Zeit lässt, endlich auch wieder alte Freunde zu besuchen, die ich zwangsläufig arg vernachlässigt habe. Da hoffe ich auch Sie wiederzusehen [...]

Otto Tomek Privatarchiv

Die viel zu früh gerissene Saite

Otto Tomek
Die viel zu früh gerissene Saite
Erinnerungen an Karl Amadeus Hartmann

1954 bis 1963: in dieser kurzen Zeitspanne entstand eine sich stetig intensivierende Freundschaft, die zum wertvollsten Bestand meines Lebens gehört. Sie hielt über seinen Tod hinaus bis heute, in der Treue zu seiner Musik, zu seiner Familie, zur Musica viva.

Am Anfang dieser Beziehung stand eine komische Szene: bei den Darmstädter Ferienkursen 1954 mühten sich fünf oder sechs junge Menschen in einen VW-Käfer einzusteigen; ein in unseren Augen etwas älterer Herr half dabei. So lernte ich Karl Amadeus Hartmann kennen. Erste berufliche Kontakte folgten, erst über die Wiener Universal Edition, dann ab 1957 über den WDR. Hartmann wollte immer viel wissen: Werktitel, Spieldauer, Erfolg, ob Komponist pflegeleicht oder nicht, er stellte auch immer wieder Fragen nach der Aufführbarkeit, vor allem aber nach der Qualität ins Auge gefasster Werke. Wir haben uns über solche Themen oft auch telefonisch unterhalten.

Aus diesen neun Jahren sind mir manche Begebenheiten in Erinnerung geblieben. Im Mai 1955 fuhr ich mit Helene Berg und dem jungen österreichischen Komponisten Kurt Schwertsik nach München zum Besuch eines musica viva-Konzertes. Erich Kleiber dirigierte neben Dallapiccolas „Due Pezzi" Alban Bergs „Wozzeck"-Bruchstücke und Hartmanns „6. Sinfonie". Bis dahin kannte ich seine Musik nur vom Radio her.

374

Das Live-Erlebnis dieser gigantischen Polyphonie übertraf alle Erwartungen. Damals kam ich auch zum ersten Mal in die Hartmann-Wohnung in der Franz-Joseph-Straße, seither ist das noch sehr oft geschehen, es war mir immer eine Freude, in den ersten Stock hinaufzusteigen und in diese so persönlich gestaltete Atmosphäre einzutreten. Einen Monat später, im Juni 1955, traf ich Karl und Elisabeth Hartmann in Wien. Nino Sanzogno dirigierte im Rahmen der Wiener Festwochen die Uraufführung der 1. Sinfonie. Die emotionale Kraft dieses bewegenden Trauergesangs eröffnete mir, nach der Sechsten, eine ganz andere Seite von Hartmanns Klangwelt. Weitere Überraschungen dieser Art folgten mit jeder seiner Sinfonien, die ich hörte. Nach dem Konzert ein heftiges Kontrastprogramm zur 1. Sinfonie im „Weißen Rauchfangkehrer" eine lustige Runde: Hartmann saß am Ende der Tafel, nahe bei der Türe und machte sich einen Spaß daraus, mit vielerlei Sprüchen weggehende Gäste wie ein Wirt zu verabschieden. So lernte ich erstmals auch diesen Zug seines Charakters kennen.

Im November desselben Jahres festigte sich die freundschaftliche Beziehung ganz wesentlich. Zur Eröffnung der wiederhergestellten Wiener Staatsoper hatte die Direktion auch eine Reihe von Komponisten eingeladen, darunter Hartmann. Er wusste aber nicht, daß sein Besuch nicht zu der feierlichen ersten Premiere mit „Fidelio", sondern nur zu einer der nächsten Vorstellungen vorgesehen war. So saß er verdrossen in seinem Hotel in der nahe Schuberts Geburtshaus gelegenen Harmoniegasse und wollte eigentlich schon abreisen. Zumal er wohl zu Recht vermutete, daß andere Komponisten teilnehmen durften. Im Falle von Schostakowitsch hatte er nichts einzuwenden, es gab aber doch auch einige andere, hinter die er sich nicht zurückgesetzt wissen wollte. Ein Heurigenbesuch hat damals sein aufgebrachtes Gemüt – wer erinnert sich nicht daran, zu welch temperamentvollen Ausbrüchen er fähig war – wieder beruhigt und das Freundschaftsband gefestigt. Solche Explosionen seines überschäumenden Temperaments konnte ich immer wieder erleben. In jenen Zeiten kam es öfters vor, daß sich zwei Telefongespräche überlagerten. Die Schimpfworte sind nicht wiederzugeben, mit denen er versuchte, den anderen Teilnehmer aus der Leitung zu vertreiben. Hinter dem Charme solcher urbajuwarischen Kraftäußerungen hielt sich aber eine ungemeine Sensibilität verborgen. Und das war einer der vielen Gründe, warum wir ihn liebten.

1956 hatte ich Gelegenheit, Hartmann – Elisabeth war eigentlich immer in seiner Begleitung – in Frankfurt, Köln und München zu treffen, wo hintereinander Aufführungen seines Konzerts für Bratsche und Klavier, begleitet von Bläsern und Schlagzeug stattfanden. Dabei konnte ich drei sehr unterschiedliche Interpretationen des Orchesterparts kennenlernen. Von den drei Dirigenten Otto Matzerath, Nino Sanzogno und Ernest Bour vermochte nur der letztere ein dynamisch abgestuftes Klangbild zu erzeugen und somit das Werk in das rechte Licht zu stellen. Bald danach wurde mir Hartmann ein sehr wertvoller Ratgeber. Vom WDR erhielt ich das Angebot, mich dort um die neueste Musik zu kümmern. Meinem Zweifel, ob ich ohne vorhandene Rundfunkpraxis einer solchen Aufgabe auch gewachsen wäre, setzte er ein kategorisches „Tomek, des machst" entgegen. Es war wohl der wichtigste Ratschlag, den ich im Leben bekommen habe.

Im Juni 1957 trafen sich zur szenischen Uraufführung von Schönbergs „Moses und Aron" viele Freunde der neuen Musik in Zürich. Hartmann schwärmte schon im Voraus von den drei nackten Jungfrauen, die vor dem goldene Kalb geopfert werden sollten. Damals war es noch nicht so einfach wie heute, das realistisch auf die Bühne zu bringen. Daher waren die drei nackten Jungfrauen in Zürich züchtig verhüllt, was

Hartmann zornig von „so ein Betrug" sprechen ließ. Hans Rosbaud, der die Uraufführung leitete, kam ein Jahr später zum WDR Köln, wo er in Anwesenheit Hartmanns die 1. Sinfonie dirigierte. Wie bei allen diesen Anlässen waren die Proben und Konzerte mit ausgiebigen Restaurantbesuchen garniert.

1960, im Rahmen des Weltmusikfestes der IGNM, erklang in Köln die „7. Sinfonie", geleitet von Ernest Bour. Im gleichen Programm wurde u. a. György Ligetis „Apparitions" uraufgeführt, deren ungewohnt neue Klänge die Musiker des gastierenden NDR-Sinfonieorchesters sehr erbost hatten. Das wirkte sich offenbar auch auf Hartmann aus, denn offensichtlich hatte ein Saboteur die letzten Seiten der Dirigierpartitur zugeklebt. Das hätte übel ausgehen können. Glücklicherweise kannte Bour das Werk genau, es gab kein Desaster.

Noch im gleichen Jahr dirigierte Bruno Maderna die „7. Sinfonie" in Venedig. Hartmann feilte, wie ich mehrfach beobachten konnte, nach einer Aufführung an der Instrumentation seiner Werke, meist reduzierte er Verdopplungen und zu dichte Schlagzeugtakte. Daher war er sehr besorgt, dass Maderna für Venedig auch ganz bestimmt das neue, korrigierte Orchestermaterial erhielt. Es kam gerade noch knapp vor Probenbeginn an. Von da an trafen wir uns mehrmals in Venedig, insbesondere 1961 während der Probentage zu Luigi Nonos „Intolleranza". Bei der turbulenten Uraufführung beteiligten wir uns mit lautem Beifall und Protest gegen die faschistischen Randalierer, die den Fortgang der Aufführung minutenlang unterbrachen. Und Hartmann war da immer beteiligt, engagiert und erregt. 1963 dirigierte Hans Werner Henze im Teatro Fenice neben der Uraufführung seiner eigenen „Novae de infinito laudes" auch Hartmanns neue „8. Sinfonie", die zu Jahresbeginn als Kompositionsauftrag des WDR in Köln unter der Leitung von Rafael Kubelik uraufgeführt worden war. Und unser lieber Freund war überall mit Freuden dabei, eine gelungene Operation hatte ihn scheinbar wieder gesundgemacht. Niemand von uns konnte sich, derweil wir alle vorzugsweise in der Colomba vergnüglich tafelten, ein so baldiges Lebensende vorstellen.

Seinen Kölner Aufenthalt im Januar 1963 hatte ich glücklicherweise dafür genutzt, Hartmann ins Aufnahmestudio zu locken, wogegen er sich anfangs energisch sträubte. Schon mehrmals hatte ich ihn gebeten, doch Einführungen zu seinen jüngsten Werken auf Band zu sprechen. Neue Texte zu verfassen war er zwar nicht bereit, doch ließ er sich bereden, etwas aus seinen Kleinen Schriften vorzulesen. Da saß er nun, sichtlich unwohl, im Studio, ich hinter der Glasscheibe in der Technik. Es funktionierte überhaupt nicht. Um zu vermeiden, dass er gleich weglief, setzte ich mich zu ihm ins Studio, bat ihn, mir den Text einfach vorzulesen. Seine Geduld habe ich damals überstrapaziert, aber nach langer Arbeit am Schneidetisch kam schließlich das einzige Tondokument mit seiner Sprechstimme zustande.

Nach seinem Tod war Elisabeth Hartmann für vier Jahrzehnte die starke Bezugsperson für alle Freunde und die vorbildliche Hüterin seiner Werke. Heute versammelt die 2004 gegründete Karl-Amadeus-Hartmann-Gesellschaft die Freunde seiner Musik unter ihrem Dach. Karl Amadeus' Schaffen hat sich als absolut wertbeständig erwiesen, was sich von Aufführung zu Aufführung bestätigte und zunehmend auch jüngere Dirigenten begeistert. Der WDR hat zur Hartmannpflege einiges beitragen können: 1965 dirigierte Maderna bei der Musikbiennale in Zagreb nochmals die „8. Sinfonie", bald nach der Frankfurter Uraufführung erklang in Köln die Gesangsszene, mit Fischer-Dieskau und Joseph Keilberth, Werner Egk leitete die „5. Sinfonie" im Rah-

Das Arbeitszimmer von Karl Amadeus Hartmann, 2003

men eines musikpädagogischen Kongresses in Essen. Neben den Sinfonien waren auch eine Reihe weiterer Werke in Konzert oder Studio zu realisieren: u. a. die symphonische Dichtung „Miserae", die „Symphonischen Hymnen", das „Kammerkonzert für Klarinette", Streichquartett und Streichorchester. Es gab auch zwei Uraufführungen: 1965 die Chorkantate „Friede anno 48" mit dem Kölner Rundfunkchor unter Herbert Schernus und 1966, dirigiert von Christoph von Dohnányi, der Satz „Ghetto" aus der „Jüdischen Chronik", einer Gemeinschaftskomposition, an der neben Hartmann Boris Blacher, Paul Dessau, Hans Werner Henze und Rudolf Wagner-Régeny beteiligt waren. Die Aufführung versuchte nach dem Mauerbau erstmals einen Brückenschlag zwischen Ost und West zu erreichen, was erst nach Überwindung vieler Schwierigkeiten zustande kam. Aber auch im Bereich der Münchner musica viva konnten Ideen Hartmanns in Zusammenarbeit mit dem WDR verwirklicht werden. Schon 1956 war das Kölner Elektronische Studio zu Gast, wobei besonders Karlheinz Stockhausens „Gesang der Jünglinge" einen großen Eclat auslöste, und 1962 gab es ein Gastkonzert des WDR mit Schönbergs „Jakobsleiter". Hartmanns Wunsch nach einer Aufführung der „Gruppen" für drei Orchester von Karlheinz Stockhausen erfüllte sich erst 1965, als das Kölner Rundfunk-Sinfonieorchester unter den Dirigenten Michael Gielen, Bruno Maderna und Karlheinz Stockhausen nach München kam. Da das Werk im Herkulessaal nicht adäquat aufgeführt werden konnte, fand die Veranstaltung im Deutschen Museum statt, nicht ohne Widerspruch eines kleinen Teils des Publikums, aber mehrheitlich fanden die faszinierenden, im Raum wandernden Klänge große Zustimmung. Im gleichen Konzert wurde noch ein weiteres Werk gespielt, für dessen Riesenbesetzung das Podium des Herkulessaales zu klein gewesen wäre: Bernd Alois Zimmermanns „Dialoge" für zwei Klaviere und Orchester.

Als ich einmal begeistert Hartmann von neuen Werken erzählte, die ich zuvor in Darmstadt gehört hatte, meinte er, dass mir dann seine Musik doch gar nicht gefallen könne. Dem war aber nicht so. Zwar schlug mein Herz damals noch ziemlich radikal seriell und bald auch aleatorisch, das hinderte mich aber nicht, seinen Kampf mit der sinfonischen Form zu bewundern, wie es ihm immer auf neue Weise gelungen war, ein aktives Verhältnis zur Tradition aufzubauen, die er nie als einen „ewigen Vorrat" ansah. Was er an formalen Elementen aus der Vergangenheit nahm, das gab er durch ständige musiksprachliche Erneuerung wieder zurück. So konnte ich keinen Widerspruch finden zwischen seinen berstenden Ausdruckswelten und der Avantgarde der damals jungen Komponisten, ebenso wenig, wie meine Begeisterung für abstrakte Malerei verhinderte, etwa Beckmann oder Nolde als ganz starke Künstlerpersönlichkeiten anzuerkennen. Karl Amadeus Hartmann steht heute als ein mächtiger Turm unübersehbar in der sinfonischen Landschaft des 20. Jahrhunderts.

Otto Tomek Privatarchiv

Tomeks Vergleichsbeispiel aus der Malerei hinkt, wenn er den ausdrucksberstenden Sinfoniker Karl Amadeus Hartmann dem avantgardistischen Luigi Nono gegenüberstellt. Denn die expressionistische Nähe Beckmanns zu Nolde als Überbrückungsmerkmal des Gegensätzlichen ist zwischen den beiden Malern denkbar. Tomek müsste viel eher dessen Zeitgenosse Marcel Duchamp wählen, um die Differenz zu verdeutlichen, die ihm bei seiner eigenen Kunsteinschätzung kein Problem zu bereiten scheint und seine Begeisterung nicht bremsen kann.

Trotzdem: „Künstlerpersönlichkeit", die Persönlichkeit als Mensch hinter der Kunst, die alles bestimmende Instanz, das gestaltende „Organ" von allem, was auf der Leinwand zu sehen, im Gedruckten zu lesen, auf der Bühne zu sehen oder durch die Instrumentalisten und Sänger zu hören ist, schafft die Nähe und Glaubwürdigkeit für Tomek. Alles was eine P e r s ö n l i c h k e i t gestaltet, wird unvoreingenommen von ihm bewundert, geschätzt und schließlich zum eigenen Wertgegenstand seiner inneren Refugien gemacht, über die er grundsätzlich Schweigsamkeit walten lässt. Es ist ihm gleichgültig, ob Moden eines Dezenniums Färbungen inszenieren und damit Künstler mit ihrer zeitgebundenen „Masche" aus ihrer Mittelmäßigkeit herauskatapultieren und berühmt machen, oder ob es tragende Substanzen aus den der Tradition zugewandten Werken sind: Tomek verfügt über jenes in der Kunstwelt weitverbreitetes Verurteilungsquecksilber, mit dem er sich selbst vergiftet, nicht. Widerstreitende Tumulte, Zusammenprall von Spießertum und Avantgarde machen ihn zum Kind, das staunt und zugleich darüber vergnüglich ins Gelächter ausbricht.

Otto Tomek heiratet noch einmal im Jahre 2006. Es ist seine langjährige Freundin Dr. med. Brigitte Voll, die 15 Jahre jünger ist als er, in Schwetzingen eine Arztpraxis führt und mit der er seit dem letzten Jahr seiner Schwetzinger Festspielleitung 1988 eng verbunden ist. In seinen prall gefüllten Jahren von 1953 an bis 2006 durcheilt er fünf Stationen mit fünf unterschiedlichen Partnerinnen. Ehephasen und Berufsleben sind miteinander gekoppelt. So stark die Hingabe an die neu gestellten Aufgaben ist und so konsequent gewissenhaft er sie erfüllt, so vehement und klar kann sich Tomek von diesen auch wieder trennen, um sich im gänzlich unbekannten Neuland rasch wieder Zuhause zu fühlen. Ausdauer in den Kurzstrecken ja, das hat er, aber er ist kein Langstreckenläufer, zumal er „Endlos-Ähnliches" und Wiederholungszeichen im Beruf und auch in der Musik auf Dauer nicht aushält. Leben als Recycling in einer vorgestempelten Welt mag er nur im Genuss, das kann Rotwein sein, Lieblingsmusik oder Landschaftskonturen, die ihm seit seiner Kindheit ins Gemüt geritzt sind. Die äußeren Stationen seiner Biographie bilden auch die inneren ab: Wien, Köln, Baden-Baden, Stuttgart und schließlich Schwetzingen. Und darin ist er sich treu: Zur Treue trägt er in sich als Äquivalent den Sanguiniker als ständigen Begleiter, der ihm das „Verliebtsein ins Verliebtsein" zur natürlichsten Sache der Welt macht.

Die Kontaktpflege mit den Komponistenfreunden gehört für Tomek zur obersten Pflicht. Aus ihr kann man auch seinen von Jahr zu Jahr immer beschränkteren Beziehungsradius entnehmen und die Verlagerung aller Kraft auf immer weniger Bereiche. Auch Mauricio Kagel zählt zu den Nächsten. Allerdings bleibt auch hier das Herrschaftsverhältnis stabil: Der Komponist ist der Fordernde, weniger der Gebende und der Veranstalter und Rundfunkmann ist die personifizierte Zuverlässigkeit. Allerdings wird ein einziges Mal dieses Ritual freundschaftlich „boykottiert". Tomek wird zum Einfordernden:

> Schwetzingen, 29.1.1998
> Lieber Mauro,
> Zur Zeit ordne ich mein Archiv und erfasse die vielen Briefe, die ich im Laufe von Jahrzehnten bekommen habe, eine Arbeit, die mich noch mehrere Jahre beschäftigen wird. Dabei fand ich Dein Schreiben vom 9.8.1993 vor, in welchem Du mir das Geschenk eines Fotos von Dir (mit der zuvor erbetenen persönlichen Widmung) in Aussicht stellst. Du fehltest nämlich noch in meiner „Ahnengalerie" zu Hause. Leider fehlst Du dort noch immer. Und so klopfe ich ganz bescheiden an, ob dieser uralte Wunsch nicht doch noch in Erfüllung gehen könnte. Es würde mich wirklich freuen [...]

> Köln, 24.10.2001
> Lieber Otto,
> Unaufhörliche Schande auf mein Haupt!
> In Wahrheit habe ich kaum gute Bilder von mir und so bleibt Dein Anliegen liegen, wartend auf eine günstige Gelegenheit. Nun hier ein Photo, was Usch mir vor kurzem für den neuen DuMont-Band „Monologe/Dialoge" gemacht hat. Das Bild ist also brandaktuell, auch wenn es nicht lichterloh brennt. Ich bin nun erleichtert, mein langjähriges Versprechen eingelöst zu haben [...]

Überglücklich bedankt sich Tomek für einen jahrelang nicht eingelösten Wunsch, der nun endlich in seiner „Ahnengalerie" hangen kann.

Der Jüngste unter den Alten ist gleichfalls ständiger Begleiter in Tomeks Leben. Die Verbindung durch die UE ist sozusagen die vegetative, die administrativ-unbewusste; die andere, die kardiologische zu Wolfgang Rihm stimuliert die Herzensangelegenheiten. So verfolgt Tomek so gut er kann alle Konzertereignisse, bei denen von Rihm ein neues Werk präsentiert wird und er, Tomek, davon ergriffen, mitgerissen, kontemplativ zur inneren Einkehr gebracht wird. Auch in Schwetzingen, am Wohnort – dort, wo im Festival Regularien herrschen, die seinen unabhängigen Geist zur Vorsicht mahnen und seinen feinsinnigen Anstand sensibilisieren – finden die beiden

Freunde (dieser irgendwie zweite Vater mit diesem irgendwie zweiten Sohn) dieses Mal wieder zusammen und doch nicht zusammen:

Schwetzingen, 7.6.2002
Lieber Wolfgang,
ich fühle, es bedarf einer Begründung, warum ich nach dem letzten Schwetzinger Quartettabend nicht mit Dir kommen konnte, obwohl ich es gerne gewollt hätte. Die Sache ist ein wenig diffizil. Nach dem Posaunenkonzert war ich ja gerne mitgekommen. Allerdings haben dann die Festspiele die Kosten für Speis und Trank übernommen. Und da das auch nach dem Quartettabend zu vermuten war, wollte ich nicht ohne Einladung durch den Gastgeber mich dazugesellen. Bitte verstehe das recht: als sozusagen emeritierter Mitarbeiter der Festspiele muß ich da sehr feinfühlig vorgehen und möchte nicht der jetzigen Leitung gegenüber den Eindruck erwecken, mich aufzudrängen. An jedem anderen Ort hätte ich mich natürlich ohne weiteres von Dir mitnehmen lassen, nur in Schwetzingen ist das etwas Anderes. So habe ich leider die Chance verpassen müssen, noch eine oder zwei Stunden in Deiner Gesellschaft verbringen zu können. Ich hoffe aber, es gibt bald wieder eine unproblematische Gelegenheit dazu!
Es klingt noch so viel nach, was ich an Deiner Musik habe hören können. Das macht mich froh! [...]

Otto Tomek Privatarchiv

Die standardisierten Geburtstagssalbungen werden zwar auch zwischen Tomek und Rihm gepflegt, aber auf höherer Stufe, berührender, weil sich Sprache verbrauchter Vokabeln verwehrt.

Karlsruhe, 23.2.2003
... Dir, lieber Otto, also die herzlichsten „nachtragendsten" Geburtstagswünsche, die denkbar sind. „Nachtragend" auch im Sinne von: bereits ins Zukünftige geltend. Als da wäre: Gesundheit und Gesundheit und Gesundheit! Der Rest kommt von selbst, schon gar bei einem glückhaft glücksbegabten Naturell wie Dir. Aber es soll all das auch gelten für Deine liebe Frau, die Familie, alle Deine Lieben! Nur so ergeht es einem ja wirklich wohl, wenn man im Wohlsein nicht der einzige ist. Wenn man teilen kann, mitteilen. Deiner Freigiebigkeit seien keine Grenzen gesetzt, und hochempfänglich sollst Du bleiben für die Glücksschwingungen, die durch die Welt ziehen. Wir wissen: das geschichtliche Feld sieht düster aus zur Zeit. Aber Du hast schon düstere Felder durchschritten in Deinem Leben. Vielleicht hat genau dies auch mitgewirkt, Dich großzügig werden zu lassen. Einen Ermöglicher hat das Schicksal Dich werden lassen. Davon gibt es nicht viele. Und das Ermöglichte mit allen Sinnen erleben zu können, das hat Dir das Schicksal auch gewährt. Vielleicht sollten wir ganz unter uns doch von Gnade sprechen. Niemand hat's gehört. Wir wissen es aber [...]

Otto Tomek Privatarchiv

Hier spricht einer mit den Worten, als seien sie Akkorde, der sonst mit Musik spricht, weil sie für ihn das Leben selbst ist und nicht die Beschriftung des Lebens. „Sie ist der Lebensprozess selbst. Sie ist die einzige Kunst, die wirklich aus sich selbst besteht, nämlich aus dem Prozess, dem Vorgang, der sie hervorbringt. Das wird man nie ganz begreifen: Musik ist der Vorgang, der aus sich selbst besteht."

Wolfgang Rihm, Programmheft Salzburger Festspiele, Dionysos UA, S. 19

Tomek als Belobter lobt am 13. März (Rihms Geburtstag); die eingetragene Mahnmarke ins Merkbuch seiner „koronaren" Treue will es so, nicht die gegenüber dem Anderen, sondern sich selbst gegenüber, die aber deshalb umso mehr dem Anderen gilt. Tomeks Text ist übervoll mit Emphasen und Akkumulationen von Anaphern. Dem Sprachakrobat Rihm – der durchaus in Erwägung gezogen hat, zu Beginn seiner künstlerischen Autognosie Schriftsteller zu werden – Gleichrangiges zu entgegnen, ist Tomek nicht möglich. Dennoch zeigt die Euphorie seines Briefes weit mehr über das Innenleben Tomeks als künstliches Kalkül im sprachlichen Erwidern. Seine Zugewandtheit ist kein Trick, Wohlgefallen zu provozieren. Sie ist Ausdruck einer Unberührtheit und Unberührbarkeit von äußerlichen Effekten. Von daher sind die Briefwechsel Tomeks mit den Anderen nicht nur Austausch von Privatangelegenheiten, sondern sie ermöglichen einen Einblick in die Etablissements des Obskuren, des Geheimen, des Transzendenten, darin, wo Weltprinzipien, Unterdrückung, ja auch biedere Verkehrszeichen des Gesellschaftlichen und... Rivalität keine Existenzberechtigung haben und verdorren.

Am 10. Februar 2008 feiert er seinen 80. Geburtstag. Berge von Glückwünsche und unterzeichnete Widmungen erreichen ihn in Schwetzingen. Seltsam berührend ist Karlheinz Stockhausens Geburtstagsgruß, den der Komponist bereits am 17. November 2007 schreibt, 18 Tage vor seinem Tod und knapp drei Monate vor Tomeks Tag im Sternzeichen des Aquarius:

> Lieber Otto,
> Du hast am 10. Februar Deinen 80. Geburtstag. Ich lobe Dich von Herzen, das geschafft zu haben. Gerne sende ich Dir die Grundskizze für meine neue Partitur AQUARIUS vom TIERKREIS für Orchester, die ich im Moment für das Mozart-Orchester Bologna schreibe. Die Uraufführung soll am 16. Sept. 2008 in Bologna stattfinden. Dirigent wird Oliver Knussen sein. Anschließend geht das Orchester mit dem Programm auf Tournee TIERKREIS (ZODIACO) ca. 45 Min., Pause, KLAVIERSTÜCK X mit Frau Gutschmidt.
> Lieber, freuen wir uns noch eine gute Weile über das Leben auf dieser Erde!
> Dein Bruder im Geiste grüßt Dich mit Dankbarkeit.
> Karlheinz St.
>
> Otto Tomek Privatarchiv

Geradezu prophetisch blickt Stockhausen in die nahe Zukunft, wissend, dass Tomek seinen 80. Geburtstag erleben wird. Interessant ist, dass diese geheime Widmung des Wasssermann-Stücks in seiner Transformation ins Orchestrale wieder so klingt, als knüpfe sie an die ersten Orchesterwerke im Duktus von *Carré* an, eine bescheidene Instrumentation, als erinnere sie an Barockmusik des 21. Jahrhunderts, als berühre die Musik noch einmal etwas aus der Kindheit des Komponierens: große Einfachheit und Momente von konsonantischer Schönheit. Dass dieser Geburtstagsgruß ganz zentrale Bemerkungen wie „Dankbarkeit", „Bruder im Geiste", „ich lobe Dich von Herzen" beinhaltet, verweist auf eine wohl höhere Sensibilität auf Kommendes. Nie zuvor hat Stockhausen Tomek gegenüber verfrühte Geburtstagswünsche gesendet, eher umgekehrt pünktlich oder verspätet, dann aber immer mit entsprechender Erklärung als Entschuldigung.

Otto Tomeks Wirkungsgeschichte, mit beeindruckender Karriere garniert, spielt sich, wie in diesem Buch immer wieder betont, zur richtigen Zeit an zentral bedeutenden Orten ab. Mit den Befugnissen als leitender Angestellter in verschiedenen ARD-Rundfunkanstalten ist der Radius seines Wirkungsfeldes maximal zirkulär. Das berufliche „Spitzenamt", das er ausfüllt, macht ihn, je tiefer man in diese vielen Aktivitäten hineinleuchtet, aus der Perspektive der Musikgeschichte unsterblich.

Eine Biographie beschränkt sich aber nicht nur auf das Tätigkeitsfeld des sogenannten „Beruflichen", denn die Folie allen Tätigseins bildet eine zweite, viel intimere Schicht: das sogenannte „Privatleben". Innerhalb dieser Schicht, besser dieses fluiden Gebietes äußerer und innerer Einflüsse und Beeinflussungen formen sich die Voraussetzungen, mit denen ein Mensch den Raum der Begegnungen mit anderen Menschen teilt und wie er in diesem Raum Zeichen setzt, die Folgen nach außen und rückwirkend für ihn selbst haben. Dieses Privatleben umfasst weit mehr, als der saloppe Begriff „Privatvergnügen" beinhaltet. In ihm wirken sich die mitgebrachten – fälschlicherweise oft als „vererbt" bezeichneten – Charaktereigenschaften weit differenzierter aus und mit ihnen die Vorlieben, die Wahl der unmittelbar umgebenden Menschen, die Leidenschaften, die Religiosität (oder die philosophisch konnotierte Negation davon) und die Art und Weise, wie der zu bestellende Acker geschätzt und gewürdigt wird, auf dem das Sozial-Sittliche gepflanzt, gepflegt werden und dadurch gedeihen soll.

Im Privatleben will der Mensch wesentlich werden. Das von außen Zugefallene als Fläche des Handelns, um den Lebensunterhalt zu verdienen, fällt weg, bzw. wird zur Nebensache, und nur noch wesentlich, also unabhängig von der gesellschaftlichen Norm und Bewertung, bleibt der Mensch, wie es Angelus Silesius im *Cherubinischen Wandersmann* (1675) in einer Strophe festhält. Er, der „Mensch" des Menschen, bleibt also übrig, unabhängig von seiner Geschichte, seiner gesellschaftlichen Positionierung und entbunden aller Abhängigkeiten.

Otto Tomeks berufliche Biographie bliebe unvollständig, ohne nicht wenigstens am Schluss des Buches noch einen Blick in die Sphäre dieses Privaten geworfen zu haben. Obschon er in seiner beruflichen Disposition alles andere als ein durch sendungsbewusstes Überzeugenwollen oder durch Schwärmerei mitreißender Vorgesetzter gewesen ist, hat er selbst immer schon eine zwar zögerliche, aber dennoch faszinierte Affinität zu künstlerischen Persönlichkeiten mit demagogischer Ausstrahlungskraft gehabt. Er selbst indes ist und war das pure Gegenteil, eine mit Nüchternheit und Humor operierende Persönlichkeit, die durch subtil sich widersprechende Schattierungen eines „Taugenichts" à la Eichendorff, aber auch eines vermeintlich furchtlosen Draufgängers à la Don Quijote geprägt ist. Solche Prägung hat ihm die Unvoreingenommenheit und zugleich sein Lebensmotto „was nicht geht, geht!" ermöglicht.

In dieser Sphäre des Privaten resonieren die Repräsentationen von Kunst und Literatur. Aus ihnen schöpft Tomek sein Wissen und die Faszination der Grenzüberschreitung, die ihm vor allem die Musik zeitlebens vorgeführt und dadurch ermöglicht hat: Ergriffenheitsmomente, Sprachlosigkeit, Erklärungsstau, Bewunderung, Taumel, Erkenntnis und Transzendenz. Früh schon ist ihm auch die Kolossalität in Kunst und

Ritus des Katholischen zu begrenzt, um Fragen zuzulassen, die Dogma und Eucharistie als unwichtig negieren. Es sind nicht komplexe philosophische Fragen, die ihn beschäftigen, vielmehr die natürlichen Ausgangsfragen nach dem Sinn des Lebens.

Schon seit den späten siebziger Jahren fühlt sich Tomek dem sogenannten Klessinger-Kreis verbunden, wo er in jenem kleinen Anwesen in Priel nahe München ein- bis zweimal pro Jahr an einem Kurs in Meditieren, „Spiritualisieren" und makrobiotischer Kost teilnimmt. Bodenständigkeit indes verliert er dabei nicht.

> Rückblickend auf 82 Lebensjahre, kann ich nur sagen, dass ich eine eigene Lebensphilosophie nie gehabt habe, vielmehr ziemlich unbewusst durchs Leben ging; nach dem Motto des schönen Gedichts Joseph von Eichendorffs, dessen 4. Strophe lautet:
> Den lieben Gott lass ich nur walten;
> Der Bächlein, Lerchen, Wald und Feld
> Und Erd und Himmel will erhalten,
> Hat auch mein Sach aufs best bestellt.
> Im Grunde ist dieser Optimismus nie einer ernsthaften Prüfung unterzogen worden und die Grundstimmung meines Lebens als Grundschwingung in Bezug auf die geistige Welt bis heute so geblieben.
> Mit der zunehmenden Beschäftigung mit den Gesetzen der geistigen Welt kam aber eine veränderte Lebensweise hinzu nach den Prinzipien des positiven Denkens und Handelns als tägliches Feld des Bewährens, aber auch des Versagens. Wichtig ist die Bemühung, stärker in der Achtsamkeit und im Jetzt zu leben. Mit offenem Sinn die Gaben des klar erlebten Geführtwerdens empfangen. Und immer mehr und stärker den inneren Weg des Lichts und der Liebe zu gehen.
>
> Otto Tomek, Privatarchiv

In diesem „Bekenntnis" spricht kein philosophischer Geist, kein dialektisch denkender Zweifler an der Sprache, mit der dieser sich ausdrückt. Unverblümt offen und direkt drückt sich Tomek über das Gefälle zwischen Furcht und Verlangen der Seele aus, die durch ein einvernehmliches Beziehungsgeflecht mit der nüchternen Realität verbunden ist. Und Eichendorffs „Volkslied" als Vergleich zur eigenen Vitalität ist mehr als nur rührselige Naturidylle, von einem Wandernden frohgemut als die selbstverständlichste Sache der Welt angesehen. Die Grundregeln des moralisch-ethischen Handelns, so steht es in einfachen Jamben schon im ersten Vers der letzten Strophe des Gedichts aus dem *Leben eines Taugenichts*, bedürfen keiner ständigen Rückversicherung durch den Schöpfer. Das Unbewusste wird schon irgendwann bewusst werden wollen und braucht deshalb keine durch selbstkritische Reflexion abgesicherte Legitimation. Der weltanschaulichen Naivität folgen mit dem Anwachsen der Jahre aber dann doch weitreichendere Fragen über den Sinn des Lebens. Die Neue Musik (die „Bächlein" und „Lerchen") und die daraus entstehenden und belastenden Gewichte des Gebraucht- und Gelobtseins („Wald" und „Feld") durch die ihn begleitenden Komponisten, die auch er in regelmäßigen Treueverrichtungen sich innerlich lebendig hält, gehören zum Leben eines Musikmanagers, dem die Frage auch nach dem „Wie weiter" nach dem Tod stetig bewusster wird.

Nun gehören zum Grundkapital des 20. Jahrhunderts nicht nur die weltbeherrschenden Kriege und die mit ihnen einhergehenden diktatorischen Methoden, das Denken der Massen zu steuern und zu kanalisieren, um dadurch Wertesysteme zu installieren, sondern zum 20. Jahrhundert gehören auch fulminante und atemberaubende Innovationen im Technischen (Atombombe) und Künstlerischen (z.B. die Spaltung und Zerstäubung des Klangs) und… die inflationäre Verschriftlichung und Fleischwerdung des Prophetischen. Die andere Seite des Heilversprechens der Menschheit, wie sie politische Systeme systemisch und durch raffinierte Propaganda in die Populationen injizieren, werden durch unterschiedliche, miteinander konkurrierende weltanschauliche Modelle inszeniert, die die tradierten Fundamental-Religionen nicht mehr für neue Erkenntniswege nach höheren Welten anerkennen können und sie daher als konventionalisiert und erstarrt betrachten.

Heerscharen von Neuoffenbarungs-Propheten zu Beginn des 20. Jahrhunderts überfluten die Kontinente. Deren subtile Machtkämpfe um die Gunst der Anhänger sind nicht überschaubar. Ein Strang bildet die mitteleuropäische Theosophie. Aus ihren vielfältigen Untergruppen und Abspaltungen kristallisieren sich Geisteswissenschaften heraus, die durch „wissenschaftliche" logisch-lineare Methoden entlang phänomenologischer Beobachtungen innerer und äußerer Wahrnehmungen den Einzelmenschen zur individuellen Weiterforschung aufrufen; während Bewegungen wie z.B. der Bad-Salzuflen-Kreis durch Verlautbarungen von Engelwesen und Séancen Liebe und Selbstbescheidung propagiert und durch Belehrungen das geistige Bewusstsein zu erweitern versucht. Von da aus findet Tomek zur REIKI-Lehre.

Die letzten Schwetzinger Jahre widmet Otto Tomek der Recherche, dem eigenen Archiv, den Reisen und ab dem 80sten Lebensjahr auch der wachsenden Gebrechlichkeit, die seinen noch nicht erloschenen Tatendrang immer massiver behindert. Das Reisen wird komplizierter, gewagtere Bergbesteigungen werden zur Utopie, Konzertbesuche, wenn der Aufführungsort weit entfernt ist, immer seltener. Dagegen häufen sich die Krankenhausaufenthalte.

Aber nicht nur Knie und Gelenke vernachlässigen ihren Dienst. Es kommen Herzinsuffizienz, lebensbedrohliche Infektionen hinzu und schließlich final auch das Hodgkin'sche Lymphogranulom als Vorbote für das Ende, dessen Realität ihm kein Kopfzerbrechen oder gar verzweifelte Resignation beschert. Nein, nur die unvermeidliche, weil unsägliche Chemotherapie akzeptiert er widerwillig, ohne zu klagen, bis er sie nicht mehr erträgt. Er steht im besten Verhältnis zu seinem Schicksal, das er für „nicht kontrollierbar" erklärt.

Wenige der „Heroen", wie Tomek sie immer wieder gern bezeichnet hat, leben noch. So auch Pierre Boulez, der noch immer in der ganzen Welt dirigiert. Mehrere Versuche Tomeks, ihn Zuhause in Baden-Baden zu sehen, scheitern. Endlich, am 7. Januar 2011 finden sie dort zusammen: Der 87jährige Komponist und Dirigent lädt den 83jährigen „Maître de netteté iréfléchie" der Neuen Musik zu sich ins Haus. Das 50 Jahre lang miteinander gepflegte, aus der französischen Tradition kommende „Sie" weicht nun in dieser Schlussphase dem „Du":

Bei Pierre Boulez in
Baden-Baden, ca. 2011

Paris, 22. November 2012
Lieber Otto,
das tut mir wirklich sehr leid, dass wir uns noch etwas werden gedulden müssen für ein Treffen, und vor allem natürlich der Grund dafür! Ich hoffe inständig, dass die Chemotherapie baldige Heilung bringen wird und Du von diesen Sorgen bald befreit sein wirst.
Mit sehr herzlichen Grüssen, „as ever"
Pierre

Mit diesem „as ever" endet die über sechzig Jahre bestehende Beziehung zwischen den Beiden. Nicht Pierre Boulez geht den Weg, den bereits Luigi Nono und Karlheinz Stockhausen gegangen sind. Der Außenstehende der Trias geht. Am 18. Februar 2013, acht Tage nach seinem 85. Geburtstag stirbt Otto Tomek.

Von trauerloser, unsentimentaler Kraft ist sein Vates-Blick, den er als seinen „Nachruf" an die Hinterbliebenen, worunter sich Pierre Boulez befindet, während der Trauerfeier in der kleinen Friedhofskirche in Schwetzingen gesprochen wissen will:

Das Leben auf dieser Erde ist nur ein Durchgang. Für eine Weile hat unsere Seele Gestalt angenommen in einem Körper, den sie nun wieder verlassen hat, um in der geistigen Welt weiterzuleben, vielleicht auch eines Tages wiederzukommen. Das Bewusstsein stirbt nicht, kann gar nicht sterben, weil es nicht aufhören wird, sich weiter zu entwickeln und eines fernen Tages vielleicht Lichtgestalt anzunehmen. Einen kleinen Schritt auf diesem Weg habe ich in meinem Leben versucht zu gehen. Eine höhere Macht wird beurteilen, was davon gelungen ist, was misslungen. Das Streben nach dem Licht war mir immer sehr wichtig. Und ich möchte es Euch hinterlassen: Suchet das Licht in Eure Seele zu bringen, erweckt das Licht, stärkt das Licht. Das Licht ist göttlichen Ursprungs. Klopfet an, so werdet ihr es erfahren. Darum trauert jetzt nicht groß um mich. Gedenkt meiner mit Nachsicht. Ich bleibe Euch immer mit unerschöpflicher Liebe verbunden.
Euer O.T.

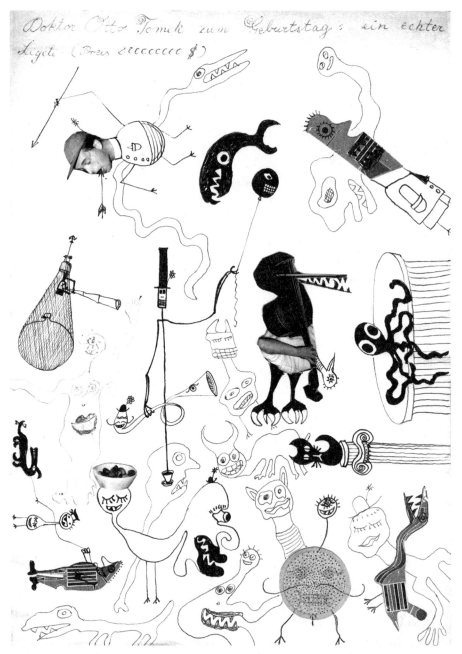

„Doktor Otto Tomek zum Geburtstag: ein echter Ligeti (Preis: 200000000 $)"

Kommentar IV Epilog und Dank

Dieses Buch hat den Versuch unternommen, den „Mann im Hintergrund", wie sich Otto Tomek selbst bezeichnete, in den Vordergrund zu stellen. Dabei ist ein wesentliches Merkmal dieser Persönlichkeit kaum zum Vorschein gekommen: Otto Tomeks Melancholie, die sehr wohl registrierte, dass Andere die Fähigkeit besaßen, sich im Rampenlicht des Geschehens zu positionieren und mit wissenschaftlich verklausulierter Sprache Punkte einzufahren bei denjenigen, die gleichfalls nur in solcherart Sprache reden und schreiben konnten. Tomeks Sache war das nicht. Seine Sprache gründete in der Schlichtheit und klaren Verständlichkeit. Und er war alles andere als „publikumsgeil". Seine zurückhaltende „Unpersönlichkeit" war die Maske, hinter der sich Sensibilität und Weitsicht, Urteilsvermögen und Nachsicht vereinten. Die Welt der Neuen Musik forderte indes wie viele andere Disziplinen auch dominierende Scheinhelden, die im Konkurrieren die Leichen, die sie in diesen Wettkämpfen produzierten, als Begleiterscheinungen abtaten. Von daher hat Wolfgang Hofer in seinem Wort über Tomek recht, wenn er von „dem Zerrissenen" spricht. Denn Tomek fühlte sich auch mit den Platzhirschen solidarisch und gleichzeitig missbilligte er deren Gehabe im Stillen. Aber in diesem Zerrissensein hatte Tomek die Größe, unangebrachte offizielle Äußerungen von den selbsternannten Päpsten der Neuen Musik oder von den Hierarchen der Rundfunkhäuser und deren unerwünschte Folgen zurechtzurücken. Trotzdem er die Schwierigkeiten und „Hinterhältigkeiten" genauestens erfasst hat und durchschauen konnte, behielt er die unangenehmen Dinge für sich, um den Fortschritt in der Sache nicht zu gefährden.

Die gigantische Fülle seines Nachlasses hätte durchaus auch möglich gemacht, eine Geschichte über die Schwächen der Neuen Musik und ihrer Protagonisten zu schreiben, über Hochmut und Kleinlichkeit. Mir war aber wichtig, die Aura und die charakterlichen Eigenschaften von Otto Tomek als wesentliche Kategorien der Beobachtung dieser reichen und vielfach beackerten Landschaft zum Leitfaden des Buches zu machen. Allerdings habe ich, so gut es ging, pedantische Aufdeckungsarbeit mit wissenschaftlicher Stur- und Stumpfheit unterlassen. Da, wo es nichts mehr zu finden gab, wo das verfügbare schriftliche Material keine Auskunft geben konnte, habe ich vorsichtig kommentiert, manchmal auch spekuliert. Die Techniken des Zitierens als konstitutives Element des Buches sind Vernetzungsstrategien, hinter denen derjenige, der sucht, seinen Spaß an Entdeckungen von Bezügen haben kann. Auch habe ich das chronologische Prinzip einigermaßen eingehalten, wenngleich hier und da Zeitsprünge, Risse, plötzliche Brüche mir notwendig schienen, um Widersprüche aufeinanderprallen zu lassen.

Kein solches Buch ist ohne die Mithilfe von nahen und fernen Menschen realisierbar. Die Liste derjenigen, die in irgendeiner Form mitgeholfen haben, dass dieses Buch entstehen konnte, ist lang. So soll zuallererst der Dank an diejenigen gehen, die mit ihrer großzügigen Unterstützung dieses Buch möglich gemacht haben: Bernd und Josefine Baader, Dr. Wolfgang Becker, Dr. Marieluise Bitter, Prof. Dr. Friedrich Cerha, Rudolf und Marion de Millas, Katrin und Dr. Andreas Fucke, Ulrike und Thomas Fütterer, Tobias Fütterer, Prof. Vinko Globokar, Annemarie und Ernst Göthling, Dr. Hans C. Hachmann, Ingeborg Jacob, Ingeborg Kimmig, Ilka Krenn, Dr. Brigitte Kruse, Hilde Limbächer, Prof. Hanna Liska-Aurbacher, Dr. Lore Mayer, Alexandra Neumann, Gretl und Helmut Pilss, Antonia Reichmann, Prof. Wolfgang Rihm, Katja Schäfer, Prof. Dr. Volker Scherliess, Bianca Schüttler von Willmann, Peter und Barbara Ströbel, Patrick Strub, Yukiko Sugawara-Lachenmann, Dr. Sabine Tomek, Dr. Peter Tomek, Ilse und Erich Tomek, Lore Tomek, Heinz Tomek, Sylvia Tomek-Hafenscher, Karin Ully, Astrid Koblanck von der Universal Editions AG Wien, Balint Varga, Dr. Brigitte Voll und Prof. Hans und Gertrud Zender.

Großer Dank gilt außerdem denen, die ihre freundliche Abdruckgenehmigung gaben oder vielfältige Materialien wie Briefe, Dokumente, Programmhefte, Schriften, Sendungen, Sitzungsprotokolle zur Verfügung stellten oder zugänglich machten: Prof. Michael Gielen, Suzanne Stephens-Janning und der Stockhausen Stiftung für Musik, Vera und Lukas Ligeti, Sylvano Bussotti, Marilyn Vespier, Mâkhi Xenakis, Laura Kuhn und dem John Cage Trust at Bard College, Thomas Fichtner und der The Earle Brown Music Foundation, Mimi Johnson und der Performing Art Services, Inc., Marcin Borguslawski, Dr. Felix Meyer und der Paul Sacher Stiftung, Dr. Heribert Henrich und dem Archiv der Akademie der Künste Berlin, Claudia Mayer-Haase und dem Archiv Internationales Musikinstitut Darmstadt, Brigitte Bourauel, und dem Westdeutscher Rundfunk Köln (Dokumentation und Archive), Harry Vogt (Redaktion Neue Musik WDR Köln), für seine spontan sofort mir zugesandten Informationen, die vor allem für die Chronologie der Tomek-Taten in Köln unerlässlich gewesen sind, Jana Behrendt und Tobias Fasora der HA Information, Dokumentation und Archive des Südwestrundfunks und des Saarländischen Rundfunks und des Historisches Archivs, Bettina Tiefenbrunner-Horak und der Universal Edition (Promotion, Artistic Committee Sekretariat), Nuria Schönberg Nono von der Fondazione Archivio Luigi Nono in Venedig, Kerstin Gebel, Redaktion Sinfonische Musik und Orchester beim SWR Stuttgart. Für spezielle Details danke ich Dr. Hans Hachmann, ehemals Kollege am SWR in Stuttgart, Patrick Strub, der viele Jahre Vorstand und Geiger des damaligen Radio-Sinfonieorchesters Stuttgart des SWR gewesen ist und Wolfgang Hofer aus Graz mit seinem literaturwissenschaftlichen Blick auf Otto Tomek.

Ohne die nahen Verwandten Otto Tomeks hätte ich das Buch niemals schreiben können. Die behutsamen, vielfach vertrauensvollen Gespräche, die ich mit ihnen führen konnte, waren für die vielen zu beschreibenden Augenblicke innerhalb der Lebensgeschichte Tomeks unschätzbar: Dank also an Marcus Tomek, Dr. Sabine Tomek und Dr. Brigitte Voll.

Der kompetenten und unkomplizierten, höchst heiter-professionellen Verlegerinstanz, die blitzschnell alle Unstimmigkeiten, die ungleichgewichtigen Proportionen von Textmengen kritisch zu hinterfragen verstand, ohne je in die auktoriale Freiheit einzugreifen, habe ich eine große Menge zu verdanken: Zeit und Rat. Dass Peter Mischung darüber hinaus ein Buchgestalter par excellence ist, muss ja kein Geheimnis bleiben. Ganz am Schluss, wie ich es in anderen Büchern oft zu lesen bekomme, stehen dann immer die Ehefrauen, Lebensgefährten oder -gefährtinnen als mitleidende Partner und Malträtierte durch monatelangem Verzicht: Dorothea Bossert, die Mutter meiner beiden Söhne, hat das Lektorat übernommen. Dass ich ihr hier an dieser Stelle danke, fühlt sich zunächst merkwürdig an. Gemessen an der wochenlangen Mitarbeit als kritische Lektorin und an den oft stundenlangen Diskussionen um Formulierungen am Text muss ich ihr grenzenlos dankbar sein, ist ihr doch überzeugend gelungen, mich vor Unheil und vielleicht misslichen Folgen zu schützen durch ihre kompromisslose Einforderung, nicht der Polemik, sondern der Sachlichkeit Diener, und in der Wortwahl an wichtigen Stellen wählerisch zu sein.

Hans-Peter Jahn

Abdruck- und Abbildungsnachweise

Texte und Briefe:

Earle Brown: Thomas Fichtner (The Earle Brown Music Foundation); Sylvano Bussotti: Bussotti; John Cage: Laura Kuhn (John Cage Trust at Bard College); Michael Gielen: Gielen; Vinko Globokar: Globokar; Clytus Gottwald: Johannes Graulich (Carus-Verlag); Helmut Hammerschmidt: SWF; Karl Amadeus Hartmann: Hartmann; Wolfgang Hofer: Hofer; Mauricio Kagel: Pamela Kagel; Peter Kehm: SDR; Karl O. Koch: WDR; Ladislav Kupkovic: Kupkovic; Helmut Lachenmann: Lachenmann; György Ligeti: Vera und Lukas Ligeti; Witold Lutosławski: Marcin Borguslawski; Luigi Nono: Nuria Nono-Schönberg (Fondazione Archivio Luigi Nono); Krzysztof Penderecki: Penderecki; Wolfgang Rihm: Rihm; Peter Ruzicka: Ruzicka; Karlheinz Stockhausen: Suzanne Stephens-Janning (Stockhausen Stiftung); Heinrich Strobel: SWF; David Tudor: Mimi Johnson (Performing Art Services); Edgard Varèse: Marilyn Vespier; Iannis Xenakis: Mâkhi Xenakis; Isang Yun: Yun (Wolfgang Sparrer); Hans Zender: Zender; Bernd Alois Zimmermann: Bettina Zimmermann. Einige Autoren, deren Briefe hier zum Abdruck gelangten, konnten wir trotz intensiver Recherchen leider nicht ausfindig machen, ebensowenig wie deren eventuelle Rechtsnachfolger. Bei sehr kurzen Zitaten oder kleinen Briefstellen haben wir nicht eigens um Abdruckgenehmigungen nachgefragt, möchten uns aber bei diesen Autoren pauschal für den Abdruck bedanken. Sollte sich ein Autor übergangen fühlen, bitten wir, sich an den Verlag zu wenden.

Fotos und Abbildungen:

Bei den abgebildeten Fotografien handelt es sich in den allermeisten Fällen um Fotografien entweder von Otto Tomek selbst oder aus dem engesten Familien- bzw. Freundeskreis. In anderen Fällen ist der jeweilige Fotograf bis auf Ausnahmen unbekannt. Wegen etwaiger Ansprüche bitten wir, den Verlag zu kontaktieren.

Otto Tomek, Privatarchiv, Seiten: Cover, 2, 10 (links), 11, 12, 19, 21, 22, 25, 27, 28, 31, 33, 35, 38, 44, 63, 64, 68, 72, 79 (oben), 89, 105, 110, 117, 138, 151 (oben), 167, 171, 173, 183, 196, 200, 203, 207, 219, 236, 252, 257, 261, 269, 291, 296, 300, 304, 307, 325, 341, 371, 377, 385, 386
Hans-Peter Jahn, Privatarchiv, Seiten: 79 (unten), 267, 357, 358
Bettina Zimmermann, Privatarchiv, Seiten: 131, 134, 141, 151 (unten), 157
SDR, Archiv, Seite: 10 (rechts)
Paul Sacher Stiftung, Seite: 189
Mimi Johnson, Performing Art Services, Seite: 197

Literatur

Alle Quellen wie Briefe von und an Otto Tomek und andere Dokumente Otto Tomeks sind aus folgenden Archiven bezogen:

Archiv der Akademie der Künste Berlin, Otto Tomek: Schriften / Korrespondenzen / Gratulationen und Danksagungen / Materialien zur Wirkung / Programmhefte / Fotos und Gruppenfotos / Familien- und Privatfotos / Konzert- und Szenenfotos / Plakate / Musikalien

Otto Tomek Privatarchiv (teils identisch mit dem Bestand des Archivs der AdK, Berlin)

Archiv Internationales Musikinstitut Darmstadt

Westdeutscher Rundfunk Köln, Dokumentation und Archive

HA Information, Dokumentation und Archive des Südwestrundfunks und des Saarländischen Rundfunks und des Historisches Archivs

Fondazione Archivio Luigi Nono in Venedig

Sekundärliteratur (eine Auswahl)

Alla Ricerca di Luce e chiarezza, Lespisolario Helmut Lachenmann – Luigi Nono (1957–1990), a cura di Angela Ida de Benedictis e Ulrich Mosch, Leo S. Olschki 2012

Bauermeister, Mary: Ich hänge im Triolengitter, Mein Leben mit Karlheinz Stockhausen, München 2011

Borio, Gianmario/Danuser, Hermann (Hg.): Im Zenit der Moderne. Die Internationalen Ferienkurse für Neue Musik Darmstadt 1946–1966. Geschichte und Dokumentation in vier Bänden, Freiburg 1997

Boulez, Pierre/Cage, John: Correspondance et documents, réunis, présentés et annotés par Jean-Jacques Nattiez, Winterthur 1990

Boulez, Pierre: Leitlinien, Gedankengänge eines Komponisten, aus dem Französischen von Josef Häusler, Kassel 2000

Char, Renè: Draußen die Nacht wird regiert, Poesien, Frankfurt a. M. 1968 (übersetzt von Johannes Hübner und Lothar Klünner)

Custodis, Michael/Geiger, Friedrich: Netzwerke der Entnazifizierung. Kontinuitäten im deutschen Musikleben am Beispiel von Werner Egk, Hilde und Heinrich Strobel (= Münsteraner Schriften zur zeitgenössischen Musik. 1). Münster u. a. 2013

Custodis, Michael: Die soziale Isolation der neuen Musik. Zum Kölner Musikleben nach 1945 (Archiv für Musikwissenschaft. Beiheft 54), Stuttgart 2004

Dibelius, Ulrich: Moderne Musik nach 1945, München 1998

Diemling, Patrick: Neuoffenbarungen, Religionswissenschaftliche Perspektiven auf Texte und Medien des 19. Und 20. Jahrhunderts, Potsdam 2012

Eckle, Barbara: 70 Jahre Darmstädter Ferienkurse für Neue Musik, in: Der Tagesspiegel vom 12.8.2016

Eichendorff, Joseph von: Sämtliche Werke, Bd. I: Gedichte, Versepen, Dramen, Autobiographisches, München 1981

Fiebig Paul (Hg.): Michael Gielen Dirigent, Komponist und Zeitgenosse, Stuttgart / Weimar 1997

Gottwald, Clytus: Rückblick auf den Fortschritt, Eine Autobiographie, Stuttgart 2009

Globokar, Vinko: Einatmen – Ausatmen, hg. v. Ekkehard Jost und Werner Klüppelholz, Hofheim 1994

Häusler, Josef: Spiegel der Neuen Musik: Donaueschingen, Chronik, Tendenzen, Werkbesprechungen, Kassel 1996

Henrich, Heribert: Bernd Alois Zimmermann, Verzeichnis der musikalischen Werke von Bernd Alois Zimmermann und ihrer Quellen, Mainz 2013

Hilberg, Frank und Vogt, Harry (Hg.): Musik der Zeit 1951–2001, Hofheim 2002

Höller, York: Klanggestalt – Zeitgestalt, hg. v. R. Dusella, Berlin 2004

Klüppelholz, Werner (Hg.): Kagel…/ 1991, Otto Tomek: Ein Brief, Köln 1991

Kolleritsch, Otto (Hg.): Die Musik Luigi Nonos, Studien zur Wertungsforschung Bd. 24, Judenburg 1991

Konold, Wulf: Bernd Alois Zimmermann, Der Komponist und sein Werk, Köln 1986

Krenek, Ernst: Im Atem der Zeit, Erinnerungen an die Moderne, Aus dem amerikanischen Englisch von Friedrich Saathen, revidierte Übersetzung von Sabine Schulte, Hamburg 1998

Ligeti, György: Gesammelte Schriften in 2 Bänden, hg. v. Monika Lichtenfeld, Mainz 2007

Kurtz, Michael: Stockhausen, Eine Biographie, Kassel 1988

Manasek, Gertrud: REIKI Ein Geschenk des Himmels, Gütersloh 1996

Nonnenmann, Rainer: Der Gang durch die Klippen, Helmut Lachenmanns Begegnungen mit Luigi Nono anhand ihres Briefwechsels und anderer Quellen 1957–1990, Wiesbaden 2013

Nono, Luigi, Texte Studien zu seiner Musik, hg. v. Jürg Stenzl, Zürich, 1975

Nono, Luigi: Incontri. Luigi Nono im Gespräch mit Enzo Restagno, hg. v. Matteo Nanni und Rainer Schmusch, Hofheim 2004

Prieberg, Fred K.: Musik im NS-Staat, Frankfurt a. M. 1982

Priester, Karin: Der italienische Faschismus. Ökonomische und ideologische Grundlagen. Köln 1972

Rihm, Wolfgang: ausgesprochen, Schriften und Gespräche, hg. v. Ulrich Mosch, Basel 1997

Steinäcker, Thomas von: aus: Der Mann, der vom Sirius kam, Das literarische Online-Magazin „S. Fischer Hundertvierzehn" des S. Fischer Verlags, 2017

Steinecke, Wolfgang: in: Rudolf Stephan, Kranichstein. Vom Anfang und über einige Voraussetzungen, in: ders. (Hg.): Von Kranichstein zur Gegenwart. 50 Jahre Darmstadter Beiträge zur Neuen Musik, Stuttgart 1996

Stockhausen, Karlheinz: Texte zur Musik 1963–2007, Band 1–17, Köln 1963–2014

Urantia-Buch, Urantia Stiftung der Urantia Foundation, Homepage, 2005

Zenck, Martin: Die Partitur der Geste und das Theater der Avantgarde, Paderborn 2017

Zimmermann, Bettina: con tutta forca. Bernd Alois Zimmermann, Hofheim 2018

Register